Kieler Historische Studien

Herausgegeben von
Hartmut Boockmann, Christian Degn,
Karl Dietrich Erdmann, Erich Hoffmann, Frank Kolb,
Hartmut Lehmann, Hans Eberhard Mayer,
Peter Nitsche

Band 26

Horst Braunert

Politik, Recht und Gesellschaft in der griechisch-römischen Antike

Gesammelte Aufsätze und Reden

Klett-Cotta

Horst Braunert

Politik, Recht und Gesellschaft in der griechisch-römischen Antike

Gesammelte Aufsätze und Reden

Herausgegeben von
Kurt Telschow und Michael Zahrnt

Klett-Cotta

CIP-Kurztitelaufnahme der Deutschen Bibliothek

Braunert, Horst:
[Sammlung]
Politik, Recht und Gesellschaft in der griechisch-römischen Antike:
ges. Aufsätze u. Reden /
Horst Braunert. Hrsg. von Kurt Telschow u. Michael Zahrnt. —
Stuttgart: Klett-Cotta, 1980.
(Kieler Historische Studien; Bd. 26)
ISBN 3-12-911710-5

Verlagsgemeinschaft Ernst Klett — J. G. Cottasche Buchhandlung
Nachfolger GmbH, Stuttgart

Satz: Alwin Maisch, Gerlingen
Druck: Verlagsdruck, Gerlingen

Inhalt

Häufiger gebrauchte Abkürzungen:

FGrHist	F. Jacoby, Die Fragmente der griechischen Historiker. Berlin-Leiden 1923 ff.
HAW	Handbuch der Altertumswissenschaft
Mommsen, Römisches Staatsrecht	Th. Mommsen, Römisches Staatsrecht. 3 Bde. Leipzig 1887—88 (Bd. I und II in 3. Aufl.)
Münch. Beitr.	Münchener Beiträge zur Papyrusforschung und antiken Rechtsgeschichte
RAC	Reallexikon für Antike und Christentum. Sachwörterbuch zur Auseinandersetzung des Christentums mit der antiken Welt. Stuttgart 1950 ff.
RE	Paulys Real-Encyclopädie der Classischen Altertumswissenschaft. Neue Bearbeitung. Stuttgart 1894 ff.
ZRG	Zeitschrift der Savigny-Stiftung für Rechtsgeschichte. Romanistische Abteilung

Vorwort

In der Reihe „Kieler Historische Studien“, in der bislang neben Dissertationen Beiträge von Kollegen und Schülern zu Ehren eines Mitherausgebers der Reihe oder gesammelte Aufsätze anläßlich eines bestimmten Geburtstages eines Kieler Lehrstuhlinhabers veröffentlicht worden sind, wird mit diesem Band eine Sammlung „Kleine Schriften“ des 1976 verstorbenen Kieler Ordinarius für Alte Geschichte, Horst Braunert, vorgelegt. Damit sollen Aufsätze und Reden, die an ganz verschiedenen Stellen publiziert und schon jetzt nicht mehr leicht zugänglich sind, einer größeren Zahl von interessierten Historikern besser erreichbar gemacht werden.

Horst Braunert kam aus dem Bonner Seminar von Friedrich Oertel, einem Schüler Ulrich Wilckens, des Begründers der Papyrologie, jener relativ jungen Grundwissenschaft der Altertumskunde, die sich, soweit es den Althistoriker angeht, die Erforschung des für die Sozial- und Wirtschaftsgeschichte der Antike überaus ergiebigen und wichtigen Quellenmaterials aus dem Wüstensande Ägyptens zur Aufgabe gemacht hat. So waren Horst Braunerts Bonner Dissertation („ΙΔΙΑ. Studien zur Bevölkerungsgeschichte des ptolemäischen und römischen Ägyptens“) wie auch die am gleichen Ort erarbeitete Habilitationsschrift („Die Binnenwanderung. Studien zur Sozialgeschichte Ägyptens in der Ptolemäer- und Kaiserzeit“) Ergebnisse einer intensiven Beschäftigung mit diesem besonderen Quellenmaterial. Hier sind bereits die Themen angeschlagen, die in seinen späteren Arbeiten stets eine zentrale Stelle eingenommen haben: sozial-, wirtschafts- und rechtsgeschichtliche Probleme aus dem Bereich der Alten Geschichte. Die Methode des Arbeitens mit dem papyrologischen Material, wie er sie in der Schule seines Lehrers Friedrich Oertel erlernt hatte, bestimmte seine Arbeitsweise auch weiterhin entscheidend: scharfsinnige Quelleninterpretation und Einordnung der auf diesem Wege gewonnenen Ergebnisse in die weiteren historischen Zusammenhänge, wie dies aus den in diesem Band vereinigten Beiträgen deutlich werden mag. Leider kann eine solche Sammlung, die sich an einen weiteren Leserkreis wenden will, nicht auch in größerem Umfang speziell papyrologische Arbeiten des Autors aufnehmen. Aus dem beigegebenen Schriftenverzeichnis kann ein daran Interessierter deren Titel und Erscheinungsort ersehen.

In seiner Lehrtätigkeit zunächst am Bonner Seminar für Alte Geschichte, wo nach der Emeritierung Friedrich Oertels Johannes Straub Lehrstuhlinhaber des Faches war, und hernach ab 1962 am Kieler Institut für Klassische Altertumskunde behandelte Horst Braunert in seinem Vorlesungszyklus den gesamten Zeitraum, der zum Lehrkanon der Alten Geschichte gerechnet wird und der vom Alten Orient bis zur Spätantike reicht. In seinen Seminaren und Übungen, die natürlich immer wieder einmal für einen kleineren Kreis von Interessierten papyrologischen Problemen gewidmet waren, wurden gern derartige Themen behandelt, wie sie in den Arbeiten dieses Bandes schließlich ihre Fixierung gefunden haben.

Horst Braunert war sich als Forscher und akademischer Lehrer seiner Verantwortung gegenüber der Gesellschaft stets bewußt, ohne allerdings über eine solche Selbstverständlichkeit jemals viele Worte zu machen. Er entzog sich nicht den Fragen, die eine unsicher gewordene Gegenwart an die Wissenschaft stellte, vielmehr nahm er Stellung als kompetenter Fachmann von der Position des von ihm vertretenen Faches aus. Es sollte freilich niemand vorschnelle Antworten und Rezepte von ihm erwarten; wer nicht bereit ist, die vielleicht nicht immer einfachen Gedankengänge des Verfassers dieser Beiträge nachzuvollziehen, möchte sich vielleicht enttäuscht fühlen. Für Horst Braunert war es eine condicio sine qua non, daß der Historiker ohne vorurteilslose Quelleninterpretation nicht zu neuen Erkenntnissen gelangen kann. Die scheinbar so ferne Vergangenheit, die in den Arbeiten dieses Bandes behandelt wird, könnte verdeutlichen, daß unsere heutigen Probleme gar nicht einmal so überaus neu sind, wie es manch einer vorschnell meinen mag.

Es kann hier nicht der Ort sein, die einzelnen Beiträge kommentierend zu besprechen. Ihnen allen gemeinsam ist, daß ihr Verfasser wohl die oft sehr umfangreiche und vielschichtige moderne Literatur zu den behandelten Problemen berücksichtigt und sich mit ihr auseinandersetzt, sich dabei aber jeweils durch unbefangene Befragung der antiken Quellen den Blick freihält für die begründete Behauptung eines eigenen Standpunkts. Nach der oben erwähnten Einstellung des Autors zu den Pflichten eines Hochschullehrers ist es sicher nicht zufällig, daß neben den Vorträgen vor Fachkollegen hier auch solche anzutreffen sind, die im Rahmen einer Vortragsreihe mit einem Generalthema oder einer Ausstellung gehalten wurden (so: „Das Mittelmeer in Politik und Wirtschaft der hellenistischen Zeit" und „Jüdische Diaspora und Judenfeindschaft im Altertum"). Die verhinderte Rektoratsrede „Utopia. Antworten griechischen Denkens auf die Herausforderung durch soziale Verhältnisse" war gedacht als ein Angebot für eine Diskussion und geistige Auseinandersetzung mit der unruhigen Studentengeneration in seinem Rektoratsjahr 1968; leider wurde die gebotene Möglichkeit nicht genutzt. Gerade dieser Beitrag kann zeigen, wie auch der Althistoriker, frei von jedem Hang zu vordergründiger Aktualisierung, mit dem Rückblick in die so fern liegende Vergangenheit, sich auseinandersetzen kann mit den bedrängenden Fragen der eigenen Gegenwart.

Die einzelnen Beiträge erscheinen hier unverändert in der ursprünglichen Form. Dem Datum der Erstveröffentlichung nach umfassen sie den Zeitraum von 1953 („Zum Chattenkriege Domitians") bis 1977 (der posthum veröffentlichte Aufsatz „*Omnium provinciarum populi Romani . . . fines auxi*").

Dem Verlag Klett-Cotta, den Herausgebern dieser Reihe und jenen Verlagen bzw. Dienststellen, die den Wiederabdruck der Beiträge großzügig gestattet haben, sei an dieser Stelle ausdrücklich für ihr Entgegenkommen gedankt.

Kurt Telschow Michael Zahrnt

Großstadt und Großstadtprobleme im Altertum[1]

„Die Großstadt im Altertum und Mittelalter" sollte nach dem Willen der Veranstalter das Thema dieser Stunde sein. Die Erfüllung dieses Wunsches stieß auf die Schwierigkeiten, die sich aus einer Spezialisierung der Wissenschaften ergeben, die ja nicht erst Kennzeichen unserer Zeit ist. Seit beinahe 100 Jahren hat sich die Alte Geschichte als eigenes Lehr- und Forschungsfach an den deutschen Universitäten etabliert — nicht zuletzt unter dem Eindruck, den die Lebensarbeit eines Historikers aus unserem Lande auf diesem Gebiet machte: Theodor Mommsens. Vor die Notwendigkeit gestellt, das gewünschte Thema nach der Seite des Altertums oder der des Mittelalters zu orientieren, schien uns der Vortragsort den Ausschlag zu geben: In Lübeck sollte man über die Großstadt des Mittelalters sprechen. Nur eine dringende anderweitige Verpflichtung meines Kollegen, der die mittelalterliche Geschichte vertritt, hat eine Änderung und damit bewirkt, daß ich Sie heute in ferner zurückliegende Zeiten und an ihre Fragen um die Großstadt zu führen versuchen will.

Die Wahl des Altertums unterstreicht jedoch lediglich einen Wunsch, der in dem ursprünglichen Thema „Die Großstadt im Altertum und Mittelalter" wohl zum Ausdruck kommen sollte. Jedenfalls verstehe ich diese Themenstellung so, daß im Rahmen dieser Vortragsreihe Erscheinungen des modernen Lebens

[1] Vortrag, gehalten anläßlich der Hochschultage 1967 in Lübeck. — In den Anmerkungen werden nur die unentbehrlichen Belege aufgeführt. Der Vertiefung der hier behandelten Fragen können vor allem folgende Werke dienen: *J. Beloch*, Die Bevölkerung der griechisch-römischen Welt. Leipzig 1886; *D. van Berchem*, Les distributions de blé et d'argent à la plèbe romaine sous l'empire. Genf 1939; *G. Downey*, A history of Antioch in Syria from Seleucus to the Arab conquest. Princeton 1961; *A. H. M. Jones*, The Greek city from Alexander to Justinian. Oxford 1940; *E. Kirsten*, Die griechische Polis als historisch-geographisches Problem des Mittelmeerraumes (Colloquium Geographicum, Bd. 5). Bonn 1956; *E. Kirsten*, Von der Vorzeit bis zum Mittelalter, in: Raum und Bevölkerung in der Weltgeschichte. Bevölkerungs-Ploetz. Bd. I. Würzburg 1956; *H. P. Kohns*, Versorgungskrisen und Hungerrevolten im spätantiken Rom (Antiquitas, Reihe 1, Bd. 6). Bonn 1961; *R. Pöhlmann*, Die Übervölkerung der antiken Großstädte im Zusammenhange mit der Gesammtentwicklung städtischer Civilisation dargestellt (Preisschriften gekrönt und hrsg. von der Fürstl. Jablonowski'schen Gesellschaft zu Leipzig, Bd. 24). Leipzig 1884; Recueils de la Société Jean Bodin. Bd. VI—VIII: La ville. Brüssel 1954/57; *M. Rostovtzeff*, Gesellschaft und Wirtschaft im römischen Kaiserreich. 2 Bde. Leipzig 1929; *M. Rostovtzeff*, Gesellschafts- und Wirtschaftsgeschichte der hellenistischen Welt. 3 Bde. Darmstadt 1955/56.

mit denen einer Zeit konfrontiert werden sollen, die mit der unseren in keinem unmittelbaren Zusammenhang steht. Das gilt für das Altertum gewiß in noch stärkerem Maße als für das Mittelalter. Zugleich wird mit einer solchen Forderung die Geschichte als Lehrmeisterin für die Gegenwart beschworen oder diese ihre Funktion jedenfalls zur Debatte gestellt.

Die Gefahr einer unangemessenen Aktualisierung scheint mir bei einer solchen Fragestellung besonders groß zu sein, und deshalb sollen hier zunächst deutlich die Unterschiede aufgezeigt werden, die gerade zum Thema „Stadt“ und „Großstadt“ das Altertum von der Neuzeit trennen. In der öffentlichen Meinung gehört heute zum Begriff der Stadt vor allem das Vorhandensein einer bestimmten, größeren Einwohnerzahl, und zumal für die Großstadt bildet auch für die deutsche Statistik die Zahl ihrer Einwohner das einzige Kriterium für ihre Abgrenzung von Land-, Klein- und Mittelstädten einerseits, von Weltstädten mit über einer Million Einwohnern andererseits. Ein solches Einteilungsprinzip war der Antike fremd, und zwar nicht deshalb, weil es an statistischen Unterlagen gemangelt hätte, sondern weil im Denken der Antike die Stadt als Siedlungsform nur eine untergeordnete Rolle spielte und jedenfalls gegenüber der Stadt als politischem Personalverband immer deutlich in den Hintergrund getreten ist.

Stadt im Gegensatz zum Dorf ist so im antiken Sinne immer eine Gebietskörperschaft höherer Ordnung, zumeist der Wohn- und Siedlungsraum einer in einem eige/nen Staatswesen zusammengeschlossenen Bürgerschaft gewesen. Damit ergeben sich zwei wesentliche Unterschiede zur modernen Auffassung: 1. Da der Ackerbau vornehmlich die Lebensgrundlage für die antike Bevölkerung bot, gehörte zur Stadt das in Bürgerhand befindliche Ackerbaugebiet. Die geschlossene Siedlung *zusammen* mit dem Territorium bildete die Stadt. 2. Obwohl die Bürgerschaft neben den ansässigen Freien und Nichtfreien mitunter nicht einmal die Mehrheit darstellte, wurde die Stadt nicht nach der tatsächlichen Wohnbevölkerung, sondern allein nach der Bürgerbevölkerung bestimmt.

Zur Erläuterung dieser Unterschiede möchte ich ein Beispiel aus der Antike anführen, das unserer Vorstellungswelt entnommen sein könnte. Wir kennen den Berliner Ausspruch „Berlin ist doch kein Dorf“ und erkennen in ihm das Selbstbewußtsein des Großstädters — gerade im Vergleich mit einer inkommensurablen Größe. Ganz ähnlich scheinen sich die alten Athener verstanden zu haben. Denn als sie Isokrates im vierten Jahrhundert v. Chr. in einer Prozeßrede für sich einnehmen wollte, tat er es u. a. mit folgendem Hinweis auf die gute Meinung wenigstens eines Teiles der anderen Griechen. „Sie sagen“ — so führte er aus — „nur dieses (Athen) sei überhaupt eine Stadt, die anderen seien dagegen Dörfer, und ganz zu Recht werde es *die* Stadtsiedlung Griechenlands genannt, wegen seiner Größe ebenso wie wegen der Mittel, die von hier den anderen zufließen, vor allem aber wegen der Lebensart seiner Bewohner; denn niemand sei freundlicher oder aufgeschlossener und es gebe keinen, mit dem man in näherer Verbindung auch das ganze Leben zubringen möchte. Ja, sie verwenden solche Übertreibungen, daß sie sich nicht scheuen zu sagen, sie möchten lieber von einem Athener Schaden als durch die Rohheit der anderen Gutes erfahren" [2].

Athen gab sich danach als die eigentliche Stadt Griechenlands zu erkennen durch seine Größe, durch seine wirtschaftliche Bedeutung und besonders durch die Gesittung, die urbaneren Formen seiner Bewohner. Möchten die gleichen Unterscheidungsmerkmale auch für die moderne Großstadt immer angewandt werden können! Jedenfalls sind sie ihr nicht grundsätzlich inadäquat. Trotzdem zeigen sich auch hierbei die Unterschiede der antiken Auffassung. Isokrates gebraucht zwei verschiedene Termini für Stadt, die ich hier einmal mit Stadt (πόλις), einmal mit Stadtsiedlung (ἄστυ) wiedergegeben habe. Danach wurde dann nicht die eigentliche Stadt Athen, sondern der Staat — und d. h. Attika insgesamt — dem übrigen Griechenland gegenübergestellt. Dieses Attika wurde im Vergleich mit ganz Griechenland wie eine städtische Siedlung im Verhältnis zu seinen umliegenden Dörfern betrachtet. Es ist bezeichnend, daß der Vergleich gerade in dieser Form in der Antike Schule gemacht hat [3]. In einer Lobrede auf Alexandreia heißt es dementsprechend: „Die anderen Städte sind Städte des ihnen untertanen Landes, aber Dörfer Alexandreias; Alexandreia ist *die* Stadt der Welt." Mehrfach ist dieses Bild dann in der Kaiserzeit auf Rom angewandt worden, und der Rhetor Aelius Aristeides hat das Gleichnis noch weiter ausgeführt, als er nicht nur Rom als einzige Stadt dem ganzen *imperium Romanum* als plattem Land, als Territorium dieser Stadt gegenüberstellte, sondern auch die Bewohner des *imperium* mit Perioken, d. h. Umwohnenden, aber zugleich nicht voll berechtigten Bürgern, verglich. Ganz anders als im Vergleich Berlins mit einem Dorf ist/daher der äußerlich so ähnliche Vergleich in der Antike durch die Auffassung bestimmt, daß erst die städtische Siedlung zusammen mit den umliegenden Dörfern eine Stadt ausmache.

Auch hat nicht erst Aelius Aristeides in der römischen Kaiserzeit die Bürgerschaft von den Perioken getrennt. Isokrates sprach zwar zunächst allgemein

[2] Isocr. 15, 299 f.

[3] Vgl. dazu *D. Nörr*, Imperium und Polis in der hohen Prinzipatszeit (Münch. Beitr. 50. 1966), S. 99 ff. (mit Quellen). — In Athen selbst wurde dieser Anspruch offenbar bis in die hellenistische Zeit erhoben, da der Komödiendichter Poseidippos die Athener getadelt haben soll, die *ihre* Sprache und *ihre* Stadt für *die* Sprache und *die* Stadt von Griechenland erklärten. Der gleiche Herakleides Pontikos, der das überliefert (3,7), erklärt an anderer Stelle (1,5) selbst: „Kurz: um wieviel die übrigen Städte hinsichtlich der Vergnügungen und der Lebenshaltung sich vor dem Lande auszeichnen, so sehr erhebt sich über die übrigen Städte die Stadt der Athener." (Übersetzung nach *F. Pfister*, Die Reisebilder des Herakleides. Einleitung, Text, Übersetzung und Kommentar mit einer Übersicht über die Geschichte der griechischen Volkskunde: Sitzg.-Ber. Wien 227,2. Wien 1951).

vom Charakter der Bewohner; aus seiner näheren Ausführung — „man wolle lieber von einem Athener Schaden erleiden" — wird jedoch ganz klar, daß von ihm und seinen Zeitgenossen überhaupt nur die attischen Bürger als Bewohner Athens begriffen wurden. So selbstverständlich war die Gleichsetzung der Stadt mit ihrer Bürgerschaft, und so gering wurde die Bedeutung der Wohnbevölkerung veranschlagt.

Die durchgängige Auffassung der Antike selbst über die Stadt warnt so vor der Anwendung moderner Maßstäbe zu ihrer Beurteilung. Andererseits zeigt die Äußerung des Isokrates über Größe, wirtschaftliche Bedeutung und vor allem über die Sitten der Bewohner, daß man — wie erklärlich — nicht allein die Unterschiede zwischen städtischer und dörflicher Siedlungsweise, sondern auch Unterschiede in der Lebensweise und den Lebensgewohnheiten der Bewohner durchaus erkannt hat; denn gerade die Hervorhebung der guten Umgangsformen weist deutlich auf die eigentliche Stadtbevölkerung bei einem Isokrates, der sich an anderer Stelle einmal damit entschuldigte, seine Worte möchte man vielleicht für etwas „bäurisch" halten [4]. Isokrates stand mit dieser despektierlichen Verwendung des Adjektivs ἀγροῖκος, das nicht schon im Wort selbst einen Unterschied anzeigte wie „bäuerlich" und „bäurisch" im Deutschen, in einer festen Tradition. Schon im fünften vorchristlichen Jahrhundert hatte Aristophanes in den „Wolken" Sokrates über einen seiner Schüler urteilen lassen: „Nie sah ich einen Bauernlümmel gleichen Schlags, gleich ungeschickt, gleich linkisch, gleich gedächtnislos." [5] In gleicher Weise hat Platon „bäurisch" mit „ungebildet" gleichgesetzt [6] und schließlich wenige Jahrzehnte nach Isokrates Theophrast einen seiner „Charaktere", den Typ des ungehobelten Burschen, die „bäurische Lebensweise" (ἀγροικία) überschrieben [7]. Hier wird übrigens deutlich, daß dabei keinesfalls das sonst so wichtige Kriterium des Bürgerrechts eine Rolle spielte. Der „Bauer" ist Vollbürger, sein Verhalten in der Volksversammlung wird ebenso geschildert wie seine enge Verbundenheit zu seinen Tagelöhnern, die das Bürgerrecht nicht besaßen, denen er aber unbekümmert über wichtige Staatsangelegenheiten bei der gemeinsamen Arbeit auf dem Felde erzählte. Die Charakteristik schließt mit dem Höhepunkt: „In seine Schuhe schlägt er Nägel ein."

Die Kluft zwischen Stadt- und Landbevölkerung, die hiermit angezeigt wird, wurde später — namentlich in der römischen Kaiserzeit — eher noch größer [8]. Aber es waren fast noch die gleichen Kriterien, die Kaiser Caracalla zur Unter-

[4] Isocr. 5, 82.

[5] Aristoph., Nub. 628 f. Übersetzung nach *J. Minckwitz* (Langenscheidtsche Bibliothek).

[6] Plat., Theaet. 174 d.

[7] Theophr. 4. Übersetzung nach *W. Plankl,* Theophrast, Charaktere. Wien [4]1947.

[8] Vgl. dazu *Rostovtzeff,* Röm. Kaiserreich (oben Anm. 1), II, S. 91 f. 204 ff.

scheidung anwandte, als er im Jahre 215 n. Chr. die Ausweisung der ägyptischen Landbewohner aus Alexandreia verfügte und die rigorose Durchführung seines Erlasses mit dem Hinweis unterstützte: „Die wirklichen Ägypter können unter den Leinewebern leicht erkannt werden, da sie ganz offenbar Sprache, Aussehen und Wesen einer anderen Schicht besitzen. Darüber hinaus zeigt auch ihre Lebensart, die dem städtischen Wandel entgegengesetzt ist, daß sie Ägypter vom Lande sind.“[9]

Solche Äußerungen, die sich vermehren lassen, geben uns in den anfangs gezogenen/Grenzen doch das Recht, auch in der Antike nach der Stadt als eigener Siedlungsform und ihrer prägenden Kraft auf den Menschen zu fragen. Dabei ist es zugleich bezeichnend, daß als Stadt in diesem Sinne in der griechischen Geschichte nur Athen in den Quellen genannt wird, seit der hellenistischen Zeit sind es vor allem Alexandreia und Antiocheia und neben diesen in der römischen Kaiserzeit Rom sowie am Ausgang der Antike Konstantinopel. Diese Beschränkung auf wenige Städte bedeutet nichts anderes, als daß die Besonderheit der Stadt in der Antike an der Großstadt erkannt worden ist, zu deren Typ die genannten zählen. Messen wir diese Städte an der Einwohnerzahl von 100 000, die uns geläufig ist, so stoßen wir sogleich wieder auf erhebliche Schwierigkeiten. Denn es gibt in den Quellen überhaupt nur eine einzige Zahlenangabe, die Anspruch auf Verläßlichkeit erheben kann, während keine moderne Bestimmung antiker Bevölkerungszahlen bisher allgemeine Zustimmung gefunden hat. Man pflegt zwar Athen die erste Großstadt der Antike zu nennen, aber für die Blütezeit vor Ausbruch des Peloponnesischen Krieges schwanken nicht nur die Berechnungen der gesamten Einwohnerzahl zwischen 215 000 und 315 000 [10] — wobei der Ansatz von freien und unfreien Nichtbürgern mitunter fast willkürlich ist —, sondern diese Zahlen gelten vor allem immer nur für ganz Attika, so daß die Stadtbevölkerung höchstens die 100 000-Grenze gerade erreicht hat. Durch die Evakuierung des platten Landes im Peloponnesischen Krieg und die Gewöhnung der Landflüchtigen an das Stadtleben ist für das vierte vorchristliche Jahrhundert, aus dem die Zeugnisse des Isokrates stammen, der Prozentsatz der Stadtbevölkerung vielleicht trotz der Dezimierung durch die Pest und trotz der Kriegsverluste so angestiegen, daß man Athen in dieser Zeit auch nach modernen Maßstäben als Großstadt bezeichnen kann. Blieb aber Athen ein Grenz- und ein Ausnahmefall, so entwickelten sich in der

[9] P. Giss. 40 II 16 ff.; vgl. dazu *H. Braunert*, Die Binnenwanderung. Studien zur Sozialgeschichte Ägyptens in der Ptolemäer- und Kaiserzeit (Bonner Historische Forschungen, 26. 1964), S. 171 ff.

[10] Vgl. *V. Ehrenberg*, Der Staat der Griechen (Zürich—Stuttgart ²1965), S. 37 ff.; *Kirsten*, Bevölkerungs-Ploetz (oben Anm. 1), S. 186. Zur Unsicherheit der Berechnungen für die römische Bevölkerung vgl. *F. G. Maier*, Römische Bevölkerungsgeschichte und Inschriftenstatistik: Historia 2 (1953/4), S. 318 ff.

hellenistischen Zeit einige Neugründungen mit großer Schnelligkeit zu wirklichen Großstädten. Von Alexandreia, der bedeutendsten unter ihnen, besitzen wir die schon erwähnte zuverlässige Einwohnerzahl, und zwar im Zusammenhang mit der Gründungsgeschichte. Diodor, der Ägypten selbst um 60 v. Chr. bereist hat, erzählt vom Zuge Alexanders nach Ägypten und fügt folgenden Bericht ein:

„In der Absicht, in Ägypten eine große Stadt zu gründen, befahl Alexander denen, die er zur Ausführung des Planes zurückließ, mitten zwischen dem See und dem Meer die Stadt zu erbauen. Er ließ den Platz vermessen, die Straßen nach einem genauen Plan abstecken und nannte die Stadt nach sich selbst Alexandreia. In der Nähe des Hafens Pharos war sie sehr vorteilhaft gelegen. Die Straßen legte er so zweckmäßig an, daß die Etesien (die Passatwinde) durch die Stadt streifen konnten. Da diese Winde eine weite Strecke über das Meer kommen und daher die Luft in der Stadt abkühlen, verschaffte er den Einwohnern gute und gesunde klimatische Bedingungen. Der Ringmauer gab er einen großen Umfang und durch sie der Stadt einen vortrefflichen Schutz. Denn mitten zwischen einem großen See und dem Meer gelegen, gibt es von der Landseite nur zwei schmale Zugänge, die sehr gut verteidigt werden können. Der Grundriß der Stadt hat etwa die Form eines Mantels, eine Hauptstraße schneidet die Stadt beinahe mitten durch und wird wegen ihrer Länge und Breite bewundert. Denn von einem Tor zum anderen ist sie 40 Stadien (ca. 7 km) lang, ein Plethron (ca. 30 m) breit und durchgängig mit Häusern und Tempeln von/ prächtiger Bauart geschmückt. Alexander befahl auch, einen Königspalast zu bauen, bewundernswert durch die Größe und den Umfang der Arbeiten. Außer Alexander haben dann noch beinahe alle Könige Ägyptens bis auf unsere Zeit diesen Palast durch kostbare Anbauten erweitert. Überhaupt hat die Stadt in der Folgezeit einen solchen Aufschwung genommen, daß sie von vielen als die erste Stadt der Welt angesehen wird. Denn durch Größe und Schönheit ragt sie ebenso wie durch die Menge an Erwerbszweigen und an Angeboten von Delikatessen weit über die anderen hinaus. Und die Zahl ihrer Einwohner, die sich als Ansiedler niedergelassen haben, übersteigt die in den anderen Städten. Zu der Zeit, als wir nach Ägypten kamen, hielten sich nach Angabe des Einwohnermeldeamtes (derer, die die Listen der Einwohner führen) mehr als 300 000 Freie in der Stadt auf.“ [11]

In dieser Schilderung einer der größten Städte der Antike besitzen wir für den Typ der hellenistischen Großstadt einen festen Ausgangspunkt. Ebenso wie Alexandreia wurden bald darauf Seleukeia am Tigris und Antiocheia am Orontes angelegt. Schon bei ihrer Gründung übertrafen sie die alten Zentren an Ausdehnung, bald auch an Bevölkerungszahl. Im Aufbau glichen sie sich stark. Nach dem sogenannten hippodamischen Prinzip angelegt, kreuzten sich

[11] Diod. 17, 52, 1—6.

in ihnen breite Straßen, die an den Hauptkreuzungen zu Plätzen ausgeweitet waren, rechtwinklig. Die Hauptstraßen säumten hinter Säulenreihen Tempel und Prachtbauten der Könige, die durch die Straßenzüge gebildeten *insulae* waren geschlossen mit mehrgeschossigen Häusern bebaut. Das alles erweckt den Eindruck, als sei mit ihrer Gründung von vornherein die Anlage von Großstädten geplant worden, und deshalb hat man nicht nur in der Antike, sondern auch in der modernen Zeit mitunter das Ergebnis — die blühende Weltstadt Alexandreia — auf den Plan Alexanders des Großen, auf göttlicher Eingebung beruhend, zurückgeführt.

Der Bericht Diodors warnt vor einer solchen Folgerung. Zwar spricht er vom Plan einer großen Stadt und von ihrer zweckmäßigen Anlage, aber Größe und Bedeutung führt er auf den Aufschwung zurück, den diese Stadt in den folgenden beinahe drei Jahrhunderten genommen hat. Für die Gründung selbst wird dagegen die günstige strategische Lage besonders betont. Die Wahl des Ortes nach diesem Gesichtspunkt entspricht dem Vorgehen Alexanders bei seinen anderen Städtegründungen, durch die in erster Linie das gewonnene Land militärisch gesichert werden sollte. Die Überlieferung Diodors gibt daher m. E. einen wertvollen Hinweis auf die Motive, die den großen Eroberer zur Gründung Alexandreias führten, zugleich stellen sich aber zwei Fragen: 1. Warum begnügte Alexander sich nicht mit der Anlage eines Kastells, sondern plante eine große Stadt? 2. Welchen Anreiz bot eine Festung für die Entwicklung einer Großstadt [12]?

Gerade am Beispiel Alexandreias kann — wie ich meine — mit der Beantwortung dieser Fragen die *Entstehung* der hellenistischen Großstadt erklärt werden. Die erste Frage läßt sich sehr schnell einengen. Die Anlage von Kastellen verbot sich in dem weiten eroberten Gebiet von selbst, da die militärische Besatzung darauf angewiesen war, sich selbst zu versorgen. Dafür bot sich die den Soldaten aus ihrer Heimat gewohnte Lebensform der Stadt mit einem Territorium als Versorgungsgrundlage an. Das Zusammenleben mit der einheimischen Bevölkerung in diesen Städten er/leichterte die Nutzung des Ackergebietes. So ist es überall im Alexanderreich zu Städtegründungen gekommen. Lediglich die Anlage einer *großen* Stadt wird damit noch nicht erklärt. Hierfür ist — wie ich meine — ein kurzer Rückblick auf die Entwicklung im griechischen Mutterland erforderlich. Dort gab es eine weitausgedehnte Befestigungsanlage einer Stadt zum erstenmal, als in der Mitte des fünften Jahrhunderts v. Chr. das Stadtgebiet Athens durch die langen Mauern mit der Hafensiedlung des Piräus zu einer Einheit verbunden wurde. Das in diesen Mauern eingeschlossene Areal ist nie zur geschlossenen städtischen Bebauung bestimmt gewesen und auch nie so bebaut worden, sondern es sollte zugleich als Fluchtburg für die ländliche Bevölkerung dienen und damit die Seemacht Athen unangreifbar machen. Grund-

[12] Zu Alexandreia vgl. *E. Breccia,* Alexandrea ad Aegyptum. Bergamo 1922.

sätzlich hat sich im Peloponnesischen Kriege diese Anlage bewährt und daher m. E. auch später als Vorbild gedient, als sich im vierten vorchristlichen Jahrhundert die Arkader zu einem Bund zusammenschlossen und in dem Einfallstor in ihr Land von Sparta her eine Stadt gründeten, die sie mit einem beinahe 8 km langen Mauerring umgaben und die sie bezeichnenderweise Megalopolis, die Großstadt, nannten. In ähnlicher Situation wie in Athen hat dann in den ersten Jahren des dritten vorchristlichen Jahrhunderts Demetrios Poliorketes am Golf von Volos einen Hafen mit einer alten Siedlung durch eine noch erhaltene Mauer zu dem großräumigen Demetrias vereinigt, das — wie Megalopolis — wohl immer nur zu einem Teil städtisch bebaut war. In diese Reihe städtischer Befestigungsanlagen in Griechenland gehört mit großer Wahrscheinlichkeit die Gründung und Anlage von Alexandreia. Die geographische Situation entspricht weitgehend der Athens. Das ägyptische Dorf Rhakotis, an das sich die Neugründung anlehnte, lag vom Meere ab; eine Verbindung zwischen der vorhandenen Siedlung und dem vorgelagerten natürlichen Hafen wurde durch einen Mauerring hergestellt, der entsprechend der Entfernung unter Ausnutzung der Naturhindernisse für die Verteidigungsaufgaben einen erheblichen Umfang gewinnen mußte.

Damit ist die Gründung Alexandreias in ihrer großzügigen Anlage weitgehend durch militärische Gesichtspunkte zu erklären. Auch die Einbeziehung der Hafenanlage braucht dabei keine Ausnahme zu bilden, da Ägypten immer am besten über See an ein großes Reich angeschlossen werden konnte und nach Ausschaltung der persischen Flotte im östlichen Mittelmeer die Seeverbindung nicht mehr gefährdet war.

Bei dieser Erklärung der Gründung Alexandreias kommt allerdings der Beantwortung der zweiten Frage nach dem Anreiz, den diese militärische Anlage für die Entstehung einer Großstadt bot, erhöhte Bedeutung zu. Den entscheidenden Einschnitt bildet hierbei die Wahl Alexandreias zur Hauptstadt des Ptolemäerreiches, das sich unter einem General Alexanders schon bald nach dessen Tode als selbständige Großmacht aus dem Gesamtreich löste. Erst kürzlich habe ich an anderer Stelle zu zeigen versucht, daß die Ausrichtung, die Ägypten damit zum erstenmal in seiner Geschichte nach dem Mittelmeer erhielt, durch die merkantilistische Wirtschaftspolitik der neuen Könige des Landes bedingt war, welche die Absatzmärkte im griechischen Gebiet brauchten, um ihren eigenen Geldbedarf zu befriedigen [13]. Griechen sind es daher auch gewesen, die der neue Umschlagplatz für Waren aus dem Osten zuerst/anzog, und die Anzahl fremder Kauffahrer und Kaufleute war nach Ausweis eines Papyrus schon um die Mitte des dritten vorchristlichen Jahrhunderts so groß, daß ihrer Zahl we-

[13] Vgl. *Braunert*, Das Mittelmeer in Politik und Wirtschaft der hellenistischen Zeit (Veröffentlichungen der Schleswig-Holsteinischen Universitätsgesellschaft, N. F., Nr. 49). Kiel 1967 [= unten S. 129 ff.].

gen die vom Staat gewünschte Umprägung des ptolemäischen Geldes Schwierigkeiten bereitete [14]. In der Kaiserzeit belebte ein buntes Völkergemisch die Straßen dieser Handelsstadt; denn unter den Fremden werden in einer Rede neben Italikern, Syrer, Libyer, Kilikier, Äthiopier, Araber, Baktrier, Skythen und Perser, ja sogar Inder aufgezählt [15]. Aber wenn diese Kaufleute mitunter auch ständige Kontore in Alexandreia unterhalten haben werden, so stellten sie doch nicht die ständige Bevölkerung dieser Großstadt. Hierfür war entscheidend, daß die Ptolemäer alles daran setzten, in ihrem Land wie in einem eigenen großen Haushalt alle wirtschaftlichen Reserven zu mobilisieren und alle Wirtschaftsgüter zu nutzen. Die landwirtschaftliche Produktion wurde durch den Ausbau und die Verbesserung des Bewässerungssystems nach ihrer Menge und durch den Anbau neuer Pflanzungen auch nach ihrem Angebot vermehrt. Zugleich wurde die gewerbliche Produktion verstärkt [16]. Bis zum Ende der Antike berichten die Quellen immer wieder davon, daß Papyrus, der wesentliche Schreibstoff der Antike, Glas und Leinen vornehmlich aus Ägypten bezogen wurden. Zur Organisation dieser Wirtschaft brauchte man Menschen, und da sich ihnen hier Chancen in bisher ungewohntem Ausmaß zum eigenen Erwerb boten, sind bis um die Mitte des dritten vorchristlichen Jahrhunderts unternehmungslustige Griechen aus allen Teilen der östlichen Mittelmeerwelt nach Ägypten eingewandert [17]. Ihr Ankunftsort war Alexandreia, der Königshof und die zentrale Verwaltung nahmen einen großen Teil dieser Einwanderer auf. In Alexandreia kamen aber auch die Rohprodukte aus dem Land selbst und aus den östlichen Gebieten zusammen, so daß sich hier nicht selten in Regie der Zentralverwaltung große gewerbliche Produktionsstätten bildeten, die ihrerseits Bedarf an Arbeitskräften hatten. Als der Zustrom an Einwanderern seit der zweiten Hälfte des dritten Jahrhunderts v. Chr. deutlich zurückging, übte die Hauptstadt dadurch ihre Anziehungskraft auf die ägyptische Bevölkerung aus. Wahrscheinlich gab auch hierbei zunächst der Bedarf des Königshofes den Anstoß. Nachdem aber einmal für eine sich ständig vergrößernde Gruppe von Ägyptern aus dem Land Verbindungen nach Alexandreia geschaffen waren, wirkten diese wie ein Sog, und die stete Zuwanderung verlangte schon um die Wende vom zweiten zum ersten vorchristlichen Jahrhundert, daß die königliche Verwaltung nun den Aufenthalt von Ägyptern in der Hauptstadt zeitlich beschränken

[14] P. Cairo Zenon 59021 = Select Papyri, ed. by *A. S. Hunt* and *C. C. Edgar,* Vol. II (1934), No. 409, Z. 9 ff. (258 v. Chr.).

[15] Dio Chrys., oratio ad Alexandrinos (32) 40.

[16] Vgl. zur ptolemäischen Wirtschaft vor allem *C. Préaux,* L'économie royale des Lagides. Brüssel 1939.

[17] Vgl. dazu *F. Heichelheim,* Die auswärtige Bevölkerung im Ptolemäerreich (Klio. Beiheft 18). Leipzig 1925; *W. Peremans,* Vreemdelingen en Egyptenaren in Vroeg-Ptolemaeisch Egypte. Löwen 1937.

mußte, um damit der dauernden Niederlassung einen Riegel vorzuschieben [18]. Es ist dies etwa die gleiche Zeit, in der die Einwohnerlisten Alexandreias 300 000 freie Einwohner aufführten.

Die Entstehung dieser typischen hellenistischen Großstadt zeigt, daß nicht nur Ausdehnung und Einwohnerzahl im Laufe der ptolemäischen Zeit angewachsen sind, sondern daß sich die Struktur der Stadt gegenüber der ursprünglichen Gründung entscheidend verändert hat. Am Anfang stand eine griechische Stadt mit städtischer Siedlung und dazugehörigem Territorium, deren Bürger Eigentümer des Ackerbaugebietes waren. In der bisher betrachteten Periode wurde zwar die Stadt in ihrem territorialen Bestand belassen und erst in der römischen Kaiserzeit in Konsequenz der Entwicklung das Territorium vom Stadtgebiet abgetrennt. Aber auch zur ptole/mäischen Zeit konnte schon nicht mehr von einer Identität von Staatsgebiet und Bürgerland die Rede sein. Zwar sind nicht alle Zuwanderer alexandrinische Bürger geworden, und die große Gruppe der Juden in der Stadt, die ein eigenes Stadtviertel bewohnten, hat das Bürgerrecht überhaupt nicht erlangt. Aber da eine große Anzahl der Bewohner im Dienst des Königs stand, werden wenigstens diesen die Vergünstigungen nicht vorenthalten worden sein, die das Bürgerrecht mit sich brachte. Dadurch änderte sich die gesamte Struktur. Da ohnehin der König das Obereigentum am ganzen Boden beanspruchte, wurde es bedeutungslos, daß einerseits alexandrinische Bürger Landbesitz auch außerhalb des Stadtterritoriums innehatten, andererseits gewiß eine große Anzahl Bürger überhaupt ohne Landbesitz war und im wesentlichen aus dem städtischen Wohnsitz und der Tätigkeit in der Stadt den Rechtstitel für ihr Bürgerrecht herleitete.

Der Initiative der Könige war diese Entwicklung zu verdanken. Die Könige waren es auch, die am Ende der ptolemäischen Zeit den weiteren Zustrom nach ihrer Hauptstadt zu stoppen versuchten. Und damit werden wir auf die *Probleme* geführt, welche die Großstadt in der Antike stellte. Die ptolemäischen Könige hatten sich statt der ursprünglichen Heeresversammlung schon bald — ebenso wie ihre seleukidischen Nachbarn — der hauptstädtischen Menge (πλῆθος) bedient, um ihren Entscheidungen den Anschein einer Zustimmung durch die Öffentlichkeit ihres Reiches zu geben [19]. Bei den häufigen Thronwirren seit dem zweiten vorchristlichen Jahrhundert zeigte sich immer deutlicher, daß dieses Akklamationsorgan jeweils vom Meistbietenden für sich genutzt werden konnte und damit eine eigenständige politische Bedeutung erhielt. Während der ganzen römischen Kaiserzeit hat dadurch Alexandreia einen Unruheherd gebildet; denn die einmal politisch aktivierte Menge konnte nun immer wieder eingesetzt wer-

[18] Vgl. zu diesem Erlaß bei Ps.-Aristeas, ep. § 109 f., und generell zu der Vergrößerung Alexandreias durch ägyptische Bevölkerung *Braunert,* Binnenwanderung (oben Anm. 9), S. 75 ff.

[19] Vgl. dazu *F. Granier,* Die makedonische Heeresversammlung. Ein Beitrag zum antiken Staatsrecht (Münch. Beitr. 13). München 1931.

den, wenn die Führer der Bürgerschaft oder einzelner Gruppen in ihr das für ihre eigenen Zwecke wünschten. Über diese Tätigkeit gibt eine ganze Anzahl zusammengehöriger Papyri Auskunft, die sogenannten „heidnischen Märtyrerakten" — eine eigene Literaturgattung, in der in der Form von Gerichtsprotokollen über die Auseinandersetzung alexandrinischer Führer mit den Kaisern berichtet wird [20]. Veranlaßt wurden diese Prozesse durch Auseinandersetzungen in Alexandreia selbst, wo eine antirömische Gruppe einer mehr konservativen, prorömischen Partei gegenüberstand, und verknüpft waren sie nicht selten mit der Stellungnahme zu der immer stärker anwachsenden jüdischen Diaspora-Gemeinde. Schon Kaiser Claudius nannte in einem Brief an die Alexandriner diese Auseinandersetzung zwischen Alexandrinern und Juden in Wirklichkeit einen Krieg und warnte beide Seiten vor einer Ausweitung [21], und der jüdische Aufstand unter Trajan erreichte in Alexandreia selbst bezeichnenderweise seinen Höhepunkt [22]. Gegenüber dem römischen Kaiser zeigte sich die feindselige Haltung eines großen Teiles der Alexandriner während des Besuches Caracallas in dieser Stadt [23], und fünfzig Jahre später fiel Alexandreia zu den palmyrenischen Usurpatoren ab und leistete dem Heer des Kaisers Aurelian lange Zeit hindurch nachdrücklich Widerstand.

Die Geschichte dieser ständigen Tumulte in Alexandreia ließe sich noch sehr viel lückenloser schildern — insbesondere könnte man auch zeigen, wie diese Unruhen bis hin zu den religiösen Auseinandersetzungen in der Spätantike im Zusammenhang/stehen mit der Zuwanderung neuer Bevölkerungsteile vom flachen Land, die zeitweise die Form einer Landflucht annahm [24]. Hier kam es mir nur darauf an, in den ständigen Unruhen Alexandreias auf ein wesentliches Problem der antiken Großstadt hinzuweisen, dessen Ursache ein Redner der Kaiserzeit den Alexandrinern selbst am Beispiel eines dieser Krawalle deutlich zu machen versucht hat. Nachdem er auf die Schwierigkeiten der Hauptstadtbevölkerung mit ihren früheren Königen hingewiesen hatte, führte er für seine eigene — die römische Zeit — folgendes aus:

„Jetzt, da ihr so milde Herren habt, erregtet ihr deren Verdacht gegen euch, so daß sie eine schärfere Polizei für nötig hielten. Daran war aber lediglich euer Übermut schuld, nicht etwa eine feindliche Absicht. Würdet ihr denn wohl von

[20] Vgl. *H. A. Musurillo,* The acts of the pagan martyrs. Acta Alexandrinorum. Oxford 1954.

[21] P. Jews 1912; vgl. dazu *H. I. Bell,* Juden und Griechen im römischen Alexandreia. Eine Skizze des alexandrinischen Antisemitismus (Beihefte zum „Alten Orient" 9). Leipzig 1926.

[22] Vgl. allgemein *S. I. Oost,* The Alexandrian seditions under Philip and Gallienus: Class. Philol. 56 (1961), S. 1 ff.

[23] In diesen Zusammenhang gehört das oben S. 15 zitierte Edikt des Kaisers (vgl. Anm. 9).

[24] Vgl. *Braunert,* Binnenwanderung (oben Anm. 9), S. 195 ff. 320 ff.

jemandem abfallen? Würdet ihr auch nur einen Tag Krieg führen? Wie war es denn bei dem damaligen Krawall? Da ging die Unbotmäßigkeit der Menge nicht weiter als bis zu Spöttereien; einige taten einen oder zwei Würfe mit dem, was sie gerade in der Hand hatten, wie man etwa von oben herab einmal Vorübergehende beschüttet; dann setzten sie sich zum Schmaus und sangen; etliche gingen wie an einem Fest nach den Häfen hinaus, um zu trinken. Ihr erinnert euch gewiß, wie spaßhaft es der wackere Konon mit euch machte, als er bis zu einer Stelle vorging, wo der dichteste Haufe von euch stand, von dort aus einen Punkt in der Nähe markierte und dabei festlegte, wenn er bis an diesen gekommen sei, dann sei er Sieger und ihr müßtet heimgehen und den Platz räumen; kämet ihr aber vier oder fünf Schritte vorwärts, so wolle er auch abziehen. Damit wollte er euch schonen, indem er euch zum besten hatte und mit euch spielte wie mit Kindern. Denn die bewaffnete Mannschaft stand da, und er, der euch wehrlos und dem Untergang verfallen sah, gestattete nicht, einen von euch anzurühren. Und trotzdem, was geschah nachher? Da setzten euch die tollen Hitzköpfe, die auf den völligen Umsturz hinarbeiteten, zu und ließen euch keine Ruhe, bis ihr die Schärfe des Schwertes zu fühlen bekamt und das Unglück seinen äußersten Gipfel erreichte." [25]

Selbst wenn man den pädagogischen Zweck einer solchen Rede an die Alexandriner in Rechnung stellt, sind — wie ich meine — die hier vorgetragenen Beobachtungen massenpsychologisch gut begründet. Danach handelte es sich nicht um eine feste Gruppierung oder Parteiung der Bevölkerung und nicht um eine vorher bestimmte Zielrichtung, sondern eine ohnehin leicht erregbare Masse konnte durch demagogische Beeinflussung bis zur Anwendung von Gewalt geführt werden. Es ist damit der Charakter einer Großstadtmasse, der diese ständigen Schwierigkeiten und Unruhen in Alexandreia bedingt hat.

Alexandreia und seine Bevölkerung nahmen aber unter den Großstädten der Antike keinesfalls eine Ausnahmestellung ein. Ähnliche Ereignisse sind aus Rom, Antiocheia und Konstantinopel überliefert. Sie sollen hier lediglich noch durch einen Bericht illustriert werden, der die Situation in Rom um die Mitte des vierten nachchristlichen Jahrhunderts schildert. Für die Amtszeit eines Stadtpräfekten, der kaum länger als ein halbes Jahr im Amt gewesen ist und als guter Verwaltungsbeamter bezeichnet wird, hat Ammianus Marcellinus gleich drei Vorfälle aufgeführt, die zu Unruhen in der Hauptstadt führten oder doch führen konnten. Im wesentlichen Teil möchte ich auch diese Quelle in Übersetzung vorführen:/

„Die erste Ursache des Aufstandes gegen ihn (den Präfekten) war höchst unbedeutend und geringfügig. Als nämlich der Wagenlenker Philoromus verhaftet werden sollte, folgte ihm die gesamte Plebs, gleich als müsse sie ihr eigenes Pfand verteidigen, und drängte furchtbar und heftig auf den Präfekten ein,

[25] Dio Chrys., oratio ad Alexandrinos (32) 71 f.

den sie für furchtsam hielt. Dieser blieb jedoch fest, ließ durch seine Wache einige festnehmen und auf die Folter spannen und bestrafte sie, ohne daß jemand zu murren oder sich zu widersetzen wagte, mit Verbannung auf eine Insel. Als sich wenige Tage später die Plebs wieder in ihrer gewohnten Erregbarkeit mit einer Beschwerde über Weinmangel beim Septemzodium zusammenrottete, . . ., verfügte sich auch der Präfekt mutig dorthin." Er wurde gewarnt, ließ sich aber nicht zurückhalten und setzte sich einer Masse aus, die ihn — nach der Quelle — wie mit Schlangenblick ringsum festhielt und beschimpfte. Ein Rädelsführer wurde gegen zunächst vielfältigen Protest festgenommen und öffentlich gezüchtigt. Darauf verlief sich die Menge, und der Festgenommene wurde aus der Stadt verbannt. Schließlich sollte in der gleichen Zeit noch der römische Bischof Liberius, der sich einem kaiserlichen Befehl widersetzt hatte, an den Hof gebracht werden; aber man konnte ihn — wie uns geschildert wird — „aus Furcht vor dem Volke, bei dem er außerordentlich beliebt war, nur unter großen Schwierigkeiten mitten in der Nacht aus der Stadt fortführen" [26].

Im wesentlichen die gleiche Masse war es danach, die sich wegen der Verhaftung eines Wagenlenkers genau so wie wegen der Schwierigkeiten in der Weinversorgung der Hauptstadt zusammenrottete, und man wird in der Annahme nicht fehl gehen, daß die Vorsichtsmaßnahmen beim Abtransport des christlichen Bischofs dadurch bedingt waren, daß man erneut Unruhen derselben Masse befürchten mußte. Gemeinsam ist dabei lediglich die Stellungnahme gegen die kaiserliche Verwaltung, die jeweiligen Ursachen sind dagegen so unterschiedlich, daß ein gemeinsames Interesse der jeweils gleichen Personengruppe ausgeschlossen werden kann. Das heißt dann aber nichts anderes, als daß wir es mit typischen Massenreaktionen zu tun haben, die beim geringsten Anlaß auftreten konnten. Sie blieben harmlos, wenn man ihnen mit besonnenen Maßnahmen begegnete, sie führten aber auch zu Brandstiftung und Lynchjustiz, wenn den Aufwieglern und Rädelsführern kein fester Wille entgegentrat.

Wenn man sich aber nicht mit der Auskunft begnügen will, daß sich in diesen Erscheinungen die normale Reaktion einer Großstadtbevölkerung widerspiegelte, dann muß gefragt werden, welchen Sorgen dieser Bevölkerung die staatliche Verwaltung ihr besonderes Augenmerk zugewandt hat. Denn auf diesen Gebieten dürften dann die eigentlichen Probleme liegen und damit die tieferen Ursachen für die Schwierigkeiten, in denen sich die Großstadt und ihre Bevölkerung in der Antike befand.

Für Rom scheinen mir die Maßnahmen besonderes Interesse zu verdienen, die in der Zeit der schweren Auseinandersetzungen der Bürgerkriege von den jeweiligen Machthabern eingeleitet oder ausgeführt wurden, da sie mit Sicherheit darauf abzielten, den eigenen Anhang in der Stadt zu vergrößern. Als Caesar

[26] Amm. Marc. 15, 7; vgl. dazu *Kohns*, Versorgungskrisen (oben Anm. 1), bes. S. 120 f. zur Amtszeit des Stadtpräfekten Leontius.

nach Überschreiten des Rubico im Jahre 49 v. Chr. zum ersten Male in der Hauptstadt erschien [27], verlieh er auf einer Volksversammlung seinen Argumenten besonderen/Nachdruck durch das Versprechen einer Getreidespende und eines Geldgeschenks von 75 Denaren pro Kopf der Bevölkerung. Da er jedoch zugleich gegen den sakrosankten Volkstribunen Gewalt anwenden mußte, um in den Besitz des Staatsschatzes zu kommen, wurde die Wirkung dieser Versprechungen beim Volke wieder aufgehoben. Bei einem erneuten Aufenthalt in Rom am Ende des gleichen Jahres erließ er eine Anweisung über Darlehen und Besitz, durch die der Kapitalmarkt saniert werden sollte und die deshalb nur einen geringen Zinsnachlaß verfügte. Es können im wesentlichen nur vermögende Schichten gewesen sein, die von diesem Erlaß Gebrauch machten. Um so bezeichnender ist es, daß bald nach Caesars Abreise aus Rom die gegnerische Seite Gesetze über die Annullierung *aller* Schuldverhältnisse und über den Nachlaß der Mieten eines Jahres ankündigte. Der aufsässige Prätor konnte jetzt zur Einstellung seiner Amtstätigkeit gezwungen werden. Aber als im folgenden Jahr Caesar in Ägypten weilte, wurde der Antrag wiederholt, die Masse verschanzte die Zugänge zum Forum, um Gegner von der Abstimmung fernzuhalten, und nur durch den Einsatz von Militär konnte das Gesetz verhindert werden. Caesar selbst ist es aber dann gewesen, der — ebenso wie sein Nachfolger Octavian — nach seinem endgültigen Sieg einen einjährigen Erlaß aller kleineren Mieten in Rom — und im geringeren Umfange auch in den Städten Italiens — dekretiert hat.

Die römische Plebs war also offenbar an einem Nachlaß des Mietzinses außerordentlich interessiert. Die Wohnungsmieten waren demnach — wie auch wiederholte Klagen zeigen [28] — für die unteren Bevölkerungsschichten zu hoch, und da Angebot und Nachfrage auf dem Wohnungsmarkt auch damals die Höhe des Mietzinses bestimmten, herrschte offenbar Wohnungsnot.

Eine Antwort auf eine solche Situation würden wir in einem staatlichen Wohnungsbau oder wenigstens in der Förderung des Wohnungsbaues durch den Staat erwarten. Davon ist jedoch für die ganze Kaiserzeit nicht nur nichts überliefert, sondern die uns erkennbaren Grundzüge der kaiserlichen Baupolitik in der Hauptstadt schließen eine solche Fürsorge des Staates geradezu aus. Was wir noch heute in Rom bewundern, sind zumeist die Überreste kaiserlicher Bauten: die Kaiserforen, die an das Forum Romanum angeschlossen wurden, dazu Tempel, Theater und Thermenanlagen und schließlich die Reste des kaiserlichen Palastes, über dessen Ausbau durch Nero im zeitgenössischen Rom ein Dichterwort umlief: „Rom wird ein einziges Haus. Nach Veji wandert, Quiriten, wenn nicht auch Veji bald dieses Haus in Beschlag nimmt!“ [29]

[27] Vgl. — auch zum folgenden — *M. Gelzer,* Caesar. Der Politiker und Staatsmann (Wiesbaden [6]1960), S. 191 ff.

[28] Vgl. — auch zum folgenden — *Pöhlmann,* Übervölkerung (oben Anm. 1), S. 73 ff.

[29] Suet., Nero 39,2.

Die Günstlinge der Kaiser eiferten diesem Bauluxus ihrer Herren nach. „Schon Sallust spricht von Stadtpalästen, die sich selbst wie eine kleine Stadt ausnähmen; und in ähnlichen, emphatischen Wendungen äußert sich Seneca über die Ausdehnung der Palastbauten in der Kaiserzeit. Der berüchtigte Vedius Pollio, der Freund August's und Besitzer des prachtvollen Pausilypum (Posilippo) bei Neapel, hatte in Rom einen Palast, von dem Ovid allerdings überschwänglich genug bemerken konnte, daß er 'mehr Raum bedeckte, als viele Städte mit ihren Mauern umschlössen'. Nach Valerius Maximus galt gegen das Ende von Tibers Regierung ein Palast, der mit seinen Dependenzen vier Morgen einnahm, für eine enge Wohnung! Den von einem seiner Gönner bewohnten Petilianischen Palast nennt Martial ein Königreich, wo/man in der Stadt gleich wie auf dem Lande wohne, innerhalb der Hausschwelle genügenden Raum zur Spazierfahrt habe und im Weingarten so viel ernte wie auf einem Falerner Hügel. Man mag den übertreibenden Ton in diesen Äußerungen immerhin zugeben, daß aber in der That die Wirklichkeit nicht allzu weit hinter denselben zurückblieb, zeigen die Vorschriften, welche Vitruv für den Bau vornehmer städtischer Wohnhäuser gegeben hat. Er fordert als Regel hohe fürstliche Vorhöfe, sehr weite Atrien und Peristylien, Parke und geräumige Wandelbahnen von imposanter Wirkung, ferner Bibliotheken, Gemäldegallerien, Basiliken in derselben Großartigkeit, wie bei öffentlichen Bauten. Aber auch diejenigen Paläste, die sich in Beziehung auf diese Garten- und Bauanlagen in bescheideneren Grenzen hielten, nahmen ein unverhältnismäßig großes Areal ein, da sie in der Mitte immer, zuweilen wohl auch auf den Flügeln nur ein Stockwerk hatten und sich daher um so mehr in die Breite ausdehnen mußten." [30]

Wir bewundern gerade diese Bauanlagen als Zeichen des zivilisatorischen Fortschritts. Wir vergessen aber zu leicht darüber, daß damit ein unverhältnismäßig großer Teil des städtischen Bauareals ausschließlich für eine kleine reiche Minderheit in Beschlag genommen wurde. Dabei waren der Vergrößerung des städtischen Areals enge Grenzen gesetzt. Zwar ist die Stadtgrenze Roms, das Pomerium, in der Kaiserzeit mehrfach erweitert worden; aber eine großzügige Ausdehnung hätte zugleich öffentliche Verkehrsmittel erfordert, an denen es bis zum Ausgang der Antike vollständig gefehlt hat. Bei gleichzeitiger Zunahme der hauptstädtischen Bevölkerung hat somit die Wohnbaufläche für die Masse dieser Bevölkerung fast ständig abgenommen. Die Grundstückspreise mußten damit steigen; und wenn auch in der Kaiserzeit die zur Verfügung stehende Fläche durch höheren Hausbau stärker als früher ausgenutzt wurde, so war zugleich der Grundstücks- und Wohnungsspekulation ein breiter Raum gegeben. Die bereits am Ende der republikanischen Zeit feststellbare Wohnungsnot ist deshalb zunehmend drängender geworden. Aber gleiche Maßnahmen, wie sie beim Übergang zum Prinzipat getroffen worden waren, verboten sich jetzt, da

[30] *Pöhlmann,* Übervölkerung (oben Anm. 1), S. 82 f.

sie eine Depossedierung der Schichten zur Folge gehabt hätten, auf die sich die Kaiser stützen mußten. Eine echte Fürsorge hätte dagegen die Übernahme wirtschaftlicher Funktionen durch den Staat oder wenigstens die Lenkung der Bauwirtschaft durch ihn erfordert. Da sich zu solchen Maßnahmen der antike Staat nur schwer entschließen konnte und weder Erfahrung noch den erforderlichen Apparat dazu besaß, ist man in der Antike wahrscheinlich nicht einmal zu der Erkenntnis gelangt, daß die permanente Wohnungsnot eine der Ursachen für die Unruhe der Großstadtbevölkerungen darstellte.

Ganz anders stellte sich der antike Staat zur Lebensmittelversorgung. Schon im Athen des vierten vorchristlichen Jahrhunderts wurden in der monatlichen Hauptsitzung der Volksversammlung mit Vorrang neben Fragen der Landesverteidigung solche der Verpflegung behandelt [31], und die Notwendigkeit der Fürsorge für den Unterhalt seiner Bürger hat weder der griechische noch der römische Staat bezweifelt. In Rom entstand schon während des zweiten Jahrhunderts v. Chr. ein Mißverhältnis zwischen der Kornproduktion des Bürgerlandes in Italien und der Einwohnerzahl der Hauptstadt, so daß seit der Zeit des C. Gracchus die Getreidegesetzgebung zu/einem der wichtigsten Mittel wurde, die hauptstädtische Bevölkerung für die politischen Ziele der jeweiligen Antragsteller zu gewinnen [32]. Das Getreide wurde zunächst auf Staatskosten unter dem Marktpreis verkauft, aber noch in republikanischer Zeit ging man dazu über, es auch gratis zu verteilen. Die Getreideversorgung war so zu einer politischen Institution geworden, die von den Kaisern übernommen und ausgebaut wurde. Große Transportflotten sorgten dafür, daß namentlich aus Ägypten und Afrika stets das erforderliche Korn herbeigeschafft werden konnte. Die Getreideverteilungen wurden im Laufe der Zeit auf Brotverteilungen umgestellt, und mit Schweinefleisch und Öl wurden weitere Hauptnahrungsmittel zur Verfügung gestellt.

„Vor der Getreideflotte am Nil hat die Stadt Rom capitulirt und ihre alte Freiheit um die Lieferung des täglichen Brotes verkauft.“ [33] Diese Feststellung Theodor Mommsens gilt gewiß im besonderen Maße für die römische Kaiserzeit, wenn der Prozeß, der dazu führte, auch am Ende der Republik bereits abgeschlossen war. Jedenfalls gab die Fürsorgepflicht, die besonders die kaiserliche Verwaltung auf diesem Gebiete durch ihre Maßnahmen anerkannte, der hauptstädtischen Bevölkerung das Recht, auf der Erfüllung dieser Verpflichtungen zu bestehen und damit bei auftretenden Versorgungsschwierigkeiten zu protestieren. Das ist immer wieder geschehen, da der Staat auch auf diesem Gebiet nie

[31] Vgl. *K. Köster*, Die Lebensmittelversorgung der altgriechischen Polis (Diss. Bonn. Berlin 1939), S. 31.

[32] Vgl. — auch zum folgenden — den guten Überblick bei *Kohns*, Versorgungskrisen (oben Anm. 1), S. 13 ff.

[33] *Th. Mommsen*, Römisches Staatsrecht II, S. 1038.

die Wirtschaft völlig in eigene Regie nahm, andererseits durch seine Konkurrenz den privaten Handel so schwer schädigte, daß er besonders in Krisenzeiten entstehende Lücken in der Versorgung nicht füllen konnte. Daher konnte eine geordnete Versorgung der Bevölkerungsmassen weder in Rom noch in den anderen Großstädten des römischen Kaiserreiches, für die ähnliche Versorgungssysteme aufgebaut worden waren, auf die Dauer sichergestellt werden. Immer wieder entstanden Versorgungskrisen und in ihrer Folge Unruhen und Revolten der Großstadtbevölkerung.

Verständlich sind diese Reaktionen für Rom vor allem deshalb, weil hier seit dem zweiten vorchristlichen Jahrhundert sich immer stärker beschäftigungsloses Konsumentenproletariat drängte, das auf diese staatliche Fürsorge angewiesen war und das andererseits genügend Freizeit für Protestkundgebungen besaß. Kann aber diese wichtige Ursache für die Unruhe der Großstadtbevölkerung auch auf die übrigen Großstädte übertragen werden — etwa auf Alexandreia, das seine Entwicklung einem Arbeitskräftemangel verdankte und dessen Ausfuhr bezeichnenderweise zu Beginn der römischen Kaiserzeit größer als seine Einfuhr war [34]? Eingehende Untersuchungen über den möglichen Zusammenhang zwischen alexandrinischen Unruhen und der gleichzeitigen Wirtschaftsentwicklung fehlen bisher und können hier auch nicht nachgeholt werden. Es läßt sich jedoch feststellen, daß die jeweiligen Regierungsmaßnahmen, durch die ein weiterer Zustrom eingedämmt oder eine Rückwanderung der Großstadtbevölkerung veranlaßt werden sollte, in Zeiten des Wirtschaftsrückgangs in Ägypten fielen, und jedenfalls größere Unruhen im ersten und dritten nachchristlichen Jahrhundert scheinen mir zeitlich mit Wirtschaftskrisen dieser Zeit in Verbindung zu stehen. Wichtig erscheint mir aber vor allem, daß es in der Antike nie eine Überproduktion an Nahrungsmitteln, besonders an Getreide, gegeben hat [35]. Bereits einzelne Mißernten konnten deshalb schwerwiegende Folgen haben, da zwar/das Getreide dann nicht allgemein fehlte, aber die Preise so in die Höhe getrieben wurden, daß sich auch die arbeitende Unterschicht nicht mehr ausreichend versorgen konnte. So erklären sich die gleichen Schwierigkeiten auch in den anderen Großstädten. Es wird dadurch aber zugleich deutlich, daß gerade auf dem wichtigen Gebiet der Nahrungsmittelversorgung die Wirtschaft der Antike auf die Stadt im antiken Sinne ausgerichtet geblieben ist — auf eine Stadt also, die identisch mit dem Bürgerland war und zu deren Grundprinzipien die Autarkie gehörte. Mit der Großstadt und den Problemen, die sie mit der Ballung von Bevölkerung auf engem Raum ohne eigene Versorgungsgrundlage stellte, ist die Wirtschaft des Altertums trotz aller staatlichen Bemühungen nicht fertig geworden.

[34] Nach Strabo 17, 1, 7, p. 793.

[35] Vgl. *Rostovtzeff*, Röm. Kaiserreich (oben Anm. 1) I, S. 164.

Trotzdem sind die Großstädte im Altertum weiter gewachsen und haben erst am Ausgang der Antike dort, wo die Führungsschicht auf die Güter abwanderte und die Zentralverwaltung das Interesse verlor oder zu einer Versorgung nicht mehr in der Lage war, einen entscheidenden Rückschlag erlitten. Gewachsen sind die Großstädte auch, obwohl sich die Menschen in ihnen nach dem Zeugnis ihrer Dichter hinaussehnten. Großstädtische Dichter der hellenistischen Zeit waren es, die ein Naturgefühl entwickelt, die Natur recht eigentlich für die Antike erst entdeckt haben. Seitdem wird immer wieder geschildert, „daß die Menschen sich nach einem stillen, kühlen Fleck im Grünen sehnen, wo rieselndes Wasser nicht fehlen darf" [36]. Diese Sehnsucht des Großstädters ist uns nicht fremd. Aber obwohl sie in der Antike für eine breite Unterschicht nicht in besseren Arbeits- und Aufstiegsmöglichkeiten ihr Äquivalent fand, hat auch damals die Großstadt ihre Anziehungskraft bewahrt. Zwar stellte Juvenal fest: „Nicht leicht kommt einer empor, dessen Tüchtigkeit knappes Vermögen im Weg steht; doch in Rom ist sein Versuch noch viel schwerer." Doch nur im Irrealis zog er zugleich die Folgerung: „Geschlossenen Zuges hätten (aus Rom) längst auswandern müssen die armen Quiriten." [37] Trotz aller Sorgen und aller Schwierigkeiten für den einzelnen, die Gesamtbevölkerung und den Staat hat die Großstadt mit ihren Problemen das Leben im Hellenismus und in der römischen Kaiserzeit weithin geprägt.

[36] *U. v. Wilamowitz-Moellendorf*, Hellenistische Dichtung in der Zeit des Kallimachos (Berlin ^{2}1962), S. 87.

[37] Juvenal, Satiren 3, 162 ff.

Jüdische Diaspora und Judenfeindschaft im Altertum*

Karl Dietrich Erdmann zum 65. Geburtstag

„Als ihm nun die Angriffe gegen unsere Gesetze zu gelingen schienen und bei der Plünderung der Synagogen kaum noch ihr Name erhalten blieb, beschritt er einen neuen Weg und hob unser Bürgerrecht auf. Das tat er in der Absicht, damit wir nach Beseitigung unseres von den Vätern ererbten Lebensstils und der Teilnahme an den bürgerlichen Rechten jedes Schutzes beraubt wären. Dazu erließ er eine Verordnung, in der er uns ‚Zugewanderte' und ‚Fremdstämmige' nannte und uns das Recht absprach, in ordentlichen Gerichtsverfahren belangt zu werden. Welches größere Eingeständnis könnte es wohl geben, daß hier eine Diktatur ausgeübt wurde?“ [1]

„Zu diesen Maßnahmen fügte er noch eine dritte, indem er denen, die die Juden verderben wollten, wie zu einer Belagerung Erlaubnis gab ... Aus vier Stadtteilen wurden die Juden vertrieben und zusammengepfercht in ein paar Häuserblocks des letzten Stadtteils. Die Juden waren so zahlreich, daß sie sich — all ihrer Habe beraubt — auch am Strande, auf den Müllplätzen und an den Grabstellen einnisten mußten. Die andere Bevölkerung stürmte ihre verlassenen Häuser, raubte sie aus und verteilte das Gut wie nach einer Plünderung. Als niemand sie hinderte, brachen sie auch die verschlossenen Geschäftshäuser der Juden auf, schleppten alle Waren, die sie fanden — und es waren sehr viele —, heraus und verteilten das fremde Gut wie ihr eigenes mitten auf dem Markt. Schlimmer noch als die Plünderung war es, daß alle zur Untätigkeit verdammt waren. Die Händler waren ihrer Warenlager beraubt, und keiner — Bauer, Schiffsunternehmer, Kaufmann, Handwerker — konnte seiner gewohnten Beschäftigung nachgehen. So wurden sie an einem Tage arm durch die Plünderung und zugleich unfähig, sich auch nur den notwendigsten Lebensunterhalt durch gewohnte Arbeit zu beschaffen. Aber so schwer das alles zu ertragen war, verglichen damit waren erst die folgenden Maßnahmen unerträglich.“ [2]

* Vortrag, gehalten am 27. 3. 1974 auf Einladung der Gesellschaft für christlich-jüdische Zusammenarbeit im Rahmen einer Ausstellung „Jüdisches Leben in Kiel“. Die beigefügten Anmerkungen sollen lediglich Belege und wichtigste, weiterführende Literatur vermitteln. Vgl. dazu jetzt auch *J. N. Sevenster,* The roots of pagan anti-semitism in the ancient world (Novum Testamentum, Suppl. 41). Leiden 1975.

[1] Philo, in Flacc. 53 f.

[2] Philo, in Flacc. 55—58.

Es wird dann weiter berichtet, wie die Juden nun gleichsam belagert wurden. Die Lebensmittel gingen schnell aus. Man sah vor allem Kleinkinder wegsterben. Da machten sich nach einigen Tagen heimlich einige auf, um bei alten Freunden oder durch Tausch Lebensmittel heranzuschaffen. In der Stadt wurden sie aber entdeckt. Und der Bericht fährt dann fort:

„Sie wurden von den Anführern des Mobs alsbald aufgegriffen und der Lynchjustiz übergeben. Ihre Körper wurden durch die ganze Stadt geschleift und dabei so aufgerieben, daß kein Teil mehr übrigblieb, der einer Bestattung hätte übergeben werden können. Viele wurden durch die unterschiedlichsten Grausamkeiten ums Leben ge/bracht von einer Meute, die nur noch Tieren glich. Manche der vornehmen Juden wurden gesteinigt oder mit Knüppeln totgeschlagen, aber so, daß erst lange Zeit die weniger wichtigen Körperteile getroffen wurden, damit sie viel leiden mußten und nicht zu schnell durch den Tod von den Grausamkeiten erlöst wurden. Auch mit Feuer und Schwert ging man gegen sie vor, und nicht wenige wurden verbrannt. Ja, ganze Familien, Männer mit ihren Frauen und Kinder mit ihren Eltern übergaben diese gänzlich verrohten Menschen den Flammen im Herzen der Stadt; und sie scheuten dabei weder das Alter noch die Jugend noch die Unschuld der kleinen Kinder. Und wenn ihnen das Holz zum Scheiterhaufen ausging, ließen sie Reisig sammeln und töteten sie mehr durch den Rauch als durch Feuer. So verlängerten sie die Todesqualen derer, die nur halb verbrannt auf den Scheiterhaufen lagen und verschafften sich selbst ein verabscheuungswürdiges Schauspiel . . . Aber nicht einmal mit dem Tod endete die scheußliche Mißhandlung ihrer Körper. Sie schleppten sie durch die engen Gassen der Stadt, bis der ganze Leichnam zerfleischt und alle Teile des Organismus auseinandergerissen und verstreut waren.“ [3]

Dieser Bericht schildert Ereignisse, die sich genau 1900 Jahre vor dem Judenpogrom in Deutschland, im Oktober des Jahres 38 n. Chr. in Alexandria in Ägypten zugetragen haben. Römischer Statthalter in Ägypten war zu dieser Zeit Aulus Avillius Flaccus; er wird als verantwortlich hingestellt und am Anfang dieses Berichtes mit „er“ bezeichnet. Der Bericht stammt aus einer Anklageschrift, die gegen diesen römischen Statthalter vom jüdischen Philosophen Philon von Alexandria geschrieben worden ist. Die Juden, die hier verfolgt wurden, waren im römischen Reich kein fremdes Volk. Deshalb nennt Philon diese Ereignisse einen ἐμφύλιον πόλεμον [4] — einen Bürgerkrieg. Und Philon hält das Verhalten des römischen Statthalters politisch für besonders gefährlich, da er gewußt habe, daß „Alexandria und das ganze Ägypten eine zweifach gegliederte Einwohnerschaft besaß, uns und sie, und daß nicht weniger als eine Million Juden

[3] Philo, in Flacc. 65—71.

[4] Philo, in Flacc. 44.

in Alexandria und Ägypten von der libyschen Grenze bis nach Äthiopien wohnten“ [5].

Damit sind wir mitten im Thema „Jüdische Diaspora und Judenfeindschaft im Altertum“. Bei der Behandlung dieses Themas steht Ägypten fast notwendig im Vordergrund, weil die Juden dorthin in besonders großer Zahl ausgewandert waren und weil die Quellen für dieses Gebiet besonders ergiebig sind. Zunächst möchte ich aber versuchen, einen Einblick in die Entstehung jüdischer Diaspora zu geben, und muß dazu auf die Glanzzeit der Staaten Israel und Juda zurückgreifen, wie sie uns im Alten Testament geschildert ist. Im Rahmen der Weltgeschichte handelt es sich dabei um eine Episode. Nach den großen Wanderbewegungen in der Mittelmeerwelt um 1200 v. Chr., die den bisherigen Großmächten — wie dem Hethiterreich — entweder den Untergang gebracht oder andere — wie Ägypten und Assyrien — entscheidend geschwächt hatten, entstand um das östliche Mittelmeerbecken ein machtpolitisches Vakuum. In ihm konnten sich Klein- und Mittelstaaten um so leichter bilden und behaupten, als die neuaufkommende Technik der Eisenverarbeitung ihnen Mittel zur Verteidigung in die Hand gab. Nächst dem Phryger- und Lyderreich in Kleinasien und den Griechen auf der Balkanhalbinsel haben die jüdischen Stämme in Palästina von dieser Situation profitiert. Es vollzog sich eine Staatenbildung gleichsam im Windschatten der Weltgeschichte. Doch hat die Ausbildung der Königsherrschaft nicht unwesentlich dazu beigetragen, daß die beiden hier entstandenen jüdischen Staaten sofort in die Auseinan/dersetzungen gerissen wurden, als um 800 v. Chr. Assyrien und Ägypten als Nachbarn Palästinas im Norden und Süden erneut Großmachtpolitik zu treiben begannen [6].

Zuerst wurde der Nordstaat Israel davon betroffen. Seine Hauptstadt Samaria ist nach dreijähriger Belagerung durch die Assyrer noch unter der Regierung Salmanassars V. oder durch [den Assyrerkönig] Sargon II. im Jahre 722/1 gefallen. Hierbei wurde bereits das Mittel der Deportation angewandt. Aber es entwickelte sich daraus keine eigentliche Diaspora, da die verschleppten Juden in Mesopotamien und Medien unter der dortigen Bevölkerung aufgegangen sind. Das Ereignis war aber insofern von Bedeutung, als sich im Nordreich durch Vermischung der verbliebenen Bevölkerung mit den neuangesiedelten Babyloniern und Syrern die Mischbevölkerung der Samariter gebildet hat.

Das Südreich Juda befand sich zur gleichen Zeit in wechselnder Abhängigkeit entweder von Ägypten oder von Assyrien. Vor allem im ägyptischen Heer erscheinen seit dieser Zeit jüdische Söldner, und wahrscheinlich im gleichen Zusammenhang haben die ägyptischen Pharaonen im siebenten oder spätestens im sechsten vorchristlichen Jahrhundert an ihrer Südgrenze eine jüdische Garnison

[5] Philo, in Flacc. 43.

[6] Vgl. zum folgenden *M. Noth*, Geschichte Israels (Göttingen ^{3}1956), S. 233 ff.; *S. Herrmann*, Geschichte Israels in alttestamentlicher Zeit (München 1973), S. 301 ff.

etabliert. Hier — auf der Nilinsel Elephantine — können wir zum ersten Mal in einer Söldnerkolonie jüdische Diaspora fassen, deren Leben sich über 200 Jahre hinweg in dem Fund einer ganzen Anzahl aramäischer Papyri widerspiegelt [7]. Noch hatte sich die deuteronomische Forderung nach der Einheit der Kultstätte nicht durchgesetzt; und deshalb finden wir hier einen Tempel als Kultmittelpunkt dieser Diasporagemeinde, in dem neben Jahu noch zwei weitere orientalische, nichtägyptische Gottheiten verehrt wurden. Die Juden dieser Militärkolonie treten uns als eine geschlossene Gruppe gegenüber, die sich durch gemeinsamen Kult und durch gemeinsame Rechtsbräuche von ihrer ägyptischen Umgebung deutlich unterschied und offenbar auf Absonderung bedacht war. Andererseits übernahmen die Familienangehörigen der Söldner bald zivile Beschäftigungen und paßten sich hierin ihrer Umgebung durchaus an. Die Lage der Kolonie am Beginn des schiffbaren Nil und am Ende der Karawanenstraßen aus dem Sudan und vom Roten Meer begünstigte den Handel. An ihm haben sich — nach Ausweis unserer Urkunden — die Angehörigen dieser Kolonie neben und mit den Einheimischen intensiv beteiligt. Im Mutterland Juda wurde die prekäre Situation zwischen den Großmächten und damit die Gefahr, welcher der eigene Staat ausgesetzt war, immer deutlicher. Es ist die Zeit des ausgehenden siebenten Jahrhunderts und beginnenden sechsten Jahrhunderts, in dem hier die großen Propheten Jesaja und Jeremia aufgestanden sind. Es ist zugleich die Zeit, in der das Deuteronomion — (das 5. Buch Moses) — ‚geschaffen' wurde [8] mit seiner Abschaffung der kanaanäischen Höhenheiligtümer und der Zentralisierung des Kultes im Tempel von Jerusalem, mit der Verschärfung der kultischen Bestimmungen, die nun erst zu einer Absonderung der Juden von ihrer Umwelt führten.

Nachdem das Assyrerreich am Ende des siebenten vorchristlichen Jahrhunderts durch die Herrschaft der Könige von Babylon — Nabopolassar und Nebukadnezar — abgelöst war und diese in der Schlacht von Karkemisch im Jahre 605 v. Chr. die ägyptischen Truppen besiegt hatten, fiel Palästina in den Einflußbereich dieses sogenannten neubabylonischen Reiches. Trotz der Warnungen Jeremias hat der König von Juda, Jojakim, an der alten Verbindung zu Ägypten festgehalten. So wurde 597 v. Chr. Jerusalem erobert, der Königssohn Jojachin und ein großer Teil der Oberschicht nach Babylonien/deportiert, aber offenbar in ehrenvoller Gefangenschaft gehalten. Denn in den babylonischen Urkunden wird Jojachin als König von Juda mit seinem Hofstaat genannt.

Es kam jedoch in Juda zu einer erneuten Erhebung, und jetzt wurde — 587/6 v. Chr. — Jerusalem durch Nebukadnezar erneut erobert und zerstört. Der Tempel wurde verbrannt; mit ihm ist wahrscheinlich die Bundeslade zugrunde

[7] Vgl. *Ed. Meyer*, Der Papyrusfund von Elephantine. Dokumente einer jüdischen Gemeinde aus der Perserzeit und das älteste erhaltene Buch der Weltliteratur. Leipzig [3]1912.

[8] Zur Deutung des ‚Fundes' dieses Gesetzbuches vgl. jetzt *Herrmann*, a.a.O., S. 327 ff.

gegangen. Der jetzige König wurde geblendet und nach Babylon geführt, seine Familie und Angehörige der Oberschicht wurden getötet. Vor allem die städtische Bevölkerung von Jerusalem — und mit ihr wahrscheinlich der Prophet Hesekiel — wurde nach Babylonien deportiert. Die Eigenstaatlichkeit wurde aufgehoben. Juda war eine babylonische Provinz, zunächst unter einem Judäer als oberstem Beamten. Aber als dieser bald darauf im Lande ermordet wurde, erfaßte auch einen großen Teil der noch im Lande Verbliebenen die Furcht vor einer erneuten Rache Nebukadnezars. Viele flohen jetzt nach Ägypten und haben auf dieser Flucht Jeremia gegen seinen Willen mitgenommen.

Hier liegt in der jüdischen Geschichte ein bedeutender Einschnitt. Dieser Beginn der babylonischen Gefangenschaft hat allerdings weltpolitisch so wenig Eindruck gemacht, daß Nebukadnezar ihn nicht einmal in seinen Tatenberichten erwähnt hat. Auch ist die Vorstellung falsch, als sei das ganze jüdische Volk in Gefangenschaft geführt worden. Das platte Land wurde weiterhin von Judäern bewohnt. Anders als in Israel ist auch keine neue, fremdstämmige Oberschicht hier angesiedelt worden [9]. Aber neben der Judenkolonie von Elephantine gab es nun zum ersten Male zwei größere geschlossene jüdische Gruppen außerhalb des Heimatlandes und ohne Verbindung zum Tempel in Jerusalem: einmal in Babylonien und zum anderen in Unterägypten — wahrscheinlich am Ostrand des Deltas, wo seit dieser Zeit jüdische Siedlungen nachweisbar sind und wo die Judäer von den Pharaonen als Grenzschutz gegenüber dem babylonischen Machtbereich benutzt worden sind.

Diese jüdische Diaspora — vor allem in Babylonien — ist von Bedeutung geworden. Es handelte sich nicht um eine Gefangenschaft, sondern um die gemeinsame Ansiedlung dieser Deportierten als eine halbhörige Bevölkerung, wie sie im Vorderen Orient überall zu dieser Zeit anzutreffen war — mit der Möglichkeit zu einem gemeinsamen Leben. Die Vorschriften des Deuteronomions hatten sich inzwischen so stark durchgesetzt, daß es für diese Deportierten die Möglichkeit eines Ersatzes des Tempels von Jerusalem nicht gab. Damit traten hier in der Diaspora an die Stelle des kultischen Handelns Bräuche: vor allem die Sabbatruhe und die Beschneidung. In der alten Umgebung — auch in Ägypten — wurde die Beschneidung allgemein geübt. Die Juden unterschieden sich darin also nicht von ihrer Umgebung. Anders war das in Mesopotamien. Und so wurde hier die Beschneidung zum Zeichen der Zugehörigkeit zum Bund, den Gott mit seinem Volke geschlossen hatte. In ähnlicher Weise ist auch in Bezug auf die Sabbatruhe die strenge Bindung an das Gesetz, die späterhin den jüdischen Glauben so stark kennzeichnen sollte, vor allem hier in der Diaspora — und zwar als eine Art von Ersatz der fehlenden Kulthandlungen — ausgebildet

[9] Zum Ausmaß der Deportation vgl. jetzt auch *H. Kreissig*, Die sozialökonomische Situation in Juda zur Achämenidenzeit (Schriften z. Geschichte u. Kultur d. Alten Orients, 7. Berlin 1973), S. 20 ff.

worden. Hier schien nur noch die Einhaltung der Gesetze eine mögliche Rückkehr in die Heimat zu verbürgen. Nicht ohne Bedeutung wurde wohl auch noch ein zweites: Das jüdische Volk ist bis zu dieser Zeit im Wesentlichen ein Bauernvolk gewesen. Auch die Stadtbevölkerung in Jerusalem werden wir uns — entsprechend den Opferbräuchen und unserer sonstigen Kenntnis — vornehmlich als eine Schicht von Ackerbürgern vorzustellen haben. Konn/te ich schon bei der Militärkolonie von Elephantine auf eine Änderung in der Beschäftigung jedenfalls eines Teiles dieser Diasporaangehörigen hinweisen, so gibt es ähnliche Anzeichen auch in Babylonien. In den dortigen Keilschrifttexten fassen wir nun immer wieder einmal jüdische Namen. Und sie sind besonders zahlreich in einem Archiv, das die Korrespondenz eines großen babylonischen Geschäftshauses, des Hauses der „Söhne des Murašū" enthält [10].

Die Änderungen in der Diaspora betreffen also nicht nur das religiöse, sondern auch das bürgerliche Leben. Und diese Änderungen sind offenbar bewirkt durch zwei entgegengesetzte Kräfte: einmal der der Absonderung von der religiös fremden Umwelt, zum anderen durch die Anpassung an die bürgerlichen Lebensverhältnisse des Gastvolkes.

Das Schicksal dieser Diaspora in Babylon war weiterhin verknüpft mit den weltgeschichtlichen Ereignissen im Vorderen Orient. Das neubabylonische Reich war nicht von langer Dauer. Es wurde zuerst von den Medern, dann aber stärker von der aufstrebenden Macht der Perser unter Kyros bedrängt. Auf ihn als ein Werkzeug Gottes sahen auch die Juden in Babylonien, wie uns das Deuterojesaja [11] zeigt. Tatsächlich wurde Babylon im Jahre 539 von Kyros genommen, im Jahre 525 unter seinem Sohn Kambyses auch Ägypten. Damit war ein persisches Großreich geschaffen, in dem die Deportierten und die in der Heimat verbliebenen Juden weiterhin unter einem König lebten. Aber nun unter anderen Verhältnissen, da die Perser im Gegensatz zu den Assyrern und Babyloniern den unterworfenen Völkern ihre Eigenart beließen.

In diese Politik gehört dann der Erlaß des Kyros vom Jahre 538 v. Chr., daß „das Gotteshaus in Jerusalem an der Stätte gebaut werden solle, an der man Schlachtopfer und Feueropfer darzubringen pflegt" [12] — also der Erlaß eines persischen Königs zum Wiederaufbau des salomonischen Tempels, zugleich verbunden mit der Aufforderung, die geraubten Tempelgeräte zurückzuführen und den Aufbau aus Staatsmitteln vorzunehmen. Mit einiger Wahrscheinlichkeit geht dieser Erlaß auf den Einfluß der Deportierten in Babylon zurück. Ihre Repatriierung war nicht unmittelbar mit diesem Erlaß verbunden, und eine offi-

[10] Vgl. *Noth*, a.a.O., S. 266, Anm. 1.

[11] Jes. 40—55.

[12] Zur Echtheit von Esra 6, 3—5, vgl. *Noth*, a.a.O., S. 276 f.; *Herrmann*, a.a.O., S. 366 f.; *Kreissig*, a.a.O., S. 35 f.

zielle Rückführung hat es nie gegeben. Aber wahrscheinlich ist schon zu dieser Zeit ein erheblicher Teil der Verbannten nun in die Heimat zurückgekehrt.

Auf ihren Einfluß ist es wohl zurückzuführen, daß sich Gedanken der Diaspora gleich nach der Wiedererrichtung des Tempels immer stärker auch in der Heimat zeigten. Ganz anders als früher wurde dieser neue Tempel nämlich jetzt zum Mittelpunkt nicht nur der Kultgemeinde, sondern des Volkes. Da es keinen König mehr gab und der Königspalast neben dem Tempel fehlte, bekamen die Priester nun die entscheidende Stellung gegenüber dem Volk. Zum ersten Mal gibt es jetzt einen „Hohenpriester"; und das theokratische Prinzip beginnt die staatlichen Vorstellungen zu beherrschen — ein Prinzip, das früher nie in dieser Weise ausgebildet war.

Auch in der Zukunft wirkt die Diaspora auf das Leben in der Heimat ein: Nehemia und Esra sind in amtlicher Mission von Susa aus nach Jerusalem gesandt worden. Nehemia wird der erste Statthalter der selbständigen persischen Provinz Juda. Esra kommt als eine Art von „Staatskommissar für das Gesetz des Himmelsgottes" [13] — und das besagt nichts anderes, als daß die Angehörigen aus der Diaspora nun ihre sakralen Bräuche auf die Heimat übertrugen, denen sich im Vollzug einer staatlichen Ordnung/alle unterwerfen mußten, die sich zur jüdischen Kultgemeinde bekannten. Priesterliche Richter sind bei dieser Gelegenheit eingesetzt worden, und damit wurde der rigoristische Zug von der Diaspora her nach Jerusalem verpflanzt.

Versuchen wir, für unser Thema Wesentliches aus diesem ersten Abschnitt des Diasporajudentums im Altertum zusammenzufassen, so zeigt sich: Feindschaft gilt in dieser Zeit den Juden zunächst als einem fremden Staatsvolk, von Feindschaft gegenüber dem Diasporajudentum ist uns nichts überliefert. Hier aber gibt es Fremdheit. Denn aus ihr sind ja mit großer Wahrscheinlichkeit die beiden gegensätzlichen Reaktionen zu erklären: die Absonderung von der Umgebung in einer durch strenges Gesetz zusammengehaltenen Kultgemeinschaft und zugleich die Anpassung an die fremde Umgebung im täglichen Leben. Über allem steht offenbar die Verbundenheit mit der alten Heimat und ihrem Kultmittelpunkt. Denn von den Wandlungen beiderlei Art in der Diaspora gehen anschließend Wirkungen auf diese Heimat aus. Es wird nicht nur die neue Gesetzesfrömmigkeit übertragen; sie kann nur deshalb übertragen werden, weil die Anpassung im täglichen Leben jedenfalls einer Gruppe der Deportierten den Einfluß verschafft hat, der dann für die Restituierung eingesetzt werden konnte.

Der zweite Abschnitt für die jüdische Diaspora im Altertum beginnt gut hundert Jahre später nach der Unterwerfung des Perserreiches durch Alexander den Großen und nach der Ausbildung der Diadochenstaaten durch die ptolemäische Dynastie in Ägypten, durch die Seleukiden in Syrien und Mesopotamien. Palästina gehörte zunächst über hundert Jahre bis zum Anfang des zwei-

[13] *Noth*, a.a.O., S. 300.

ten vorchristlichen Jahrhunderts zum ägyptischen Ptolemäerreich. Gleich unter der Regierung des ersten Ptolemäers sind Juden, teils freiwillig, teils als Kriegsgefangene, erneut in Ägypten angesiedelt worden [14]. Die Kolonien zur Sicherung der Ostgrenze wurden hierbei verstärkt. Im ptolemäischen Heere finden wir im dritten vorchristlichen Jahrhundert immer wieder jüdische Namen; und da die Ptolemäer ihre ausgedienten Soldaten im ganzen Lande ansiedelten, gibt es in der Folgezeit gerade in den neuen Siedlungsgebieten Gemeinwesen mit einem jüdischen Kern, die schon in ihrer Namengebung ihre Herkunft verraten. Dörfer im neuerschlossenen Fajum heißen etwa Samaria oder Magdola. In ihnen sind Synagogen bezeugt, und bis in die römische Kaiserzeit hinein tauchen in den Urkunden aus diesen Dörfern jüdische Namen auf. Vor allem aber gab es Juden in der neugegründeten Stadt Alexandria; und diese wurden für die jüdische Diaspora von besonderer Bedeutung.

Wie unsere Quellen berichten, gab es in Alexandria ein eigenes jüdisches Stadtviertel. Das war aber kein Ghetto, sondern wie andere geschlossene ethnische Gruppen besaßen die Juden hier ihre eigene Gemeinde mit eigener Rechtsordnung. An der Spitze stand ein Ältestenrat, wahrscheinlich aus 71 Mitgliedern. Die Gemeinde besaß ein eigenes Notariat, und d. h., daß in privatrechtlichen Angelegenheiten weitgehend das eigene Recht benutzt werden konnte. Verglichen damit, daß die griechische Bürgerschaft von Alexandria einen eigenen Rat nicht besessen hat, war die jüdische Diasporagemeinde so durchaus privilegiert. Wie die Griechen waren die Juden von entehrenden Strafen — wie dem Auspeitschen — ausgenommen.

Zeigen die vorwiegend gemeinsame Siedlung in einem Stadtviertel und der Zusammenschluß in einer Gemeinde auch hier die Absonderung von der fremden Umgebung, so ist andererseits doch gerade in Alexandria die Tendenz zur Anpassung von großer/Wirkung geworden. Das Gesetz des Esra brachte es mit sich, daß — anders als im Mutterlande — hier in der Diaspora die jüdische Gemeinde ethnisch nicht mehr geschlossen war. Wer sich zum Gesetz bekannte, wurde aufgenommen und mit einem griechischen terminus technicus Proselyt genannt. Die Aufnahme dieser griechischsprachigen Fremden mag den Wunsch verstärkt haben, auch im Kult die Sprache der Umgebung zu übernehmen. Und so ist in Alexandria das Alte Testament ins Griechische übersetzt worden — nach der eigenen Tradition dieses Diasporajudentums unter Beteiligung und im Auftrag des zweiten Ptolemäerkönigs durch 72 jüdische Gelehrte (Septuaginta). Es war dies gewiß eine gelungene Übersetzung, aber gerade damit zugleich eine Interpretation — und zwar eine Interpretation aus griechisch-hellenistischem Geist. Sie trägt so bereits alle Kennzeichen, welche die anschließende jüdisch-

[14] Vgl. zum folgenden vor allem *V. Tscherikover,* Corpus Papyrorum Judaicarum I (Cambridge, Mass. 1957), S. 1 ff.

hellenistische Literatur geprägt hat: den Versuch einer Vereinigung und Verschmelzung jüdischen und griechischen Gedankengutes.

Die Verfasser dieser Literatur besaßen als Juden die volle griechische Bildung ihrer Zeit und zeigen uns damit, wie stark sich im täglichen Leben wenigstens die Oberschicht der jüdischen Diaspora assimiliert hatte. In der Großstadt Alexandria konnten die Juden ohnehin nicht einer bäuerlichen Beschäftigung nachgehen. Sie haben sich dem Leben in dieser Stadt, die vor allem durch ihren Hafen geprägt war, angepaßt; und es ist vielleicht nicht ganz zufällig, daß Angehörigen der jüdischen Oberschicht traditionell ein hohes und zugleich einträgliches königliches Amt anvertraut war: die Bewachung des Flußes, d. h. zugleich die Erhebung der Zölle. Wenn auch niemals die ganze jüdische Gemeinde in Alexandria das volle Bürgerrecht dieser Stadt besessen hat, so schickten doch die Angehörigen ihrer Oberschicht ihre Kinder auf das griechische Gymnasium und erlangten damit Eingang auch in die politische Griechengemeinde dieser Stadt.

Da unter der gleichen Herrschaft der ptolemäischen Könige die Verbindung zu Jerusalem immer aufrecht erhalten wurde, können wir in der Hellenisierung der Gemeinde von Jerusalem wahrscheinlich die Einwirkungen der alexandrinischen Diaspora fassen. Einzelheiten muß ich mir hier sparen [15]. Bezeichnend scheint mir zu sein, daß am Anfang des zweiten vorchristlichen Jahrhunderts der Hohepriester in Jerusaleum dort ein griechisches Gymnasium einrichtete, in dem die Juden in gleicher Weise Sport betrieben und in gleicher Weise in griechische Literatur eingeführt wurden, wie das in griechischen Gemeinden üblich war. Daraus entstanden in der Kultgemeinde von Jerusalem Gegensätze, die noch verschärft wurden, als in der gleichen Zeit Palästina unter seleukidische Herrschaft geriet, die — anders als die Ptolemäer — diese hellenistischen Züge anfänglich stark begünstigte, später gegenüber den jüdischen Bräuchen staatlicherseits durchzusetzen versuchte.

Darüber ist es zur Erhebung der Makkabäer gekommen. Ein Vorspiel dazu war es bereits, daß die Seleukiden in schneller Folge die Hohenpriester in Jerusalem ab- bzw. einsetzten. Zu den Betroffenen gehörte im Jahre 175 v. Chr. der gesetzestreue Hohepriester Onias, der nach der Absetzung mit seinem Anhang floh und vom ptolemäischen König offenbar mit offenen Armen aufgenommen wurde. Unter starker Förderung und vielleicht sogar auf Initiative des Königs wurde im Ostdelta in Leontopolis nun ein Tempel erbaut, der mit aller Wahrscheinlichkeit als eine Art Konkurrenz zu Jerusalem gedacht war und der bis zur Zerstörung des Jerusalemer Tempels im Jahre/70 n. Chr. bestanden hat. Ein Mittelpunkt der ägyptischen Diaspora ist dieser Tempel aller-

[15] Vgl. *M. Hengel,* Judentum und Hellenismus. Studien zu ihrer Begegnung unter besonderer Berücksichtigung Palästinas bis zur Mitte des 2. Jhs. v. Chr. (Wissenschaftl. Untersuchungen z. Neuen Testament, 10). Tübingen ²1973.

dings nicht geworden. Man hatte sich inzwischen an die gottesdienstliche Form in der Synagoge gewöhnt; und auch die strengen Bräuche, auf deren Einhaltung Onias in Leontopolis offenbar erneut Gewicht gelegt hat, waren bei den Diasporajuden vor allem in Alexandria außer Übung gekommen.

Aber der Bund zwischen der jüdischen Diaspora in Ägypten und dem dortigen griechischen Königshaus ist dadurch verstärkt worden. Die Juden waren zu ihrem Schutz in einer fremden Umgebung an einer starken Zentralgewalt ihres Gastlandes interessiert und haben ihrer Loyalität wiederholt Ausdruck gegeben in Inschriften, mit denen sie ihre Synagogen dem jeweiligen ptolemäischen König geweiht haben. Andererseits kamen den ptolemäischen Königen in einem Land, in dem Unruhen der ägyptischen Bevölkerung immer stärker um sich griffen, loyale, fremde Untertanen sehr zustatten. So wurden jüdische Kontingente aufgestellt. Schon zu Beginn des zweiten vorchristlichen Jahrhunderts gab es zwei jüdische Generäle; und etwa 50 Jahre später befanden sich in der gleichen Stellung zwei Söhne des Hohenpriesters Onias. Einer von ihnen wurde später hoher Zivilbeamter und vom König mit einem goldenen Kranz geehrt.

Dieses gute Verhältnis hat offenbar bis zum Ende der Ptolemäerherrschaft angedauert. Unsere Folgerungen über diese Periode jüdischer Diaspora müßten deshalb ganz ähnlich lauten wie die über die babylonische, wenn wir nicht aus dem Anfang des ersten vorchristlichen Jahrhunderts auf einem Papyrus einen Privatbrief besäßen, in dem es u. a. heißt: „... denn Du weißt, daß sie Juden verabscheuen." [16] Zum ersten Mal begegnet uns damit innerhalb der Diaspora ein Ausdruck von Judenfeindschaft. Leider bleibt alles andere unklar, da der Papyrus an den entscheidenden Stellen stark beschädigt ist. Wir können nicht mit Gewißheit sagen, ob die Korrespondenten selbst Juden waren, obwohl das jedenfalls naheliegt. Wir wissen aber vor allem nicht, wer hier der Judenfeindschaft bezichtigt wird — möglicherweise ägyptische Priester, da jedenfalls ein ägyptischer Dorfpriester im Brief selbst genannt wird. Auf alle Fälle befinden wir uns in dem Milieu einer griechisch-ägyptischen Mischbevölkerung auf dem platten Lande Ägyptens, und innerhalb dieser Schicht ist deshalb die Judenfeindschaft auch zu suchen. Loyalität gegenüber dem Herrscherhaus in einer Umgebung, die dem Druck von seiner Seite mit Aufstandsbewegungen zu begegnen suchte, und Einsatz jüdischer Truppenführer und jüdischer Truppen gegen solche Aufstandsbewegungen können eine solche Feindschaft natürlich erklären. Aber daneben bleiben viele andere Möglichkeiten, die für uns nicht zu fassen sind.

So bietet uns diese Notiz aus einem Privatbrief zwar einen Hinweis auf Judenfeindschaft in Ägypten, aber keine Erklärung für den Haß, der sich im Beginn der römischen Zeit in Alexandria in dem Pogrom vom Jahre 38 n. Chr.

[16] C. P. Jud. 141, 8 f.

manifestierte, von dessen Schilderung ich hier ausgegangen bin [17]. Noch unter der Regierung des Augustus und des Tiberius finden wir Hinweise darauf, daß die jüdische Diaspora in Ägypten durch die Kaiser geschützt wurde. Eine Änderung trat erst ein unter Caligula. Der damalige ägyptische Statthalter Flaccus war noch ein Vertrauter des Tiberius und ein Freund seiner Höflinge, die Caligula bald nach seiner Thronbesteigung beseitigt hatte. Flaccus mußte also ebenfalls für sein Leben fürchten. Zudem stand er sich offenbar mit der politischen Gemeinde von Alexandria, also den dortigen Griechen, nicht allzu gut. Das aber konnte weiterhin unangenehm für ihn werden, da Caligula wie Cäsar für/Alexander und damit auch für seine Hauptgründung Alexandria schwärmte und die Stadt besuchen wollte. In dieser Situation machten die Führer der alexandrinischen Bürgerschaft ihrem Statthalter einen Versöhnungsvorschlag: man wolle alle Zwistigkeiten beilegen, dafür solle er ihnen freie Hand geben gegen die Juden. Flaccus ist auf diesen Vorschlag eingegangen, und so kam es zu dem Pogrom vom Jahre 38 n. Chr. Allerdings ging auch das nicht ohne einen Anlaß; und den lieferte der Enkel des großen Königs Herodes, Herodes Agrippa, der eben im Jahre 38 Alexandria besuchte. Die Juden wollten ihm einen triumphalen Empfang bereiten. Die Angehörigen der griechischen Oberschicht ärgerten sich darüber, weil Agrippa noch wenige Jahre zuvor bankrott als Bittsteller vor ihren Türen gestanden hatte. So wurde eine Posse veranstaltet: Ein Bettler wurde als König herausgeputzt und im Triumphzug durch die Stadt geführt. Aber gleich darauf fürchtete man Konsequenzen. Konnte man so ein Vorgehen verantworten? Dieser Herodes Agrippa war immerhin ein Freund des Kaisers Caligula. Man bekam es also mit der Angst zu tun und wollte eine Strafe abwenden. Man wußte zugleich, daß sich Caligula selbst zum Gott erklärt hatte, und forderte nun von den Juden, sie sollten in ihren Synagogen Standbilder des Gottes Caligula aufstellen. Erst die Weigerung, diesem Ansinnen nachzugeben, führte dann zu den anfangs geschilderten schrecklichen Ausschreitungen.

Der Schrecken wurde dadurch nicht gemildert, daß zunächst recht bald Hilfe kam. Herodes Agrippa beschuldigte am Kaiserhofe den ägyptischen Präfekten, der abgesetzt und jetzt auch von den Führern der griechischen Bürgerschaft noch zusätzlich angeklagt wurde. Aber Agrippa hat sich offenbar primär *gegen* Flaccus und nicht *für* seine jüdischen Landsleute in Alexandria eingesetzt. Denn die Synagogen blieben weiterhin geschlossen, und auch eine Abordnung an den Kaiserhof unter Führung des jüdischen Philosophen Philon hatte keinen Erfolg. Der Kaiser war nach der Unterredung sichtlich verärgert, die er mit den Wor-

[17] Vgl. zum folgenden neben *Tscherikover*, a.a.O., S. 48 ff., *U. Wilcken*. Zum alexandrinischen Antisemitismus (Abh. Leipzig 27. 1909), S. 783 ff.; *H. I. Bell*, Juden und Griechen im römischen Alexandria. Eine historische Skizze des alexandrinischen Antisemitismus (Beihefte zum „Alten Orient“ 9). Leipzig 1926.

ten schloß, Leute, die seine Göttlichkeit nicht zu sehen vermöchten, seien mehr zu bedauern als zu tadeln [18].

Unmittelbar nach dem sehr bald folgenden Regierungswechsel in Rom schlugen die Juden in Alexandria im Jahre 41 n. Chr. los. Sie hatten sich Waffen verschafft, wahrscheinlich auch Verstärkung von den Aufständischen in Palästina. Es kam zu einem blutigen Kampf, der erst durch den Einsatz von Militär niedergeworfen werden konnte. Wieder gingen daraufhin Gesandtschaften der Griechen und Juden aus Alexandria nach Rom. Der Kaiser Claudius versuchte durch einen Brief an die Alexandriner zu schlichten, der uns auf Papyrus erhalten ist [19]. Die Feindseligkeiten in der Stadt dauerten aber an. Wie andere Papyri — die sogenannten Alexandrinischen Märtyrerakten [20] — berichten, mußte Claudius erneut gegenseitige Anklagen in Rom anhören, und unter Nero kam es im gleichen Jahre 66 n. Chr., als der große Aufstand in Jerusalem ausbrach, auch in Alexandria zu einem Massaker.

Die Verbindung zwischen der Diaspora und der Heimat wird dadurch deutlich. Typisch scheint mir aber auch zu sein, daß offenbar geringste Anlässe genügten, um den brodelnden Vulkan zum Ausbruch zu bringen. Im Amphitheater verhandelte — wie uns berichtet wird [21] — die alexandrinische Bürgerschaft über eine Gesandtschaft an Nero. Juden drangen in die Versammlung ein, wurden erkannt und man rief, sie seien Feinde und Spione. Drei von ihnen wurden auch gefaßt und weggeschleppt. Da erhoben sich die anderen Juden zu ihrer Befreiung. Man brachte Fackeln und wollte das/Amphitheater in Brand setzen und mit ihm die Volksmenge der Alexandriner verbrennen. Wieder wurden — jetzt unter dem Befehl des jüdischen Renegaten Tiberius Julius Alexander als ägyptischem Statthalter — Truppen eingesetzt, die Juden in einem Stadtteil zusammengepfercht. Wieder wurden ganze Häuserblocks zerstört und kamen viele Juden ums Leben, bevor der Aufstand niedergeschlagen wurde. Bezeichnend ist es auch, daß jüdische Aufständler, die nach dem Fall von Jerusalem im Jahre 70 n. Chr. ihr Leben retteten, sich nach Alexandria flüchteten und dort — allerdings ohne Erfolg — den Aufstand fortzusetzen versuchten.

Das sind in Kürze die äußeren Ereignisse. Nach jahrhundertelangem friedlichem Zusammenleben der jüdischen Diaspora mit der übrigen Bevölkerung von

[18] Nach der Schilderung des Führers der Gesandtschaft Philo, leg. ad Cai. 367.

[19] P. Jews 1912, in: Jews and Christians in Egypt. The Jewish troubles in Alexandria and the Athanasian controversy, illustr. by texts from Greek papyri in the British Museum, ed. by *H. I. Bell* (Oxford 1924), S. 1 ff.; jetzt C. P. Jud. 153 (mit reicher Literatur) sowie *E. M. Smallwood*, Documents illustrating the principates of Gaius, Claudius and Nero (Cambridge 1967), Nr. 370.

[20] Acta Alexandrinorum de mortibus Alexandriae nobilium fragmenta papyracea Graeca, ed. *H. Musurillo*. Leipzig 1961; mit ausführlichem Kommentar *ders.*, The Acts of the pagan martyrs. Acta Alexandrinorum. Oxford 1954.

[21] Ios., bell. Iud. 2, § 490—498.

Alexandria zeigen sie uns innerhalb eines Menschenalters einen fortwährenden, unbarmherzigen Kampf, der — wie ich meine — nur durch Judenfeindschaft erklärt werden kann. Bisher sind wir am Ende der ptolemäischen Zeit lediglich auf ein Indiz für eine solche Judenfeindschaft gestoßen. Die Frage nach ihren Ursachen ist natürlich immer wieder gestellt und sehr unterschiedlich beantwortet worden.

Ein Zeitgenosse der Ereignisse, der jüdische Philosoph Philon, der als Leiter der jüdischen Delegation an den Kaiserhof unmittelbar betroffen war, hat in seinen Schriften allein den Mob von Alexandria für diese Ausschreitungen verantwortlich gemacht. Wir wissen auch aus anderen Gelegenheiten, wozu dieser Großstadtpöbel fähig war, sehen aber zugleich, daß seine Exzesse in der Regel angestiftet wurden. Zudem steht Philon unter dem Verdacht, die Dinge gleichsam von einem Klassenstandpunkt aus beurteilt zu haben. Er ist der letzte und größte Vertreter der vorhin bereits geschilderten jüdisch-hellenistischen Literatur, die auf eine Verschmelzung des philosophischen Gedankenguts beider Völker abzielte. Er war auf einen Ausgleich mit der gebildeten griechischen Oberschicht von Alexandria bedacht, und von daher mag sein Urteil getrübt sein.

Dieser Verdacht wird bestätigt durch den Inhalt der schon genannten Urkundengruppe der Alexandrinischen Märtyrerakten. Es handelt sich dabei um eine ganze Reihe fiktiver Protokolle vor dem Gericht des römischen Kaisers, mit denen in Ägypten antirömische Propaganda betrieben worden ist. Die Tendenz ist also handgreiflich. Trotzdem sind diese Protokolle offenbar doch so eng an tatsächliche Situationen angelehnt worden, daß man ihren Aussagen weitgehend Glauben schenken darf, es habe sich in diesen Jahren um einen Kampf der griechischen Oberschicht von Alexandria gegen die Diasporajuden auch vor dem Kaiserthron gehandelt.

Man neigt heute dazu, diesen Quellen den Vorzug zu geben. Aber man kann m. E. darüber nicht außer Acht lassen, daß es für Propagandaparolen dieser Oberschicht eine Resonanz in der breiten Bevölkerung von Alexandria geben mußte, bevor es zu den geschilderten Ausschreitungen kommen konnte. Zur Erklärung könnte sich anbieten, was der jüdische Historiker Josephos ca. 50 Jahre später in seiner Streitschrift gegen den alexandrinischen Philosophen Apion vorbringt [22]: nicht im Wesentlichen die Griechen und Römer in Alexandria seien gegen die Juden eingestellt gewesen, sondern die Ägypter in dieser Stadt — d. h. also eine breite Unterschicht. Zwischen ihnen und den Juden habe eine uralte Feindschaft geherrscht, die bis auf den Auszug der Kinder Israels aus Ägypten zurückzuführen sei. Nun, es ist sehr leicht zu sehen, daß Josephos sich hier in einer literarischen Fehde befindet, die mit den tatsächlichen Gegebenheiten/wohl nur sehr wenig zu tun hat. Tatsächlich gibt es lite-

[22] Ios., c. Apion. 1, 25, 223 ff. u. ö.

rarische Judenfeindschaft in Ägypten schon seit langer Zeit, für uns zuerst greifbar in der ägyptischen Geschichte des Priesters Manetho am Anfang des dritten vorchristlichen Jahrhunderts. In ihr werden von ägyptischer Seite die biblischen Erzählungen über den Auszug aus Ägypten zurückgewiesen, wird Moses als ein abgefallener ägyptischer Priester, werden die Juden als die Hefe des ägyptischen Volkes dargestellt, die man zurecht aus dem Lande vertrieben habe. Aus dieser Literatur stammen die — später auf die Christen übertragenen [23] — Vorwürfe über Gottlosigkeit und den Menschenhaß der Juden. Gewiß hat auch das auf die Dauer Wirkung ausgeübt, aber am wenigsten im Altertum auf eine breite Schicht — da diese Literatur nur wenigen Gebildeten zugänglich war. Auch zeigt das Vorgehen vor dem Pogrom des Jahres 38 n. Chr., daß die religiöse Frage eigentlich nur einen Vorwand bieten mußte.

Da schien am Anfang dieses Jahrhunderts ein neuer Papyrusfund einen Weg zur Erklärung aufzuzeigen, der um so eher beschritten wurde, als er sich mit den Vorstellungen der eigenen Zeit weitgehend deckte. Es handelt sich dabei um einen Geschäftsbrief vom Beginn der römischen Zeit, den ein ägyptischer Kaufmann aus dem Inneren des Landes an seinen Agenten in Alexandria geschrieben hat. Dem Brief ist zu entnehmen, daß der Agent infolge eines fehlerhaften Geschäftsabschlusses in Geldschwierigkeiten gekommen war. Er erhält deshalb genaue Verhaltensmaßregeln für seine Versuche, bei einem Geschäftsfreund Geld geliehen zu bekommen. Nach diesen Anweisungen folgt dann der Satz: „Wenn das aber nichts fruchtet, dann sieh' Dich wie auch alle anderen vor den Juden vor!" [24] — Da hatte man es. In der äußersten Notsituation ging man auch damals zum jüdischen Geldverleiher und wurde — so meinte man damals — offenbar übers Ohr gehauen; denn welchen Sinn sollte die Warnung sonst haben? Judenfeindschaft, entstanden aus dem Gefühl wirtschaftlicher Übervorteilung — eine treffende Parallele zum modernen Antisemitismus. Aber eine solche Interpretation ist nicht über allen Zweifel erhaben. Die Existenz jüdischer Geldverleiher in Alexandria als einer bekannten Erscheinung wird man gewiß dem Papyrus entnehmen können. Aber der Papyrus ist geschrieben im August des Jahres 41 n. Chr. — und damit wenige Monate nach der schweren Revolte, welche die Juden ausgelöst hatten. Es ist deshalb keineswegs auszuschließen, eher sogar wahrscheinlich, daß sich die Warnung vor dem Verkehr mit jüdischen Geldverleihern auf rein physische Gefahren bezieht, deren man im Judenviertel in dieser Zeit gewärtig sein mußte.

Wir finden also auch hier keine befriedigende Erklärung und wenden uns deshalb einem weiteren Papyrus zu, auf dem — wie schon erwähnt — der Brief des Kaisers Claudius an die Alexandriner überliefert ist. Der entscheidende

[23] Vgl. zum *odium humani generis* bei Tac., ann. 15, 44, 4, etwa *A. Wlosok*, Rom und die Christen. Zur Auseinandersetzung zwischen Christentum und römischem Staat (Der altsprachl. Unterricht, R. 13, Beih. 1. 1970), S. 20 ff.

[24] *Wilcken*, Chrestomathie 60; jetzt C. P. Jud. 152, 23—26.

Passus dieses Briefes hat folgenden Wortlaut: „Was die Frage betrifft, wer von Euch verantwortlich war für den Aufstand und die Fehde oder — wenn man die Wahrheit sagen soll — den Krieg gegen die Juden, so bin ich nicht geneigt, ein bestimmtes Urteil zu fällen, obwohl Eure Gesandten ... Eure Sache angesichts ihrer Gegner mit Eifer vertreten haben. Ich behalte mir aber unerbittlichen Zorn gegen jede Partei vor, welche die Feindseligkeiten wieder aufnehmen sollte. Ich sage Euch rund heraus, wenn Ihr nicht von dieser verbohrten Feindschaft gegeneinander absteht, werde ich mich genötigt sehen zu zeigen, was aus einem wohlwollenden Fürsten werden kann, wenn sich sein Sinn gerechtem Zorn zuwendet. Deshalb beschwöre ich Euch noch einmal, auf der einen Seite die/Alexandriner, sich verträglich und freundlich gegen die Juden zu zeigen, die viele Jahre in derselben Stadt gewohnt haben, sie in der Ausübung ihres herkömmlichen Gottesdienstes nicht zu kränken, sondern ihnen die Beobachtung ihrer Sitten zu erlauben wie zur Zeit des seligen Augustus, und diese Sitten habe ich auch nach Anhörung beider Seiten bestätigt. Und auf der anderen Seite gebiete ich den Juden, nicht nach irgend etwas zu streben über das hinaus, was sie bisher besaßen, ... sich nicht in die Kampfspiele der Gymnasiarchen und Kosmeten einzudrängen, sondern sich nutzbar zu machen, was sie besitzen, und in einer Stadt, die nicht ihr eigen ist, den Überfluß reichen Wohlstandes zu genießen; auch nicht Juden einzuführen oder einzuladen, die aus Syrien oder Ägypten zu ihnen kommen, und mich dadurch zu nötigen, um so mehr Verdacht zu schöpfen. Sonst werde ich mit allen Mitteln gegen sie vorgehen als gegen Menschen, die der ganzen Welt eine allgemeine Seuche erregen." [25]

Unvoreingenommene Betrachtung wird in diesen Zeilen keine spezielle Judenfreundschaft des Kaisers finden, sondern das Bemühen, der schwierigen Situation in Alexandria gerecht zu werden. Dabei fällt dann auf, daß uns hier der Sache nach ein für die Juden günstiges Restitutionsedikt vorliegt, daß sie aber nach den Worten für die Zukunft sehr scharf beurteilt werden. Dabei sind es drei Ver- bzw. Gebote, die ihnen gemacht werden:

1. nicht in die Bereiche rein griechisch-hellenistischen Lebens in Alexandria einzudringen,
2. sich auf den Genuß ihres eigenen Wohlstandes zu beschränken und
3. sich nicht mit außeralexandrinischen Juden aus Syrien oder aus Ägypten zu verbinden.

Das letzte Verbot ist verbunden mit dem Verdacht, es könne sich um Menschen handeln, die in der ganzen Welt eine allgemeine Seuche erregen. Das erinnert in nahezu verblüffender Form an die Anschuldigungen gegen Paulus vor dem Statthalter Felix: „Wir haben in diesem Manne eine Pest und einen Hetzer zum Aufruhr unter allen Juden in der ganzen Welt gefunden." [26] Diese Parallele

[25] C. P. Jud. 153, 73—100; Übers. b. *Bell* (oben Anm. 17), S. 25 f.

[26] acta apost. 24, 5.

und die Tatsache, daß es wahrscheinlich auf Grund christlicher Missionstätigkeit in diesen Jahren auch zu den ersten judenfeindlichen Ausschreitungen in Antiochia gekommen ist, machen die Annahme verlockend, daß wir in diesem Brief des Kaisers Claudius wenige Jahre nach der Kreuzigung Jesu bereits auf die früheste geschichtliche Spur für die Unrast stoßen, welche die christliche Mission zunächst in der jüdischen Diaspora verursacht hat [27]. Es gibt aber eben zugleich auch jüdische Aufrührer in Palästina, die sogenannten Zeloten, die für die römische Regierung eine deutlich sichtbare Gefahr darstellten [28]. Und es ist deshalb nicht auszuschließen, daß umgekehrt die ersten Christen — wie Paulus — als eine Art jüdischer Zeloten angesehen worden sind.

Aber das Verbot, fremde Juden nach Alexandria zu ziehen, bezieht sich ohnehin offenbar nur auf die unmittelbaren Vorgänge und sagt kaum etwas über eigentliche Gründe aus. Deshalb sind die ersten beiden Punkte für uns wichtiger. Nimmt man sie zusammen, dann enthalten sie etwa die Anklage gegen die Juden vor dem Kaiser, die offenbar auch nicht voll entkräftet werden konnte: die Juden benützten ihren Reichtum dazu, in einflußreiche Stellungen der Bürgergemeinde zu gelangen, die ihnen in einer Stadt, die nicht ihr eigen sei, nicht zustünden. So etwas konnte gewiß nicht von allen Juden in Alexandria behauptet werden. Aber es gibt, wie wir gesehen haben, einerseits/Geldverleiher, es gibt andererseits die allgemeine Tendenz, jüdische und griechische Kultur miteinander zu vereinbaren, und für einzelne Vertreter können wir schließlich sogar den Nachweis führen, daß ein solcher Anklagepunkt mit Recht gegen sie erhoben werden konnte.

Es handelt sich dabei gerade um die Familie des Philosophen Philon [29]. Sein Bruder war Alabarch in Ägypten und damit Chef des gesamten Zollwesens. Als solcher war er gleichzeitig verantwortlich für den Domänenbesitz, den Angehörige des Kaiserhauses in Ägypten hatten, und über diese Funktion eine Art von Bankier des römischen Kaiserhauses. Er wie sein Bruder Philon waren mit großer Wahrscheinlichkeit Vollbürger Alexandrias und erfüllten damit die Voraussetzung, zum römischen Bürgerrecht aufzusteigen. Tatsächlich sind die Söhne des Alabarchen — wahrscheinlich aber schon er selbst — römische Bürger gewesen. Einer dieser Söhne schlug die ritterliche Laufbahn ein und wurde schließlich sogar Statthalter von Ägypten.

Wir dürfen deshalb, wie ich meine, in den genannten Passagen aus dem Brief des Kaisers Claudius echte Anklagepunkte gegen die Juden von Alexandria erkennen und können wenigstens versuchen, daraus auf die wirklichen Gründe für die Judenfeindschaft in dieser Stadt Rückschlüsse zu ziehen. Es wird

[27] Vgl. zur Literatur in dieser Frage *Tscherikover,* zu C. P. Jud. 153, 96—100.

[28] Vgl. etwa *W. R. Farmer,* Maccabees, Zealots and Josephus. New York 1956.

[29] Vgl. etwa *V. Burr,* Tiberius Julius Alexander (Antiquitas, Reihe 1, Bd. 1. Bonn 1955), S. 15 ff.

dann deutlich, daß es sich in erster Linie offenbar um eine Abwehr der griechischen Oberschicht von Alexandria gegen die jüdische Oberschicht handelt. Denn ihre Vertreter waren es wenigstens in erster Linie, die über die Anteilnahme an griechischer Erziehung und Kultur in das alexandrinische Bürgerrecht und in einflußreiche Stellungen der Stadt gelangten. Es will uns aber scheinen, als habe man auch damals mit einem solchen Vorwurf nicht breitere Schichten gegen die Juden im allgemeinen mobilisieren können. Gewiß ist es möglich, daß man hierfür die religiöse Frage und den religiösen Gegensatz vorschob und dazu die Schlagworte von der Gottlosigkeit und vom Menschenhaß gebrauchte, wie wir sie bei Josephos bereits kennengelernt haben. Aber möglicherweise liegt in dem von der Oberschicht dem Kaiser genannten Vorwurf auch ein Ansatzpunkt, der ebenfalls zur allgemeinen Propaganda in Alexandria verwendet werden konnte. Doch dazu muß ich ein wenig ausholen.

Für die ptolemäische Zeit habe ich oben bereits geschildert, daß die jüdische Diasporagemeinde mindestens gleiche Rechte wie andere geschlossene ethnische Gruppen besaß. Hier trat unter der römischen Herrschaft ein Wandel ein. Zwar wurden den Juden ihre bisherigen Rechte bestätigt — sie durften nach römischer Terminologie weiterhin *moribus et legibus suis uti,* „ihre Gesetze und Sitten gebrauchen“. Aber die Stellung der Griechen — oder was sich so nannte — hatte sich nun grundlegend geändert [30]. Erst durch Augustus wurde nämlich in Ägypten eine Trennung zwischen ‚Hellenen‘ und ‚Ägyptern‘ eingeführt — und das bedeutet, daß andere ethnische Gruppen (wie die Juden) zwar besondere Privilegien behalten konnten, aber grundsätzlich bei der nun durchgeführten Zweiteilung auf die Stufe der Ägypter gestellt waren. Vom Standpunkt der Zentralverwaltung aus waren natürlich auch die sogenannten Hellenen in Ägypten Unterworfene, aber doch Unterworfene eines gehobenen Rechts. Das kam auch äußerlich dadurch zum Ausdruck, daß sie nicht die volle Rate der Kopfsteuer zu bezahlen brauchten. Schon dieser fiskalische Unterschied machte es erforderlich, die Trennung zwischen den beiden Gruppen aufrecht zu erhalten. Und so finden wir unter den Papyri allenthalben Urkunden, in denen bei der sogenannten Epikrisis — der Überprüfung/— von den Hellenen der Nachweis geführt werden mußte, daß sie seit der Zeit des Augustus von beiden Elternteilen her aus Familien stammen, die „zum Gymnasium“ gerechnet wurden. Damit ist in Ägypten in diesen sogenannten Hellenen ein privilegierter Stand geschaffen worden, auf den sich die römische Herrschaft weithin stützen konnte. Zugleich hat sich ein Standesbewußtsein entwickelt, von dem uns ein hübsches Zeugnis

[30] Vgl. dazu etwa *H. Braunert,* Die Binnenwanderung. Studien zur Sozialgeschichte Ägyptens in der Ptolemäer- und Kaiserzeit (Bonner Historische Forschungen, 26. 1964), S. 277 ff.

in der aesopischen Fabel vom Fuchs und dem Krokodil überliefert ist [31]. Beim Streit der beiden über die Eugenia, ihren Adel, brüstet sich das ägyptische Krokodil damit, daß seine Väter Gymnasiarchen gewesen seien. Und wenn der Fuchs dieser Überheblichkeit auch mit einem Wortspiel begegnen kann — das haarlose Fell des Krokodils sei schon Zeuge genug für die viele Gymnastik —, so wird damit doch der Grund für das Superioritätsgefühl einer bestimmten Schicht in Ägypten treffend hervorgehoben.

Wir kennen die Kriterien nicht, die für die ursprüngliche Zuweisung zur Gruppe der ‚Hellenen' angewandt worden sind. Wir dürfen aber für Alexandria damit rechnen, daß die bisherigen Angehörigen der Bürgergemeinde dieser Stadt eben als Angehörige einer griechischen Stadt auch ‚Hellenen' geworden sind — darunter gewiß sehr viele Ägypter, während die Mitglieder anderer ethnischer Gruppen — wie etwa die Juden — von dieser Vergünstigung ausgeschlossen wurden. Hören wir nun in der literarischen Auseinandersetzung zwischen Josephos und Apion davon, daß ein wesentlicher Streitpunkt in der Zugehörigkeit der Juden zur alexandrinischen Bürgerschaft gesehen wurde, und vergleichen wir damit die Warnung des Kaisers Claudius, die Juden sollten sich nicht in die Kampfspiele der Gymnasiarchen eindrängen ... in einer Stadt, die nicht ihr eigen sei, so scheint mir vieles dafür zu sprechen, daß diese Trennung in ‚Hellenen' und ‚Ägypter' und der Ausschluß der Juden aus der privilegierten Gruppe der ‚Hellenen' eine nicht unwesentliche Ursache für die Auseinandersetzungen gewesen ist.

Die Oberschicht der jüdischen Diasporagemeinde war damit brüskiert. Ihr ganzes Streben ging offenbar seit langem dahin, griechische und jüdische Kultur zu vereinigen. Sie selbst fühlten sich den Griechen wie den Juden zugehörig, hatten gewiß vielfach das alexandrinische Bürgerrecht bereits erworben und waren dadurch nun gleichsam von den übrigen Mitgliedern ihrer Kultgemeinde geschieden worden. Aber auch diese mußten nun größeren Wert als früher darauf legen, als ‚Hellenen' anerkannt zu werden. Denn zuvor hatte ihre Zugehörigkeit zur jüdischen Diasporagemeinde im bürgerlichen Leben der Stadt keinerlei Schmälerung bedeutet. Jetzt waren sie gleichsam Bürger zweiter Klasse in dieser Stadt geworden. Denn — und das scheint mit entscheidend zu sein — der Einrichtung einer solchen privilegierten Gruppe folgt in der Regel deren eigenes Überlegenheitsgefühl und deren Überheblichkeit gegenüber den Nichtprivilegierten. Das gilt aber nicht allein für deren Oberschicht, sondern mindestens ebenso gerade für die breiteren Schichten, die sich zum ersten Male eines solchen Sozialprestiges erfreuen. Ist schon daraus der Wunsch nach Abgrenzung verständlich, so wurde er durch die materiellen Vorteile noch gefördert. Sie bestanden nicht allein darin, daß nur eine geringere Kopfsteuerrate entrichtet werden mußte. Wir wissen etwa, daß der Prinz Germanicus bei seinem Besuch

[31] Aesop., fab. 20 (I) (ed. *Hausrath*).

Alexandrias während einer Hungersnot die Speicher der Stadt lediglich für die Griechen in ihr öffnen ließ [32]. Und das wird kein Ausnahmefall gewesen sein. Denn es entspricht genau der Auffassung von der griechischen Polis. Auch in Athen sind Getreideverteilungen nur an Vollbürger/vorgenommen worden. Auch in Athen hat man sich mit einem Bürgerrechtsgesetz davor zu schützen versucht, daß der Kreis derer, die an der Futterkrippe waren, vergrößert wurde.

Ich will und kann natürlich nicht behaupten, daß dies der einzige Grund für die Judenfeindschaft in Alexandria gewesen sein. Aber *ein* Grund für den Pogrom vom Jahre 38 und die nachfolgenden schweren Kämpfe scheint mir damit gefaßt werden zu können. Ich will damit auch nicht sagen, daß die Ursache allein bei den sogenannten Griechen in Alexandria und bei der römischen Regierung, die sie als Gruppe geschaffen hat, zu suchen sei. Für die babylonische wie für die ägyptische Diaspora habe ich auf die entgegengesetzten Tendenzen der Absonderung und der Anpassung hingewiesen. Bei einer Untersuchung der Personennamen im Altertum ist Victor Tscherikover zu dem gleichen Ergebnis gekommen, das er folgendermaßen ausgedrückt hat: „Die Wahl der Personennamen durch Juden während ihrer langen Geschichte ist immer durch zwei entgegengesetzte Tendenzen beeinflußt worden: durch Anhänglichkeit an nationale Tradition und durch den Wunsch, sich den Bräuchen der Umwelt anzupassen." [33] Diese doppelte Tendenz ist von der Umwelt wohl auch in normalen Zeiten nicht unbemerkt geblieben und hat möglicherweise auch sonst zu Schwierigkeiten geführt. Ein kritischer Punkt wurde aber, wie ich meine, erst dann erreicht, als die unmittelbare Umwelt sich selbst ebenfalls als eine eigene geschlossene Gruppe empfand und damit die Tendenz der Absonderung auch bei ihr wirksam wurde. Jetzt erst entstand damit Judenfeindschaft, damit im Ansatz auch so etwas wie Antisemitismus. In dieser Feinschaft wurde der Wunsch der Juden nach Anpassung mit Gewalt bekämpft, wurden Anzeichen der Absonderung — nun besonders im religiösen Bereich — deutlich herausgestellt und damit die Absonderung verschärft.

Das Ghetto war geschaffen — sicher noch nicht gleich und nicht immer im materiellen Sinne, aber auf alle Fälle im geistigen. Die jüdisch-hellenistische Literatur versiegte — obwohl nach dem Fall von Jerusalem Alexandria nicht mehr fast alleinige Diasporagemeinde blieb, sondern sich seit dieser Zeit überall im römischen Reich Diasporagemeinden bildeten. Andererseits zeigte sich nun auch wieder die Rückwirkung der Diaspora auf das heimische Judentum. Die Juden, die nach dem Fall von Jerusalem über das ganze Reich verstreut wurden, hingen nicht mehr wie in der babylonischen Gefangenschaft an der Trümmerstätte,

[32] Vgl. jetzt *D. G. Weingärtner*, Die Ägyptenreise des Germanicus (Papyrologische Texte u. Abhandlungen, 11. Bonn 1969), S. 91 ff.

[33] C. P. Jud. I, S. 27.

sondern sie übernahmen fast ohne Bruch die Formen des synagogalen Gottesdienstes, der vor allem in der ägyptischen Diaspora ausgebildet worden war. Der oberste Rat aus 72 Ältesten spiegelt ebenso die Verhältnisse in der alexandrinischen Diaspora wider. Und damit hat die jüdische Diaspora gerade in einer Zeit, in der sie unter entstehender Judenfeindschaft in Verfolgung stand, dem gesamten Judentum über das Altertum hinaus einen unschätzbaren Dienst erwiesen.

Theorie, Ideologie und Utopie im griechisch-hellenistischen Staatsdenken[1]

Theorie, Ideologie, Utopie — diese drei Begriffe gehören zu dem modernen Vokabular, das sich in besonderem Maße einer allgemein anerkannten Definition entzieht. Ihr Bedeutungsinhalt fällt im normalen Sprachgebrauch zudem immer mehr in eins zusammen, so daß sie selbst in philosophischen Wörterbüchern beinahe als Synonyme für eine bloß erdachte, wirklichkeitsferne Gedankenbildung betrachtet werden[2]. Diese sprachliche Entwicklung ist dem gewählten Vorhaben nicht gerade günstig, bei dem wir auf induktivem Wege versuchen wollen, aus einigen exempla des Staatsdenkens der Griechen und der von ihnen beeinflußten Orientalen Kriterien für eine mögliche Klassifizierung dieses Denkens zu gewinnen. Da jeder auf einem solchen Wege seine eigenen Vorstellungen mit den verwandten Begriffen verbindet, soll wenigstens die Richtung vorher angedeutet werden, in der mir die Verwendung dieser griechischen oder aus dem Griechischen abgeleiteten Begriffe für die Einordnung griechisch-hellenistischen Staatsdenkens möglich und sinnvoll erscheint.

Möglich und sinnvoll scheint mir für die Erfassung griechischen Denkens ein Gebrauch zu sein, der sich dem griechischen Wortsinn möglichst eng anschließt. Theorie (θεωρία = Betrachtung, Anschauung) ist dabei von der Anschauung der Wirklichkeit nicht zu trennen. Das wird auch heute noch am leichtesten gesehen und ermöglicht uns die Übernahme einer erst neuerdings getroffenen Unterscheidung zwischen Theorie und Utopie (griech. gebildetes Kunstwort =

[1] Antrittsvorlesung, gehalten in Kiel am 21. Juni 1962. Anregungen, die ich nach dem Vortrag von Karl Dietrich Erdmann, Horst Fuhrmann (jetzt Tübingen) und Manfred Fuhrmann erhielt, habe ich dankbar berücksichtigt. Die beigegebenen Anmerkungen sind so knapp wie möglich gehalten und sollen im wesentlichen ein weiteres Eindringen in die Materie erleichtern; vgl. daneben allgemein zu diesem Thema: *H. v. Arnim,* Die politischen Theorien des Altertums. Wien 1910; *M. Pohlenz,* Staatsgedanke und Staatslehre der Griechen. Leipzig 1923; *F. Oertel,* Klassenkampf, Sozialismus und organischer Staat im alten Griechenland: Kriegsvorträge der Rhein. Friedr.-Wilh.-Universität Bonn, Bd. 3 (1944), S. 333 ff.; *T. A. Sinclair,* A history of Greek political thought. London ²1959; *E. Barker,* Greek political theory. Plato and his predecessors (Univ. Paperbacks 3). London 1960.

[2] Vgl. *E. Metzke,* Handlexikon der Philosophie (1948), unter „Theorie": „bloß erdachte Gedankenbildung im Gegensatz zur Erfahrung", unter „Ideologie": „wirklichkeitsferne Theorie", unter „Utopie": „wirklichkeitsferner Weltverbesserungsplan und Idealzustand". Ähnliche Definitionen finden sich im Großen Brockhaus und besonders im Großen Herder.

Nirgendsland). Danach ist für die Theorie entscheidend, „daß sie von wirklichen Möglichkeiten ausgehen muß, um nicht utopisch zu werden, während die Utopie eben nach möglichen Wirklichkeiten sucht“ [3]. Schwerer ist eine Verständigung über den Begriff Ideologie möglich, da wir uns hierbei kaum noch von der Abstempelung durch den Marxismus lösen können, der darunter alle „einer Gesellschaftsschicht ... zugeordneten Denkweisen und Wertvorstellungen“ versteht, „insbesondere dann, wenn sie zur Rechtfertigung oder zur Verhüllung des wirklichen Interesses dienen“ (Brockhaus). So hat auch Karl Mannheim bei seinem Versuch, Ideologie und Utopie in ihrem Gehalt zu unterscheiden [4], diesen Bedeutungsinhalt übernommen, ja, bei seinem Ziel, das Denken aus seiner jeweiligen soziologischen Wurzel zu/erfassen, übernehmen müssen. Auch für ihn sind deshalb Ideologien „mehr oder minder bewußte Verhüllungen eines Tatbestandes“ (S. 53) und gehören für ihn zusammen mit den Utopien zu den „seinstranszendenten Vorstellungen“ (S. 171), während das Kriterium für ihre Unterscheidung allein das Streben nach Verwirklichung bei der Utopie bildet (S. 178). Eine solche, ganz aus der Situation des 19. und 20. Jahrhunderts bestimmte Definition kann auf griechisches Denken schwerlich angewandt werden. Doch Ideologie (Kunstwort aus ἰδέα = Urbild, Idee, und λόγος = Lehre) kann daneben auch heute noch als Lehre von den Ideen verstanden werden und hat seine herabsetzende Wertung überhaupt erst durch Napoleon I. erhalten (Mannheim, S. 66). Nehmen wir Ideologie in dieser Bedeutung und dabei Ideen nicht als allgemeine Vorstellungen, sondern im platonischen Sinn als „allgemeingültige Vorbilder, die nur mit dem geistigen Auge schaubar und nur durch eine Wegwendung von der gewöhnlichen, sinnlichen Erkenntnis erreichbar“ sind [5], dann dürfte damit der Abstand zu Theorie und Utopie bestimmt und zugleich die Anwendung des Begriffes für griechisches Staatsdenken ermöglicht sein.

Reden wir von diesem Staatsdenken der Griechen, dann stehen eigentlich immer seine beiden größten Exponenten so im Vordergrund, daß es den Anschein hat, als habe Platon eine griechische Staatslehre erst begründet und Aristoteles sie vollendet und zugleich auch beendet. Aus diesem Bewußtsein haben moderne Philosophen und Soziologen in Platon den Schöpfer und in seiner Politeia das Urbild der späteren Staatsutopien gesehen [6]. Und doch reicht das Staatsdenken im Griechentum weit zurück und findet seine Fortsetzung — trotz der veränderten politischen Verhältnisse — noch im Zeitalter des Hellenismus.

[3] *K. J. Heinisch,* Der utopische Staat (Rowohlts Klassiker. Philos. d. Humanismus u. d. Renaissance, Bd. 3. Hamburg 1962), S. 263.

[4] *K. Mannheim,* Ideologie und Utopie (Frankfurt/M. ³1952), bes. S. 169 ff.

[5] *V. Rüfner,* Grundbegriffe griechischer Wissenschaftslehre (Bamberg 1947), S. 24.

[6] Vgl. etwa *E. Salin,* Platon und die griechische Utopie (München-Leipzig 1921), S. 6; *W. Theimer,* Geschichte der politischen Ideen (Bern 1955), S. 17.

Das ändert an der überragenden Bedeutung von Platon und Aristoteles ebenso wenig wie die Erkenntnis, daß auch sie wie die Griechen vor und nach ihnen keine eigentliche Staatswissenschaft geschaffen haben. Denn noch Aristoteles kann nach unseren Maßstäben auf die Grundfragen einer solchen Wissenschaft — „Was ist der Staat?" und „Was ist ein Bürger?" — nur recht unvollkommene Auskunft geben. Dagegen konzentriert sich ihr Denken vornehmlich auf die — mehr praktischen — Fragen „Wer soll regieren?" und „Wer soll Bürger sein?". Vor allem der Ausgangspunkt griechischen Staatsdenkens liegt so in der Praxis: Man reflektiert über den Staat nicht in erster Linie um der Erkenntnis willen, sondern man beschäftigt sich mit seinen Grundlagen, um ihn zu verwirklichen. Eine solche geistige Einstellung führt nicht leicht und wenigstens nicht von vornherein zur Utopie.

Von ihr ist denn auch das erste ausführliche Zeugnis über die theoretische Beschäftigung mit der Gestaltung des Staates, die Verfassungsdebatte im dritten Buche Herodots [7], weit entfernt. Herodot verlegt diese Debatte an den persischen Hof und läßt sie zwischen zwei persischen Adligen und Dareios im Jahre 522 v. Chr. stattfinden — in einem Moment, als nach dem Tode des Kambyses der Versuch des Magiers Smerdis, die Herrschaft an sich zu reißen, durch den persischen Adel ver/eitelt worden war, und bevor Dareios I. aus einer achämenidischen Nebenlinie an die Macht gelangte. Für den rückschauenden Historiker Herodot mußte das Ergebnis dieser Debatte περὶ τῶν πάντων πραγμάτων — über die oberste Staatsgewalt — feststehen: Sie konnte nur mit der Anerkennung der Monarchie enden, für die deshalb Dareios als letzter Sprecher auch eintritt. Vor ihm hat zunächst Otanes gegen die Monarchie und für die Demokratie, Megabyzos für die Oligarchie vor allem gegen die Demokratie gesprochen. Es werden also die drei wesentlichen Verfassungsformen, welche die Einteilung der Staaten in der Verfassungslehre noch bis heute bestimmen, schon hier genannt.

Da es in der geschichtlichen Situation des Perserreiches vor der Herrschaft des Dareios aber gar nicht zu einer echten Alternative gegenüber der Monarchie kommen konnte, hat man in der Forschung schon frühzeitig gefragt, warum Herodot diese Verfassungsdebatte eingeschaltet hat, und in ihrer Beurteilung ist man sich bis heute keineswegs einig. Es war lange Zeit und ist zum Teil noch jetzt üblich, diese Debatte ganz auf sophistische Einflüsse zurückzuführen, ja, einen bestimmten Sophisten — etwa Protagoras — für ihre Grundgedanken wie für ihre literarische Durchformung verantwortlich zu machen. Daneben hat man auch auf vorsophistische Quellen hingewiesen und schließlich auf die Eigenständigkeit Herodots, bei der dann auch die Beobachtung tatsächlicher Verhältnisse im Perserreich eine nicht unwesentliche Rolle gespielt haben soll.

[7] Vgl. dazu *H. Apffel,* Die Verfassungsdebatte bei Herodot (3, 80—82). Diss. Erlangen 1957, der auch einen „Überblick über die einschlägige Literatur" (S. 9 ff.) gibt.

Gewiß weist schon die literarische Formung als Diskussionsgespräch auf sophistische Vorbilder (ἀντιλογικοὶ λόγοι = Streitreden) hin, ebenso gewiß nimmt jedenfalls der Ausgang der Debatte auf die tatsächlichen Verhältnisse im Perserreich Rücksicht (um hier nur die extremen Positionen zu nennen) — aber es würde allein die mir zur Verfügung stehende Zeit beanspruchen, wenn ich auf Grund einer Interpretation hier auf diese einzelnen Meinungen eingehen wollte, deren jede mir einen Teil der Wahrheit zu enthalten scheint. Ich kann nur wenige, aber meines Erachtens für das griechische Staatsdenken wesentliche Gesichtspunkte herausstellen und will meinen Ausgang dabei von neueren Beurteilungen der Verfassungsdebatte nehmen. Die Tatsache, daß Dareios in seinem Plädoyer die drei Verfassungen ausdrücklich unter der Voraussetzung vergleicht, daß man von jeder nur die beste Form betrachten solle, hat gerade in jüngster Zeit zu der Folgerung geführt, in dieser Verfassungsdebatte liege die früheste literarische Formung der klassischen Verfassungstheorie vor, die dann — namentlich wieder von Platon und Aristoteles weitergebildet — ihre Zusammenfassung im sechsten Buch des Polybios gefunden hat. Denn die Annahme von drei guten Verfassungen impliziere insgesamt sechs Verfassungsformen, und der angenommene Übergang von der Oligarchie und der Demokratie zur Monarchie im Diskussionsbeitrag des Dareios enthalte bereits die Metabole-Theorie (μεταβολή = Wechsel, Umsturz) [8]. Damit läge also der herodoteischen Verfassungsdebatte bereits die Auffassung zugrunde, daß es die sechs Spielarten der Monarchie, Tyrannis, Aristokratie, Oligarchie, Demokratie und Ochlokratie gibt, deren notwendiger Umschwung jeweils eine andere dieser Verfassungsformen hervorbringt. Noch einen Schritt weiter/ist Franz Altheim gegangen, der bei Herodot nicht nur die Metabole-, sondern auch die Anakyklosistheorie (ἀνακύκλωσις = Kreislauf) zu beobachten meint [9]. Denn der Kreislauf dieser sechs Verfassungsformen sei von Herodot gleichsam nur an einer Stelle aufgeschnitten und gestreckt worden, um nach dem vorgegebenen Ziel der Debatte in gerader Linie die Monarchie zu erreichen. Hiernach wäre also die Staatslehre der Griechen schon sehr früh zur Abstraktion gelangt — wenn diese Interpretation eine Stütze im Text — vor allem im ganzen Text — der herodoteischen Verfassungsdebatte fände.

Aber auch die bisher genannten Meinungen können allein die Dareios-Rede in Betracht ziehen: Nur in ihr ist überhaupt von einem Umschwung der Verfassungen die Rede, während Otanes und Megabyzos lediglich jeweils zwei Verfassungen einander gegenüberstellen. Doch selbst aus dem Plädoyer des Dareios ist, wie ich meine, keine Metabole-, geschweige denn eine Anakyklosistheorie ab-

[8] Vgl. vor allem *H. Ryffel,* ΜΕΤΑΒΟΛΗ ΠΟΛΙΤΕΙΩΝ. Der Wandel der Staatsverfassungen (Noctes Romanae, 2). Bern 1949.

[9] *F. Altheim,* Literatur und Gesellschaft im ausgehenden Altertum I (Halle 1950), S. 172 ff.

zuleiten. In den entscheidenden Sätzen dieser Rede heißt es nämlich: „In der Oligarchie suchen sich viele gegenüber dem Gemeinwesen tüchtig zu erweisen, und daher pflegen heftige Feindschaften unter ihnen zu entstehen. Denn da jeder selbst an der Spitze stehen und mit seinen Ansichten durchdringen will, geraten sie miteinander in große Streitigkeiten. Daraus entstehen Parteikämpfe, aus den Parteikämpfen aber kommt es zum Blutvergießen, aus dem Blutvergießen pflegt dann die Monarchie hervorzugehen; und darin zeigt sich deutlich, wie sehr sie die beste Verfassung ist. Herrscht andererseits das Volk, dann reißt zwangsläufig üble Gesinnung ein; reißt aber üble Gesinnung gegenüber dem Gemeinwesen ein, dann entstehen unter den üblen Elementen zwar keine Feindschaften, wohl aber feste Freundschaften. Denn die Schädlinge des Gemeinwesens machen dabei gemeinsame Sache. Das geht aber in dieser Art so lange, bis einer die Führung des Volkes übernimmt und dem Treiben dieser Leute ein Ende bereitet. Infolgedessen wird dieser Mann dann vom Volke bewundert, derart bewundert pflegt er zuletzt Monarch zu sein; und damit beweist auch er, daß die Monarchie am besten ist“ (Übersetzung nach Apffel, S. 25 f).

Oligarchie und Demokratie münden nach der hier vorgetragenen Ansicht also in gleicher Weise in die Monarchie — ein Kreislauf läßt sich daraus beim besten Willen nicht herstellen. Es fehlt aber vor allem auch der Ausgangspunkt jeder Anakyklosistheorie: eine Urmonarchie [10]. Schon Otanes hatte als möglichen Gegenpart für die Demokratie eine Staatsform angesehen, in der sich der beste Mann selbst an die Spitze stellt. Dareios läßt einmal aus den Parteikämpfen des Adels einen Monarchen, zum anderen aus der Kumpanei der Demagogen einen Volksführer hervorgehen, der dann zum Monarchen wird. Wo deshalb in der Debatte von der Monarchie gesprochen wird, handelt es sich immer um usurpierte Macht, nach griechischer Auffassung also um Tyrannis. Ohne angestammte Monarchie, allein mit der Tyrannis fehlt jedem Kreislauf der Verfassungen aber der notwendige Anfangszustand. — Ebenso wenig ist aber hier von sechs Verfassungen und deren natürlichem Umschwung die Rede. Zwar gibt es nach dem Diskussionsbeitrag des Dareios eine Depravation der anfänglichen Oligarchie wie auch der/Demokratie; der jeweilige Umsturz erfolgt aber erst zur Monarchie, während gute und schlechte Form in gleicher Weise in jeder Oligarchie und Demokratie von vornherein angelegt sind und ein Umsturz der Monarchie ohnehin ausgeschaltet bleibt, da sie bereits bei ihrer Entstehung als entartete Form der Tyrannis begriffen wird.

Diese Gründe für die Ablehnung der bisherigen Ansichten geben zugleich einen Hinweis für die positive Beurteilung der herodoteischen Verfassungsdebatte. Passen nämlich die Auseinandersetzungen über Oligarchie und Tyrannis und über Tyrannis und Demokratie auch nicht in das Schema der späteren griechischen Verfassungslehre, so entsprechen sie doch den aktuellen politischen Dis-

[10] Vgl. Polyb. 6, 4, 6—10, und dazu *Ryffel*, a.a.O., S. 188 ff.

kussionen in Athen zur Zeit Herodots. Die Athener haben es in der historischen Wirklichkeit nie mit einem angestammten Erbmonarchen zu tun gehabt. Aber spätestens seit den Tagen des Peisistratos wußte man in Athen, daß ein Alleinherrscher aus den Adelskämpfen der Oligarchie hervorzugehen pflegt, und die Abwehr dieser Gefahr kennzeichnet nicht nur die kleisthenische Reform, sondern ebenso den politischen Tageskampf in den ersten Jahrzehnten des 5. Jahrhunderts v. Chr. [11]. Auf der anderen Seite hat uns Victor Ehrenberg eindringlich gelehrt, daß man sich in den Tagen Herodots in Athen ebenso der Gefahr bewußt wurde, die ein προστάτης τοῦ δήμου — ein Volksführer — wie Perikles für den Bestand der Demokratie bilden konnte [12]. Dieser Hinweis, daß das Vorbild für die literarische Auseinandersetzung in der politischen Wirklichkeit Athens zu suchen sei, ist bereits der Dareios-Rede zu entnehmen, die bisher meist für weiterreichende Schlüsse herangezogen wurde. Er wird bestätigt durch die Rede des Otanes, an der gerade die Philologen schon immer beobachtet haben, daß sie im sprachlichen Aufbau wie in der logischen Gedankenführung die weitaus beste der drei Reden ist [13], und deren Inhalt deshalb besonderes Gewicht beigemessen werden muß. In ihr wird die Auseinandersetzung um Tyrannis und Demokratie geführt. Es wird dabei von vornherein kein Zweifel daran gelassen, daß der Monarch allein als τύραννος (Tyrann) aufgefaßt ist, und gleichsam als Summe seiner Verfehlungen führt Otanes an, daß er die νόμαια πάτρια umstürze — geheiligte Satzungen der Väter, auf die sich die attische Demokratie später immer wieder berufen sollte. Aber nicht die Demokratie ist das Gegenbild, das Otanes zur Tyrannis entwirft, wenn er sagt: „Wenn das Volk herrscht, so hat das den schönsten Namen, nämlich ἰσονομία“ [14]. Also Herrschaft des Volkes, aber nicht Demokratie! Diesen Namen kennt und gebraucht Herodot an anderer Stelle seines Werkes, und, wie mir scheint, setzt er seine Kenntnis auch hier voraus, wenn er von einer Reihe von Benennungen die schönste abhebt. Dann muß aber gerade der Verwendung des Begriffes Isonomie von Herodot eine besondere Bedeutung zugedacht sein, die dieser Name nicht für das Perserreich, sondern nur für die Griechen und für Athen besitzen konnte, wo er ebenso wie Demokratie zu den politischen Schlagwörtern der Zeit gehörte. Zuerst in einem Trinklied auf die Tyrannenmörder überliefert,

[11] Vgl. etwa *H. Schaefer*, Besonderheit und Begriff der attischen Demokratie im 5. Jahrhundert: Synopsis. Festgabe für Alfred Weber (Heidelberg 1948), S. 477 ff. [= Probleme der Alten Geschichte. Gesammelte Abhandlungen und Vorträge, hrsg. von *U. Weidemann* u. *W. Schmitthenner* (Göttingen 1963), S. 136 ff.].

[12] *V. Ehrenberg*, Sophokles und Perikles (München 1956), bes. S. 122 ff.

[13] Vgl. zusammenfassend *Apffel*, a.a.O., S. 31 ff.

[14] Daß im 5. Jh. hierunter „gleicher Anteil an der Staatsgewalt“ verstanden wurde, hat *G. Vlastos*, Isonomia: Amer. Journ. Philol. 74 (1953), S. 337 ff., gezeigt. Zur Entstehung und zum Gebrauch des Begriffes Demokratie vgl. *A. Debrunner*, Δημοκρατία: Festschrift für Edouard Tièche (Bern 1947), S. 11 ff.

kennzeichnete Isonomie hier den gleichen Anteil an der Staatsgewalt und trat damit gerade in der Zeit des Perikles in Gegensatz zur Demokratie als der Herrschaft des niederen Teiles des Volkes. Das bedeutet doch aber nichts anderes, als daß es Herodot offenbar nicht auf die weitere Ausbildung der radikalen Demokratie ankam, sondern auf eine ausgewogene politische Willensbildung, und daß er in seiner Verfassungsdebatte mit der Verwendung der gängigen politischen Schlagwörter im politischen Tageskampf Athens Stellung bezog.

Unbestreitbar resultierte aus dieser Stellungnahme eine Staatslehre — oder wenigstens der Ansatz dazu. Sie abstrahierte aber noch nicht von der Wirklichkeit, sondern nahm aus ihr ihre Bilder und ihre Begriffe. Soweit wir Theorie von der Anschauung herleiten und sie von „wirklichen Möglichkeiten“ ausgehen lassen — nicht soweit wir sie heute hin und wieder als strikten Gegensatz zur Praxis betrachten —, müssen wir deshalb in diesem Anfang griechischen Staatsdenkens bei Herodot ein Beispiel der Theorie erkennen.

Sie ist den Griechen auch später nie ganz verlorengegangen. Besonders Aristoteles zeigt in seiner Sammlung von Staatsverfassungen, wie stark er für die Gewinnung einer Staatslehre auf Anschauung angewiesen war; und noch Euhemeros nimmt — wie sich aus einer Neuordnung der Diodorfragmente zeigen läßt [15] — die Grundform seines Staates aus der Anschauung und untermalt sie lediglich mit utopischen Farben. Ähnliches gilt für Isokrates und Platon. Andererseits weist aber gerade das platonische Staatsdenken ganz neue und wesentlich andere Züge auf.

Sie zeigen sich schon rein äußerlich darin an, daß hier nicht der praktische Staatsmann und nicht der Historiker über den Staat reflektiert, sondern der Philosoph. Seine Philosophie ist aber dann auch so eng mit dem Staatsdenken verknüpft, daß der Höhepunkt seines philosophischen Schaffens — die Schau und die Darlegung der Idee des Gerechten und Guten — mit der Konstruktion eines Staates in der Politeia untrennbar verbunden ist [16]. Diese Verbindung und die aus ihr resultierende Mehrschichtigkeit erschweren die Interpretation für den Historiker, der ohnehin mit der überreichen Literatur zur Deutung der Politeia und den in ihr enthaltenen unterschiedlichen Beurteilungen nur mangelhaft ver-

[15] Über den Staatsroman des Euhemeros aus dem Beginn der hellenistischen Zeit hoffe ich bald an anderer Stelle zu handeln [s. unten S. 153 ff.]; vgl. die Fragmentsammlung von *G. Vallauri*, Euemero di Messene (Pubbl. della Fac. di Lett. e Filos. dell'Univ. di Torino VIII 3). 1956.

[16] Vgl. jetzt — auch zum folgenden — *H. Herter*, Platons Staatsideal in zweierlei Gestalt: Der Mensch und die Künste. Festschrift für Heinrich Lützeler (Düsseldorf 1962), S. 177 ff. Der Aufsatz wurde mir durch die Güte des Vf.s bald nach meiner Antrittsvorlesung bekannt, und ich freue mich über die weitgehende Übereinstimmung in der grundsätzlichen Beurteilung von Politeia, Politikos und Nomoi vor allem deshalb, weil ich den Vorlesungen und Übungen des Vf.s für meine eigene Interpretation sehr viel verdanke.

traut ist [17]. Aber auch der zur Verfügung stehenden Zeit wegen muß ich eine allgemeine Kenntnis des platonischen Staates hier voraussetzen und beschränke mich hierbei besonders auf wenige Gesichtspunkte, die mir für das gewählte Thema wichtig erscheinen.

In grober Vereinfachung läßt sich sagen, daß die moderne Beurteilung in der Einordnung von Platons Staat in der Regel zwischen zwei Extremen schwankt:/ Einmal wird unter Hinweis auf Platons sizilische Unternehmungen [18] die Ansicht vertreten, daß er seine Staatskonstruktion zu realisieren bestrebt gewesen sei, ein andermal wird die Politeia als Urbild der politischen Utopien hingestellt — wobei dann allerdings die jeweilige Definition des Begriffes Utopie wiederum verschiedene Deutungsmöglichkeiten offenläßt.

Platon selbst geht auf dieses für unser Thema wichtige Problem etwa in der Mitte seines Werkes und damit an hervorragender Stelle, im fünften Buch der Politeia, ein [19]. Auf die Frage, ob dieser Staat denn möglich, ob er realisierbar sei, läßt er Sokrates zunächst auf den Anlaß der ganzen Untersuchung rekurrieren und die Gegenfrage stellen: „Wenn wir etwa gefunden haben, was Gerechtigkeit ist, werden wir dann wohl fordern, daß auch der gerechte Mann gar nicht von jener verschieden sein dürfe, sondern ganz und gar eben ein solcher sein müsse, wie die Gerechtigkeit selbst ist? Oder werden wir zufrieden sein, wenn er ihr nur so nahe wie möglich kommt?“ ... und weiter: „als παϱάδειγμα — als Modell [20] — suchten wir die Gerechtigkeit an sich“. Danach bringt Sokrates noch einen zweiten Vergleich: „Meinst Du, einer sei ein weniger guter Maler, wenn er, nachdem er ein Paradigma gemalt hätte, wie ein vollkommen schöner Mann aussieht, nachher nicht aufzeigen könnte, daß es einen solchen Mann auch geben kann?“ Und endlich stellt er die unmittelbar auf das Thema bezogene Gegenfrage: „Haben nicht auch wir in unserem Gespräch ein Paradigma eines guten Staates aufgestellt?“ — Damit entzieht sich Platon der Antwort auf die Frage der Realisierbarkeit seines Staates nicht; denn wenig später erfolgt die Feststellung, die immer wieder als Kern der Politeia zitiert wird: „Wenn nicht entweder die Philosophen Könige werden in den Städten oder, die jetzt Könige und Herrscher heißen, in echter und ausreichender Weise zu philo-

[17] Vgl. zur modernen Literatur *H. Cherniss,* Lustrum 4 (1959), S. 18 ff.; 5 (1960), S. 470 ff.

[18] Vgl. hierzu *H. Berve,* Dion (Abh. Akad. Mainz, Geistes- u. Sozialwiss. Kl., Jhrg. 1956, Nr. 10). Wiesbaden 1957; *K. F. Stroheker,* Dionysios I. Gestalt und Geschichte des Tyrannen von Syrakus (Wiesbaden 1958), S. 100 ff.

[19] Rep. 472 b — 473 d; die folgenden, z. T. verkürzten Übersetzungen folgen *F. Schleiermacher* und *Herter,* a.a.O., S. 177.

[20] Vgl. zur Verwendung *H. Görgemanns,* Beiträge zur Interpretation von Platons Nomoi (Zetemata 25. München 1960), S. 11.

sophieren beginnen und beides, die politische Gewalt und die Philosophie, in eins zusammenfällt, wird es kein Ende des Übels für die Städte geben." Der Gesprächspartner muß zugeben, daß tatsächlich einmal König und Philosoph in eins fallen könnten, so daß die endgültige Folgerung lautet, „daß es schwerlich geschehen kann, jedoch auch nicht ganz unmöglich ist" [21].

In diesem kurzen Gesprächsteil scheint mir Platon selbst Beurteilung und Einordnung seines Werkes in der Spanne zwischen Theorie und Utopie an die Hand gegeben zu haben. Wie die Theorie, die wir bei Herodot kennengelernt haben, beruht auch das Staatsdenken Platons auf der Anschauung, es abstrahiert jedoch so stark von der geschauten und erfahrenen Wirklichkeit, daß das gefundene und dargestellte Paradigma keinesfalls mehr selbst als Theorie bezeichnet werden kann. Andererseits unterscheidet sich die platonische Staatslehre schon rein äußerlich von allen anderen Utopien, die wir besitzen, dadurch, daß sie überhaupt eine Diskussion über ihre Realisierbarkeit zuläßt. Thomas Morus, von/dessen Insel Utopia wir den Namen für die Literaturgattung der Utopie ableiten und dessen Werk wir schon deshalb immer wieder zum Muster für eine Utopie nehmen müssen, versucht jeden Zweifel an der Existenz seines besten Staates zu zerstreuen, und die klassenlose Gesellschaft des Marxismus entsteht auf Grund einer geschichtlichen Gesetzmäßigkeit, so daß sie in der Meinung ihrer Verfechter mit Notwendigkeit realisiert werden muß. Diesen Beispielen nähert sich Platon allein dort, wo er im Ur-Athen seiner Atlantis-Sage den besten Staat einmal in Aktion zeigt [22]. Ganz anders in der Politeia: Hier wird zwar grundsätzlich die Existenzmöglichkeit des besten Staates nicht von vornherein verneint — aber in den angeführten Vergleichen wird deutlich zu verstehen gegeben, daß es Platon auf die Realisierbarkeit letztlich gar nicht entscheidend ankommt, sondern daß seine Staatskonstruktion als Paradigma — als Modell — gedacht und damit so wie die Ideen letztlich allein in der inneren Schau wahrhaft existent ist. Für die Wirklichkeit gilt dagegen die μίμησις — die Nacheiferung —, dieses geschaute Vorbild zu erreichen. Nur von hier aus scheint mir auch Platons zweitbester Staat, scheinen mir seine Nomoi verstanden werden zu können — nicht als Resignation in der nachträglichen Erkenntnis, daß die Verwirklichung der Politeia unmöglich sei, sondern in dem Bestreben, das geschaute, aber in der Wirklichkeit ohnehin unerreichbare Vorbild in der Form der größtmöglichen Annäherung in die Wirklichkeit zu transponieren [23].

Diese Auffassung findet ihre Bestätigung in einem anderen platonischen Dialog, der nicht den Gipfel seiner Philosophie darstellt und darum eben stärker der

[21] Rep. 502 c; vgl. auch 592 b: „im Himmel ist doch vielleicht ein Paradigma aufgestellt für den, der sehen will".

[22] Kritias, sowie Timaios 19 b—25 d.

[23] Vgl. dazu *Herter*, a.a.O., sowie *Görgemanns*, a.a.O., S. 105 ff., über den „Sinn der Nomoi".

Wirklichkeit verhaftet und zugewandt ist, nämlich im Politikos. Von der gleichen Voraussetzung wie in der Politeia ausgehend, daß Philosophen und Könige identisch sein müssen, konnte Platon hier sagen (293 c—e): „Notwendig ist also unter den Staatsverfassungen diejenige die richtige vor allen anderen und allein eine Politeia, in welcher man bei den Regierenden wahrhafte und nicht nur eingebildete Erkenntnis findet." Eine solche Verfassung spricht Platon selbst von der Bindung an Gesetze frei und fährt dann fort: „Solange die Regierenden nur Erkenntnis und Recht anwenden, den Staat damit erhalten und aus einem schlechten besser machen, werden wir diese Staatsverfassung für die einzig richtige erklären müssen. Die wir aber sonst so nennen, dürfen wir gar nicht für echte und wahrhafte Staatsverfassungen ansehen, sondern für *Nachahmerinnen* jener, von denen die wohlgeordneten sie besser, die anderen schlechter nachahmen." Nachahmung — Mimesis — gilt also überall dort, wo nicht die Herrscher Philosophen sind, gilt damit praktisch überall in der Wirklichkeit. Deshalb gibt es neben der allein richtigen Staatsverfassung auch noch eine Rangordnung unter den übrigen — wenn sie auch den Namen einer Politeia nicht eigentlich verdienen. Eine solche Rangordnung hat Platon im Politikos aufgestellt und an ihr gezeigt, wie das Verhältnis seiner Politeia zu seinen Nomoi zu beurteilen ist. Hier beschreibt er nämlich einen Staat ähnlich dem seiner Nomoi, in dem man sich der Gesetze wirklicher Staatsmänner bedient, und sagt von ihm: „Dies ist auch wirklich das richtigste und schönste als das *zweite*, wenn man nämlich das erste einmal beiseite/läßt." [24] Für die Wirklichkeit kann also Platon dieses erste, die eigentliche und wahre Politeia beiseite lassen. Denn an anderer Stelle im Politikos bekennt er selbst von ihr, man müsse sie — wie einen Gott unter Menschen [25] — aus allen anderen Staatsverfassungen aussondern.

Wie einen Gott unter Menschen — so würdigt Platon sein Paradigma des besten Staates also selbst. Von dem, was wir als Theorie gekennzeichnet haben, entfernt sich das platonische Staatsdenken damit immer mehr. Ist es aber deshalb utopisch zu nennen? Diese Frage wird man ohne ein weiteres Vergleichsobjekt nicht beantworten können. Ein Unterschied zu allen anderen Utopien soll aber zuvor schon herausgestellt werden.

Mimesis — Nachahmung — kennzeichnet, wie wir gesehen haben, das Verhältnis der wirklichen Staatsverfassungen zur platonischen Politeia. Diese Nachahmung bzw. die Anleitung zu ihr und damit die Erziehung ist aber auch für die Politeia selbst von zentraler Bedeutung. Das ist spätestens seit Werner Jae-

[24] 297 e; vgl. auch 300 c: „Daher ist dies nun für alle, welche über irgend etwas einmal Gesetze gegeben haben, der *zweite* Weg nach dem besten, daß sie hiergegen weder einen einzelnen noch die Menge jemals das mindeste tun lassen."

[25] 303 b; vgl. auch leg. 739 d, wo Platon das Paradigma seines Staates für Götter und Göttersöhne reserviert.

gers umfassendem Werk über die Paideia allgemein anerkannt [26], und das scheint Platons Politeia zugleich und auf den ersten Blick in die Nähe der modernen Utopien zu rücken, in denen ebenfalls — etwa bei Thomas Morus oder noch stärker bei Tommaso Campanella — der Erziehung ein hervorragender Platz eingeräumt wird [27]. Und doch trennt gerade die Berücksichtigung des Erziehungsfaktors Platon stärker von den späteren Utopisten, als daß sie beide verbände. Die Volkserziehung ist etwa in Campanellas Civitas solis viel intensiver ausgebaut als bei Platon, aber nur bei Thomas Morus wird zu Beginn des zweiten Buches einmal am Rande erwähnt, daß der Staat der Utopier in grauer Vorzeit durch Erziehung gestaltet worden sei. Die beste Staatsverfassung wird sonst von den Utopisten als bestehend angenommen, ihre Entstehung unberücksichtigt gelassen oder — wie im Marxismus — als geschichtsnotwendig hingestellt. Anders bei Platon. Er stellt im zweiten Buch seiner Politeia die Gründung einer Stadt an den Anfang seiner Staatsbetrachtung (369 b ff.). Bei ihr wird von vornherein berücksichtigt, daß jeder Bürger die Funktion ausübt, für die er am besten geeignet ist, und als sich Platon kurz darauf der Entstehung des ersten Standes zuwendet, dem er wesentliche Bedeutung in seinem Staate zumißt, dem Wächterstande, da wird als erstes von der Erziehung einer Gruppe von Menschen zu Wächtern gesprochen (376 e ff.). Platons Staat *be*steht also nicht, sondern er *ent*steht, und diese Entstehung der Politeia ist von vornherein mit der Erziehung aufs engste verknüpft. Deshalb müssen die Philosophen Könige oder die Könige Philosophen *werden*, bevor diese Politeia Wirklichkeit werden kann. Nur von hier aus sind auch die Vorschläge Platons zur sozialen Neuordnung seines Staates zu verstehen: Die neuen Lebensformen in ihm, die bis zur konsequenten Frauen- und Kindergemeinschaft reichen, galten auch in seinem besten Staat nicht für das ganze/Staatsvolk, sondern allein für die auserwählten Stände — auserwählt dadurch, daß sie zuvor besser erzogen waren als die anderen und damit bessere Einsicht besaßen. Die Erziehung spielt also nicht allein in dem besten Staat eine wesentliche Rolle, sondern ist bereits Vorbedingung für seine Entstehung. Darin unterscheidet sich die platonische Staatslehre grundsätzlich von den politischen Utopien, deren kennzeichnendstem Beispiel aus der Antike wir uns nun zuwenden wollen, bevor wir abschließend aus dem Vergleich heraus zu einer Einordnung von Platons Staatsdenken zu gelangen versuchen.

Es ist nur eine kurze Wiedergabe im zweiten Buche Diodors [28], aus der wir

[26] *W. Jaeger*, Paideia. Die Formung des griechischen Menschen II. Berlin 1944; III. ebd. 1947; vgl. auch *H.-G. Gadamer*, Platos Staat der Erziehung: Das neue Bild der Antike, hrsg. v. *H. Berve*, I (1942), S. 317 ff.

[27] Vgl. etwa *Heinisch*, a.a.O., S. 255 ff.; dort auch die Übersetzungen von Th. Morus, Utopia, und T. Campanella, Civitas solis, auf die im folgenden Bezug genommen wird.

[28] Diod, 2, 55—60; vgl. dazu *R. v. Pöhlmann*, Geschichte der sozialen Frage und des Sozialismus in der antiken Welt, 3. Aufl. v. *F. Oertel*, II (München 1925), S. 305 ff.; *E. Visser*, Iamboulos en de eilanden van de zon. Groningen 1947.

Kenntnis besitzen von dem hellenistischen Staatsroman des Jamboulos über eine Sonneninsel. Ganz im Stile der utopischen Romane der Moderne berichtet sein Verfasser als Einkleidung über eine Reise, auf der er schließlich zu einer von sieben gleichartigen Inseln dicht am Äquator verschlagen worden sei, wo er alles ganz anders angetroffen habe, als er oder sein Leser es gewohnt seien. Diese Andersartigkeit beginnt bereits bei der natürlichen Beschaffenheit der Insel, auf der die Menschen trotz der südlichen Lage der Insel weder Hitze noch Frost zu leiden haben und die in ihrer Pflanzen- und Tierwelt die menschliche Nahrung von selbst (αὐτομάτως) heranwachsen läßt. Dementsprechend ist auch die physische Beschaffenheit der Menschen ausgezeichnet: Sie sind besonders groß und schön und von ungemeiner Gelenkigkeit. Sie kennen kaum Krankheiten und werden bis zu 150 Jahren alt. Ihre Zunge ist gespalten, so daß sie befähigt sind, nicht nur mehrstimmig zu singen, sondern auch mit zwei Personen zur gleichen Zeit zu sprechen. Allerdings kann sich der Gesprächspartner dagegen wiederum schützen, da ihre Ohren eine Vorrichtung besitzen, die uns gerade heute im Zeitalter der Lärmbekämpfung sehr erwünscht wäre: natürliche Ohrenklappen. Das alles sind aber nur die wunderbaren Voraussetzungen für die vorzüglichen sozialen und wirtschaftlichen Verhältnisse auf dieser Insel: Die ganze Lebensweise ihrer Bewohner ist einer festen Ordnung unterworfen. Gegliedert in Gruppen zu 400 Menschen, leben sie jeweils unter der monarchischen Führung ihres ältesten Mitglieds in voller Lebens- und Wirtschaftsgemeinschaft zusammen. Es gibt keine Berufsgliederung, sondern abwechselnd üben alle die für die Gemeinschaft notwendigen Funktionen im Dienst und in der Leitung aus, abwechselnd widmen sie sich auch den bei ihnen besonders gepflegten Wissenschaften. Notwendig sind deshalb Produktions- und Konsumtionsmittel Gemeineigentum; Gemeineigentum sind aber auch die Frauen und Kinder. Diese Ordnung innerhalb der Gemeinschaft beginnt bereits mit der Geburt, bei der die Lebenswürdigkeit durch einen Probeflug der Säuglinge auf einem eigens zu diesem Zweck dressierten Vogel festgestellt und entschieden wird, sie endet erst mit dem Tode, den sich alle — wenn auch wahrhaft auf dem Wege der Euthanasie — selbst geben müssen, die krank oder gebrechlich sind oder die höchstzulässigen 150 Jahre erreicht haben.

Verglichen mit modernen Utopien sind das alles noch keine Absurditäten [29], und trotzdem begreift man leicht das Urteil Friedrich Oertels, diese Sonneninsel sei/das Endergebnis einer bereits kindisch gewordenen Phantasie, deren lehrhafte Absicht nicht mehr über allen Zweifel erhaben ist [30]. Kann man ein solches Machwerk überhaupt mit den erhabenen Gedanken Platons vergleichen? Für unseren Zweck schon, wenn es sich hierbei im eigentlichen Sinne um eine Utopie handelt. Dafür gilt äußerlich, daß der Roman des Jamboulos mit Sicherheit zum

[29] Campanella läßt etwa seine Bürger 200 Jahre alt werden.

[30] *Oertel*, bei *v. Pöhlmann*, a.a.O., S. 570.

Vorbild für Campanella geworden ist [31], und wichtiger ist noch eine weitere Übereinstimmung. Jamboulos geht von der Überzeugung aus, eine auf Gemeineigentum beruhende Sozialordnung verbanne den persönlichen Ehrgeiz und schaffe die Eintracht im Staate und das Glück seiner Bewohner. Dieser Grundgedanke hat bis heute fortgewirkt und eignet allen Utopien von der Antike bis in die Gegenwart. Dieser Grundgedanke ist es letztlich auch, der Karl Mannheim dazu bestimmt hat, das Kriterium für die Utopie in ihrem Drang nach Verwirklichung zu sehen, da sie eben immer nach „möglichen Wirklichkeiten" sucht. Jamboulos sucht danach, und sein Roman gehört damit in die Reihe der Utopien. Gerade diese Grundkonzeption fehlt aber der platonischen Staatslehre: Platon sucht nicht nach der möglichen Wirklichkeit, sondern nach dem Paradigma. Dieses Paradigma war — wie wir gesehen haben — nicht in der dargestellten Form, sondern lediglich in der besten Form der Nachahmung, in ihrer größtmöglichen Annäherung zur Verwirklichung bestimmt.

Daraus resultiert dann noch ein weiterer Gegensatz: Bei Jamboulos ist wie in allen späteren Utopien Voraussetzung für die gewünschte beste Staatsform die Änderung der sozialen und wirtschaftlichen, notfalls auch der natürlichen Verhältnisse und damit die Änderung der Daseinsbedingungen des Menschen. Stillschweigend oder ausdrücklich gehen dabei die Utopisten von der Überzeugung aus, daß eine solche Änderung der Verhältnisse den Menschen selbst zu verwandeln imstande sei und verwandeln werde. Gerade dieser Zug scheint mir die Utopien utopisch zu machen. — Wir haben gesehen, daß demgegenüber Platon von der Erziehung und damit von der Wandlung des Menschen ausgeht, und daß er erst vom gewandelten Menschen her den Aufbau seines besten wie seines zweitbesten und damit wirklichen Staates für möglich hält.

Gehört nach diesen Kriterien der Staatsroman des Jamboulos in die Reihe der Utopien, so wird zugleich deutlich, daß die Politeia Platons von der Utopie mindestens ebenso weit entfernt ist wie von der Theorie. Diese Kriterien bestimmen aber, wie ich meine, zugleich ihre Stellung zwischen Theorie und Utopie: Die Absicht der Politeia, als Vorbild zu wirken und die Erziehung der Menschen auf ihre größtmögliche, ihre beste Nachahmung hinzulenken, rückt sie — wie das nach ihrer Stellung im Gesamtwerk Platons übrigens ohnehin wahrscheinlich ist — in die unmittelbare Nähe der Ideen. Als Staatslehre ist sie damit ebensosehr Lehre der Ideen, wie es Platons gleichzeitig dargelegte Philosophie ist. Als Lehre der Idee vom Staat scheint mir die Politeia im Unterschied zu Theorie und Utopie die Ideologie zu verkörpern.

Theorie, Ideologie und Utopie sind gewiß nicht auf die angeführten Exempel/ beschränkt. Darauf, daß die Theorie fortgewirkt hat, habe ich bereits hingewiesen, und wenigstens eine Reihe der utopischen Züge im Roman des Jamboulos

[31] Vgl. neben *v. Pöhlmann,* a.a.O., S. 307, Anm. 1, etwa *Altheim,* Weltgeschichte Asiens im griechischen Zeitalter II (Halle 1948), S. 218.

lassen sich bis in die griechische Frühzeit in den Märchen und Mythen vom goldenen Zeitalter und von der Zeit des Kronos zurückverfolgen [32]. Aber die Verbindung von Theorie, Ideologie und Utopie mit dem Staatsdenken scheint mir von den Zeiten der griechischen Geschichte nicht getrennt werden zu können, die jeweils mit den Namen eines Herodot, eines Platon und auch eines Jamboulos wiedergegeben werden können. Erst dadurch bleibt die gewonnene Klassifizierung nicht im Bereich der unverbindlichen Gedankenspielerei. Denn auch, wenn Sie mir bis hierhin gefolgt sind, mögen Sie zu Recht fragen, welchen Wert besitzt die Einordnung griechischer Staatslehren in Schubfächer, die großenteils erst selbst gebastelt werden mußten. Ich meine, daß es zu den vornehmsten, wenn auch schwersten Aufgaben des Historikers zählt, etwas von der Mentalität der Menschen, die in der von ihm behandelten Zeit gelebt haben, zu begreifen und deutlich zu machen. Besitzen wir nun in Theorie, Ideologie und Utopie Wesensmerkmale des Staatsdenkens in bestimmten Epochen der griechischen Geschichte, so läßt sich die Mentalität der Menschen dieser Zeitabschnitte — wenn auch nicht generell, so doch unter einem bestimmten, nicht unwesentlichen Aspekt — fassen: unter dem Aspekt der Beziehungen von Individuum und Staat.

Dieser Aspekt war gerade für den griechischen Menschen, der sich als homo politicus verstand, von nicht geringer Bedeutung. Dem Wandel seines Denkens über diese seine Bestimmung vom 5. Jahrhundert v. Chr. bis in den Hellenismus nachzugehen, seine Voraussetzungen aufzuzeigen und Folgerungen für unsere Erkenntnis daraus zu ziehen, erscheint mir deshalb nicht müßig. Doch dazu sollen hier nur abschließend einige Betrachtungen angefügt werden, die mehr andeuten als ausführen können.

Die Folgerungen, die hier aus der Interpretation literarischer Werke gezogen wurden, finden ihre Parallele und damit ihre Bestätigung in der jeweiligen geschichtlichen Situation [33]. In der Zeit, als Herodot sein Werk schrieb, befand sich Athen im Zenit seiner Machtstellung. Damit konnte ein altes Problem des griechischen Festlandes, das Problem der Übervölkerung, auf dem schon wiederholt beschrittenen Wege der planmäßigen Kolonisation gelöst werden. Unter der Führung des Perikles wurden nicht nur Kleruchien in verschiedene Teile des ägäischen Raumes geführt, sondern man griff auch erneut auf das westliche Mittelmeerbecken über, wo von athenischen Kolonisten Thourioi in Unteritalien gegründet wurde. An dieser Stadtgründung nahm Herodot selbst teil, und an ihr war Hippodamos von Milet, der in der gleichen Zeit einen Staatsentwurf verfaßte, als Stadtplaner maßgeblich beteiligt. Die Ausarbeitung einer Verfassung

[32] In dieser weiten Bedeutung betrachtet *H. C. Baldry,* Ancient Utopias. Southampton 1956, die antiken Wunschträume als Utopien.

[33] Vgl. zu den — im folgenden genannten — geschichtlichen Fakten *H. Bengtson,* Griechische Geschichte von den Anfängen bis in die römische Kaiserzeit (HAW III 4). München ²1960.

mit Berücksichtigung aller ihrer Einzelheiten gehörte daher zu den konkreten Aufgaben der Zeit, die den politisch interessierten und engagierten Menschen gestellt waren. Die praktische Verwirklichung bildete den Antrieb, und so mußte auch das Denken ganz auf die Praxis ausgerichtet sein und seine Vorbilder aus der geschauten und/erfahrenen Wirklichkeit nehmen. Die geschichtliche Situation forderte damit ein Staatsdenken, wie wir es bei Herodot als Theorie kennengelernt haben.

Als dagegen Platon seine Politeia schrieb, konnte keine der griechischen Poleis mehr an eine planmäßige Kolonisation denken. Übervölkerung herrschte zwar trotz der Dezimierung im Peloponnesischen Kriege schon wieder wenige Dezennien danach; nun diente aber als Ventil vornehmlich die Einzelauswanderung der jungen Mannschaft, die als Reisläufer in fremden Staaten Dienst nahm, wie die Polemik der attischen Redner, vor allem des Isokrates, gegen das Söldnertum zeigt. Dem politischen Denker fiel daher nicht der Entwurf eines neuen Staatswesens als Aufgabe zu, sondern die Heilung und Wiederaufrichtung des eigenen. Es scheint mir sinnvoll und bezeichnend zu sein, daß der größte Denker dieser Zeit den Weg hierzu in der Erziehung der Staatsbürger sah, in der Aufrichtung eines Ideals, dem nachzustreben sich die besten Geister als Elite des künftigen Staates angelegen sein lassen sollten.

Kurz nach den Eroberungszügen Alexanders des Großen kam dann für die Griechen noch einmal der Zeitpunkt, in dem sie ihren konstruktiven Geist auf die Neugründung von Gemeinwesen richten und ihn an ihr bewähren konnten. In diese Zeit gehört Euhemeros, den ich hier leider nicht behandeln konnte, an dessen Werk sich jedoch zeigen läßt, daß sein Staatsdenken wieder vornehmlich von der Theorie her bestimmt ist und auf eine Verbindung von Polis und Regent in einem Flächenstaat abzielt. Schließlich aber wird im hellenistischen Zeitalter ein Denken, das der Verwirklichung eines eigenständigen und von der Verantwortung der Bürger getragenen Staates zustrebt, von der geschichtlichen Situation her nicht mehr gefordert. Staatstheoretisches Schrifttum erschöpft sich daher in den Fürstenspiegeln dieser Zeit, eigene Verfassungsentwürfe müssen dagegen ihre Zuflucht zur Phantasie und damit zur Utopie nehmen.

Noch eine weitere Parallele bleibt hier aufzuzeigen: Unsere Staatswissenschaftslehre hat es im wesentlichen mit drei Faktoren zu tun: Staat und Verfassung, Gesellschaft und Wirtschaft, die einzeln und in ihren wechselseitigen Beziehungen zueinander betrachtet und untersucht werden. Die Griechen haben nicht von vornherein diese drei Gebiete nebeneinander berücksichtigt, sondern sind in der Entwicklung ihres Staatsdenkens nacheinander auf sie geführt worden. So befaßte sich das griechische Staatsdenken bis ins 5. Jahrhundert v. Chr. nur mit den primär politischen Fragen der Verfassungsform, mit der Frage also: „Wer soll regieren?“ Die Erkenntnis von der Bedeutung der Gesellschaft im Staate war erst ein Ergebnis der Bemühungen der Sophisten und des Sokrates, sie ging darum voll erst in die Staatslehre Platons ein. Noch später lernte man, wirtschaftliche Fragen in ihrer Bedeutung für den Staat zu würdigen. Ansätze hierzu gab es bei Aristophanes in der Zeit des Niederganges im Peloponnesischen Kriege, aber erst nach seinem Ende, also nach dem Ende der politischen Herrlichkeit, wurde ihnen in der Spezialliteratur etwa eines Xenophon stärkere Beachtung geschenkt, erst in der Mitte des 4. Jahrhunderts v. Chr. haben Finanzexperten wie Euboulos von der Wirtschaft her versucht, den Staat zu sanieren. Daher konnte erst Aristoteles den Faktor Wirtschaft in seine Staatslehre aufnehmen, und von ihm aus ist das Staatsdenken des Hellenismus stark wirtschaftlich mitbestimmt worden./

Dieses Nacheinander in der Berücksichtigung der verschiedenen Gebiete des Staatslebens hat es dann zugleich bedingt, daß dem neu erkannten Faktor jeweils die Präponderanz gegenüber den anderen zufiel. Das platonische Staatsdenken ist deshalb in erster Linie von dem Aspekt der Gesellschaft her bestimmt, und zu Unrecht machen die modernen Kritiker der Politeia Platon immer wieder einmal den Vorwurf, daß er in ihr dem Aufbau der Staatsgewalt, den Institutionen wie den ökonomischen Verhältnissen in seinem Staat zu wenig Aufmerksamkeit gewidmet habe. Von der geistesgeschichtlichen Situation her spielten für Platon die wirtschaftlichen Verhältnisse noch keine entscheidende Rolle, von seinem besonderen Aspekt her mußten die Institutionen gegenüber dem gesellschaftlichen Aufbau in den Hintergrund treten. Da aber dieser Aspekt so stark auf die Gesellschaft und damit auf den Menschen gerichtet war, mußte von ihm der Staatsaufbau seinen Anfang nehmen, mußte also die Erziehung des Menschen ganz im Vordergrund stehen. Die Utopie ist dagegen vom Wirtschaftsdenken her bestimmt. Erst die Erkenntnis von der Bedeutung der ökonomischen Verhältnisse, zugleich aber ihre Überbetonung, konnte zum Ausgangspunkt eines Staatsaufbaues die Änderung eben dieser Verhältnisse nehmen. Das war in der Antike erst nach Aristoteles, war erst im Hellenismus möglich — wie in der Moderne erst zusammen mit der Wirtschaftsform des Frühkapitalismus am Beginn der Neuzeit.

Von den politischen wie von den geistesgeschichtlichen Bedingungen aus lassen sich so die Voraussetzungen für die sukzessive Entstehung von Theorie, Ideologie und Utopie im griechisch-hellenistischen Staatsdenken aufzeigen. Die Parallelität dieser Bedingungen in Antike und Neuzeit bei der Entstehung der Utopie macht zugleich deutlich, daß Platon nicht der Vater der modernen Utopie genannt werden kann, daß aber ebenso die Vertreter des Marxismus irren, wenn sie die sogenannte Sklavenhaltergesellschaft der Antike der Hervorbringung einer politischen und sozialen Utopie überhaupt für unfähig erklären [34]. Wie

[34] Vgl. *K. Kautsky,* Vorläufer des modernen Sozialismus III (Stuttgart ²1922), S. 49 ff., und besonders S. 56 f. die Kennzeichnung der Utopia des Morus als Beginn des modernen Sozialismus und Beginn des Utopismus. Daneben können allerdings auch hier alle antiken Wunschträume (vgl. oben Anm. 32) im weiteren Sinn als Utopien gefaßt werden; vgl. dazu *E. Bloch,* Freiheit und Ordnung. Abriß der Sozial-Utopien. New York

Friedrich Vittinghoff erst kürzlich gezeigt hat, hindern sie mangelnde geschichtliche Kenntnis und schematisches Geschichtsdenken an der Einsicht, daß auch die Epochen der Antike in ihren politischen und wirtschaftlichen Bedingungen, vor allem aber im Zeitgeist, in der Mentalität der Menschen, mitunter stark voneinander differieren [35]. Eine von ihnen, der Hellenismus, zeigt gerade in der Betonung der Relevanz ökonomischer Verhältnisse deutliche Parallelen zur Moderne. Im Gegensatz zu Theorie und Ideologie hat diese Zeit daher auch im hellenistischen Staatsroman die politisch-soziale Utopie hervorgebracht, die letztlich — ganz im Gegensatz zu Platon, aber wie Karl Marx — von der noch weitgehend unbewußten Voraussetzung ausgeht, daß „das Ideelle nichts anderes als das im Menschenkopf umgesetzte und übersetzte Materielle" sei.

1946, der uns auch berechtigt, den Marxismus als Utopie zu begreifen, wenn er selbst formuliert: „Daher ist Marxismus nicht etwa keine Utopie, sondern echte, nämlich konkret vermittelte und prozeßhaft offen gehaltene. Er ist reale Utopie ..." (S. 138; vgl. auch S. 188).

[35] *F. Vittinghoff*, Die Theorie des historischen Materialismus über den antiken „Sklavenhalterstaat": Saeculum 11 (1960), S. 89 ff.

Utopia.
Antworten griechischen Denkens auf die Herausforderung durch soziale Verhältnisse*

Viele meiner Vorgänger an allen deutschen Universitäten haben sich zu Beginn ihrer Rektoratsrede auf die Tradition berufen, um damit einen Vortrag aus ihrem speziellen Forschungsbereich zu rechtfertigen. Aber Tradition ist nicht nur weithin suspekt geworden, sie hat vor allem im Bereich der Wissenschaften nie die Qualität eines Argumentes besessen. Deshalb ist die Frage berechtigt, ob nicht Probleme der Wissenschafts- und Hochschulpolitik gleichsam als Programm beim Antritt eines Rektorates erörtert werden sollten.

Die Beantwortung dieser Frage fordert eine kurze Besinnung auf die Aufgabe der Universität. Sie ist nicht von den Mitgliedern der Universität allein, sie ist auch nicht wissenschaftlich zu bestimmen, sondern sie beruht auf einem Auftrag der bestehenden Gesellschaft. Allerdings ist diese Gesellschaft ihrerseits durch die Wissenschaften und ihre Ergebnisse mit geprägt, und ihr Auftrag findet seine Grenze darin, daß nur die Wissenschaftler selbst beurteilen können, was ihre Wissenschaft zu leisten vermag und welche Bedingungen sie braucht. Eine Konzeption hierzu hat an der Christian-Albrechts-Universität Professor Jochimsen dankenswerterweise als Diskussionsgrundlage erarbeitet; sie wird in diesen Tagen der Öffentlichkeit und den Mitgliedern der Universität vorliegen [1]. Mit ihm bin ich der Auffassung, daß die Aufgabe der Universität heute als Forschung, Lehre und Ausbildung in den Wissenschaften definiert werden kann, die durch das gemeinsame Ziel der Wahrheitsfindung auf der Grundlage rationalen, kritischen Denkens und öffentlicher Überprüfbarkeit ihrer Ergebnisse verbunden sind.

Diese Trias von Aufgaben beeinflußt sich zwar wechselseitig, besitzt aber zugleich ihre eindeutigen Schwerpunkte: Nur durch die Forschung erhalten Lehre und Ausbildung ihren Inhalt, aber Forschung und Lehre sind ihrerseits zum Absterben verurteilt ohne die handwerkliche Grundlage, die durch Ausbildung vermittelt wird. Sie ist notwendig in den einzelnen Wissenschaften verschieden und bedingt damit ihre Besonderheiten. Es gibt keine solchen Grundlagen für eine übergeordnete Wissenschaft, und es gibt keinen Einzelnen, der diese Grundlagen

* Vortrag, vorbereitet für die feierliche Eröffnung des Rektoratsjahres 1968/69 am 14. 5. 1968, vermehrt um Anmerkungen. Die Ereignisse, durch die die Veranstaltung und damit auch der Vortrag verhindert wurden, sind in der Kieler Universitäts-Zeitschrift „Christiana Albertina", Heft 6/1968, Seite 79 ff. dargestellt.

[1] *R. Jochimsen,* Ziele und Strukturen der Universität. Überlegungen zur Hochschulreform (Schriftenreihe Gegenwartsfragen. Hrsg.: Amt für Staatsbürgerliche Bildung in Schleswig-Holstein. H. 18. Mai 1968).

in ihrem ganzen Umfang beherrschen könnte; und deshalb gibt es auch/keine Wissenschaft und keinen Wissenschaftler, deren Ergebnisse als Richtschnur für die einzelnen Wissenschaften dienen könnten [2]. Wie jede übergeordnete Fragestellung können deshalb innerhalb der Universität Probleme der Wissenschafts- und Hochschulpolitik nur in der Zusammenarbeit zwischen den Wissenschaftlern verschiedener Disziplinen angepackt und einer Lösung nähergeführt werden. Das Programm eines Einzelnen müßte notwendig einseitig sein oder den Charakter eines Bekenntnisses tragen und damit gegen die Aufgabe der Universität verstoßen, die zu wahren und besser zu ermöglichen der Rektor der Universität gerade bestellt ist.

Solange wir eine Rektoratsverfassung besitzen und keinen Präsidenten, der von Berufs wegen Wissenschaftspolitik — nicht Wissenschaft — zu vertreten hätte, scheint es mir deshalb gut begründet zu sein, wenn sich auch in der veränderten Situation der neue Rektor mit einem Exempel der Arbeit vorstellt, mit der er zu seinem Teil an der Aufgabe, die der Universität gestellt ist, beiträgt. Das heißt jedoch nicht, daß nicht neue Formen erprobt werden sollten. Unserer Auffassung vom Wissenschaftsvollzug entspricht der Festvortrag nur ungenügend, er verlangt sein Gegenüber. Deshalb fordere ich Sie alle — vorab meine Kritiker — im unmittelbaren Anschluß an diese Feier, die uns durch die Verfassung geboten ist, zu einer halbstündigen Diskussion über die Fragen auf, die ich jetzt behandeln will. Der Rektor designatus, Professor Weisbecker, wird diese wissenschaftliche Diskussion leiten.

Über „Therorie, Ideologie und Utopie im griechisch-hellenistischen Staatsdenken" habe ich vor sechs Jahren zu Beginn meiner Lehrtätigkeit in Kiel gesprochen [3], und ich möchte zeigen, wie ich den gleichen Themenkreis auch mit Hilfe der Studenten meines Oberseminars weiter verfolgt habe, wenn ich heute die Utopien als Antworten griechischen Denkens auf die Herausforderung durch soziale Verhältnisse behandle.

Trotz aller bisherigen Bemühungen gibt es bis heute keine allgemein anerkannte Definition des Begriffes Utopie [4]. Erst von Thomas Morus aus griechi-

[2] Vgl. hierzu z. B. auch *F. Engels,* Die Entwicklung des Sozialismus von der Utopie zur Wissenschaft (nach der 4. Aufl., Berlin 1891, jetzt: Kleine Bücherei des Marxismus-Leninismus. Berlin [13]1966), S. 75.

[3] *H. Braunert,* Theorie, Ideologie und Utopie im griechisch-hellenistischen Staatsdenken: Gesch. in Wissensch. und Unterr. 14 (1963), S. 145 ff. [= oben S. 49 ff.].

[4] Vgl. aus jüngster Zeit etwa die Sammlung von Aufsätzen zum Thema „Utopia" in: Daedalus. Journal of the American Academy of Arts and Sciences 94 (1965), No. 2, sowie *M. I. Finley,* Utopianism ancient and modern: The Critical Spirit. Essays in honor of Herbert Marcuse (Boston, Mass. 1967), S. 3: „Ever since Thomas More gave the world the word Utopia early in the sixteenth century, a semantic cluster has grown round it, or perhaps I should say a spectrum of meanings, of great range and complexity, and of no little confusion."

schen Elementen geprägt, ist die Vokabel als Synonym zum „Wolken-Kuckucksheim" in den allgemeinen Sprachgebrauch eingegangen und wird in einer Welt, die nach praktischen Lösungen sucht, deshalb meist im negativen Sinne verwandt. Dagegen hat sich in einem Teil der soziologischen und philosophischen Literatur immer stärker eine positive Wertung durchgesetzt, vor allem seit Karl Mannheim im Streben nach Verwirklichung das entscheidende Merkmal der Uto/pien herausgestellt [5], Ernst Bloch sie als „Grundrisse einer besseren Welt" dargestellt hat [6]. Die *U*topia ist dabei fast zu einer *Eu*topia geworden [7]. Voraussetzung für eine solche Deutung bildet die Annahme, dem Entwurf von Utopien sei eine kritische Analyse der jeweiligen gesellschaftlichen Situation vorausgegangen, die es bewirke, daß — wieder nach Ernst Bloch — „der soziale Auftrag und Zusammenhang" in ihnen „jederzeit stärker" sei „als die individuellen Eigenheiten der Utopisten" [8].

Hier liegt der Reiz für den Historiker, der sich allerdings gleich vor die Schwierigkeit gestellt sieht, daß er offenbar nicht alles, was nach täglichem Sprachgebrauch unter die Kategorie der Utopie fällt, zur Deutung der jeweiligen sozialen Verhältnisse heranziehen darf, diese sozialen Verhältnisse aber bereits kennen müßte, wenn er eine sichere Unterscheidung vornehmen wollte. Hat also schon Hesiod im 7. Jahrhundert v. Chr. in einem sozialen Auftrag gehandelt, als er das Leben der Menschen im goldenen Zeitalter mit den Versen beschrieb:

> „Sie lebten dahin wie Götter ohne Betrübnis
> fern von Mühen und Leid, und ihnen nahte kein schlimmes
> Alter, und immer regten sie gleich die Hände und Füße,
> freuten sich an Gelagen, und ledig jeglichen Übels
> starben sie, übermannt vom Schlaf, und alles Gewünschte
> hatten sie. Frucht bescherte die nahrungspendende Erde
> immer von selber, unendlich und vielfach. Ganz nach Gefallen
> hatten sie. Frucht bescherte die nahrungspendende Erde

Diese mythischen Vorstellungen scheinen mit Sozialkritik nichts gemein zu haben, und so ist es verständlich, wenn noch kürzlich Moses I. Finley in der Fest-

[5] *K. Mannheim,* Ideologie und Utopie (Frankfurt/M. ³1952), S. 169 ff.

[6] „Grundrisse einer besseren Welt" lautet der Titel von *E. Bloch,* Das Prinzip Hoffnung, Bd. II, Berlin 1955.

[7] Vgl. bereits für die Antike *L. Mumford,* Utopia, the city and the machine: Daedalus (o. Anm. 4), S. 283; *Finley* (o. Anm. 4), S. 3.

[8] *Bloch,* Freiheit und Ordnung. Abriß der Sozial-Utopien (New York 1946), S. 19. Anders wollte es *Engels* (o. Anm. 2, S. 59) den „literarischen Kleinkrämern überlassen, an diesen (gemeint ist: aus der Zeit um 1800!), heute nur noch erheiternden Phantastereien feierlich herumzuklauben und die Überlegenheit ihrer nüchternen Denkungsart geltend zu machen gegenüber solchem ‚Wahnwitz'".

[9] Hesiod, Werke und Tage 112—119 (Übers. von *Th. v. Scheffer*).

schrift für Herbert Marcuse die Vorstellungen über ein goldenes Zeitalter bei einem Vergleich antiker und moderner Utopien unberücksichtigt gelassen hat [10]. Das goldene Zeitalter gehört dann in die weitverbreiteten Märchen von einem Schlaraffenleben, und ein Unterscheidungsmerkmal scheint insbesondere dadurch gegeben zu sein, daß hierbei Wunschzeiten — die gute, alte Zeit — im Vordergrund stehen, Wunschräume — die ferne Insel etwa — für die Sozialutopie charakteristisch sind [11]. Aber eine solche formale Unterscheidung findet in der antiken Literatur keine Stütze [12], wo das Wunschland der Phäaken in der Odyssee gleichzeitig gedacht ist [13], Platon seine wirkliche Utopie in Atlantis und Ur-Athen aber in die graue Vorzeit verlegt hat [14]. Auch das reine Märchenmotiv, daß die gebratenen Tauben von selbst in den Mund flögen, scheint mir als Kriterium für eine Scheidung/zwischen den Motiven unbrauchbar zu sein [15]. Es läßt sich nämlich in der griechischen Literatur gleichsam an einem Leitwort verfolgen: αὐτομάτως — *von selbst* und damit ohne Arbeit — gab nach Hesiod die Erde den Menschen im goldenen Zeitalter Nahrung [16], aber noch auf der Sonneninsel des Jambulos, die seit den Untersuchungen Robert von Pöhlmanns als Endergebnis des utopischen Denkens der Griechen angesehen wird [17], wachsen die Nährpflanzen *von selbst* in größerer Fülle, als die Menschen sie brauchen [18].

Bilder und Motive, in denen sich utopisches Denken ausdrückt oder die von ihm verwandt werden, helfen deshalb nicht weiter, wenn man den ernsthaften,

[10] *Finley* (o. Anm. 4), S. 6 f.

[11] Vgl. zu diesem Unterscheidungsmerkmal jetzt *H.-J. Mähl,* Die Idee des goldenen Zeitalters im Werk des Novalis. Studien zur Wesensbestimmung der frühromantischen Utopie und zu ihren ideengeschichtlichen Voraussetzungen (Probleme der Dichtung. Studien zur deutschen Literaturgeschichte. Bd. 7. Heidelberg 1965), S. 19 f.

[12] Vgl. bereits *H. C. Baldry,* Ancient Utopias (Southampton 1956), S. 5: „What they describe is always remote, whether in space or in time".

[13] Vgl. Odyssee, B. 6—8, bes. 6, 262—272; 7,108—132.

[14] Vgl. Plat., Timaios 19 b—25 d; Kritias 108 e—121 c; aus der umfangreichen Literatur vgl. jetzt *P. Vidal-Naquet,* Athènes et l'Atlantide: Rev. Et. Gr. 77 (1964), S. 420 ff.

[15] Vgl. dazu jetzt vor allem *B. Gatz,* Weltalter, goldene Zeit und sinnverwandte Vorstellungen (Spudasmata. Studien zur Klassischen Philologie und ihren Grenzgebieten, Bd. 16. Hildesheim 1967), S. 118.

[16] Hesiod, Werke und Tage 118; zu diesem Grundmotiv vgl. *Gatz* (o. Anm. 15), S. 203 f.

[17] Vgl. bereits *F. Oertel* bei *R. v. Pöhlmann,* Geschichte der sozialen Frage und des Sozialismus in der antiken Welt II (München ³1925), S. 570, sowie jetzt auch *Finley* (o. Anm. 4), S. 8 ff.

[18] Vgl. Diod. 2, 57, 1: „Denn aufgrund der Güte des Bodens und der vorzüglichen klimatischen Bedingungen wachsen Pflanzen zum Lebensunterhalt *von selbst* in größerer Fülle, als man ihrer bedarf", sowie 2, 59, 1: Die Bewohner sind mäßig, „obwohl sie Überfluß haben an allen Lebensmitteln, die *von selbst* wachsen."

sozialkritischen Ansatz vom Spiel der Phantasie trennen will. Für diese Bilder läßt sich vielmehr zeigen, daß im Griechentum menschliches Sehnen nach einem besseren Leben wohl ursprünglich im Leben der Götter auf dem Olymp sein Ziel gefunden hat, der — nach den Worten der Odyssee — nicht von Stürmen erschüttert wird, wo weder Regen noch Schnee fallen, sondern immer wolkenlose Bläue und schimmernder Tagesglanz herrschen [19]. Die anthropomorphe Götterauffassung hat dann die Übertragung dieser Vorstellungen auf die verschiedensten Bereiche gestattet [20]: auf das Elysion oder die Insel der Seligen, wo die Abgeschiedenen göttergleich lebten [21], auf die gute, alte Zeit, die im goldenen Zeitalter unter der Herrschaft des Kronos gewiß mit manchen orientalischen Zügen ausgestattet wurde, deren Menschen aber auch nach griechischer Vorstellung nicht

[19] Vgl. Odyssee 6, 43—45, und dazu *Baldry* (o. Anm. 12), S. 7 ff. Die Ableitung der Wunschvorstellungen vom Götterberg wird jetzt als Arbeitshypothese benutzt von *Gatz* (o. Anm. 15), S. 191.

[20] Vgl. zur Kontamination verschiedener Vorstellungen — hier vor allem der auf vorderasiatischen Ursprung zurückgehenden von den „Menschengeschlechtern" mit der der „Zeitalter" — jetzt *Gatz,* a.a.O. — Umgekehrt macht jetzt wieder *A. Giannini* die verschiedenen Motive zum Ausgangspunkt seiner Untersuchung über „Mito e Utopia nella letteratura Greca prima di Platone" (Rendic. Istit. Lomb., Cl. di Lett. 101, 1967, S. 101 ff.) und stellt folgendes System auf (S. 132):

mito	Età aurea	nel passato = paradiso terrestre	fuori del tempo: *origini*
	(dalla realtà al mito)		
	Isole dei Beati	nel futuro = paradiso celeste	fuori del mondo: *aldilà*
fantasia	Paese di Cuccagna	= realtà capovolta	
	(dal mito alla realtà)	nel presente	
storia	Popoli primitivi	= realtà idealizzata	

[21] Vgl. Odyssee 4, 561—565 (Übers. von *W. Schadewaldt*): „Dir aber ist es nicht bestimmt, o zeusgenährter Menelaos, daß du in dem rossenährenden Argos sterben und deinem Schicksal folgen sollst, sondern dich werden die Unsterblichen in das Elysische Gefilde und zu den Grenzen der Erde schicken, wo der blonde Rhadamanthys ist. Dort ist das leichteste Leben für die Menschen." Vgl. dazu auch *Hesiod,* Werke und Tage 167—173 (Übers. von *Th. v. Scheffer*):

„Andern, fern von den Menschen, gewährte Leben und Wohnsitz
Zeus, der Kronide, und ließ sie hausen am Rande der Erde;
und dort wohnen sie nun mit kummerentlasteten Herzen
auf den seligen Inseln und bei des Okeanos Strudeln,
hochbeglückte Heroen; denn süße Früchte wie Honig
reift ihnen dreimal im Jahr die nahrungspendende Erde."

Dabei handelt es sich um das 4. Menschengeschlecht, dessen Angehörige von göttlicher Herkunft als „Halbgötter" benannt werden (159 f.).

nur gleichen Ursprungs wie die Götter waren, sondern ihnen gleich lebten [22]. Schließlich konnte das Bild aber auch auf weit entfernt liegende Länder übertragen werden, die — wie Äthiopien — ursprünglich Gottesland waren oder die von den Göttern wenigstens häufiger besucht wurden, so daß ihre Bewohner als Götterfreunde ihnen besonders eng verbunden waren [23]. Als dann in der Ausbildung einer Kulturentstehungslehre das einfache Leben der Primitiven idealisiert wurde [24], da waren es diese Länder am Rande der Oikumene — Äthiopien im Süden und Osten [25], die Hyperboreer im fernen Norden [26] —, auf die nun mit neuer Berechtigung die mythischen Aussagen anwendbar wurden.

Kehren wir nach diesem Umweg zu Hesiod zurück! Für den Nachweis, daß es ihm an sozialkritischer Absicht gemangelt habe, hält Finley ein weiteres Argument bereit: Aus dem gegenwärtigen, dem eisernen Zeitalter gebe es bei Hesiod keinen Ausweg. Es gebe auch keine Andeutung, wie der augenblickliche Status zu ändern, das goldene/Zeitalter zurückzugwinnen sei [27]. Ich fürchte, dieser Vorwurf müßte auch moderne Utopien treffen. Denn wer allein die Schilderung des Staates der Utopier im zweiten Buch des Thomas Morus liest, wird schwerlich schon daraus den Wunsch nach Veränderung entnehmen. Lediglich aus dem Gesamtwerk ergibt sich die Absicht, und das ist ganz ähnlich bei Hesiod, der unmittelbar auf die Darstellung der Zeitalter die Fabel von der Nachtigall in den

[22] Vgl. dazu Hesiod, Werke und Tage 108: „Wie ja nämlichen Ursprungs Götter und sterbliche Menschen", sowie V. 111 f.: „Jene lebten, als Kronos im Himmel herrschte als König, und sie lebten dahin wie Götter ohne Betrübnis".

[23] Vgl. Ilias 1, 423 f. (Übers. nach *J. H. Voss* von *H. Rupé*): „Zeus ist nämlich hinab zum Okeanos zu den Aithiopen gestern speisen gegangen, von allen Göttern begleitet". Ebenso Iris in Ilias 23, 205—207. Nach *Gatz* (Anm. 15), S. 37, spiegelt sich „in der Parusie der Unsterblichen . . . die Vollkommenheit eines göttergleichen Lebens der Sterblichen".

[24] Vgl. dazu jetzt mit Verarbeitung der älteren Literatur *R. Vischer*, Das einfache Leben. Wort- und motivgeschichtliche Untersuchungen zu einem Wertbegriff der antiken Literatur (Studienhefte zur Altertumswissenschaft, 11). Göttingen 1965.

[25] Vgl. zur unterschiedlichen Lokalisierung der Äthiopen *A. Lesky*, Aithiopika: Hermes 87 (1959), S. 27 ff.

[26] Dazu, daß für die Hyperboreer ein ähnlicher Ansatzpunkt wie für die Äthiopen gegeben ist, vgl. Pindar, Pythien 10, 25 ff. Die Verbindung ihres Lebens mit dem der μάκαρες scheint sich selbst noch im Namen erhalten zu haben; vgl. dazu jetzt *A. J. van Windekens*, Les Hyperboréens: Rhein. Mus. 100 (1957), S. 164 ff.

[27] *Finley* (o. Anm. 4), S. 7: „There is not a whisper in Hesiod of way by which to change or transcend the present state, to reapproach the Golden Age." In ähnlicher Weise unterscheidet *Giannini*, Mito e Utopia (o. Anm. 20), S. 102, die vorplatonische Utopie als „utopia d'evasione" von der „utopia di ricostruzione" oder „utopia critica".

Krallen des Habichts folgen läßt [28], sie ausdrücklich an die Adresse der Adligen richtet und damit ihre ungerechte Herrschaft geißelt [29]. Kritik gerade „an der Klassenherrschaft des Adels" seiner Zeit wird man Hesiod also nicht absprechen können [30]: aber man wird auch die Schilderung des goldenen Zeitalters von dieser Kritik um so weniger trennen dürfen, als wieder nur wenige Verse später der erstrebte Zustand ganz ähnlich dargestellt wird wie das goldene Zeitalter selbst:

„Auch kein Hunger findet den Weg zu rechtlichen Richtern,
auch kein Unglück, sie sind nur tätig für Felder und Feste.
Nahrung bringt ihnen die Erde genug, und Eichen am Berge
tragen in ihren Wipfeln die Früchte, inmitten die Bienen.
Schafe schreiten viele, belastet von flockiger Wolle,
und es gebären die Weiber den Vätern gleichende Kinder.
Blühend gedeihen sie dauernd in Glück, auch brauchen sie Schiffe
nicht zu steuern, es bietet ja Frucht der spendende Acker". [31]

Die göttergleichen Züge sind hierbei getilgt, aber Friede, Wohlstand und Glück können auch jetzt allen Menschen zuteil werden, und sie werden als Folge der von Hesiod erstrebten Wandlung vorgestellt [32]. Nicht in der Voraussetzung einer

[28] Hesiod, Werke und Tage 202—212 (Übers. von *Th. v. Scheffer*):
„Nun eine Fabel erzähle ich einsichtsvollen Gebietern:
So zur Nachtigall sprach, der bunten, einstens der Habicht,
wie er hoch in den Wolken sie fest in den Krallen dahintrug.
Jämmerlich, weil so arg geplagt von gebogenen Krallen,
klagte sie, und da rief der Habicht mit herrischem Tone:
‚Törin, was schreist du denn so? Ein Stärkerer hält dich gefangen.
Gehen mußt du, wohin ich will, trotz deines Gesanges.
Fressen tu ich dich, wenn es mir paßt, oder laß dich entwischen.
Sinnlos, wer sich vermißt, mit stärkerem Feinde zu kämpfen.
Sieg ist ihm versagt, er leidet noch neben der Schande'.
Also sprach der schnelle, der flügelspreizende Habicht."

[29] Vgl. dazu bereits *v. Pöhlmann* (o. Anm. 17), I, S. 143, sowie *Oertel*, Klassenkampf, Sozialismus und organischer Staat im alten Griechenland: Kriegsvorträge der Rhein. Friedr.-Wilh.-Universität Bonn, Bd. 3 (1944), S. 340.

[30] Allerdings besitzt Hesiod gewiß kein „Klassenbewußtsein". Wenn er auch die „elenden Sterblichen" (δειλοὶ βροτοί) deutlich von den „Edlen" (ἐσθλοί; Werke und Tage 214), die er als „gabengefräßige Herrscher" (βασιλῆες δωροφάγοι; 38 f.) brandmarkt, unterscheidet, so sind diese für ihn doch, wie *M. Detienne*, Crise agraire et attitude religieuse chez Hésiode (Collection Latomus, Vol. 68. Brüssel 1963), S. 60, zu Recht betont hat, „les garants de l'ordre, ce sont toujours les rois".

[31] Hesiod, Werke und Tage 230—237.

[32] Der Unterschied zwischen den Versen 109 ff. und 228 ff. wird jetzt sehr stark betont von *Gatz* (o. Anm. 15), S. 201. Das ist gewiß berechtigt, soweit es sich der Verfasser zum Ziel gesetzt hat zu zeigen, „daß die Vorstellung von einer ‚goldenen' Urzeit grundsätzlich von dem Mythos der Weltalter zu trennen ist" (ebd.). Für unseren Zusammen-

sozialkritischen Analyse, nicht in der Absicht zur Änderung unterscheidet sich deshalb Hesiod von wirklichen Utopisten, aber in der Form der Änderung, die er empfiehlt. „Der andere Weg ist der bessere, der zur Gerechtigkeit führt" [33], ist wie bei Hesiod Maxime selbst moderner Utopien [34]. Diesen Weg sind wir jedoch gewohnt in einer sozialen Umwälzung, in der Veränderung der äußeren Umstände zu sehen — Hesiod dagegen will den Menschen ändern: „Nicht die Institutionen, sondern die Gesinnungen der Menschen sind ihm die Quelle alles sozialen Glücks, wie Unglücks" [35]. Auch das scheint mir eine Antwort auf die Herausforderung durch soziale Verhältnisse zu sein, der die Griechen allerdings nicht gefolgt sind [36].

Fast zwei Jahrhunderte nach Hesiod sind geprägt durch heftige Auseinandersetzungen, die vielfach ständisch und politisch, aber auch sozial bestimmt waren. Mit Gewalt wurde den Reichen mancherorts/ihr Besitz genommen, und Schuldentilgung sowie Landaufteilung waren die Forderungen einer agrarisch, zum Teil kleinbürgerlich ausgerichteten Unterschicht [37]. Nur mit Ausnahmegewalten

hang ist dagegen die Beobachtung *Gatz'* wichtiger, daß wir aus den „ähnlichen Beschreibungen der idealen Zeit in Hesiods Werk" (90—92. 109—126. 170—173. 225—237. fr. 82 *Rzach*) „erfahren ..., daß dieser Zustand (scil. der goldenen Urzeit) seine innere Begründung in der Vollkommenheit der Dike hat, wie die 213 neu einsetzende Paränese an Perses lehrt" (S. 36).

[33] Hesiod, Werke und Tage 216 f.

[34] Vgl. etwa *Bloch,* Freiheit und Ordnung (o. Anm. 8), S. 134: „Aus den Herzen haben die Utopisten das Unrecht verdammt, das Rechte gewünscht."

[35] *v. Pöhlmann* (o. Anm. 17), I, S. 143.

[36] Die Herausforderung durch die sozialen Verhältnisse der Zeit, die „crise agraire", ist jetzt besonders gut von *Detienne* (o. Anm. 30), S. 15 ff., zusammengestellt worden. Er hat auch treffend gezeigt, daß für Hesiod die „Lösung" in der Verrichtung des „travail agricole comme pratique religieuse" (S. 32 ff.) liegt. Wenn er daraus dann die Folgerung zieht: „Hesiode n'est pas un réformateur social, c'est un réformateur religieux" (S. 63), so schränkt er dieses Urteil zu Recht mit der Feststellung ein: „en effet, pour la pensée grecque archaïque, la crise agraire et la réaction d'une pensée religieuse ne sont pas deux plans distincts" (ebd.). Man müßte dann viel eher sagen: Hesiod ist „réformateur social" als „réformateur religieux". Denn „sozial" ist sein Reformwille nicht allein deshalb, weil er sich in den Anweisungen über die Landarbeit über seinen Bruder Perses hinaus auch an die übrigen Kleinbauern wendet, sondern weil die Tätigkeit des Großgrundbesitzers in seiner Hauptfunktion als Richter — vgl. dazu *Detienne,* S. 17 f. — ebenso an die Δίκη gebunden wird wie die tägliche Arbeit des Kleinbauern. So vertritt er mit dem Anspruch auf den Besitz der Wahrheit den Zeitgenossen insgesamt gegenüber seine Auffassung, daß es sich bei dem „Prinzip des gerechten Ausgleiches ... um die Verkörperung eines im Weltgeschehen schlechthin wirksamen Gesetzes handelt": *H. Diller,* Hesiod und die Anfänge der griechischen Philosophie: Antike und Abendland 2 (1946), S. 148. Vgl. jetzt auch *A. Verdross,* Die Begründung der antiken Rechtsphilosophie durch Hesiod: Anz. Akad. Wien, phil.-hist. Kl. 103 (1966), S. 23 ff.

[37] Vgl. dazu *Oertel* (o. Anm. 29), S. 343 ff.

konnte man dieser Schwierigkeiten Herr werden. Dabei zeigten sich — wie etwa bei Solon — Ansätze zu einem Rechtsstaat [38]; doch nicht in Freiheit, sondern erst unter der Tyrannis wurde eine weitgehende Nivellierung erreicht, die den Boden für die Entwicklung der Demokratie im Athen des 5. Jahrhunderts bereitet hat [39]. Es scheint mir nicht zufällig zu sein, daß das utopische Denken in dieser Zeit der Aktionen keine neuen Ansätze entwickelt hat. Das ist erst wieder unter der Demokratie geschehen; und im 5. und 4. Jahrhundert zeigt das Bemühen um den „besten Staat", daß hier die Voraussetzungen auf alle Fälle zutreffen, die heute von einer echten Utopie gefordert werden.

Nicht mehr der Mythos, sondern die *ratio* hat diese Entwürfe geprägt. Auf eine fixe Zahl von 10 000 Bürgern hat bereits in der Zeit des Perikles Hippodamos von Milet seinen Staat begrenzt. In ihm sollten den drei Gruppen von Handwerkern, Bauern und Soldaten drei Landkategorien gegenüberstehen; drei Arten von Gesetzen waren vorgesehen, und den Beamten des Staates drei Funktionen zugeteilt [40]. „Das sind die wichtigsten und so ziemlich alle Punkte der Verfassung des Hippodamos", hat Aristoteles mit spürbarer Verachtung festgestellt. Trotzdem scheint mir diese Utopie bisher zu Unrecht vernachlässigt worden zu sein; denn in ihr tritt uns ein Element entgegen, das größte Wirkungen ausgeübt hat und vielleicht noch ausübt: der Zwang in der Form einer schematischen Dritteilung. In drei Stände oder Klassen ist nun immer wieder die Gesellschaft in Staatsentwürfen gepreßt worden — gleichgültig, ob dabei die Mannigfaltigkeit der Erscheinungen bei fremden Völkern, die wie die Ägypter als Vorbild hingestellt wurden, vergewaltigt werden mußte [41], oder ob — wie in Platons Politeia — die Simplifizierung zum Prinzip erhoben wurde [42]. Im Namen der *ratio* entworfen, wurde die Dreigliederung damit zur magischen Formel, die um so leichter übernommen wurde, als sie — anders als die Verheißung eines Schlaraffenlebens —

[38] Wenn *V. Ehrenberg,* Polis und Imperium. Beiträge zur Alten Geschichte (Zürich/Stuttgart 1965), S. 148 ff., auch zu Recht gezeigt hat, daß nicht mit *W. Jaeger,* Solons Eunomia: Sitzg.-Ber. Berlin 1926, S. 82, aus dem Begriff der Eunomia auf „den ... Geist des athenischen Rechts- und Gesetzesstaats" geschlossen werden kann, so bleiben die Ansätze selbst doch deutlich erkennbar; vgl. etwa nur *H. Schaefer,* Probleme der Alten Geschichte. Gesammelte Abhandlungen und Vorträge (Göttingen 1963), S. 314, sowie jetzt *Ehrenberg,* From Solon to Socrates. Greek history and civilization during the 6th and 5th centuries B. C. (London 1968), S. 72.

[39] Vgl. dazu jetzt *H. Berve,* Die Tyrannis bei den Griechen I (München 1967), S. 165 f.

[40] Aristot., Polit. 2, 1267 b 30—1268 a 14; das folgende Zitat ebd. 1268 a 14.

[41] Vgl. dazu bereits *Braunert,* Staatstheorie und Staatsrecht im Hellenismus: Saeculum 19 (1968), S. 54 f. [= unten S. 174 f.].

[42] Zur Gleichsetzung der „Stände" mit den drei Seelenteilen vgl. jetzt *O. Utermöhlen,* Die Bedeutung der Ideenlehre für die platonische Politeia (Heidelberg 1967), S. 20.

zwar die Verwirklichung unmittelbar in Aussicht stellte, zugleich aber nie Gefahr lief, sich in Freiheit der Wahrheitsprobe stellen zu müssen.

Dazu trat jetzt ein weiteres Element, das im Mythos und im Märchen zwar vorgebildet war, aber nun rational gelöst werden sollte: die Vermögensgleichheit aller. In der Utopie des Phaleas von Chalkedon/wurde am Anfang des 4. Jahrhunderts v. Chr. diese Gleichheit noch auf den Grundbesitz beschränkt. Sie sollte danach bei der Neugründung von Staaten in der Landverteilung gleich vorgesehen, in bestehenden Staaten dadurch erreicht werden, daß bei Eheschließungen immer nur der reichere Partner zur Herausgabe einer Mitgift verpflichtet werde, bis der Ausgleich erreicht sei [43]. Der Ruf nach Landaufteilung wurde hierbei aufgenommen. Aber spätestens in der gleichen Zeit ist die Lösung des Problems der Ungleichheit des Besitzes bereits in der Aufhebung des Privateigentums überhaupt gesehen und gesucht worden. Denn noch bevor Platon — nach der Kennzeichnung meines Lehrers Friedrich Oertel — in der Politeia verkündete, daß „die *Idee* des Staates erst dann erfüllt“ sei, „wenn Gemeingut aller an allem, gemeinsamer Konsum . . ., überhaupt vollständiger Gemeinsinn bestehe, und wenn das ganze Wirtschafts- und Privatleben, auch die Ehe, planmäßig dem Gemeinschaftsgedanken untergeordnet sei“ [44], wurde von der Komödienbühne herab in Athen bereits verordnet:

[43] Vgl. Aristot., Polit. 2, 1266 a 40— b 5.

[44] *Oertel* (o. Anm. 29), S. 373. Die Heraushebung des Wortes „Idee“ wurde von mir vorgenommen, damit deutlich wird: „Plato is offering, not any political program but a picture — the ‚idea‘ of Justice“; *J. H. Randall, jr.*, Plato's treatment of the theme of the good life and his criticism of the Spartan ideal: Journal of the History of Ideas 28 (1967), S. 319. Wenn in jüngster Zeit auch übereinstimmend darauf hingewiesen wird, daß es sich hierbei um ein παράδειγμα handele, so wird dessen Funktion doch sehr unterschiedlich bestimmt: „ein bloßes Hilfsmittel“, an dem gezeigt werden soll, wie sich auch die Seelenteile zur Einheit zusammenschließen sollen — nach *Utermöhlen* (o. Anm. 42), S. 20 —, ein „piece of dramatic irony, a magnificent defence of the Athenian ideal against the Spartan“ — nach *Randall,* S. 323 —, eine Art von Programm, dessen „complete realization“ jedoch „beyond human power“ liege — nach *L. Edelstein,* The idea of progress in classical antiquity (Baltimore 1967), S. 116; ähnlich schon *Oertel,* a. a. O. Diesen Auffassungen gegenüber meine ich daran festhalten zu sollen, daß hier ein „Modell“ vorgestellt wird, das letztlich allein in der inneren Schau wahrhaft existent ist, dem in der Wirklichkeit aber nur — wie einer Idee — nachgeeifert werden kann; vgl. *Braunert* (o. Anm. 3), S. 152 [= oben S. 57]. Ähnlich *H. Herter,* Freiheit und Gebundenheit des Staatsmannes bei Thukydides, in: Thukydides, hrsg. von *H. Herter* (Darmstadt 1968), S. 278, sowie jetzt *E. Wolf,* Griechisches Rechtsdenken IV 1: Platon, Frühdialoge und Politeia (Frankfurt/M. 1968), S. 302: „Sie ist ein παράδειγμα innerer Neuordnung der athenischen πόλις, aus der ihre äußere Umordnung, beispielhaft für andere, notwendig folgen sollte. Aus diesem Grund ist es ebenso unmöglich, ihr ‚Musterbild‘ nachzuahmen, wie ihren Ordnungsentwurf zu rekapitulieren. Der von ihr ausgehenden *Weisung* aber läßt sich philosophisch und politisch nachleben. Sie gibt jedoch kein Re-

„Alles wird künftig Gemeingut sein,
und allen wird alles gehören.
Sich ernähren wird einer wie alle fortan,
nicht Reiche mehr gibt es noch Arme,
nicht besitzen wird der viele Morgen Lands
und jener kein Plätzchen zum Grabe;
nicht Sklaven in Meng wird halten der ein'
und der andre nicht einen Bedienten,
nein, allen und jedem gemeinsam sei
gleichmäßig in allem das Leben!" [45]

Ähnlich wie bei der Dreiteilung des Volkes ist hier wieder alles auf eine Formel gebracht worden: Privateigentum ist die Wurzel allen Übels [46]. Wieder brauchte die Lösung nicht Gefahr zu laufen, in Freiheit die Wahrheitsprobe zu bestehen; denn nur unter Anwendung äußersten Zwanges wäre sie zu verwirklichen gewesen. Die Gegenargumente hat bereits Aristoteles in der kritischen Auseinandersetzung mit diesen Utopien zusammengetragen und dabei als Quintessenz festgestellt, daß durch diese Schematisierung gleichsam aus einer Symphonie eine Monotonie gemacht werde [47]. „Weil aber" — so fährt er fort — „der Staat eine Vielheit ist, so muß man ihn ... durch Erziehung zu einem Gemeinwesen und zur Einheit machen".

In der Ablehnung der Utopie wendet sich Aristoteles also gegen eine Änderung der Institutionen und empfiehlt eine Wandlung der/Menschen. Er berührt sich dadurch mit der Grundhaltung Hesiods und erhebt zugleich einen Vorwurf, der die Getadelten jedenfalls nicht in vollem Maße trifft. Für Phaleas von Chalkedon muß er nämlich selbst zugeben, daß dieser nicht zur Gleichheit des Grundeigentums, sondern auch der Erziehung gefordert habe [48]. Für Platon ist aber unbestritten die Erziehung nicht nur von zentraler Bedeutung in dem zu er-

zept, mittels dessen ‚Befolgen' oder ‚Ausführen' ein kranker Staat an jedem Ort und zu jeder Zeit genesen und seine schlechten Bürger zu guten erzogen werden könnten. Die Weisung der ‚Politeia' ist kein ein für allemal ‚Gegebenes', sondern ein immer wieder neu und anders ‚Aufgegebenes'."

[45] Aristoph., Eccl. 590—594 (Übers. nach *L. Seeger* von *H.-J. Newiger* u. *P. Rau*). Mögliche Beziehungen zwischen den hier vorgetragenen Gedanken und Platons Politeia, nach denen in der Forschung immer wieder gefragt worden ist, können hier außer Betracht bleiben; vgl. dazu *Lesky*, Geschichte der griechischen Literatur (Bern/München ²1963), S. 488.

[46] Vgl. für die Moderne die Charakteristik Robert Owens bei *Engels*, Die Entwicklung des Sozialismus (o. Anm. 2), S. 66: „Drei große Hindernisse waren es, die ihm vor allem den Weg zur gesellschaftlichen Reform zu versperren schienen: Das Privateigentum, die Religion und die gegenwärtige Form der Ehe."

[47] Aristot., Polit. 2, 1260 b 26—1263 b 35; das folgende Zitat ebda. 1263 b 36 f.

[48] Aristot., Polit. 2, 1266 b 31—33.

richtenden Staat, sondern bereits für seine Entstehung, da die Erziehung einer Gruppe von Menschen zu Wächtern als Voraussetzung für die Bildung der einzelnen Stände gefordert wird. Die Philosophen müssen Könige oder die Könige Philosophen *werden,* bevor Platons Staat Wirklichkeit werden kann [49].

Trotzdem betont Aristoteles den Gegensatz zu Recht; denn er liegt im Ansatzpunkt: Nach seiner Auffassung ist nicht das Privateigentum, sondern sind die Begierden der Menschen Wurzel allen Übels [50], und aus der dadurch bedingten unterschiedlichen Sehweise resultiert seine Ablehnung. Wichtig daran ist vor allem, daß Aristoteles eine Gruppe von Utopien zusammenfaßt, die sich selbst durch ihnen gemeinsame Züge als Einheit zu erkennen geben. Gemeinsam ist ihnen auch die Suche nach dem „besten Staat"; und Platon steht nicht am Anfang, sondern am Ende dieser Reihe, die in perikleischer Zeit beginnt. Da sie von vornherein durch das Streben nach Veränderung gekennzeichnet sind, ist hier zu fragen, welche sozialen Verhältnisse diese Antworten herausgefordert haben.

Gewiß ist allgemein für das 4. Jahrhundert v. Chr. eine stärkere „Ökonomisierung des Gesamtlebens" und damit auch eine stärkere „sozialökonomische Differenzierung" feststellbar [51], aber diese Erscheinungen sind nach unserer Kenntnis noch keinesfalls typisch für das ausgehende 5. und das beginnende 4. Jahrhundert, aus denen die Utopien tatsächlich stammen. Das ist gerade die Blütezeit eines Athens, für das weitgehend die Worte aus der Leichenrede des Perikles gelten können: „Es wird Demokratie genannt, weil es nicht auf der Herrschaft weniger, sondern der Mehrheit beruht. Vor dem Gesetz sind in ihren Privatangelegenheiten alle gleich, über das soziale Ansehen entscheidet nicht die Herkunft, sondern Fähigkeit und Verdienste für das Gemeinwesen. Armut versperrt den Weg nicht, denn wenn einer dem Staat nützen kann, wird er durch die Unscheinbarkeit seines Standes nicht gehindert. Die Freiheit im öffentlichen gilt auch im täglichen Leben" [52]./

Ist die allgemeine Deutung dieser Periode der athenischen Geschichte richtig, so sind diese Utopien nicht durch besonders krasse Mißstände in Staat und Gesellschaft bedingt. Vielmehr wird die Annahme um so eher nahegelegt, daß die Demokratie selber und die mit ihr verbundene Freiheit des Individuums an diesen Forderungen Schuld tragen, als aus der Zeit der vorangehenden tatsächlichen

[49] Vgl. dazu bereits *Braunert* (o. Anm. 3), S. 153 [= oben S. 59].

[50] Vgl. Aristot., Polit. 2, 1263 b 22 f.: „Das alles (scil. Prozesse wegen Vertragsbruchs und Meineids sowie Unterwürfigkeit gegenüber Reichen) rührt nicht vom Mangel an Gemeineigentum her, sondern vom Mangel an ἀρετή."

[51] Vgl. dazu schon *Oertel* (o. Anm. 29), S. 360 f., die Zusammenfassung von *M. Rostovtzeff,* Gesellschafts- und Wirtschaftsgeschichte der hellenistischen Welt I (Darmstadt 1955), S. 73 ff., sowie jetzt *Cl. Mossé,* La fin de la démocratie athénienne. Aspects sociaux et politiques du déclin de la cité grecque au IVe siècle avant J.-C. Paris 1962.

[52] Thuc. 2, 37, lf." vgl. zum „équilibre social" jetzt auch *Mossé* (vor. Anm.), S. 24 ff.

Klassenherrschaft eine Ausprägung utopischen Denkens überhaupt fehlt. Diese Annahme wird dadurch gestützt, daß der Utopismus dieser Art nicht nur zeitlich zur Bewegung der Sophistik parallel läuft, sondern mit ihr auch kausal verbunden ist. Radikale Abwendung vom Mythos und Betonung der Rationalität sind ebenso wie die zentrale Bedeutung der Erziehung nicht nur zufällige Gemeinsamkeiten [53]. Der enge Zusammenhang mit einer geistigen Bewegung der Zeit und der Mangel an krassen sozialen Mißständen besagen jedoch nicht, daß eine Verbindung zwischen Utopie und sozialökonomischen Verhältnissen für diese Zeit nicht gegeben sei. Offenbar sind durch Demokratie und gleichzeitige Sophistik die Augen Einzelner geschärft worden für die Erkenntnis sozialer Ungerechtigkeiten, wie sie in jeder Gesellschaft vorhanden sind, so daß sich für diese Periode überspitzt sagen läßt: Gerade die Befreiung des Individuums von den Fesseln einer Gesellschaft, die durch gottgewollte Ordnung in Stände oder Klassen festgelegt war [54], hat das freigesetzte Individuum dazu aufgerufen, in der Utopie die Forderung nach neuer Bindung in einer geschlossenen Gesellschaft zu erheben, die nach rationalen Gesichtspunkten, aber zugleich unter absolutem Zwang geordnet werden sollte [55].

Vielfalt und Unterschiedlichkeit utopischer Entwürfe seit der Zeit Platons bis in den Hellenismus haben zu unterschiedlicher Deutung geführt. Wenn auch im allgemeinen hierin erst der eigentliche Höhepunkt gesehen wird, so ist bei den einzelnen Utopien die Ernsthaftigkeit ihrer Absicht immer wieder einmal

[53] Vgl. zur Sophistik etwa *Jaeger,* Padeia. Die Formung des griechischen Menschen I (Berlin/Leipzig ²1936), S. 370, sowie *Lesky* (o. Anm. 45), S. 374 ff. — Zur Beziehung der Sophistik zum späteren griechischen Utopiedenken vgl. jetzt auch *Giannini,* Mito e Utopia (o. Anm. 20), S. 132.

[54] Zur „Freisetzung" auch von religiösen Bindungen vgl. etwa Protagoras, frg. 4: „Von den Göttern vermag ich nichts zu wissen, weder daß sie sind, noch daß sie nicht sind, noch wie sie etwa gestaltet sind".

[55] Ähnlich faßt schon *Oertel* bei *v. Pöhlmann* (o. Anm. 17), II, S. 559, den „Sozialismus der Sozialphilosophie" als „logische Nebenkonsequenz des *organisch* aufgefaßten Staates". Der Terminus „organisch" wird allerdings der aristotelischen Staatsauffassung in ihrem Bestreben nach Ausgleich zwischen den unterschiedlichen sozialen Gruppen eher gerecht als der zeitgenössischen; vgl. zu Aristoteles jetzt etwa *G. J. D. Aalders,* Die Theorie der gemischten Verfassung im Altertum (Amsterdam 1968), S. 59 ff. Der hier beobachtete Wandel geht dagegen mit einer Veränderung in der Terminologie der Staatsbegriffe parallel, die erst kürzlich *Ch. Meier,* Drei Bemerkungen zur Vor- und Frühgeschichte des Begriffs Demokratie: Discordia concors. Festschrift für Edgar Bonjour (Basel 1968), S. 3 ff., nicht zu Unrecht als „die große Zäsur im Verfassungsdenken der Griechen" bezeichnet hat (S. 4): „Der Übergang von den — νομία — zu den — κρατία — Begriffen" (ebda.) ist m. E. — ebenso wie die Sophistik — Kennzeichen der Bemühungen um rationale Erfassung der Umwelt, die nun nicht mehr an dem letztlich undefinierbaren νόμος gute oder schlechte Ordnung des Staates mißt, sondern an der — äußerlich erkennbaren — Form der Herrschaft.

in Zweifel gezogen worden [56]. Tatsächlich scheint ihnen jede Gemeinsamkeit zu fehlen. Noch im 4. Jahrhundert v. Chr. haben Theopomp und Hekataios von Abdera auf die alten Vorbilder in glücklichen Barbarenvölkern oder in straff geordneten Staaten wie Ägypten zurückgegriffen und auf diese die Prinzipien angewandt, die inzwischen wichtig geworden waren: Fehlen des Privateigentums und Ordnung der Gesellschaft [57]. Wenig später hat Euhemeros — angeregt durch die Entdeckungen der Zeit Alexanders des Großen — in der Schilderung ferner Inseln eine Staatstheorie niedergelegt, welche verschiedene Vorstellungen der früheren Zeit mit den/nüchternen Erwägungen eines Aristoteles zum Modell eines Staatssozialismus in der Form der hellenistischen Königreiche verband [58]. Im gleichen Kleid des Reiseromans hat schließlich Jambulos auf seiner Sonneninsel die Verwirklichung des totalen Kommunismus mit vergesellschafteter Produktion vorgestellt, dabei aber nicht nur die bisherigen Anregungen verwertet, sondern selbst das goldene Zeitalter wieder zum Leben erweckt [59]. Bei dem dürftigen Überlieferungsstand läßt sich im Einzelfall gar nicht sicher erweisen, wie weit die Absicht des jeweiligen Autors reichte, ob eine sozialkritische Analyse die Grundlage bildete und der Wille zur Verwirklichung Antrieb war.

Zwei Beobachtungen scheinen mir vor allem die Anerkennung gerade dieser Werke als echter Utopien bedingt zu haben: Einmal hat sich in dieser Zeit wirtschaftliches Denken im Griechentum tatsächlich erst voll durchgesetzt, weithin eine krasse Scheidung in arm und reich hervorgerufen und damit tiefe soziale Unterschiede sichtbar gemacht [60]. Zum anderen ist diesen Entwürfen im Gegensatz zu den früheren Utopien eines gemeinsam, das wir als Merkmal dieser Gattung zu sehen gewohnt sind: nur von den Institutionen, von einer bestimmten Ordnung der Wirtschaft und Gesellschaft wird das Heil erwartet. Von Erziehung ist hier überhaupt keine Rede; ja nicht einmal den Institutionen wird ein erzieherischer Wert beigemessen, sondern mit der festgelegten Ordnung ist zugleich eine Gesellschaft gegeben, die so geschlossen ist, daß Jambulos und sein Reisegenosse nach siebenjährigem Aufenthalt von der Sonneninsel vertrieben

[56] Vgl. *v. Pöhlmann* (o. Anm. 17), II, S. 274 ff.

[57] Zu Theopomps „Meropis" vgl. *v. Pöhlmann*, a. a. O., S. 285 ff.; zu Hekataios' „Aigyptiaka" im 1. Buche Diodors vgl. *F. Jacoby*, FGrHist III a (1943), S. 29 ff.

[58] Vgl. dazu *Braunert* (o. Anm. 41), S. 54 ff. [= unten S. 174 ff.].

[59] Vgl. dazu *E. Visser*, Jamboulos en de eilanden van de zon. Groningen 1947, sowie jetzt vor allem *D. Winston*, Jambulos. A literary study in Greek utopianism. Diss. Columbia Univ. 1956 (Mikrofilm).

[60] Zu der Verarmung in Griechenland seit der Mitte des 3. Jhs. v. Chr. und der gleichzeitigen Ansammlung von Vermögen in den Händen weniger vgl. die Zusammenfassung von *Rostovtzeff* (o. Anm. 51), II, S. 914 ff.

wurden, „gleich als seien sie Schädlinge und durch schlechte Gewohnheiten von Jugend auf verdorben“ [61].

Nur im jeweiligen Vergleich mit den vorangegangenen Stufen läßt sich m. E. klären, ob diese Beobachtungen zu der Folgerung berechtigen, daß hier echte Utopien vorliegen; und dadurch ergibt sich zugleich die Möglichkeit, eine Klassifizierung der griechischen Utopien zu versuchen. Die Frage nach der Bedeutung der Erziehung für die Beurteilung der Utopie taucht in allen drei Perioden auf, die wir hier betrachtet haben. In der mythischen Stufe bei Hesiod war die Wandlung des Menschen innerhalb der bestehenden Gesellschaft einziges Ziel, in der rationalen Stufe verband sich die Erziehung der Menschen mit dem Willen zur Veränderung der gesellschaftlichen Struktur, blieb aber gerade bei Platon sogar deren Voraussetzung; schließlich wurde der Erziehungsgedanke ganz abgestreift. Hier liegt deshalb, wie ich meine,/eine Entwicklung vor, die ich vor sechs Jahren bereits aus der sukzessiven Erfassung gesellschaftlicher und wirtschaftlicher Gegebenheiten im griechischen Denken zu erklären versucht habe [62]. Wollte man nach den Maßstäben moderner Utopien allein dem Willen zur Veränderung der äußeren Verhältnisse echte utopische Absicht zuschreiben, so müßte man für die Antike gerade die großartigsten und fruchtbarsten Entwürfe streichen und die griechische Utopie auf eine Endphase beschränken, die einmal als „das Endergebnis einer bereits kindisch gewordenen Phantasie“ bezeichnet worden ist [63]. Gerade weil in der rationalen Stufe der griechischen Entwicklung — vor allem bei Platon — der Wille zur Veränderung der bestehenden Gesellschaft — nicht zur Verwirklichung seines besten Staates — unbestreitbar ist [64], zeigt sich, daß das utopische Denken dort seine größte Kraft entfaltete, wo es sich nicht auf die Anwendung starrer Prinzipien auf alle Bürger beschränkte, sondern in der Erziehung auf den Einzelnen ausgerichtet blieb. Damit bildet der Erziehungsgedanke zwar ein wichtiges Kriterium für die Unterscheidung der

[61] Diod. 2, 60, 1.

[62] *Braunert* (o. Anm. 3), S. 157 f. [= oben S. 63 f.].

[63] *Oertel* bei *v. Pöhlmann* (o. Anm. 17), II, S. 570.

[64] Dafür — nicht für die Absicht, den Staat der ‚Politeia‘ zu verwirklichen (vgl. o. Anm. 44) — zeugt m. E. unmißverständlich, daß Platon der Einladung an den Tyrannenhof von Syrakus gefolgt ist; vgl. dazu nach *Berve,* Dion (Abh. Akad. Mainz, Geistes- u. Sozialwiss. Kl., Jhrg. 1956, Nr. 10), S. 27 ff., jetzt vor allem *K. v. Fritz,* Platon in Sizilien und das Problem der Philosophenherrschaft. Berlin 1968, der davon ausgeht, daß das Idealbild der ‚Politeia‘ „zum mindesten“ „insofern auch eine praktische Bedeutung hat, als es eben die Richtung angibt, in der ein Versuch, die gegebenen Zustände zu verbessern, sich bewegen sollte“ (S. 14), der aber andererseits zu dem Ergebnis kommt, „daß weder Dion noch Platon daran gedacht haben, den Staat etwa von Platons ‚Republik‘ oder auch die Verfassung der ‚Gesetze‘ ohne Rücksicht auf die besonderen historisch gegebenen Verhältnisse in Syrakus in die Wirklichkeit umzusetzen“ (S. 115).

Utopien — etwa in idealistische und materialistische —, erlaubt es aber nicht, Utopien etwa von Phantasien zu trennen.

Die weitere Beobachtung, daß in den sozialen Verhältnissen der hellenistischen Zeit die beste Voraussetzung für die Entstehung von Utopien gegeben sei, ruft eher unsere Skepsis wach, nachdem wir gesehen haben, daß in vorangegangenen Zeiten sozialer Auseinandersetzungen keine Utopien entstanden sind, dagegen bei weitgehendem sozialen Ausgleich neue und entscheidende Ansätze gefunden wurden. Zu Bedenken gegen diese späten Werke gibt auch Anlaß, daß in ihnen ein neuer Ansatz utopischen Denkens eben nicht feststellbar ist. Vielmehr wird das vorgefundene Arsenal, das sich über Jahrhunderte angesammelt hatte, hier nur immer wieder zu neuen Kombinationen geplündert; auch der alleinige Wunsch zur Veränderung der Institutionen entspricht lediglich einer weiteren Schematisierung und damit Verkürzung und Verarmung.

Eine einzige Utopie scheint dem zu widersprechen, die Sonneninsel des Jambulos: Auf ihr werden nicht nur keine Sklaven erwähnt, sondern die Arbeitsorganisation — Verpflichtung zur Arbeit für alle und regelmäßiger Wechsel des Arbeitsplatzes [65] — macht Sklaven überflüssig [66]. Die Feststellung Finleys, ein grundlegender Unterschied der antiken zur modernen Utopie bestehe darin, daß jene immer hierar/chisch, nie egalitär sei [67], wird hier widerlegt. Die Gesellschaft auf der Sonneninsel wird soweit egalitär vorgestellt, daß alle Bewohner sogar in der Körperbildung gleich gewesen seien [68]. Trotzdem ist die Arbeitsorganisation nicht der Ausdruck für Gleichheit; denn sie wird lediglich als Beleg dafür angeführt, daß die ganze Lebensweise der Bewohner dieser Insel eine festgelegte Ordnung gehabt habe [69]. Deshalb führt Gleichheit hier nicht zu größerer Freiheit, sondern zu stärkerem Zwang. Ein immerhin möglicher Fortschritt wird also damit erkauft, daß der Zwang gegenüber den früheren Utopien vergrößert werden muß und daß Anleihen aus den mythischen Vorstellungen nötig werden.

Denn hier liegt, wie ich meine, Entscheidendes für die griechische Utopie: Sie kann ohne Sklaven nicht auskommen, die in ihr die Maschine oder die Automation in ihrer Hilfe für die Menschen ersetzen müssen [70]. Wird diese Funktion be-

[65] Vgl. Diod. 2, 59, 6.

[66] Unentschieden *Visser* (o. Anm. 59), S. 10 f.

[67] *Finley* (o. Anm. 4), S. 14 ff.

[68] Vgl. Diod. 2, 56, 2.

[69] Unter der Überschrift „Alles, was die Lebensweise betrifft, hat bei ihnen eine festgesetzte Ordnung" (Diod. 2, 59, 5) folgen Regeln über die Mahlzeiten und über die Arbeitsverteilung (vgl. o. Anm. 65).

[70] So bereits *Finley* (o. Anm. 4), der aber Jambulos gerade zu den — offenbar charakteristischen — „Utopian writers" rechnet (S. 8 ff.). Vgl. dazu übrigens bereits Aristot., Polit. 1, 1253 b 34 ff.: „Wenn jedes Werkzeug auf Weisung oder die Weisung im voraus erratend seine Verrichtung wahrnehmen könnte ..., dann brauchten allerdings die Meister keine Gesellen und die Herren keine Sklaven".

seitigt, dann bleibt nur der Rückgriff auf die Vorstellungen von Mythos und Märchen, daß niedere Arbeit nicht verrichtet zu werden brauche, weil die Nahrung *von selbst* wachse. Das ist bei Jambulos geschehen, und für die gewerbliche Arbeit werden die Heinzelmännchen etwa in einem Epigramm am Ende der hellenistischen Zeit in Anspruch genommen:

> „Legt nur die Hand in den Schoß, Mühlmädchen, und schlafet nur lange,
> wenn auch den Morgen bereits kündet der Hähne Geschrei;
> euer Geschäft hat heute Demeter den Nymphen befohlen.
> Sieh, wir genießen es wieder, das Leben der Vorzeit, wenn ohne
> Arbeit wir Deos Geschenk uns zu bereiten verstehn.“ [71]

Damit wird deutlich, daß die Aufhebung der Sklaverei nur einen Spezialfall des Problems darstellt, durch wen in der utopischen Gesellschaft die unerwünschten Arbeiten erledigt werden sollen — ein Problem, das übrigens auch der technische Fortschritt nicht beseitigt hat [72]. In der Tat ist, damit dieses Problem gelöst werde, in der rationalen Utopie der Griechen eine hierarchische Gliederung der Gesellschaft in feste Stände oder Klassen vorgenommen worden. Sie wurde gemildert, durchlässig gemacht durch das Moment der Erziehung [73]. Verzichtete man auf dieses und wollte trotzdem eine egalitäre Gesellschaft, dann mußte in noch ärgerer Simplifizierung an die Stelle der hierarchisch gegliederten Stände eine geschlossene Gesellschaft gesetzt werden, die es auch im Griechentum in der uns bekannten Zeit nie gegeben hat. Der Zwang, der hierzu hätte angewandt werden müssen, war gewiß nicht geringer/als der in einer hierarchischen Ordnung. Wieder wird eine notwendige Funktion beseitigt, wieder muß zu diesem Zweck das Wunder bemüht werden: Die Menschen sind von Natur bereits alle gleich.

Die einzelnen Züge der hellenistischen Utopien, die hier am Beispiel der Sonneninsel des Jambulos und im Vergleich mit dem früheren utopischen Denken herausgestellt wurden, sprechen dafür, daß auch in ihnen eine Antwort auf die sozialen Verhältnisse der eigenen Zeit gesucht wurde: Die egalitäre Gesell-

[71] Anthologia Graeca 9, 418, Z. 1—3. 7 f.

[72] Anders ist *Finley* (o. Anm. 4), S. 20, der Auffassung, „that in principle the technological, economic and political problems are now soluble“.

[73] Zu Recht weist jetzt *v. Fritz* (o. Anm. 64), S. 121, gegenüber der modernen Kritik an Platon darauf hin, daß Platon „gewiß nicht bei der Auswahl und Ausbildung einer Elite für die Lenkung des Staates die Söhne der Mitglieder der bisher ‚herrschenden Klasse‘ benachteiligt“ hätte, „um den Söhnen von einfachen Bauern und ‚Arbeitern‘ ... den Vorzug zu geben“, daß aber bei ihm andererseits „die Auswahl der Regierenden ganz durch die ἀρετή, die Tüchtigkeit, bestimmt“ sei und „die Auswahl auf Grund der Abstammung von Mitgliedern der regierenden Schicht sowie die Erblichkeit der Zugehörigkeit zu bestimmten Klassen, die den Feudalismus charakterisieren, von Platon ausdrücklich abgelehnt“ werde.

schaft bildet den Kontrast zur gleichzeitigen hierarchischen Ordnung in den hellenistischen Königreichen, und die Gleichheit des Menschengeschlechtes wurde im Prinzip auch von der Stoa vertreten [74]. Die neuen Fragen waren aber auf rationalem Wege nicht mehr zu lösen; deshalb griff man auf alte, ja veraltete Vorstellungen zurück. Der mythischen und der rationalen Utopie steht so in der letzten Phase im Hellenismus die verzweifelte Utopie gegenüber.

Ich fasse zusammen: Im Griechentum wurden auf unterschiedlichen Wegen in der Utopie Antworten auf die Herausforderung durch die sozialen Verhältnisse gesucht. Es war aber offenbar nicht so, daß die ärgsten Übelstände auch die kühnsten Entwürfe entstehen ließen; sondern vor dem Ausbruch sozialer Kämpfe entstand die Utopie noch in einer Zeit relativer Sicherheit in einem patriarchalischen System, fand ihren Höhepunkt in Athen, als in der Demokratie Freiheit des Einzelnen und Klassenausgleich in der griechischen Geschichte am besten verwirklicht waren, und ging im Rückgriff auf mythische Vorbilder gleichsam mit einem Verzweiflungsschrei unter, als allein die Umkehr der bestehenden Ordnung das Ziel war.

Für eine systematische Gliederung ist die Trennung in Wunschräume und Wunschzeiten unbrauchbar; aber auch die Unterscheidung zwischen hierarchischen und egalitären Utopien trifft, wie ich meine, nicht den Kern. Denn in beiden Formen soll die offene Gesellschaft in eine geschlossene zurückverwandelt werden, damit eine absolute Wahrheit die Gleichheit aller garantiert. Es scheint mir unerheblich zu sein, ob auf dem Wege hierzu der Zwang von oben durch einen vermeintlichen — oder einen vorgetäuschten — Sachzwang ersetzt wird.

Wesentlicher scheint mir der Unterschied im idealistischen oder materialistischen Ansatz zu sein; und wenn in die modernen Utopien auch fast allein die Entwürfe zur Änderung der Institutionen aus dem Griechentum aufgenommen worden sind, so hat sich an der Notwendigkeit der Entscheidung des Menschen in dem einen oder anderen Sinn nichts geändert. Ein Ausgleich wie bei Platon ist nicht mehr versucht worden, sondern beide Seiten stehen häufig so unversöhnlich einander gegenüber wie Konowalow in der gleichnamigen Erzählung Maxim Gorkis eben dem Weltverbesserer Gorki, dem er entgegenhält: „Deiner Ansicht nach muß der Mensch bleiben, wie er jetzt ist, bis alles im Leben geändert ist ... Das ist eine falsche Ansicht, ändere den Menschen zuerst, weise ihm den Weg ... daß er sich im Leben nicht beengt fühlt und nicht im Dunkeln tastet. Das sollst du für den Menschen erlangen ..., ihn seinen Weg finden zu lehren“ [75].

[74] Hier liegen ebenfalls die Ansätze bereits in der Zeit der Sophistik; vgl. dazu etwa *Jaeger*, Paideia (o. Anm. 53), I, S. 412 ff.

[75] In allgemeinerer Form vgl. jetzt auch *E. M. Cioran*, Geschichte und Utopie (Übers. von *K. Leonhard*. Stuttgart 1965), S. 102: „Als Christus versicherte, das ‚Königreich Gottes‘ sei weder ‚hier‘ noch ‚dort‘, sondern in unserm Innern, verurteilte er damit im

Die Suche nach dem Weg für den Einzelnen und die Reißbrettpläne für die besten Verhältnisse für alle haben die Antworten der Griechen auf die Herausforderung durch die sozialen Verhältnisse in unterschiedlicher Weise bestimmt. Wo beide Wege zusammentreffen, wo auf den absoluten Wahrheitsanspruch *einer* dieser Grundeinstellungen des Menschen bei Platon verzichtet wurde [76], lag der Höhepunkt utopischen Denkens der Griechen. Vielleicht aber war es gerade deshalb im eigentlichen Sinne *keine* Utopie.

voraus die utopischen Konstruktionen, für die jedes ‚Königreich' notwendigerweise *äußerlich* ist und ohne jede Beziehung zu unserem tiefen Ich und unserem individuellen Heil. Solange sie uns ihre Zeichen aufprägen, erwarten wir unsere Erlösung von außen, vom Lauf der Dinge und vom Vormarsch der Kollektive".

[76] Vgl. hierzu jetzt besonders *v. Fritz* (o. Anm. 64), der — m. E. erstmalig — deutlich herausgestellt hat, „daß es Platon zwar auch wie Sokrates auf den Einzelnen ankam, ... daß jedoch bei ihm das Streben von Anfang an zugleich auch auf Änderung der Institutionen ausgerichtet war" (S. 46 f.), und der daher auch zu der Folgerung gelangt, daß Platon sich nicht auf *ein* Prinzip festgelegt habe, sondern daß sich bei ihm „ein Widerstreit ... hinsichtlich des Verhältnisses des Einzelnen zur staatlichen Gemeinschaft und des Staates oder der Regierenden zum einzelnen Bürger" zeige — „ein Widerstreit jedoch, der nicht auf der mangelnden Einsicht oder gar Denkfähigkeit Platons begründet, sondern in den fundamentalsten Tatsachen der condition humaine beschlossen" sei (S. 136). Denn es sei „in der condition humaine gelegen ..., daß das menschliche Handeln ... von zwei bis zu einem gewissen Grade widerstreitenden Prinzipien bestimmt wird: die Rücksicht auf das Wohl und die freie Entfaltung des Einzelnen, ohne die das Ganze nicht gedeihen kann, und die Rücksicht auf das Wohl, d. h. den Zusammenhalt des Ganzen, ohne den der Einzelne sich nicht als Mensch entwickeln kann" (S. 142).

Der Ausbruch des Kampfes zwischen Athen und Sparta. Eine antike Kriegsschuldfrage

Die Diskussion von Kriegsschuldfragen ist in der Geschichtswissenschaft wieder modern geworden. An dieser Tatsache wird die Abhängigkeit historischer Fragestellungen vom persönlichen Erleben der Historiker deutlich, zugleich aber auch ihre Unabhängigkeit von den jeweiligen politischen Zweckmäßigkeiten. Denn in der neuesten Geschichte gab es zwar über die Schuld am Ausbruch des Ersten Weltkrieges in den zwanziger Jahren eine heftige wissenschaftliche Diskussion; als jedoch in der Zeit des Nationalsozialismus im politischen Bereich immer wieder mit Emphase über die Schuld einzelner Völker und damit eben auch über die Kriegsschuldfrage geredet wurde, hatte man in der internationalen Geschichtswissenschaft diese Diskussion schon so weitgehend ausgetragen, daß ein wissenschaftliches Problem hier kaum mehr zu existieren schien [1]. Diese Abstinenz hat auch über das Ende des Zweiten Weltkrieges hinaus noch erhebliche Zeit angehalten. Erst seit wenigen Jahren ist mit dem Erscheinen des bekannten Buches von Fritz Fischer gleichsam ein Bann gebrochen, und es zeigt sich nun, daß etwa die/ Frage nach der Schuld am Ersten Weltkrieg weiterhin auch wissenschaftlich von Bedeutung und aktuell ist [2].

Es kann kaum Wunder nehmen, daß innerhalb der Erforschung der Alten Geschichte die Entwicklung durchaus parallel verlaufen ist. Nur hat hier der zeitliche Abstand zum Objekt dazu beigetragen, daß man sich bereits früher von den Fesseln gelöst hat, welche die Befangenheit durch die eigene Mitwirkung oder das Bewußtsein eigener Schuld notwendig auferlegt hat. Schon seit dem Anfang der fünfziger Jahre wird hier die Frage nach der Schuld an dem größten Krieg der römischen Geschichte, dem Zweiten Punischen Krieg, wieder disku-

[1] Bezeichnenderweise konnte die bis heute umfassendste Bibliographie von *A. v. Wegerer* (Bibliographie zur Vorgeschichte des Weltkrieges) bereits 1934 erstellt werden; die späteren „Berliner Monatshefte" trugen nur bis 1928 den Titel „Die Kriegsschuldfrage". Vgl. zusammenfassend *K. D. Erdmann,* in: *B. Gebhardt,* Handbuch der deutschen Geschichte, 8. Aufl., hrsg. von H. Grundmann, Bd. 4 (Stuttgart 1959. 3. Nachdr. 1963), S. 22 ff.

[2] *F. Fischer,* Griff nach der Weltmacht. Die Kriegszielpolitik des kaiserlichen Deutschland 1914/18. Düsseldorf [3]1964. — Vgl. allerdings die berechtigte Warnung vor einer Überschätzung dieses „Dammbruches" bei *H. Herzfeld,* Der Nationalstaat und die deutsche Universität, in: Universitätstage 1966. Veröffentlichungen der Freien Universität Berlin „Nationalsozialismus und deutsche Universität" (Berlin 1966), S. 20.

tiert [3], und in der gleichen Zeit zeigten sich auch Ansätze einer neuen Diskussion über die Schuldfrage für den größten Krieg der griechischen Geschichte, den Peloponnesischen Krieg.

Diese Diskussion ist so alt wie die Fakten selbst es sind, um die hier gestritten wird. Denn bereits Thukydides nahm zu einer tagespolitischen Frage Stellung, als er gleich zu Beginn seines Werkes seine eigene Ansicht in folgenden Worten zusammenfaßte [4]: „Die Rechtsgründe und Differenzen, die zu dem Friedensbruch führten, habe ich vorangestellt, damit keiner frage, aus welchen Anlässen die Griechen in einen solchen Krieg geraten sind. Für den eigentlichen und wahren Grund, der aber am wenigsten deutlich ausgesprochen ist, halte ich den, daß die Athener mächtig geworden waren, den Spartanern infolgedessen Furcht einflößten und sie damit zum Kriege zwangen."

Damit wird keinem der beteiligten Völker, geschweige denn einem der handelnden Staatsmänner, eine Schuld am Kriege beigemessen. Zwar zeigt der Zwang, unter dem sich das Handeln Spartas vollzogen haben soll, daß die Expansion, der Imperialismus Athens letztlich Grund zum Kriege war [5] — aber, wie es Jaqueline de Romilly in ihrem Buch über Thukydides und den athenischen Imperialismus ausgesprochen hat: „la guerre est la conséquence d'un développement impérialiste, et non l'effet d'une volonté impérialiste" [6]. Nur wenn der Wille zur Tat nachweisbar ist, läßt sich mit voller Berechtigung die Frage nach der Schuld stellen, die durch Thukydides letztlich einer historischen Zwangsläufigkeit oder Gesetzmäßigkeit aufgebürdet worden ist. In den vergangenen Jahrzehnten ist man dieser Ansicht des Thukydides in der Forschung so weitgehend gefolgt, daß Jacqueline de Romilly noch 1947 nur Julius Beloch, „cet éternel rebelle à Thucydide" — diesen ewigen Empörer gegen Thukydides — mit einer abweichenden Meinung glaubte aufführen zu müssen [7]. Darüber hinaus ist Thukydides immer/wieder gerade wegen der hier vorgetragenen Scheidung zwischen tieferem Grund und äußeren Anlässen als wahrer Historiker gerühmt worden, dessen Blick durch die vordergründigen Ereignisse hindurchzudringen

[3] Vgl. zusammenfassend *W. Hoffmann*, Hannibal (Göttingen 1962), S. 41 ff., dazu die Literaturangaben S. 140 f.

[4] Thuc. 1, 23, 5 f. Vgl. zur tagespolitischen Stellungnahme des Thukydides bereits *Ed. Meyer*, Forschungen zur Alten Geschichte II (Berlin 1899), S. 297, zu αἰτία und πρόφασις zuletzt *K. v. Fritz*, Die griechische Geschichtsschreibung I: Von den Anfängen bis Thukydides (Berlin 1967), S. 623 ff.

[5] Vgl. etwa *C. B. Welles*, The lesson of the Peloponnesian war: Studies presented to D. M. Robinson II (1953), S. 785: "the fundamental cause of the war, the real nature of Athenian policy". Vorsichtiger formuliert jetzt *v. Fritz*, a. a. O., S. 629, „daß die Spartaner wider ihren Willen in den Krieg hineingezwungen worden" seien.

[6] *J. de Romilly*, Thucydide et l'impérialisme athénien. La pensée de l'historien et la genèse de l'œuvre (Paris ²1951), S. 23, Anm. 3.

[7] A. a. O., S. 22, Anm. 7.

vermocht habe [8]. Perikles, der Initiator der großartigen Bauten der Akropolis, war damit zugleich als Friedenspräsident seiner Zeit gerechtfertigt, dessen segensvolle Pläne ein grausames, aber unausweichliches Schicksal durchkreuzt hatte [9].

Bei der Beurteilung der Person des Perikles hat zunächst ein Wandel eingesetzt: Victor Ehrenberg zeigte, daß das Bild, das Sophokles in seinen Tragödien — wenn auch versteckt — von Perikles gezeichnet hat, nicht ganz makellos ist [10]; und Joseph Vogt griff das Thema auf, wies ebenfalls auf verdächtige Spuren im Bild dieses Staatsmannes selbst bei Thukydides hin und verband damit die Frage, ob ihm Schuld am Ausbruch des Peloponnesischen Krieges beigemessen werden müsse [11]. Eine Wiener und eine amerikanische Dissertation sind dann vor wenigen Jahren dieser Frage weiter nachgegangen [12]. Plötzlich gewannen damit andere Stimmen aus der Zeit des Peloponnesischen Krieges wieder Bedeutung — vor allem die Komödiendichter und unter ihnen Aristophanes, die auf der Bühne Perikles die Schuld am Kriege geben ließen, der — namentlich durch wachsende innenpolitische Schwierigkeiten getrieben — für den Friedensbruch und damit den Ausbruch des Krieges verantwortlich zu machen sei [13].

Die Streitfrage, die so fast in der gleichen Form aus den Tagen des Peloponnesischen Krieges selbst auf uns überkommen ist, ist gewiß kein unnützes Gelehrtengezänk. Denn wenn auch allgemein nur deutlich wird, daß der Ausgang dieses unheilvollen innergriechischen Krieges für den folgenden Abstieg aller griechischen Poleis verantwortlich ist, so ist dieser Ausgang durch die Lähmung der Kräfte in allen griechischen Staaten und in allen ihren Schichten durch das beinahe dreißigjährige Ringen erst bedingt worden. Für den Historiker muß deshalb der Beginn dieses Krieges, den Thukydides (1, 1, 2) gewiß zurecht als die κίνησις μεγίστη — die größte Umwälzung in der griechischen Geschichte —

[8] Vgl. z. B. *U. Wilcken,* Griechische Geschichte im Rahmen der Altertumsgeschichte (München [9]1962), S. 159; *H. Bengtson,* Griechische Geschichte von den Anfängen bis in die römische Kaiserzeit (HAW III 4. München [3]1965), S. 217.

[9] Vgl. aus neuerer Zeit *K. Dienelt,* Die Friedenspolitik des Perikles. Wien-Wiesbaden 1958.

[10] Vgl. *V. Ehrenberg,* Sophokles und Perikles. München 1956.

[11] Vgl. *J. Vogt,* Das Bild des Perikles bei Thukydides: Hist. Zeitschr. 182 (1956), S. 249 ff.

[12] *B. E. Klakowicz,* Perikles und die Verursachung des Peloponnesischen Krieges. Diss. phil. Wien 1961 (masch.-schriftl.); *W. R. Connor,* Studies in Ephoros and other sources for the cause of the Peloponnesian war. Diss. Princeton 1961 (Univ. Microfilms Inc., Ann Arbor, Mich. 61—4755). Vgl. auch die abweichende Stellungnahme von *F. Schachermeyr,* Griechische Geschichte mit besonderer Berücksichtigung der geistesgeschichtlichen und kulturmorphologischen Zusammenhänge (Stuttgart 1960), S. 194 f.

[13] Vgl. dazu bereits *H. Brauer,* Die Kriegsschuldfrage in der geschichtlichen Überlieferung des Peloponnesischen Krieges. Diss. Münster 1933.

angesehen hat, von entscheidender Bedeutung sein — ein Beginn, dessen Gründe immer wieder neu zu durchdenken sind.

Lediglich im Überblick sei eine Einführung in die politische Situation am Vorabend des Peloponnesischen Krieges vorausgeschickt: Es ist bekannt, daß die weitgehende Konzentration der militärischen und wirtschaftlichen Kräfte im Delisch-Attischen Seebund unter Führung Athens in der Zeit der Pentekontaetie die Rivalität zwischen der Hegemonialmacht und der auch weiterhin stärksten Landmacht Griechenlands — Sparta — zunehmend verstärkt hat. Es ist bekannt, daß/diese Rivalität noch dadurch gefördert wurde, daß Athen und Sparta jeweils den Typ zweier verschiedener Verfassungsformen repräsentierten und als Vorkämpfer der Demokratie und der oligarchischen Staatsform je länger je mehr vor allem deshalb angesehen wurden, weil sie ihre Macht ausnutzten, um der eigenen Verfassungsform auch in den Staaten zum Siege zu verhelfen, die ihnen verbündet waren. Auch die beiden Bündnissysteme sollen nur kurz gekennzeichnet werden: Der Delisch-Attische Seebund war nach Ausweis der Tributlisten in Bezirke eingeteilt, die bei der fortschreitenden Umwandlung des Bündnisses in eine athenische Herrschaft immer mehr Herrschaftsprovinzen entsprachen und den ganzen Raum um die Ägäis einschließlich der kleinasiatischen Westküste, der Gebiete um das Marmara-Meer, Thrakiens und der Inseln umfaßten. Dazu traten Gebiete im Westen Griechenlands: Naupaktos, Zakynthos und Akarnanien, die die Ausfahrt aus dem Korinthischen Golf unter Kontrolle hielten oder wenigstens halten konnten und zugleich die Brücke zur attischen Kolonie Thurioi in Unteritalien und zu sizilischen Verbündeten darstellten. Demgegenüber war der Umfang des Peloponnesischen Bundes erheblich bescheidener: Auf der Peloponnes selbst standen ihm in Argos und Achaia selbst noch Teile fern, die militärisch nicht ohne Bedeutung waren. Über den Isthmos von Korinth und Megara griff er andererseits auf Böotien bis hinauf zu den Thermopylen über. Im Norden bestand ein Bündnis mit Makedonien, im Westen mit Kephallenia und Ambrakia. Der Zusammenhalt war lockerer als der des Delisch-Attischen Seebundes, aber die Führerstellung Spartas war aufgrund seiner militärischen Stärke anerkannt.

So war in den Jahren vor dem Peloponnesischen Krieg die ganze griechische Welt praktisch in zwei Lager gespalten [14]. Die Berührung war so eng, daß Konfliktspunkte nicht ausbleiben konnten. Trotzdem hatten sich die beiden Hege-

[14] Dieser Gesichtspunkt ist jetzt vor allem herausgearbeitet worden von *P. J. Fliess,* Thucydides and the politics of bipolarity. Baton Rouge 1966. Das Werk lernte ich leider erst nach Abschluß der vorliegenden Arbeit kennen. Schon der Titel zeigt, daß die Situation nach dem 2. Weltkrieg bei der Interpretation und Darstellung Pate gestanden hat. Dementsprechend wird die Zeit der Pentekontaetie als „cold war" begriffen (S. 53) und die Furcht für die eigene Sicherheit für das Handeln Athens wie Spartas verantwortlich gemacht (vor allem S. 69 ff.).

monialmächte nach mancherlei lokal begrenzten Kriegen auf der Grundlage des status quo ante geeinigt und im Winter 446/445 v. Chr. einen dreißigjährigen Frieden abgeschlossen, in dem sie sich die Bündnisgebiete gegenseitig garantierten [15]. Allein die Tatsache, daß es überhaupt zu einem solchen Abkommen kam und daß dieser Vertrag fünfzehn Jahre in Kraft war, muß — wie ich meine — immer wieder zu einer Überprüfung der thukydideischen These führen und damit zur Überprüfung der Frage, ob eventuell doch in den thukydideischen Anlässen Gründe zu sehen sind.

Die Verwicklungen und ersten feindlichen Berührungen um Korkyra und Poteidaia sowie das athenische Psephisma, durch das eine Handelssperre gegen Megara verhängt wurde — damit die drei Anlässe, die Thukydides allgemein zugeschrieben werden, sollen hier zunächst nur genannt werden [16]. Während bei der Behandlung dieser Anlässe in der Forschung im wesentlichen nur der Streit um Korkyra und das megarische Psephisma größere Beachtung gefunden haben und diese beiden Konfliktspunkte auch abwechselnd zum Kernpunkt der Auseinander/setzung gestempelt worden sind [17], hat nach dem Bericht des Thukydides selbst gerade die Auseinandersetzung zwischen Athen und Korinth um Poteidaia den Stein ins Rollen gebracht [18]. Nachdem hier die Athener den Belagerungsring geschlossen hatten, veranlaßten die Korinther den Zusammentritt der Peloponnesischen Bundesversammlung in Sparta. Jetzt wurden die Beschwerdepunkte formuliert und die entscheidenden Beschlüsse gefaßt, die zwar noch keine Kriegserklärung zum Inhalt hatten, aber mit der Feststellung, daß Athen mit seinen Maßnahmen den Frieden gebrochen habe, die unmittelbare Voraussetzung zum Kriege schufen [19].

Aber gleich in den anschließenden diplomatischen Verhandlungen wird deutlich, daß der Streit um Poteidaia wirklich höchstens Anlaß zum Kriege war.

[15] Zur politischen Lage in Griechenland zu dieser Zeit vgl. allgemein *Bengtson,* a. a. O., S. 194 ff., 201 ff., zum Vertrag von 446/445 *ders.,* Die Staatsverträge des Altertums II (München-Berlin 1962), Nr. 156.

[16] Vgl. wiederum nur beispielsweise *Wilcken,* a. a. O., S. 160.

[17] Vgl. besonders *W. S. Ferguson,* Economic causes of international rivalries and wars in ancient times: Annual report of the American Historical Association 1915 (1917), S. 111 ff., in Auseinandersetzung mit Cornford bes. S. 116 f., sowie die für die communis opinio typische Auffassung bei *Fliess,* a. a. O., S. 68: der Streit um Korkyra sei "the most ominous", der Streit um Megara "the most arguable" Anlaß gewesen. Vgl. zusammenfassend etwa *Bengtson,* a. a. O., S. 218 f.

[18] So richtig *Klakowicz,* a. a. O., S. 49, wenn der Streitpunkt hier auch — gegen Thukydides — sofort mit dem megarischen Psephisma verknüpft wird.

[19] Vgl. dazu jetzt *v. Fritz,* a. a. O., S. 647 ff., der zu Recht feststellt, daß auf der zweiten Versammlung in Sparta trotz der Majorität für den Krieg „nicht eine sofortige Eröffnung der Feindseligkeiten oder auch nur eine Kriegserklärung" beschlossen worden seien (S. 650).

Da hierüber die Korinther Beschwerde geführt hatten, konnten die spartanischen Gesandten den Punkt in Athen nicht ganz unerwähnt lassen. Doch nur wie beiläufig wird von der zweiten Gesandtschaft unter anderem die Forderung erhoben, Athen solle die Belagerung der Stadt aufheben. Die glatte und unbegründete Zurückweisung dieser Forderung durch Athen bleibt nach Thukydides (1, 139, 1 f.) ohne alle Konsequenzen. Noch deutlicher wird das Eingreifen Athens auf seiten Korkyras als äußerlicher und damit vordergründiger Anlaß gestempelt; denn da diese Unternehmung bereits abgeschlossen ist, spielt sie weder auf der Peloponnesischen Bundesversammlung noch in den diplomatischen Verhandlungen eine Rolle. Man wird Thukydides also Recht geben müssen, daß hierin Gründe für den Ausbruch des Krieges nicht gesucht werden können.

Anders verhält es sich mit dem megarischen Psephisma. Unter den Anlässen zum Kriege hat Thukydides diese athenische Maßnahme überhaupt nicht genannt. Sie wird zum ersten Mal als Beschwerdepunkt der Bündner auf der Peloponnesischen Bundesversammlung erwähnt und steht dann ziemlich unvermittelt bei den Verhandlungen in Athen im Vordergrund; denn die Spartaner fordern hier, daß *vor allem* dieser Beschluß von Athen wieder aufgehoben werden solle [20]. Immer wieder ist deshalb einmal der Eindruck entstanden, Thukydides habe diesen Punkt ganz in den Hintergrund drängen wollen, ihn jedoch nicht ganz verschweigen können [21]. Aus diesem Eindruck heraus hat dann schon vor dreißig Jahren Herbert Nesselhauf der Bedeutung des megarischen Psephisma in den diplomatischen Verhandlungen vor Ausbruch des Krieges sein besonderes Augenmerk zugewandt und den bis heute — soweit ich sehe — nicht widerlegten Nachweis geführt, daß tatsächlich die Aufhebung der Handelssperre gegen Megara den entscheidenden Verhandlungsgegenstand zwischen Athen und Sparta abgegeben habe [22]. Franz/Kiechle ist neuerlich zu dem gleichen Ergebnis gelangt: „Nicht Korkyra, nicht Poteidaia noch die Autonomie von Aigina, sondern eben dieses Psephisma war der Punkt, bei dem es unerbittlich um Krieg oder Frieden ging" [23].

Kiechle geht es bei der Erörterung dieser Frage nicht um die Kriegsschuld, sondern um „Ursprung und Wirkung der machtpolitischen Theorien bei Thukydides". Dabei konnte er zeigen, daß die „Theorie von der Zwangsläufigkeit der Auseinandersetzung" zweier mächtiger Staaten aus der Schule der Sophisten stammt, schon bei Herodot verwendet wird und neben Thukydides auch andere Zeitgenossen und unter ihnen — wie Kiechle meint — auch Perikles beeinflußt hat. Als „Erfinder" eines wahren Kriegsgrundes ist Thukydides damit entthront

[20] Vgl. dazu jetzt *v. Fritz,* a. a. O., S. 651.

[21] Vgl. schon *Ed. Meyer,* a. a. O., S. 307.

[22] *H. Nesselhauf,* Die diplomatischen Verhandlungen vor dem Peloponnesischen Kriege: Hermes 69 (1934), S. 286 ff.

[23] *F. Kiechle,* Ursprung und Wirkung der machtpolitischen Theorien bei Thukydides: Gymnasium 70 (1963), S. 289 ff., hier S. 292.

worden [24] — aber der Beweis, daß die Politik des Perikles Ausfluß einer von dieser Theorie bestimmten Ideologie gewesen sei, ist von Kiechle, wie ich meine, nicht erbracht worden [25]. Voraussetzung dafür ist die auch früher schon gemachte Beobachtung [26], daß im Werk des Thukydides auch die Korkyräer und Korinther, vor allem aber die Athener in ihrer Gesamtheit — und mit ihnen dann natürlich auch Perikles — bereits vor Ausbruch des Krieges die künftige Auseinandersetzung als eine historisch-politische Notwendigkeit betrachtet hätten. Doch wie verträgt sich das mit der eigenen Angabe des Thukydides, daß der wahre Grund ἀφανεστάτη λόγῳ gewesen — also nicht ausgesprochen worden, „nicht vorzeigbar" gewesen sei [27]? Mit Felix Jacoby scheint mir nur gefolgert werden zu können, daß an diesen Stellen Thukydides selbst spricht und lediglich durch den Mund anderer — und gerade auch durch „den Mund des Mannes, der nach seiner Überzeugung allein für Athens Politik verantwortlich war und dem er die Kenntnis der Zusammenhänge zuschreibt" — seine eigene Auffassung im voraus andeutet [28]. Für die Politik Athens unter der Führung des Perikles ist damit also noch nichts gewonnen, und wir müssen zu dem megarischen Psephisma, dessen Bedeutung für Krieg und Frieden auch Thukydides einräumt, zurückkehren.

Verständlicher werden — von den Untersuchungsergebnissen Nesselhaufs und Kiechles her — die Diskussionen, die schon bald nach dem Ausbruch des Krieges in Athen selbst über die Schuldfrage ausgebrochen sind [29]. Wahrscheinlich noch zu Lebzeiten des Perikles — 430 oder 429 v. Chr. — hat Kratinos in einer Komödie Perikles in nur mäßig versteckten Anspielungen als Urheber des gerade ausgebrochenen Krieges gebrandmarkt, und nach dem Tode des großen Staatsmannes wurde man noch sehr viel deutlicher. 425 v. Chr. schloß in den Acharnern des Aristophanes ein attischer Bauer mit dem sprechenden Namen Dikaiopolis

[24] Zu Herodot als Vorgänger des Thukydides vgl. etwa auch *A. Momigliano*, Some observations on causes of war in ancient historiography, in: Studies in Historiography (London 1966), S. 112 ff.

[25] Vgl. jetzt etwa auch *v. Fritz*, a. a. O., S. 809: „Die Frage der Richtigkeit des Glaubens des Perikles an die Unvermeidlichkeit des Krieges ist, wie sich gezeigt hat, nicht leicht zu beantworten."

[26] Vgl. z. B. *A. W. Gomme*, A historical commentary on Thucydides I (Oxford ²1959), S. 170 f., 463 f.

[27] So meines Erachtens zu Recht jetzt *v. Fritz*, a. a. O., S. 626.

[28] *F. Jacoby*, bei: *R. Zahn*, Die erste Periklesrede (Diss. Kiel 1934), S. 7. Die Reden im Geschichtswerk des Thukydides werden weiterhin unterschiedlich beurteilt; vgl. aus neuerer Zeit etwa *F. W. Walbank*, Speeches in Greek historians (The Third J. L. Myres Memorial Lecture, o. J.). In ihrer Beurteilung folge ich hier weitgehend *v. Fritz*, a. a. O., S. 620 ff.

[29] Vgl. — auch zum folgenden — *Brauer*, a. a. O., sowie *Jacoby*, FGrHist III b (Supplement), Vol. I (1954), S. 484 ff.

einen/Privatfrieden mit den Spartanern, weil er den nun schon sechs Jahre währenden Krieg satt hatte. In seiner Rechtfertigung gegenüber der Masse des Volkes, das den Spartanern Eid- und Treubruch vorwirft, läßt Aristophanes diesen Mann folgendes Plädoyer halten [30]:

Verargt mir nicht, ihr Männer von Athen
Dort auf den Bänken, wenn ich armer Tropf
Von Staatsgeschäften sprech' in der Komödie.
Wahrheit und Recht verficht auch die Komödie.
Und was ich sag', ist Wahrheit, klingt's auch hart.
Selbst Kleon soll mich diesmal nicht verklagen,
Daß ich die Republik vor Fremden schmähe;
Wir sind hier unter uns am heut'gen Fest.
Noch sind die Fremden, die Tribute, noch
Sind die Verbündeten nicht eingetroffen.
Wir sind hier lauter attischreines Korn,
Ohn' alle Spreu und alle Hintersassen. —
Nun denn! — Die Sparter hass' ich, mag Poseidon,
Ihr Gott auf Tainaron, mit einem Erdstoß
Die Häuser allen auf die Köpfe schmettern!
Auch meine Reben haben sie verwüstet.
Indes, warum — ich rede hier vor Freunden —
Verklagen wir die Sparter ganz allein?
In unsrer Mitte, Bürger — nicht das Volk,
Beileibe, nein, ich meine nicht das Volk —,
Hier, sag' ich, gab es Burschen — schlechte Münze,
Gefälschtes Lumpengeld, hier eingeschwärzt:
Durchschnüffelt haben die den Megarern
Die Jacken; wo sie eine Gurke sahn,
Ein Häschen, Ferkel, Knoblauch oder Salz,
Gleich war's „aus Megara" und konfisziert.
Doch das sind Bettelein, und hier nichts Neues.
Nun stahlen junge Burschen, die zuviel
Gebechert, die Simaitha weg, die Metze
Aus Megara; in brünst'gem Schmerz erhitzt,
Entführten drauf die Megarer zwei Huren
Aspasiens. So brach das Kriegsgewitter
Denn los in Hellas dreier Metzen wegen:
Im Zorn warf der Olympier Perikles
Mit Blitz und Donner Hellas durcheinander,

[30] Aristoph., Acharn. 496—539 (Übers. von *L. Seeger* neubearb. u. hrsg. von *H.-J. Newiger*. München 1968); vgl. zur Interpretation in Anlehnung an *C. P. Murphy*, Aristophanes and the art of rhetoria: Harvard Stud. in Class. Philol. 49 (1938), S. 69 ff., jetzt *Connor*, a. a. O., S. 87 ff.

Erließ Edikte, ganz im Skolienstil,
Und schloß die Megarer von Land und Meer,
Von allen Märkten, allen Häfen aus.
Die Megarer verspürten endlich Hunger,
Und suchten Hilf' in Sparta wider dies
Verbot, erlassen dreier Metzen wegen.
Man bat uns oft, allein wir hörten nicht.
Kein Wunder, gab's am Ende Schildgerassel.
„Mit Unrecht!" sagt ihr. Nun, was war denn Recht?/

Fassen wir das zusammen, so sagt Aristophanes hier öffentlich in Athen und gibt damit wahrscheinlich eine durchaus verbreitete Meinung wieder [31]: Das megarische Psephisma hatte für den Ausbruch des Krieges *die* entscheidende Bedeutung. Perikles hat dieses Psephisma durchgebracht. Also ist Perikles schuld am Kriege. Diese Auffassung kehrt in späteren Quellen immer wieder; nur wandelt sich das Motiv, das Perikles bei seinem Entschluß geleitet haben soll. Wird in typischer Übersteigerung der Komödie in den „Acharnern" Aspasia die Schuld gegeben [32], so hat bereits im „Frieden" des Aristophanes Perikles gefürchtet, vom Volk ebenso zur Rechenschaft gezogen zu werden wie in den vorausgegangenen Jahren seine Freunde Pheidias und Anaxagoras. Auch das könnte ein ganz persönliches Motiv sein; hinter ihm steckt aber mit großer Wahrscheinlichkeit mehr — nämlich die Auffassung, daß die vorhandene Opposition jetzt auch nach Perikles hätte greifen wollen und daß Furcht vor der Opposition, vor den innenpolitischen Schwierigkeiten für Perikles der Antrieb zum Sprung nach vorn, zum Wagnis des Krieges gewesen sei [33].

Diese Motivationen sind dann in der Antike wiederholt genannt worden [34]

[31] Vgl. Thuc. 2, 65, 2, und dazu *Kiechle,* a. a. O., S. 291 f., sowie unten S. 100 f. Als „herrschende Auffassung" in Athen hat diese Meinung bereits *Ed. Meyer,* a. a. O., S. 296, gekennzeichnet, der lediglich die Motive für Erfindungen des Aristophanes hält (S. 301); vgl. jetzt auch *Jacoby,* a. a. O., S. 485. *Connor,* a. a. O., S. 86, stellt zu Recht fest: "If Aristophanes is to make clear the point of his play ..., he must present an account whose outline at least will be recognized as essentially true."

[32] Vgl. dazu *K.-D. Koch,* Kritische Idee und komisches Thema. Untersuchungen zur Dramaturgie und zum Ethos der Aristophanischen Komödie: Jahrbuch der Wittheit zu Bremen 9 (1965), S. 47 ff.; hier S. 66 f. Allerdings muß mit *Connor,* a. a. O., S. 85, zugegeben werden: "it is almost impossible to determine how much is topical reference and how much literary joke."

[33] Die grundsätzliche Übereinstimmung in den Aussagen des Aristophanes in „Acharnern" und „Frieden" ist jetzt erwiesen worden von *Connor,* a. a. O., S. 91 ff.

[34] Wenn *Ed. Meyer,* Geschichte des Altertums IV 2: Der Ausgang der griechischen Geschichte (Stuttgart ^{4}1956), S. 2, Anm. 1, auch noch die Meinung vertrat, daß die späteren Autoren die Frage kaum hätten verstehen können, so vgl. zu Ephoros *Brauer,* a. a. O., S. 121 ff., sowie zur weiteren Wirkung *Connor,* a. a. O., S. 2 ff.

und haben auch in der modernen Forschung immer wieder dort eine Rolle gespielt, wo man nach anderen Gründen suchte, als dem, den Thukydides an die Hand gibt. Eine moderne Abwandlung besteht eigentlich nur darin, daß Perikles nicht selbst verantwortlich sei, sondern daß er von dem imperialistischen Demos angetrieben wurde [35].

Aber gleichgültig, ob man für die Veranlassung des megarischen Psephisma die innenpolitischen Schwierigkeiten des Perikles oder die allgemeine Volksstimmung verantwortlich macht — die Gegner einer solchen Auffassung haben eine plausible Widerlegung zur Hand: den Kriegsplan des Perikles [36]. Er fußte allein auf der klaren Erkenntnis des militärischen Kräfteverhältnisses, sah eine reine Defensive und dafür die Preisgabe des platten Landes an den Gegner und die Evakuierung der Landbevölkerung in die Stadt vor. Damit nahm er zugleich eine unge-/wöhnliche psychische und moralische Belastung der ganzen Bevölkerung in Kauf: den Schock der Besetzung des eigenen Landes und der Verwüstung von Haus und Hof bei eigener weitgehender Untätigkeit, die notwendige Entstehung von Spannungen unter einer Bevölkerung, die bei unzureichenden Unterbringungsmöglichkeiten auf beschränktem Raum zusammengedrängt war — und das alles, ohne daß die Kriegsleitung wesentlich mit Erfolgsmeldungen aufwarten und dadurch die Stimmung heben konnte.

Solchen Belastungen konnte auch im fünften Jahrhundert v. Chr. schwerlich ein Staatsmann sein Volk aussetzen, der entweder von diesem Volk getrieben wurde oder der durch einen solchen Krieg der innenpolitischen Opposition den Wind aus den Segeln nehmen wollte. Denn ein Getriebener wird nur dann weiter gehalten, wenn er Erfolge vorweisen kann, und eine Opposition mußte sich fast mit Notwendigkeit in einer solchen Lage weiter versteifen.

Diese Motivationen für den Erlaß des megarischen Psephisma erweisen sich also als unbrauchbar; unbrauchbar sind aber auch andere Gründe, die in der Forschung für den Erlaß dieser Handelssperre als einer bewußten Provokation Megaras, Korinths oder des Peloponnesischen Bundes insgesamt durch Perikles vorgebracht worden sind. Bei Eduard Meyer wird so etwa durch diese provo-

[35] Vgl. *H. Berve*, Griechische Geschichte II (Freiburg 1933), S. 5 ff. Genau umgekehrt urteilt jetzt *Kiechle*, Gymnasium 75 (1968), S. 149, daß „Perikles das zunächst keineswegs kriegslüsterne athenische Volk unmöglich auf geradem Wege in den von ihm für unvermeidbar erachteten Krieg manövrieren konnte"; vgl. dazu bereits oben S. 90 ff. Diese Ansicht Kiechles verträgt sich jedoch schlecht mit seiner Folgerung aus Thuc. 1, 44, 2, daß nämlich „die athenische Volksversammlung schon 433 der Ansicht war, der Krieg mit Sparta sei unvermeidlich, und aus dieser Auffassung heraus dem außenpolitischen Kurs des Perikles folgte" (Gymnasium 1963, S. 300).

[36] Vgl. nach *H. Delbrück*, Die Strategie des Perikles erläutert durch die Strategie Friedrichs des Großen. Berlin 1890, vor allem *Ed. Meyer*, Forschungen, S. 304 f., sowie jetzt *D. Kienast*, Der innenpolitische Kampf in Athen von der Rückkehr des Thukydides bis zu Perikles' Tod: Gymnasium 60 (1953), S. 210 ff.; hier S. 217.

katorische Handlung die Einsicht des Perikles in die Notwendigkeit des kommenden Krieges zu beweisen versucht [37] — also als Arbeitshypothese verwandt, die ihrerseits aber nur durch die These des Thukydides, daß der Krieg zwangsläufig hätte kommen müssen, gerechtfertigt werden kann. Bei Franz Kiechle wird umgekehrt aus dem Ergebnis, daß sich Perikles von der sophistischen Theorie der Zwangsläufigkeit der Auseinandersetzung habe leiten lassen, begreiflich zu machen versucht, „warum Perikles mittels des megarischen Psephisma schließlich eine Situation geschaffen hat, in der praktisch keine Alternative zum Krieg mehr blieb" [38]. Da die Voraussetzung nicht bewiesen werden konnte, müssen wir auch dieser Deutung die Gefolgschaft versagen.

Trotzdem ist gerade durch die jüngsten Arbeiten eine neue Situation geschaffen worden; denn man kann heute nicht mehr einfach zu dem „wahren und tiefsten Grund" des Thukydides zurückkehren. Man muß vielmehr bei der Bedeutung, die das megarische Psephisma unzweifelhaft für den Kriegsausbruch besessen hat, seinen Erlaß, die unbedingte Forderung der Spartaner nach seiner Aufhebung und die ebenso strikte Weigerung der Athener sinnvoll in den Gesamtkomplex einordnen können. Einen Ausweg könnte Hermann Bengtson mit seiner Ansicht weisen, daß im Winter 432/431 v. Chr. zwischen Athen und Sparta überhaupt nur Scheinverhandlungen geführt worden seien [39] — wenn dem nicht sofort entgegenstünde, daß die vorgeschobenste Stellung Athens, Plataiai, im Frühjahr 431 v. Chr. weder auf einen Überfall vorbereitet noch gar evakuiert war.

In dieser Situation scheint es mir dann nicht nur gerechtfertigt, sondern notwendig/zu sein, die Aussagen des Thukydides über das megarische Psephisma nochmals zu überprüfen. Zur Vorbereitung auf die endgültige Ablehnung der spartanischen Forderungen läßt Thukydides Perikles an das athenische Volk appellieren; und diese Zusammenfassung seiner Begründung ist schon immer als besonders wichtig angesehen worden. Dort heißt es [40]: „Keiner von euch denke, wir führten den Krieg um einer Kleinigkeit willen, wenn wir das megarische Psephisma nicht aufheben, was sie (die Spartaner) vor allem anderen als Bedingung für den Frieden fordern. Macht euch nicht später selbst den Vorwurf,

[37] A. a. O., S. 302 ff. Richtig wird jetzt bei *Connor,* a. a. O., S. 101, zugegeben, daß das megarische Psephisma als provokatorische Maßnahme nur unter der Voraussetzung angesehen werden kann, daß die Erkenntnis von der Unvermeidlichkeit des Krieges bereits vorhanden war.

[38] *Kiechle,* a. a. O., S. 301.

[39] *Bengtson,* a. a. O., S. 220. Anders ist die Kennzeichnung als „diplomatisches Fechtspiel" jetzt zu bewerten bei *v. Fritz,* a. a. O., S. 651.

[40] Thuc. 1, 140, 4 f.; vgl. dazu *H. Herter,* Zur ersten Periklesrede des Thukydides: Studies presented to D. M. Robinson II (1953), S. 613 ff., bes. S. 623. Zum "test case" vgl. jetzt auch *v. Fritz,* a. a. O., S. 659.

ihr hättet wegen einer Kleinigkeit den Krieg angefangen. Denn eben diese Kleinigkeit birgt die Bestätigung eurer selbst in sich und ist eine πεῖρα — eine Probe, ein Test — für eure Grundsätze. Wenn ihr hierin nachgebt, wird man euch bald Größeres zumuten in dem Glauben, ihr werdet aus Furcht auch darin gehorchen. Durch feste Zurückweisung aber werdet ihr sie belehren, euch künftig mehr wie ihresgleichen zu behandeln!"

Nicht nur wenn Perikles etwa tatsächlich so gesprochen hat, auch wenn Thukydides seinen Perikles so sprechen läßt, können in dieser Situation kurz vor Ausbruch des Krieges jedenfalls die Athener in ihrer Mehrheit von der Notwendigkeit eines Krieges nicht überzeugt gewesen sein. Obwohl Thukydides zuvor bereits von der letzten Forderung der Spartaner nach Gewährung der Autonomie an alle athenischen Bundesgenossen berichtet hat [41], werden größere Forderungen als die nach Aufhebung des megarischen Psephisma lediglich für die Zukunft in Aussicht gestellt: Zur Zeit ist diese Aufhebung die größte, also auch die entscheidende Forderung [42]. Sie ist aber — und das läßt Thukydides gleich dreimal betonen — jedenfalls in den Augen der Athener eine Kleinigkeit, eine Bagatelle — ebenso wie für Aristophanes im „Frieden" [43]. Zugleich wird mit dieser Hervorhebung wohl auch die Ansicht des Komödiendichters in den „Acharnern" bestätigt, daß der Volksbeschluß um einer Nichtigkeit willen erlassen worden sei. Gewiß kann eine solche Volksrede der Verschleierung der wahren Beweggründe des Politikers dienen. Die angegebenen Gründe müssen dem Volk dann aber einsichtiger gemacht werden als die wahren. Was geschieht hier? Dem Volk — oder der Friedenspartei — wird eingeräumt, daß die zur Debatte stehende Forderung eine Bagatelle sei, d. h. der Haupteinwand der Kriegsgegner kann offenbar nicht aus der Welt geschafft werden. Wenn dann demgegenüber die Gefahr heraufbeschworen wird, daß Zugeständnisse als Furcht ausgelegt werden könnten und deshalb vor einem Nachgeben selbst bei einer Kleinigkeit gewarnt wird, so ist das nur dann sinnvoll, wenn allgemein ein Verständnis für eine solche Art der Argumentation vorausgesetzt werden kann. Nun entspricht aber eine solche Argumentation einem ausgeprägten Prestigedenken, das damit beim athenischen Volk vorausgesetzt wird, das aber mit großer Wahrscheinlichkeit auch den Sprecher selbst leitet. So hat es neuerlich auch Franz Kiechle angesehen, wenn er schreibt: „Perikles/machte aus der Aufrechterhaltung des Psephisma eine Prestigeangelegenheit ersten Ranges für Athen! Doch erst er? Diese von der Friedenspartei der Sache nach als ein μικρόν, eine Kleinigkeit, betrachtete Angelegenheit stand ja auch im Mittelpunkt der spartanischen Forderungen" [44].

41 Thuc. 1, 140, 3.

42 Deshalb scheint mir die Kennzeichnung als „Vorforderung" bei *v. Fritz*, a. a. O., S. 659, den Sachverhalt nicht voll zu treffen.

43 Aristoph., Pax 606—611; vgl. dazu *Klakowicz*, a. a. O., S. 90.

44 A. a. O., S. 292.

Von dieser Feststellung aus erhebt sich die Frage, ob ein solches Prestigedenken vielleicht die Verursachung zum Kriege gewesen ist. Auch damit wird zunächst nur eine Arbeitshypothese aufgestellt. Sie findet jedoch ihren Ausgangspunkt im Text und scheint mir damit ebenso brauchbar wie die zuvor genannte zu sein. Auf ihr Prestige pflegen Staaten und Völker besonders dann bedacht zu sein, wenn sie es nicht nur mit einem Gegenüber, einem potentiellen Gegner zu tun haben, sondern wenn ihr Verhalten an exponierter Stelle von dritten Staaten beobachtet wird, die möglicherweise aus ihren Beobachtungen Konsequenzen für ihre Einstellung zu dem beobachteten Staat ziehen.

Diese Situation war für die Hegemonialmächte Athen und Sparta in einer griechischen Welt, die in zwei Machtsphären aufgespalten war, in besonderer Weise gegeben. Es ist schon immer beobachtet worden, daß die Rücksichtnahme auf diese Stellung nicht unwesentlich zum Kriegsentschluß der Spartaner beigetragen hat [45], denen ihre Verpflichtung gegenüber ihren Bündnern von den Korinthern in harten Worten eingeimpft wurde [46]: „Daran seid ihr (Spartaner) allein Schuld, da ihr ihnen (den Athenern) anfänglich erlaubt habt, nach den Perserkriegen ihre Stadt zu befestigen und nachher auch die langen Mauern aufzuführen, und die ihr seither beständig nicht nur Athens, sondern jetzt sogar eure eigenen Bundesgenossen der Freiheit beraubt. Denn nicht der ist als Urheber anzusehen, der einen anderen knechtet, sondern der, der sich nicht darum kümmert, obwohl er es verhindern könnte — wenn er gleich die Würde eines Befreiers Griechenlands trägt". Sollte Ähnliches nicht auch für Athen von Bedeutung gewesen sein, das bereits wiederholt den Abfall von Bündnern erlebt hatte und das in der Autonomieforderung Spartas sah, wie stark der Gegner in seinen diplomatischen Verhandlungen auch propagandistisch auf die Bündnerstaaten zu wirken trachtete? Ist eventuell aus dem gleichen Grund das megarische Psephisma von den Spartanern in diesen Verhandlungen so stark in den Vordergrund gerückt worden?

In der Tat scheint mir in dem Inhalt des Psephisma selbst eine genügende Erklärung für ein solches Vorgehen und die Reaktion des Perikles darauf gegeben zu sein. In der zitierten Passage aus den „Acharnern" des Aristophanes wurde deutlich, daß wahrscheinlich schon vor Erlaß dieses Volksbeschlusses eine Einfuhrsperre in Athen gegenüber megarischen Waren bestand [47]. Das Psephisma selbst brachte eine wesentliche und für Megara einschneidende Erweiterung: Den megarischen Schiffen wurde das Anlaufen aller Häfen im Bereich des De-

[45] Vgl. bereits *Ed. Meyer,* a. a. O., S. 314 ff.

[46] Thuc. 1, 69, 1.

[47] Im Gegensatz zu der klaren Aussage des Aristophanes besteht heute in der Forschung allerdings Übereinstimmung darüber, daß es vor dem entscheidenden Psephisma keine staatliche Aktion Athens gegen Megara gegeben habe; vgl. dazu mit Literatur *Connor,* a. a. O., S. 85 f.

lisch-Attischen Seebundes untersagt. Zur Ausführung dieses Beschlusses mußte es deshalb gehören, daß allen Bündnerstaaten der Inhalt bekanntgemacht und seine Einhaltung dort auch überwacht wurde. Athen hatte sich also in dieser Angelegenheit stark enga/giert und in eindrücklicher Weise dieses Engagement den Bündnern auch kundgemacht. Gleichgültig, ob Sparta bei seiner Forderung nach Aufhebung des Psephisma diese Situation ausgenutzt hat [48] — hätte man in Athen auf die Forderung eingehen, den Spartanern in dieser Kleinigkeit nachgeben wollen, so hätte das bedeutet, daß man im weiten Bereich des eigenen athenischen Bundesgebietes diese Handelssperre offiziell hätte aufheben, wahrscheinlich auch die zu ihrer Überwachung eingesetzten Kontrollorgane hätte zurückziehen müssen.

Damit war durch diese betonte Forderung Spartas genau die Lage entstanden, auf die jedes Prestigedenken empfindlich reagieren muß. Trifft die oben vorgetragene These das Richtige, daß Perikles weder von einer starken Opposition bedrängt noch von einem imperialistischen Demos getrieben war, dann brauchte er seinem eigenen Staatsvolk gegenüber — dann brauchte auch dieses athenische Volk für sich selbst — nicht auf einem Prestigedenken zu beharren. Ganz anders, wenn ohnehin weitgehend unzufriedenen Bündnern gegenüber offen eingestanden werden mußte, daß man einer Forderung der Spartaner nachgegeben hatte. Hier mochte dann in der Tat der Eindruck entstehen, daß Furcht das Motiv gewesen sei, daß man auch künftigen Forderungen nachgeben werde — und damit wurde möglicherweise die Stellung der Hegemonialmacht im eigenen Bereich untergraben [49].

Es ist damit jedoch noch nichts über die Gründe gesagt, die Perikles veranlaßt haben, dieses Psephisma in Athen durchzubringen. Auf die communis opinio habe ich vorhin bereits hingewiesen. Sie ist von Eduard Meyer zuerst formuliert worden und jetzt etwa auch wieder in der Dissertation von Beatrix Klakowicz in die Worte gefaßt: „Mit dieser Vertragsverletzung wollte Perikles die Lakedämonier endlich zur Entscheidung zwingen.“ [50] Wir haben auch schon gesehen, daß diese Auffassung mit der thukydideischen These von der Notwendigkeit des Krieges, die gerade überprüft werden soll, steht und fällt. Zudem muß sie

[48] Meines Erachtens zeigt die nachfolgende Forderung der Spartaner nach Autonomie der athenischen Bündner (vgl. dazu *v. Fritz,* a. a. O., S. 651 f.), daß man sich in Sparta über die Konsequenzen nicht völlig klar war, während Perikles zu Recht den Testfall — die πεῖρα — als entscheidend herausgestellt hat.

[49] Der hier vorgetragene Gedankengang klingt auch in der bisherigen Forschung bereits an, ohne daß er allerdings meines Erachtens genügend herausgestellt wurde. Vgl. neben den schon genannten Gelehrten etwa nur *Ed. Meyer,* a. a. O., S. 306 („es hätte schwere moralische Einbuße erlitten“); *ders.,* Geschichte des Altertums IV 2, S. 15 f.; ähnlich stellt *Connor,* a. a. O., S. 162, fest, daß Athen bei Zurücknahme des Psephisma „would, in effect, be abandoning her right to legislate for the members of the empire“.

[50] A. a. O., S. 97.

von vornherein damit rechnen, daß der Erlaß des megarischen Psephisma eine Verletzung des Vertrages von 446/445 v. Chr. bedeute. Aber auch das müßte erst noch bewiesen werden [51].

Wir haben nämlich keinen Anlaß, an der einhelligen Überlieferung zu zweifeln, nach der das megarische Psephisma durch Übergriffe Megaras, wenn auch durch relativ unbedeutende Grenzzwischenfälle veranlaßt worden ist. Selbst wenn man darin nicht mit Karl Völkl eine von Korinth angestiftete Provokation und damit letztlich einen Vertragsbruch von seiten Megaras sehen will [52], so kann von einseitiger Schuld Athens jedenfalls nicht geredet, eine Vertragsverletzung Athens/nicht erwiesen werden. Was auffällt, ist lediglich, mit welcher Härte, ja Brutalität die Großmacht Athen den kleinen Ruhestörer an ihrer Grenze demütigt. Die Vergeltungsmaßnahme, die praktisch den wirtschaftlichen Ruin Megaras zur Folge haben mußte, steht in keinem vernünftigen Verhältnis zu dem möglicherweise angerichteten Schaden.

Hier hilft zur Erklärung m. E. ein zeitgenössischer Text weiter, auf den — soweit ich sehe — in diesem Zusammenhang noch nicht geachtet worden ist. Der oligarchische Verfasser der pseudo-xenophontischen Ἀϑηναίων πολιτεία, der kurz nach Ausbruch des Peloponnesischen Krieges die Zweckmäßigkeit der athenischen Institutionen für die Aufrechterhaltung einer Volksherrschaft herausgestellt, damit aber zugleich diese Volksherrschaft selbst gegeißelt hat, berichtet über den athenischen Handel folgendes [53]: „Den Reichtum der Griechen und der Barbaren können sie (die Athener) ganz allein an sich ziehen. Denn wenn eine Stadt Überfluß an Schiffsbauholz hat, wo kann sie es absetzen, wenn sie nicht die Herren des Meeres dafür gewinnt? Ja, mehr noch, wenn eine Stadt Überfluß an Eisen, Kupfer oder Flachs hat, wo kann sie das absetzen, wenn sie nicht den Herrn des Meeres dafür gewinnt? Gerade aus diesen Materialien erhalte ich auch meine Schiffe: Von dem einen Holz, von dem anderen Eisen, von dem Kupfer, von dem Flachs und von dem Wachs. Überdies werden sie (die Athener) gar nicht erlauben, es an einen anderen Ort zu verfrachten — sonst werden solche Konkurrenten ganz aus dem Seehandel verdrängt": οἵτινες ἀντίπαλοι ἡμῖν εἰσιν, οὐ χρήσονται τῇ ϑαλάττῃ. Genau diese Maßnahme hat Athen Megara gegenüber angewandt. Hat sich ein Niederschlag davon vielleicht in der pseudoxenophontischen Ἀϑηναίων πολιτεία erhalten? Es sieht nicht so aus, als habe

[51] Die Vertragsverletzung nimmt nach *Ed. Meyer* als selbstverständlich an *Klakowicz*, a. a. O., S. 90. Vgl. demgegenüber aber jetzt zum Mangel an juristischen Beweisen *Connor*, a. a. O., S. 157 ff., sowie nach *Nesselhauf* (oben Anm. 22) auch *Kiechle*, a. a. O., S. 293.

[52] *K. Völkl*, Das megarische Psephisma: Rhein. Mus. 94 (1951), S. 330 ff.

[53] Ps.-Xenoph., Athen. Pol. 2, 11 f. Zum Zeugnis dieser Stelle für einen wirtschaftlichen Imperialismus Athens vgl. *A. French*, The growth of the Athenian economy (London 1964), S. 120.

der Verfasser eine bestimmte Maßnahme ins Auge gefaßt — und wenn, dann nur, um sie ins Allgemeine zu wenden und hieran die normale Verhaltensweise des athenischen Demos gegenüber seinen Feinden zu demonstrieren. So verfuhr Athen nun einmal. Das war eine normale Maßnahme des wirtschaftlichen Imperialismus Athens in der Zeit des Perikles. Alles spricht für die Wahrheit dieser Aussage, die dann zugleich ein bezeichnendes Licht eben auf das megarische Psephisma wirft. Wir brauchen dann nicht mehr nach besonderen Hintergründen für den Erlaß dieses Volksbeschlusses zu suchen [54]: Megara hatte sich feindlich gegenüber Athen verhalten, und so verfuhr Athen mit seinen Feinden. Mit der großen Auseinandersetzung braucht daher der Erlaß des megarischen Psephisma in keiner Verbindung gestanden zu haben; und wir sollten deshalb Thukydides in seiner Berichterstattung durchaus trauen, nach der es in den Anlässen überhaupt keine Rolle gespielt hat, sondern erst in den diplomatischen Verhandlungen, nun aber gleich von entscheidender Bedeutung wurde.

Kehren wir nach dieser Abschweifung zum Thema zurück. Die aus dem Text gewonnene Arbeitshypothese wird, wie ich meine, durch allgemeine Erwägungen, die sich aus dem Inhalt des megarischen Psephisma und aus der Machtverteilung in der griechischen Welt dieser Zeit ergeben, ebenso bestätigt wie aus dem ähnlichen Verhalten Spartas seinen Bündnern gegenüber. Eine abschließende Be-/ stätigung erfährt sie aber auch noch in der dritten Rede des Perikles bei Thukydides, die er ihn im zweiten Kriegsjahr in einer für ihn selbst gefährlichen Situation halten läßt.

Nach dem Ausbruch der Pest und dem zweiten Einfall der peloponnesischen Truppen in attisches Land machten sich die Belastungen, denen die Athener ausgesetzt waren, in einem Umschwung der Stimmung bemerkbar, die sich fast notwendig gegen Perikles wandte. Nach Thukydides kam es jetzt zu offenen Auseinandersetzungen über die Kriegsschuldfrage in Athen, und Perikles, noch Stratege und damit verantwortlicher Leiter des Krieges, wurde in diesen Auseinandersetzungen öffentlich als Schuldiger bezeichnet. Die Rede des Perikles, die in dieser Situation eingelegt ist, muß sich notwendig mit diesen Vorwürfen befassen und damit eben auch zur Frage der Kriegsschuld Stellung nehmen. Perikles nimmt hier die Verantwortung für den Ausbruch des Krieges auf sich: Er, so sagt er, habe zum Kriege geraten — allerdings habe ihm das Volk in der Überzeugung zugestimmt, daß dies zum Wohle des Staates sei. Nun wenigstens erwartet man nach der Einsicht, die Perikles in der modernen Literatur zugeschrieben wird, oder wenigstens nach der These, die Thukydides für den Kriegsausbruch vertritt, daß von der Notwendigkeit dieses Entschlusses zum Kriege gesprochen wird. Wohl ist von einer Notwendigkeit die Rede, aber doch ganz anders, als es die

[54] Auf eine mögliche Verschärfung des Verhältnisses zwischen Athen und Megara durch die Tatsache, daß Megara nach Korkyra Schiffe gesandt hat (Thuc. 1, 46, 1), verweist jetzt *Connor*, a. a. O., S. 95 f.

genannten Thesen fordern. Thukydides läßt Perikles nämlich sagen[55]: „Wer freilich die Wahl hat oder wem alles nach Wunsch geht, der wäre ganz von Sinnen, wenn er sich in einen Krieg einließe. Wenn jedoch die Notwendigkeit besteht, entweder nachzugeben und damit dem anderen willfährig zu werden oder sich unter Gefahr zu retten, so ist der mehr zu tadeln, der die Gefahr scheut, als der, der sie auf sich nimmt."

Danach sah sich Athen also nicht vor die Notwendigkeit eines Krieges schlechthin gestellt, sondern lediglich vor die Notwendigkeit zu wählen — und selbst wenn man einmal unberücksichtigt läßt, daß die hier aufgestellte Alternative aus propagandistischen Gründen überspitzt ist, so wird doch sogar zugegeben, daß die falsche Entscheidung höchstens als tadelnswert gelten kann, nicht einmal als verderblich. In der gleichen Rede wird dann aber weiter mit beredten Worten die Notwendigkeit hervorgehoben, die Herrschaft im eigenen Bereich aufrechtzuerhalten. Denn sie sei bereits zu einer Tyrannis gediehen und könne deshalb nicht ohne große Gefahr aufgegeben werden. Genau der Unterschied, der hier vorher zwischen einer Hegemonialmacht und einem beliebigen Staat aufzuzeigen versucht wurde, wird dabei für die jeweilige Handlungsweise maßgeblich gemacht.

Damit schließt sich der Ring, und es bietet sich von diesen Ausführungen her eine Deutung an, die m. E. unter voller Einbeziehung des megarischen Psephisma die Anwendung der sophistischen Theorie von der Zwangsläufigkeit der Auseinandersetzung zweier großer Staaten durch Thukydides auf den Peloponnesischen Krieg begreiflich und verständlich erscheinen läßt.

In der Spaltung der griechischen Welt des fünften Jahrhunderts v. Chr. in zwei/auch in der Staatsauffassung getrennte Machtbereiche konnte es grundsätzlich jederzeit zu bewaffneter Auseinandersetzung kommen, da Konfliktspunkte an den Nahtstellen zahlreich vorhanden waren. Die Gefahrenquelle wurde dadurch vergrößert, daß einer der beiden führenden Staaten, nämlich Athen, unzweifelhaft expansive Politik betrieb, d. h. wie im Falle Korkyras jede Chance in dem Bereich ausnutzte, der noch nicht auf eine der beiden Machtsphären festgelegt war. Doch gerade über solche Fälle kam es nicht zu einer großen Auseinandersetzung. Zum großen Krieg kam es vielmehr wegen einer Nichtigkeit — gemessen an den latenten Differenzen —, und zwar deshalb, weil über diese Nichtigkeit die beiden hauptbeteiligten Staaten nicht allein und vor allem nicht unabhängig entscheiden konnten, sondern glaubten, auf ihre jeweiligen Bündner Rücksicht nehmen zu müssen. Ein Einlenken hierbei war nur

[55] Thuc. 2, 61, 1. Diese Aussage stimmt meines Erachtens mit der in 1, 41, 1 überein, und damit gilt für sie die Feststellung von *A. Andrewes,* The Melian dialogue and Perikles' last speech (Thuc. V, 84—113; II, 60—64): Proc. of the Cambridge Philol. Soc. 186 (1960), S. 1 ff.; hier S. 7: "Perikles argues that war is the preferable alternative, not that it is a self-evident necessity."

mit einem Gesichtsverlust zu erkaufen, den man sich im eigenen Machtbereich nicht glaubte leisten zu können, ohne daß man schwerste Rückwirkungen auf die eigene Machtstellung befürchten mußte. Dieses Prestigedenken, das in der Auseinandersetzung um die Aufhebung des megarischen Psephisma deutlich wird, hat — wie ich meine — gegen den Willen der beiden Hegemonialstaaten zum Kriege geführt. Und da ein Kriegswille nicht feststellbar war, konnte es zur Vorstellung von der Notwendigkeit dieses Krieges kommen.

Trotzdem entstand der Krieg damit allerdings nicht ohne Schuld — will man nun nicht das Prestigedenken zur Notwendigkeit erklären —, und gewiß — auch hierin ist Thukydides zu folgen — nicht ohne die tiefere Schuld Athens, dem unter der Führung des Perikles die expansive Politik zur Last gelegt werden muß, die zu der Ausgangslage überhaupt erst geführt hat.

Hegemoniale Bestrebungen der hellenistischen Großmächte in Politik und Wirtschaft[1]

Die Begriffsbildungen Hegemonie und Imperialismus sind offenbar nicht rein zufällig erfolgt, sondern sprachlich wie sachlich ist die Hegemonie der griechischen Welt, dem Raum der griechischen Poleis, Imperialismus dem römischen Imperium zugeordnet. Wo findet dann in dieser Gegenüberstellung das historische Bindeglied dieser beiden großen Zeitabschnitte, der Hellenismus, seinen Platz?

Die Auskunft der modernen Literatur auf diese Frage ist höchst unbefriedigend. Heinrich Triepel hat zwar vorwiegend am Modell der Beziehungen antiker Staaten zueinander Wesen und Bedeutung der Hegemonie untersucht, dabei aber die Außenpolitik der hellenistischen Großmächte kaum eines Wortes gewürdigt, da sich nach seinem Urteil in ihrem Verhältnis „keine Spur von Hegemonie" finde [2]. Diesem apodiktischen Urteil ist nicht zu entnehmen, ob er die hellenistischen Staaten damit des Imperialismus bezichtigen wollte. Das hat ausdrücklich erst in jüngster Zeit Jean-Rémy Palanque getan, der die außenpolitischen Bestrebungen der drei großen Nachfolgestaaten des Alexanderreiches auf einen jeweils altüberkommenen pharaonischen, achämenidischen bzw. makedonischen Imperialismus zurückführt [3].

Ganz anders urteilt dagegen auf den ersten Blick Michael Rostovtzeff. Er spricht — wenigstens für den Zeitraum des 3. Jhs. v. Chr. — immer wieder von der Hegemonie der Ptolemäer, Seleukiden oder Antigoniden [4], und bei seiner Autorität in der hellenistischen Geschichtsschreibung möchte es müßig erscheinen, die Frage überhaupt noch einmal zu stellen. Aber gerade Rostovtzeff hat offenbar zwischen Imperialismus und Hegemonie kaum unterschieden; denn er stellt einmal fest: „Imperialismus schließt nicht immer die Absicht der Gebiets-

[1] Referat, gehalten auf dem 25. Deutschen Historikertag in Duisburg am 18. Oktober 1962. Das Thema geht auf eine Anregung von J. Straub zurück, auf dem Historikertag die drei großen Zeitabschnitte des griechisch-römischen Altertums unter dem Gesichtspunkt „Hegemonie und Imperialismus" zu betrachten. — Die beigegebenen Anmerkungen sind so knapp wie möglich gehalten.

[2] *H. Triepel,* Die Hegemonie. Ein Buch von führenden Staaten (Berlin ²1943), S. 225.

[3] *J.-R. Palanque,* Les impérialismes antiques (Paris 1948), S. 77.

[4] *M. Rostovtzeff,* Gesellschafts- und Wirtschaftsgeschichte der hellenistischen Welt (Darmstadt 1955/56), bes. etwa II, S. 815 über „die unablässigen Kämpfe um die politische Hegemonie"; vgl. auch ebda. I, S. 192.

erwerbung oder Gebietserweiterung in sich, auch das Streben nach/politischer Hegemonie, der Wunsch, eine führende Rolle im politischen Leben der zivilisierten Welt zu spielen, muß als eine Form von Imperialismus betrachtet werden" [5].

Im allgemeinen werden aber ganz offensichtlich hegemoniale Bestrebungen im Verhältnis der drei hellenistischen Großmächte zueinander überhaupt geleugnet. Denn bekanntlich hat sich für die Periodisierung des ganzen Zeitraumes vom Tode Alexanders d. Gr. bis zum Jahre 168 v. Chr., in dem die Suprematie der Römer auch im Osten handgreiflich wurde, ein festes Schema eingebürgert: Die ersten Jahrzehnte werden als Zeit der Diadochenkämpfe betrachtet, gekennzeichnet durch den Kampf um die Nachfolge im Alexanderreich, das 3. Jh. v. Chr. als die eigentliche Geschichte des Ptolemäer-, Seleukiden- und Antigonidenreiches, im Verhältnis dieser Staaten untereinander beherrscht durch eine Idee vom Gleichgewicht der Kräfte [6]. Bei dieser Kennzeichnung bleibt für hegemoniale Bestrebungen kein Platz mehr, da die Wiedervereinigung des Alexanderreiches nur auf imperialistischem Wege möglich gewesen wäre, eine Idee vom Gleichgewicht der Kräfte andererseits einen bewußten Verzicht auf hegemoniale Politik bedeuten müßte.

Die Außenpolitik der hellenistischen Großmächte wird also geradezu gegensätzlich beurteilt, und die Differenzen sind zudem von einer unterschiedlichen Deutung der angewandten Begriffe jedenfalls mitbestimmt. Soll auf eine begriffliche Erfassung der vorliegenden historischen Phänomene nicht verzichtet werden — ein Verzicht, der mir auch sonst nicht möglich erscheint, der sich aber bei dem gestellten Thema von selbst verbietet —, so ist es angebracht, den Begriff Hegemonie abzugrenzen. Dabei folge ich weitgehend den Untersuchungen Heinrich Triepels, wenn hier Hegemonie als die politische Führerstellung eines Staates in einem Staatensystem verstanden wird, die sich auf den beherrschenden Einfluß in den anderen Staaten dieses Systems stützt und sich zugleich darauf beschränkt. Sie unterscheidet sich damit vom Imperialismus durch eine „Selbstbändigung" des Machtstrebens im internationalen Verkehr [7], durch den

[5] A. a. O. I, S. 54.

[6] Besonders deutlich bei *H. Bengtson,* Griechische Geschichte von den Anfängen bis in die römische Kaiserzeit (HAW III 4. München ^{2}1960), S. 370. 391; vgl. etwa auch *Rostovtzeff,* a. a. O. I, S. 19; *H. H. Schmitt,* Rom und Rhodos. Geschichte ihrer politischen Beziehungen seit der ersten Berührung bis zum Aufgehen des Inselstaates im römischen Weltreich (Münch. Beitr. 40. 1957), S. 55. 63, der (S. 55, Anm. 1) einen Aufsatz über dieses Thema angekündigt hat. Dagegen wendet sich *F. Hampl,* Nouv. Clio 6 (1954), S. 95.

[7] Vgl. *Triepel,* a. a. O., S. 148 f., 312. Leider ist auch hier der Gegensatz zum Imperialismus nicht immer deutlich herausgearbeitet. Gerade wenn die Tendenz, „über andere Macht zu gewinnen" (S. 131), für beide Formen kennzeichnend ist, dann wird in der Definition „... Imperialismus ... ist nichts anderes als das Streben der Machtaus-

bewußten Verzicht darauf, die geführten Staaten dem unmittelbaren/Herrschaftsbereich einzugliedern oder eingliedern zu wollen. Wie sich jedoch der Imperialismus nicht nur in der faktischen Annexion fremder Staaten ausweist, sondern allgemein in einer Denk- und Handlungsweise, die auf die Unterwerfung anderer abzielt [8], so muß auch der Hegemonie bereits die Tendenz zugerechnet werden, Macht über fremde Staaten auf dem Wege indirekter Beherrschung auszuüben — eben das, was hier hegemoniale Bestrebungen genannt wird.

Solche Bestrebungen kennzeichnen den zwischenstaatlichen Verkehr der griechischen Poleis besonders im 4. Jh. v. Chr., und zu Recht teilt man deshalb die Periode vom Ende des Peloponnesischen Krieges bis auf Alexander d. Gr. in der Regel in die Zeiten der Hegemonie der Spartaner, Thebaner und der Makedonen [9]. Von hier aus gewinnt die Fragestellung nach den hegemonialen Bestrebungen der hellenistischen Großmächte eine Bedeutung, die über einen Streit um Worte hinausreicht: Die griechische Tradition verwies die neuen Herrscher auf den Weg hegemonialer Politik, während ihnen von Alexander d. Gr. her unzweifelhaft imperialistische Ziele vorgegeben waren. Daß die Gründung, Festigung und Erweiterung der neuen monarchischen Territorialstaaten den Spuren Alexanders folgte, ist ohnehin unbestritten. Es bleibt daneben zu fragen, ob und gegebenenfalls wie das genuin griechische Erbe in der Außenpolitik dieser Staaten und ihrer Herrscher Ausdruck gefunden hat.

Die Antwort auf diese Frage kann nur an einzelnen, besonders markanten Punkten innerhalb der hellenistischen Zeit gesucht werden, in denen sich die Zielstrebungen der Machthaber gleichsam im politischen Geschehen verdichteten. Diese Ereignisse selbst sind bekannt und wiederholt dargestellt, aber bisher nicht unter einem Aspekt betrachtet worden, der — wie ich meine — der Zeit selbst durchaus angemessen ist.

Die erste Periode in der Geschichte des Hellenismus, der Kampf um die Nachfolge im Alexanderreich bzw. zwischen den zentripetalen und zentrifuga-

dehnung über große Räume, genauer die ins Bewußtsein getretene politische Tendenz solchen Inhalts“ (S. 185) nicht genügend auf die unterschiedliche Zielsetzung — Herrschaftsausübung beim Imperialismus, Führung bei der Hegemonie — geachtet. Überschneidungen — „hegemonischer Imperialismus“ (S. 188) — sollen damit natürlich nicht geleugnet werden.

[8] Vgl. vor. Anm., sowie *J. Carcopino,* Points de vue sur l'impérialisme romain (Paris 1934), S. 9:„cette manière de penser et d'agir d'un peuple qui prétend se subordonner les autres“.

[9] Diese „herkömmliche Einteilung“ hat auch *U. Wilcken,* Griechische Geschichte im Rahmen der Altertumsgeschichte. München [9]1962, in seinen Abschnittsüberschriften (S. 202. 207. 212) übernommen, obwohl sie nach seiner Meinung „eine historische Tatsache ersten Ranges“ — das persische Übergewicht (oder: die persische Hegemonie?) — „nicht zum Ausdruck“ bringt (S. 200).

len Kräften dieses Reiches, wird im allgemeinen bis zur Schlacht von Ipsos im Jahre 301 v. Chr. gerechnet oder gar bis zur Schlacht der letzten beiden überlebenden Generale Alexanders d. Gr. gegeneinander bei Kurupedion im Jahre 281 v. Chr.[10]. Dieser communis opinio gegenüber wird dann nur gelegentlich einmal angedeutet, daß die Machthaber in den Hauptgebieten des Alexanderreiches schon in ihren Vereinbarungen vom Jahre 311 v. Chr. tatsächlich die/ Idee der Reichseinheit aufgegeben haben[11]. Nicht zufällig aber haben sie beim Abschluß dieses Friedens auf die Mitwirkung der makedonischen Heeresversammlung verzichtet, der seit dem Tode des großen Königs als der eigentlichen Vertreterin der Reichseinheit sehr große Rechte zugestanden worden waren[12]. Nicht zufällig ist der noch lebende junge König Alexander in diesem Friedensvertrag lediglich bei der Regelung makedonischer Fragen genannt worden[13], während die Diadochen vorher auch eigenmächtige Handlungen im Namen des makedonischen Königs vornahmen[14]. Nicht zufällig sind diese Auslassungen schließlich deshalb, weil wir zugleich positiv erfahren, daß sich die Machthaber dabei gegenseitig die unabhängige Herrschaft in ihren Teilgebieten bestätigt haben[15].

Tatsächlich wurde also damit bereits im Jahre 311 v. Chr. die Einheit des Alexanderreiches aufgehoben, und alle Wünsche und Bestrebungen zu einer großräumigen Zusammenfassung, die Antigonos Monophthalmos und sein Sohn Demetrios auch in den kommenden Jahren noch verfolgt haben, müssen als imperialistische Politik in ihrem eigenen Namen verstanden werden[16]. Ein Imperialismus der Vertreter der zentralen Reichsgewalt zum Zwecke der Wiedervereinigung fortstrebender Landesteile war nach diesem Zeitpunkt nicht mehr

[10] Diese Periodisierung nach dem Vorgang J. G. Droysens auch bei *Rostovtzeff*, a. a. O. I, S. 19.

[11] Als Auswahl nenne ich *K. J. Beloch*, Griechische Geschichte IV 1 (Berlin-Leipzig ²1925), S. 133, dagegen aber die Auffassung von „vierzigjährigen Kämpfen um das Erbe des großen Königs" ebda. S. 251; *Bengtson*, Die Strategie in der hellenistischen Zeit. Ein Beitrag zum antiken Staatsrecht I (Münch. Beitr. 26. 1937), S. 11, dagegen aber *ders.*, Griechische Geschichte², S. 370. Vorsichtig formuliert auch *J. Kaerst*, Geschichte des Hellenismus II (Leipzig-Berlin ²1926), S. 56.

[12] Vgl. *F. Granier*, Die makedonische Heeresversammlung. Ein Beitrag zum antiken Staatsrecht (Münch. Beitr. 13. 1931), S. 58 ff., sowie zusammenfassend S. 106 ff.

[13] Vgl. Diod. 19, 105, 1. Ebenso bezeichnend erscheint mir, daß der König in OGIS 5 = *Welles*, Roy. corresp. 1, überhaupt nicht erwähnt wird.

[14] Vgl. noch für das Vorgehen des Antigonos i. J. 315 *Granier*, a. a. O., S. 91 ff.

[15] Zu κυριεύειν für Lysimachos und Ptolemaios, ἀφηγεῖσθαι τῆς Ἀσίας πάσης für Antigonos vgl. in der Nachfolge A. Momiglianos *Bengtson*, Strategie I, S. 117.

[16] In diesem Sinne beurteilt jetzt auch *R. H. Simpson*, Antigonus the One-Eyed and the Greeks: Historia 8 (1959), S. 391, die Autonomiepolitik dieses Herrschers „in relation to his ambition of self-aggrandisement".

möglich. Erst damit konnten zugleich hegemoniale Bestrebungen der neu entstandenen oder noch im Entstehen begriffenen Mächte Platz gewinnen und deshalb erfordern die Ereignisse dieser Jahre als erste unsere Aufmerksamkeit.

Der Friede von 311 ist vielfach behandelt worden [17] und meist mit einem Ergebnis, das zugleich Verwunderung auslöste, daß nämlich durch ihn der status quo ante im wesentlichen bestätigt wurde [18]. Das trifft für die Gebiets/verteilungen durchaus zu, und gerade damit wird — wie ich meine — dieser Friedensschluß zum Prototyp für die Mehrzahl der Vereinbarungen, die in der Blütezeit des Hellenismus am Ende kriegerischer Handlungen zwischen den Königen der großen Staaten abgeschlossen worden sind. Allein das gibt zu denken und spricht nicht für imperialistische Ziele in der Außenpolitik dieser Mächte.

Wichtiger aber noch sind die Bemühungen um die Deutung dieses Friedensvertrages, welche die neuen Entscheidungen, die hier gefallen sind, herausgearbeitet haben. So konnte Hermann Bengtson zeigen, daß Antigonos Monophthalmos mit dem Frieden von 311 seine „hochfliegenden Pläne . . ., die sich auf seine Stellung als Reichsverweser gründeten", begraben mußte [19], daß der Friede für ihn also tatsächlich einer Niederlage gleichkam. Alfred Heuß stellte dagegen in den Vordergrund, daß mit diesem Friedensinstrument die neue Politik des Antigonos gegenüber den griechischen Poleis sanktioniert und damit zur Richtschnur für das künftige Verhalten der hellenistischen Herrscher gemacht wurde [20], daß also wenigstens ein Teil seiner Politik damit einen Sieg davongetragen hat. So gegensätzlich diese Ergebnisse auf den ersten Blick auch scheinen, so geben sie für die Beantwortung unserer Frage doch erst gemeinsam den Schlüssel an die Hand.

Den Ausgangspunkt für die Machtkämpfe der Diadochen bildete bekanntlich der Umstand, daß nach dem Tode Alexanders d. Gr. eine eindeutige Nachfolgeregelung nicht getroffen werden konnte. Vielmehr war es das Kennzeichen

[17] Vgl. — zugleich mit der wichtigsten Literatur — *Simpson,* The historical circumstances of the peace of 311: Journ. Hell. Stud. 74 (1954), S. 25 ff.; *P. Cloché,* La dislocation d'un empire (Paris 1959), S. 170 ff.

[18] Daneben spielt bis in die jüngste Zeit hinein immer wieder die Frage eine wesentliche Rolle, warum Seleukos in diesen Frieden nicht eingeschlossen wurde (vgl. vor. Anm.). M. E. ist diese Fragestellung durch die Bedeutung bestimmt, die Seleukos erst nach 311 erlangt hat — wie auch unsere Überlieferung „schon durch seine späteren Erfolge beeinflußt ist"; *B. Niese,* Geschichte der griechischen und makedonischen Staaten seit der Schlacht bei Chaeronea I (Gotha 1893), S. 298. In dieser Zeit ist seine Stellung nicht wesentlich anders zu beurteilen als etwa die des Peukestas, des Satrapen von Persien; vgl. zu dessen Stellung gegenüber Antigonos *Niese,* a. a. O., S. 272, mit Anm. 3.

[19] Strategie I, S. 117.

[20] Antigonos Monophthalmos und die griechischen Städte: Hermes 73 (1938), S. 133 ff., bes. S. 153 ff. Auch die folgende Darstellung der Politik des Antigonos stützt sich vorwiegend auf diese Arbeit.

der Reichsordnungen von Babylon und Triparadeisos, sowie schließlich auch der Nachfolgeordnung Antipaters, daß neben dem eigentlichen Rechtsnachfolger des Königs aus dem makedonischen Königshause ein mehrköpfiges Gremium als zentrale Reichsgewalt etabliert wurde. In ihm wurde das Streben der einzelnen Machthaber, ihre eigene Hausmacht zu festigen und zu erweitern, dadurch begünstigt, daß bei der Größe des Reiches ihre Kompetenzen auch territorial begrenzt werden mußten [21]. Diesem Streben waren aber offenbar durch die Konstruktion des Alexanderreiches natürliche Grenzen gesetzt./Jedenfalls erscheint es mir bezeichnend, daß die offenen Kämpfe zwischen den Machthabern vorwiegend auf dem Boden der Satrapien ausgefochten wurden, während im Raum der griechischen Poleis eine indirekte Kriegführung vorherrschte, die sich weitgehend den politischen Tendenzen der einzelnen Gemeindestaaten anpaßte. Daneben blieb das Kernland Makedonien bis zur völligen Ausrottung des Königshauses von diesen Kämpfen überhaupt verschont. Die historisch gegebene Dreiteilung des Reiches, die nur Alexander d. Gr. selbst in seiner dreifachen Stellung als König der Makedonen, Hegemon des Korinthischen Bundes und Rechtsnachfolger des Perserkönigs hatte überbrücken können, wurde damit bereits in den Diadochenkämpfen wieder sichtbar. Diese Dreiteilung wurde im Frieden von 311 völkerrechtlich fixiert, als Makedonien selbst nur bis zur Volljährigkeit des Alexandererben der Verwaltung Kassanders unterstellt und damit für jenen reserviert wurde, als über die eroberten Satrapien aber endgültig verfügt und für die griechischen Poleis Freiheit und Autonomie garantiert wurden.

Neben Makedonien als Reservat des Königshauses und neben dem ehemaligen Perserreich als verfügbarem Kampfplatz mußte deshalb von vornherein der Welt der griechischen Poleis eine besondere Bedeutung in den Auseinandersetzungen um die Macht zufallen. Daß sich alle Diadochen um die griechischen Städte bemühten, ist immer gesehen worden, den Grund für diese Bemühungen hat aber erst Alfred Heuß klar herausgestellt: Unter Alexander d. Gr. hatte sich nämlich auf Grund der bestehenden Machtlage auch die Rechtslage soweit geändert, daß die griechischen Stadtstaaten in ihrer Gesamtheit dem Makedonenkönig „als eine homogene, nur noch empfangsfähige Untertanenschicht" gegenüberstanden (a. a. O., S. 141). Dieses Erbe übernahm nach seinem Tode die neue mehrköpfige Zentralgewalt; die griechischen Städte wurden ihre gemeinsamen Untertanen. Wie deshalb das weitere Schicksal der Poleis davon abhing, ob die universale Reichsgewalt erhalten blieb [22], so mußte umgekehrt auch die Stellung

[21] Eine Konzentration der gesamten Machtbefugnisse in den Händen Antipaters bestand eigentlich nur in der kurzen Zeit von der Vereinbarung in Triparadeisos (vgl. dazu *Bengtson*, Strategie I, S. 18) bis zum Aufbruch Antipaters nach Makedonien, d. h. bis zur gleichzeitigen Bestellung des Antigonos zum ἐπίσκοπος τῆς ὅλης Ἀσίας (vgl. App., Syr. 53, und dazu *Bengtson*, a. a. O., S. 101 ff.).

[22] Das ist der entscheidende Gesichtspunkt für *Heuß*, a. a. O., S. 142.

der einzelnen Machthaber zu den griechischen Städten entscheidend für den Fortbestand des Gesamtreiches werden. Die gemeinsame Politik war durch das Verbanntendekret Alexanders d. Gr. festgelegt, eine Loslösung von der Reichsgewalt mußte daher fast notwendig mit einer Abwendung von dieser Politik beginnen. Es war Antigonos Monophthalmos, der diesen Weg mit der Freiheitsproklamation von Tyros im Jahre 315 v. Chr. beschritten hat [23]./

Antigonos war zuerst bei dem Abkommen von Triparadeisos mit der Führung der Streitkräfte in Asien beauftragt worden und hatte bald darauf durch Antipater darüber hinaus ein Aufsichtsrecht über die Satrapen in Asien zugestanden erhalten [24]. Damit war er zwar persönlich vom Reichsregiment in Makedonien abhängig, für das Gebiet des ehemaligen Perserreiches aber rechtmäßiger Vertreter der zentralen Reichsgewalt [25]. Diese Stellung benutzte er, um seine Hausmacht zu vergrößern, und war nach dem Siege über Eumenes und der Flucht des Seleukos nach Ägypten tatsächlich unumschränkter Herr in Asien [26]. Erst aus dieser Situation heraus werden die Maßnahmen verständlich, die Antigonos in Tyros beschlossen hat. Offiziell war weiteres Mitglied der Reichsgewalt — und ihm selbst sogar übergeordnet — nur noch der Reichsverweser Kassander [27]. Gegen ihn richtete deshalb Antigonos auch schwerste Anklagen vor der einberufenen Heeresversammlung und erlangte [28], daß Kassander zum Reichsfeind erklärt wurde, falls er nicht Wiedergutmachung leiste, die Angehörigen des Königshauses der Heeresversammlung ausliefere [29] und dem Antigonos als neuem Reichsverweser gehorche. Erst danach ließ Antigonos durch die Hee-

[23] *Heuß,* a. a. O., S. 143 f., hat gezeigt, daß demgegenüber das Freiheitsdekret Polyperchons die universale Reichsgewalt zur Voraussetzung hatte und die gemeinsame Politik weiter verfolgte. Aber auch das Eingreifen des Antigonos gegen das Vorgehen des Satrapen Arrhidaios gegenüber Kyzikos (Diod. 18, 52, 3; *Heuß,* a. a. O., S. 142 f.) steht auf einem anderen Blatt; denn Antigonos operierte hier als Vertreter der gemeinsamen Reichsgewalt (vgl. *Bengtson,* a. a. O., S. 107).

[24] Vgl. *Bengtson,* a. a. O., S. 100 ff.; oben Anm. 21.

[25] Dabei kann die kurze Zeit seiner Absetzung von 318/7 (vgl. *Bengtson,* a. a. O., S. 110) außer Betracht bleiben.

[26] Vgl. Diod. 19, 48, 1: κύριος ὢν ὁμολογουμένως τῆς Ἀσίας, . . . ἐβουλεύετο περὶ τῶν σατραπειῶν; *Bengtson,* a. a. O., S. 111.

[27] Der unrechtmäßig abgesetzte Polyperchon (vgl. *Bengtson,* a. a. O., S. 87 f.) wurde von Antigonos ebenfalls berücksichtigt — aber hier genügte eine private Vereinbarung; vgl. Diod. 19, 60, 1; 61, 1.

[28] Diod. 19, 61, 1—3; vgl. *Granier,* a. a. O., S. 91 ff.

[29] ἀποδῷ τοῖς Μακεδόσι (Diod. 19, 61, 3) kann m. E. prägnant nur als Auslieferung an die beschließende Heresversammlung verstanden werden; vgl. auch *Simpson,* Historia 1959, S. 390. Vielleicht zeigt sich schon hierin der besondere Anspruch des asiatischen Heeres auf die Nachfolge der Alexanderarmee, der später gerade die Truppen der Seleukiden in unseren Quellen als Makedonen erscheinen läßt; vgl. *Granier,* a. a. O., S. 175; *Ch. Edson,* Imperium Macedonicum: Class. Philol. 53 (1958), S. 153 ff.

resversammlung den Beschluß fassen, daß „alle Griechen frei, ohne Besatzung und autonom sein sollten“ [30]. Selbst die dem Antigonos günstig gesonnene Quelle fügt hinzu, er habe erwartet, die Griechen dadurch, daß er ihnen Hoffnung auf Freiheit machte, zu freiwilligen Bundesgenossen im bevorstehenden Krieg zu gewinnen [31].

Alle hier beschlossenen Maßnahmen dienten offenbar dem gleichen Ziele, der Übernahme der Macht im Gesamtreiche, und müssen deshalb auch zusammen gesehen werden. Die Bedingungen, die an die Verurteilung Kassanders geknüpft wurden, zeigen, daß sie nur Mittel zu dem Zweck war, die eigene Reichsverweserschaft zu begründen und damit die angestrebte Machtstellung als Erbe/ Alexanders d. Gr. zu legalisieren. Die Auslieferung der Angehörigen des Königshauses sollte dem eigenen Herrschaftsbereich in Asien die Verfügungsgewalt über das Kernland Makedonien hinzufügen, die Freiheitsproklamation für die Griechen den maßgeblichen Einfluß im Gebiet der Stadtstaaten begründen. Wieder ist also ganz klar auf die Dreiteilung des Reiches hierbei Bezug genommen. Im Verhalten den griechischen Poleis gegenüber wird bestätigt, was zuvor postuliert werden mußte: als sich Antigonos von der gemeinsamen Reichsgewalt lossagte, mußte er in seiner Politik gegenüber den griechischen Städten einen neuen Weg einschlagen, sie wurden von ihm nicht mehr als Untertanen betrachtet, sondern „zu selbständiger Parteinahme ... aufgerufen und damit wieder zu einem eigenen politischen Faktor gemacht“ [32].

Die enge Verknüpfung dieser neuen Autonomiepolitik des Antigonos mit seiner Usurpation der Macht im Gesamtreiche wurde schon bald danach deutlich, als Ptolemaios, der Satrap von Ägypten, mit ihm in Konkurrenz trat und nun auch seinerseits Freiheit und Autonomie für die Griechenstädte verkündete [33]. Ptolemaios war nie Mitglied der zentralen Reichsgewalt, er konnte deshalb außerhalb seiner Satrapie Ägypten, insbesondere im Bereich der griechischen Städte, keine staatsrechtlichen Akte vornehmen und hat das bis zum Jahre 315 v. Chr. auch nie getan. Seine plötzliche Aktivität ist nur als Reaktion auf das Vorgehen des Antigonos zu verstehen — auf ein Vorgehen, mit dem eines der arcana imperii profaniert worden war. Der Zugriff auf die Welt der griechischen Poleis war nämlich in der Tat nicht nur im Sinne des Verbanntendekrets Alexanders d. Gr. möglich, und ihre Beherrschung erforderte damit nicht not-

[30] Diod. 19, 61, 3: εἶναι δὲ καὶ τοὺς Ἕλληνας ἅπαντας ἐλευθέρους, ἀφρουρήτους, αὐτονόμους.

[31] Diod. 19, 61, 4; zu Hieronymos von Kardia als Quelle für diesen Bericht vgl. *Granier*, a. a. O., S. 94, Anm. 175.

[32] *Heuß*, a. a. O., S. 142.

[33] Diod. 19, 62, 1; vgl. dazu *Heuß*, a. a. O., S. 149 f., der jedoch allein den politischen Willen des Antigonos als Grundlage für seine Griechenlandpolitik gelten lassen will; aber „er schafft sich (eben) erst die Fiktion, daß er zu dem Auftreten berechtigt ist“ (ebda. S. 148 f.).

wendig eine zentrale Reichsgewalt. Die Auflösung dieser Reichsgewalt durch die Usurpation des Antigonos und seine Abwendung von der bisherigen Griechenlandpolitik mußten deshalb den übrigen Machthabern deutlich machen, daß sie auf dem gleichen Wege Einfluß in der griechischen Welt gewinnen konnten — auch wenn sie nicht rechtmäßig an der Reichsgewalt partizipierten. Was sich ein Antigonos anmaßte, das konnten auch ein Ptolemaios, Lysimachos oder schließlich Seleukos für sich beanspruchen.

So ist in der Politik gegenüber den griechischen Städten die Auflösung des Alexanderreiches zuerst sichtbar geworden. Diese neue Politik selbst aber knüpfte, wie Alfred Heuß gezeigt hat [34], über Alexander d. Gr. hinweg an die Traditionen des 4. Jhs. v. Chr. an. Vom Antialkidasfrieden bis hin zum Korinthischen Bund zogen sich in dieser Zeit die Bestrebungen, zu einer „Friedensgenossenschaft“ der griechischen Poleis zu gelangen, wobei der außenstehende Vertragspartner — der persische Großkönig ebenso wie der Makedone Philipp —/ mit der Garantie für Frieden und Autonomie sich zugleich den beherrschenden Einfluß in der konstituierten Gemeinschaft sicherte, und d. h. die Hegemonie. Das gleiche Hegemoniestreben kennzeichnet auch das Vorgehen des Antigonos, der die griechischen Städte mit seinem Aufruf zu Freiheit und Autonomie gegen die bisherige zentralistische Reichsgewalt zu verbinden und zugleich an sich als an den Garanten für die Durchführung der neuen Ordnung zu binden versuchte [35].

Das Schicksal einer solchen Hegemonie war — wie bereits im 4. Jh. — von der Machtposition des Hegemon bestimmt. Schon der nachfolgende Freiheitsaufruf des Ptolemaios zeigte, daß die anderen Machthaber sie nicht hinzunehmen gewillt waren, daß sie in der Aufrichtung einer solchen Hegemonie über die griechischen Städte vielmehr eine Bedrohung der eigenen Machtstellung sahen. Deshalb kam es schon bald zu einer Koalition zwischen Ptolemaios, Kassander und Lysimachos gegen Antigonos und in ihrer Folge zu kriegerischen Handlungen, die mit dem Frieden von 311 ihr vorläufiges Ende fanden.

Dieser Friede zeigt nun deutlich, worum es in den vorangegangenen Kämpfen gegangen war: Der Besitzstand der einzelnen Machthaber wurde nicht angetastet, sondern vielmehr endgültig bestätigt; Antigonos mußte den Anspruch auf die Reichsverweserschaft aufgeben. Wie aber seine Politik gegenüber den Griechenstädten aufs engste mit diesem Anspruch verknüpft war, so mußte sich auch diese Politik starke Abstriche gefallen lassen. Auch in dem neuen Frieden wurden für die griechischen Poleis Freiheit und Autonomie garantiert und durch

[34] A. a. O., S. 159 ff.

[35] Auf die Vorstellungen des Antigonos über die Art dieser Bindung weist der Nesiotenbund, dessen Gründung *I. L. Merker,* Studies in seapower in the eastern Mediterranean in the century following the death of Alexander (Diss. Princeton 1958. Mikrofilm), S. 8, zu Recht im Zusammenhang mit der Freiheitsproklamation sieht.

die Verfügung, daß die Städte selbst diesen Passus des Friedensvertrages beschwören sollten [36], wurde nun erst die „Friedensgenossenschaft" des 4. Jhs. wieder voll ins Leben gerufen. Aber nicht mehr Antigonos war der Garant der neuen Ordnung, geschweige denn Antigonos als Vertreter der Reichsgewalt. Ja, nicht einmal mehr eine durch Heeresversammlung oder Königshaus eingesetzte oder bestätigte Zentralgewalt garantierte nun den griechischen Städten Freiheit und Autonomie, sondern Garanten waren die Dynasten insgesamt, d. h. nach dem Gesamtvertrage: drei Machthaber, die sich ihre unabhängige Territorialherrschaft gegenseitig bestätigt hatten — Antigonos, Ptolemaios und Lysimachos —, und neben ihnen Kassander als von ihnen anerkannter Vertreter des makedonischen Königshauses. Das bedeutet nichts anderes als die Errichtung einer pluralistischen Hegemonie über die griechischen Poleis, die bei den divergierenden Interessen der Garantiemächte/sehr bald zu einem Kampf um die Hegemonie führen mußte. Mochten auch die Griechenstädte selbst in Antigonos den eigentlichen Wahrer ihrer Freiheit sehen [37], im Konzert der sich bildenden hellenistischen Großmächte hatte er den anderen nichts mehr voraus. Jeder von ihnen konnte bei sich bietender Gelegenheit seinen Rechtstitel auf die Garantie der griechischen Freiheit geltend machen, und jeder hat das in Zukunft auch getan.

Bereits als Ziel der Koalition gegen Antigonos muß daher die Abwehr seiner Hegemonie über die griechischen Städte angesehen werden [38]; denn nur mit ihrer Hilfe konnte er die Alleinherrschaft im Alexanderreich erringen. Zugleich mußten die Alliierten die Ziele des Antigonos auf Errichtung einer Hegemonie als eigenes Kriegsziel übernehmen. Denn die Auflösung der Reichsgewalt war durch die Usurpation des Antigonos offenkundig geworden. Da nur durch eine zentrale Reichsgewalt die griechischen Städte in ihrer Stellung als Untertanen gehalten werden konnten, blieb als Alternative für die Machtausübung in ihrem Bereich nur der Weg der Hegemonie. So ist schon ein Jahrzehnt nach dem Tode Alexanders d. Gr. das Ende seines Imperiums zum Beginn des Hegemoniestrebens seiner Nachfolger geworden — gewiß beeinflußt durch die politische Tradition im zwischenstaatlichen Verkehr des 4. Jhs. v. Chr., aber zugleich als der gangbarste Weg, der allen Teilreichen die Machtausübung im Kerngebiet des Hellenismus gestattete.

Die Geschichte aller nachfolgenden Versuche der hellenistischen Herrscher, sich gegenseitig aus der Stellung der Hegemonialmacht im griechischen Raum

[36] OGIS 5 = *Welles,* Roy. corresp. 1, 53 ff.; zur Interpretation dieses Passus vgl. *Heuß,* a. a. O., S. 157 ff., sowie die Entgegnung von *E. Bikerman,* Rev. de Philol. 65 (1939), S. 335, Anm. 1.

[37] Darauf legt *Heuß,* a. a. O., S. 151, zu einseitig Gewicht.

[38] Ähnlich bereits *J. G. Droysen,* Geschichte des Hellenismus II (Sd.-Ausg. Tübingen 1952), S. 366.

zu verdrängen und einander abzulösen, ist bis zum Eingreifen der Römer weitgehend die Geschichte des Hellenismus selbst. Sie kann hier nicht nachgezeichnet werden, aber die Bedeutung dieser Hegemonie — auf deren Gründe später noch eingegangen werden soll — erhellt schon daraus, daß Demetrios Poliorketes, solange er eine schlagkräftige Flotte besaß, noch lange Zeit nach seiner Niederlage von Ipsos fast ohne Landbesitz, allein gestützt auf seine hegemoniale Stellung in großen Teilen Griechenlands und der Ägäis, eine wesentliche Rolle unter den hellenistischen Königen spielen konnte. Ja, noch als er diese im Jahre 287 v. Chr. verloren hatte, war es seinem Gegenspieler Ptolemaios wichtiger, hier seine Nachfolge anzutreten als sich des langjährigen Ruhestörers zu entledigen, so daß Demetrios unter Duldung durch die ptolemäische Flotte einen letzten Versuch zur Wiedereroberung des väterlichen Reiches in Asien unternehmen konnte [39].

Wenige Jahre danach hatten sich unter der zweiten bzw. dritten Generation der Generale Alexanders d. Gr. die drei großen Nachfolgestaaten der Ptolemäer, Seleukiden und Antigoniden konsolidiert, und nun soll die Idee vom Gleichgewicht der Kräfte in ihrer Politik wirksam geworden sein. Diese Idee ist weder/ in der Antike noch in der Gegenwart einmal deutlich formuliert worden; in der modernen Forschung findet sich sogar die merkwürdige Auffassung, das Gleichgewicht der Kräfte im hellenistischen Staatensystem habe jeweils in der gemeinsamen Hegemonie der beiden mächtigsten Staaten seinen adäquaten Ausdruck gefunden [40]. Nun scheint es mir ohnehin mißlich, gerade diesen Begriff aus der Politik des 19. Jahrhunderts auf die Zeit des Hellenismus zu übertragen. Denn wenn Harold Macmillan in seinem Schlußwort vor der Commonwealth-Konferenz 1962 davon gesprochen hat, daß Großbritannien heute seine Gleichgewichtspolitik in Europa nicht mehr fortsetzen könne [41], so wird deutlich, daß nur eine außenstehende Macht ihre Politik nach einer Idee vom Gleichgewicht der Kräfte unter den anderen leiten lassen kann. Dazu gehört die „splendid isolation", nach der keine der hellenistischen Großmächte je gestrebt hat. Aber rechnen wir zunächst einmal damit, daß den hellenistischen Königen wenigstens daran gelegen gewesen sei, eine ausgewogene Kräfteverteilung in ihrem Bereich zu erreichen und zu erhalten, dann hätte diese Absicht zu einem wechselnden Bündnissystem führen müssen. Da wenigstens die Ptolemäer und Seleukiden Heiratspolitik betrieben, müßten an ihr die jeweiligen Konstellationen im wesentlichen ablesbar sein. Bei einem solchen Versuch gelangt man jedoch zu einer merkwürdigen Feststellung: Die Ehen, welche die Diadochen für ihre

[39] Vgl. dazu *Merker,* a. a. O., S. 37 f.

[40] Vgl. *Rostovtzeff,* a. a. O. II, S. 813: für Ptolemäer und Seleukiden im 3. Jh., für Philipp V. und Antiochos III. am Ende dieses Jhs.

[41] Nach der Übersetzung eines Zitats bei *E. Traugott,* Deutsche Wochenzeitung „Christ und Welt" v. 21. 9. 1962, S. 1.

Söhne und Töchter geschlossen haben — aber nur diese —, führten tatsächlich zu einem gewissen Gleichgewicht, während in der Periode, die für gewöhnlich als die des Gleichgewichts betrachtet wird, solche Bemühungen fast ganz fehlen. In der Diadochenzeit wurden nämlich durch die Heiratspolitik die Ptolemäer mit dem Haus des Lysimachos und das Haus des Seleukos mit den Antigoniden jeweils eng verbunden. Dieses System erhielt aber bereits mit dem Zusammenbruch des hellespontischen Reiches des Lysimachos seinen ersten Schlag, immerhin bewirkte es danach noch nahezu 30 Jahre, daß das mächtig aufstrebende Ptolemäerreich immer mit zwei Gegnern rechnen mußte — wenn diese auch nur selten einmal gemeinsam operierten. Doch mit dem Ende des 2. Syrischen Krieges war es dann mit diesem System endgültig vorbei: Dem zweiten Ptolemäer gelang es hier nicht nur, seine Gegner zu trennen, sondern als er den Seleukidenkönig veranlassen konnte, seine Frau zu verstoßen und eine ptolemäische Prinzessin zu heiraten, da handelte es sich nicht mehr um ein Bündnis, mit dem ein Gleichgewicht der Kräfte aufrechterhalten werden sollte. Antigonos Gonatas, der dritte Herrscher dieser Zeit, hatte im eigenen Bereich genug zu tun; gegen ihn ein Gleichgewicht auszubalancieren, war unnötig und hat in den Absichten des zweiten Ptolemäers gewiß keine Rolle gespielt. Verständlich wird diese Heiratspolitik nur als Versuch dieses Herrschers, eine/militärische Scharte auf dem Wege der Diplomatie wieder auszuwetzen; und eigentliches Ziel dabei war die Einflußnahme auf den Staat des bisherigen Gegners selbst. In ganz ähnlicher Weise unternahm es ungefähr 60 Jahre später umgekehrt der Seleukidenherrscher, durch die Verheiratung seiner Tochter mit dem fünften Ptolemäer Einfluß in Ägypten zu gewinnen [42]. Über das Ausmaß des damit erreichten, tatsächlichen Einflusses kann man verschiedener Meinung sein, daß das Ziel der beherrschende Einfluß im anderen Staat und damit die Hegemonie über ihn war, scheint mir unbestreitbar. So kann man von einer Politik, die durch eine Idee vom Gleichgewicht der Kräfte bestimmt war, höchstens in der zweiten Hälfte der Diadochenzeit sprechen [43], während in der Blütezeit des 3. Jhs.

[42] Die politische Bedeutung dieser beiden Heiraten für das Verhältnis der Nachbarreiche zueinander wurde offenbar schon in der eigenen Zeit erkannt; vgl. Dan. 11, 6. 17, und dazu *A. Bentzen*, Daniel (Hdb. z. AT I 19. ²1952), S. 79 f. (vgl. auch ebd. S. 31 zu 2, 43); *H. H. Rowley*, Darius the Mede and the four world empires in the book of Daniel (Cardiff 1959), S. 94 f.

[43] Die Heiraten zwischen Seleukos I. und Stratonike, der Tochter des Demetrios Poliorketes (vgl. *Stein*, RE 4 A [1931], Sp. 319 f.), der Ptolemäertöchter Arsinoe mit Lysimachos (vgl. *Wilcken*, RE 2 [1895], Sp. 1282 ff.), Lysandra mit einem Sohn Kassanders und später einem Sohn des Lysimachos (vgl. *F. Geyer*, RE 13 [1927], Sp. 2501 f.) und Ptolemais mit Demetrios Poliorketes (vgl. *H. Volkmann*, RE 23 [1959], Sp. 1867), sowie Ptolemaios' II. mit einer Tochter des Lysimachos (vgl. *Wilcken*, a. a. O., Sp. 1281 f.) wurden bezeichnenderweise alle in den Jahren kurz nach Ipsos geschlossen. Lediglich die Verbindung zwischen Antigoniden und Seleukiden wurde nach 281 noch durch die

v. Chr. hegemoniale Bestrebungen auch im Verkehr der hellenistischen Könige untereinander greifbar werden [44].

Der Annahme, daß solche Bestrebungen die Politik der Großmächte überhaupt kennzeichneten, scheinen aber die kriegerischen Unternehmungen zu widersprechen, die zu größerem Landerwerb im gegnerischen Staat führten oder diesen wenigstens bezweckten. Dabei kann von den Kämpfen um Südsyrien abgesehen werden, da hier die Besitzverhältnisse von Anfang an zwischen Ptolemäern und Seleukiden strittig waren; daneben gehörten auch größere Teile Kleinasiens gleichsam zum fluktuierenden Besitz [45]. Aber es gab auch Angriffe auf die gegnerischen Kernlande, die mit hegemonialer Politik nicht vereinbar erscheinen und die deshalb näher betrachtet werden müssen.

Schon wenige Jahre nach der Heirat zwischen Antiochos II. und der ptolemäischen Prinzessin Berenike unternahm der inzwischen zur Regierung gelangte/ dritte Ptolemäer Euergetes im Jahre 246 v. Chr. einen Siegeszug durch das Seleukidenreich, dessen Erfolge er in ruhmredigen Inschriften bis über die Grenzen seines Reiches hinaus verkünden ließ [46] und von dem auch Kallimachos in der „Locke der Berenike" berichtete, daß Asien unterworfen und dem ägyptischen Reich angegliedert sei [47]. Daraus redet offenbar ein Erobererkönig, und Annexionsgelüsten in größtem Ausmaß widerspricht auch nicht, daß eine ptolemäische Herrschaft in den fremden Gebieten kaum ein Jahr gedauert haben könnte. Gerade dieser Umstand hat aber bereits Walter Otto veranlaßt, das Bild von dem großen Eroberer Euergetes gründlich zu revidieren [48]. Es blieb nur

Heiraten zwischen einer Tochter Seleukos' I. mit Antigonos Gonatas (vgl. *W. Hoffmann*, RE 19 [1938], Sp. 2088) und einer Tochter Antiochos' I. mit Demetrios II. aufrechterhalten und endete erst um 255 v. Chr. (vgl. *Stein*, a. a. O., Sp. 320 f.).

[44] Ebenso kennzeichnet *W. Otto*, Zur Geschichte der Zeit des 6. Ptolemäers (Abh. München, N. F. 11. 1934), S. 35, den Wesenszug hellenistischer Politik als „das Bestreben der Großmächte, ein System des wirklichen Gleichgewichts untereinander n i c h t aufkommen zu lassen". (Sperrung von mir!).

[45] Vgl. *E. Meyer*, Die Grenzen der hellenistischen Staaten. Zürich-Leipzig 1925; *Beloch*, Griechische Geschichte IV^2 2, S. 333 ff., 355 ff. Vgl. weiterhin etwa *Ed. Meyer*, Blüte und Niedergang des Hellenismus in Asien (Berlin 1925), S. 38 f.

[46] OGIS 54; *K. Sethe*, Hieroglyphische Urkunden der griechisch-römischen Zeit, H. 2, S. 158.

[47] Vgl. in der Nachdichtung Catulls (66, 35 f.): is haut in tempore longo captam Asiam Aegypti finibus addiderat.

[48] *W. Otto*, Beiträge zur Seleukidengeschichte des 3. Jahrhunderts v. Chr. (Abh. München 34, 1. 1928), S. 48 ff. Seine wesentlichen Ergebnisse sind m. E. durch die Einwände von *F. Jacoby*, FGrHist II D (1930), S. 589 ff., und die abweichende Interpretation von *M. Cary*, A history of the Greek world from 323 to 146 B. C. (London ²1951), S. 395 ff. (hier wird durch eine falsche Lesung von Polyaen. 8, 50 — χώρας statt χωρίς — deutlich, daß ein wesentliches Argument von *Otto*, a. a. O., S. 55 f., gar nicht erfaßt ist) nicht berührt worden.

übrig [49], daß Euergetes im Kampf um die Thronfolge im Seleukidenreich seiner Schwester Berenike bzw. deren unmündigem Sohn mit Truppen zu Hilfe geeilt ist, daß er in der Hauptstadt des Seleukidenreiches nicht als fremder Eroberer, sondern als geehrter Gast des rechtmäßigen Königshauses von den Großen des Reiches empfangen wurde und mit ihnen im Namen seiner Schwester über die Abwehr des feindlichen Thronerben verhandelt hat, und daß er schließlich nach ähnlichen Besprechungen mit den östlichen Satrapen in Babylon [50] nach Ägypten zurückgekehrt ist, nachdem ihn in Babylon die Nachricht vom Tode seiner Schwester erreicht hatte. Ein solcher Zug zur Unterstützung der Erbansprüche seiner Schwester wäre keinesfalls als Zeichen imperialistischer Politik zu werten, sondern als Maßnahme zur Sicherung des im Seleukidenreich errungenen Einflusses.

Zu einer solchen Deutung hat sich allerdings auch Walter Otto nicht entschließen können; denn letztlich blieb für ihn doch maßgeblich [51], daß Euergetes selbst in seinen Proklamationen die Eroberung Asiens für sich in Anspruch genommen hat. So nahm er dann an, „von Haus" sei es „nur ein Zug zur Unter-/

[49] Vgl. im Anschluß an *Otto,* a. a. O., S. 61 ff., auch *Volkmann,* RE 23 (1959), Sp. 1669 f.

[50] Gestützt auf die Zweifel von *Beloch,* Griechische Geschichte IV² 1, S. 676; IV² 2, S. 538 (nicht 518!), hält *Cary,* a. a. O., S. 399, diesen Zug für unwahrscheinlich.

[51] Daneben ließ sich *Otto* noch von Quellenaussagen leiten, deren Interpretation seine übrige Beweisführung m. E. nur erschwert: 1) Er meint, die Einsetzung ptolemäischer Würdenträger in Kilikien und den Gebieten östlich des Euphrat (Porphyr. bei Hieron. in Dan. 11, 6—9 = FGrHist 260, F 43) setze „die Aufgabe der Fiktion voraus, nur als Stütze und im Namen der einheimischen Regierung zu handeln, und diese Fiktion dürfte doch erst aufgegeben worden sein, als der Tod der Berenike ihre Aufrechterhaltung unmöglich machte" (S. 67). Andererseits macht er sehr wahrscheinlich, daß „auf die Kunde von dem Tode der Berenike Euergetes sofort aus dem Osten zurückgekehrt" ist (ebda.). Gewiß kann er dabei noch Zeit gehabt haben, einen Beamten zu installieren, aber die Truppen wird er für seinen Rückmarsch in Erwartung feindlicher Handlungen selbst benötigt haben: mir scheint, daß man auch einem Euergetes nicht zumuten kann, er habe im Augenblick eines militärischen Rückzuges versucht, durch Zurücklassung eines Beamten seine Herrschaft zu begründen. Dagegen mußte in Kilikien ohnehin der bisherige Satrap ersetzt werden (vgl. zu seinem der Berenike feindlichen Verhalten und seinem Ende im Anschluß an *Wilcken,* Chrestomathie 1 II 5—16, *Otto,* a. a. O., S. 63), östlich des Euphrat mochte es sich empfehlen, einen unbedingt ergebenen Vertreter der Regierung einzusetzen. Beide Maßnahmen sind für Euergetes als Vertreter seiner Schwester verständlich, verständlich auch die Beauftragung von Personen seines Vertrauens. — 2) *Otto* muß selbst zugeben, daß die Mitnahme von Beute nach Ägypten „so unvernünftig wie möglich" war und „seine durch den Tod der Schwester schon sehr gefährdete Lage noch verschlechtern" mußte (S. 70). Wesentlich leichter ließe sich m. E. dieses Verhalten bei einem Rückzug erklären, der ohne die Absicht erfolgte, die Gebiete weiterhin halten zu wollen.

stützung der einen der beiden um die Krone streitenden syrischen Parteien gewesen". Als jedoch Berenike und ihr Sohn ermordet waren, da habe „der Ptolemäerkönig allerdings eine Zeitlang die Absicht gehabt, das, was ihm so mühelos in den Schoß gefallen war, seinem Reiche anzugliedern" [52]. Doch daß er dazu keinerlei Anstrengungen unternommen, vielmehr abgewartet haben soll, bis ihn der neue Seleukidenkönig selbst mit Krieg überzog, aus diesem neuen Krieg andererseits unbestreitbar „mit einem nicht unerheblichen Gebietsgewinn" hervorgegangen ist, das scheint mir nicht recht miteinander vereinbar. Auch wenn Euergetes selbst kein begabter militärischer Führer war, so mußten doch seine Feldherren und ihre Truppen das Gewonnene leichter halten und sichern als später einen kleinen Teil davon wiedergewinnen können. Es ist daher leichter anzunehmen, daß Euergetes das Kernland des Seleukidenreiches freiwillig wieder geräumt hat, nachdem seine Mission mit dem Tode der von ihm unterstützten Thronerben sinnlos geworden war — allerdings nicht, ohne im Lande zu plündern und sich auch angrenzende Gebiete anzugliedern, die er dann bei späteren Gegenangriffen halten konnte. Von seinen Inschriften weiß man ohnehin, daß sie im prahlenden Stil der Pharaonen der 19. Dynastie gehalten sind [53] und wird sie deshalb nicht als entscheidendes Gegenargument ins Feld führen können, ebensowenig wie ähnliche Wendungen, mit denen sich der Hofdichter der offiziellen Propaganda anpaßte [54]. — Damit steht der Zug des Euergetes nach Asien aber eindeutig im Dienste einer hegemonialen Politik, die sein Vater gegenüber dem Seleukidenreich begründet hatte. Wenn er selbst sich beim Scheitern des Unternehmens noch mit dem wichtigsten Hafen der/seleukidischen Hauptstadt gleichsam Kopf und Herz der jetzt feindlichen Dynastie sicherte [55], so diente diese Maßnahme der gleichen Politik.

Sie hat im weiteren Verlauf dann zwar zu keiner positiven Beeinflussung der seleukidischen Politik geführt, hat aber den mächtigen Nachbarn niederzuhalten vermocht und damit letztlich bewirkt, daß Ägypten noch als erste Macht im hellenistischen Staatensystem in die Hände des vierten Ptolemäers überging und auch unter ihm erneut einen Kampf gegen den Seleukiden siegreich bestehen

[52] A. a. O., S. 74 (hieraus auch das folgende Zitat).

[53] Vgl. nach *Otto*, a. a. O., S. 51. 54, auch *Cary*, a. a. O., S. 399.

[54] Von dieser Propaganda her sind auch die Reminiszenzen an diesen Zug bei Dan. 11, 7 f. (vgl. dazu oben Anm. 42) bestimmt.

[55] Polyb. 5, 58, 4 läßt Seleukeia im Rat Antiochos' III. als ἀρχηγέτιν οὖσαν καὶ σχεδὸν ὡς εἰπεῖν ἑστίαν ὑπάρχουσαν τῆς αὐτῶν δυναστείας bezeichnen. Diese Bedeutung wird Seleukeia natürlich nicht für die Ptolemäerdynastie zugeschrieben, wie *A. Heuß*, Stadt und Herrscher des Hellenismus in ihren staats- und völkerrechtlichen Beziehungen (Klio. Beiheft 39. Leipzig 1937), S. 214, anzunehmen scheint; vgl. dagegen bereits *Droysen*, Geschichte des Hellenismus III, S. 248, Anm. 260, mit dessen Beurteilung dieses Zuges (S. 250) sich unsere Auffassung weithin deckt.

konnte. Erst mit dem Tode Ptolemaios' IV. im Jahre 204 v. Chr. hat sich das Blatt gewendet. Sein Nachfolger Epiphanes war erst vier Jahre alt und die Großen des Reiches in mehrere Faktionen aufgespalten. Außenpolitische Schwierigkeiten waren also zu befürchten, zumal der Seleukidenherrscher in den vergangenen Jahren sein Reich gefestigt hatte und Philipp V. von Makedonien gerade begann, mit einer starken Flotte in die Angelegenheiten der Ägäis einzugreifen. In dieser Situation versuchten die ägyptischen Machthaber, eine Gleichgewichtspolitik zu betreiben: Sie forderten Philipp von Makedonien zu einem Beistandsvertrag gegen Antiochos auf, der durch eine Heirat zwischen den Dynastien besiegelt werden sollte [56]. Aber alles andere als ein Gleichgewicht der Kräfte kam zustande. Vielmehr schlossen auf die Kunde von der inneren Krise Ägyptens Antiochos III. und Philipp V. im Winter 203/2 v. Chr. einen gegen Ägypten gerichteten Angriffspakt. Die Quellen berichten fast übereinstimmend, die Teilung des ägyptischen Reiches sei das Ziel des Vertrages gewesen; und da Polybios (15, 20, 4) dabei noch ausdrücklich die Pleonexie der Könige brandmarkt, wird auch in der modernen Literatur das Geheimabkommen etwa als „Raubvertrag" mit deutlich imperialistischen Zielen bezeichnet [57].

Jedoch auch hiervon sind noch Abstriche zu machen. Der Plan eines Überfalls im Moment der Schwäche des Gegners ist moralisch gewiß verwerflich; doch die Entscheidung über die Form der Außenpolitik muß sich zunächst einmal auf die vorgesehenen Ziele einer Aktion stützen und darauf beschränken. Dabei ist heute unbestritten, daß niemals eine Teilung des Gesamtreiches beabsichtigt war, daß vor allem dabei das Kernland der Ptolemäerdynastie, Ägypten, niemals in Frage stand, sondern daß Antiochos und Philipp übereinkamen, sich die bisher den Ptolemäern unterstehenden *proximas civitates* ein/zuverleiben [58]. Das waren einmal die griechischen Poleis, an denen die hellenistischen Herrscher ohnehin kein Eigentumsrecht hatten, dann aber Gebiete im Raum der

[56] Nach dem Wortlaut von Polyb. 15, 25, 13, war die Heirat bereits von Ptolemaios IV. vorbereitet; vgl. *Niese,* a. a. O. II, S. 574.

[57] Vgl. etwa *Bengtson,* Griechische Geschichte², S. 415.

[58] Porphyr. bei Hieron. in Dan. 11, 13—14 = FGrHist 260, F 45; vgl. dazu *Bengtson,* a. a. O. (mit der weiteren Literatur). Die Argumente, die *D. Magie,* Journ. Rom. Stud. 29 (1939), S. 32 ff., gegen die Existenz dieses Vertrages angeführt hat, sind nicht stark genug, um die fast einhellige Überlieferung zu entkräften; vgl. auch *Schmitt,* a. a. O., S. 62, Anm. 1, dessen Gegenargument, die Aktivität Philipps gegen Rhodos verrate einen großangelegten Plan, allerdings nicht durchschlägt, da sie bereits 204 v. Chr. begann (vgl. ebd. S. 58!). — Die geplante Aufteilung kann hier natürlich nicht nebenher behandelt werden. Es sei nur angemerkt, daß neue Inschriften aus Labranda die karische Expedition des Antigonos Doson bestätigen und mit dem Beweis für ein starkes Engagement der Antigoniden in Karien eine Stütze für den bei Polyb. 3, 2, 8 überlieferten Teilungsplan bieten; vgl. zu den Inschriften *J. Crampa,* Opusc. Athen. 3 (1960), S. 102 f.

Ägäis, in Kleinasien und Südsyrien, auf die der Anspruch der einzelnen Großmächte immer strittig geblieben war. Nicht beabsichtigt waren in dem Vertrage also Eroberung und Aufteilung des eigentlichen ptolemäischen Staatsgebietes, beabsichtigt war lediglich eine Annexion von Land, das zur Zeit in der Verfügungsgewalt der Ptolemäer stand. Da sie vornehmlich durch diese Außenbesitzungen jahrzehntelang ihre Vormachtstellung im östlichen Mittelmeerbecken hatten behaupten können, zielte der Vertrag darauf ab, der Hegemonie Ägyptens im hellenistischen Staatensystem die Grundlagen zu entziehen und damit ein Ende zu setzen [59]. Jeder der Vertragspartner war dabei von der Absicht geleitet, diese hegemoniale Stellung in Zukunft selbst zu übernehmen.

Dazu kam es aber nicht. Zur gleichen Zeit griff Rom in die östlichen Verhältnisse ein, und man sollte annehmen, daß nach den Niederlagen der beiden Aspiranten auf die Hegemonie bei Kynoskephalai und Magnesia hegemoniale Träume im begrenzten Raum des östlichen Mittelmeerbeckens ausgeträumt gewesen wären. Rom selbst hat in den kommenden Jahren auch eine Änderung in der Politik der hellenistischen Großmächte, ein gemeinsames Vorgehen gegen den Eindringling, erwartet und immer wieder befürchtet [60] — aus der gleichen Einsicht heraus, die nicht nur wir aus der Rückschau besitzen, sondern die auch Polybios bereits gewonnen hat, daß nämlich mit dem Ausgreifen der Römer nach dem Osten eine Epoche gesetzt war, daß nun im ganzen Mittelmeerraum Weltgeschichte begann. Aber bezeichnenderweise hat Polybios diese Einsicht in Rom gewonnen, und bezeichnend ist es auch, daß nur der unmittelbare Nachbar Roms, Perseus von Makedonien, die Zeichen der Zeit erkannt hat. Seine Bemühungen, wieder durch eine politische Heirat Verbindung mit dem Seleukidenreich zu erhalten, waren nicht darauf gerichtet, dort etwa Einfluß zu erlangen, sondern einen Verbündeten gegen Rom zu gewinnen [61]. Für die Seleukiden handelte es sich dabei aber offenbar um das alte politische Spiel;/denn als Perseus ihre Hilfe benötigte, da zeigten sie sich an seinem Schicksal desinteressiert. Vielleicht ist es überhaupt zuviel verlangt, daß Seleukiden und Ptolemäer die neue Lage als entscheidende Wendung hätten erkennen und daraus ihre Konsequenzen ziehen sollen. Das Gebiet der griechischen Städte um die Ägäis hatte selten zum festen Besitzstand einer der Großmächte gezählt, und das Seleukidenreich blieb auch nach der Abtretung Kleinasiens noch ein mächtiger Staat [62]. Dazu kam, daß Rom in diesem Raum zunächst eine ähnlich hegemoniale Politik trieb, wie sie zuvor die hellenistischen Großmächte vertreten hatten. Sie mochten deshalb mit einigem Recht in Rom lediglich einen weiteren Konkurrenten im

[59] Ebenso *Rostovtzeff*, a. a. O. II, S. 477.

[60] Vgl. — auch zum folgenden in diesem Abschnitt — *F. Reuter*, Beiträge zur Beurteilung des Königs Antiochos Epiphanes (Diss. Münster 1938), S. 47 f.

[61] Vgl. *Stähelin*, RE 12 (1924), Sp. 707 f.

[62] Darauf verweist zu Recht *Ed. Meyer*, a. a. O., S. 65.

wechselseitigen Streben nach der Hegemonie im begehrten Kernraum des Hellenismus sehen.

Jedenfalls zeigen die bald wieder ausbrechenden Kämpfe zwischen Seleukiden und Ptolemäern m. E. den gleichen politischen Stil, der ihren früheren Verkehr kennzeichnete. Wieder einmal war in Ägypten in den 70er Jahren des 2. Jhs. v. Chr. ein minderjähriger König an der Regierung, für den zuerst seine Mutter, eine seleukidische Prinzessin, dann zwei Eunuchen die Regentschaft führten. Als diese zur Wiedergewinnung Südsyriens zu einem Kriege rüsteten [63], kam ihnen Antiochos IV. Ende des Jahres 170 v. Chr. zuvor, brachte den ägyptischen Truppen beim ersten Treffen an der Grenze eine Niederlage bei, zog durch das Land und belagerte Alexandria und wurde schließlich im Jahre 168 nach einem Plünderungszug bis Mittelägypten bei der erneuten Belagerung Alexandrias durch den Machtspruch eines römischen Gesandten zum Rückzug gezwungen [64]. Dieses Unternehmen des Seleukidenherrschers ist ebenso wie der Siegeszug des dritten Ptolemäers durch Asien von der Antike bis heute als Versuch, das gesamte Nachbarreich zu annektieren, gewertet worden [65]. Die/Parallelen erstrecken sich aber nicht nur auf die Deutung [66]. Auch Antiochos IV. handelte — wenigstens später, wahrscheinlich aber von Anfang an [67] — zur

[63] Zur Politik dieser Regenten vgl. O. *Mørkholm,* Eulaios und Lenaios: Class. et Mediaev. 12 (1961), S. 32 ff.

[64] Die Chronologie der Ägyptenzüge des Antiochos ist noch strittig. *Volkmann,* RE 23 (1959), Sp. 1705 ff. (dort die Belege), folgt *E. Bikerman,* Sur la chronologie de la sixième guerre de Syrie: Chron. d'Égypte 27 (1952), S. 396 ff. (nicht 17, 1954, wie bei *Bengtson,* Griechische Geschichte^2, S. 478, Anm. 2), und nimmt dementsprechend zwei Feldzüge in den Jahren 169 und 168 an. *F. M. Heichelheim,* A chronological table from 323 to 30 B. C.: Proceedings of the IX Internat. Congress of Papyrology (Oslo 1961), S. 172, entscheidet sich weiterhin für drei Feldzüge in den Jahren 170—168. Demgegenüber scheint mir mit *T. C. Skeat,* Notes on Ptolemaic chronology, II. 'The twelfth year which is also the first': The invasion of Egypt by Antiochus Epiphanes: Journ. Egypt. Archaeol. 47 (1961), S. 107 ff., die Umschreibung τὸ μετὰ τοῦ βασιλέως στρατόπεδον in dem hier edierten P. Lond. Inv. 1947, Z. 11 f., die Annahme nahezulegen, daß sich zur Abfassungszeit dieser Urkunde, am 16. April 169, Ptolemaios VI. im Lager des Antiochos befand. Dann hat die Entscheidungsschlacht vorher, wahrscheinlich Ende November 170 (vgl. *Skeat,* a. a. O., S. 109), stattgefunden, und wir kommen auf zwei Feldzüge, von denen der erste auf 170/69, der zweite auf 168 anzusetzen ist.

[65] Vgl. die ausführliche Interpretation von *Otto,* Abh. München 1934; im allgemeinen ebenso *Rostovtzeff,* a. a. O. II, S. 549. 556 (anders als „Protektorat" ebd. I, S. 50).

[66] Vgl. bereits die Hinweise bei *Otto,* a. a. O., S. 51 f.

[67] Über die ersten Friedensverhandlungen nach der Niederlage des ägytischen Heeres wissen wir nur, daß sie gescheitert sind (vgl. *F. Hampl,* Gnomon 12, 1936, S. 33 f., der S. 37, Anm., dann zwar mehr zu erkennen sucht, an den Ergebnissen aber selbst zweifelt). Da jedoch vor dem Abschluß des eigentlichen Vertrages Antiochos offenbar auf der per-

Unterstützung der Erbansprüche seines Neffen. Auch er unternahm bei seinen beiden Zügen durch das Land mehr oder weniger einen militärischen Spaziergang. Auch er ließ gerade dann, als er bereits „seine Maske abgeworfen" hatte und „offen als Eroberer" auftrat [68], das Land plündern, das er in Besitz nehmen wollte [69]. Schließlich hat wahrscheinlich auch nur er selbst durch seine Propaganda, in der er sich als Herrscher Ägyptens feiern ließ [70], die Deutung seines Zuges als einer imperialistischen Eroberung veranlaßt.

Gerade den eigenen Verlautbarungen der hellenistischen Herrscher ist aber um so weniger Wert für die Beurteilung ihrer Politik beizumessen, je mehr ihre tatsächliche Macht absank. Euergetes und Antiochos III. konnten sich noch mit einigem Recht Großkönige nennen — wenn eine solche Benennung auch vor allem anzeigt, daß sie bereits weitgehend die orientalischen Traditionen ihrer Königreiche adaptiert hatten. Wenn sich danach die vormundschaftlichen Regenten des sechsten Ptolemäers Hoffnung machten, nicht nur Südsyrien wiedergewinnen, sondern das ganze Seleukidenreich erobern zu können (Diod. 30, 16), so beweist ihre Niederlage beim ersten Treffen, wie es um die Machtmittel zur Durchsetzung solcher vermeintlichen Ziele stand. Aber es kam noch schlimmer: Der gleiche sechste Ptolemäer, der beim Anrücken des Antiochos die Flucht ergriffen hatte, ließ sich unmittelbar nach dem verlorenen Kriege von seinen Untertanen als Weltherrscher preisen [71], und Antiochos, der vor dem/Gebot der Römer aus Ägypten gewichen war, feierte anschließend eines der glänzendsten

sönlichen Verhandlung mit Ptolemaios VI. bestand (vgl. Polyb. 28, 20; Porphyr. bei Hieron. in Dan. 11, 25—28 = FGrHist 260, F 49 b), ist eine ähnliche Forderung schon für die ersten Verhandlungen wahrscheinlich. Diese Forderung konnte m. E. nicht erfüllt werden, da Ptolemaios VI. zu dieser Zeit bereits außer Landes war (die Annahme von *Otto,* a. a. O., S. 47 f., von der frühzeitigen Flucht scheint mir durch *Hampl,* a. a. O., S. 33 f., nicht widerlegt worden zu sein: ἀκοντί ist kaum „nach der ersten ... Niederlage" zu gebrauchen!). Schon das Scheitern der ersten Verhandlungen könnte also unmittelbar mit dem Eintreten des Antiochos für den rechtmäßigen Thronerben zusammenhängen, und eine Erinnerung daran hat sich wohl noch bei Diod. 31,1 erhalten: ὁ 'A. τὴν ἀρχὴν ἐσεμνύετο λέγων ... τῷ πρεσβυτέρῳ Πτολεμαίῳ βούλεσθαι συγκατασκευάσαι τὴν πατρῴαν ἀρχήν. Diese Hypothese findet m. E. eine wichtige Stütze in der neuen Ptolemäerchronologie, nach der die Samtregierung schon i. J. 170 errichtet (vgl. *A. E. Samuel,* Ptolemaic chronology [Münch. Beitr. 43. 1962], S. 140 ff.), Ptolemaios VI. also schon v o r dem Angriff des Antiochos in seinen herrscherlichen Rechten jedenfalls eingeschränkt wurde.

[68] *Otto,* a. a. O., S. 78.

[69] *Hampl,* a. a. O., S. 37, Anm., verweist zu Recht darauf, daß er mit der Beute noch das Fest von Daphne mitfinanzierte.

[70] Vgl. zu seiner angeblichen Krönung *Volkmann,* a. a. O., Sp. 1708.

[71] Vgl. *Otto,* a. a. O., S. 95 f., und dazu *Volkmann,* a. a. O., Sp. 1713.

Feste der Antike, das er — in Verbindung mit einer großen Parade — deutlich als Triumph verstanden wissen wollte [72].

Wenn sich nun in unseren Quellen die durchaus nicht zweifelsfreie Nachricht findet, daß Antiochos IV. in Ägypten zum König gekrönt worden sei, so ist damit zu vergleichen, daß sich sein ptolemäischer Neffe bald darauf in Antiochia wohl tatsächlich die Krone Asiens aufs Haupt setzte — ohne weitere Folgerungen daraus abzuleiten, als daß er unmittelbar anschließend dem rechtmäßigen Thronerben, seinem Schwiegersohn, zur Wiedereinsetzung verhalf [73]. Zu weitreichenden Schlüssen berechtigen solche Nachrichten also nicht, und eine nüchterne Betrachtung muß zu dem Ergebnis kommen, daß Antiochos IV. bei seinem ersten Feldzug seinen Einfluß in Ägypten dadurch zu sichern suchte, daß er den ihm verwandten und wohl auch ergebenen Thronerben unterstützte. Als dieser sich aber nach dem Abzug des Antiochos mit der gegnerischen Seite geeinigt hatte und damit der seleukidische Einfluß verloren zu gehen drohte, unternahm er einen zweiten Feldzug mit dem erklärten Kriegsziel, Cypern und die Gegend um die ägyptische Grenzfestung Pelusium zu annektieren (Liv. 45, 11, 11). Wieder wird dabei die Parallele zum Vorgehen des dritten Ptolemäers deutlich: Scheiterte die Möglichkeit, über dynastische Verbindungen im anderen Staat Einfluß zu gewinnen oder zu behalten, dann scheuten die hellenistischen Herrscher nicht davor zurück, sich wichtige Faustpfänder zu sichern. Nicht die Existenz des anderen Staates wurde in Frage gestellt, sondern Antiochos IV. suchte ebenso wie Euergetes, wie Antiochos III. und Philipp V. „die führende Stellung in einem selbständigen makedonisch-hellenistischen Staatensystem zu gewinnen“ [74].

Die politischen Bestrebungen der hellenistischen Großmächte in ihrem Verkehr miteinander weisen somit immer in die gleiche Richtung und können — wie ich meine — am besten als hegemoniale Bestrebungen verstanden werden. Bei ihrer Betrachtung wurden bisher bewußt immer wieder zwei größere Gebiete ausgeklammert: die eigentliche Welt der griechischen Poleis um die Ägäis, von deren Behandlung durch die Diadochen hier ausgegangen wurde, und ein Landgebiet, das die Küstenstreifen Syriens und Südanatoliens, sowie die Insel Cypern umfaßt. Beide Gebiete zusammen, die Inselwelt des östlichen Mittelmeerbeckens und seine Umgrenzung, bildeten gleichsam die Drehscheibe für den Verkehr der drei Großmächte miteinander. Es scheint daher von vornherein verständlich, wenn in diesem Raum ihre Interessengegensätze am stärksten aufeinanderprallten — verständlich doch aber nur, wenn das Gesamtgebiet eine unlösliche Einheit darstellte oder als solche von den hellenistischen Herr/schern selbst aufgefaßt

[72] Zum Fest von Daphne vgl. Polyb. 31, 3; Diod. 31, 16.

[73] Vgl. zu den Vorgängen *Volkmann,* a. a. O., Sp. 1716 f.

[74] *Ed. Meyer,* Ursprung und Anfänge des Christentums II (Stuttgart-Berlin 1921), S. 143, in seiner Beurteilung der Politik Antiochos' IV.

wurde. Diese Einheit der gesamten hellenistischen Welt bildet den Grundtenor des großen Werkes von Michael Rostovtzeff über „Die Gesellschafts- und Wirtschaftsgeschichte der hellenistischen Welt“. Er sieht es als die eigentliche Aufgabe des Hellenismus an, die Einheit der Länder um das östliche Mittelmeer, die ihm von Alexander d. Gr. her überkommen war (I, S. 105. 130) [75], zu verwirklichen, und obwohl die hellenistischen Könige diese Aufgabe verfehlt haben (I, S. 55), betrachtet er auch die Summe der Staaten am östlichen Mittelmeer noch in der Blütezeit des Hellenismus als ein Ganzes (I, S. 20) [76], das erst mit dem Eintritt der Römer zu existieren aufhörte (I, S. 42). Am Ende seines Werkes hat er darum diese seine Auffassung nochmals in einem besonderen Kapitel über „Die Einheit der hellenistischen Welt“ (II, S. 817 ff.) niedergelegt. Dabei wird deutlich, daß er diese Einheit ganz vom Standpunkt des Griechen aus gesehen hat, der in die neu eroberten Gebiete vordrang, sie im griechischen Geist zu kolonisieren versuchte und damit eine Zusammengehörigkeit der Außenbezirke mit dem Mutterland schuf, die ihm selbst zur Existenzgrundlage wurde. Dieser Gesichtspunkt ist für die Schaffung der Einheit von großer Bedeutung, wichtiger für unser Thema — das Verhältnis der hellenistischen Herrscher zum Raum der Mitte — scheint mir noch, wie sich diese Einheit von außen her, von den Großmächten aus darstellte. Daß diese immer erneut dem Mittelpunkt zustrebten, zeigt klar ihr ganzes politisches Verhalten, zeigt aber auch schon die Anlage ihrer neuen Hauptstädte: In Ägypten wurde die Residenz von dem für die Beherrschung des Landes so überaus günstig gelegenen Memphis ans Meer nach Alexandria verlegt [77]; der erste Seleukidenherrscher gründete sofort, als er den Zugang zum Mittelmeer gewonnen hatte, in seiner Nähe die neue Hauptstadt des Reiches, Antiochia am Orontes, und beabsichtigte wohl zunächst sogar unmittelbar am Meer, in Seleukeia in Pierien, zu residieren [78]; und selbst die ausgesprochene Landmacht Makedonien suchte den Zugang zum Meer in den Neugründungen Kassandreia und Thessalonike [79]. In allen drei Großmächten erfolgte also von

[75] Vgl. dazu bereits *Wilcken*, Alexander der Große und die hellenistische Wirtschaft: Schmollers Jahrb. 45 (1921), S. 355 ff.

[76] Vgl. das „Zentralgebiet“ bei *Heichelheim*, Wirtschaftsgeschichte des Altertums vom Paläolithicum bis zur Völkerwanderung der Germanen, Slaven und Araber I (Leiden 1938), S. 458 ff.

[77] Vgl. *Volkmann*, a. a. O., Sp. 1617. 1634. Nach dem Zeitansatz der Satrapenstele durch W. Struve, dem *P. M. Fraser*, Opusc. Athen. 3 (1960), S. 2 f., Anm., folgt, war Memphis jedoch niemals Hauptstadt.

[78] Vgl. *Honigmann*, RE 2 A (1921), Sp. 1185 f.

[79] *V. Tscherikower*, Die hellenistischen Städtegründungen von Alexander dem Großen bis auf die Römerzeit (Philol., Suppl.-Bd. 19, 1. Leipzig 1927), S. 3, betrachtet sie in der Reihenfolge ihrer Gründung als Hauptstädte des Reiches; dagegen zu Recht *E. Oberhummer*, RE 6 A (1936), Sp. 144 f., der aber ebenfalls zugibt, daß sie zunächst als Hauptstädte gedacht waren.

vornherein eine Neuorientierung, eine Hinwendung zum östlichen Mittelmeerbecken./

Wir müssen deshalb zunächst einmal mit der Tatsache rechnen, daß schon die jungen Großmächte in ihrer Außenpolitik Einfluß auf den Raum der Ägäis zu gewinnen suchten; daß sie dort vornehmlich hegemoniale Politik betrieben, ist dabei unbestritten [80]. Soweit fügt sich also auch dieser Zweig ihrer Außenpolitik in die Tendenzen ein, die uns bisher kennzeichnend erscheinen mußten. Auf die Frage, warum sich die hellenistischen Könige dort engagierten und damit stets starke Kräfte ihrer Reiche festlegten, scheint mir jedoch noch keine befriedigende Antwort gegeben. Da wird einmal auf die politische oder auf die militärische Bedeutung der Griechenstädte hingewiesen [81]. Das würde bedeuten, daß das Engagement in ihrem Bereich entweder der Sicherung des umliegenden Landes [82] oder weiterreichenden politischen Zielen diente. Beide Funktionen konnten die Städte für die Ptolemäer nicht erfüllen, denen immer wieder — und zu Recht — bescheinigt worden ist, daß sie keine Weltherrschaftspolitik betrieben haben und daß schon der erste Ptolemäer als einziger der Diadochen mit Sicherheit nicht auf die Nachfolge Alexanders d. Gr. reflektierte [83]. Da wird dann zum anderen auch die Bedeutung vor allem Griechenlands als Werbeplatz für die Söldner der hellenistischen Könige hervorgehoben [84]. Das wird vor allem für die frühe Zeit des Hellenismus gelten, als sich die hellenistischen Heere vorwiegend aus Angehörigen der griechischen Stadtstaaten rekrutierten [85]. Aber andererseits konnten gerade in der frühen Zeit die Söldner immer reich entlohnt werden, so daß zu ihrer Anwerbung schon der finanzielle Anreiz genügte und politischer Druck kaum ausgeübt zu werden brauchte [86]. Schließlich versagt dieser Grund wieder zur Erklärung der aktiven Ägäispolitik der Ptolemäer, denn schon Ptolemaios Soter hat auch ägyptische Truppen verwandt [87].

[80] Vgl. vor allem *Heuß*, Stadt und Herrscher. *V. Ehrenberg*, Der Staat der Griechen II (Leipzig 1958), S. 51, möchte — nach der Kritik, die das Werk von Heuß erfahren hat — für das Verhältnis des hellenistischen Herrschers zur Polis eher den Begriff Protektorat verwendet sehen; aber auch die Errichtung eines Protektorates ist m. E. als Folge hegemonialer Politik zu betrachten.

[81] Vgl. für die politische Bedeutung *Rostovtzeff*, a. a. O. I, S. 170, für die militärische *Heuß*, a. a. O., S. 213 ff.

[82] So vor allem *Heuß*, a. a. O.

[83] Vgl. etwa *Rostovtzeff*, a. a. O. I, S. 5.

[84] Vgl. *Wilcken*, Griechische Geschichte[9], S. 274 f.

[85] Vgl. für den Rückgang griechischer Söldner schon am Ende des 3. Jhs. v. Chr. die Statistiken über die Schlacht von Raphia bei *M. Launey*, Recherches sur les armées hellénistiques I (Paris 1949), S. 96 ff.

[86] Vgl. für die wirtschaftliche Situation der Söldner *Launey*, a. a. O. II (1950), S. 1091 ff.

[87] Vgl. *Volkmann*, a. a. O., Sp. 1632.

Da die bisherigen Antworten den Intentionen und dem Verhalten der Ptolemäer nicht gerecht zu werden vermögen, scheint es mir methodisch richtig, gerade in ihrer Außenpolitik erneut eine Antwort auf die Frage zu suchen, warum sie die Hegemonie in der Ägäis anstrebten. Als primäres Ziel ihrer gesamten Politik wird allgemein der Erwerb und die Sicherung der politischen/ Unabhängigkeit und der wirtschaftlichen Autarkie angesehen [88]. Schon ihr ständiger Kampf mit den Seleukiden um das syrische Küstengebiet, aber auch um die südanatolische Küste und Cypern ist mit diesem Ziel nur schwer vereinbar. Allein Südsyrien war als Vorfeld für das einzige Einfallstor nach Ägypten politisch von Bedeutung. Hier lagen auch wichtige Endpunkte der Karawanenstraßen, auf denen durch die arabische Halbinsel Wirtschaftsgüter aus dem Osten herangeführt wurden [89]. Aber dienten diese Waren in erster Linie dem ägyptischen Autarkiestreben? Weihrauch war gewiß in erheblichen Mengen für den Kult erforderlich, und die Oberschicht mochte an dem Erwerb von Kosmetika, Perlen und Seidenstoffen, auch an Gewürzen interessiert sein [90] — doch im allgemeinen waren das Luxusgüter, welche die Kaufkraft der breiten Bevölkerung weit überstiegen. Man wird deshalb damit rechnen müssen, daß ein erheblicher Teil dieser Einfuhr wiederum dem ptolemäischen Export zugute kam. Ähnliches gilt auch von den Waren, welche die Ptolemäer aus diesen Gebieten selbst bezogen. Nicht nur die Zedern des Libanon, sondern auch die Fichtenwälder in Kilikien und auf Cypern lieferten neben Holz mit Pech und Teer begehrtes Schiffsbaumaterial [91]. Dieses benötigten die Ptolemäer kaum für ihre Binnenschiffahrt, da hierzu das einheimische Holz ausreichte [92], sie benötigten es auch kaum für den Handelsverkehr mit den östlichen Überseegebieten, den sie gerade in der Blüte ihres Reiches den südarabischen Kaufleuten überließen. Angewiesen waren sie auf diese Rohstoffe dagegen für den Unterhalt ihrer Mittelmeerflotte, des Instruments ihres Hegemoniestrebens. Rechnet man mit diesem Streben aber nicht als mit einer vorgegebenen Größe — und das können wir nicht, da wir uns über seine Gründe Rechenschaft geben wollen —, so brauchten die ptolemäischen

[88] Vgl. etwa *Rostovtzeff,* a. a. O. I, S. 210.

[89] Auch *Wilcken,* Schmollers Jahrb. 1921, S. 363 f., führt die Rivalität zwischen Seleukiden und Ptolemäern auf den beiderseitigen Wunsch zurück, Kontrolle über die Karawanenstraßen zu erhalten.

[90] Vgl. — auch im folgenden — zum Handel und den Handelsgütern *Heichelheim,* a. a. O., S. 458 ff.; *C. Préaux,* L'économie royale des Lagides (Brüssel 1939), S. 353 ff.; *Rostovtzeff,* a. a. O. I, S. 297 ff.; II, S. 724 ff., sowie die Zusammenfassung II, S. 994 ff. (dort überall die Einzelbelege).

[91] Auf die Bedeutung dieser Gebiete im Kampf um die Seeherrschaft verweist auch *Merker,* a. a. O., S. 19

[92] Zu Holzlieferungen aus der χώρα selbst zum Bau von Kriegsschiffen um 250 v. Chr. vgl. *P. M. Fraser — C. H. Roberts,* A new letter of Apollonius: Chron. d'Égypte 24 (1949), S. 289 f. (= SB VI 9215).

Herrscher im Mittelmeer in erster Linie eine Flotte wiederum für den Export und seine Sicherung [93]. Die Gebiete, um deren Besitz die Ptolemäer am schwersten gerungen haben, bedeuteten daher für ihre politische Unabhängigkeit fast nichts und kaum etwas für ihr Streben nach Autarkie./

Andererseits fehlte es Ägypten tatsächlich an Gütern, die zur Erreichung dieser Ziele unbedingt erforderlich waren, vor allem an Metallen, Pferden und Elefanten. Es ist nun erstaunlich zu beobachten, daß sich die Ptolemäer diese lebenswichtigen Bedarfsgüter entweder durch nur geringfügigen politischen und militärischen Einsatz in Nubien und Ostafrika oder allein auf dem Wege des Tauschhandels aus dem Westen über Karthago, Syrakus und Rom beschafften. Dabei wäre ein politisches Vorgehen wenigstens im Gebiet um das Rote Meer für sie mit weit weniger Risiko verbunden gewesen als ein solches gegen den hochgerüsteten seleukidischen Nachbarn. Das zeigt dann zugleich, daß es den Ptolemäern auch bei Besitz Südsyriens nicht in erster Linie um die Kontrolle der Karawanenstraßen gegangen sein kann, sondern mehr um das Schiffsbaumaterial. Denn aus der Behandlung der Länder, aus denen Ägypten lebenswichtige Rohstoffe beziehen mußte, ist zu folgern, daß diese Güter grundsätzlich in genügender Menge vorhanden waren und deshalb kein Kampf um ihren Erwerb ausgefochten zu werden brauchte [94].

Gewiß erfolgte der stärkste politische und militärische Einsatz dort, wo die Ptolemäer selbst lebenswichtige Interessen ihres Reiches bedroht sahen. Diese Interessen müssen dann nicht so sehr der politischen Sicherung und der wirtschaftlichen Versorgung des eigenen Landes gegolten haben, sondern dem Ziel, Exportgüter für den Transithandel und zur Verarbeitung als Fertigwaren für die Ausfuhr zu erhalten und diese Ausfuhr durch eine große Flotte gewährleisten und schützen zu können. Von dieser Zielsetzung her muß deshalb weitgehend die Politik der Ptolemäer gegenüber den griechischen Poleis verstanden werden. Sie allein stellten in der Blütezeit des Hellenismus den Absatzmarkt für die Exportgüter des Ptolemäerreiches, sie allein hatten einen ständigen Bedarf an dem Exportgetreide Ägyptens, und ihre Bürger kamen vor allem als Käufer für Luxuswaren des Ostens wie auch für die eigenen Hauptausfuhrartikel Ägyptens — Papyrus, Glaswaren und Textilien — in Betracht. Nur am Anfang der hellenistischen Zeit kann es dabei zu einem Ausgleich von Export und Import gekommen sein, solange nämlich in den neuen Staaten ein größerer Bedarf an griechischen Manufakturerzeugnissen bestand. Da aber die Ausbildung eigener Manufakturen in den hellenistischen Staaten sehr rasch erfolgte, mußten die grie-

[93] Ähnlich bereits *Rostovtzeff*, The foundations of social and economic life in Egypt in Hellenistic times: Journ. Egypt. Archaeol. 6 (1920), S. 172.

[94] Vgl. dazu *Rostovtzeff*, Gesellschafts- und Wirtschaftsgeschichte I, S. 302 ff.

chischen Städte ihre Importe schon bald mit Münzgeld bezahlen [95]. Das wird auch dadurch bestätigt, daß nach Ausweis der/griechischen Inschriften die Poleis im 3. Jh. v. Chr. „weniger Schwierigkeiten in der Getreidebeschaffung überhaupt als in der Beschaffung der zum Import nötigen Kapitalien“ hatten [96]. Es kam daher in den hellenistischen Staaten zu einem Exportüberschuß [97], auf den gerade die Ptolemäer bei ihrem Mangel an Metallen — auch Edelmetallen — dringend angewiesen waren. Für die Bestreitung ihrer hohen Ausgaben für Heer und Berufsbeamte muß eine aktive Außenhandelsbilanz Ziel ihrer Wirtschaftspolitik gewesen sein.

Diese Feststellungen für das Ptolemäerreich dürfen gewiß nicht ohne Einschränkungen auf die beiden anderen Großmächte übertragen werden. Immerhin gilt auch für sie, daß sie selbst autark waren bzw. sich die fehlenden Rohstoffe auf dem Wege des Tauschhandels besorgten [98]. Einen Überschuß an Getreide produzierten in normalen Zeiten sowohl Makedonien als auch das Seleukidenreich, und dieses war ebenso wie Ägypten auf den Absatz von Gütern für einen höheren Lebensbedarf angewiesen. Vor allem für den Absatz dieser Waren muß es zur Konkurrenz zwischen Seleukiden und Ptolemäern gekommen sein, da der aufnahmefähige Markt bis zum Eingreifen der Römer im Osten fast ganz auf Griechenland und die Welt der Ägäis beschränkt war. Von der Konkurrenz im Getreidehandel finden sich in der Überlieferung noch Spuren: Trotz seiner Autonomiepolitik gegenüber den griechischen Poleis konnte sich nämlich Antigonos Monophthalmos nur schwer dazu verstehen, dem Versorgungsplan einer seiner Hegemonie unterstehenden Stadt zuzustimmen, durch den der Absatz seines eigenen Getreides dort gefährdet wurde [99]. Parallel dazu war es den grie-

[95] Die Importe von Wein und Öl (vgl. dazu etwa *Heichelheim,* a. a. O., S. 466) stehen mengenmäßig zu der Ausfuhr in keinem Verhältnis. Seine gegenteilige Ansicht über eine „balance of trade“ stützt *L. Casson,* The grain trade of the Hellenistic world: Transact. Proc. Amer. Philol. Assoc. 85 (1954), S. 170 f., lediglich auf Nachrichten, die überhaupt Import aus diesen Gegenden für Ägypten bezeugen; demgegenüber sind selbst spärliche Zeugnisse, nach denen "Egypt was having some difficulty dispersing of her surplus" (S. 173), m. E. höher zu bewerten. — Zu der gleichen „imbalance“ im späteren Handel Ägyptens mit Rom vgl. jetzt *E. G. Huzar,* Class. Journ. 57 (1961/2), S. 174.

[96] *K. Köster,* Die Lebensmittelversorgung der altgriechischen Polis (Diss. Bonn. Berlin 1939), S. 60 (mit Belegen S. 61).

[97] Vgl. dazu nach Strabo 17, p. 793 C, *Wilcken,* a. a. O., S. 101 ff., zur Silberversorgung Ägyptens aus dem Ägäishandel auch *Rostovtzeff,* a. a. O I, S. 308.

[98] Für das Streben der Großmächte nach gegenseitiger Unabhängigkeit zeugt etwa, daß im Seleukidenreich offenbar kaum Papyrus verwandt wurde; vgl. *Rostovtzeff,* a. a. O. I, S. 424.

[99] Vgl. SIG 344, 80 ff., und zur Interpretation *Heichelheim,* RE S 6 (1935), Sp. 881; *Köster,* a. a. O., S. 57, Anm. 161.

chischen Städten unter ptolemäischem Einfluß wohl generell untersagt, nach Belieben Getreide einzuführen [100]. Bei Makedonien hat das wirtschaftliche Interesse kaum so stark im Vordergrund gestanden. Aber bei Seleukiden und Ptolemäern zeigt gerade der Umstand, daß unter ihrer Hegemonie, die auf die Aufrechterhaltung der formalen Autonomie der griechischen Poleis großes Gewicht legte, die wirtschaftliche Freiheit erheblich eingeschränkt werden mußte, daß unsere Deutung der Außenpolitik dieser Staaten nicht in die Irre geht.

Immer wieder einmal ist die Zeit des Hellenismus mit der frühen Neuzeit, die Inbesitznahme des Ostens durch die Griechen mit der Entdeckung Amerikas — mit allen wirtschaftlichen Folgen — verglichen worden. Man ist daher/leicht geneigt anzunehmen, daß wie in einer Periode des Kolonialismus die Großmächte dieser Zeit ihre Hauptkräfte für die Gewinnung von Rohstoffen einsetzten und darüber in Interessengegensätze und Auseinandersetzungen gerieten. Das Gegenteil war offenbar der Fall: Die hellenistischen Reiche waren auf den Absatz ihrer Waren angewiesen und suchten eine aktive Außenhandelsbilanz zu erreichen. Da der Absatzmarkt räumlich sehr beengt war, prallten auf ihm die Gegensätze aufeinander. Wenigstens Seleukiden und Ptolemäer versuchten sich gegenseitig aus dem Gebiet dieses Marktes zu verdrängen und selbst den maßgeblichen Einfluß in ihm zu gewinnen. Damit waren die Bestrebungen der hellenistischen Großmächte zur Errichtung der Hegemonie über die griechischen Städte sehr stark — wenn nicht vornehmlich — durch wirtschaftliche Motive bestimmt. Da der Staat, der hierin Erfolg hatte, aber mit der Hegemonie über die Poleis zugleich ein deutliches Übergewicht im ganzen hellenistischen Staatensystem erhielt, lag es nahe, daß er nun auch den maßgeblichen Einfluß in den anderen Großmächten zu erhalten, diese ihrerseits die Errichtung seiner Hegemonie zu verhindern suchten. Dadurch hat sich tatsächlich zeitweise „ein gewisses labiles Gleichgewicht der Großmächte entwickelt" [101]. Es war jedoch nicht durch eine leitende Idee bestimmt, sondern durch ihr wechselseitiges Streben nach Hegemonie in Politik und Wirtschaft.

[100] Vgl. SIG 502, und dazu *Rostovtzeff,* a. a. O. I, S. 263; III, S. 1156 f.

[101] *Wilcken,* Griechische Geschichte[9], S. 275.

Das Mittelmeer in Politik und Wirtschaft der hellenistischen Zeit*

Das Meer schlechthin ist Gegenstand der Vortragsreihe in diesen Universitätstagen, und so hat es seinen guten Grund, wenn die historischen Referate, deren man sich sonst häufig als Einleitung bedient, diesmal an das Ende gestellt wurden; denn sie vermögen dem anspruchsvollen und wahrhaft umfassenden Thema nicht gerecht zu werden. Dieses Unvermögen ist aber wenigstens nicht allein in der Person des Vortragenden begründet, sondern es kennzeichnet zugleich eine Wissenschaft, der das Allgemeine unerreichbar ist und die sich deshalb mit dem Individuellen begnügen muß. Daher steht an diesem letzten der Universitätstage nicht mehr *das* Meer, sondern *ein* Meer im Mittelpunkt der Betrachtung: das Mittelmeer.

Es ist heute durch die Touristik auch in unseren Breitengraden bekannter als jedes andere Meer. Damit hat sein Name eine neue Bedeutung gewonnen als Zielpunkt für die modernen Pilgerreisen sonnenhungriger Mittel- und Nordeuropäer und dadurch vielleicht auch als eine Mitte, die jedenfalls in den Brechungen der Reiseschilderungen wieder zurückstrahlt. Für Politik und Wirtschaft hat es dagegen seine Bedeutung als *Mittel*meer schon über 1000 Jahre eingebüßt, und wir schleppen im Namen eine historische Erinnerung an die Antike weiter.

Doch selbst im Altertum ist die Bezeichnung *mare Mediterraneum* (Mittelländisches oder Mittelmeer) erst sehr spät in Gebrauch gekommen, und sie bezeugt hier eine bestimmte Entwicklungsstufe der antiken Weltvorstellung [1]. Seit den Zeiten der altorientalischen Reiche nannten die Völker des Altertums die Wasserfläche, die nach ihrer Kenntnis jedes andere Gewässer an Größe übertraf, das „Große Meer". Dieser Name ist durch die ganze Antike hindurch erhalten geblieben, andere sind lediglich hinzugekommen. Für die jeweilige Weltsicht erscheint es mir bezeichnend, daß erst die Römer die Bezeichnung/„Mittel*ländisches*

* Der Vortrag wurde anläßlich der Kieler Universitätstage am 20. Januar 1967 gehalten.

[1] Vgl. zum Folgenden vor allem *V. Burr,* Nostrum mare. Ursprung und Geschichte der Namen des Mittelmeeres und seiner Teilmeere im Altertum (Würzburger Studien zur Altertumswissenschaft, 4. 1932), S. 80 ff. — Schon an der unterschiedlichen Terminologie scheitert die Gleichsetzung „Einheit des Altertums = Einheit der Mittelmeerwelt", auf deren unsichere Grundlagen jetzt zu Recht *F. Hampl,* Zum Problem der Einheit des Altertums: Festschrift Karl Pivec (Innsbrucker Beiträge zur Kulturwissenschaft, 12. 1966), S. 151 ff., hingewiesen hat. Umgekehrt müssen unter der Voraussetzung einer solchen Einheit deshalb etwa bei *K. Sprey,* De antieke wereldzee. De rol van de Middellandsche zee in de antieke cultuur (Cultuurhistorische Monografieën, No. 3. 1946), S. 5 f., die Unterschiede in der Terminologie verwischt werden.

Meer" geprägt haben, während Platon in seinem bekannten Vergleich davon gesprochen hat, daß die Griechen vom Phasis bis zu den Säulen des Herakles rings um das Meer wohnten wie Ameisen oder Frösche um einen Sumpf [2]. Das war nicht ein geistreicher, aber letztlich nichtssagender Vergleich, sondern er wurde Sokrates bewußt bei einer Erklärung der Erde in den Mund gelegt: Das Meer wurde auch hier als Mitte betrachtet — doch so, daß von diesem Mittelpunkt aus im griechischen Denken die umliegenden Länder mit den Wohnsitzen der Menschen gesehen wurden. Ganz anders die Römer, bei denen Isidor von Sevilla den Namen *mare Mediterraneum* damit erklärte und rechtfertigte, daß es sich *per mediam terram* — „mitten durch das Land" — bis zum Orient ergieße [3]. Die Landmasse, die im *orbis Romanus* vereinigt war, bildete hierbei den Standpunkt des Betrachters: Mitte auch hier, aber eben mittelländisch, weil mitten im Land gelegen, nicht weil sich von dieser Mitte her die umliegenden Länder öffneten.

Von der thalassozentrischen Sicht der Griechen her ist von vornherein zu erwarten, daß das Mittelmeer in ihrer Geschichte eine große Bedeutung erlangt hat. Diesen „Weg der Griechen zum Meer" hat Albin Lesky auf Grund der literarischen Zeugnisse von der Frühzeit bis in den Hellenismus nachgezeichnet [4]. Hier geht es uns um die Bedeutung des Mittelmeeres für Politik und Wirtschaft der hellenistischen Zeit. Da es mir dabei aber notwendig zu sein scheint, die Besonderheiten innerhalb der Gesamtentwicklung deutlich zu machen, muß ich wenigstens in groben Umrissen versuchen, auch seine Bedeutung für die griechische Welt der vorausgehenden Zeit des 5. und 4. Jahrhunderts v. Chr. zu kennzeichnen, auf die kein geringerer als Thukydides bereits eindrücklich hingewiesen hat.

Gleich zu Beginn seines Geschichtswerkes — in einem Überblick über die frühe griechische Geschichte — stellt er dem armseligen Leben der allein auf den Ackerbau angewiesenen frühen Bewohner Griechenlands den Reichtum der Seemächte gegenüber [5]. Politische Erfolge weiß er nur von ihnen zu berichten, und deshalb erwähnt er nicht nur die sagenhafte Überlieferung über die kretische Seeherrschaft eines Minos [6], sondern macht auch Agamemnon, den Heerführer der Grie-

[2] Plat., Phaed. 109 b.

[3] Isid., etymol. 13, 16, 1: *Iste est et Mediterraneus, quia per mediam terram usque ad orientem perfunditur, Europam et Africam Asiamque disterminans.* Bezeichnenderweise geht auch hier noch unter der Überschrift *De Mediterraneo Mari* der Satz voraus: *Mare Magnum est quod ab occasu ex Oceano fluit et in meridiem vergit, deinde ad septentrionem tendit; quod inde magnum appellatur quia cetera maria in conparatione eius minora sunt. Mare Magnum* auch ibid. 13, 15, 2. 17, 1.

[4] Thalatta. Der Weg der Griechen zum Meer. Wien 1947.

[5] Thuc. 1, 2, 1—13, 1. Vgl. zur Erkenntnis der Seeherrschaft bereits bei Herodot *A. Momigliano,* Sea-power in Greek thought: Class. Rev. 58 (1944), S. 1 ff.

[6] Thuc. 1, 4; vgl. Herod. 3, 122.

chen beim Zug gegen Troja, zum Herrn eines Seereiches [7]. Politik/und Wirtschaft werden dabei sofort verbunden; denn schon für Minos wird der auf Seeherrschaft gegründete Reichtum hervorgehoben, und die Schilderung Korinths als erster griechischer Stadt mit einer bedeutenden Flotte schließt mit den Worten: „so zogen sie den See- und Landhandel an ihre Stadt, und die Stadt wurde mächtig durch die Einkünfte an Geld“ [8].

Natürlich verfolgt Thukydides damit einen bestimmten Zweck. Wie ein Leitfaden zieht sich die „Erkenntnis von der Überlegenheit einer maritimen Macht im griechischen Gebiet“ [9] durch das erste Buch seines Geschichtswerkes bis hin zum Ausbruch des Peloponnesischen Krieges, des typischen Krieges einer Seemacht — Athen — gegen eine Landmacht — Sparta —, und vor Ausbruch des Krieges wird diese Erkenntnis nochmals je einem Redner auf beiden Seiten in den Mund gelegt [10]. Dabei sind es dann wieder die beiden Aspekte von Politik und Wirtschaft, die den Ausschlag für die Seemacht geben. Sie befindet sich strategisch in einer günstigeren Position, und sie besitzt die größeren finanziellen Mittel für die Zwecke des Krieges.

Thukydides stand mit seinem Urteil in Athen nicht allein. Allgemein wurde die Blütezeit Athens in den glücklichen 50 Jahren vor Ausbruch des Peloponnesischen Krieges auf die Geltung der Polis als Seemacht zurückgeführt. Auf den Rat des Themistokles hatte man sich in der schweren Zeit der Perserkriege dem trügerischen Meer anvertraut, aber man bereute diesen Entschluß nicht: Die Persergefahr wurde durch die Flotte abgewendet, der Flotte verdankte man die Hegemonie im delisch-attischen Seebund, und der sich erweiternde Machtbereich brachte zugleich reichen finanziellen Gewinn. Diese Ansicht ließe sich an einer Reihe von Zeugnissen erweisen [11]. Zusammengefaßt hat sie schon vor Thukydides der Verfasser der frühesten attischen Prosaschrift, der ganz wie der Historiker von der Gunst der strategischen Position schreibt, in der sich Athen dank seiner Seeherrschaft befinde, und der Importe aus Sizilien, Italien, Cypern, Ägypten, Lydien und dem Pontosgebiet erwähnt, um die wirtschaftlichen Vorteile herauszustellen [12]. Die Wechselwirkung zwischen Politik und Wirtschaft

[7] Thuc. 1, 9.

[8] Thuc. 1, 13, 5; vgl. *A. W. Gomme,* A historical commentary on Thucydides I (Oxford ²1959), S. 123.

[9] Diese Beurteilung zu Recht bei *H.-P. Stahl,* Thukydides. Die Stellung des Menschen im geschichtlichen Prozeß (Zetemata 40. München 1966), S. 55.

[10] Zum Vergleich der Reden des Archidamos (Thuc. 1, 80—85) und des Perikles (Thuc. 1, 140—144) vgl. zuletzt — mit der früheren Literatur — *Stahl,* a. a. O.

[11] Vgl. *H. Rohde,* De Atheniensium imperio quid quinto quartoque a. Chr. n. saeculo sit iudicatum. Diss. Göttingen 1913; *Momigliano,* a. a. O., S. 2 f.

[12] Ps.-Xenoph., Athen. Pol. 2, 1—7. “Above all he knows that sea-power means wealth”, urteilt auch *Momigliano,* a. a. O., S. 2.

wird dabei in folgenden Sätzen besonders deutlich: „Den Reichtum der Griechen und der Barbaren können sie — die Athener — ganz allein an sich ziehen. Denn wenn eine Stadt Überfluß an Schiffsbauholz hat — wo kann sie es absetzen, wenn sie nicht die Herren des Meeres dafür gewinnt? Ja, mehr noch, wenn/eine Stadt Überfluß an Eisen oder Kupfer oder Flachs hat — wo kann sie das absetzen, wenn sie nicht den Herrn des Meeres dafür gewinnt? Gerade aus diesen Materialien erhalte ich auch meine Schiffe: von dem einen Holz, von dem anderen Eisen, von dem Kupfer, von dem Flachs und von dem Wachs. Darüber hinaus werden sie — die Athener — gar nicht erlauben, es an einen anderen Ort zu verfrachten — sonst werden solche Konkurrenten ganz aus dem Seehandel verdrängt. So bekomme ich, ohne einen Finger zu rühren, alle Produkte des Landes durch das Meer, und keine andere Stadt bekommt auch nur zwei dieser Produkte auf einmal. Denn keine hat zugleich Holz und Flachs, sondern wo viel Flachs wächst, da ist das Gebiet eben und holzarm; und ebenso wenig kommen Kupfer und Eisen aus derselben Stadt“ [13].

Ergibt sich hieraus die große Bedeutung, die das Mittelmeer von der phönikischen und ägyptischen Küste bis nach Sizilien und der italischen Westküste bereits in der klassischen Zeit für Athen besaß — eine Bedeutung, die ihren sinnfälligen Ausdruck in der Fülle maritimer Bilder in der attischen Tragödie und Komödie findet [14] —, so ist zu fragen, ob in der hellenistischen Zeit nicht lediglich hieran angeknüpft worden ist und sich infolge der Machtverschiebung nicht nur die Zentren des Seeverkehrs verändert haben. Dem ist, wie ich meine, nicht so. Denn der Peloponnesische Krieg bedeutete auch für diese Entwicklung einen entscheidenden Einschnitt. Zwar hat Athen im 4. Jahrhundert nochmals versucht, einen Seebund aufzubauen, zwar wurde der letzte selbständige Krieg Athens gegen Philipp von Makedonien durch die Rivalität an den Meerengen und die Wegnahme einer athenischen Getreideflotte durch Philipp — also durch Fragen der Seegeltung — ausgelöt [15]. Aber hierbei handelte es sich kaum noch um eine aktive Seepolitik Athens, sondern lediglich um die Sicherung der zum Unterhalt der Bürger dringend notwendigen Einfuhr. Die Abhängigkeit von überseeischen Getreideimporten war so groß geworden, daß in der monatlichen Hauptsitzung der Volksversammlung mit Vorrang neben Fragen der Landesverteidigung solche

[13] Ps.-Xenoph., Athen. Pol. 2, 11—12 (Übersetzung nach dem Kommentar von *E. Kalinka*, Die pseudoxenophontische ΑΘΗΝΑΙΩΝ ΠΟΛΙΤΕΙΑ. Berlin-Leipzig 1913, S. 214 ff.); vgl. zum wirtschaftlichen Imperialismus Athens in diesem Zeugnis jetzt *A. French*, The growth of the Athenian economy (London 1964), S. 120.

[14] Vgl. dazu etwa *Sprey*, a. a. O., S. 54 f.; *Lesky*, a. a. O., S. 224 ff.; neuerlich vor allem *D. van Nes*, Die maritime Bildersprache des Aischylos. Groningen 1963.

[15] Vgl. *F. R. Wüst*, Philipp II. von Makedonien und Griechenland in den Jahren von 346 bis 338 (Münchener Historische Abhandlungen, I. Reihe, H. 14. 1938), S. 130 ff.

der Verpflegung behandelt wurden [16]. Eine Kriegsflotte unterhielt Athen auch in dieser Zeit, und sie erreichte zuweilen eine beträchtliche Stärke [17] — aber sie diente nun im wesentlichen der Sicherung der Getreideschiffe und war nicht in der Lage, dem Seeräuberunwesen zu steuern, das sich mit dem Niedergang der attischen Macht in der Ägäis wieder breit gemacht hatte [18]. Mit der Landmacht Makedonien mußte daher im Frieden des Philokrates vereinbart werden, daß man gemeinsam das Meer vor Seeräubern schützen/wolle [19]. Bei aller Bedeutung, die so das Mittelmeer weiterhin für Athen besaß, hatte sich die Situation grundlegend geändert, und auch hierbei zeigte sich die Wechselbeziehung zwischen Politik und Wirtschaft deutlich: Während nach der Ansicht des Thukydides eine Steigerung der staatlichen Einkünfte nur durch Seemacht und Seehandel erreichbar war, wurden jetzt in Athen zur Sanierung der Staatsfinanzen Vorschläge gemacht und Maßnahmen eingeleitet, die darauf abzielten, durch bessere Ausnutzung der Urproduktion des Landes — wie der Silberbergwerke im Laureionbezirk — erst wieder die Mittel für eine aktive Seepolitik zu gewinnen [20].

Nach der vollständigen Niederlage auch zur See war man in Athen offenbar weithin mißtrauisch geworden gegenüber dem Nutzen und dem Bestand eines Seereiches. Das zeigt sich kaum irgendwo deutlicher als in der Absage Platons an die Seemacht. Zwar stand Platon hiermit gewiß auch in der Tradition der oligarchischen Opposition, die in arger Simplifizierung seit je die athenische Seemachtstellung als entscheidenden Antrieb für die Ausbildung der Demokratie beargwöhnt hatte [21]. Aber im 5. Jahrhundert hatten auch die Gegner den Erfolg

[16] Vgl. Aristot., Athen. Pol. 43,4, und dazu *K. Köster,* Die Lebensmittelversorgung der altgriechischen Polis (Diss. Bonn. Berlin 1939), S. 31.

[17] Vgl. zum Flottenbau des Lykurgos etwa *A. Andreades,* Geschichte der griechischen Staatswirtschaft von der Heroenzeit bis zur Schlacht bei Chaironeia (Übers. v. *E. Meyer.* München 1931), S. 401, sowie insgesamt zur Entwicklung im 4. Jh. *C. Mossé,* La fin de la démocratie athénienne. Aspects sociaux et politiques du déclin de la cité grecque au IVe siècle avant J.-C. (Paris 1962), S. 328 ff.

[18] Zur σιτοπομπία vgl. *Köster,* a. a. O., S. 37; *M. Amit,* Athens and the sea. A study in Athenian sea-power (Collection Latomus, 74. Brüssel 1965), S. 122 f.

[19] Vgl. Die Staatsverträge des Altertums, hrsg. v. *H. Bengtson,* II (München-Berlin 1962), Nr. 329.

[20] Vgl. zu Xenophons Poroi und zu den Maßnahmen des Lykurgos und des Eubulos *Andreades,* a. a. O., S. 401 ff.

[21] Vgl. dazu jetzt besonders *Amit,* a. a. O., S. 57 ff. Dagegen genügt es m. E. zur Erklärung nicht, wenn *Sprey,* a. a. O., S. 58, lediglich das statische Denken der antiken Philosophen für ihre Einstellung zur Seepolitik verantwortlich macht. — Von der historischen Situation aus urteilt auch *Momigliano,* a. a. O., S. 3 ff., der gewiß zu Recht bei der Auswertung der platonischen Schriften auch die Auswirkungen des Bundesgenossenkrieges auf die Auffassung der Zeit mit berücksichtigt und dabei zu dem Ergebnis kommt: „Plato, who had before ruled out sea-power, but had never discussed it, now became eloquent in the subject“ (S. 4).

dieser Politik nicht bestreiten können [22]. Erst nach dem Ende des Peloponnesischen Krieges konnte sich ihre Auffassung durchsetzen, und die historische Situation scheint mir deshalb bei der Beurteilung der Aussagen Platons berücksichtigt werden zu müssen. Ausgerechnet einen Athener läßt er im Dialog über die „Gesetze" seine Befriedigung darüber aussprechen, daß die Modellstadt, die hier gegründet werden sollte, 80 Stadien — ungefähr 15 km — vom Meer entfernt sei [23]. „Denn" — so führt er aus — „sollte es eine Seestadt sein, die mit Häfen wohlversehen ist und nicht selbst alle Produkte liefert, sondern viele entbehrt, dann täte ihr ein gewaltiger Retter not und ein Gesetzgeber göttlicher Natur, wenn in ihr bei solchen Voraussetzungen nicht sehr unterschiedliche, abgefeimte und schlechte Sitten entstehen sollten; jetzt aber bieten ihr die 80 Stadien noch einigen Trost" [24]. Und als Platon im Atlantismythos einen Idealstaat in Aktion vorführte, da stattete er die reiche Seemacht Atlantis mit manchen Zügen der früheren Seemacht Athen aus, ließ sie jedoch trotz ihres Reichtums und ihrer Macht einem altertümlichen Athen unterliegen, das er als kleine und bescheidene Landmacht kennzeichnete [25].

So waren am Ausgang der klassischen Zeit die Griechen zwar weiterhin auf das Mittelmeer angewiesen, aber in ihrer geistigen Einstellung hatten sie sich weithin vom Meer abgewandt, als mit Philipp II./und Alexander dem Großen Vertreter einer typischen Landmacht sich der Geschicke Griechenlands bemächtigten und Alexander ein neues Zeitalter der griechischen Geschichte einleitete. Von ihrer Herkunft aus war eher eine Verstärkung der jetzt vorherrschenden Tendenz zu erwarten, und auch der Übergang Alexanders nach Asien bedingte nicht notwendig eine Änderung, da ihm in Persien ebenfalls eine Landmacht gegenüberstand. Das scheint zu Beginn des Alexanderzuges bestätigt zu werden: Beide Partein hatten nach dem Sieg Alexanders am Granikos ihre Flotten in der Ägäis eingesetzt, als der Kampf um die Griechenstädte an der kleinasiatischen Küste entbrannte. Hierbei hat Alexander die Einnahme Milets und als Folge davon den Rückzug der persischen Flotte bis nach Halikarnass nicht zuletzt dadurch erzwungen, daß sich seine Flotte einer Seeschlacht nicht stellte. Diese Strategie wollte er auch weiterhin fortsetzen und löste daher seine Flotte, deren Unterhalt die Heereskasse stark belastete, sogar auf, da er — wie Arrian (1,20,1)

[22] Vgl. zu Ps.-Xenoph., Athen. Pol., oben Anm. 12. Auch das Ergebnis von *G. Prestel,* Die antidemokratische Strömung im Athen des 5. Jahrhunderts bis zum Tod des Perikles (Breslauer Historische Forschungen, 12. 1939), S. 89, „daß bei Entstehung und Verlauf der antidemokratischen Strömung ... keine programmatischen Forderungen, keine theoretischen Anschauungen maßgebend waren", verdient berücksichtigt zu werden.

[23] Zur unmittelbaren Bezugnahme auf athenische Verhältnisse in diesen Maßangaben vgl. *Amit,* a. a. O., S. 95.

[24] Plat., Nomoi 704 d.

[25] Vgl. dazu *P. Vidal-Naquet,* L'Atlantide de Platon et l'Athènes des démocrates: Rev. Et. Gr. 77 (1964), S. XI f.; *ders.,* Athènes et l'Atlantide: ibid., S. 420 ff.

berichtet — „erwog, daß er der Flotte nicht mehr bedürfe, weil er bereits durch sein Landheer Asien in Besitz habe. Nehme er nun noch die Küstenstädte ein, so werde er die persische Flotte zur Auflösung zwingen, da sie in Asien keinen Platz mehr zur Rekrutierung der Mannschaft oder zum Landen finde". Damit wurde der Feldzugsplan für die kommenden Unternehmungen aufgestellt, der — bezeichnend für den Heerführer einer Landmacht — darauf abzielte, die feindliche Flotte vom Lande aus zu besiegen. Von diesem Plane Alexanders aus lag dann der Einschnitt beim weiteren Feldzug nicht in der Schlacht von Issos, sondern in der Einnahme von Tyros, weil damit der persischen Flotte tatsächlich die letzte Basis genommen wurde [26].

Doch danach scheint sich Alexanders Einstellung gegenüber dem Meer geändert zu haben. Sein Ziel mußte folgerichtig jetzt die endgültige Niederwerfung des Gegners und damit ein möglichst schneller Vorstoß zum Kern des Perserreiches sein, und es ist zu Recht in der Forschung oft gerätselt worden, warum Alexander statt dessen einen Feldzug nach Ägypten unternommen habe [27]. Verbreitet ist heute die Ansicht, daß Alexander vorrangig die Küste in Besitz nehmen wollte, um sie sich als Operationsbasis zu sichern [28]. Das hieße aber nichts anderes, als daß er sich nun einer Seepolitik habe zuwenden wollen, seinen ursprünglichen Plan und seine Einstellung gegenüber dem Meer also grundlegend geändert habe [29]. Die Gründe, die gegen diese und ähnliche Deutungen des Ägyptenzuges sprechen, kann ich/hier nicht im einzelnen anführen; für meine abweichende Ansicht möchte ich mich lediglich wieder auf die wichtigste Quelle, auf Arrian, berufen. Er läßt noch vor der Belagerung von Tyros Alexander eine Rede halten, in der er zum Schluß bereits diese Belagerung mit dem folgenden Ägyptenzug so verknüpft: „Dann — nach der Einnahme von Tyros — wird

[26] Ebenso beurteilt die Strategie Alexanders jetzt *J. F. C. Fuller,* Alexander der Große als Feldherr (Übers. v. *H. Lindemann.* Stuttgart 1961), S. 76 ff., der jedoch trotzdem das entsprechende Kapitel „Eroberung der Seeherrschaft" überschreibt.

[27] Gegenüber der Annahme von *Fuller,* a. a. O., S. 85, es sei vor der Aufstellung einer neuen persischen Armee „nur logisch" gewesen, „daß einstweilen Ägypten Alexanders nächstes lohnendes Ziel war" (Sperrung von mir!), vgl. bereits die Stellungnahme eines anderen militärischen Beurteilers, *M. Graf Yorck von Wartenburg,* Kurze Übersicht der Feldzüge Alexanders des Großen (Berlin 1897), S. 31 ff.

[28] Vgl. vor allem *H. Bengtson,* Griechische Geschichte von den Anfängen bis in die römische Kaiserzeit (HAW III 4. München ³1965), S. 333.

[29] So vor allem *V. Ehrenberg,* Alexander und Ägypten (Beihefte zum Alten Orient, 7. 1926 = Polis und Imperium. Beiträge zur Alten Geschichte, hrsg. v. *K. F. Stroheker* u. *A. J. Graham.* Zürich-Stuttgart 1965, S. 399 ff.), der seine These von der Gründung eines „ersten Reiches" um das östliche Mittelmeer damit begründet, „daß auch er (Alexander), der als erster abendländisch-antiker Mensch ⟨ in Kontinenten dachte ⟩, doch auch im Bannkreis eines geographisch-politischen Denkens stand, das in immer neuen Formen um das Meer als Mitte kreist" (Polis und Imperium, S. 405).

auch der Zug nach Ägypten unschwer gelingen. Haben wir aber Ägypten auf unsere Seite gebracht, so brauchen wir uns wegen Griechenlands und unserer Heimat keine Sorgen mehr zu machen“ [30]. Hier wird zunächst einmal bestätigt, daß die Einnahme von Tyros als entscheidend angesehen wurde: ein persischer Flottenschutz für Ägypten war danach nicht mehr möglich. Der Feldzug nach Ägypten selbst wird aber gerade nicht als neuer Plan vorgestellt, und er wird begründet mit der Rücksichtnahme auf Griechenland. Das kann nicht abwegig erscheinen, wenn man bedenkt, daß es im ganzen 4. Jahrhundert griechische Söldnertruppen, aber auch offizielle Verbände Athens und vor allem Spartas gewesen waren, die den Kampf der Ägypter um Befreiung von der persischen Herrschaft auf ägyptischem Boden getragen hatten. 20 000 Griechen unter Führung eines Atheners und eines Spartaners sollen allein bei der letzten Einnahme Ägyptens durch den persischen Großkönig im Jahre 343 v. Chr. — also nur etwa 10 Jahre vor dem Einmarsch Alexanders — auf ägyptischer Seite gekämpft haben [31]. Der ägyptische Kriegsschauplatz war den Griechen also vertraut, und Alexander konnte nicht nur, sondern er mußte einkalkulieren, daß wenigstens Sparta, das noch immer in Abwehr gegen die makedonische Herrschaft stand, diesen Kampf eventuell auch von Ägypten aus und damit im Rücken Alexanders fortsetzen werde; wenigstens der Erfolg seines eigenen Kampfes gegen Dareios konnte dadurch gefährdet werden [32]. Was also wie eine Wendung Alexanders des Großen zur Seepolitik aussieht, beruhte nicht auf einem freiwilligen Entschluß, sondern war bedingt durch die Vertrautheit der Griechen mit dem ganzen östlichen Mittelmeerbecken. Ihren möglichen Anschlägen wollte Alexander zuvorkommen, und den Griechen folgte er damit zugleich, wenn er sich mit der Einnahme Ägyptens entschloß, die Küsten des ganzen östlichen Mittelmeeres unter seine Herrschaft zu stellen. Bei der Ausführung dieses Entschlusses zeigten sich allerdings sogleich die Eigenständigkeit des großen Königs und seine Weitsicht. Denn mögen ihn eventuell auch Ratgeber auf die günstige Lage der Gegend nördlich des ägyptischen Fleckens Rhakotis für die Anlage eines Hafens aufmerksam gemacht haben — sein Werk war es,/daß Alexandreia an dem besten Hafenplatz der ägyptischen Küste überhaupt angelegt wurde. Es diente gewiß zunächst und in erster Linie der militärischen Sicherung des Landes, aber die Ausmaße der Neugründung machen deutlich, daß Alexander von vornherein auch die wirtschaftliche Funktion dieses Ortes mit ins Auge gefaßt hat [33].

[30] Arrian 2, 17, 4; zur Authentizität der Rede vgl. *W. W. Tarn,* Alexander the Great II (Cambridge 1950), S. 286 f.

[31] Vgl. dazu *F. K. Kienitz,* Die politische Geschichte Ägyptens vom 7. bis zum 4. Jahrhundert vor der Zeitwende (Berlin 1953), S. 76 ff.; hier bes. S. 104 f.

[32] Vgl. bereits *U. Wilcken,* Alexander der Große (Leipzig 1931), S. 103.

[33] Vgl. zur Gründung Alexandreias jetzt *Bengtson,* a. a. O., S. 333 f. Die spätere Blüte wird zu Unrecht bereits dem Plan Alexanders zugeschrieben von *W. Schubart,* RAC 1 (1950), Sp. 271 f.

Übrigens wird diese Ansicht über die Gründe zur Besetzung Ägyptens durch die spätere maritime Politik Alexanders des Großen gestützt. Neuere Untersuchungen von Heinrich Schiwek haben wahrscheinlich gemacht, daß der Indienfeldzug, die Küstenfahrt Nearchs, die Erkundungsexpeditionen an der arabischen Küste und schließlich auch die Pläne Alexanders zur Eroberung Arabiens und zu einer stärkeren Kolonisation der Küsten um den Persischen Golf ihren Ursprung der Kenntnis der vorangegangenen achämenidischen Seepolitik verdankten [34]. Die Eigenständigkeit Alexanders kann danach auch hierbei nicht im Plan zu diesen Unternehmungen gesehen werden, sondern in der Energie und in der Weitsicht, mit denen diese Pläne verwirklicht oder wenigstens in Angriff genommen wurden [35].

Der Tod Alexanders des Großen hat es verhindert, daß schon zu Beginn der hellenistischen Zeit das Erythräische Meer — dazu zählte man in der Antike auch das Arabische Meer mit dem Persischen Golf — mit dem Mittelmeer zu einer Einheit verbunden wurde [36]. Geblieben war eine Einheit der Länder um das östliche Mittelmeerbecken, und es gehört zu den grundlegenden Erkenntnissen in Michael Rostovtzeffs „Gesellschafts- und Wirtschaftsgeschichte der hellenistischen Welt", daß diese Einheit während der ganzen hellenistischen Zeit erhalten geblieben ist. Da eben das Meer die verbindende Mitte für diese Länder darstellte, scheint von vornherein seine Bedeutung außer Frage zu stehen. Aber Rostovtzeff hat diese Einheit ganz vom Standpunkt des griechischen Mutterlandes aus gesehen: Von dort sind die Griechen in die neueroberten Gebiete vorgedrungen, haben im griechischen Geist kolonisiert und damit die Einheit der Außenbezirke mit dem Mutterland geschaffen [37]. Das Mutterland blieb somit

[34] Der Persische Golf als Schiffahrts- und Seehandelsroute in Achämenidischer Zeit und in der Zeit Alexanders des Großen: Bonn. Jahrb. 162 (1962), S. 4 ff.; hier bes. in der Zusammenfassung S. 89 ff.

[35] Vgl. dazu bereits *M. Rostovtzeff,* Gesellschafts- und Wirtschaftsgeschichte der hellenistischen Welt I (Darmstadt 1955), S. 104, der allerdings die Eigenständigkeit Alexanders darin sieht, daß „die Erkundung der Seewege ein vorbereitender Schritt zur Kolonisation" gewesen sei, „wobei diese neuen Handelsrouten mit dem wirtschaftlichen Netz verbunden werden sollten, das er über sein Reich ausbreitete" (Sperrung von mir!). Gegenüber einer Planung Alexanders bei der Kolonisation und der Wirtschaftspolitik meldet zu Recht ernste Bedenken an *C. B. Welles,* Alexander's historical achievement: Greece & Rome, 2. ser. 12 (1965), S. 216 ff., bes. S. 225 f.

[36] Vgl. zur Einbeziehung des Roten Meeres jetzt *A. Dihle,* Umstrittene Daten. Untersuchungen zum Auftreten der Griechen am Roten Meer (Wissenschaftl. Abhandlungen der Arbeitsgemeinschaft für Forschung des Landes Nordrhein-Westfalen, 32. 1965), zur Ausnutzung des Monsuns für den direkten Seeverkehr mit Indien *W. Otto – H. Bengtson,* Zur Geschichte des Niederganges des Ptolemäerreiches. Ein Beitrag zur Regierungszeit des 8. und 9. Ptolemäers (Abh. München, N. F. 17. 1938), S. 194 ff.

[37] Vgl. vor allem *Rostovtzeff,* a. a. O. II, S. 817 ff. Ähnlich betont *C. Préaux,*

für sie Existenzgrundlage, von der sie sich nicht lösen konnten und wollten — ein Zentrum, das durch seine Existenz und die Anhänglichkeit der Griechen draußen die Einheit verbürgte.

Die politische Entwicklung nach dem Tode Alexanders des Großen bestätigt eine solche Auffassung nicht. Von den Generälen/Alexanders, die jetzt die Macht in den einzelnen Ländern des Reiches übernahmen, strebten einige sofort nach Selbständigkeit und damit nach Trennung von dem ohnehin in der kurzen Spanne nur lose zusammengefügten Organismus [38], andere versuchten, selbst die Macht im ganzen Reichsgebiet zu übernehmen [39]. Dabei wird jedoch deutlich, daß auch für diese nicht Griechenland den Mittelpunkt bildete, sondern das Kernland der Dynastie: Makedonien [40]. In der Nachfolge Alexanders betrachteten sich alle Diadochen zunächst offenbar auch nicht als Herrscher von See-, sondern von Landmächten. Pella blieb die Hauptstadt Makedoniens. Ptolemaios residierte in Memphis und Seleukos in Seleukeia am Tigris, in der Nähe Babylons. Nichts deutet darauf hin, daß diese Machthaber in Griechenland ein Zentrum gesehen und daher im Gegensatz zu Alexander eine maritime Politik im östlichen Mittelmeerbecken eingeleitet hätten.

Eine Änderung ist erst eine Reihe von Jahren nach Alexanders Tode zu beobachten. Nachdem Kassander sich der wichtigsten überlebenden Mitglieder des makedonischen Königshauses entweder durch Gefangennahme oder durch Heirat versichert hatte, gründete er an der Stelle des früheren Poteidaia auf der Halbinsel Pallene im Jahre 316 v. Chr. Kassandreia. Mit dieser Gründung und ihrer Benennung nahm er nach der Auffassung der Zeit ein Königsrecht für sich in Anspruch, wenngleich er die Königswürde nicht besaß. Die Stadt war mit großer Wahrscheinlichkeit als Hauptstadt seines Reiches gedacht [41], auch wenn sie durch

Tradition et imagination dans la civilisation hellénistique d'Égypte: Bull. de l'Acad. roy. de Belgique, Cl. des Lettr. et des Sciences moral. et polit. 5ᵉ sér. 44 (1958), S. 199 ff.; *dies.*, Tradition und schöpferische Kräfte in der hellenistischen Zivilisation: Das Altertum 6 (1960), S. 152 ff., die Traditionsgebundenheit der griechischen Siedler in Ägypten. Vgl. dagegen zu einer Wandlung der Einstellung im Laufe des ersten Jahrhunderts des Hellenismus *H. Braunert*, Die Binnenwanderung. Studien zur Sozialgeschichte Ägyptens in der Ptolemäer- und Kaiserzeit (Bonner Historische Forschungen, 26. 1964), S. 99 ff.

[38] Zu ausschließlich urteilt wohl *H. Volkmann*, RE 23 (1959), Sp. 1608: „Als einziger der Diadochen verzichtete P(tolemaios I.) von Anfang an auf das Gesamterbe Alexanders" (Sperrung von mir!).

[39] Vgl. etwa *R. H. Simpson*, Antigonus the One-Eyed and the Greeks: Historia 8 (1959), S. 391.

[40] Vgl. vor allem zum Vorgehen Kassanders *B. Niese*, Geschichte der griechischen und makedonischen Staaten seit der Schlacht bei Chaeronea I (Gotha 1893), S. 250 ff.

[41] Vgl. *W. W. Tarn*, Antigonos Gonatas (Oxford 1913), S. 199; *E. Meyer*, RE S. 10 (1965), Sp. 628.

die bald folgende Neugründung Thessalonike schnell überflügelt wurde [42]. Die übrigen Machthaber sind diesem Beispiel fast unmittelbar gefolgt: Antigonos Monophthalmos baute sich an der Mündung des Orontes seine Residenz Antigoneia [43], Ptolemaios verlegte seinen Herrschaftssitz von Memphis nach Alexandreia [44], Lysimachos ließ an beherrschender Stelle auf dem Isthmos der thrakischen Chersones Lysimacheia errichten [45], und sobald sich Seleukos in der Schlacht von Ipsos den Zugang zum Mittelmeer erkämpft hatte, wurde ein Seleukeia an der Stelle von Antigoneia gegründet [46]. Gerade im letzten Fall mag es fraglich erscheinen, ob diese Stadt als Königsresidenz bestimmt war; denn kurz darauf ließ Seleukos 8 km landeinwärts Antiocheia und damit die Stadt erbauen, der die Seleukiden tatsächlich dann den Vorzug gegeben haben. Doch nur dem Umstand, daß Seleukos zu dieser Zeit noch keine Flotte besaß, ist die Zweitgründung zuzuschreiben, und ihrer auch für Landverbindungen verkehrsgünstigen Lage, daß sie tatsächlich Hauptstadt des Reiches wurde./Denn nicht nur zeigt sich in der Namengebung der ursprüngliche Vorrang der Hafenstadt, sondern auch darin, daß sich der Gründer der Dynastie dort bestatten ließ und Seleukeia noch später als ἑστία τῆς δυναστείας — als Herd, d. h. als Zentrum der Dynastie — betrachtet wurde [47]. — In der Verlegung der ptolemäischen Hauptstadt nach Alexandreia hat Hans Volkmann erst kürzlich ein „Zeichen dafür" gesehen, „daß P(tolemaios) sich als Schöpfer eines neuen Territorialstaates fühlte, dessen Zukunft wesentlich durch die Beherrschung der See bedingt

[42] Vgl. nach *F. Oberhummer,* RE 6 A (1936), Sp. 144 f., noch J. *Bogiatzidou,* Εἰσαγωγὴ εἰς τὴν ἱστορίαν τῆς Θεσσαλονίκης: Makedonika 1 (1940), S. 388 ff.

[43] Vgl. *V. Tscherikower,* Die hellenistischen Städtegründungen von Alexander dem Großen bis auf die Römerzeit (Philol., Suppl.-Bd. 19, 1. Leipzig 1927), S. 61. 117. *W. Sontheimer,* Kl. Pauly 1 (1964), Sp. 380, setzt die Gründung versehentlich in das Jahr 207 (statt 307) v. Chr.

[44] Vgl. *Volkmann,* a. a. O., Sp. 1617. 1634. Nach dem Zeitansatz der Satrapenstele durch W. Struve, dem *P. M. Fraser,* Opusc. Athen. 3 (1960), S. 2 f., Anm., folgt, wäre Memphis jedoch niemals Hauptstadt gewesen. – In der Neugründung Ptolemais wird man — gegen *Tscherikower,* a. a. O., S. 2 — nicht eine „neue Reichshauptstadt" sehen dürfen, sondern einen „Mittelpunkt der griechischen Bevölkerung in Oberägypten" (*Braunert,* a. a. O., S. 82).

[45] Vgl. *Tscherikower,* a. a. O., S. 1 f. 132. 162 f.; *A. H. M. Jones,* The Greek city from Alexander to Justinian (Oxford 1940), S. 11.

[46] Zugunsten von Libanios und Malalas hat man lange Zeit das Zeugnis Diodors (20, 47, 5 f.) verworfen, daß Seleukeia Antigoneia abzulösen bestimmt gewesen sei; vgl. etwa noch *Rostovtzeff,* a. a. O. I, S. 123. Namentlich die numismatischen Untersuchungen von E. T. Newell haben die Rechtfertigung Diodors bewirkt, die jetzt *G. Downey,* A history of Antioch in Syria from Seleucus to the Arab conquest (Princeton 1961), S. 56 ff., ausführlich begründet hat.

[47] Polyb. 5, 58, 4. Zu den Gründen für die Neugründung Antiocheias vgl. jetzt *Downey,* a. a. O., S. 62.

war" [48]. Kann das aber für alle gelten, und ist es vorstellbar oder gar nachzuweisen, daß die Machthaber ganz unterschiedlicher Reiche, zu gleicher Zeit von der gleichen Erkenntnis geleitet, Seestädte zu ihren Hauptstädten machten?

Zur Beantwortung dieser Frage kann ich auf Ergebnisse einer eigenen, früheren Untersuchung zurückgreifen [49]. Genau in den gleichen Jahren, in denen die Diadochen in der bezeichneten Weise ihre Residenzen verlegten, gewannen die alten Griechenstädte im Mutterland und um die Ägäis für die Politik der Nachfolger Alexanders eine neue Bedeutung. Sie waren unter Alexander in ihrer Gesamtheit zu Untertanen des Makedonenkönigs geworden, dessen Erbe in der Herrschaft gerade gegenüber Griechenland die nun eingesetzte mehrköpfige Zentralgewalt übernahm. So stark auch die Selbständigkeitsbestrebungen einzelner Diadochen seit Beginn waren, in dieses ureigenste Herrschaftsgebiet der universalen Reichsgewalt haben sie in den ersten Jahren nicht eingegriffen. Das änderte sich schlagartig, als Antigonos Monophthalmos im Jahre 315 v. Chr. eigenmächtig die Freiheit der Griechen proklamierte — mit dem Ziel, selbst die Herrschaft im Gesamtreich zu übernehmen, aber mit dem Erfolg, daß damit die letzte Klammer der Reichseinheit gesprengt wurde. Hatte er dabei keine Rücksich auf die noch bestehende Zentralgewalt genommen, so glaubten sich auch seine Rivalen nun von dieser Rücksichtnahme entbunden. Alle wandten sich jetzt den griechischen Städten zu, und damit erst wurden Griechenland und die Inselwelt der Ägäis zum Zentrum der hellenistischen Welt. Die Verlegung der Residenzen an das Mittelmeer und damit in die günstigste Ausgangsposition für die neue Politik steht mit dieser Neuorientierung höchstwahrscheinlich in engem ursächlichem Zusammenhang.

Gewiß war es jedoch nicht sentimentale Rückbesinnung auf den Ursprung der Kolonisten, die diese politische Neuorientierung be/dingte. Ebensowenig hat das Ziel, unmittelbare Herrschaft in Griechenland auszuüben, alle Diadochen auf diesen Weg geführt. Lediglich Antigonos Monophthalmos, der schon mit der Freiheitsproklamation für die griechischen Städte seinen Alleinanspruch auf die Übernahme der Herrschaft im ganzen Reichsgebiet angemeldet hatte, wird auch mit der bald darauf erfolgten Gründung des Nesiotenbundes, in dem sich die Mehrzahl der ägäischen Inseln unter seiner Führung vereinigte, das gleiche Ziel zu erreichen versucht haben [50]. Ptolemaios und Seleukos dagegen, seine Hauptgegner, sind seit je frei von dem Verdacht, die Herrschaftsübernahme in der

[48] A. a. O., Sp. 1617. — Zu den neuen Hauptstädten am Meer gehört weiterhin Demetrias; vgl. zu ihrer Gründung *E. Meyer,* in: *F. Stählin — E. Meyer — A. Heidner,* Pagasai und Demetrias. Beschreibung der Reste und Stadtgeschichte (Berlin-Leipzig 1934), S. 178 ff.

[49] Hegemoniale Bestrebungen der hellenistischen Großmächte in Politik und Wirtschaft: Historia 13 (1964), S. 80 ff. [= oben S. 103 ff.].

[50] Vgl. dazu *I. L. Merker,* Studies in sea-power in the eastern Mediterranean in the century following the death of Alexander (Diss. Princeton 1958. Mikrofilm), S. 8.

Ägäis angestrebt zu haben [51]. Sie wollten die Selbständigkeit, Unabhängigkeit und Konsolidierung ihrer eigenen Machtbereiche, und trotzdem haben sie in diesen Jahren ihre Reiche zum Mittelmeer hin ausgerichtet und ihre Politik auf Griechenland und die griechischen Inseln gelenkt.

Von den Gründen, die bisher in der Forschung für diese Hinwendung der Politik der hellenistischen Staaten zum griechischen Kernraum genannt worden sind, müssen deshalb die ausscheiden, die allein machtpolitischer Natur sind [52]. Es bleibt dann die Angabe Ulrich Wilckens, daß man den griechischen Raum als Rekrutierungsbezirk für Söldner benötigt habe [53]. Gerade für die frühe Zeit ist diese Annahme gewiß berechtigt, sie reicht aber zur Erklärung deshalb nicht aus, weil etwa Ptolemaios I. schon in diesen Anfangsjahren auf einheimische Soldaten zurückgegriffen hat und mit ihnen seinen Sieg über Demetrios Poliorketes im Jahre 312 v. Chr. bei Gaza erringen konnte [54].

Deshalb scheint es mir berechtigt zu sein, wenn ich versucht habe, von den Bedürfnissen und der politischen Zielsetzung gerade des ptolemäischen Ägyptens aus diese Frage noch einmal neu zu durchdenken. Übereinstimmend hält man in der Forschung den Erwerb und die Sicherung der politischen Unabhängigkeit und der wirtschaftlichen Autarkie für die primären Ziele der ptolemäischen Politik [55]. Diesen Zielen müßte dann vorrangig auch das Engagement dieser Politik im griechischen Kernraum gedient haben.

Eine Bedrohung der politischen Unabhängigkeit bestand von dieser Seite zu keiner Zeit: Alle Angriffe anderer Diadochen gegen Ägypten sind von Palästina aus geführt worden, die Westflanke hat der erste Ptolemäer sehr schnell durch die Annexion Kyrenes zu decken verstanden, und Athen oder Sparta stellten — anders als zur Zeit Alexanders — keine Machtfaktoren mehr dar, mit deren unmittelbarem/Angriff über See hätte gerechnet werden müssen. Wirtschaftlich war Ägypten zur Sicherung seiner Autarkie auf Importe aus dem griechischen Mutterland nicht angewiesen [56]. Allerdings brauchten die ersten beiden Ptolemäer zum Aufbau der Wirtschaft ihres Landes Menschen aus dem griechischen

[51] Vgl. oben Anm. 38 sowie *Rostovtzeff*, a. a. O. I, S. 5. 13 f,; *Bengtson*, a. a. O., S. 360.

[52] Vgl. vor allem *Rostovtzeff*, a. a. O. I, S. 170, sowie *A. Heuss*, Stadt und Herrscher des Hellenismus in ihren staats- und völkerrechtlichen Beziehungen (Klio. Beiheft 39. Leipzig 1937), S. 213 ff.

[53] Griechische Geschichte im Rahmen der Altertumsgeschichte (München [9]1962), S. 274 f.

[54] Vgl. *Volkmann*, a. a. O., Sp. 1632. Zum Rückgang der Anzahl griechischer Söldner in hellenistischen Heeren bereits am Ende des 3. Jahrhunderts v. Chr. vgl. die Statistiken über die Schlacht von Raphia bei *M. Launey*, Recherches sur les armées hellénistiques I (Paris 1949), S. 96 ff.

[55] Vgl. *Rostovtzeff*, a. a. O. I, S. 210.

[56] Vgl. vor allem *Rostovtzeff*, a. a. O. I, S. 202 ff., 278 ff.

Raum, und diese waren ihrerseits wieder an Verbrauchsgüter für einen gehobenen Bedarf gewöhnt, die Ägypten wenigstens zunächst nicht selbst liefern konnte [57]. So bestand in Ägypten zwar ein Bedarf aus dem griechischen Raum, er diente aber nicht der Sicherung der Autarkie und kann deshalb zunächst unberücksichtigt bleiben.

Betrachten wir deshalb vorerst einmal die näherliegenden Gebiete, in denen Ägypten ebenfalls schon sehr früh politisch aktiv geworden ist, weil sich hier eventuell Maßstäbe zur Beurteilung des ptolemäischen Interesses finden lassen. Es handelt sich dabei um Südsyrien, Cypern und die Südküste Anatoliens. Politisch war von diesen Gebieten allein Südsyrien für Ägypten als wiederholt benutztes Einfallstor von Bedeutung. Doch auch hier konnte das Land — wie die Erfahrungen der altägyptischen Geschichte zeigen [58] — leichter am Ostrand des Delta oder am Wadi el Arisch auf der Sinaihalbinsel militärisch gesichert werden als im südsyrischen Raum, der niemals nach allen Seiten zu schützen war. Hier lagen aber die wichtigen Endstationen der Karawanenstraßen, auf denen seit langen Zeiten wertvolle Wirtschaftsgüter aus dem Osten durch die arabische Halbinsel herangeführt wurden [59], und so diente der politische und militärische Einsatz der Ptolemäer in diesem Raum vielleicht ihrem Autarkiestreben. Sehen wir uns jedoch diese Wirtschaftsgüter näher an, dann fällt eine solche These gleich in sich zusammen. Gewiß benötigte man für den Kult große Mengen an Weihrauch, gewiß war auch die griechische Oberschicht im Lande an Seidenstoffen, Perlen, Duftstoffen und Gewürzen interessiert [60]. Aber das alles waren ausgesprochene Luxuswaren, auf deren Import die ptolemäische Regierung noch dazu hohe Zölle legte [61]. Der Sicherung der Autarkie können sie deshalb nicht gedient haben. War man trotzdem daran interessiert, an den Endstationen der

[57] Eine Auswertung der reichen Zeugnisse des Zenon-Archivs bereits bei *W. Peremans,* De handelsbetrekkingen van Egypte mit het Middellandsche-Zeegebied in de 3^{e} eeuw v. C.: Katholieke Universiteit te Leuven, Philologische Studien 3 (1931/32), S. 3 ff., 81 ff. (auch Sonderdruck).

[58] Zu den Grenzbefestigungen der Ramessidenzeit vgl. etwa *M. Noth,* Geschichte Israels (Göttingen ^{4}1959), S. 107 ff., für die Spätzeit *Kienitz,* a. a. O., S. 18. 22 f. 105. 110.

[59] Zur Kontrolle über die Karawanenstraßen als Grund für die Rivalität zwischen Ptolemäern und Seleukiden vgl. bereits *U. Wilcken,* Alexander der Große und die hellenistische Wirtschaft: Schmollers Jahrb. 45 (1921), S. 363 f.

[60] Vgl. — auch im Folgenden — zum Handel und zu den Handelsgütern *F. M. Heichelheim,* Wirtschaftsgeschichte des Altertums vom Paläolithikum bis zur Völkerwanderung der Germanen, Slaven und Araber I (Leiden 1938), S. 458 ff.; *C. Préaux,* L'économie royale des Lagides (Brüssel 1939), S. 353 ff.; *Rostovtzeff,* a. a. O. I, S. 297 ff.; II, S. 724 ff., sowie die Zusammenfassung II, S. 994 ff. (dort überall die Einzelbelege).

[61] Vgl. vornehmlich zu P. Cairo Zenon 59012 *Préaux,* a. a. O., S. 372 ff.

großen Handelsstraßen nicht nur am Gewinn des Zwischenhandels beteiligt zu werden, sondern diese Waren auch selbst in die Hand zu bekommen, so entsprang ein solches Interesse nicht dem Eigenbedarf Ägyptens, sondern dem Wunsch, diese Waren für den eigenen Export zu gewinnen — sei es, daß man sie als Rohstoffe weitervermittelte oder nach einem Veredelungsprozeß wieder ausführte. Tatsächlich wissen wir, daß Ägypten/diese Güter in beträchtlicher Menge exportiert hat und dazu Kosmetika, die aus diesen Rohprodukten in den Manufakturen Ägyptens erzeugt wurden [62].

Ganz ähnlich verhält es sich mit den Wirtschaftsgütern aus den übrigen Gebieten, die ich hier genannt habe: Die Fichtenwälder Kilikiens und Cyperns lieferten Holz, Pech und Teer und damit wichtige Materialien für den Schiffsbau [63]. Auf solche Importe war man im holzarmen Ägypten dringend angewiesen. Doch auch hier zeigt sich sogleich, daß man diese Einfuhr nicht zur Sicherung der Autarkie benötigte; denn die Boote für den Nilverkehr konnten aus der Eigenproduktion des Landes erstellt werden [64]. Import an diesen Gütern mußte man sich nur dann sichern, wenn man eine Seeflotte aufstellen wollte. Eine solche Flotte konnte aber nur für das Mittelmeer bestimmt sein, da die ersten Ptolemäer eindeutig den gesamten Ostverkehr den arabischen Kaufleuten überlassen haben [65]; und es scheint, als hätten wir uns damit im Kreise bewegt. Denn wir sind von der Frage ausgegangen, welche Gründe die ersten Ptolemäer zu einer Neuorientierung ihrer Politik, zu einer Ausrichtung auf das Mittelmeer und den griechischen Raum bewogen haben — und wir erhalten scheinbar als Antwort, daß sie sich eben auch darum bemüht haben, mit einer Mittelmeerflotte die äußeren Voraussetzungen für eine solche Politik zu gewinnen. Da wir jedoch machtpolitische Ziele ausschalten konnten, bleibt uns nur übrig, aus den eben angestellten Überlegungen dem offenbar vorhandenen Wunsch nach eigenem Export von Wirtschaftsgütern auch fremder Herkunft unser Augenmerk zuzuwenden.

Wenigstens die Arbeitshypothese können wir damit aufstellen, daß die Ptolemäer eine Mittelmeerflotte für den Export und für seinen Schutz brauchten und daß damit gerade die Gebiete, denen sie in ihrer Politik stets die größte Aufmerksamkeit zuwandten, ohne wesentliche Bedeutung für ihre Hauptzielsetzung

[62] Vgl. *M. Rostovtzeff,* Foreign commerce of Ptolemaic Egypt: Journal of Economic and Business History 4 (1932), S. 728 ff., hier bes. S. 746.

[63] Daneben spielt allerdings auch die Einfuhr von Kupfer aus Cypern keine geringe Rolle; vgl. *Rostovtzeff,* Gesellschafts- und Wirtschaftsgeschichte I, S. 232.

[64] Zu Holzlieferungen aus der χώρα selbst zum Bau von Kriegsschiffen um 250 v. Chr. vgl. *P. M. Fraser — C. H. Roberts,* A new letter of Apollonius: Chron. d'Égypte 24 (1949), S. 289 f. (= SB VI 9215).

[65] Zu dem vergeblichen Versuch Ptolemaios' II., den Osthandel über das Rote Meer in eigene Regie zu nehmen, vgl. *Rostovtzeff,* a. a. O. I, S. 302 ff.

der politischen Unabhängigkeit und der wirtschaftlichen Autarkie waren, dagegen von größter Wichtigkeit eben für ihren Export [66].

Schon lange sind in der Forschung die merkantilistischen Züge in der Wirtschaftspolitik der hellenistischen Staaten erkannt worden, d. h. wirtschaftspolitische Maßnahmen, die auf eine Erschließung neuer Finanzquellen und eine Bereicherung der Staatskasse abzielten, damit der steigende Geldbedarf für die Unterhaltung des Berufsbeamtentums gedeckt werden konnte [67]. Wie im Zeitalter des Absolutismus/gehörte zu diesen Maßnahmen vornehmlich die Förderung des Außenhandels mit dem Ziel, eine aktive Handelsbilanz zu erreichen. Alle hellenistischen Staaten waren hierauf besonders auch deshalb angewiesen, weil sie im eigenen Lande über keine größeren Edelmetallvorkommen verfügten [68]. Damit wird von den allgemein anerkannten Grundzügen hellenistischer Wirtschaftspolitik her der Wunsch dieser Staaten nach Export, damit wird zugleich ein wesentlicher Teil unserer Arbeitshypothese bestätigt.

Aber gerade für das Land der Ptolemäer, von deren Politik hier ausgegangen wurde, läßt sich auch die Gegenprobe machen. Sie waren tatsächlich nicht autark, sondern für eine Anzahl von Gütern auf Import angewiesen. Vor allem fehlte es ihnen für die Kriegführung ihrer Zeit an Elefanten und an Pferden, ihnen fehlten aber ebenso auch die wichtigsten Metalle [69]. Diese Handelsgüter konnten ausnahmslos nicht aus dem griechischen Gebiet bezogen werden, und wir wissen, daß die Ptolemäer sie sich einesteils aus Nubien und Ostafrika, anderenteils aus dem Westen, vor allem aus Karthago und Sizilien, beschafft haben. In diesen Gebieten haben die Ptolemäer aber entweder gar keine oder nur in geringem Umfange Machtmittel eingesetzt; Kriege sind um den Erhalt dieser Waren nie geführt worden. Die wirklich notwendigen Importe konnte man also teils durch Expeditionen in Länder erhalten, bei deren Zivilisationsstand politischer Einsatz nicht lohnte und nicht erforderlich war, vor allem aber auf dem Wege des reinen Tauschhandels [70]. So wird umgekehrt bestätigt, daß es bei Anwendung politischer Mittel nicht um den Import zur Deckung des Eigenbedarfs, sondern eben um den Export ging.

Hat damit die Arbeitshypothese ihre Brauchbarkeit bewiesen, so zeigen die wirtschaftlichen Verhältnisse der Zeit selbst, daß sie zur Erklärung der Frage geeignet ist, warum die hellenistischen Mächte ihre Politik nach dem Mittelmeer hin ausrichteten. Denn in der Tat stellten die griechischen Poleis in der Zeit des Hellenismus einen ständigen Absatzmarkt für die Überproduktion an Getreide

[66] Vgl. dazu oben Anm. 60 und 62 sowie *Rostovtzeff*, The foundations of social and economic life in Egypt in Hellenistic times: Journ. Egypt. Archaeol. 6 (1920), S. 172.

[67] Vgl. dazu jetzt Bengtson, a. a. O., S. 438 f.

[68] Vgl. *Rostovtzeff*, Gesellschafts- und Wirtschaftsgeschichte II, S. 1010.

[69] Vgl. *Rostovtzeff*, a. a. O. I, S. 298.

[70] Vgl. *Rostovtzeff*, a. a. O. I, S. 302 ff. 308 ff.

in den östlichen Staaten, vor allem in Ägypten, dar [71]. Die Bürger dieser Poleis gehörten aber auch allein der sozialen Schicht an, die als Käufer für Luxuswaren aus dem Osten in Frage kam, sie stellten auch allein die Käufer für die eigenen Exportgüter dieser Staaten, bei Ägypten etwa Papyrus, Glaswaren und Textilien [72]./

Nur ganz zu Beginn kann es dabei zu einem Ausgleich zwischen Export und Import gekommen sein, so lange nämlich die jungen hellenistischen Staaten noch Entwicklungsländer darstellten und als solche auf die Einfuhr griechischer Manufakturerzeugnisse angewiesen waren [73]. Aus den Papyri Ägyptens wissen wir, daß sich das bald änderte. Der Staat selbst errichtete Manufakturen, die über den Eigenbedarf des Landes hinaus produzierten [74]. Daraufhin mußten die griechischen Poleis ihre Importe aus dem Osten sehr bald in Geld bezahlen [75], und damit schließt sich der Ring: Die Orientierung der Politik der hellenistischen Staaten nach dem Kernraum des östlichen Mittelmeerbeckens diente dem Erwerb und der Sicherung der dortigen Absatzmärkte, die allein in der Lage waren, den ständigen Geldbedarf der Großmächte zu befriedigen.

Zu diesem Zweck wurden nun in allen hellenistischen Staaten Mittelmeerflotten erbaut, und der Sohn des Antigonos, der sich zuerst dem Raum der Ägäis zugewandt hatte, Demetrios Poliorketes, hatte noch eine gewichtige Stimme im Konzert dieser Staaten, als er sich lediglich auf eine Flotte und kleine Inseln als Stützpunkte verlassen konnte [76]. In dieser Situation und noch stärker nach der Konsolidierung der Machtverhältnisse um das östliche Mittelmeer zeigte sich auch die Bedeutung, welche in der vorwiegend als Küstenschiffahrt betriebenen Seefahrt günstig gelegenen Zwischenhäfen zukam. Rhodos nahm eine solche Position ein, da es im Schnittpunkt fast aller Linien lag, die dieser Seeverkehr benötigte. Rhodos hat diese günstige Lage geschickt genutzt, es hat aber auch die Verpflichtungen auf sich genommen, deren Erfüllung man von einem solchen Zentrum des Seeverkehrs erwartete [77]. Die rhodischen Schnellsegler verbannten die Seeräuber vom östlichen Mittelmeer [78], und rhodisches Seerecht hat noch

[71] Vgl. zur Notwendigkeit der Getreidebeschaffung in den griechischen Poleis im 3. Jahrhundert v. Chr. an Hand der Inschriften *Köster*, a. a. O., S. 60 f.

[72] Vgl. vor allem *Rostovtzeff*, a. a. O. II, S. 965.

[73] Vgl. dazu *Rostovtzeff*, a. a. O. I, S. 290, sowie *Peremans*, a. a. O. Zu den Importen von Wein und Öl vgl. *Braunert* (Anm. 49), S. 102, Anm. 95 [= oben S. 127].

[74] Vgl. zur Steigerung des Ertrages *Rostovtzeff*, a. a. O. I, S. 290 ff.

[75] Während unter den ersten drei Ptolemäern in Griechenland keine ptolemäischen Münzschatzfunde nachzuweisen sind (*Rostovtzeff*, a. a. O. III, S. 1176), fehlt beim Rückgang des Handels mit der Ägäis seit der Zeit Philopators das für die Aufrechterhaltung des bisherigen Währungssystems erforderliche Silber (*Rostovtzeff*, a. a. O. II, S. 563).

[76] Vgl. etwa *Rostovtzeff*, a. a. O. I, S. 15.

[77] Vgl. zur Bedeutung von Rhodos vor allem *Rostovtzeff*, a. a. O. II, S. 536 ff.

[78] Vgl. vor allem nach Diod. 20, 81, und Strabo 14, p. 652, *E. Ziebarth*, Beiträge zur

bis in die römische Kaiserzeit Geltung behalten [79]. An der Selbständigkeit und Neutralität dieser Polis mußten daher alle Mächte interessiert sein, die ihrerseits auf die Seeverbindungen angewiesen waren. Als Rhodos im Jahre 305 v. Chr. von Demetrios Poliorketes belagert wurde, ist es nicht allein von den Großmächten der Zeit, von Ptolemaios, Kassander und Lysimachos, sondern auch von den griechischen Städten unterstützt worden [80]. Aber auch die Wohlfahrt dieser Stadt lag im gemeinsamen Interesse, so daß ebenfalls alle Staaten und Machthaber von Sizilien bis zum Pontosgebiet und Ägypten großzügig Hilfe leisteten, als Rhodos im Jahre 227 oder 226 v. Chr. von einem Erdbeben heimgesucht wurde, dem auch das Wahrzeichen/des Hafens — der 34 m hohe Koloß von Rhodos — zum Opfer fiel [81].

Gerade in dieser Anteilnahme, die Rhodos immer wieder bekundet worden ist, zeigt sich sinnfällig, wie Politik und Wirtschaft der hellenistischen Staaten auf den Kernraum der Ägäis ausgerichtet und hier gleichsam verklammert waren.

Demgegenüber traten die Länder um das westliche Mittelmeerbecken in der Blütezeit des Hellenismus während des 3. Jahrhunderts v. Chr. in ihrer Bedeutung zurück. Zur gleichen Zeit, als Alexander der Große nach dem Osten ausgriff, hat sein Onkel und Schwager, Alexander von Epirus, den Versuch unternommen, sich im Westen eine größere Machtstellung zu schaffen [82]. Aber er — wie später Pyrrhos von Epirus — sind mit ihren Unternehmungen gescheitert, und so fehlten in hellenistischer Zeit im Westen die politischen Voraussetzungen, die für den Osten trotz der Weite seiner Gebiete eine Einheit erst ermöglicht hatten. Trotzdem bestanden nicht nur ständige Beziehungen zwischen dem östlichen und dem westlichen Teil des Mittelmeeres, auch die Einflüsse aus der hellenistischen Welt des Ostens waren nicht gering. Importe aus dem karthagischen und sizilischen Raum in Ägypten habe ich bereits erwähnt; Unteritalien ist hinzuzuzählen, und auch die umgekehrte Richtung des Handels ist bezeugt [83]. Doch wird damit nur der rege Tauschhandel zwischen diesen Gebieten bewiesen. Er geht wahrscheinlich auf die Initiative des zweiten Ptolemäers zurück, seit dessen Zeit auch Rom bereits in den Gesichtskreis der Griechen im Osten gerückt ist [84].

Geschichte des Seeraubs und Seehandels im alten Griechenland (Hamburgische Universität. Abhandlungen aus dem Gebiet der Auslandskunde, 30. 1929), S. 20 f.

[79] Vgl. *H. Kreller*, Lex Rhodia: Zeitschrift für das gesamte Handelsrecht und Konkursrecht 85 (1921), S. 257 ff.; *Rostovtzeff*, a. a. O. II, S. 543 f.; *Amit*, a. a. O., S. 134.

[80] Vgl. *Niese*, a. a. O. I, S. 324 ff.

[81] Vgl. nach Polyb. 5, 88—90, *Rostovtzeff*, a. a. O. I, S. 177.

[82] Vgl. *W. Hoffmann*, Rom und die griechische Welt im 4. Jahrhundert (Philol., Suppl.-Bd. 27, 1. Leipzig 1934), S. 17 ff.

[83] Vgl. *Rostovtzeff*, a. a. O. I, S. 309.

[84] Vgl. allgemein zum „Eindruck der römischen Entwicklung im 4. Jahrhundert auf die Griechen um 300" *Hoffmann*, a. a. O., S. 104 ff.; speziell auf das vorliegende Thema bezogen konnte *A. Momigliano*, „Terra marique": Journ. Rom. Stud. 32 (1942), S. 53 ff.,

Politisch haben natürlich zuerst die griechischen Städte im Westen den Anschluß an die neue Entwicklung gesucht. Agathokles, der Tyrann von Syrakus, stand bei seinem Afrikafeldzug im Jahre 309 v. Chr. im Bündnis mit einem ephemeren Machthaber von Kyrene. Der Versuch, über nordafrikanisches Gebiet eine Brücke zwischen den von Griechen beherrschten Ländern im Osten und Westen zu schlagen, schlug jedoch fehl [85]. Doch bald danach nahm Agathokles nach dem Vorbild der Diadochen den Königstitel an und schaltete sich in die dynastische Heiratspolitik der hellenistischen Herrscherhäuser ein [86]. Damit erwies das neue Königtum in der Nachfolge Alexanders des Großen seine Anziehungskraft, und gerade das hellenistische Herrscherbild hat auch über den griechischen Raum hinaus gewirkt. So sind in Karthago schon Persönlichkeit und Werk des Vaters Hannibals/kaum ohne die Annahme zu erklären, daß er in jenen Königen sein Vorbild sah [87], und auch in Rom muß man seit Scipio Africanus mit der Einwirkung dieses Vorbildes rechnen [88].

Aber auch wirtschaftlich sind die Einflüsse der hellenistischen Staaten auf den Westen des Mittelmeeres für uns faßbar. Als im 3. Jahrhundert v. Chr. Hieron II. von Syrakus die Abgabenordnung der Pächter auf seinen königlichen Domänen in einem Gesetz regelte, das später die Römer für ganz Sizilien als *lex Hieronica* übernahmen [89], da stützte er sich auf ähnliche Verordnungen aus dem Bereiche der hellenistischen Staatswirtschaft und übernahm wahrscheinlich die Grundzüge einer Gesetzgebung, die uns in den Revenue Laws des zweiten Ptole-

wahrscheinlich machen, daß in der Zeit des zweiten Ptolemäers der Topos von der Land- und Seeherrschaft in der Panegyrik von den hellenistischen Herrschern auf Rom übertragen wurde.

85 Vgl. *Bengtson,* a. a. O., S. 382.

86 Vgl. *Niese,* a. a. O. I, S. 473; *Bengtson,* a. a. O., S. 383.

87 Wenn *W. Hoffmann,* Hannibal (Göttingen 1962), S. 12 ff., in einer treffenden Schilderung des Aufstiegs Hamilkars auch vornehmlich zeigen will, daß dieser „die Reihe der ehrgeizigen Feldherren" fortgesetzt habe, „die seit dem 6. Jahrhundert gestützt auf das Heer den Griff nach der Macht getan hatten" (S. 12), so zeigen doch die Kennzeichnung seiner Herrschaft in Spanien als „Fürstentum unter einer karthagischen Dynastie" (S. 26), die Konzeption eines Territorialstaates in Anlehnung an die hellenistischen Staaten (und an Rom?) (S. 28) und vor allem die Machtgrundlage dieser persönlichen Herrschaft im Heer (S. 19) recht deutlich die Vorbilder in seiner eigenen Zeit an. Vgl. zur Beurteilung Hannibals selbst als (später) Nachfolger der kraftvollen hellenistischen Herrscherpersönlichkeiten *Hoffmann,* a. a. O., S. 132.

88 Vgl. zu seiner Beurteilung jetzt *H. Bengtson,* Grundriß der römischen Geschichte mit Quellenkunde I (HAW III 5, 1. München 1967), S. 95 f. Allerdings ist auch für Scipio zu berücksichtigen, daß das hellenistische „ambiente", vor allem eine neue Art der Kriegführung, in der Überlieferung auch das Bild seiner Persönlichkeit mit beeinflußt hat; vgl. *U. Schlag,* Regnum in senatu. Das Wirken römischer Staatsmänner von 200 bis 191 v. Chr. (Kieler Historische Studien, 4. Stuttgart 1968), S. 162 ff.

89 Vgl. *J. Carcopino,* La loi de Hiéron et les Romains. Paris 1914.

mäers fragmentarisch noch auf einem Papyrus erhalten ist [90]. Auch hierbei haben die Römer nicht nachgestanden. Erst spät haben sie ein Währungssystem entwickelt, das ihnen Handel auch außerhalb des eigenen Herrschaftsgebietes erlaubte. Als das schließlich mit der Prägung von Silber gleich nach Beendigung des Pyrrhoskrieges im Jahre 269 v. Chr. geschah, da zeigten einzelne römische Münzen Jahresziffern, die jahrweise den gleichen Ziffern auf den Dekadrachmen der ptolemäischen Königin Arsinoe entsprechen und nur hier sinnvoll erklärt werden können. Andere trugen auf der Rückseite ein Diadem, das wahrscheinlich von den Münzen des zweiten Ptolemäers kopiert ist [91]. Der Beginn dieser römischen Münzprägung steht damit im engen Zusammenhang mit einem Gesandtenaustausch zwischen dem ptolemäischen Ägypten und Rom vom Jahre 273 v. Chr., der vom hellenistischen König mit großer Wahrscheinlichkeit aus handelspolitischen Erwägungen in die Wege geleitet worden ist [92].

Bei diesen Einflüssen liegt die Annahme nahe, daß mit dem Ausgreifen Roms nach dem Osten das gesamte Mittelmeer zu einer Einheit verbunden und die enge Verflechtung in Politik und Wirtschaft, die wir für die frühe hellenistische Zeit im östlichen Mittelmeerbecken kennengelernt haben, nun auf den ganzen Bereich ausgedehnt werden konnte — zumal jetzt auch Spanien bereits unter römischer Herrschaft stand. Daß es dazu nicht kam, lag gewiß nicht allein in der Schuld Roms; denn der politische Niedergang der hellenistischen Staaten, der das Eingreifen Roms erst ermöglichte, hatte auch ein Erlahmen der Kräfte im eigenen Bereich zur Folge: Hier drohte die hellenistische Welt auseinanderzubrechen [93]. Diesen Prozeß hat aber nun Rom noch nach Kräften gefördert. Auf die entsprechenden Kämpfe/dieser Zeit kann ich hier nicht eingehen; ein entscheidender Schlag wurde dem ganzen Organismus durch die Behandlung versetzt,

[90] Vgl. zur Übernahme zuletzt *H. Berve*, König Hieron II. Abh. München, N. F. 47. 1959), S. 67 ff.

[91] Vgl. zuletzt *A. Lippold*, Consules. Untersuchungen zur Geschichte des römischen Konsulates von 264 bis 201 v. Chr. (Antiquitas, Reihe 1, Bd. 8. Bonn 1963), S. 86 ff. (mit der numismatischen Literatur).

[92] So im Anschluß an *Rostovtzeff*, a. a. O. I, S. 308 ff., jetzt auch *Bengtson*, Griechische Geschichte, S. 391. Zu Recht weist allerdings *Momigliano*, a. a. O., S. 60, Anm. 28, darauf hin, daß erst die Beziehungen zwischen Alexandreia und Karthago den Schlüssel für eine Beurteilung der Gesandtschaft des Philadelphos nach Rom an die Hand geben, das zu dieser Zeit gerade das Bündnis mit Karthago erneuert hatte (vgl. *Bengtson*, Römische Geschichte, S. 68 f.).

[93] Vgl. die Charakterisierung von *W. Otto*, Kulturgeschichte des Altertums. Ein Überblick über neue Erscheinungen (München 1925), S. 118: „Der vorurteilslose Beurteiler ... muß ... zugeben, daß, als Rom der Herr des Hellenismus wurde, der politische Niedergang der hellenistischen Staaten des Ostens schon in vollem Gange war. Rom hat diesen zwar beschleunigt, aber auch ohnedies war der Hellenismus politisch bereits zum Tode verurteilt; er trug den Todeskeim schon in sich, dessen er aus eigener Kraft nicht mehr hätte Herr werden können".

welche die Römer Rhodos zuteil werden ließen. Solange Rom noch keine direkte Herrschaft im Osten übernahm, hat es in seinen Auseinandersetzungen mit den großen Mächten die Mittelstaaten gefördert. Zu ihnen gehörte neben Pergamon vor allem auch Rhodos [94]. Das änderte sich mit einem Male nach der Schlacht von Pydna im Jahre 168 v. Chr. Rhodos hatte in dem vorangegangenen Kampf zwischen Rom und Perseus von Makedonien zu vermitteln versucht und sollte nun die Rache des Siegers spüren [95]. Der alte Cato hat mit einer Rede zugunsten der Rhodier das Schlimmste verhütet, und er tat das aus der Erkenntnis heraus, daß Rhodos um seiner Selbständigkeit willen eine römische Alleinherrschaft nicht habe wünschen können [96]. Tatsächlich waren Selbständigkeit und Neutralität für Rhodos lebensnotwendig, wenn es seine Funktion als clearing-house im östlichen Mittelmeer erfüllen wollte. Es war daran gewöhnt, daß auch die Großmächte das in ihrem eigenen Interesse respektierten; und wenn es auch kurzsichtig gewesen sein mag, daß man in Rhodos die veränderte Situation nicht erkannte [97] — nicht erkannte, daß es mit dem Eingreifen Roms im Osten mit dem bisherigen Spiel der politischen Kräfte vorbei war —, so erscheint mir eine solche Kurzsichtigkeit doch entschuldbar. Für Rom gab es auf seinem Wege zur Weltherrschaft keine neutralen Staaten, wofern sie schwächer waren als Rom selbst. Aber Rom hat Rhodos nicht nur wie vergleichbare Staaten durch ein *foedus* gefesselt; der Stadt wurde darüber hinaus die Funktion entzogen, die sie über 150 Jahre lang ausgeübt hatte, indem Delos zum Freihafen erklärt und der Handel dorthin gezogen wurde [98].

Das war auch Wirtschaftspolitik im Dienste der römischen und italischen

[94] Vgl. *Rostovtzeff*, a. a. O. II, S. 537 f.; *H. H. Schmitt*, Rom und Rhodos. Geschichte ihrer politischen Beziehungen seit der ersten Berührung bis zum Aufgehen des Inselstaates im römischen Weltreich (Münch. Beitr. 40. 1957), S. 81 ff.

[95] Vgl. *Schmitt*, a. a. O., S. 146 ff.

[96] Zur Interpretation der Rede vgl. *D. Kienast*, Cato der Zensor. Seine Persönlichkeit und seine Zeit (Heidelberg 1954), S. 119 ff.; *Schmitt*, a. a. O., S. 153 f.

[97] Dieses Verdikt besonders scharf bei *Schmitt*, a. a. O., S. 155 f., der vor allem auch die Möglichkeit verneint, daß sich Rhodos gegenüber einem siegreichen Perseus zu behaupten vermocht hätte (S. 156). Damit werden m. E. die Grundzüge hellenistischer Politik verkannt: Auch zuvor ist Rhodos nicht im Windschatten der Politik der großen Mächte geblieben, sondern vor allem an der Wende vom 3. zum 2. Jahrhundert v. Chr. haben wiederholt die umliegenden Mächte — Philipp V., Nabis von Sparta, die Ätoler und die Kreter —, meist unter Einsatz von Piraten, der Machtstellung von Rhodos Abbruch getan (vgl. *Rostovtzeff*, a. a. O. II, S. 480), aber seine Selbständigkeit ist dabei ebenso wenig angetastet worden wie in der Zeit, als die Ptolemäer die Hegemonie in der Ägäis besaßen.

[98] Vgl. *Rostovtzeff*, a. a. O. II, S. 609, der allerdings betont, daß Rhodos seine Vermittlerfunktion im Getreidehandel und im Handel zwischen den Staaten Griechenlands behalten habe — einem „Gebiet, an dem seine neuen Rivalen, die Italiker und Syrer, nicht interessiert waren“ (S. 615); vgl. auch *Schmitt*, a. a. O., S. 157. 159 f.

Kaufleute, die schon lange ihre Niederlassungen auf dieser Insel hatten [99]. Aber es war eine Wirtschaftspolitik ohne die Kenntnis von deren Grundlagen im Bereich des Mittelmeeres. Delos ist mächtig aufgeblüht, aber es war selbst keine Seemacht und konnte deshalb den Schutz nicht übernehmen, den der Handelsverkehr auf dem Mittelmeer brauchte [100]. Deshalb hat sich die Seeräuberei schnell wieder ausgebreitet. Im östlichen Mittelmeer wurde der Seehandel bald mehr und mehr lahmgelegt [101], aber schon um die Wende zum 1. Jahrhundert v. Chr. griff die Plage in verstärktem Maße auch auf den Westen über, so daß Cicero im Jahre 66 v. Chr. seine Hörer fragen konnte: „Soll ich daran erinnern, daß so ausgezeichnete Städte wie Knidos, Kolophon oder/Samos und unzählige andere eingenommen wurden, da Ihr ja wißt, daß Eure Häfen und diese Häfen, aus denen Ihr Unterhalt und Leben zieht, in der Gewalt der Piraten waren? Oder wißt Ihr nicht mehr, daß der Hafen von Caieta, so belebt und voller Schiffe, während der Inspektion eines Praetors von den Seeräubern geplündert wurde, daß aus Misenum die Kinder eben dessen, der vorher gegen die Piraten gekämpft hatte, von ihnen entführt wurden? Denn wozu soll ich das Unglück von Ostia, jene Schande und Schmach unseres Staates, beklagen, als beinahe unter Euren Augen eine Flotte unter dem Kommando eines Konsuls des römischen Volkes von den Piraten gekapert und vernichtet wurde?“ [102]

Eine Generation lang hat man in Rom versucht, dieses Übels Herr zu werden, und währenddessen lag ein Vergleich mit den früheren Zuständen im Mittelmeer nahe, den Cicero in der gleichen Rede in die Worte gefaßt hat: „Hat es schon jemals einen Staat gegeben — ich spreche gar nicht von Athen, das eine recht ausgedehnte Seeherrschaft besessen haben soll, nicht von Karthago, das durch seine Flotte und seine sonstigen Schiffszurüstungen in sehr hoher Geltung stand, auch nicht von Rhodos, dessen Erfahrung und Ruhm zur See bis jetzt in unserer Erinnerung haften — nein, hat es schon jemals einen so schwachen Staat gegeben

[99] Vorsichtig urteilt über die frühzeitige Niederlassung von Italikern allerdings *J. Hatzfeld,* Les trafiquants italiens dans l'Orient hellénique (Bibliothèque des écoles Franc. d'Athènes et de Rome, 115. 1919), S. 28. 31 ff. Vgl. jetzt *Rostovtzeff,* a. a. O. II, S. 622 ff.; *Schmitt,* a. a. O., S. 166; *A. Donati,* I Romani nell' Egeo. I documenti dell' età repubblicana: Epigraphica 27 (1965), S. 1 ff.

[100] Zur Bedeutung, welche die Ausschaltung von Rhodos für die Ausbreitung des Piratenunwesens hatte, vgl. *Rostovtzeff,* a. a. O. II, S. 609 ff.; *Schmitt,* a. a. O., S. 179. 181, während *Bengtson,* Römische Geschichte, S. 200, allgemein „den Niedergang der hellenistischen Oststaaten, insbesondere des Seleukidenreiches“ dafür verantwortlich macht.

[101] Vgl. besonders zu den kilikischen Seeräubern *Ziebarth,* a. a. O., S. 31 ff.; *L. Casson,* The ancient mariners. Seafarers and seafighters of the Mediterranean in ancient times (London 1960), S. 198 ff. — Zum Seeräuberunwesen als Voraussetzung für die Sklavenerhebungen dieser Zeit vgl. *Bengtson,* a. a. O., S. 164.

[102] Cic., de imp. Cn. Pomp. 12, 33; vgl. *E. J. Jonkers,* Social and economic commentary on Cicero's De imperio Cn. Pompei (Leiden 1959), S. 40 f.

oder eine so kleine Insel, die nicht die eigenen Häfen und Äcker und jedenfalls einen Teil des weiteren Gebietes und der Küste mit eigenen Mitteln hätte verteidigen können?" [103] Mit den früheren Seemächten konnte Rom also ohnehin einen Vergleich nicht aushalten, und die Feldherren der Landmacht strengten sich vergeblich an, vom Land her die Seeräuber zu vernichten. Erst die kombinierten Land- und Seeoperationen eines Pompeius haben zum Erfolg geführt [104]. Nicht zufällig wurde dieser Erfolg von einem Manne errungen, der in einer Bündelung außerordentlicher Vollmachten und einer umfassenden Kommandogewalt über Heer und Flotte zu den Vorläufern der römischen *principes* gehört. Unter ihnen ist dann durch die Befriedung der Landmassen ein ungestörter Wirtschaftsverkehr auch in ihrer Mitte, auf dem Mittelmeer, wieder ermöglicht worden [105].

Ich fasse zusammen: Aufgaben und Nutzen der Seeherrschaft sah Thukydides darin, daß die griechischen Staaten bei der Gunst ihrer Lage das Gebiet vor ihren Küsten von Seeräubern befreiten, dadurch den Handel an sich zogen und ihre

[103] Cic., de imp. Cn. Pomp. 18, 54; vgl. *Jonkers,* a. a. O., S. 47 f. — Zur Einflußnahme von Rhodos auf die *lex de piratis persequendis,* die wahrscheinlich 100 v. Chr. erlassen wurde, vgl. *Rostovtzeff,* a. a. O. II, S. 612.

[104] Zum Seeräuberkrieg vgl. *Ziebarth,* a. a. O., S. 33 ff.; *Bengtson,* a. a. O., S. 200 f. Eine treffende Beurteilung der Situation bei *J. H. Thiel,* Studies on the history of Roman sea-power in republican times (Amsterdam 1946), S. 23: „The revival of Roman sea-power was a child of Necessity, it was neither born from Roman attachment to the sea nor did it produce such an attachment in its turn. *Navigare necesse erat* in the most strictly literal sense". Trotzdem hat man Rom als Seemacht gepriesen (vgl. oben Anm. 84) und diesen Topos der *laudes* gerade jetzt zum ersten Mal auf einen einzelnen Römer, Pompeius, übertragen; vgl. *Momigliano,* a. a. O., S. 63.

[105] Der Einsatz von Seeräubern unter Sex. Pompeius (vgl. *Bengtson,* a. a. O., S. 242) hat zwar erneut die Schwäche Roms auf diesem Gebiet gezeigt, und *C. Cichorius,* Römische Studien. Historisches, Epigraphisches, Literargeschichtliches aus vier Jahrhunderten Roms (Leipzig-Berlin 1922), S. 257 ff., konnte auf die Vernachlässigung der Marine noch unter Augustus hinweisen. Aber dann ist, wie neuerlich *D. Kienast,* Untersuchungen zu den Kriegsflotten der römischen Kaiserzeit (Antiquitas, Reihe I, Bd. 13. Bonn 1966), S. 48 ff., gezeigt hat, ein besonders enges Vertrauensverhältnis zwischen den Kaisern und der Flotte entstanden, das sich zu deren Vorteil ausgewirkt hat. Wenn auch die Befriedung „vom Lande aus" erfolgte, wie auch *H. Berve,* Rom und das Mittelmeer, in: Gestaltende Kräfte der Antike. Aufsätze und Vorträge zur griechischen und römischen Geschichte, 2. Aufl. hrsg. von *E. Buchner* und *P. R. Franke* (München 1966), S. 363 ff., wiederholt betont, so konnte in der hohen Kaiserzeit doch der Frieden auf dem Meer zu Recht gepriesen werden. Darin wird zugleich noch der Unterschied zu den vorangegangenen Zeiten deutlich, den *Momigliano* — bei der Untersuchung der entsprechenden Topoi — (vgl. Anm. 84), S. 63, mit den Worten kennzeichnet: „Rule over Sea had been the condition of Athenian liberty; Ruler over Land and Sea had been the Hellenistic definition of a sovereign; Peace over Land and Sea was now the justification of Roman Rule".

Einkünfte so vermehrten [106]./Schon zu seiner eigenen Zeit waren einzelne Staaten, wie vor allem Athen, zur Sicherung des Unterhalts ihrer Bürger darüber hinaus zu eigenem Handel gelangt, aber grundsätzlich hat die von Thukydides herausgestellte Verknüpfung von Politik und Wirtschaft noch die Seegeltung von Rhodos in hellenistischer Zeit bestimmt. Die Landmächte der Antike haben Aufgaben und Nutzen einer solchen Politik nie wahrgenommen: Vom Land her haben sie sich wie Alexander der Große gegen mögliche Gefahren aus dem Meere abgeschirmt oder wie die Römer eine Befriedung des Mittelmeeres im Interesse des vorhandenen Wirtschaftsverkehrs erreicht. Die Seepolitik der hellenistischen Staaten mutet demgegenüber modern an: Angebot und Nachfrage schufen in der Blütezeit dieser Staatswesen ein einheitliches Wirtschaftsgebiet, durch dessen enge Verflechtung wenigstens das östliche Becken in der Tat zu einem Mittelmeer für Politik und Wirtschaft dieser Staaten wurde [107].

[106] Zur Aufgabe von Seemächten, die Piraten zu bekämpfen, vgl. die Quellensammlung bei *Ziebarth*, a. a. O., S. 100 (Anhang I 1—4), sowie jetzt *Amit*, a. a. O., S. 119 ff.

[107] Erst während der Drucklegung wurde mir das Werk von *Éd. Will*, Histoire politique du monde hellénistique (323—30 av. J.-C.) I: De la mort d'Alexandre aux avènements d'Antiochos III et de Philippe V (Annales de l'Est, Mémoire No. 30). Nancy 1966, zugänglich. Bei weitgehender Übereinstimmung im einzelnen kommt Will zu grundsätzlich anderen Ergebnissen bei der Beurteilung der „fondements et principes de la politique extérieure Lagide au IIIe siècle", denen er einen eigenen „essai d'analyse" (S. 133 ff.) gewidmet hat. „La clé du problème de la sécurité de l'Égypte était, décidément, en Coele-Syrie" (S. 143), scheint mir hierbei den Kernsatz zu bilden. Militärische Sicherheit bedingte deshalb den Besitz dieses Landes und seine Sicherung wiederum Aufstellung und Aufrechterhaltung eines modernen Heeres und einer modernen Flotte, für deren Bau man die Materialien aus Cypern und Kilikien und damit auch diese Länder brauchte. Letztlich war es deshalb der Feldzug des Perdikkas vom Jahre 321 v. Chr., der die Politik der Ptolemäer länger als ein Jahrhundert maßgeblich bestimmt hat (S. 141), und der ptolemäische Merkantilismus bot letztlich die Mittel zur Verwirklichung dieses politisch-militärischen Zieles (S. 148 ff.). Es fehlt allerdings der Nachweis, daß die Nordgrenze Koilesyriens tatsächlich die günstigste Verteidigungslinie für Ägypten gegen Angriffe aus dem asiatischen Raum bildete. Die ptolemäische Geschichte bestätigt eine solche Annahme m. E. ebenso wenig wie die altägyptische (vgl. dazu oben S. 142 mit Anm. 58). — Hinweisen möchte ich schließlich noch auf das Werk von *J. Rougé*, Recherches sur l' organisation du commerce maritime en Méditerranée sous l' empire romain (École Pratique des Hautes Études, VIe Section. Centre de Recherches Historiques: Ports, Routes, Trafics). Paris 1966. Die hier behandelte Zeit des römischen Kaiserreiches berührt unser Thema nicht mehr, aber bei den Untersuchungen über die „Infrastruktur" des Seehandels geht der Vf. notwendigerweise mitunter auf Fragen allgemeiner Natur ein, deren Beantwortung auch die Berücksichtigung früherer Perioden erfordert. So werden etwa die Vorstellungen in der antiken Literatur über die Teilgebiete des Mittelmeeres behandelt (S. 41) oder die *lex Rhodia* (S. 407 ff.), die mit großer Wahrscheinlichkeit während der hellenistischen Zeit „une coutume maritime unifiée" darstellte, „dont le règles étaient respectées par tous en dehors des périodes de conflict" (S. 412).

Die heilige Insel des Euhemeros in der Diodor-Überlieferung

Hans Diller zum 60. Geburtstag

Die „heilige Insel" spielte nach den erhaltenen Fragmenten [1] in der ἱερὰ ἀναγραφή des Euhemeros nur eine unbedeutende Rolle innerhalb der Rahmenerzählung, und diese bildete ihrerseits gewiß nicht den wesentlichen Bestandteil des Gesamtwerkes [2]. Trotzdem haben die Historiker dieser Rahmenerzählung mit ihrer Schilderung merkwürdiger Formen des gesellschaftlichen, staatlichen und wirtschaftlichen Lebens auf der Insel Panchaia immer wieder ihre Aufmerksamkeit zugewandt und ihr vielfach auch einen Eigenwert neben dem Kern der Schrift, der quasihistorischen Erklärung der griechischen Göttermythen, zugesprochen [3]. Eine solche Wertung kann ihre Berechtigung nur in dem Nachweis finden, daß Euhemeros mit seiner Schrift auch zu den staatstheoretischen Überlegungen seiner Zeit habe beitragen wollen [4]. Voraussetzung für einen solchen Nachweis bleibt aber/m. E. — trotz der bisher gar nicht seltenen Beschäftigung mit dieser Schrift —, daß es gelingt, auch für die Rahmenerzählung hinter den überlieferten Exzerpten die Schrift des Euhemeros selbst zu fassen; und dabei gewinnt, wie ich meine, die „heilige Insel" plötzlich an Bedeutung.

Es ist schon immer aufgefallen, daß in dem ausführlichsten Diodorfragment [5]

[1] Vgl. die Fragmentsammlungen von *F. Jacoby*, FGrHist I 63 (S. 302 ff.), und *G. Vallauri*, Euemero di Messene (Pubbl. della Fac. di Lett. e Filos. dell' Univ. di Torino VIII 3. 1956), S. 31 ff. (= Vallauri), sowie die Übersetzung der Fragmente von *H. F. van der Meer*, Euhemerus van Messene (Diss. Amsterdam 1949), S. 20 ff.

[2] Vgl. bereits *Jacoby*, RE 6 (1909), Sp. 958 f., der später (FGrHist I A², S. 562) bedauerte, Euhemeros überhaupt unter die „Historiker"fragmente aufgenommen zu haben.

[3] Vgl. besonders *R. v. Pöhlmann*, Geschichte der sozialen Frage und des Sozialismus in der antiken Welt, 3. Aufl. v. *F. Oertel*, II (München 1925), S. 293 ff.; *W. W. Tarn*, Alexander the Great and the unity of mankind: Proc. of the Brit. Acad. 19 (1933), S. 163 ff.; *T. S. Brown*, Euhemerus and the historians: Harv. Theol. Rev. 39 (1946), S. 259 ff.; *A. Polet*, Deux Utopies hellénistiques: Bull. of the Fac. of Arts, Fouad I Univ. 9 (1947), S. 47 ff. — Das gilt hier unabhängig von den verschiedenen vergeblichen Versuchen zur Lokalisierung der Inseln des Euhemeros; vgl. dazu etwa *G. Hüsing*, Panchaia: Beiträge zur hist. Geogr., Kulturgeogr., Ethnogr. und Kartogr., vornehmlich des Orients, hrsg. v. H. Mžik (Wien 1929), S. 99 ff.

[4] Vgl. meinen Hinweis in Theorie, Ideologie und Utopie im griechisch-hellenistischen Staatsdenken: Gesch. in Wissensch. und Unterr. 14 (1963), S. 150 [= oben S. 55].

[5] Diod. 5, 41—46 = F 3 (FGrHist; hierauf beziehen sich die Zahlen im Text) = F 2 (Vallauri).

gerade die staatliche Spitzengliederung der Insel Panchaia nur mangelhaft überliefert ist. F. Jacoby störte es, daß dort ein Königtum nicht genannt wird, obwohl es nach dem monarchischen Ursprung der Herrschaft auf der Insel zu postulieren sei [6], und R. v. Pöhlmann sah zwar neben der regierenden Priesterkaste „sogar Könige genannt", die er als „Teilfürsten" bezeichnen zu können glaubte, vermißte jedoch eine Aussage über die Stellung dieser Könige zu den Priestern [7]. Solche Unklarheiten sind gewiß darauf zurückzuführen, daß wir „eben nur auf den kurzen und nichts weniger als geschickten Auszug (scil. Diodors) angewiesen" sind [8]; von ihm muß aber notwendig trotzdem jeder Versuch einer Rekonstruktion der Aussage des Euhemeros selbst ausgehen.

Diodor berichtet von drei Inseln [9], einer προσαγορευομένη Ἱερά („heilige Insel"), auf der keine Toten bestattet werden durften, einer zweiten in ihrer Nähe, die — ohne besonderen Namen — eben für die Totenbestattung bestimmt war („Toteninsel") (alles 41, 4), und einer dritten großen Insel, 30 Stadien östlich der ersten gelegen und mit Blick auf das indische Festland (42, 4). Diese letzte will Diodor als Insel Panchaia verstanden wissen [10], deren ausführliche Schilderung sich unmittelbar/an die Einführung anschließt (42, 5 ff.). Zwischen die Aufzählung der zweiten und dritten, der Toteninsel und Panchaia, ist eine Beschreibung der Ἱερὰ νῆσος eingefügt (41, 5—42, 3) [11], in welcher der Akzent vor allem auf die Flora gelegt wird (41, 5—8), da Weihrauch, Myrrhe und anderes Räucherwerk dieser Insel καθ' ὅλην τὴν οἰκουμένην πρὸς τὰς τῶν θεῶν τιμάς ausgereicht habe (41,5). Daneben werden aber noch die Grundzüge der staatlichen Gliederung der heiligen Insel mitgeteilt (42,1): die χώρα war unter

[6] RE 6, 962; vgl. dazu *Vallauri,* S. 15 und vor allem Anm. 72: „secondo Euemero la costituzione monarchica era un qualche cosa di storicamente superato".

[7] A. a. O., S. 294, mit Anm. 3.

[8] *v. Pöhlmann,* a. a. O., S. 295; vgl. auch *Jacoby,* RE 6, 958 f.; *Vallauri,* a. a. O., S. 14.

[9] Zur Bedeutung der Dreizahl bei Euhemeros vgl. *v. d. Meer,* a. a. O., S. 42. Die Bedeutung wird hier noch dadurch unterstrichen, daß es sich nicht um „het aantal eilanden, dat Euh. aantrof" (*v. d. Meer,* a. a. O.) handelt, sondern allein um die drei Inseln, die aus einer größeren Gruppe ἄξιαι τῆς ἱστορικῆς ἀναγραφῆς waren.

[10] Vgl. *Jacoby,* RE 6, 958; *v. d. Meer,* a. a. O., S. 41. Anders urteilt *F. Hommel,* Die Insel der Seligen in Mythus und Sage der Vorzeit (München 1901), der S. 13 nach einer Paraphrase von Diod. 5, 42, 4 fortfährt: „Diese dritte Insel erwähnt Diodor nur so nebenher, dann kehrt er gleich wieder zur Beschreibung von Panchaia zurück". Die gleiche Auffassung auch bei *Hüsing,* a. a. O., S. 100, und die aus ihr resultierende Gleichsetzung der heiligen Insel mit Panchaia ebenso bei *Tkač,* RE 1 A (1920), Sp. 1403; vgl. zu dieser Identifikation unten S. 159.

[11] *Jacoby,* RE 6, 959, möchte die Beschreibung lediglich bis 42, 2 reichen lassen; aber wenigstens formal muß angenommen werden, daß Diodor erst mit ἔστι δὲ καὶ ἄλλη νῆσος (42, 2) zur Insel Panchaia übergeht; zu 42, 3 vgl. auch unten S. 156.

die ἐγχώριοι aufgeteilt; den größten Anteil aber besaß der König, der dazu noch den Zehnten von den landwirtschaftlichen Erträgen beanspruchte.

Dem stehen in der späteren Beschreibung der Insel Panchaia zwei weitere gesellschaftliche Organisationsformen gegenüber: die bekannte dreigeteilte ständische Gliederung Panchaias, in der die Priester τῶν ἁπάντων ... ἡγεμόνες waren (45, 4), und die auf der Insel Panchaia gelegene πόλις Panara, deren Bürger als einzige auf Panchaia αὐτόνομοι καὶ ἀβασίλευτοι waren, deren jährlich wechselnde Archonten jedoch die wichtigsten Angelegenheiten den Priestern vorlegen mußten (42, 6) [12]. Ein Königtum wird von Diodor für die Insel Panchaia, die bisher fast ausschließlich für eine Beurteilung der Staatstheorie des Euhemeros herangezogen wurde [13], an keiner Stelle erwähnt. Aus der be/tonten Schilderung des πόλις-Charakters von Panara (ἀβασίλευτοι) ist jedoch e contrario zu folgern, daß es auf Panchaia Monarchie in irgendeiner Form gegeben hat, und diese Folgerung wird vom Ursprung der Herrschaft auf dieser Insel her noch gestützt [14]. Während also in der staatlichen Gliederung Panchaias ein Königtum gefordert werden muß, aber bei Diodor nicht genannt wird, führt Diodor einen

[12] Vgl. dazu auch *Vallauri*, a. a. O., S. 15. *v. d. Meer*, a. a. O., S. 49 f., glaubt dagegen, den Worten καὶ αὐτοὶ δὲ οὗτοι τὰ μέγιστα ἐπὶ τοὺς ἱερεῖς ἀναφέρουσιν entnehmen zu können, daß die Archonten den Priestern „inlichtingen" gebracht hätten. Nach dem vorangehenden Satz — οὗτοι δὲ θανάτου μὲν οὐκ εἰσὶ κύριοι, τὰ λοιπὰ πάντα διακρίνουσι — sind jedoch τὰ μέγιστα mit an Sicherheit grenzender Wahrscheinlichkeit Fälle der Kapitalgerichtsbarkeit, die den Priestern zur Entscheidung vorgelegt werden mußten. Die Interpretation *v. d. Meers* bedürfte deshalb kaum der Widerlegung, wenn sie ihm nicht zugleich als Hauptstütze für seine Unterscheidung zwischen „theoretischem" und „praktischem" Leben bei Euhemeros diente (S. 115) und diese ihrerseits nicht wieder ein wesentliches Argument für seine Schlußfolgerung darstellte, daß Euhemeros von Aristoteles abhängig sei (S. 137 f.).

[13] Vgl. *Vallauri*, a. a. O., S. 15: „Di particolare interesse è l'ordinamento politicosociale dell'isola di Pancaia". Anders beziehen *Hommel* und *Tkač* (vgl. oben Anm. 10) auch die Angaben über die heilige Insel mit in ihre Beurteilung ein, und *Brown*, a. a. O., S. 260, will wenigstens das Vorkommen der Aromata und die Abgabe des Zehnten an den König mit auf Panchaia bezogen wissen.

[14] Vgl. nach *v. Pöhlmann* (oben Anm. 7) und *Jacoby* (oben Anm. 6) zu diesem Widerspruch auch *Polet*, a. a. O., S. 51. Dagegen will *v. d. Meer* μόνοι nicht zu stark betont sehen und stellt ἀβασίλευτοι lediglich den drei Archonten der Stadt gegenüber (a. a. O., S. 49; vgl. auch *Vallauri*, a. a. O., S. 51: „indipendenti da un governo di terzi"). Da die Priester ihr Gebiet nicht verlassen durften, muß zwar auch *v. d. Meer* zum Zwecke der Aufsicht über das öffentliche Leben einen König postulieren (S. 59 f.), kann sich jedoch auch hier mit den Archonten von Panara behelfen (S. 61; vgl. dazu oben Anm. 12). Aber nicht genug damit: Obwohl er im Werk des Euhemeros „een begintijd" beschrieben sieht (S. 144; vgl. auch S. 58), in der auf Panchaia mit Gewißheit Könige geherrscht haben, begnügt er sich lediglich mit der Feststellung, daß die Staatsformen „blijkbaar afhankelijk van de omstandigheden" seien (S. 116), ohne allerdings über diese Umstände etwas auszusagen.

König auf der Insel vor, bei deren Beschreibung es offensichtlich nicht primär auf die dort herrschenden sozialen und staatlichen Formen, sondern auf den Ursprung des Räucherwerks ankam — nämlich auf der heiligen Insel.

Dieser Befund ist bisher, soweit ich sehe, nirgends hervorgehoben worden, er scheint mir jedoch — um mit Diodor zu reden — ἀξιόλογος zu sein und unsere Aufmerksamkeit auch für die übrige Beschreibung der heiligen Insel zu fordern. Sie war danach τῶν μὲν ἄλλων καρπῶν ἄμοιρος, trug jedoch Weihrauch, Myrrhe und ἄλλα θυμιάματα in so großer Fülle, daß es für den kultischen Gebrauch καθ' ὅλην τὴν οἰκουμένην ausreichte (41, 5). Die Beschaffenheit dieser Pflanzen und die Gewinnung des Räucherwerks werden ausführlich geschildert (41, 6 f.), und danach wird eine weitere, ähnliche Pflanze, das Dorngewächs παλίουρος, erwähnt, dessen Früchte man zu Speise und Trank sowie als Arzenei gegen Diarrhöe verwandt habe (41, 8). Es folgt die kurze Bemerkung über den staatlichen Aufbau der Insel (42, 1) sowie die Angabe, daß die Insel ca. 200 Stadien breit gewesen sei (42, 2). Danach fährt Diodor fort: κατοικοῦσι δὲ τὴν νῆσον οἱ καλούμενοι Παγχάϊοι, die Weihrauch und Myrrhe auf das Festland brachten/ und es dort an die arabischen Händler verkauften, von denen es seinen Weg über den Zwischenhandel εἰς πᾶσαν τὴν οἰκουμένην nahm (42, 3).

Diese Schilderung scheint mir keineswegs frei von Widersprüchen zu sein. Da die Insel keine der üblichen Nutzpflanzen hervorbrachte, erwartet man eine Angabe über die Ernährung ihrer Bewohner. Diese wird auch mit dem Hinweis auf die Früchte des παλίουρος-Strauches gegeben; aber merkwürdigerweise wird dabei nicht gesagt, daß sich die Inselbewohner davon ernährten, sondern daß „man" die Früchte sammelte und als Speise, Trank und Arzenei verwandte. Bei der staatlichen Gliederung werden nur die ἐγχώριοι dem βασιλεύς gegenübergestellt; und schließlich werden die Einwohner paradoxerweise statt bei den genannten Interna der Insel bei dem Handel mit dem Räucherwerk eingeführt. Diese Einwohner aber waren Panchaier, die beinahe mit den gleichen Worten — κατοικοῦσι δ'αὐτὴν (scil. Παγχαῖαν) αὐτόχθονες μὲν οἱ Παγχάϊοι λεγόμενοι (42, 5) — bei der Beschreibung der Insel Panchaia erneut vorgestellt werden. Dabei kann und soll natürlich nicht bestritten werden, daß Urbewohner der Hauptinsel Panchaia auch auf dieser kleinen Weihrauchinsel ihren Wohnsitz genommen haben können. Aber diese Lösung befriedigt nicht recht, wenn man sich vergegenwärtigt, an wie unpassender Stelle sie bei der Schilderung der heiligen Insel erwähnt werden, und wenn man zum anderen bedenkt, wie eng der Name der Panchaier mit ihrer eigentlichen, der „ganz vortrefflichen" Insel verbunden ist [15]./

Bleibt man jedoch zunächst bei der Vorstellung, die der Auszug Diodors ver-

[15] Zur „ganz vortrefflichen" Insel vgl. die Etymologie für Παγχάϊοι bzw. Παγχαῖα bei *Jacoby,* RE 6, 960; *K. Ziegler,* RE 18, 2 (1949), Sp. 494; anders wiederum *v. d. Meer,* a. a. O., S. 38 (πᾶς + γῆ, γαῖα), sowie *Hommel,* a. a. O., S. 21, und *Tkač,* RE 1

mittelt, so erwächst gleich eine weitere Schwierigkeit. Diese Panchaier besaßen auf der heiligen Insel keine Nutzpflanzen, sondern konnten ihre notwendigsten Lebensbedürfnisse nur durch die Früchte des παλίουρος-Strauches befriedigen, deren Bedeutung als Arzeneimittel sie wahrscheinlich darüber hinaus zu einem begehrten Exportartikel machte. Es muß daher durchaus verständlich erscheinen, daß sie mit dem genannten Räucherwerk Handel trieben — einen Tauschhandel nämlich, der sie in den Genuß von Nahrungsmitteln brachte, an denen ihre Insel äußerst arm war. Produktion und Handel eines so wertvollen und begehrten Erzeugnisses auf einer begrenzten Anbaufläche rufen geradezu nach einer Monopolisierung, da der Ertrag fast nur dadurch voll ausgenutzt werden konnte. Ein solches Staatsmonopol wird aber nicht allein durch volkswirtschaftliche Erwägungen, sondern durch die Vorbilder der Zeit und vor allem durch die allgemeine Tendenz des Euhemeros selbst nahegelegt [16]. Was wird statt dessen und ganz im Gegensatz zur Wirtschaftsordnung auf der Hauptinsel Panchaia von Diodor berichtet? Die Anbaufläche befand sich zwar zum größten Teil im Eigentum des Königs, das übrige war unter die Bewohner „aufgeteilt" — ob allein zum Zwecke der Bearbeitung oder als Eigentum, bleibt ungewiß; die Abgabepflicht scheint aber ein Eigentum wenigstens prekär gestaltet zu haben. Die Nutzung des Ertrages ist dagegen nach dem vorliegenden Text mit Sicherheit privatwirtschaftlich gedacht. Zwar könnte man unter den handeltreibenden Panchaiern auch ihre Gesamtheit, also ein Kollektiv, verstehen. Das verbietet sich aber dadurch, daß nur ein Zehntel der Erträge an den König abgeliefert werden mußte. Der Rest muß dann der privatwirtschaftlichen Nutzung und damit dem Privathandel überlassen gewesen sein. Man wird zugeben, daß diese sich aus dem Text notwendig ergebenden Konsequenzen keine große Wahrscheinlichkeit im Werk eines Euhemeros besitzen. Kann es sich dann aber bei der

A, Sp. 1403, die Panchaia — ebenso wie Panara — mit der Insel Pa-anch im ägyptischen Märchen vom Schiffbrüchigen in Verbindung bringen (eine andere Lokalisierung dieser Insel jetzt bei *G. A. Wainwright,* Zeberged: the shipwrekked sailor's island: Journ. Egypt. Archaeol. 32, 1946, S. 31 ff.). — Über die Namensgleichheit hinaus hat *Jacoby,* a. a. O., zu zeigen versucht, daß das durchweg adjektivisch gebrauchte Παγχαΐα (anders *Ziegler,* a. a. O.) von Παγχάϊοι abgeleitet ist, und ist wahrscheinlich auch dadurch mit veranlaßt worden, die Schilderung der heiligen Insel schon mit 42, 2 enden zu lassen (vgl. oben Anm. 11). Wenn hiernach die im Text genannte enge Verbindung der Panchaier zu ihrer Insel Panchaia besteht, stellt sich die Sachlage für *v. d. Meer* ganz anders dar, nach dem mit Zeus nicht allein die Priester, sondern die Panchaier überhaupt erst aus Kreta eingewandert sind (a. a. O., S. 47) — offenbar lediglich mit Ausnahme der Panchaier, die für die heilige Insel erwähnt werden (S. 45).

[16] Ohne auf den Widerspruch zur Wirtschaftsordnung auf Panchaia einzugehen, benutzt *Tarn,* a. a. O., S. 164, die Tasache, daß ein Monopol hier fehlt, als Argument gegen die Ableitung der Verhältnisse auf Panchaia von den frühptolemäischen wirtschaftlichen Zuständen.

Ablieferung τῶν καρπῶν τῶν γινομένων ἐν τῆι νήσωι überhaupt um das Räucherwerk dieser Insel handeln, oder sollten darunter nicht vielmehr andere landwirtschaftliche Erzeugnisse verstanden sein, die es aber auf der heiligen Insel gar nicht gab?/

Nicht genug damit, muß m. E. die Bezeichnung dieser Insel selbst durch Diodor einer näheren Untersuchung unterzogen werden. Der Name einer „heiligen Insel“ findet nach dem Diodor-Text seine einzige Begründung in der Tatsache, daß Weihrauch und Myrrhe, welche die Insel hervorbrachte, πρὸς τὰς τῶν θεῶν τιμάς in der ganzen οἰκουμένη ausreichten [17]. Das muß als recht ungenügend in einer ἱερὰ ἀναγραφή erscheinen, in der eine Ἱερὰ νῆσος doch wahrscheinlich nicht rein zufällig oder beziehungslos eingeführt wurde. Nun handelte es sich — soweit das den Euhemeros-Exzerpten entnommen werden kann — bei der ἱερὰ ἀναγραφή ja aber nicht oder wenigstens nicht primär darum, die kultische Verehrung der Götter mit Weihrauch und Myrrhe zu schildern, wobei das Herkunftsland dieses Räucherwerks eine zentrale Stellung hätte einnehmen können, sondern um die sogenannte „euhemeristische Religionserklärung“ und d. h. um den Nachweis, daß die personalen Gottheiten der Griechen vergöttlichte Menschen gewesen seien. Die Tätigkeit dieser Menschen wurde von Euhemeros aber gerade nicht auf die heilige Insel des Diodor, sondern auf Panchaia verlegt [18]. Hier haben Uranos und Zeus geherrscht, hier befand sich deshalb das große und natürlich älteste Heiligtum des Zeus Triphylios, dessen Beschreibung wohl nicht ohne Absicht noch bei Diodor einen so breiten Raum einnimmt [19], hier der den

[17] Die Gedankengänge, die *v. d. Meer,* a. a. O., S. 43 ff., in Nachfolge von *P. J. M. van Gils,* Quaestiones Euhemereae (Diss. Amsterdam 1902), S. 22, und *J. Bidez,* La cité du monde et le soleil chez les Stoïciens (Paris 1932), S. 43, vorträgt, um die Heiligkeit der Insel von ihrer besonderen Beziehung zur Sonne herzuleiten, kann ich um so weniger nachvollziehen, als *v. d. Meer* an anderer Stelle (S. 155) eine Sonnenverehrung im Werk des Euhemeros gerade ablehnt. Im übrigen steht im Text von einer solchen Beziehung nichts: das „Sonnenwasser“ (44, 3) fließt auf Panchaia, und die *Solis urbs prope Panchaiam* (FGrHist, F 29 = *Vallauri,* S. 43, F 3) erscheint mir als ebenso unsicher in ihrer Verbindung zu Euhemeros wie Jacoby und Vallauri; vgl. auch *Ziegler,* RE 18, 2, 495. Auch *Vallauri,* a. a. O., S. 51, sieht keine spezielle Beziehung der Weihrauchinsel zur Sonne gegeben und möchte die Heiligkeit der Insel daraus erklären, daß hier keine Toten bestattet werden durften und daß Aromata gewonnen wurden. Hierin liegt gewiß eine Erklärungsmöglichkeit: Wenn nach Plin., nat. hist. 12, 54, die arabischen Familien, die allein das Recht auf die Gewinnung der Aromata besaßen, für *sacri* gehalten wurden, und wenn Solin. 33, 5 (Mommsen) berichten kann, *regio turifera . . ., Arabia appellata, id est sacra,* so wird deutlich, daß an allem, was zur Gewinnung des Räucherwerks diente — an den Pflanzen, den Menschen und dem Land —, der Geruch der Heiligkeit in der Antike haftete.

[18] Dagegen nennt *v. d. Meer,* a. a. O., S. 114, die heilige Insel „van de eilanden . . . het voornaamste“.

[19] Vgl. *Jacoby,* RE 6, 959.

Göttern geweihte Berg,/der Οὐρανοῦ δίφρος καὶ Τριφύλιος Ὄλυμπος (44, 6), und hier schließlich die Stele, auf der die Taten des Uranos und des Zeus verewigt waren (46, 8) und die damit mit großer Wahrscheinlichkeit „den Kern der Schrift" überhaupt bildete [20]. Wenn in dem anderen Euhemeros-Exzerpt, das Diodor überliefert hat [21], diese Insel Panchaia zu allem Überfluß noch expressis verbis als ἱερὰ θεῶν bezeichnet wird, so fällt es schwer, die Weihrauchinsel als Ἱερὰ νῆσος zu akzeptieren.

Stellen wir die aufgezeigten Aporien in der Überlieferung Diodors kurz zusammen: Auf der heiligen Insel findet sich ein König, dessen Existenz dort recht unmotiviert ist, während er auf Panchaia fehlt, wo man ihn nach dem Kontext erwarten müßte. Als Bewohner der heiligen Insel werden in unerwartetem Zusammenhang Panchaier vorgestellt, deren Name aufs engste mit der Insel Panchaia verknüpft ist. Mit großer Wahrscheinlichkeit müssen die Bewohner der heiligen Insel Früchte an ihren König abliefern, die es nicht auf ihrer Insel, wohl aber auf der fruchtbaren Panchaia gibt. Die Bezeichnung „heilige Insel" selbst scheint schließlich eher für Panchaia als für die kleine Weihrauchinsel zuzutreffen. Es läßt sich nicht bestreiten, daß jeder einzelne dieser Punkte eine Erklärung auch für die Weihrauchinsel erhalten kann, wenn die hierzu notwendigen Erklärungen auch nicht gerade glücklich erscheinen. Bei der Häufung dieser Schwierigkeiten wird aber m. E. die Annahme nahegelegt, daß Diodor die Weihrauchinsel mit einem Namen und einer Anzahl von Zügen ausgestattet hat, die im Werk des Euhemeros der Hauptinsel Panchaia zukamen [22]. Die Erklärung einer solchen Umstellung durch Diodor muß dabei ein Versuch bleiben — ein Versuch, der aber m. E. notwendig wird, wenn sich so zahlreiche Schwierigkeiten dadurch eliminieren lassen.

Die Hypothese kann vor allem, wie ich meine, durch eine sprachliche Beobachtung gestützt werden. In den beiden Euhemeros-Exzerpten des Diodor wird die Benennung von Personen oder Sachen je vier-, fünf- bzw. siebenmal durch Formen wiedergegeben, die von den Verben προσαγορεύειν, καλεῖν bzw. ὀνο-μά/ζειν abgeleitet sind. Dabei ist deutlich, daß ὀνομάζειν in der Bedeutung „einen bestimmten Namen geben" [23], die Partizipialform von καλεῖν in der Bedeutung „sogenannt" gebraucht wird [24]. Als Ausgangspunkt für eine Bestimmung des Gebrauchs von προσαγορεύειν bietet sich der Satz διὸ καὶ τῆς Ἀραβίας ἡ

[20] *Jacoby,* RE 6, 953; ebenso „central part" bei *Brown,* a. a. O., S. 260, „il punto culminante" bei *Vallauri,* a. a. O., S. 14.

[21] 6, 1, 1—10 = FGrHist I 63, F 2 = *Vallauri,* F 1.

[22] Ohne Berücksichtigung der Schwierigkeiten, die der Diodor-Text einer solchen Deutung bietet, findet sich die Gleichsetzung bereits bei *Hommel* und *Tkač* (oben Anm. 10), sowie bei *R. Helm,* Der antike Roman (Berlin 1948), S. 25.

[23] 5, 41, 3. 6; 44, 3. 6 (2 x); 46, 3; 6, 1, 4.

[24] 5, 41, 1; 42, 3. Die weiteren Formen von καλεῖν (5, 42, 6; 44, 6) unterscheiden sich in ihrer Verwendung nicht von ὀνομάζειν.

πρωτεύουσα τῆι ἀρετῆι προσηγορίαν ἔλαβε οἰκείαν, Εὐδαίμων ὀνομασθεῖσα (41, 3) an, da hier eine ganz prägnante Bedeutung des von dem Verbum προσαγορεύειν abgeleiteten Substantivs als „zusätzliche Benennung" faßbar ist [25]. Diese Bedeutung wird in 6, 1, 6 bestätigt: der erste König soll wegen seiner Opfer an die himmlischen Götter Οὐρανός genannt worden sein [26]; der Name, der aus einer Handlungsweise abgeleitet wurde, ist damit als „Beiname" zu verstehen. Weiterhin leitet nun Diodor die Aufzählung der drei Inseln mit den Worten μία μὲν ἡ προσαγορευομένη Ἱερά (41, 4) ein, und ebenso wird die bedeutendste Stadt auf Panchaia als προσαγορευομένη Πανάρα eingeführt (42, 6). Hierbei scheint es auf den ersten Blick verwehrt, an Beinamen zu denken; und doch können bei Beibehaltung dieser Bedeutung Schwierigkeiten im Text beseitigt werden. Panara ist eine ἀξιόλογος πόλις auf Panchaia (42, 6), offenbar aber nicht die einzige; denn weiterhin ist zu lesen: ἔχει δὲ ἡ νῆσος αὕτη (scil. Παγχαῖα) καὶ πόλεις τρεῖς ἀξιολόγους, Ὑρακίαν καὶ Δαλίδα καὶ Ὠκεανίδα (45, 2). Dabei kann das schwache καὶ vor πόλεις kaum auf die weit zurückliegende Schilderung von Panara zurückverweisen und deshalb im Deutschen auch nicht mit „außerdem" wiedergegeben werden [27],/was allein einen logischen Aufbau der gesamten Schilderung gewährleisten würde. Καί verbindet vielmehr die Städte hier mit den übrigen Örtlichkeiten der Insel, die zuvor aufgezählt sind: dem Tempelland (44, 5), dem heiligen Berg (44, 6), besonders aber mit der χώρα der Insel Panchaia (45, 1), deren Beschreibung auch nach dem Einschub fortgeführt wird. Diodor ist der Widerspruch offenbar nicht aufgegangen, der darin liegt, daß expressis verbis festgestellt wird, auf Panchaia habe es drei „be-

[25] Dem widerspricht m. E. das nachfolgende ὀνομασθεῖσα nicht, da damit zugleich ein „bestimmter Name" eingeführt wird. — Zum Gebrauch dieser Verben für die „Ursprungsbezeichnung eines Volksgesamtnamens" vgl. *E. Norden,* Die germanische Urgeschichte in Tacitus' Germania (Darmstadt [4]1959), S. 323 ff. Die vorgetragene These scheint mir dadurch bestätigt zu werden, daß in den hier gesammelten Stellen gerade dort, wo die Ursprungs- oder Urheberbezeichnung nicht genannt wird (S. 325, Anm. 1), auch das Verbum προσαγορεύειν keine Verwendung findet.

[26] Vgl. auch *Polet,* a. a. O., S. 51 f. Entsprechend F 21 (FGrHist und Vallauri) will *v. d. Meer,* a. a. O., S. 40, das Umgekehrte folgern; vgl. dazu bereits *M. van Straaten,* Mnemosyne, 4. Ser. 5 (1952), S. 161. — Erwähnt sei lediglich, daß nach der These von *C. R. Langer,* Euhemeros und die Theorie der φύσει und θέσει θεοί: ΑΓΓΕΛΟΣ. Archiv für neutestam. Zeitgeschichte und Kulturkunde 2 (1926), S. 53 ff., die Ableitung in 6, 1, 6 erst eine spätere Umbildung euhemeristischer Gedanken darstellen würde.

[27] Daß es sich hier um „e n c o r e trois villes" handele, folgert *Polet,* a. a. O., S. 52 (Sperrung von mir!). Dementsprechend wollte *van Gils,* a. a. O., S. 45, ἄλλας vor πόλεις konjizieren, aber *v. d. Meer,* a. a. O., S. 50, hat ihm zu Recht entgegengehalten, daß die Konjektur keine Stütze in den Handschriften finde, wenn ihm dabei offenbar auch nicht deutlich geworden ist, daß van Gils durch den Widerspruch im Text zu seiner Konjektur verleitet worden ist.

merkenswerte“ Städte gegeben, deren Namen angezeigt werden, daß aber zuvor mit Panara nach unserem Text bereits eine vierte „bemerkenswerte“ Stadt genannt war. Entweder hat also Diodor bereits eine konfuse Schilderung von Euhemeros übernommen, oder — und das scheint mir näher zu liegen — Diodor hat durch Gedankenlosigkeit oder Unverständnis diesen Widerspruch erst in den Text gebracht. Als Erklärung bietet sich an, daß Euhemeros auch in diesem Fall προσαγορεύειν in der festgestellten Bedeutung verwandt hat; Panara war dann bei ihm Beiname einer der drei genannten Städte. Diodor aber hat das Verbum προσαγορεύειν mit übernommen, ohne sich über seine Bedeutung Rechenschaft zu geben, und so dient es im vorliegenden Diodor-Text zur Kennzeichnung des primären Namens einer eigenen Stadt Panara. Ist diese Erklärung richtig, dann wird zugleich auch für die Ἱερὰ νῆσος sehr wahrscheinlich gemacht, daß sie bei Euhemeros Beiname war [28] — eine Folgerung, die m. E. noch dadurch gestützt wird, daß die Form Ἱερὰ νῆσος in unseren Texten überhaupt nicht erscheint, sondern sich in ihnen lediglich das Adjektiv ἱερά auf eine zuvor genannte νῆσος bezieht (41, 4. 5) [29]. In ganz ähnlicher Form ist, wie wir gesehen haben, ἱερά für Panchaia verwandt (6, 1, 5), und als Beiname kommt die Ἱερὰ νῆσος allein für Panchaia schon deshalb nur in Frage, weil die anderen, kleineren Inseln offenbar gar nicht mit Namen versehen waren./

Für die Umstellung des Textes durch Diodor bietet nun diese sprachliche Beobachtung einen Hinweis, der über die allgemein anerkannte Tatsache hinausweist, daß Diodor „confus contaminiert“ hat [30]. Der fälschliche Gebrauch von προσαγορεύειν zwingt nämlich zu der Annahme, daß Diodor bei der Niederschrift seines Werkes die zuvor angefertigten Exzerpte — hier aus Euhemeros — zusammengestellt hat, ohne die benutzten Bücher dabei nochmals zu Rate zu ziehen. Genau von dieser Arbeitsweise aber berichtet Diodor selbst, wenn er schreibt, daß ihm einige Bücher πρὸ τοῦ διορθωθῆναι καὶ τὴν ἀκριβῆ συντέλειαν λαβεῖν gestohlen worden seien (40, 7).

Mit dieser Arbeitsweise ist m. E. auch die Umstellung, die hier gefordert wird, zu erklären, wenn auch nochmals betont werden soll, daß damit höchstens eine Erklärungsmöglichkeit geboten werden kann. Die Angaben, die nach den obigen Überlegungen im Text des Euhemeros zur Kennzeichnung der Hauptinsel Pan-

[28] Ebenso bereits *Hüsing*, a. a. O., S. 101. — Auch sonst scheint die Benennung Ἱερὰ νῆσος zumeist eine zusätzliche Benennung gewesen zu sein; vgl. zu der heiligen Insel in der Bucht von Thera, alias Automate (dem heutigen Paliokaméni) *Bürchner*, RE 8 (1913), Sp. 1396, zu der gleichnamigen südlichsten der Liparischen Inseln, die noch mehrere andere Namen trug, *Weiß*, ebda. 1397.

[29] Vgl. als Parallelen die Beispiele der vorigen Anm., sowie etwa zur Ἱερὰ Ἡλίου ἄκρα *Tkač*, RE 8 (1913), Sp. 1397 f.

[30] *E. Schwartz*, RE 5 (1908), Sp. 673; jetzt abgedruckt: *ders.*, Griechische Geschichtsschreiber (Leipzig 1957), S. 50. — Allgemein zur Arbeitsweise Diodors vgl. jetzt *R. Laqueur*, Diodorea: Hermes 86 (1958), S. 257 ff.

chaia gedient haben, finden sich bei Diodor unter 42, 1—3, also genau zwischen der Schilderung der Weihrauchinsel und der Insel Panchaia. Bei der aufgezeigten Arbeitsweise Diodors wird es erklärlich, wenn Exzerpte, die aus dem Anfang der Beschreibung Panchaias bei Euhemeros stammten, nun bei Diodor an das Ende seiner Schilderung der Weihrauchinsel geraten sind. Die Gründe, die Diodor für eine solche Zuweisung seiner Exzerpte gehabt haben mag, können dabei durchaus ähnliche gewesen sein wie die, mit welchen sich auch heute gegen die hier vorgetragene Auffassung das Textverständnis der Wiedergabe des Diodor rechtfertigen läßt. Diodor mag dann nämlich in dem Exzerpt, das er als 42, 3 seinem Werk einverleibt hat, gefunden haben, daß die Panchaier Handel mit Weihrauch und Myrrhe trieben. Da er die Beschreibung der Weihrauchinsel ebenfalls exzerpiert hatte, folgerte er dann, daß die Handeltreibenden zugleich die Bewohner dieser Weihrauchinsel gewesen seien. Damit aber wurde es nahegelegt, die vorangehenden Exzerpte ebenfalls der Beschreibung dieser Insel zuzuschreiben. Er mochte darin noch dadurch bestärkt werden, daß er in seinen Auszügen nichts über die Stellung des Königs auf Panchaia zu den dort mit großer Machtbefugnis ausgestatteten Priestern vorfand — ob Euhemeros sich über dieses Verhältnis ausgelassen hat,/entzieht sich unserer Kenntnis —, und den in den vorangehenden Exzerpten erwähnten König deshalb um so lieber auf der Weihrauchinsel lokalisierte.

Die Einhaltung einer plausiblen Reihenfolge stört lediglich die Größenangabe der Weihrauchinsel (42, 2). Zwar könnte man meinen, daß die hier gegebene Breite der Insel zu der Längenangabe in 42, 4 gehöre und sich damit auch auf Panchaia beziehe [31], zumal im Text auch sonst die Größe durch Länge *und* Breite wiedergegeben wird (44, 2. 46, 6). Dem widerstreitet jedoch ein Vergleich der angegebenen Breite von 200 Stadien mit den übrigen Größenangaben der Insel Panchaia. Erstreckt sich doch auf ihr allein das Tempelland auf 200 Stadien hin (44, 5), und das wahrscheinlich nicht allein in einer Richtung. Die Angabe in 42, 2 muß deshalb auch von Euhemeros bereits für eine andere Insel gemacht worden sein und dann mit großer Wahrscheinlichkeit eben für die Weihrauchinsel, für die damit zugleich ein ungefährer Anhalt für die Anbaufläche von Weihrauch und Myrrhe gegeben war. Die Stellung dieser Angabe im Diodor-Text scheint mir nicht erklärbar zu sein. Man wird aber ohnehin zugeben müssen, daß diese Angabe im Diodor-Text deplaciert erscheint und sich hier besonders die „abrupte Aneinanderreihung des wichtigsten aus der Vorlage ausgehobenen Materials“ bemerkbar macht, auf die bereits F. Jacoby hingewiesen hat [32].

Übrigbleibt zu erklären, wie Diodor bei dieser Umstellung seiner Exzerpte auf die Benennung der Weihrauchinsel als heilige Insel verfallen ist. Wie oben

[31] Vgl. dazu *Hüsing*, a. a. O., S. 101.

[32] RE 6, Sp. 958 f., wo die Beispiele allerdings erst ab 42, 2 gewählt sind.

ausgeführt, wurde von Diodor προσαγορεύειν in anderer Bedeutung übernommen, als es von Euhemeros verwandt war, der Beiname „heilige Insel" müßte sich demnach auf einem Exzerpt Diodors befunden haben, das den eigentlichen Namen der Insel nicht enthielt. Das ist am leichtesten verständlich bei den Angaben über Panchaia, die Diodor fälschlich auf die Weihrauchinsel bezogen hat (42, 1. 3). Hier war eine Benennung dann bei Diodor unnötig geworden, da die entsprechenden Angaben nun mitten in der Beschreibung der Insel standen, und Diodor hätte den Namen an den Anfang der Beschreibung (41, 5) gesetzt. Ob von hier aus der Name dann auch an den Anfang der Aufzählung der drei Inseln gelangt ist (41, 4) oder ob gerade hier — was mir wahrscheinlicher ist — Diodor den eigent/lichen Namen der heiligen Insel nicht mit exzerpiert hat, wird unentschieden bleiben müssen. Jedenfalls wird Euhemeros auch bei der Aufzählung der Inseln bereits mit seiner Hauptinsel Panchaia begonnen haben [33], und lediglich durch das Namensmißverständnis Diodors ist nun die kleine Weihrauchinsel an den Anfang der Aufzählung geraten. Das alles konnte, wie ich meine, um so leichter geschehen, weil bei Euhemeros die Weihrauchinsel wahrscheinlich ebenso ohne eigenen Namen geblieben ist wie die Toteninsel.

Zur Verdeutlichung dieser Ausführungen sei abschließend der Text Diodors dem angenommenen Text des Euhemeros in Inhaltsangaben gegenübergestellt:

Diodor	*Euhemeros*
Aufzählung der drei Inseln	Aufzählung der drei Inseln
1) ἡ προσαγορευομένη Ἱερά (41, 4)	1) ἡ Παγχαΐα νῆσος ἡ προσαγορευομένη Ἱερά
Kennzeichen: keine Totenbestattung	Kennzeichen: keine Totenbestattung
2) Insel ohne Namen (41, 4)	2) Insel ohne Namen
Kennzeichen: Toteninsel	Kennzeichen: Toteninsel
Beschreibung der Ἱερὰ νῆσος	3) Insel ohne Namen
Flora: Herkunftsland des Räucherwerks (41, 5—8)	Kennzeichen: Herkunftsland des Räucherwerks
	Größe: 200 Stadien breit (?)
	Beschreibung der Insel Panchaia
Aufteilung des Landes (42, 1)	Aufteilung des Landes
Königsherrschaft (42, 1)	Königsherrschaft
Größe: 200 Stadien breit (42, 2)	
Panchaier als Bewohner treiben Handel mit Räucherwerk (42, 3)	Panchaier treiben Handel mit Räucherwerk der Weihrauchinsel
3) Insel ohne Namen und Beschreibung der Insel Panchaia	
Größenangabe (42, 4)	Größenangabe
usw. (42, 5 ff.)	usw.

[33] Vgl. auch μία μὲν ἡ προσαγορευομένη Ἱερά (41, 4) mit ὧν μίαν ὑπάρχειν τὴν ὀνομαζομένην Παγχαΐαν (6, 1, 4).

Aus dieser Gegenüberstellung resultiert, daß sich bei Annahme des vorgetragenen Lösungsvorschlages für die Darstellung des Euhemeros in der Rahmenerzählung seines Werkes eine klarere und sachgemäßere Gliederung ergibt als in der Wiedergabe Diodors. Die Aufzählung der Inseln beginnt dabei nicht nur mit der wichtigsten, sondern sie wird auch so ausgeführt, wie man das nach der Angabe ὧν τρεῖς εἰσιν ἄξιαι τῆς ἱστορικῆς ἀναγραφῆς (41, 4) erwarten muß, bevor auf die Beschreibung der/Hauptinsel ausführlich eingegangen wird. Von der Weihrauchinsel wird dagegen nur eine kurze Kennzeichnung gegeben, wie sie auch ihrer Bedeutung im Gesamtwerk des Euhemeros zukommt. Dabei zeigt die Beschreibung der Pflanzen dieser Insel, verbunden mit der Angabe ihres Handelsweges, daß Euhemeros hier seine Leser mit dem Ursprung der Aromata vertraut machen wollte. Sie waren seit Beginn der Diadochenzeit stärker im Handel als früher, und von ihnen wußte man nun auch, daß die Arabia Felix nicht ihr alleiniges Ursprungsland war [34]. Bei dieser Absicht kam es aber vor allem auf die Händler dieses wichtigen Importartikels und bei der Insel selbst auf die Pflanzen, dagegen nicht auf die Inselbewohner und ihre staatliche Organisation an.

Letztlich aber verschwinden die Schwierigkeiten, die den Anstoß zu dieser Untersuchung gegeben haben: Der βασιλεύς erhält seinen Platz auf Panchaia, wo seine Existenz immer wieder postuliert worden ist, und die Panchaier bleiben auf ihrer Insel, die entsprechend ihrer Bedeutung als ehemaliger Königssitz der späteren olympischen Götter den Beinamen einer „heiligen Insel“ trägt.

[34] Zur fortschreitenden Kenntnis der Griechen über den Ursprung der Aromata — erst Syrien, dann Arabien und mit voller Kenntnis erst nach Benutzung der Ergebnisse des Alexanderzuges — vgl. *Tkač*, RE 1 A, Sp. 1308 ff.; *A. Schmidt*, Drogen und Drogenhandel im Altertum (Diss. Bonn 1924), S. 62 ff. Geringe Modifikationen zu diesen Darstellungen, aber ebenso Beweise für „the secrecy of Arab and Indian traders with regard to their sources of supply“ bringt jetzt *G. W. van Beek*, Frankincense and myrrh in ancient South Arabia: Journal of the Amer. Orient. Society 78 (1958), S. 141 ff. (Zitat S. 147). Zur Herkunft des besten Weihrauchs aus Dhofâr (wahrscheinlich = Ophir; anders nach W. F. Albright *van Beek*, a. a. O., S. 146) vgl. *C. Rathjens*, Kulturelle Einflüsse in Südwest-Arabien: Jahrb. für kleinasiat. Forschung 1 (1950/1), S. 8 ff.

Staatstheorie und Staatsrecht im Hellenismus*

Es gibt „bis heute noch kein Werk über hellenistisches Staatsrecht". Diese Feststellung in einer Dissertation des vergangenen Jahres stammt von dem Angehörigen einer Schule, in der nun seit ungefähr 50 Jahren an einem Staatsrecht des Hellenismus gearbeitet wird [1]. Ihrem Begründer, Walter Otto, war der Abschluß des lange geplanten und vorbereiteten Werkes nicht mehr vergönnt [2], seine Schüler haben weitere Beiträge geliefert; und wenn Hermann Bengtson die Fragestellung seines Lehrers auch auf das antike Staatsrecht ausgeweitet hat [3], so wird in seinen und seiner Schüler Arbeiten doch deutlich, daß der Hellenismus hier weiterhin im Mittelpunkt des Interesses steht. Daher ist es nicht ohne Bedeutung, daß Hatto H. Schmitt, einer dieser Schüler, in einem kürzlich erschienenen Abriß über den hellenistischen Staat die für den Hellenismus charakteristische Herrschaftsform des Königtums wesentlich nur als „Grundlage der staatlichen Einheit" herausgestellt hat [4].

Scheint die Forschung hiernach also noch weit von der Konzeption eines hellenistischen/Statsrechtes entfernt zu sein, so liegt uns eine solche doch im zweiten

* Vortrag auf der 27. Versammlung Deutscher Historiker in Freiburg i. Br. am 12. Oktober 1967. — Anregungen, die ich vor allem durch den Korreferenten, Hatto H. Schmitt (Bonn), und die Teilnehmer an der anschließenden Diskussion erhielt, habe ich dankbar berücksichtigt.

[1] *H. Heinen,* Rom und Ägypten von 51 bis 47 v. Chr. Untersuchungen zur Regierungszeit der 7. Kleopatra und des 13. Ptolemäers (Diss. Tübingen 1966), S. 15, Anm. 3; ebenso bereits *H. Bengtson,* Hist. Zeitschr. 185 (1958), S. 94 f.

[2] Bereits zu der Greifswalder Dissertation von *S. Grenz,* Beiträge zur Geschichte des Diadems in den hellenistischen Reichen. 1921, hat er „viele eigene Beobachtungen aus den Materialien" für seinen „Staat des Hellenismus" beigesteuert; vgl. *W. Otto,* Kulturgeschichte des Altertums. Ein Überblick über neue Erscheinungen (München 1925), S. 113, Anm. 233. In diesem Werk hat *Otto* (S. 109—119) schon die Grundlinien seiner Auffassung vom hellenistischen Staatsrecht gezeichnet und seiner Abhandlung „Zur Geschichte der Zeit des 6. Ptolemäers" (Abh. München, N. F. 11). 1934, dann bezeichnenderweise den Untertitel „Beitrag zur Politik und zum S t a a t s r e c h t des Hellenismus" gegeben (Sperrung von mir!).

[3] Vgl. die jeweiligen Untertitel „Ein Beitrag zum antiken Staatsrecht" in *F. Granier,* Die makedonische Heeresversammlung (Münch. Beitr. 13). 1931; *H. Bengtson,* Die Strategie in der hellenistischen Zeit I—III (ebda. 26.32.36). 1937. 1944. 1952.

[4] *H. H. Schmitt,* Hellenistischer Staat: Lexikon der Alten Welt (1965), Sp. 1247 ff.; Zitat Sp. 1247.

Teil von Victor Ehrenbergs „Staat der Griechen" schon seit längerer Zeit vor [5]; und während der erste Teil dieses Werkes heftige Kontroversen auslöste [6], nannte einer der Kritiker, Hans Schaefer, den zweiten Teil die „gewichtigere Leistung", in der Ehrenbergs „Sinn für das historisch Wesentliche ... ganz besonders in Erscheinung" trete, und rühmte das „geschlossene Bild" [7]. Tatsächlich hat sich Ehrenberg auch für den hellenistischen Staat nicht mit der Darstellung von Staatsaltertümern begnügt, sondern versucht, wie in der Polis für die klassische Zeit auch hier einen Idealtypus in der Monarchie herauszuarbeiten, der in der Formel von der Identität von Staat und König seinen Ausdruck findet. Er hat damit die gleichen Kennzeichen herausgestellt, wie vor ihm bereits Walter Otto mit den Worten: „Wie für das altgriechische die Staatsform der Polis, so ist für das hellenistische besonders charakteristisch ... die der mehr oder weniger absoluten Monarchie, die mit ihrem Geist alle staatlichen Einrichtungen, die allgemeine Staatsverwaltung ebenso sehr wie etwa das Recht, erfüllt und darüber hinaus sogar dem ganzen Wesen der Zeit ... ihren Stempel aufgedrückt hat." [8]

Sofern daher unter dem Begriff des Staatsrechtes nicht nur die Aufzählung alles von einem Staat geschaffenen und für die hoheitlichen Rechtsbeziehungen geltenden Rechtes verstanden wird, sondern vor allem seine Subsumtion unter einen leitenden Verfassungsgrundsatz, muß die Skepsis, die sich in dem Einleitungszitat widerspiegelt, um so ungerechtfertigter erscheinen, als offenbar in der Kennzeichnung der charakteristischen Herrschaftsform des Hellenismus von der

[5] *V. Ehrenberg,* Der Staat der Griechen. Zürich-Stuttgart ^{2}1965; zuerst unter dem Titel „Der griechische und der hellenistische Staat", in: *Gercke-Norden,* Einleitung in die Altertumswissenschaft III 3 (^{3}1932), dessen 2. Auflage bereits als „Der Staat der Griechen" in 2 Teilen (Leipzig 1957/58) erschien.

[6] Vgl. vor allem *F. Gschnitzer,* Anz. f. Altertumswiss. 12 (1959), Sp. 33 ff.; *ders.,* Gemeinde und Herrschaft. Von den Grundformen griechischer Staatsordnung (Sitzg.-Ber. Akad. Wien, phil.-hist. Kl., 235, 3). 1960; *H. Schaefer,* ZRG 77 (1960), S. 422 ff. = Probleme der Alten Geschichte. Gesammelte Abhandlungen und Vorträge, hrsg. von *U. Weidemann* u. *W. Schmitthenner* (Göttingen 1963), S. 384 ff.; *Ehrenberg,* Von den Grundformen griechischer Staatsordnung (Sitzg.-Ber. Akad. Heidelberg, phil.-hist. Kl., 1961, 3. Abh.) = Polis und Imperium. Beiträge zur Alten Geschichte, hrsg. von *K. F. Stroheker* u. *A. J. Graham* (Zürich-Stuttgart 1965), S. 105 ff.; *Gschnitzer,* ZRG 80 (1963), S. 400 ff.; *Schmitthenner,* Anz. f. Altertumswiss. 19 (1966), Sp. 211 ff.; *D. Nörr,* Vom griechischen Staat: Der Staat. Zeitschr. f. Staatslehre, öffentl. Recht u. Verfassungsgesch. 5 (1966), S. 353 ff.

[7] *Schaefer* (oben Anm. 6), S. 397 f.; vgl. auch *C. B. Welles,* Class. Philol. 55 (1960), S. 136: „The reviews which I have seen of this little but important book ... have been enthusiastic, and with good reason", sowie S. 140: „the typology of the Hellenistic state will stand in all essentials."

[8] *Otto,* Kulturgeschichte (oben Anm. 2), S. 109.

Antike bis heute Übereinstimmung besteht [9]. Aber gerade in der Stellungnahme zu einer solchen Konzeption des Staatsrechtes liegt heute die Schwierigkeit, und daher bietet die unterschiedliche Aufnahme der beiden Teile des gleichen Buches von Ehrenberg, wie ich meine, zugleich den Schlüssel auch zum Ver/ständnis der unterschiedlichen Beurteilung eines hellenistischen Staatsrechtes. Schaefer lobt nämlich an der Darstellung des hellenistischen Staates genau das, was er an der des griechischen Staates getadelt hatte: die Geschlossenheit und damit auch die Einseitigkeit der Konzeption. Für den hellenistischen Staat wollte er damit offenbar nicht anerkennen, daß — nach seinen eigenen Worten — der „ewige Widerstreit zwischen genossenschaftlichem und herrschaftlichem Prinzip ... die Geschichte griechischer Staatsentwicklung und Staatsbildung wie jeder anderen bestimmt" hat [10].

Diese Erkenntnis setzt sich immer stärker durch und hat dazu geführt, daß auf allen Gebieten des antiken Staatsrechtes die Einseitigkeit der bisherigen Konzeptionen angegriffen wird. So stand auf dem letzten Historikertag in Berlin nicht mehr das Imperium Mommsenscher Prägung, sondern das Verhältnis zwischen Imperiumsträger und Senat im Mittelpunkt der Diskussion über die Verfassung der römischen Republik [11], und die einzigen ernsthaften Bedenken, die gegen Ehrenbergs „Hellenistischen Staat" laut geworden sind, zielen in die gleiche Richtung: Man hat Generalisierungen in der hellenistischen Periode als gewagt bezeichnet [12] und darauf hingewiesen, daß gerade die Spannungsverhält-

[9] Zum Ursprung dieser Auffassung in der Antike vgl. nur etwa *M. Rostovtzeff*, Gesellschafts- und Wirtschaftsgeschichte der hellenistischen Welt I. Darmstadt 1955, der neben der orientalischen Herkunft betont, daß die griechische Philosophie diese Vorstellung noch durch die Theorie gestützt habe, „daß die Könige mit dem Staat identisch und sozusagen seine Inkarnation seien" (S. 208; Sperrung von mir!). Den Typ der „monarchie personelle" sieht *A. Aymard*, La monarchie hellénistique: Relazioni del X Congresso Internaz. di Scienze Storiche, 2 (1955), S. 255, durch die Formel gekennzeichnet „Le roi est l'État"; vgl. aber auch schon zuvor etwa *J. Kaerst*, Studien zur Entwickelung und theoretischen Begründung der Monarchie im Altertum (Habil.-Schrift Leipzig 1898), S. 40 ff.; *J. Hasebroek*, Der imperialistische Gedanke im Altertum (Stuttgart 1926), S. 25; *F. E. Adcock*, Greek and Macedonian kingship: Proc. of the Brit. Acad. 39 (1953), S. 173.

[10] *Schaefer* (oben Anm. 6), S. 395 (Sperrung von mir!); zu „herrschaftlich" statt „herrscherlich" vgl. jetzt *Schmitthenner* (oben Anm. 6), Sp. 213. Die oben vorgenommene, leichte Textänderung verändert die Aussage nicht, da sich der Relativsatz bei Schaefer („der die Geschichte griechischer Staatsentwicklung ...") ohnehin nicht allein auf das herrschaftliche Prinzip beziehen kann.

[11] Vgl. *W. Kunkel — K. v. Fritz — J. Bleicken — A. Heuß*, Bericht über die 26. Versammlung Deutscher Historiker in Berlin, 7.—11. Okt. 1964 (Beih. z. Gesch. in Wissensch. und Unterr. 1965), S. 58 ff.

[12] *Welles* (oben Anm. 7), S. 137; vgl. zuvor auch schon *Aymard*, Tutelle et usurpation dans les monarchies hellénistiques: Aegyptus 32 (1952), S. 85 ff. = Études d'Histoire

nisse zwischen dem einzelnen und dem Staat sowie zwischen der Monarchie und der Polis noch ungeklärt seien [13]. Dadurch erklärt es sich, daß Fernerstehende der Ehrenbergschen Konzeption des hellenistischen Staatsrechtes bedenkenlos zustimmen konnten, sie jedoch bei der speziellen Forschung auf diesem Gebiet kaum berücksichtigt wird.

Bisher hat sich immer wieder gezeigt, daß es einer Konzeption bedarf, wenn über die Sammlung von Staatsaltertümern hinaus ein Staatsrecht für ein Teilgebiet des Altertums entstehen soll, weil erst daraus die hierfür erforderliche Systematik abgeleitet werden kann. Der Begriff des Imperiums hat Theodor Mommsen, der Typ der Polis Victor Ehrenberg zur Abfassung eines Staatsrechtes befähigt, während Ulrich Kahrstedts ähnlicher Versuch daran gescheitert ist, daß er erst abschließend versuchen wollte, „das Wesen der πόλις zu zeichnen“ [14]. Wenigstens die moderne Konzeption einer Staatstheorie ist also Voraussetzung für ein Staatsrecht. Sie ist jedoch weder in soziologischer noch in juristischer Betrachtungsweise zu gewinnen [15]; denn gerade weil die Rechtsquellen eine eindeutige Aussage nicht gestatten, ist immer stärker „eine juristische Systematik problematisch geworden“ [16], eine soziologische könnte bei dem vorhandenen Quellenstand höchstens Momentaufnahmen ermöglichen. Es bleibt, wenn ich recht sehe, dann nur der Weg, die/leitenden Staatsvorstellungen der jeweiligen Zeit zur Grundlage der eigenen Konzeption zu machen. Sie sind in der Antike nie empirisch gewonnen, sondern immer als Zielvorstellungen konzipiert worden und damit notwendig einseitig. Aber wenn es richtig ist, daß es neben der Ideologie und Utopie im antiken Staatsdenken auch Staatstheorien gegeben hat, die sich dadurch auszeichneten, daß die in ihnen niedergelegten Lehren von der Idee des Staates aus der Anschauung gewonnen worden waren [17], dann scheint mir bei ihrer Verwendung die Gefahr der Einseitigkeit zwar nicht grundsätzlich vermeidbar, aber vermindert zu sein.

Will man deshalb nicht auf ein Staatsrecht für die Antike überhaupt verzichten und statt dessen zu den Staatsaltertümern zurückkehren, so kommt den an-

Ancienne (Publ. de la Fac. des Lettr. et Scienc. Hum. de Paris — Sorbonne, Sér. „Études et Méthodes“, 16. 1967), S. 230 ff.; hier S. 238.

[13] *Nörr* (oben Anm. 6), S. 357 f.

[14] *U. Kahrstedt,* Griechisches Staatsrecht I (Göttingen 1922), S. V. Bei der Fortsetzung des Werkes hat Kahrstedt bekanntlich den Obertitel aufgegeben; vgl. nun den Untertitel „Studien zum öffentlichen Recht Athens“ in: Staatsgebiet und Staatsangehörige in Athen. Göttingen 1934.

[15] Vgl. zu dieser Trennung *R. Laun,* Studienbehelf zur allgemeinen Staatslehre (Hamburg [4]1947), S. 15 ff.

[16] Vgl. *Kunkel* (oben Anm. 11), S. 58.

[17] Vgl. zu dieser Unterscheidung *H. Braunert,* Theorie, Ideologie und Utopie im griechisch-hellenistischen Staatsdenken: Gesch. in Wissensch. und Unterr. 14 (1963), S. 145 ff. [= oben S. 49 ff.].

tiken Staatstheorien eine große Bedeutung zu. Sie können gewiß ein antikes Staatsrecht nicht ersetzen [18], aber wenn es sich erweist, daß sie aus der Anschauung der zu behandelnden Zeit und des zu behandelnden Staates gewonnen sind, die erforderliche Grundkonzeption liefern.

In gleicher Weise ist auch bisher bereits verfahren worden, wenn sich Mommsen darauf berief, daß schon die in Rom entworfene „Selbstschilderung den König älter macht als die Stadt und das Volk“ und römische Juristen immer die einzelnen Magistraturen in den Vordergrund der Betrachtung gestellt haben [19], und Ehrenberg kann sogar zu Recht anführen, daß die „allgemeine Tradition“ über die Polis als den eigentlichen Typ des griechischen Staates „nicht erst im neunzehnten Jahrhundert begonnen“ habe, „sondern ... auf die Griechen selbst zurück“ gehe [20]. Genauso scheint aber auch die Konzeption eines hellenistischen Staatsrechtes durch Ehrenberg gerechtfertigt werden zu können, wenn hier mit der Formel von der Identität von Staat und König der Idealtyp einer absoluten Monarchie zum Ausgangspunkt und Maßstab genommen wird: Der monarchische Gedanke ist besonders in hellenistischer Zeit ausgebildet worden [21], die Monarchie wurde von der Philosophie dieser Zeit als beste Staatsform ausgegeben [22], und in den Königen erblickte man das „lebende Gesetz“ [23]. Deshalb konnte Hans Herter feststellen: „Es ist bezeichnend, daß die Staatslehre der Griechen durch die Gründung der großen Weltreiche keine neuen Perspektiven gewonnen hat; das philosophische Denken hielt sich an die alte Polis, wenn es nicht gleich zum Kosmopolitismus übersprang. Der Gegenwart wurde das staatstheoretische Schrifttum nur insoweit gerecht, als es das Idealbild des Regenten entwarf und so die Gattung des Fürstenspiegels fortsetzte, die im Grunde doch eben so gut für den Dynasten von Kypros wie für den König von Ägypten paßte.“ [24]

Die letzte Wendung zeigt bereits, daß diese Fürstenspiegel nicht eigentlich als Staats/theorie angesehen werden können — ja, wie ich meine, wird die Staats-

[18] Vor der Gefahr der Vermischung zwischen Staatstheorie und Staatsrecht gerade in der deutschen Wissenschaft warnt besonders eindrücklich *S. Stelling-Michaud*, Objet, méthodes et problèmes de l'histoire des doctrines politiques: Schweiz. Beitr. z. Allg. Gesch. 7 (1949), S. 19 f.

[19] *Th. Mommsen*, Römisches Staatsrecht I, S. 3 ff.; Zitat S. 3.

[20] *Ehrenberg* (oben Anm. 6), S. 106.

[21] Vgl. dazu Anm. 9 und vor allem noch immer *Kaerst* (oben Anm. 9), bes. S. 40 ff.

[22] Vgl. *E. R. Goodenough*, The political philosophy of Hellenistic kingship: Yale Class. Stud. 1 (1928), S. 55 ff.; *L. Delatte*, Les traités de la royauté d'Ecphante, Diotogène et Sthénidas (Bibl. de la Fac. de Philos. et Lettr. Liège, 97. 1942), bes. S. 140 ff., sowie dazu die Rezension von *Goodenough*, Class. Philol. 44 (1949), S. 129 ff.; *Rostovtzeff* (oben Anm. 9), S. 208.

[23] Vgl. *A. Steinwenter*, ΝΟΜΟΣ ΕΜΨΥΧΟΣ. Zur Geschichte einer politischen Theorie: Anz. Akad. Wien, phil.-hist. Kl., 83 (1946; 1947), S. 250 ff.

[24] *H. Herter*, Hellenismus und Hellenentum: Das neue Bild der Antike, hrsg. von *H. Berve*, I (1942), S. 349.

theorie dieser Zeit hiermit weder ausgeschöpft noch auch nur in ihrem Kern erfaßt. Schon Alfred Heuß hat davor gewarnt, die Formel vom König als νόμος ἔμψυχος, die meist als Krönung dieser Staatstheorie zitiert wird, „in einem modernen Sinn als Ausdruck einer sich absolut setzenden Monarchie zu verstehen. Die metaphysische Erhöhung des Königtums" — so fährt er fort — „hat die Voraussetzung, daß sie den König zu einer höchsten sittlichen Potenz erhebt, nicht aber will sie ihm einen Freibrief zum uneingeschränkten Gebrauch der Macht verleihen" [25]. Diese Deutung wird in der Tat den hellenistischen Fürstenspiegeln eher gerecht als ihre Kennzeichnung als einziges staatstheoretisches Schrifttum dieser Zeit. Indem es das Idealbild des königlichen Mannes auf die lebenden Herrscher übertrug [26] und mit dessen Tugendkatalog einen „Königskanon" schuf [27], wollte es die tatsächliche Machtstellung dieser Könige moralisch binden, nicht aber ihre Macht und seinen Gebrauch rechtfertigen. Das wird besonders deutlich in der Widerspiegelung der philosophischen Gedanken in den Papyri und Inschriften der hellenistischen Zeit [28]. Damit wird aber der Charakter der vielen hellenistischen Abhandlungen über das Königtum als staatsethisch, nicht — oder wenigstens nicht vornehmlich — als staatstheoretisch erwiesen [29].

Auf diese Literatur scheint mir daher eine Konzeption des hellenistischen Staatsrechtes, die vom absoluten Herrscher allein ausgeht, nicht begründet werden zu können. In dieser Literatur erschöpft sich aber auch das staatstheoretische Schrifttum des Hellenismus nicht. Bekanntlich hat der bedeutendste Historiker dieser Periode, Polybios, im sechsten Buch seines Werkes das Ideal einer gemischten Verfassung am Beispiel Roms vorgeführt, und er hat damit Theorie und

[25] *A. Heuß,* La monarchie hellénistique: Relazioni del X Congresso Internaz. di Scienze Storiche, 2 (1955), S. 208 ff.; Zitat S. 210.

[26] Vgl. (nach Goodenough) *K.-W. Welwei,* Könige und Königtum im Urteil des Polybios (Diss. Köln 1963), S. 129 ff. Zur Übereinstimmung dieser Herrschertugenden mit denen des σοφός vgl. etwa *M. E. Reesor,* The political theory of the old and middle stoa (New York 1951), S. 20.

[27] Vgl. *H. Berve,* Die Tyrannis bei den Griechen I (München 1967), S. 478; dort auch der entsprechende Tugendkatalog.

[28] Vgl. dazu vor allem *W. Schubart,* Das hellenistische Königsideal nach Inschriften und Papyri: Archiv f. Pap.-Forschg. 12 (1937), S. 1 ff.; *ders.,* Das Königsbild des Hellenismus: Antike 13 (1937), S. 272 ff.; *ders.,* Verfassung und Verwaltung des Ptolemäerreiches (Der Alte Orient, 35, 4. 1937), S. 34 ff. Besonderes Kennzeichen einer solchen Bindung ist es, daß einer der immer wiederholten Begriffe wechselseitig verwandt wird, εὔνοια: Der Wohlgesonnenheit des Herrschers entspricht die gute Gesinnung, die Loyalität der Untertanen, und beide bedingen sich gegenseitig; vgl. dazu *Schubart,* Archiv f. Pap.-Forschg. 12 (1937), S. 8 ff., sowie *Braunert,* Die Binnenwanderung. Studien zur Sozialgeschichte Ägyptens in der Ptolemäer- und Kaiserzeit (Bonner Historische Forschungen, 26. 1964), S. 105 ff.

[29] So zu Recht *L. Wickert,* princeps: RE 22 (1954), Sp. 2224. Vgl. auch schon Kaerst (oben Anm. 9), S. 69 ff.

Wirklichkeit so eng verknüpft, daß in der modernen Forschung fast der Eindruck entsteht, als sei die Theorie allein für den Anwendungsfall geschaffen worden. Dabei steht es fest, daß Polybios' „Versuch, die römische Verfassung in das Schema seiner griechischen Theorie zu zwängen, dem spezifisch Römischen nicht gerecht wurde" [30], und die Ausbildung dieser Staatstheorie im griechischen Denken ist längst/erkannt. Wenn dabei die Herkunft dieser Theorie bei der bestehenden Quellenlage auch nicht eindeutig geklärt werden kann [31], so läßt sich doch heute mit großer Wahrscheinlichkeit mit G. J. D. Aalders sagen [32], daß sie ihren Ursprung in der Mitte des fünften vorchristlichen Jahrhunderts besitzt, als die Verfassungsformen überhaupt ausgebildet und erkannt wurden, von Platon in den Nomoi „ausgebaut, bereichert und vertieft" worden ist und schließlich von Aristoteles „viel ausführlicher dargestellt und mit verfeinerter Methode untersucht" [33]. Gerade für die hellenistische Zeit erfüllt damit diese Theorie in besonderem Maß die Bedingung, daß sie auf der Anschauung basieren soll. Denn es ist wohl unbestritten, „daß die theoretischen Erwägungen des Stagiriten eine umfassende Kenntnis des realen staatlichen Lebens als Hintergrund haben" [34]. Da andererseits die Darstellung dieser Theorie durch Polybios zu Recht als „the o n l y extended piece of Hellenistic political theory that survives" [35] bezeichnet werden konnte, ist es eigentlich verwunderlich, daß diese Theorie der gemischten Verfassung bisher nicht zur Grundlage einer Konzeption für ein hellenistisches Staatsrecht genommen wurde.

[30] *M. Gelzer,* Gnomon 28 (1956), S. 85, in der Rezension des Werkes von *K. v. Fritz,* The theory of the mixed constitution in antiquity. A critical analysis of Polybius' political ideas. New York 1954. — Vgl. auch *Th. Cole,* The sources and composition of Polybius VI: Historia 13 (1964), S. 485; *P. Pédech,* La méthode historique de Polybe (Paris 1964), S. 319; *Aalders* (unten Anm. 32), S. 91.

[31] Vgl. dazu etwa *A. Delatte,* La constitution des États-Unis d'Amérique et les Pythagoriciens: Bull. de l'Acad. roy. de Belgique, Cl. des Lettr. et des Sciences moral. et polit., 5ᵉ sér. 34 (1948), S. 383 ff.; *H. Ryffel,* ΜΕΤΑΒΟΛΗ ΠΟΛΙΤΕΙΩΝ. Der Wandel der Staatsverfassungen (Noctes Romanae, 2). Bern 1949; *M. Hammond,* City-state and world state in Greek and Roman political theory until Augustus. Cambridge, Mass. 1951; *v. Fritz* (oben Anm. 30); *Cole* (oben Anm. 30), S. 446 f.

[32] *G. J. D. Aalders,* Die Theorie der gemischten Verfassung im Altertum. Amsterdam 1968; Zitat S. 49. Hier wird auch im einzelnen zu den Ursprungstheorien Stellung genommen. — Dem Verfasser danke ich auch an dieser Stelle herzlich, daß er mir seine Arbeit noch in den Korrekturbögen zur Verfügung gestellt hat. — Vgl. auch schon *ders.,* Die Mischverfassung und ihre historische Dokumentation in den Politica des Aristoteles (Entretiens sur l'Antiquité Classique XI „La ‚Politique' d'Aristote". 1964), S. 199 ff.; das Zitat für Aristoteles hier S. 208.

[33] M. E. zu Recht als „orthodox theory" gekennzeichnet von *Hammond* (oben Anm. 31), S. 23. 28. 50.

[34] *Aalders,* Entretiens (oben Anm. 32), S. 236.

[35] *Cole* (oben Anm. 30), S. 440 (Sperrung von mir!).

Vor allem drei Argumente scheinen mir einer solchen Verwendung bisher widersprochen zu haben: 1. wird angenommen, daß diese aus den Notwendigkeiten der Polis abgeleitete Theorie des Aristoteles in der veränderten Welt der hellenistischen Königreiche keine große Wirkung ausgeübt habe [36]. 2. hat die Anwendung dieser Theorie durch Polybios auf Rom und ihre Exemplifizierung an Sparta den Blick auf die hellenistische Welt des Ostens verstellt. Wenn hier Anknüpfungspunkte gesehen wurden, so glaubte man allein an die Polis oder die Staatenbünde denken zu dürfen [37], da 3. mit Polybios das Charakteristikum einer Mischverfassung in einem „system of checks and balances" zu bestehen scheint [38], das in den Großstaaten des Hellenismus gewiß nicht wiedergefunden werden kann.

Die neueren Untersuchungen scheinen mir eine Überprüfung dieser Standpunkte nahezulegen [39]. Denn Thomas Cole hat deutlich gezeigt, daß die Vorstellungen von der Gewaltenteilung und vom Gleichgewicht der Komponenten der Verfassung keinesfalls not/wendig mit der antiken Theorie der μικτὴ πολιτεία verbunden sind [40] — ja, daß Polybios sich in der Herausstellung dieses Ergebnisses einer gemischten Verfassung gerade von dem Hauptstrang der Überlieferung unterscheidet, der von Platon über Aristoteles bis zu Cicero reicht. Im allgemeinen wird man deshalb in der hellenistischen Welt die polybianische Version gerade nicht erwarten dürfen, sondern in der Nachfolge des Aristoteles die Vorstellung, daß durch die Mischverfassung ein Ausgleich zwischen den verschiedenen sozialen Gruppen erreicht, jeder Gruppe das ihr eigene Recht gewahrt werden könne. Selbst die Kombination verschiedener Verfassungsformen in einem Staat muß danach als eine Art der Mischverfassung gelten können [41]. Die Anwendungsmöglichkeiten einer solchen Theorie auch auf die hellenistischen Königreiche wird man nicht grundsätzlich in Abrede stellen können, und damit entfällt das wesentliche Argument, das bisher — wenn ich recht sehe — für die mangelnde Wirkung dieser Theorie des Aristoteles ins Feld geführt worden ist. Auch Aalders begründet nämlich diese Feststellung jetzt wieder damit, daß diese

[36] *Aalders,* Entretiens (oben Anm. 32), S. 218; *ders.,* Theorie (oben Anm. 32), S. 70 f.

[37] Vgl. etwa den Hinweis auf die Verhältnisse des achäischen Bundes als Ausgangspunkt für Polybios bei *Cole* (oben Anm. 30), S. 485.

[38] *v. Fritz* (oben Anm. 30), bes. S. 186.

[39] Der unter 2. genannte Gesichtspunkt braucht dabei nicht berücksichtigt zu werden, da er bei der allgemeinen Anerkennung der Abhängigkeit Polybios' von griechischen Vorstellungen ohnehin nicht den Wert eines Argumentes besitzt.

[40] *Cole* (oben Anm. 30), S. 465 ff.; vgl. zu Aristoteles auch *Aalders,* Entretiens (oben Anm. 32), S. 209; *ders.,* Theorie (oben Anm. 32), S. 60 ff., sowie *Pédech* (oben Anm. 30), S. 318.

[41] Vgl. dazu *Aalders,* Entretiens (oben Anm. 32), S. 209; *ders.,* Theorie (oben Anm. 32), S. 59, sowie *E. Braun,* Die Theorie der Mischverfassung bei Aristoteles: Wien. Stud., N. F. 1 (1967), S. 79 ff.

Staatstheorie in hellenistischer Zeit als „unzeitgemäß" empfunden worden sei [42], während er als Ergebnis seiner Untersuchungen über die Zeit selbst konstatieren muß, „daß die Verfassungsmischung im hellenistischen Zeitalter v i e l m e h r diskutiert worden ist, als unsere spärliche Überlieferung auf den ersten Blick hin vermuten läßt". Tatsächlich hat sich immer deutlicher gezeigt, daß nicht nur in der Schule des Aristoteles, sondern auch in der Stoa diese Theorie fortgewirkt hat [43] und damit als Allgemeingut der hellenistischen Zeit betrachtet werden muß.

Es bleibt dann der Einwand übrig, daß sich das philosophische Denken der Zeit eben noch ganz an die alte Polis gehalten und von der neuen politischen Situation keine Notiz genommen habe [44]. Dem widerspricht jedoch eine wesentliche Umwandlung dieser Theorie gerade zu Beginn der hellenistischen Zeit, die Aalders mit den Worten kennzeichnet: „Also hat die aristotelische Politeia als Mischung von Oligarchie und Demokratie einer Mischung aus den d r e i (guten) Grundverfassungen K ö n i g t u m, Aristokratie und Demokratie Platz gemacht." Das Königtum ist also erst, aber auch zugleich mit seiner Wirksamkeit in der griechischen Welt in diese Theorie von der gemischten Verfassung aufgenommen worden, und das spricht m. E. nicht dafür, daß die Königreiche selbst dabei unberücksichtigt geblieben sind.

Die Theorie der μικτὴ πολιτεία als verbreitetste Staatstheorie in der hellenistischen Zeit entspricht damit, wie ich meine, den Forderungen, die bei der Suche nach der Grundlage für eine Konzeption des hellenistischen Staatsrechtes an leitende Staatsvorstellungen der Zeit gestellt werden müssen. Es wird nahegelegt, daß sie tatsächlich in der Zeit selbst bereits auf die hellenistischen Königreiche angewandt worden ist, aber es fehlt bisher ein überzeugendes Exempel für eine solche Anwendung. Gelingt es, aus den Überlieferungsresten aus der Welt der hellenistischen Monarchien ein solches Beispiel zu gewinnen, so scheint mir hierin ein Modell gegeben zu sein, das besser als das bisherige als Basis für ein hellenistisches Staatsrecht dienen kann. Deshalb steht der Versuch einer solchen Rekonstruktion im Mittelpunkt dieser Untersuchung./

Ein solches Zeugnis liegt in den Exzerpten vor, die Diodor aus dem Werk des Euhemeros, seiner Ἱερὰ ἀναγραφή, überliefert hat [45]. Trotz der Dürftigkeit dieser Überlieferung haben die Historiker der Rahmenerzählung dieses Werkes mit

[42] Ebda. S. 70; nächstes Zitat S. 88 (Sperrung von mir!).

[43] Vgl. jetzt zusammenfassend *Aalders,* Theorie (oben Anm. 32), S. 72 ff.

[44] Vgl. die Stellungnahme *Herters* (oben S. 50); *Hammond* (oben Anm. 31), S. 41; *Aalders,* Theorie (oben Anm. 32), S. 71. — Nächstes Zitat ebda., S. 70 f. (Sperrungen von mir!).

[45] Hier vor allem Diod. 5, 41—46 = FGrHist 63, F 3 = F 2 bei *G. Vallauri,* Euemero di Messene (Pubbl. della Fac. di Lett. e Filos. dell'Univ. di Torino VIII 3. 1956), S. 31 ff. Übersetzung bei *H. F. van der Meer,* Euhemerus van Messene (Diss. Amsterdam 1949), S. 22 ff. Im folgenden wird nach FGrHist zitiert (Klammern im Text).

ihrer Schilderung gesellschaftlicher, staatlicher und wirtschaftlicher Formen auf der Insel Panchaia wiederholt ihre Aufmerksamkeit zugewendet, ohne daß doch bisher ein Consensus über die Bedeutung dieser *historia ficta* entstanden wäre [46]. Der erneute Versuch erscheint mir trotzdem lohnend, und als Ausgangspunkt benutze ich eine Textumstellung in der Diodor-Überlieferung, die ich an anderer Stelle zu erweisen unternommen habe [47]. Danach war bei Euhemeros die größte der drei Inseln, auf die er auf seiner Fahrt im Dienste des Königs Kassander von der Arabia Felix aus verschlagen worden war, Panchaia, die heilige Insel seiner Erzählung, so daß ihrem Gesellschafts- und Staatsaufbau auch nur eine mögliche Absicht des Verfassers entnommen werden kann.

Auf dieser Insel herrschte ein wahres Völkergemisch: Neben drei Stämmen der Frühzeit, den Panchaiern, Okeaniten und Doern, die dem heiligen Berg der Insel und Zeus selbst den Beinamen Triphylios eingetragen hatten (44, 6), lebten auf ihr drei eingewanderte Völkerschaften: Inder, Skythen und Kreter (42, 5). Zusammen mit den drei Inseln wird hieraus die Bedeutung schon ersichtlich, die Euhemeros der Dreizahl beimaß [48], und so ist es nicht verwunderlich, daß diese Bevölkerung in ihrer sozialen Gliederung ebenfalls als τριμερής bezeichnet wird, wobei die erste Klasse die Priester und neben ihnen die Techniten — also Künstler und Handwerker —, die zweite die Bauern und die dritte Soldaten und Hirten umfaßt haben soll (45, 3). Die Zusammenfassung heterogener Elemente jeweils in einer Bevölkerungsklasse ist zwar von vornherein merkwürdig, aber man hat trotzdem bisher der Dreiteilung eine größere Bedeutung als den Unterabteilungen beigemessen und daher geglaubt, ein Vorbild für diese Gesellschaftsordnung etwa in der Politeia des Hippodamos von Milet sehen zu sollen, der die Bürgerschaft seines idealen Staates genauso schematisch aufzubauen suchte wie seine Städte und sie daher in Techniten, Bauern und Soldaten gegliedert wissen wollte [49]. Die Konstruktion des Euhemeros muß aber allzu künstlich erscheinen,

[46] Vgl. besonders *R. v. Pöhlmann,* Geschichte der sozialen Frage und des Sozialismus in der antiken Welt, 3. Aufl. v. *F. Oertel,* II (München 1925), S. 293 ff.; *W. W. Tarn,* Alexander the Great and the unity of mankind: Proc. of the Brit. Acad. 19 (1933), S. 163 ff.; *T. S. Brown,* Euhemerus and the historians: Harv. Theol. Rev. 39 (1946), S. 259 ff.; *A. Polet,* Deux utopies hellénistiques: Bull. of the Fac. of Arts, Fouad I Univ. 9 (1947), S. 47 ff. — Vgl. zur Bedeutung dieser Exzerpte jetzt auch *F. Taeger,* Charisma. Studien zur Geschichte des antiken Herrscherkultes I (Stuttgart 1957), S. 395 f.; *K. Thraede,* Euhemerismus: RAC 6 (1966), Sp. 877 ff. (mit der religionsgeschichtlichen Literatur).

[47] *Braunert,* Die heilige Insel des Euhemeros in der Diodor-Überlieferung: Rhein. Mus. 108 (1965), S. 255 ff. [= oben S. 153 ff.].

[48] Zur Bedeutung der Dreizahl bei Euhemeros vgl. *van der Meer* (oben Anm. 45), S. 42.

[49] Vgl. etwa *Polet* (oben Anm. 46), S. 53. Neben der Beeinflussung durch Hekataios sieht auch Hippodamos als Vorbild an *Kaerst,* Geschichte des Hellenismus II (Leipzig-

wenn man annimmt, daß er diesem Schema lediglich in der dritten Klasse Hirten und in der ersten Priester beigefügt hätte — und damit dann gerade die Gesellschaftsgruppe, der die größte Bedeutung auf seiner Insel zukam. Denn die Priester waren die ἡγεμόνες des ganzen Staatswesens, sie übten nicht nur die Jurisdiktion aus, sondern leiteten vor allem die/auf ihrer Insel herrschende Planwirtschaft (45, 4) und wurden zudem noch dadurch von allen anderen Bevölkerungsklassen abgesondert, daß sie den Tempelbezirk nicht verlassen durften (46, 4). Ist es daher höchst unwahrscheinlich, daß sie von vornherein mit den Techniten eine Klasse bilden sollten, so zeigen darüber hinaus Parallelen deutlich, wie es zu einer solchen Vermengung kommen konnte.

Ähnlich wie Euhemeros schildert nämlich schon Isokrates im Busiris eine Dreiteilung der ägyptischen Bevölkerung in Priester, Techniten und Soldaten; daneben verschweigt er allerdings die wichtige Klasse der Bauern nicht, sondern führt sie gleichsam als Unterabteilung der Handwerker [50]. Damit gewinnen wir bei beiden Schriftstellern — wenn wir von der letzten Gruppe der Hirten bei Euhemeros zunächst einmal absehen — die gleiche Reihenfolge: Priester, Techniten, Bauern und Krieger, die übrigens grundsätzlich übereinstimmend auch Platon im Timaios Ur-Athen genauso wie Ägypten zugeschrieben hat [51]. Diese Parallelität erscheint mir um so weniger zufällig, als wir auch bei Hekataios von Abdera die gleichen vier Klassen — und dazu noch die Hirten — antreffen, die hier lediglich wieder in einer anderen Kombination zu Dreiergliederungen zusammengefaßt werden [52]. Daraus ergibt sich mit genügender Deutlichkeit, daß die Dreizahl sekundär ist und lediglich der Harmonie im gesellschaftlichen Aufbau Ausdruck verleihen soll. Die von Euhemeros wirklich aufgeführten Klassen aber entsprechen voll der in der griechischen Literatur traditionellen Gliederung der ägyptischen Gesellschaft der Spätzeit, die schon bei Herodot vorgebildet ist [53] und die dann bei Isokrates, Platon und Hekataios von Abdera vorliegt.

Wenn wir aus den ägyptischen Quellen auch wissen, daß Aufbau und Trennung der einzelnen Klassen keineswegs so starr waren, wie es nach den griechi-

Berlin ²1926), S. 153. Schließlich nennt *Tarn* (oben Anm. 46), S. 164, zwar Hippodamos neben den tatsächlichen Vorbildern in Ägypten und Indien, urteilt aber, es sei „frankly his (scil. Euhemerus') own".

[50] Vgl. nach der Schilderung der Dreiteilung in Isocr. 11, 15: ἡγούμενος τὰ μὲν ἀναγκαῖα καὶ τὰς περιουσίας ἔκ τε τῆς χώρας καὶ τῶν τεχνῶν δεῖν ὑπάρχειν. Zur griechischen Vorstellung über die soziale Gliederung der Ägypter vgl. jetzt die Quellensammlung in FGrHist 665, F 88—92, wo allerdings der eben zitierte Zusatz in F 89 ausgelassen ist.

[51] Plat., Tim. 24 a—b = FGrHist 665, F 90 a.

[52] Vgl. die τρία μέρη in Diod. 1, 28, 4 = FGrHist 665, F 91 a: Priester, Bauern + Krieger, Techniten, sowie die ἕτερα συντάγματα τῆς πολιτείας τρία in Diod. 1, 74, 1 = FGrHist 665, F 91 b: Hirten, Bauern, Techniten.

[53] Ἑπτὰ γένεα bei Herod. 2, 164, 1 = FGrHist 665, F 88 a.

schen Berichten scheinen möchte, so warnt die gleichartige Wiedergabe der Sozialstruktur Ägyptens über einen langen Zeitraum hinweg doch davor, hierbei lediglich an literarische Abhängigkeit zu denken. Die neueren Untersuchungen über Diodors ägyptische Theologumena sprechen ebenfalls nicht dafür, Euhemeros hier lediglich auf Hekataios zurückzuführen [54]. Einer solchen literarischen Abhängigkeit widerstreitet zudem deutlich die Reihenfolge, in der Euhemeros die einzelnen Gesellschaftsklassen aufführt. Diese Reihenfolge entspricht seit Herodot nämlich zugleich deutlich einer Rangordnung, in der die Priester immer den ersten Platz einnehmen, in der aber schon der zweite Platz strittig ist. Ihm werden bei Hekataios die Soldaten bzw. Bauern zugewiesen; jedenfalls stehen die Techniten am Schluß, und diese ihre Stellung wird noch dadurch unterstrichen, daß ihnen ausdrücklich die Beteiligung am politischen Leben versagt bleibt [55]. Ganz anders wird ihre bevorzugte Einreihung bei Euhemeros wie schon zuvor bei Isokrates durch den hohen Stand von Kunst und Handwerk gerechtfertigt — eine Hochschätzung, die/bekanntlich bis in die Spätantike nachgewirkt hat und noch Macrobius das ägyptische Volk als *mater artium* erscheinen ließ [56].

Insgesamt wird hiermit nicht die Sozialstruktur eines primitiven Naturvolkes auf einer fernen Insel geschildert, sondern das Produkt einer langen geschichtlichen Entwicklung, die sich ebenso im staatlichen Aufbau der Insel widerspiegelt. Deutlich hebt Euhemeros von der χώρα Städte ab (45, 2), unter denen eine, Panara, besonders hervorsticht, da ihre Bewohner αὐτόνομοι καὶ ἀβασίλευτοι waren (42, 6). Die Autonomie erweist sich in der jährlichen Wahl von drei Archonten, denen außer der Kapitalgerichtsbarkeit auch die Jurisdiktion zustand. Die wichtigsten Angelegenheiten mußten sie allerdings den Priestern vorlegen [57], und darin zeigt sich einmal die Beschränkung der städtischen Autonomie, zum anderen aber auch ihre Unabhängigkeit vom König.

Die staatliche Spitzengliederung der Insel, die hier eingreift, ist in dem Exzerpt Diodors nur ungenügend berücksichtigt. Die Existenz eines Königtums, das schon von Felix Jacoby postuliert worden ist [58], habe ich zu erweisen versucht [59]. Von ihm wird dann lediglich mitgeteilt, daß dem König der größte Teil der χώρα gehörte und daß er dazu noch den Zehnten von den landwirtschaftlichen Erträgen beanspruchte (42, 1). Die politische Bedeutung des Königtums wird schon daraus deutlich und noch weiter durch die Tatsache unterstrichen,

[54] Vgl. dazu *W. Spoerri*, Späthellenistische Berichte über Welt, Kultur und Götter (Schweiz. Beitr. z. Altertumswiss., 9. Basel 1959), S. 189 ff., dessen Auffassung sich jetzt auch *Thraede* (oben Anm. 46) angeschlossen hat.

[55] Diod. 1, 74, 6 = FGrHist 264, F 25 (S. 50).

[56] Vgl. Isocr. 11, 17; Macrob., Saturn. 1, 15, 1, aber auch Gell., n. A. 11, 18, 16.

[57] 42, 6; vgl. dazu *Braunert* (oben Anm. 47), S. 257 [= oben S. 155].

[58] *Jacoby*, Euhemeros: RE 6 (1907), Sp. 962; *Pöhlmann* (oben Anm. 46), S. 294 mit Anm. 3; *Vallauri* (oben Anm. 45), S. 15.

[59] Vgl. oben Anm. 47 [= oben S. 153 ff.].

daß nur eine Stadt der Insel von seiner Einwirkung ausgenommen war, neben dem platten Land ihm also auch die übrigen Städte unterstanden. Diese Folgerungen scheinen mir deshalb wichtig zu sein, weil nach den zahlreichen Angaben über die Priester diese als die eigentlichen Regenten des Landes erscheinen könnten. Sie besaßen ein umfangreiches Tempelland (44, 5), und als Organisatoren der Konsumtionsgemeinschaft erhielt jeder von ihnen das Doppelte des sonst gleichmäßigen Anteils jedes Normalverbrauchers am Ertrag (45, 5). Von ihrer Leitung der Staatsgeschäfte und von der Jurisdiktion, die sie auch über die Bürger der autonomen Stadt ausübten, war bereits die Rede.

Gewiß kann aus diesen Angaben ein klare Vorstellung über das Verhältnis zwischen König und Priestern auf der Insel nicht ohne weiteres abgeleitet werden. Ja, man ist zunächst geneigt, das Ganze für eine rein willkürliche Konstruktion zu halten, die den utopischen Charakter dieses Staatswesens noch unterstreicht. Aber ähnlich wie für den gesellschaftlichen Aufbau gibt es auch für diese Darstellung der politischen Spitzengliederung auf Panchaia Vorbilder in der literarischen Tradition der Griechen über Ägypten. So rühmt Isokrates im Busiris, daß er den Priestern εὐπορία verschafft habe und damit die Muße zur Beschäftigung mit der Philosophie als Grundlage der Gesetzgebung. Wenigstens die älteren Priester seien von ihm ἐπὶ τὰ μέγιστα τῶν πραγμάτων eingesetzt worden [60]. Platon war bekannt, daß die ägyptischen Könige nicht ohne Beteiligung der Priester herrschen durften [61], die dann noch von Eratosthenes als ὁμιληταὶ τῶν βασιλέων bezeichnet wurden [62] und nach einer weiteren Tradition die Jurisdiktion in Ägypten ausübten [63]. Schließlich aber ist es auch hier wieder Hekataios von Abdera, nach dessen Darstellung an der Spitze Ägyptens ein aus göttlichem Ursprung entsprossener König stand, dem aber trotzdem die Klasse der Priester nicht nur an δόξα/und ἐξουσία weitgehend gleichkam, sondern ebenso wie bei Euhemeros περὶ τῶν μεγίστων zu entscheiden hatte [64]. Wieder wird man die Frage nach der literarischen Abhängigkeit verneinen müssen; denn vor allem mit den Städten wird durch Euhemeros ein neues Element in dieses Bild eingeführt. Auch bei Hekataios ist von Städten die Rede, sie spielen aber als solche im Staatsaufbau keine Rolle, sondern lediglich aus ihnen sind die besten Bürger zu einem Richterkollegium für ganz Ägypten bestimmt [65]. Demgegenüber scheint es mir bezeichnend zu sein, daß bei Euhemeros von einer Mitwirkung der Bürger an zentralen Aufgaben des Staates nichts zu hören ist, eine Stadt jedoch als solche eine beschränkte Autonomie besitzt. Soweit deshalb hier auch das traditionelle Bild der Griechen vom ägyptischen Staatsaufbau über-

[60] Isocr. 11, 21—23.

[61] Plat., Politik. 290 d—e = FGrHist 665, F 93 a.

[62] Bei Strabo 17, 1, 5 = FGrHist 665, F 94 a.

[63] Ael., var. hist. 14, 34.

[64] Zum Priestertum vgl. Diod. 1, 73, 4 f. = FGrHist 264, F 25 (S. 49 f.).

[65] Diod. 1, 75, 3 = FGrHist 264, F 25 (S. 51).

nommen wurde, so wird damit ein neuer Bestandteil eingeführt, der aus dem pharaonischen Ägypten schlechterdings nicht abgeleitet werden konnte.

Zunächst ist aber festzustellen, daß schon das traditionelle Bild der ägyptischen Wirklichkeit nicht gerecht wurde. Das Land wurde weder in seiner Spätzeit noch nach der griechischen Eroberung von den Priestern geleitet, und der König lebte in ihm keinesfalls nur ein Schattendasein. Trotzdem konnten offenbar die Wirklichkeit und mehr noch die in Ägypten wirksamen Theorien bei griechischen Beobachtern ein solches Bild entstehen lassen. Zu der erfahrenen Wirklichkeit gehörte wohl vor allem die Stellung des ägyptischen Pharao in Religion und Kultus, die ihn namentlich fremden Augen leicht lediglich als Exponenten der Priesterschaft erscheinen lassen konnte. Dazu gehörte aber auch die Machtstellung, deren sich diese Priesterschaft jeweils beim Niedergang der Zentralgewalt zu bemächtigen wußte. Sie muß gerade unter den letzten einheimischen Dynastien besonders angewachsen sein [66]; denn nur von daher scheint es mir erklärt werden zu können, warum die frühen Ptolemäer, die den Einfluß der Priester allenthalben eindämmten, ihre regelmäßigen Synoden als eine Art von Landesvertretung anerkennen mußten [67]. Im Umkreis der Tempel entstand aber vor allem eine Staatstheorie, welche sich die Tendenzen der Priestertheokratie von Theben und Napata zum Vorbild nahm und danach die Stellung des Königs an den entscheidenden Einfluß der Priester band. Daß Hekataios von dieser Priestertradition beeinflußt ist, hat bereits Eduard Meyer nachgewiesen [68]. Treffen

[66] Vgl. etwa den Hinweis auf ein ägyptisches Papyrusfragment, nach dem Dareios die Weisen unter den Kriegern, den Priestern und den Schreibern Ägyptens sich versammeln ließ, um das Recht aufzeichnen zu lassen, bei *H. H. Schaeder,* Das persische Weltreich (Die Weltreiche der Geschichte. Breslau 1942), S. 9 ff. = Der Mensch in Orient und Okzident (München 1960), S. 48 ff.; hier S. 70. Vgl. zum spätägyptischen Staat, der in seinem Aufbau und seiner Machtverteilung der nachstehend genannten Priestertheorie stark entsprach, *W. Schur,* Zur Vorgeschichte des Ptolemäerreiches: Klio 20 (1926), S. 270 ff.; hier bes. S. 297 f.

[67] Vgl. dazu *Otto,* in: *W. Spiegelberg — W. Otto,* Eine neue Urkunde zu der Siegesfeier des Ptolemaios IV und die Frage der ägyptischen Priestersynoden (Sitzg.-Ber. Bayer. Akad. 1926, 2).

[68] *Ed. Meyer,* Gottesstaat, Militärherrschaft und Ständewesen in Ägypten (Sitzg.-Ber. Preuß. Akad. 1928), bes. S. 529 f.; vgl. auch schon — unter Berufung auf G. Maspero — *A. Moret,* Du caractère religieux de la royauté pharaonique (Diss. Paris 1902), S. 316 f. Das ägyptische Priestertum bezeichnet theoretisch als Stellvertretung des Königs *S. Morenz,* Ägyptische Religion (Stuttgart 1960), S. 106. Zum Fortleben dieser Vorstellungen in ptolemäischer Zeit vgl. etwa *E. Otto,* Die biographischen Inschriften der ägyptischen Spätzeit. Ihre geistesgeschichtliche und literarische Bedeutung (Probleme der Ägyptologie II. Leiden 1954), S. 103. 109. 115 ff. — Hierher gehört wohl auch noch die Nachricht von Clem. Alex., Strom. 6, 35, 3, daß die ägyptischen Priester in einem Buch des Hermes Trismegistos eine „Darstellung des königlichen Lebens“ besessen hätten.

wir nun ganz ähnliche Vorstellungen schon bei Isokrates/und Platon sowie bei Euhemeros und Eratosthenes an, so wird man auch hierbei eher an eine unabhängige Übernahme ägyptischen Gedankengutes zu denken haben, die sich um so leichter gleichmäßig an eine solche Priestertradition knüpfen konnte, als die Griechen immer geneigt waren, in den ägyptischen Priestern Philosophen zu sehen, bei denen sie seit Herodot Auskünfte einzuholen pflegten. Diesen direkten Zugang wird man gerade auch Euhemeros nicht absprechen wollen, der nach dem Zeugnis der Kallimachos-Jamben zu Beginn des dritten vorchristlichen Jahrhunderts bei Alexandria lebte [69] und der auch Plinius als Autor einer Abhandlung über die Pyramiden bekannt war [70].

Hier kann nicht mehr auf die Beziehung der Wirtschaftsformen im panchaischen Staat zu den wirklichen Zuständen des frühhellenistischen Ägypten eingegangen werden, auf die schon frühzeitig Michael Rostovtzeff hingewiesen hat [71].

[69] Vgl. Callimachus I, ed. *R. Pfeiffer* (Oxford 1949), S. 162, ad Iamb. 1, frg. 191, 10 f. Gegen die Skepsis von *Tarn* (oben Anm. 46), S. 164 f., gegenüber der Verwendung der Verse für Euhemeros vgl. noch *A. D. Nock*, Class. Weekly 44 (1950), S. 88 f.

[70] Plin., n. h. 36, 79 = FGrHist 63, F 10.

[71] Vgl. *M. Rostovtzeff*, Studien zur Geschichte des römischen Kolonates (Archiv f. Pap.-Forschg. Beih. 1. Leipzig-Berlin 1910), S. 282 f.: „Auch die Theorie hat diese Entwicklung verstanden, indem sie, wohl auf Grund der Existenz einer solchen Struktur, die Möglichkeit eines weitgehenden Staatssozialismus behauptet. Ich meine hauptsächlich den panchäischen Staat des Euhemeros, welcher uns eigentlich den ägyptischen Staat, wie er sein sollte, aber mit Beibehaltung seiner wesentlichsten Züge, schildert. Es existiert hier kein Privatbesitz von Grund und Boden; nur Garten und Haus darf man sein eigen nennen: wie nahe steht das zu den wirklichen Zuständen des hellenistischen Ägyptens! Die Bauern, welche das Land beackern, haben kein Anrecht auf die Früchte, sie gehören dem Ganzen, d. h. dem Staate. Ist es nicht die Theorie, welche auch im hellenistischen Ägypten gilt, mit der einzigen Ausnahme, daß das κοινόν durch den König ersetzt wird?" Grundsätzlich urteilen ebenso *Gelzer*, Hist. Zeitschr. 113 (1914), S. 106; *Oertel*, Die soziale Frage im Altertum: Neue Jahrb. 3 (1927), S. 11. Demgegenüber hat *Tarn* (oben Anm. 46), S. 163 f., die hier aufgezeigten Beziehungen ganz leugnen wollen und vielmehr betont, daß Euhemeros an die Theorie von Aristot., Polit. 2, 5, 1263 a 3 ff., anknüpfe. Er berührt sich insoweit mit *van der Meer* (oben Anm. 45), als auch hier das philosophische Gedankengut auf Aristoteles zurückgeführt werden soll. Die Übereinstimmung ist wohl nicht ganz zufällig, sie schließt aber m. E. die Folgerungen Rostovtzeffs nicht aus. Tatsächlich hat Euhemeros wohl für seine Staatstheorie insgesamt die „orthodox theory" (vgl. oben Anm. 33) übernommen, die von Aristoteles vorgebildet war, historisch bedeutsam ist jedoch erst ihre Ausgestaltung, deren Farben offenbar Ägypten entnommen sind. Dafür gilt m. E., was *Jacoby*, FGrHist III a (1943), S. 36 f., bereits für Hekataios festgestellt hat: „der wirkliche befund ... ist ... für den Griechen immer nur material, das er von seinem denken aus auffaßt, für seine zwecke frei verwendet, und das er dabei in seiner tatsächlichkeit mehr oder minder stark umbiegt, weil er es in einen eigenen gedanklichen zusammenhang rückt". — Der Beziehung zum hellenistischen Ägypten widerspricht am meisten die Steuer der δεκάτη, da bekanntlich

Insgesamt wird dadurch nur bestätigt, was bereits am Gesellschafts- und Staatsaufbau des Werkes deutlich gemacht werden konnte: Die Darstellung der gesellschaftlichen, staatlichen und wirtschaftlichen Formen auf der heiligen Insel des Euhemeros haben ihr Vorbild in einem Ägypten, wie es sich dem Auge und — durch Vermittlung ägyptischer Priester — vor allem dem Ohr griechischer Besucher darbot, wie es ein Euhemeros unter dem ersten Ptolemäer kennenlernen mußte und — wie wir wissen — auch kennengelernt hat. Ihre Schilderung ist/damit einerseits nicht die Erfindung eines phantastischen Reiseromans, andererseits aber ebenfalls nicht die historisch getreue Wiedergabe tatsächlich bestehender Verhältnisse — sondern wenn es richtig ist, die Staatstheorie von der Anschauung abzuleiten und sie von „wirklichen Möglichkeiten“ ihren Ausgang nehmen zu lassen [72], dann liegt in der Rahmenerzählung der Ἱερὰ ἀναγραφή des Euhemeros ein Zeugnis frühhellenistischer Staatstheorie vor. Dabei sind es drei Faktoren, die den Staatsaufbau in dieser Theorie bestimmen: Das Königtum, dessen Obereigentum am Boden des ganzen Landes durch die Ablieferungspflicht des Zehnten dokumentiert wird, die Priesterschaft, die sich nach ihren Aufgaben als politisch und ökonomisch geschulte Elite zu erkennen gibt [73], und — gleichsam als Enklave — die prinzipiell unabhängige Bürgerschaft einer autonomen Polis, die selbst ohne Einwirkungsmöglichkeit auf das Staatsganze in den entscheidenden eigenen Angelegenheiten auf die Mitwirkung und Zustimmung der Zentralorgane angewiesen ist. Monarchische, aristokratische und demokratische Elemente sind damit in einem Flächenstaat vereinigt und erweisen diese Staatstheorie als eine Sonderform der Theorie von der gemischten Verfassung. Gewiß sind die Verfassungselemente dieser Staatstheorie nicht dadurch gekennzeichnet, daß sie unabhängig voneinander eine gegenseitige Kontrolle ermöglichen oder ermöglichen sollen. Andererseits wird jedoch deutlich, daß sie

die Ptolemäer gerade kein Quotensystem verwandten. Hierauf möchte ich demnächst in anderem Zusammenhang noch eingehen, aber jetzt immerhin darauf hinweisen, daß nach Ps.-Aristot., Oec. 2,1,4, für den Griechen die δεκάτη nur ein anderer Ausdruck für das ἐκφόριον war — also den Terminus, mit dem man in Ägypten den Pachtzins der Königsbauern und damit die entscheidende Einnahmequelle an landwirtschaftlichen Produkten für die Ptolemäer bezeichnete.

[72] Vgl. dazu meinen Aufsatz (oben Anm. 17), in dem ich bereits S. 150 [= oben S. 55] auf Euhemeros entsprechend hingewiesen habe. Die „empirische Grundlage“ sieht auch *Ehrenberg* (oben Anm. 5), S. 124, wenigstens für Platon und Aristoteles als gegeben an; aber gerade im Fortwirken ihrer grundsätzlichen Einstellung, die auch die Aufnahme neuer Gegebenheiten in der Zeit des Hellenismus in die Staatstheorie ermöglichte, liegt m. E. die Berechtigung für die Feststellung von *Welles*, The Greek city: Studi in onore di A. Calderini e R. Paribeni I (Mailand 1956), S. 81 ff., daß „they also look forward“ (S. 83).

[73] Ebenso hat *Kaerst* (oben Anm. 49), S. 153, die Darstellung der Priester bei Euhemeros aufgefaßt.

auf Zusammenwirken in einem einheitlichen Staatswesen hin angelegt sind. Das heißt aber, wie ich meine, nichts anderes, als daß über eine bloße Kombination verschiedener Verfassungsformen in einem Staat hinaus durch ihre Vereinigung einzelnen gesellschaftlichen Gruppen dieses Staates ihr eigenes Recht gesichert werden soll. Damit wird der Ansatzpunkt in der aristotelischen μικτὴ πολιτεία aufgegriffen und die Theorie der gemischten Verfassung auf den Typ der hellenistischen Großreiche angewandt.

Die Voraussetzungen, die nach den obigen Ausführungen (S. 168 f.) eine antike Staatstheorie erfüllen muß, sind für Euhemeros um so eher gegeben, als man bereits für Hekataios von Abdera vermutet hat, daß er Bestrebungen der ptolemäischen Politik in seinem Werk vertreten habe [74]. Stimmt man dem vorgetragenen Ergebnis zu, daß Euhemeros nicht nur in literarischer Abhängigkeit von Hekataios steht, sondern einzelne Elemente seiner Schilderung auf die eigene Erfahrung mit der Wirklichkeit des frühptolemäischen Staates zurückgeführt werden müssen, so wird man die Annahme noch für berechtigter halten, daß Euhemeros zwar nicht notwendig Ziele ptolemäischer Politik, aber Zielvorstellungen für eine Staatslehre des Ptolemäerreiches in der Rahmenerzählung seiner Ἱερὰ ἀναγραφή niedergelegt hat.

Aber selbst der Nachweis, daß es sich hier um eine Staatstheorie handele, weil sie aus der Anschauung eines hellenistischen Staates gewonnen wurde und damit als Staatsidee für die eigene Zeit gedacht war, verbürgt natürlich noch nicht, daß eine solche Theorie selbstverständlich als Grundlage für die Konzeption eines Staatsrechtes dieser Zeit ge/eignet ist. Das kann sich nur daran erweisen, daß die Fülle der überlieferten staatsrechtlichen Tatbestände und insbesondere die noch immer ungeklärten Verhältnisse zwischen dem Einzelnen und dem Staat sowie zwischen der Monarchie und der Polis durch diese Theorie erklärt oder besser erklärt werden können als bisher. Im Rahmen dieser Untersuchung kann eine solche Arbeit nicht geleistet, sondern lediglich im Ansatz gefragt werden, ob die einzelnen Faktoren dieser Staatstheorie in ihren Beziehungen zueinander auf das Staatsrecht des Hellenismus — und d. h. der hellenistischen Monarchien insgesamt, nicht nur des ptolemäischen Staates — anwendbar sind. Das vorläufige Ergebnis, das daraus allein resultieren kann, soll zugleich zur Diskussion gestellt werden, damit sich in der Auseinandersetzung herausstellt, ob in der Staatstheorie des Euhemeros eine brauchbare Grundlage für eine neue Konzeption des hellenistischen Staatsrechtes zur Verfügung steht.

So stark auch in der Forschung zumeist die absolute Monarchie als Charakteristikum der hellenistischen Zeit herausgestellt worden ist, so wenig hat man zugleich die Bedeutung der griechischen Poleis in der gleichen Periode übersehen

[74] Vgl. *W. Otto,* Priester und Tempel im hellenistischen Ägypten II (Leipzig-Berlin 1908), S. 268, Anm. 2. Vgl. zur praktisch-philosophischen Tendenz des Werkes im Anschluß an W. Jaeger aber auch *Jacoby* (oben Anm. 71), S. 37.

können. Daher wurde erst kürzlich festgestellt: „Nicht nur die Überwindung der Polis, sondern ebenso die unveränderte Erhaltung der Polis ist eine der Grundlagen hellenistischer Kultur.“ [75] Hierbei könnte zunächst an eine ganz eigenständige Leistung der Polis gedacht werden, die ohne — oder sogar gegen — die Monarchie ihrer Zeit ihre Lebenskraft bewahrt hat. So hat Fritz Gschnitzer geurteilt, als er auf seine Frage „was hätte ... das zweite Jahrhundert — ohne das Eingreifen der Römer — der griechisch-makedonischen Staatenwelt bringen müssen?“ antwortete, mit dem Rückgang der großen Reiche hätten die freien Gemeinden weitere Fortschritte gemacht [76]. Aber dabei wird m. E. die enge Verflechtung zwischen Monarchie und Polis in hellenistischer Zeit außer acht gelassen, die den Gelehrten vor rund 30 Jahren so stark bewußt war, daß gleich drei gewichtige Arbeiten sich mit dem Verhältnis zwischen Stadt und Herrscher im Hellenismus befaßten [77]. Ein Konsens ist dabei nicht zustande gekommen, und die Situation läßt sich kaum besser wiedergeben als mit den Worten Ehrenbergs: „Man hat versucht, jede legale Bindung zu leugnen, und man hat umgekehrt in der Beziehung zwischen König und Polis ein rechtliches Verhältnis sehen wollen. Jede derartige Theorie ist in Widersprüche geraten.“ [78] Es ist aber ebenso bezeichnend, wenn Ehrenberg an anderer Stelle erklärt:/„Das ganze gegenseitige Verhältnis von Polis und Monarchie entzieht sich staatsrechtlicher oder sonstiger rationaler Norm und basierte ausschließlich auf den realen Machtverhältnissen, die natürlich von den rechtlichen Prinzipien mitbestimmt wurden.“ Auf diese rechtlichen Prinzipien scheint es mir wesentlich anzukom-

[75] *C. Schneider,* Kulturgeschichte des Hellenismus I (München 1967), S. 4. — Vgl. auch *Welles* (oben Anm. 72), S. 82, der den Hellenismus als „the period of the widest expansion and of the greatest political and cultural responsibility of the Greek city“ bezeichnet; dazu allerdings *Ehrenberg* (oben Anm. 5), S. 335.

[76] Vom Ende der griechischen Gemeindefreiheit: Welt als Gesch. 20 (1960), S. 71 ff.; hier S. 78. Interessanterweise hat fast gleichzeitig *A. J. Toynbee,* Hellenism. The history of a civilization (London 1959), S. 135, die gleiche Frage gestellt und ist zu einem völlig anderen — wie ich meine — gerechtfertigteren Ergebnis gelangt, wenn er schreibt: „If the Seleucid monarchy had not been prematurely disabled ..., it might have evolved into a union of city-states held together by a common allegiance to a crown.“ Daher sieht er — neben den griechischen Bünden — das Zusammenwirken von Stadt und Herrscher im Seleukidenreich als eine „promissing solution for the post-Alexandrine Hellenic World's common problem of devising constitutions for states of a supra-city-state calibre“ an (S. 143).

[77] *P. Zancan,* Il monarcato ellenistico nei suoi elementi federativi. Padua 1934; *A. Heuß,* Stadt und Herrscher des Hellenismus in ihren staats- und völkerrechtlichen Beziehungen (Klio. Beiheft 39). Leipzig 1937; *A. H. M. Jones,* The Greek city from Alexander to Justinian. Oxford 1940; vgl. dazu auch *E. Bikerman,* Institutions des Séleucides. Paris 1938, sowie — in Auseinandersetzung mit Heuß — *ders.,* La cité grecque dans les monarchies hellénistiques: Rev. de Philol. 65 (1939), S. 335 ff.

[78] *Ehrenberg* (oben Anm. 5), S. 230; das folgende Zitat S. 234.

men; denn wenn es vielleicht auch kaum gelingt, die antiken Herrschaftsverhältnisse mit juristischen Begriffen zu fassen [79], die aus der Theorie der Neuzeit stammen, so bleibt die „»Tatsächlichkeitstheorie«, die die »Herrschaft« allein als politische Kategorie ansieht, ... unbefriedigend".

Für unsere Aufgabe, aber auch für ein Staatsrecht des Hellenismus überhaupt, scheint es mir nicht erforderlich zu sein, das Verhältnis der Polis schlechthin, d. h. aller griechischen Poleis, zu den hellenistischen Herrschern zu klären. Selbstverständlich gab es dabei die unterschiedlichsten Abstufungen, vor allem gab es — immer wieder oder sogar durchgängig — Poleis, die gegenüber mächtigen Nachbarstaaten ihre Souveränität wahren konnten, also als Völkerrechtssubjekte zu betrachten sind. Ihr Verhältnis zu den Herrschern lag ausschließlich auf dem Gebiete der beiderseitigen Außenpolitik. Machtanwendung von seiten der Könige konnte zur Herausbildung einer Herrschaft über eine solche Polis führen, und je nach dem Grad der Abhängigkeit ist ihre Stellung zueinander hierbei tatsächlich nach den Machtverhältnissen zu beurteilen und wird sich zudem unterschiedlich in den Aussagen der beiden Partner widerspiegeln.

Wenn hier jedoch — entsprechend der communis opinio — der Ausgangspunkt von der hellenistischen Monarchie als dem hervorstechenden Typ der Herrschaftsformen dieser Zeit genommen wird, so kann es sich bei der Beurteilung des Verhältnisses von Stadt und Herrscher einerseits nur um Poleis auf dem Territorium einer Monarchie und nur unter ihrer Herrschaft handeln, andererseits nur um solche, die mit eigenem Territorium das wesentliche Kennzeichen der griechischen Stadt bewahrt hatten und nicht selbst dem königlichen Territorium zugeschlagen waren [80]. Zudem wird der Auffassung des Herrschers über dieses Verhältnis ein größerer Wert beigemessen werden müssen als dem Selbstverständnis der Poleis. Dabei zeigt sich ein übereinstimmender Zug von den Freiheitsproklamationen in der frühen Diadochen-Zeit [81] bis hin zur Stellungnahme Antiochos' III. gegenüber den Römern [82]: Freiheit und damit Selbständigkeit der griechischen Poleis — mindestens derer auf ihrem Territorium und unter ihrer Herrschaft — wurden von den hellenistischen Herrschern als ein Privileg betrachtet, das „die stets entziehbare Anerkennung der Polis als politische Einheit und — in zweiter Linie — die eventuell verliehene libertas zum

[79] Vgl. dazu *D. Nörr*, Imperium und Polis in der hohen Prinzipatszeit (Münch. Beitr. 50. 1966), S. 1; das folgende Zitat S. 2.

[80] Vgl. zu den „villes sujettes" in der Nachfolge von L. Robert *H. H. Schmitt*, Untersuchungen zur Geschichte Antiochos des Großen und seiner Zeit (Historia. Einzelschriften 6. Wiesbaden 1964), S. 96, Anm. 3.

[81] Vgl. *Ehrenberg* (oben Anm. 5), S. 233; *Braunert*, Hegemoniale Bestrebungen der hellenistischen Großmächte in Politik und Wirtschaft: Historia 13 (1964), S. 80 ff., bes. S. 85 ff. [= oben S. 108 ff.].

[82] Vgl. zu Liv. 33, 38, 5—6; Polyb. 18, 51, 9, *Schmitt* (oben Anm. 80), S. 97.

Inhalt hat“ [83]. Der Begriff des Privilegs, der hierbei angewandt werden muß, verweist das Verhältnis zwischen Herrscher und Polis auf das Gebiet des Staatsrechtes. Die „Freiheiten“, die den Städten dabei zugestanden wurden, waren gewiß unterschiedlich, aber im allgemeinen doch so weitreichend, daß Alfred Heuß zu Recht feststellen konnte: „Der hellenistische Herrscher war weit davon entfernt, den städtischen Gemeindeorganismus in seinem Sinn um/zubilden. Viel eher war er bestrebt, dessen Integrität zu wahren. So kam er ihm nicht nur in einzelnen praktischen Fragen zu Hilfe, sondern wurde nahezu ... zum Hüter seines verfassungsmäßigen Staatslebens.“ [84] Damit kann aber die Polis unter der Herrschaft der hellenistischen Könige m. E. ebenso als αὐτόνομος καὶ ἀβασίλευτος bezeichnet werden, wie die Polis Panara unter der Königsherrschaft auf der heiligen Insel des Euhemeros. Wenn aber dort die wichtigsten Angelegenheiten der autonomen Stadt trotzdem durch die Priester als Vertreter der Zentralgewalt entschieden wurden, so hat auch das seine Parallele in den hellenistischen Monarchien. Die Eingriffe der hellenistischen Herrscher in die Städte ihres Gebietes sind allgemein bekannt, aber gerade Heuß hat deutlich herausgestellt, daß sie sich bei diesen Maßnahmen durchweg den Formen der Polis anpaßten und auf eine Ausdehnung des monarchischen Regierungsapparates auf die Stadt verzichteten [85]. Dadurch konnte erst einmal erreicht werden, daß die Polis solche Eingriffe nur als Regelung ihrer „wichtigsten Angelegenheiten“ empfand, zum anderen eine Unterstellung unter den monarchischen Verwaltungsapparat vermieden wurde und an seiner Stelle Gesandte, Hofbeamte oder Offiziere als unmittelbare Stellvertreter des Königs die Verhältnisse der Stadt regelten [86].

[83] Diese Bestimmung der Polis im Imperium Romanum durch *Nörr* (oben Anm. 79), S. 119 f., trifft m. E. auch genau das Verhältnis der hellenistischen Herrscher zur Polis; vgl. dazu vor allem *Bikerman* (oben Anm. 77), S. 135 ff.

[84] *Heuß* (oben Anm. 77), S. 246; vgl. jetzt auch *Welles,* Propyläen-Weltgesch. III (1962), S. 474: „Wie die Perser vor ihnen, hielten die hellenistischen Könige die Souveränität der Städte für vereinbar mit ihrer Unterstellung unter die königliche Oberhoheit“ (wobei lediglich die Verwendung des Begriffes „Souveränität“ fraglich erscheint, da damit eindeutig eine völkerrechtliche Beziehung impliziert wird). — Gegen die scheinbare Unvereinbarkeit der Thesen von Heuß und Bikerman vgl. bereits *C. Préaux,* Sur l'inscription de Cyrène S.E.G. IX. I, N° 5: Chron. d'Égypte 17 (1942), S. 148: „Dans les relations entre la cité et le prince, le rapport de forces originel est incontestablement, comme le discerne M. Bikerman, celui du vaincu à la merci de son vainqueur. Mais si les cités subsistent, comme elles le font, ce n'est évidemment que par l'effet d'un abandon de ses droits consenti par le vainqueur. Une fois cet abandon consenti, le droit de conquête cesse de dominer les rapports des deux entités.“ Es handelt sich damit nicht nur um eine „p r a c t i c a l accomodation of royal sovereignity to Greek ideas“, nach den Worten von *Adcock* (oben Anm. 9; Sperrung von mir!).

[85] Vgl. etwa nur *Heuß* (oben Anm. 77), S. 48. 246.

[86] Vgl. zum Gesandtenaustausch *Bikerman* (oben Anm. 77), S. 141, zur Einschaltung

Mit diesen Vertrauten des Königs tritt uns eine Personengruppe innerhalb der hellenistischen Monarchien entgegen, die bisher fast ausschließlich unter dem Gesichtspunkt des Hofzeremoniells behandelt worden ist [87]: die Freunde und Verwandten der Könige. Lediglich für das Seleukidenreich hat Elias Bikerman diesen Angehörigen der Hofrangklassen auch in ihrer politischen Wirksamkeit nähere Aufmerksamkeit gewidmet [88], und dabei zeigten sich recht erstaunliche Züge dieser Einrichtung. Zwar beruhte die Zugehörigkeit zur Gruppe dieser Höflinge — nach unserem Quellenmaterial — ganz auf dem persönlichen Vertrauensverhältnis des Königs zu dem Einzelnen. Sie war nicht an irgendeine Funktion im Staat oder auch nur am Hof gebunden, und der Einfluß solcher Freunde war ganz persönlicher Natur.

Aber nicht nur kann dieser Einfluß kaum überschätzt werden, wenn es einem König nach seinem Regierungsantritt notwendig erschien, die einflußreichsten Freunde seines/Vorgängers aus dem Wege zu räumen [89], oder wenn der einzige Usurpator im Seleukidenreich sich ohne eigene Machtstellung im Staat offenbar im wesentlichen allein auf die Freunde des Königs stützen konnte [90], sondern dieser Einfluß war wenigstens gewohnheitsrechtlich auch institutionalisiert. In offiziellen Verlautbarungen wurden die Freunde zusammen mit den Truppen bei militärischen Unternehmungen genannt, bei zivilen Entscheidungen berief sich der König auf die vorangegangene Beratung mit ihnen. Deshalb ist es wohl berechtigt, wenn Bikerman das bekannte Ultimatum des Popilius Laenas an Antiochos IV. vor Alexandria nicht nur als Erniedrigung des Königs wertete, sondern als flagrante Verletzung eines ungeschriebenen Grundgesetzes des Königtums, nach dem der Monarch in wichtigen Angelegenheiten keine Entscheidungen ohne den Rat der Freunde traf [91]. Bikerman hat daraus die Folgerung gezogen: „Ces compagnons du Roi gouvernent le pays à côté de lui". In seiner Untersuchung über die herrschende Gesellschaftsschicht der hellenistischen Monarchien konnte Christian Habicht zeigen, daß in der Frühzeit des Hellenismus sich dieser Beirat des Königs nicht aus bequemen Höflingen zusammensetzte,

von Hofbeamten *Heuß* (oben Anm. 77), S. 23, sowie allgemein *Ehrenberg* (oben Anm. 5), S. 236.

[87] Vgl. *G. Corradi,* Studi Ellenistici (Turin 1929), S. 268 ff.; *H. Henne,* Sur la titulature aulique des stratèges des nomes à l'époque ptolémaique: Rev. Et. Anc. 42 (1940), S. 172 ff.; *H. Kortenbeutel,* Philos: RE 20 (1941), Sp. 95 ff.; *M. Trindl,* Ehrentitel im Ptolemäerreich. Diss. München 1942 (masch.-schriftl.); *K. M. T. Atkinson,* Some observations on Ptolemaic ranks and titles: Aegyptus 32 (1952), S. 204 ff.; *Ehrenberg* (oben Anm. 5), S. 197 ff.

[88] *Bikermann* (oben Anm. 77), S. 46 ff.

[89] Vgl. Diod. 34, 3, und dazu *Bikerman* (oben Anm. 77), S. 41.

[90] Vgl. Diod. 33, 4a, und dazu *Bikerman* (oben Anm. 77), S. 50.

[91] Ebda. S. 48; das folgende Zitat S. 49 f.

sondern in der Regel aus „Akademikern“ [92], und damit wohl aus der gleichen politisch und ökonomisch geschulten Elite, als die wir die Priesterschaft auf der heiligen Insel glaubten kennzeichnen zu können. Aber die Priester selbst haben wenigstens im ptolemäischen Ägypten hierbei ebenfalls eine Rolle gespielt. Ich habe bereits darauf hingewiesen, daß ihre Synoden als eine Art von Landesvertretung fungierten, und gerade deren Exponenten, die hohen Priester von Memphis und Letopolis, scheinen die höchste Hofrangklasse besessen und damit zum Rat des Königs gehört zu haben [93].

Schon diese Andeutungen mögen zeigen, daß die Beschränkung der absoluten königlichen Gewalt durch eine kleine, herrschende Gesellschaftsgruppe in der Ἱερὰ ἀναγραφή des Euhemeros nicht einfach aus der Luft gegriffen ist, sondern ihre Entsprechung im staatlichen Aufbau der hellenistischen Monarchien besitzt. Wie gegenüber den Poleis begegnet uns diese Beschränkung der absoluten königlichen Gewalt gegenüber den φίλοι als eine Selbstbeschränkung durch die hellenistischen Monarchen; und man wird deshalb dem Nachweis solcher Entsprechungen zu den in der Staatstheorie vorgebildeten monarchischen, aristokratischen und demokratischen Elementen im Staatsrecht des Hellenismus entgegenhalten, daß zunehmender Einfluß der Freunde und Selbständigkeit der Poleis nur jeweils Anzeichen der Schwäche oder des Niederganges der monarchischen Gewalt gewesen seien. So hat Ehrenberg die Institutionalisierung der Hofhierarchie in Ägypten gedeutet [94], und so kennzeichnete Heuß das Verhältnis von Polis und König damit, „daß der hellenistische Herrscher gegenüber der griechischen Stadt kein eigentlich staatsbildendes Prinzip zu entfalten“ gewußt habe [95], und in den Auszeichnungen durch Gemeinden zeige sich die „durchgehende Ohnmacht des Herrschers, in die Welt des griechischen Stadtbürgertums die neuen am königlichen Hof entstandenen Formen sozialer Wertschätzung einzufügen“.

Von Anzeichen des Niederganges wird man schon deshalb nicht sprechen können, weil/die hier geschilderten Verhältnisse typisch für das dritte vorchristliche Jahrhundert sind und damit für die Blütezeit der hellenistischen Monarchien. Anders steht es mit dem Vorwurf der Schwäche und Ohnmacht. Gewiß — und hier verzeihe man die moderne Parallele! — besteht grundsätzlich die Möglichkeit, einen heutigen Regierungschef der Schwäche zu zeihen, der die begründete Meinung seiner Regierungsmitglieder berücksichtigt, oder eine Regie-

[92] *Ch. Habicht,* Die herrschende Gesellschaft in den hellenistischen Monarchien: Vierteljahrschrift f. Sozial- u. Wirtschaftsgesch. 45 (1958), S. 1 ff.

[93] Vgl. die Übersetzung „parent royal (?)“ in der ägyptischen Titulatur dieser Priester bei *W. Peremans — E. Van't Dack,* Prosopographia Ptolemaica III (Löwen 1956), Nrn. 5352—5354. 5356. 5357. 5359. 5366a. 5368. 5372. 5374. 5376.

[94] *Ehrenberg* (oben Anm. 5), S. 198 f.

[95] *Heuß* (oben Anm. 77), S. 246; das folgende Zitat S. 247.

rung, welche die Autonomie ihrer Universitäten achtet. Als Voraussetzung für ein solches Urteil erscheint mir aber der Nachweis erforderlich, daß der Getadelte politisch absolute Macht anstrebt oder verfassungsmäßig absolute Herrschaft besitzt. Innerhalb des Staatsrechtes ist allein die Frage nach der Herrschaft berechtigt, und hierbei scheint mir der Nachweis noch nicht erbracht worden zu sein, daß die Identität von König und Staat Grundgesetz des hellenistischen Staatsrechtes sei.

Umgekehrt scheint mir nach den Entsprechungen, die hier zwischen der Staatstheorie des Euhemeros und den Beziehungen einzelner Gruppen in den hellenistischen Staaten zueinander aufgezeigt wurden, gefragt werden zu müssen, ob wir es in diesen Gruppen nicht mit Verfassungselementen der hellenistischen Großreiche zu tun haben. Dabei muß m. E. der Ansatzpunkt für die Begründung eigenständiger Komponenten der Verfassung neben dem König im Bodenrecht gesucht werden. Darauf verweist das Recht des Siegers über die δορίκτητος γῆ, das heute vornehmlich als Rechtstitel für die absolute Herrschaftsstellung des hellenistischen Königs verstanden wird [96]. Gerade der Verzicht auf die γῆ, das Territorium einzelner Poleis, scheint mir das Recht des Siegers über diese Städte einzuschränken [97] und damit ihr eigenständiges Recht zu begründen. Schließlich hat — wie ich meine, zu Recht — in jüngster Zeit H.-W. Ritter wahrscheinlich zu machen gesucht, daß die Beteiligung der φίλοι bei der Verleihung des Diadems an Antigonos Monophthalmos als ihre Verzichtleistung auf Eigentumsrechte an asiatischem Boden in der Nachfolge Alexanders des Großen zugunsten des Antigonos zu begreifen sei [98]. Aus dem Verzicht auf einen Teil der δορίκτητος γῆ könnte sich dann auch das Recht zunächst der makedonischen Adligen, dann ihrer Nachfolger in den φίλοι der Könige auf Mitbeteiligung an der Herrschaftsausübung erklären. Daneben werden wahrscheinlich auch Traditionen in den orientalischen Staaten selbst wirksam geworden sein [99]. Verzicht bzw. Ablösung des Verzichts auf Teile des Siegerrechtes hätten damit eigenständige Rechte bestimmter Gruppen in den hellenistischen Monarchien begründet und dadurch gesichert, daß die Organe dieser Gruppen als Teile der Verfassung zusammen mit der monarchischen Gewalt eine Mischverfassung nach aristotelischem Vorbild bildeten.

[96] Vgl. bereits *Ehrenberg* (oben Anm. 5), S. 192, sowie jetzt *Schmitthenner,* Über eine Formveränderung der Monarchie seit Alexander d. Gr.: Saeculum 19 (1968), S. 32.

[97] Vgl. dazu die Stellungnahme von *Préaux* (oben Anm. 84).

[98] *H.-W. Ritter,* Diadem und Königsherrschaft. Untersuchungen zu Zeremonien und Rechtsgrundlagen des Herrschaftsantritts bei den Persern, bei Alexander dem Großen und im Hellenismus (Vestigia 7. München 1965), S. 82 ff.

[99] Vgl. zur Beteiligung der Priesterschaft bereits oben S. 178, zu dem königlichen Rat des Ḳnbt im pharaonischen Ägypten, der zugleich die Funktion eines obersten Gerichtshofes wahrnahm, *S. Gabra,* Les conseils de fonctionnaires dans l'Égypte pharaonique. Kairo 1929.

Hierdurch würde zugleich erklärt werden, warum Bevölkerungsgruppen außerhalb der Poleis und der Freunde — mit Ausnahme des Heeres, das nach altmakedonischer Auffassung in der Heeresversammlung ein Mitwirkungsrecht besaß [100], das jedoch bezeichnenderweise im Ptolemäer- und Seleukidenreich bald zu einem Akklamationsrecht/der „mehr oder weniger zufällig zusammengesetzten Garnison der Hauptstadt" gemindert wurde — auch in dieser Theorie der gemischten Verfassung für die hellenistischen Staaten unberücksichtigt blieben. Sie waren nämlich an einen Boden gebunden, für den das uneingeschränkte Recht des Siegers galt, und damit seiner Herrschaftsgewalt voll unterworfen. Vom Bodenrecht ausgehend, erscheint diese Herrschaftsgewalt dann mehr wie die eines Großgrundbesitzers mit Leibeigenen oder wenigstens mit einem Monopol auf die Arbeitskräfte in seinem Bereich als wie eine solche eines absoluten Monarchen. Die bisherigen Untersuchungen über die Wirtschaftsformen der hellenistischen Großreiche bestätigen eine solche Auffassung [101], die m. E. vor allem an dem Umfang der testamentarischen Verfügungen hellenistischer Könige neu überprüft werden müßte. Die hierdurch bedingte tatsächliche Macht der hellenistischen Könige — verbunden mit dem augenfälligen Wechsel der Herrschaftsform beim Übergang zum Hellenismus — hat daher, wie ich meine, die bisherige Kennzeichnung des hellenistischen Staatsrechtes stärker bestimmt als ein bei ungeschriebenen Verfassungen methodisches Vorgehen. Denn hierbei scheint es mir notwendig zu sein, daß für die Erfassung des Staatsrechtes alle erkennbaren Faktoren der politischen Willensbildung voll berücksichtigt werden, während lediglich ihre politische Wirksamkeit aus der jeweiligen Machtlage erklärt werden darf und kann.

Auch wenn die Verbindung monarchischer, aristokratischer und demokratischer Elemente hier in ihrer Bedeutung für ein Staatsrecht des Hellenismus gezeigt worden ist, wird damit die überragende Stellung des Königtums keinesfalls geleugnet. Es sollte aber m. E. erwogen werden, ob die entscheidende Bedeutung des hellenistischen Königtums nicht gerade außerhalb des Staatsrechtes zu suchen ist. Ein Jurist, Dieter Nörr, hat in einer Rezension des Ehrenbergschen Werkes nach dem Verhältnis des Einzelnen zum Staat gefragt und ein Staatsbewußtsein angesichts der jahrhundertelangen Existenz der hellenistischen Mo-

100 Vgl. dazu *Granier* (oben Anm. 3); in der Heeresversammlung sieht *Zancan* (oben Anm. 77), S. 147, das demokratische Element in den hellenistischen Staaten verkörpert; das folgende Zitat bei *Ehrenberg* (oben Anm. 5), S. 192.

101 Vgl. zum Ptolemäerreich *Préaux,* L'économie royale des Lagides. Brüssel 1939, sowie allgemein *Adcock* (oben Anm. 9), S. 171, der dort zudem — m. E. zu Recht — aus der Einstellung des Großgrundbesitzers auch die dynastische Heiratspolitik dieser Zeit zu erklären versucht, wenn er darauf hinweist, daß für die Geschwisterheiraten „one motive may well have been to keep the business in the family by keeping the family in the business".

narchien postuliert [102]. Soweit ich sehe, ist eine Bindung des Einzelnen an die πράγματα als den Staat des Hellenismus nicht nachzuweisen, wohl aber bestand eine Bindung des Einzelnen an die Person des Herrschers, die in den Eingaben Ägyptens immer wieder ihren sinnfälligen Ausdruck fand [103]. Die Einheit, die das Bewußtsein der Einzelnen in diesem Reiche trotz seiner unterschiedlichen Gliederung forderte, war, wie ich meine, im König verkörpert [104], und der Kult des Herrschers diente damit einem staatlichen Erfordernis. Das gilt insbesondere für die Polis [105], deren freiwillige Einrichtung des Herrscherkultes vielleicht auch ein Zeichen für ein Staatsbewußtsein ihrer Bürger ist, das über die einzelne Polis hinausreichte [106]. So bedeutsam das Staatsbewußtsein des/Bürgers für den Staat aber auch ist [107], so liegt es außerhalb des Bereichs des Staatsrechtes, und es sei deshalb nur die Vermutung angefügt, daß der Kern der Schrift des Euhemeros mit seiner Historisierung der griechischen Göttermythen vielleicht ebenso diesem Bedürfnis des hellenistischen Staates nach einer Klammer um seine verschiedenen Teile und einem Kristallisationspunkt für die Entwicklung eines Staatsbewußtseins seiner Bürger gedient habe wie die Rahmenerzählung einer theoretischen Begründung seines Staatsrechtes [108].

Ich fasse zusammen: In der Darstellung des staatlichen Aufbaus der heiligen Insel im Werk des Euhemeros besitzen wir aus der Frühzeit des Hellenismus eine Staatstheorie, die einen Ausgleich zwischen Polis und Monarchie in den neu entstandenen Flächenstaaten anstrebte und als Sonderform der Theorie der gemischten Verfassung monarchische, aristokratische und demokratische Elemente berücksichtigte, durch die einzelnen Gesellschaftsgruppen ebenso ihr eigenes

[102] *Nörr* (oben Anm. 6), S. 358.

[103] Vgl. dazu etwa nur die ΕΝΤΕΥΞΕΙΣ. Requêtes et plaintes adressées au roi d'Égypte au IIIe siècle avant J.-C., par O. *Guéraud*. Kairo 1931.

[104] Ähnlich bereits *Schubart*, Verfassung (oben Anm. 28), S. 39; vgl. auch das Zitat von *Schmitt* (oben S. 165).

[105] Gerade bei dem Selbstverständnis der griechischen Polis ergab sich die Notwendigkeit, dem Herrscher, der sich in den Polisaufbau nicht einfügen ließ, mit dem aber trotzdem ein modus vivendi gefunden werden mußte, eine von Natur aus dem Polisbürger übergeordnete Qualität zuzusprechen; dafür gelten m. E. noch immer die Ergebnisse von *W. S. Ferguson,* Legalized absolutism en route from Greece to Rome: Amer. Hist. Rev. 18 (1913), S. 29 ff.

[106] Vgl. dazu *Habicht,* Gottmenschentum und griechische Städte (Zetemata 14). München 1956.

[107] Auch für den modernen Staat wird das Staatsbewußtsein des Bürgers immer stärker als ein wesentlicher Faktor erkannt; vgl. dazu den Hinweis auf *H. Krüger*, Allgemeine Staatslehre. Stuttgart 1964, bei *Nörr* (oben Anm. 79), S. 117, Anm. 5.

[108] Vgl. dazu nur die Stellungnahme von *M. P. Nilsson,* Geschichte der griechischen Religion II (HAW V 2, 2. München ²1961), S. 285, zum Euhemerismus: „Der entscheidende Anstoß, die vorhandenen Elemente zu sammeln und zu einem geschichtlichen Bild zu vereinen, kam von Ägypten."

Recht gesichert werden sollte wie in der μικτὴ πολιτεία des Aristoteles [109]. Die Entsprechungen, welche die Organe dieser Verfassung und ihr Verhältnis zueinander in den hellenistischen Monarchien finden, berechtigen und verpflichten uns, die Anwendbarkeit dieser Theorie für eine moderne Konzeption des hellenistischen Staatsrechtes ernsthaft zu prüfen [110]. Der „ewige Widerstreit zwischen genossenschaftlichem und herrschaftlichem Prinzip" wird in einer solchen Staatstheorie zwar nicht aufgehoben, aber gebändigt, und er wird damit zum Leitfaden des Staatsrechtes selbst. Jedes dieser Prinzipien — und besonders das herrschaftliche Prinzip — war auch für sich im Staatsrecht der hellenistischen Zeit von Bedeutung, aber in ihrer Verbindung scheinen sie mir in besonderer Weise Staatstheorie und Staatsrecht im Hellenismus zu kennzeichnen.

[109] Zu den Beziehungen zu Aristoteles vgl. bereits oben S. 180 f. Sie ergeben sich auch daraus, daß *Polet* (oben Anm. 46), S. 54, zu Recht auf Berührungen mit Ideen des „cercle de Cassandre" hinweisen konnte, dem neben Euhemeros unter anderem Theophrast und Dikaiarch angehörten und damit gerade Angehörige der Schule des Aristoteles, bei denen der weitere Ausbau der Theorie der Mischverfassung nachgewiesen werden kann (vgl. oben Anm. 43). Eine ähnliche Verbindung besaß nach Diog. Laert. 2, 101—103 der ἄθεος Theodoros zu Demetrios von Phaleron, Ptolemaios I., Lysimachos und Magas. Man wird daher die Angabe der Rahmenerzählung, Euhemeros habe seine Reise im Auftrage des Kassander unternommen, nicht ohne weiteres als „Fiktion" bezeichnen können (so *Herter,* Kallimachos: RE S 5 [1931], Sp. 426).

[110] Vgl. jetzt auch die Ergebnisse von *H. J. Wolff,* Das Justizwesen der Ptolemäer (Münch. Beitr. 44). 1962. Danach zeigt sich die gleiche Dreiteilung, wenn neben der Koerzitionsgewalt der königlichen Beamten die „unmittelbare Justizhoheit des Königs" (S. 199) im Gericht der Chrematisten, zu denen „der König . . . angesehene Männer seines persönlichen Vertrauens ohne Rücksicht auf deren nationale Zugehörigkeit" berief (S. 74), in Erscheinung trat und — wohl auch den Städten — Eigengerichte konzediert waren. Wolff verweist mit Nachdruck darauf, daß es sich hierbei um „eine freiwillige Selbstbeschränkung der Justizhoheit" des Königs handele (S. 199). Wir haben gesehen, daß ebenso die Freiheit der Poleis ein königliches Privileg war (oben S. 183 f.), das jedoch mit großer Wahrscheinlichkeit auf rechtlichen Grundlagen basierte (oben S. 187).

Verfassungsnorm und Verfassungswirklichkeit im spätrepublikanischen Rom. Eine Interpretation zu Ciceros Rede für Balbus

Verfassungsnorm und Verfassungswirklichkeit — diese Begriffe und ihre gegenseitige Abgrenzung sind aus der modernen Verfassungsgeschichte nicht nur bekannt, sondern die Auseinandersetzung zwischen ihnen ist weithin die Geschichte moderner Verfassungen selbst. Wird jedoch nicht ungerechtfertigt aktualisiert und modernisiert, wenn diese Begrifflichkeit und die durch sie implizierte Fragestellung auf einen Bereich der Alten Geschichte, das spätrepublikanische Rom, angewandt werden sollen, in dem es eine geschriebene Verfassung und damit eine fixierte Norm der Verfassung gar nicht gab? Diese Frage wird mit vollem Recht gestellt werden, und in der Ablehnung der gewählten Themenstellung kann man sich zugleich auf die moderne Literatur und die neueren Kommentare zu Ciceros Balbiana berufen [1]. In ihnen ist weitgehend anerkannt, daß politische Motive für diesen Prozeß verantwortlich zu machen seien, daß die Gruppe, die hinter der Anklage stand, durch Balbus Pompeius und Caesar habe treffen wollen und daß daneben höchstens der Ankläger selbst vielleicht auch persönliche Vorteile mit der Wiedergewinnung des römischen Bürgerrechts bei einer Verurteilung des Balbus angestrebt habe [2]. Die Auseinandersetzung in der Balbiana über die Grundsätze der Verleihung des römischen Bürgerrechts und damit über Fragen der Verfassung wird demgegenüber fast ausschließlich als Vorwand der Anklage angesehen, und die im Prozeß offenbar unter/schiedliche Behandlung und Beurteilung der Bürgerrechtsfrage wird deshalb von der politischen Zielsetzung des Anklägers her beurteilt.

Die Ausgangsposition für das gewählte Thema ist also nicht besonders günstig. Jeder allgemein gehaltene Rechtfertigungsversuch muß in dieser Situation unan-

[1] In den Anmerkungen zu diesem Beitrag wird keine Vollständigkeit erstrebt; häufiger werden genannt und deshalb lediglich mit dem Verfassernamen zitiert: *F. Münzer,* Cornelius (69): RE 4 (1900), Sp. 1260 ff.; *W. Drumann — P. Groebe,* Geschichte Roms in seinem Übergange von der republikanischen zur monarchischen Verfassung ... II (Leipzig ²1902), S. 511 ff.; *H. Kaden,* Quaestionum ad Ciceronis Balbianam spectantium capita tria. Diss. Berlin 1912; *A. N. Sherwin-White,* The Roman citizenship. Oxford 1939; *L. Rubio,* Los Balbos y el Imperio Romano I: Anales de Historia antigua y medieval 1949, S. 67 ff.; *R. Gardner,* Cicero, Pro Balbo (Loeb Class. Libr. 1958), S. 613 ff.; *J. Cousin,* Cicéron, Discours XV (Coll. Budé. 1962), S. 213 ff.

[2] Vgl. jetzt vor allem *Cousin* S. 213 f.

gebracht erscheinen, und lediglich von der Interpretation der Rede her kann sich zeigen, ob sie eine Antwort auf die Frage nach Verfassungsnorm und Verfassungswirklichkeit im spätrepublikanischen Rom zu geben vermag.

Der Interpretation sei lediglich eine kurze Einleitung vorausgeschickt [3]: Angeklagt in dem Prozeß, in dem Cicero seine Verteidigungsrede gehalten hat, war L. Cornelius Balbus, nach seinen *tria nomina* also ein römischer Bürger, aber aus Gades gebürtig, wo seine Familie zu den reichsten und angesehensten gehörte. Diese südspanische Stadt, südlich der Mündung des Baetis gelegen und eine phönikische Gründung, war im Verlauf des zweiten Punischen Krieges in Beziehungen zu Rom getreten, die nicht mehr voll zu rekonstruieren sind. Cicero (15, 34) berichtet von einem Vertrag, den ein L. Marcius *primi pili centurio* mit den Gaditanern geschlossen habe, und zwar nach dem Tode der beiden Scipionen. Diese Angabe ist für sich genommen bereits merkwürdig, besonders aber im Vergleich mit den Nachrichten bei Livius. Aus dessen Geschichtswerk ist zu entnehmen, daß Gades nach seiner Übergabe einen Vertrag mit einem L. Marcius Septimus abgeschlossen hat (32, 2, 5), und die Zeit dieses Vertragsabschlusses ist auf 206 v. Chr. festzulegen, da Livius (28, 37, 10) zu diesem Jahre über die Übergabe von Gades berichtet. Unmittelbar danach fährt Livius fort (28, 38, 1): *Haec in Hispania Publii Scipionis ductu auspicioque gesta.* Der Vertragsabschluß fiel danach also nicht in eine Zeit, in der Spanien ohne Befehlshaber war, wie den Worten Ciceros entnommen werden müßte. Doch diese Ungereimtheit muß hier zunächst auf sich beruhen bleiben und soll später noch behandelt werden [4]. Cicero berichtet dann von einem zweiten Bündnis Roms mit Gades aus dem Jahre 78 v. Chr. (15, 34). Er läßt dabei offen, ob dieses *foedus,* das vom Senat ohne Einschaltung der Komitien bewilligt wurde, damals *vel renovatum vel ictum* sei (ibid.). Jedenfalls hat Gades um diesen neuen Bündnisvertrag im Sertoriuskrieg nachgesucht, als sich die Gaditaner auf Seiten des Pompeius nützlich gemacht hatten.

Wie die Stadt Gades so verhielten sich im Kampf mit Sertorius auch die Honoratioren der Stadt. L. Cornelius Balbus nahm an den Kämpfen am Turia und am Sucro unter Pompeius teil und soll sich dabei ausgezeichnet/haben (2, 5). Vor allem wich er in diesen Jahren nicht von der Seite des C. Memmius, Pompeius' Schwager, und dessen Fürsprache wird er es wahrscheinlich auch zu verdanken gehabt haben, daß ihm Pompeius zum Lohn für seine Verdienste das römische Bürgerrecht verlieh. Nach Beendigung der Kämpfe wurden in Rom die Maßnahmen des Pompeius im Zusammenhang mit seiner Kriegführung gebilligt, durch eine *lex Gellia Cornelia* vom Jahre 72 v. Chr. die Bürgerrechtsverleihungen, die Pompeius in Spanien an einzelne unter Zustimmung seines *consilium* vorgenommen hatte, nachträglich legalisiert und damit auch die *civitas*

[3] Vgl. dazu *Münzer, Drumann-Groebe, Rubio, Gardner, Cousin* S. 230 ff.

[4] Vgl. unten S. 204 f.

Romana für L. Cornelius Balbus (und seine Familie) bestätigt. Sein Vermögen sicherte ihm einen Platz im *ordo equester* Roms.

Balbus wußte seine neue Stellung zu nutzen und wird sich generell den römischen Beamten in Spanien dienstbar gezeigt haben. Von besonderer Bedeutung für ihn wurde es jedoch, daß sich C. Iulius Caesar als Quaestor in Spanien seiner Kenntnisse und seiner Hilfe bediente und dadurch eine so enge Verbindung zwischen beiden entstand, daß Caesar im Jahre 61 v. Chr., als er als Propraetor die Hispania ulterior verwaltete, Balbus zu seinem *praefectus fabrum*, seinem Adjutanten, ernannte. Sein Vertrauensverhältnis zu Pompeius wußte Balbus daneben zu bewahren, und so war er der geeignete Mann, die Fäden zu knüpfen, die zum ersten Triumvirat führten. Zu seiner Bekräftigung verbanden sich die beiden bedeutendsten Mitglieder in einer gleichsam dynastischen Heirat, und auf der Ebene ihrer Vertrauten wurde ein ähnlicher Bund dadurch geschlossen, daß Theophanes von Mytilene, der Schützling und Hofhistoriograph des Pompeius, Balbus adoptierte [5]. So war Balbus' Aufstieg zusammen mit seinem hohen Gönner vorbereitet und wurde der stadtrömischen Öffentlichkeit noch dadurch besonders deutlich, daß er durch die erfolgreiche Anklage in einem Prozeß *de ambitu* in eine ländliche Tribus aufrückte, wiederum *praefectus fabrum* bei Caesar wurde, als dieser im Jahre 58 v. Chr. nach Gallien aufbrach, und nun als offizieller — vor allem politischer — Geschäftsträger Caesars angesehen werden konnte, wenn er sich trotz der Feldzüge seines Vorgesetzten zumeist in Rom aufhielt.

In dieser Situation traf Balbus die Anklage wegen widerrechtlichen Besitzes des römischen Bürgerrechtes. M. Gelzer hat es sehr wahrscheinlich gemacht, daß der Prozeß etwa im September 56 v. Chr. stattfand [6], während allgemein angenommen wird, daß die Anklage bereits v o r dem Treffen von/Luca eingebracht wurde [7]. Nur anmerkungsweise sei dazu erwähnt, daß mir die Gründe für diesen Zeitansatz vor Luca aus allgemeinen Erwägungen nicht sehr überzeugend vorkommen: Durch den Angriff auf Balbus wurde — entsprechend der *communis opinio* über die politische Zielsetzung des Prozesses — nicht allein sein Gönner Caesar, sondern ebenso Pompeius getroffen, der ihm das Bürgerrecht verliehen hatte. Gewiß haben sich die optimatischen Kreise, die bei einer solchen Zielsetzung hinter der Anklage standen [8], in ihrem Kampf gegen die aufstrebenden Machthaber nicht selten töricht verhalten. Doch in zweifelhaften Fällen von vorn-

[5] Zur Frage der Adoption vgl. *Münzer* Sp. 1262; *Rubio* S. 104 f.; *Gardner* S. 616 f.; *Cousin* S. 231, Anm. 2 (mit Literatur).

[6] Kleine Schriften II (Wiesbaden 1963), S. 231; unentschieden bzw. abweichend jetzt wieder *Gardner* S. 618; *Cousin* S. 233.

[7] Vgl. *Münzer* Sp. 1263; *Kaden* S. 10 f.; *Rubio* S. 112.

[8] „Optimatische Hintermänner der Anklage" etwa bei *Gelzer*, RE 7 A (1939), Sp. 947.

herein mit dieser Torheit zu rechnen, erscheint mir methodisch bedenklich. Torheit aber wäre es vor Luca gewesen, Pompeius und Caesar durch einen Angriff auf beide zugleich wieder zur Einigung zu treiben, während bei dem vorhandenen Mißtrauen des Pompeius gute Chancen bestanden, ihn von Caesar zu trennen und für die Optimaten zu gewinnen [9]. Anders nach Luca — als ohnehin mit dem einen zugleich der andere getroffen wurde und tatsächlich sich wohl auch die Empfehlung der *haruspices* (Cic., de har. 19, 40), Vorsorge gegen die Alleinherrschaft zu treffen, gegen beide zugleich richtete. Doch das führt vom Thema ab.

Angeklagt wurde Balbus von einem Landsmann, der durch einen Prozeß sein vormals römisches Bürgerrecht verloren hatte [10], verteidigt wurde er von Pompeius, Crassus und Cicero, und bereits dadurch wurde die politische Bedeutung des Prozesses deutlich gemacht.

Folgt man der modernen Literatur, so war die Rechtslage in diesem Prozeß von vornherein klar und der tatsächliche Ausgang, die Abweisung der Anklage, niemals zweifelhaft. Die Anklage behauptete nicht ein Verschulden des Balbus, warf ihm also nicht Anmaßung des römischen Bürgerrechts vor, sondern sie bestritt die Rechtmäßigkeit der Bürgerrechtsverleihung, indem sie die Ansicht verneinte, daß *ex foederato populo quemquam potuisse, nisi is populus fundus factus esset, in hanc civitatem venire* (8, 19). Voraussetzung für die Bürgerrechtsverleihung hätte danach also — auf Grund des bestehenden *foedus* — eine wie auch immer geartete Mitwirkung der/Gemeinde Gades bilden müssen. Cicero dagegen bewies die mangelnde Tragfähigkeit des *foedus,* da es nur vom Senat gebilligt, nicht aber von den Komitien beschlossen worden sei, und er zeigte an einer Fülle von exempla, *numquam esse condemnatum quem constaret ab imperatore nostro civitate donatum* (23, 53).

Wie bereits gesagt, ist das Urteil in der modernen Forschung ziemlich einhellig: Schon A. W. Zumpt hat die Anklage als unbegründet bezeichnet, da der angeführte Rechtsgrund gegen den *mos* verstoßen habe [11]. L. Lange hielt den Rechtsgrund für sophistisch [12], E. G. Hardy sah den Anklagevertreter von vorn-

[9] Deshalb kann ich für die Anklage auch in der Zeit vor Luca nicht einen „favourable moment" sehen, wie *R. Syme,* The Roman revolution (Oxford 1939), S. 72, und *Gardner* S. 617, und für die Datierung erscheint mir der Gesichtspunkt nicht geeignet, daß eine Anklage nach Luca eine „zwecklose Demonstration" dargestellt hätte (*Münzer* Sp. 1263); vgl. dazu auch S. 211.

[10] Wenn Cicero mit der Kennzeichnung des Prozesses als *iudicium publicum* den Ankläger noch besonders zu belasten trachtet (14, 32), so ist zu bedenken, daß es sich im vorliegenden Fall um einen gleichartigen Prozeß handelte; vgl. dazu Cic., Pro Archia 2, 3, sowie *Th. Mommsen,* Römisches Staatsrecht I, S. 182, Anm. 3; *ders.,* Römisches Strafrecht (Leipzig 1899), S. 859, Anm. 5.

[11] Das Kriminalrecht der römischen Republik II (Berlin ^{2}1871), S. 242.

[12] Römische Alterthümer III (Berlin 1871), S. 327.

herein in einer „untenable position“ [13], und dieser Meinung sind die Gelehrten seither weitgehend gefolgt [14]. Lediglich M. Gelzer scheint dieser Ansicht nicht voll zuzustimmen: denn er vertritt die Auffassung, daß im Balbus-Prozeß das Übergewicht der drei Großen sehr eindrucksvoll in Erscheinung trete [15]. Aber wozu hätte man das politische Übergewicht in die Waagschale werfen, wozu eine solche Trias prominenter Verteidiger einsetzen sollen, wenn die Anklage ohnehin auf so schwachen Füßen stand? Dieser politische Einsatz läßt an der glatten, wenn auch ganz plausiblen bisherigen Lösung der Rechtsfrage zweifeln. Wieder einmal könnte man den Optimaten auch nur ihre Torheit bescheinigen, wenn sie sich darauf eingelassen hätten, die beiden bedeutendsten der Triumvirn in einem Rechtsstreit treffen zu wollen, der von vornherein so aussichtslos war. Zwar werden Prozesse auch nach dem Motto geführt: *semper aliquid haeret.* Aber seine Anwendung hatte doch nur Sinn etwa in einer Repetundenklage, bei der immer auch die *fama* des Angeklagten auf dem Spiele stand. — Doch das sind alles allgemeine und damit letztlich fruchtlose Überlegungen. Sie sollen nur zeigen, daß bei der bisherigen Lösung gerade dort Widersprüche auftauchen, wo man im allgemeinen dem Prozeß seinen Platz zuweist: in der politischen Auseinandersetzung zwischen den Optimaten und den jetzt deutlich hervortretenden Machthabern.

Die Rechtsfrage soll deshalb neu ins Auge gefaßt werden, und dabei scheint mir der Schluß des Plädoyers als Ausgangspunkt deshalb berechtigt/zu sein, weil sich an ihm die Rechtsgründe gleichsam ballen sollten. Bis auf die letzten eindrucksvollen Ermahnungen politischen Inhalts hat Cicero seine Verteidigungsrede so beendet (28, 64):

„Caesar ist weit weg. Er ist gerade jetzt an jenen Plätzen, die nach ihrer geographischen Lage das Ende der Erde, nach seinen Taten das Ende unseres Reiches bedeuten. Laßt in dieser Situation — um Himmels willen, Ihr Geschworenen! — nicht zu, daß ihn diese bittere Nachricht erreicht! Laßt nicht zu, daß er hören muß: sein *praefectus fabrum,* der Mensch, den er am höchsten schätzt, der sein ganzes Vertrauen genießt — der sei durch Eure Stimmen ruiniert worden — nicht wegen irgendeines Deliktes, das er begangen hat, sondern wegen seiner Verbundenheit mit ihm! Erbarmt Euch dieses Mannes, der hier vor Gericht steht — nicht wegen eines Verbrechens, das er begangen hat, sondern wegen einer Handlung dieser hier anwesenden hochgestellten und hochangesehenen Persönlich-

[13] Some problems in Roman history (Oxford 1924), S. 327.

[14] Vgl. etwa *Münzer* Sp. 1263; *Kaden* S. 11; *Rubio* S. 110 ff.; *Gardner* S. 625.

[15] Caesar, der Politiker und Staatsmann (Wiesbaden [6]1960), S. 114 f. Anders war die Auffassung *Mommsens,* der feststellte, „es mag wohl den Bürgern derselben (scil. bundesgenössischen Gemeinden) das römische Bürgerrecht damals thatsächlich durch einseitigen römischen Act verliehen worden sein; aber die entgegengesetzte Auffassung ist ohne Zweifel die correcte“ (Staatsrecht III, S. 698); vgl. dazu auch *L. Mitteis,* Reichsrecht und Volksrecht in den östlichen Provinzen des römischen Kaiserreiches (Leipzig 1891), S. 115.

keit [Pompeius], nicht wegen irgendeiner Anschuldigung, sondern wegen einer Streitfrage des öffentlichen Rechts! Wenn Cn. Pompeius, M. Crassus, Q. Metellus, der alte Cn. Pompeius, L. Sulla, P. Crassus und C. Marius, wenn der Senat, das römische Volk und die Richter, die in vergleichbaren Fällen geurteilt haben, wenn die verbündeten Völker, die Bundesgenossen und jene alten Latiner dieses Recht nicht gekannt [oder: nicht zur Kenntnis genommen] haben — dann seht zu, ob es nicht zweckmäßiger und für Euch ehrenvoller ist, zusammen mit jenen Vorbildern zu irren als Euch von diesem Schulmeister [dem Ankläger] belehren zu lassen! Wenn Ihr aber meint, über einen Rechtsfall entscheiden zu müssen, der sicher, einsichtig, zweckmäßig, gebilligt und bereits richterlich entschieden ist, dann laßt es nicht in einer schon längst geregelten Frage zu einer neuen Entscheidung kommen!"

Emphase wird man diesem Schlußwort des Plädoyers nicht absprechen wollen. Die Berufung auf die bisherige Praxis und die richterlichen Urteile ist auch als juristisches Argument nicht zu unterschätzen. Aber kann der Verteidiger zum Abschluß seiner Argumentation den Rechtsfall als geklärt hinstellen? Wohl kaum. Dagegen spricht die Bitte um Mitleid für den Angeklagten, der ohne alles eigene Verschulden in einen Rechtsstreit um eine Frage des öffentlichen Rechts verwickelt worden sei. Für diese Streitfrage wird voll die Möglichkeit zugegeben, daß die verschiedensten Persönlichkeiten und Organe bisher in Unkenntnis der eigentlichen Rechtslage gehandelt und sich daher geirrt haben. Insgesamt heißt das nichts anderes, als daß der Verteidiger Cicero selbst einräumt, die vom Ankläger vertretene Rechtsanschauung könne wenigstens das Richtige treffen.

Das Unbehagen gegenüber den bisherigen Lösungsversuchen wird dadurch noch gesteigert; denn so vertrat auch vor 2000 Jahren ein Anwalt nicht eine starke Sache, sondern so versuchte er höchstens, einer schwachen doch noch zum Siege zu verhelfen. In dieser Situation scheint es mir not/wendig zu sein, von den Aussagen der Balbiana her den Standpunkt von Anklage und Verteidigung in diesem Prozeß neu zu untersuchen.

Die Anklage basiert auf der Aussage, daß sich Balbus widerrechtlich im Besitz des römischen Bürgerrechts befinde. Zur Begründung dieser Behauptung werden folgende Argumente angeführt:

1. *fecisse Pompeium quod ei facere non licuerit* (3, 8). Nach der juristischen Bedeutung von *licere* bedeutet das[16]: Pompeius hat gegen die Bestimmungen des geltenden Rechts gehandelt, sein gesetzwidriges Handeln besteht in der Verleihung des römischen Bürgerrechts an Balbus.

2. Die Handlung gegen das geltende Recht besteht in einem Verstoß *contra foedus, id est contra populi Romani religionem et fidem* (4, 10). Bereits diese Wendung zeigt, daß Cicero in seinen Schlußworten genau auf die Rechtslage eingegangen ist: es handelte sich dabei um eine Streitfrage des öffentlichen Rechts. Der Ankläger hat das noch dadurch besonders deutlich gemacht, daß er Pompeius persönlich weitgehend zu entlasten

[16] Vgl. dazu *Cousin* 244, Anm. 1 (mit Literatur).

suchte und dabei einräumte, Pompeius habe in Unkenntnis der Rechtslage, also fahrlässig gehandelt (6, 14).

3. Der Verstoß gegen das *foedus* wurde dann vom Ankläger näher in der Aussage begründet, auf die oben bereits hingewiesen wurde: Er bestritt nämlich, daß *ex foederato populo quemquam potuisse, nisi is populus fundus factus esset, in hanc civitatem venire* (8, 19). Auf die Bedeutung des *fundus fieri* muß später noch eingegangen werden [17]. Hier genügt, wie oben, die Feststellung, daß der Ankläger damit in irgendeiner Form die Mitwirkung der föderierten Gemeinde selbst bei der Bürgerrechtsverleihung an irgendeinen ihrer Bürger durch Rom offensichtlich auf Grund der Tatsache forderte, daß ein *foedus* zwischen der betreffenden Gemeinde und Rom bestand.

Damit war die Beweisführung der Anklage eigentlich beendet. Aber der Ankläger hat darüber hinaus offenbar selbst einen möglichen Einwand vorweggenommen — daß nämlich durch eine römische *lex*, eben die *lex Gellia Cornelia*, welche die Bürgerrechtsverleihungen des Pompeius nachträglich legalisierte, dieses Mitwirkungsrecht der föderierten Gemeinden aufgehoben sein könnte. Er hat auf diesen möglichen Einwand erwidert:

4. *exceptum est foedus, siquidem sacrosanctum est* (14, 32) [18]. Die *lex Gellia Cornelia* hat danach ihren eigenen Anwendungsbereich durch eine Klausel eingeschränkt. Die Bedeutung dieser Klausel wird durch eine Definition des Festus bestimmt. Denn wenn es dort heißt: *sacrosanctum dicitur quod iureiurando interposito est institutum, si quis id violasset, ut morte poenas penderet* [19], so war durch Gesetz festgelegt worden: beschworene Verträge sollten von den Maßnahmen des Pompeius in Spanien unberührt bleiben. Tatsächlich wäre damit die Gültigkeit der vom Ankläger vorgetragenen Rechtsauffassung trotz Bestehens der *lex Gellia / Cornelia* gewährleistet — unter der Voraussetzung allerdings, daß es sich bei dem *foedus* zwischen Rom und Gades um einen beschworenen Vertrag handelte [20].

Allein aus den wenigen Zitaten, die Cicero aus der Anklagerede überliefert hat, läßt sich also ein fast lückenloser Beweisgang des Anklägers rekonstruieren, der innere Geschlossenheit verrät. Sollte demgegenüber die Verteidigungsrede in gleicher Weise ausgewertet werden, so würde das eine gleichartige Interpretation der ganzen Balbiana fordern. Es erscheint jedoch berechtigt, daß sich eine Gegenüberstellung der Verteidigung auf die Teile der Rede beschränkt, in denen auf die aufgezeigten Anklagepunkte Antwort gegeben wird, und deshalb kön-

[17] Vgl. unten S. 198 ff.

[18] *si quid sacrosanctum est,* bei *Gardner,* wahrscheinlich nach 14, 33, obwohl keine Textvariante verzeichnet ist. Sinngemäß ergibt sich dadurch keine Änderung; vgl. unten Anm. 33.

[19] p. 466; vgl. auch die Diskussion bei Liv. 3, 55, 6 ff.

[20] Darüber hinaus spielte die Auslegung der Majestätsklausel im gaditanischen *foedus* für Ankläger und Verteidiger eine Rolle (16, 35—37). Da Cicero aus ihr jedoch nur zusätzlich zu der Tatsache, daß der Vertrag nicht von den Komitien beschlossen wurde, ableitet, daß die Stellung von Gades *inferior* sei (16, 35) — daher dann die Kennzeichnung als *foedus iniquum* etwa bei *Kaden* S. 40 f.; *Sherwin-White* S. 115; *Cousin* S. 218 —, kann bei der Betrachtung der Rechtslage auf diese Kontroverse verzichtet werden.

nen insbesondere die Partien beiseite gelassen werden, in denen Cicero lediglich ad personam argumentiert.

Kernpunkt der Anklage war nach den obigen Ausführungen die Aussage, aus einer förderierten Gemeinde könne keiner römischer Bürger werden, *nisi is populus fundus factus esset*. Für eine Gegenüberstellung der Argumente der Verteidigung ergibt sich hierbei bereits eine erhebliche Schwierigkeit. Sinn und Bedeutung des *fundus*-Werdens müßten unabhängig von der Balbiana festgestellt werden können, damit die Aussagen der Anklage und Verteidigung an ihnen gemessen werden könnten. Stattdessen ist man für die Erkenntnis dieses Begriffes fast allein auf die Verteidigungsrede selbst angewiesen. Dabei kann zunächst einmal der Versuch Ciceros einer etymologischen Deutung von vornherein außer acht gelassen werden; denn die Erklärung, ein Gesetz brauche nur bis in den Grund verankert zu sein (8, 20), hat Cicero im weiteren Verlauf der Rede selbst aufgegeben. Zu fragen ist dagegen, was aus den Äußerungen Ciceros über diesen juristischen Terminus positiv zu entnehmen ist, und wieweit sich das mit anderen Aussagen deckt [21].

a: Unbestritten war offenbar, daß ein *populus*, eine Gemeinde, ein Staat *fundus* wurde. Cicero betont aber gegenüber dem Ankläger, daß nicht nur föderierte Gemeinden, sondern alle freien Staaten *fundus* würden bzw. wer/den könnten (8, 20; 11, 27). Wieweit der darin liegende Vorwurf einer falschen Aussage berechtigt ist, kann m. E. nicht nachgeprüft werden; denn nach der Wiedergabe Ciceros braucht der Ankläger nicht eine generelle Beschränkung auf föderierte Gemeinden behauptet zu haben — nur handelte es sich bei diesem Prozeß um Gades und damit eben um eine föderierte Gemeinde. Aber auch die Aussage Ciceros ist nicht überprüfbar. Dort, wo Gellius von Gemeinden spricht, die ihre eigenen Gesetze anwenden, *nullis aliis necessitatibus neque ulla populi Romani lege adstricti, nisi in quam populus eorum fundus factus est* (n. A. 16, 13, 6) [22], da handelt es sich um *municipia* — also um autonome Gemeinden, die jedoch in einem festgelegten Abhängigkeitsverhältnis zu Rom standen. Sehr viel weiter kann auch Cicero den Kreis der freien Staaten, die *fundus* werden

[21] Zur juristischen Bedeutung des *fundus fieri* vgl. vor allem *Mommsen*, Staatsrecht III, S. 693; *Kaden* S. 41 ff.; *G. Rotondi*, Leges publicae populi Romani (Mailand 1912), S. 161; *Gardner*, zu 8, 19. Einen neuen Versuch hat jetzt *Cousin* S. 218 ff. unternommen, die Entstehung des Begriffes aus dem *dominium ex iure Quiritium* zu erklären. Zum Verständnis des Gegensatzes zwischen der Definition des Festus und den übrigen Quellenzeugnissen (vgl. unten Anm. 24) erweist sich diese Erklärung als sehr förderlich. Der dort vorhandene Unterschied ist aber m. E. bei Cicero selbst (auch nicht in 8, 22, worauf *Cousin* S. 224 verweist) nicht zu erkennen und spielt vor allem auch für die Argumentation Cousin's keine wesentliche Rolle (vgl. dazu unten Anm. 25).

[22] Vgl. zu dieser Stelle jetzt (mit Literatur) *H. Braunert*, Ius Latii in den Stadtrechten von Salpensa und Malaca: Corolla memoriae Erich Swoboda dedicata (Graz 1966), S. 82, Anm. 55 [= unten S. 319 f., Anm. 55].

konnten, nicht gezogen haben, wenn er an anderer Stelle feststellte, daß die fremden Gemeinden *beneficio nostro fundus* würden (8, 21). Solche *beneficia* konnten sich gar nicht auf freie Staaten schlechthin erstrecken, sondern im wesentlichen nur auf solche, die von Rom im Rahmen eines *foedus* für frei erklärt worden waren. Damit scheint der von Cicero aufgerissene Gegensatz letztlich terminologischer Art zu sein; denn solche *liberae civitates* waren föderierten Gemeinden in ihrem Verhältnis zu Rom sehr ähnlich [23].

b: Übereinstimmung zwischen dem Ankläger, Cicero und Gellius besteht weiterhin darin, daß Gemeinden *fundus* werden in Bezug auf ein römisches Gesetz. Da es sich um Gemeinden handelt, die normalerweise ihre eigenen Gesetze haben und verwenden, stimmt diese Auffassung grundsätzlich auch mit der allgemeineren Definition bei Festus überein: *fundus quoque dicitur populus esse rei quam alienat; hoc est auctor* [24]. Grundsätzlich stimmt Cicero der Notwendigkeit des *fundus*-Werdens fremder Gemeinden in Bezug auf römische Gesetze zu, wenn er aufzählt: *Tulit apud maiores nostros legem C. Furius de testamentis, tulit Q. Voconius de mulierum hereditatibus, innumerabiles aliae leges de civili iure sunt latae; quas Latini voluerunt, adsciverunt* (8, 21). Von diesen Gesetzen des *ius civile* scheint Cicero dann andere zu unterscheiden, wenn er unter Bezugnahme auf die *lex Gellia Cornelia* sagt, *huic generi legum fundos populos fieri non solere* (17, 38).

c: Über die Art der römischen Gesetze, in Bezug auf welche fremde Staaten *fundus* werden, scheinen der Ankläger und Cicero also unterschied/licher Auffassung zu sein — wenn auch gleich zu beachten ist, daß Cicero in dem genannten Satz die rechtliche Notwendigkeit des *fundus*-Werdens auch hier nicht in Abrede stellt; lediglich der *mos*, die *consuetudo* sprechen bei diesem *genus legum* dagegen. Fragt man nach der Besonderheit dieses *genus legum*, so erwartet man zunächst die Antwort, daß es sich bei einem Gesetz wie der *lex Gellia Cornelia* nicht um die Regelung privat-, sondern öffentlich-rechtlicher Fragen handelt. Es wäre immerhin verständlich, wenn gerade darin Rom auch föderierten und anderen Gemeinden gegenüber, die sich in einem Abhängigkeitsverhältnis befanden, auf seine Superiorität bedacht gewesen wäre [25]. Aber Cicero selbst würde das besondere *genus*, dem die *lex Gellia Cornelia* angehörte, so offenbar nicht definieren. Er sagt nämlich von der *lex Iulia* des Jahres 90 v. Chr., *qua lege*

[23] Vgl. dazu *H. Horn*, Foederati. Untersuchungen zur Geschichte ihrer Rechtsstellung im Zeitalter der römischen Republik und des frühen Principats (Diss. Frankfurt 1930), S. 47 ff.

[24] p. 89; wenn hier *fundus fieri alicuius rei* gemeint ist, so wird nach der Unterscheidung von *Cousin* S. 220 damit der Standpunkt des *dominus* gekennzeichnet, während in der Konstruktion *c. dat.* (vgl. 17, 38; 24, 54) die Stellung des *possessor* wiedergegeben wird.

[25] Allein auf freigegebenes Zivilrecht beziehen *fundus fieri Hardy* (oben Anm. 13), S. 326 ff.; *Rubio* S. 116; die *deminutio* für Rom ist entscheidend für *Cousin* S. 225.

civitas est sociis et Latinis data, qui fundi populi facti non essent, civitatem non haberent (8, 21) [26]. Der öffentlich-rechtliche Charakter der Bestimmungen der *lex Iulia* ist unbestreitbar. Dann liegt aber der Unterschied der durch die *lex Gellia Cornelia* legalisierten Bürgerrechtsverleihungen zu denen, die durch die *lex Iulia* ausgesprochen wurden, lediglich darin, daß im ersten Falle nur einzelne Bürger fremder Gemeinden *(viritim, singillatim)*, im zweiten die geschlossene Bürgerschaft solcher Staaten davon betroffen wurde [27]. Das besondere *genus*, dem Cicero die *lex Gellia Cornelia* zuteilt — ein *genus* von Gesetzen, in Bezug auf welche fremde Gemeinden nicht *fundus* zu werden pflegten —, wird damit stark eingeengt und umfaßte dann praktisch wohl überhaupt nur der *lex Gellia Cornelia* parallele Gesetze, durch die bereits vollzogene Handlungen römischer Magistrate, welche nicht die Änderung des öffentlich-rechtlichen Status ganzer Gemeinden zum Gegenstand hatten, durch den *populus Romanus* nachträglich legalisiert wurden [28]./

d: Wenn soweit auch Folgerungen für die Bedeutung des *fundus fieri* aus den Darlegungen Ciceros gezogen werden können, so ist damit noch keine Definition gegeben. Sie ist von Cicero in diesem Zusammenhang auch nicht zu erwarten. Deutlich wurde jedoch, daß Cicero die Notwendigkeit zugibt, daß fremde Staaten in Bezug auf römische Gesetze *fundus* werden; deutlich wird aber auch gerade aus der von Cicero angeführten Tatsache, daß es in Heraclea und Neapolis im Jahre 90 v. Chr. eine *magna contentio* darüber gab, ob man die *civitas Romana* und damit die *lex Iulia* annehmen sollte (8, 21), daß ein eigener Beschluß des fremden Staates das *fundus*-Werden erst bewirkte. Daher ist m. E. zu folgern: *fundus fieri* bedeutet, daß ein autonomer Staat eine ihm nicht gehörende Sache — hier: ein fremdes, römisches Gesetz — im eigenen Staate durch einen selbständigen und unabhängigen Beschluß begründet und damit für den eigenen Staat als Norm übernimmt [29].

[26] Zur Interpunktion vgl. *E. Schönbauer*, Die Tafeln von Heraklea in neuer Beleuchtung: Anz. Akad. Wien, phil.-hist. Kl. 89 (1952), S. 111.

[27] Wenn *Sherwin-White* S. 162, Anm. 6, die *lex Gellia Cornelia* als „a purely internal law that concerned non-Romans as individuals only, not as states" bezeichnet, so wird von Cicero gerade nicht der Beweis erbracht, daß ein solches Gesetz nicht auch die Nicht-Römer als Staaten berührte. Vgl. übrigens *Mommsen*, Staatsrecht I, S. 256: „insofern diese (scil. Einzelverleihungen des römischen Bürgerrechts) regelmäßig in die internationalen Verträge mit den Heimathgemeinden der Neubürger eingreifen."

[28] *G. H. Stevenson*, Strabo and the franchise question: Journ. Rom. Stud. 9 (1919), S. 95 ff., hat gezeigt, daß parallel zur *lex Gellia Cornelia* im letzten Jahrhundert der Republik immer wieder Spezialgesetze erlassen wurden, welche Bürgerrechtsverleihungen, die von einzelnen Magistraten ausgesprochen worden waren, legalisierten. Er hat deshalb die Vermutung ausgesprochen, daß auch alle Fälle, die Cicero hierfür nach Marius anführt (22, 50; pro Archia 10, 24 f.), einzeln durch Gesetze bestätigt worden seien.

[29] Mit dieser Definition stimmt, wenn ich recht sehe, auch *Cousin* S. 226, Anm. 2, überein.

e: Es gibt, soweit ich sehe, nur eine Aussage Ciceros, die dieser Deutung entgegengehalten werden könnte: *postremo haec vis est istius et iuris et verbi, ut fundi populi beneficio nostro, non suo iure fiant* (8, 21). Die folgende Erklärung, daß Rom Gesetze, in Bezug auf welche man *fundus* werden könne, freistelle, daß es jedoch im Belieben der fremden Gemeinden liege, *quo iure uti velint* (8, 22), zeigt aber, daß nicht der Akt des *fundus*-Werdens selbst ein *beneficium* Roms darstellte, sondern daß hiermit nur das ursprüngliche Recht gemeint war. Der Ursprung, der es überhaupt erst ermöglichte, Gesetze von Rom zu übernehmen, lag in der von Rom ausgegangenen völkerrechtlichen Regelung des Verhältnisses zwischen dem fremden Staat und Rom. Diese Regelung und damit die Möglichkeit, in Bezug auf römische Gesetze *fundus* zu werden, war ein *beneficium* Roms und nicht im ursprünglichen, eigenen Recht der fremden Gemeinde begründet. Damit aber widerspricht auch diese Aussage nicht der hier angenommenen Definition.

Kehren wir von hier aus zum Rechtsfall zurück! Die Verteidigung bestreitet grundsätzlich nicht, daß ein römisches Gesetz in einer föderierten oder von Rom als frei anerkannten Gemeinde erst dann Rechtskraft besitzt, wenn diese Gemeinde es durch einen selbständigen und unabhängigen Beschluß als Gesetz der eigenen Gemeinde begründet hat. Sie will von diesem Grundsatz aber eine ganz bestimmte Gruppe von Gesetzen ausgenommen wissen — und zwar die, durch welche Bürgerrechtsverleihungen an einzelne Bürger solcher Gemeinden in einer nachträglichen Bestätigung magistratischer Handlungen ausgesprochen wurden. Diese Ausnahme wird von Cicero nicht durch eine Rechtsnorm, sondern durch die Rechtspraxis *(solere)* begründet. Hier ergibt sich also bereits ein Gegensatz zwischen Verfassungsnorm und Verfassungswirklichkeit. Cicero behauptet, im Sinne der Verfas/sungswirklichkeit zu sprechen — aber er gibt nicht nur am Schluß seines Plädoyers zu, daß diese öffentlich-rechtliche Frage noch offensteht, sondern er versucht auch innerhalb seiner Argumentation, diesen Gegensatz möglichst aus der Welt zu schaffen. Wenn auch ironisch gefärbt, so sagt er doch: *potuit magis fundus populus Gaditanus fieri ..., quam cum hospitium fecit* (18, 42)! In der Verleihung des gaditanischen *hospitium publicum* an Balbus sieht Cicero also hier eine nachträgliche Zustimmung und damit nachträglich die Forderung des Anklägers, daß Gades in Bezug auf die *lex Gellia Cornelia* hätte *fundus* werden müssen, erfüllt. Wenn Cicero diese Aussage auch durch den Einschub, *quoniam hoc magnopere delectare verbo*, abschwächt, so wird doch deutlich, daß er die aus der Verfassungsnorm resultierende Forderung nicht einfach beiseite schieben kann [30].

Das ist dann auch der Grund dafür, daß er dieses wichtigste Argument der Anklage sehr bald unberücksichtigt läßt: *foedus ... ad causam nihil pertinet,*

[30] Hierbei wird selbst von *Kaden* S. 42 f. die Unsicherheit der Verteidigung eingeräumt.

stellt er fest (12, 29) und geht damit zu einer Erörterung des *ius civitatis* über. Seine Begründung für diesen Schritt klingt recht plausibel: *de civitatis enim iure, non de foederibus disceptamus.* In der Tat wird die Anklage ja wegen widerrechtlichen Besitzes des römischen Bürgerrechtes geführt. Berücksichtigt man aber, daß sich die Anklage auf ein Recht gründete, das aus dem *foedus* von Gades mit Rom abgeleitet wurde, und daß Cicero zu einer vollen Widerlegung dieses Punktes der Anklage offenbar nicht in der Lage war, so wird deutlich, daß die Verteidigung an dieser Stelle ausweicht. Das gibt den Ausführungen Ciceros über das Bürgerrecht, die fast immer dort im Mittelpunkt der Erörterung stehen, wo über die Rechtsfrage der Balbiana gesprochen wird [31], von vornherein ein minderes Gewicht. Trotzdem muß die Argumentation Ciceros zu dieser Frage auch hier berücksichtigt werden.

Es geht dabei vor allem um das *ius mutandae civitatis,* das nach Ciceros Meinung der Ankläger nicht gekannt oder nicht berücksichtigt habe (11, 27). Hauptinhalt dieses Rechtes ist danach die Freizügigkeit: Der einzelne konnte weder gezwungen noch gehindert werden, sein Bürgerrecht zu wechseln; es kam dabei allein auf seinen freien Entschluß an. In der Tat, wenn der Ankläger das nicht gewußt oder übersehen hat, dann lohnte es eigentlich gar nicht, mit ihm zu diskutieren. Aber Cicero behauptet gar nicht die generelle Freizügigkeit im Wechsel des Bürgerrechts, sondern er stellt fest: *iure nostro* sei eine solche Freizügigkeit gegeben (11, 27), und das heißt natürlich: nach dem *ius civile.*

Einmal gibt Cicero mit dieser ganzen Argumentation stillschweigend zu, daß es für ihn nicht allein genügte, sich auf die *lex Gellia Cornelia* zu berufen,/um die Anklage zurückweisen zu können. Vor allem aber macht er ebenso stillschweigend einen römischen Rechtsgrundsatz für Gades und seine Bürger verbindlich. Denn dieses von ihm angeführte *ius mutandae civitatis* sollte nach Cicero ja Balbus das Recht gegeben haben, das römische Bürgerrecht nach eigenem Entschluß anzunehmen. Aber was machte es für den gaditanischen Bürger aus, ob ein Römer nach seinem Recht sein Bürgerrecht nach eigenem Gutdünken wechseln konnte? Für ihn waren die entsprechenden Bürgerrechtsbestimmungen seines eigenen Staates maßgebend [32] — und daß Cicero auf sie nicht verweist, macht es wahrscheinlich, daß sie für seinen Beweis nicht gerade günstig waren. Deshalb können Ciceros Auslassungen *de iure civitatis* noch weniger als die über die Notwendigkeit des *fundus*-Werdens föderierter Gemeinden als Widerlegung der Anklage gewertet werden.

[31] Vgl. vor allem *Kaden* S. 39 ff.; *Sherwin-White* S. 163, Anm. 6.

[32] Vgl. — wenn auch in anderem Zusammenhang — *F. de Visscher,* Les édits d'Auguste découverts à Cyrène (Löwen 1940), S. 112: „chaque cité règle librement pour ses nationaux la question de la compatibilité de son droit de cité avec celui d'une cité étrangère." Ebenso auch *Cousin* S. 227, der jedoch außer acht läßt, daß Cicero — wenn auch nicht seinen Worten, so doch ihrem Sinn nach — den Rechtsgrundsatz auch auf die Bürger fremder bzw. föderierter Städte im Reich anwendet; vgl. auch Anm. 51.

Cicero bleibt auch nicht bei dieser begonnenen Beweisführung, sondern kehrt trotz der vorangegangenen Feststellung, daß das *foedus* für den Rechtsfall nichts hergebe, zu eben diesem *foedus* zurück und nimmt damit den Einwand auf, den der Ankläger vorher bereits zurückgewiesen hatte. Eben noch mußten wir feststellen, daß Cicero mit der Berufung auf das Freizügigkeitsprinzip beim Bürgerrechtswechsel praktisch zugeben mußte, daß die Berufung auf die *lex Gellia Cornelia* allein nicht genüge. Jetzt ist das bereits vergessen, und er behauptet — indem er zunächst nur ein Wort des Anklägers aufnimmt: *exceptum* —, auch wenn das *foedus* mit Gades eine Ausnahmeklausel enthalten hätte, so wäre diese eben durch die *lex Gellia Cornelia* aufgehoben worden (14, 32). Dafür gibt er aber überhaupt keine Begründung, sondern geht sofort in der schon beobachteten Sprunghaftigkeit weiter. Tatsächlich hatte der Ankläger auch gar nicht von einer Ausnahmeklausel im *foedus* gesprochen, welche die Bürgerrechtsverleihung betroffen hätte, sondern von einer solchen in der *lex Gellia Cornelia,* die das *foedus* betreffen sollte. Dieser tatsächlich vom Ankläger vorgebrachte Sachverhalt wird nun von Cicero aufgenommen, und es wird daran die Frage geknüpft, was denn im Inhalt der *lex Gellia Cornelia* eine Ausnahmeklausel gegenüber dem *sacrosanctum* bedingt haben könne (14, 33) [33]. Cicero bestreitet also nicht, daß es in der *lex Gellia Cornelia* eine solche Ausnahmeklausel gab — und er kann das offenbar auch nicht bestreiten, wie das kurz darauf seine/Wiederholung der Gesetzesklausel, *si quid sacrosanctum est,* zeigt —, sondern er fragt, ob man dem Inhalt des Gesetzes nach die Anwendung einer Ausnahmeklausel für erforderlich erachten müsse. Diese Frage gibt für den Beweisgang nichts her, da sie erneut an der Argumentation der Anklage vorbeigeht; und deshalb wohl springt Cicero gleich darauf wieder und packt nun scheinbar den Kernpunkt der Verteidigung:

„Laßt doch ruhig die Ausnahmeklausel! Ist denn das *foedus* mit Gades sakrosankt?" Jetzt wird in knappen Worten bewiesen, daß dieses *foedus* nicht sakrosankt war. Wenn es daher auch im *foedus* selbst eine Ausnahmeklausel bezüglich der Bürgerrechtsverleihung gegeben hätte, wenn auch die *lex Gellia Cornelia* ausnahm, *si quid sacrosanctum est* — für Gades spielte das alles keine Rolle, weil sein *foedus* mit Rom nicht unverletzlich war. Hat Cicero also bis hierhin nur ein Spiel mit schwachen Argumenten getrieben, um nun den entscheidenden, den Haupttrumpf auszuspielen? Das wäre durchaus verständlich. Er schwächt nämlich gleich danach wieder ab: natürlich wolle er damit das gaditanische *foedus* nicht schmälern, natürlich sei dieses *foedus* immer voll beachtet worden, natürlich sei zwischen Gades und Rom damit überhaupt alles in Ordnung — aber leider: *de quo foedere populus Romanus sententiam non tulit, qui iniussu suo nullo pacto potest religione obligari* (15, 34). Das alles heißt doch nichts anderes, als daß sich Cicero bewußt war, mit diesem Trumpf die Gaditaner vor den Kopf zu stoßen. Deshalb wäre es wohl verständlich, wenn er gezögert hätte,

[33] Vgl. dazu jetzt *S. Mariner Bigorra,* Helmantica 9 (1958), S. 445 ff.

diesen Trumpf überhaupt auszuspielen. Aber mußten die Gaditaner nicht um ihre schlechte Position ohnehin wissen, die ja nicht nur für den Fall des Balbus von Bedeutung war? Und wie kam es denn eigentlich, daß sich eine so lange schon föderierte Stadt, die den Römern eine Anzahl von Diensten geleistet hatte, in einer so ungünstigen Stellung befand?

Zur Beantwortung dieser Fragen muß nochmals der Bündnisvertrag von Gades und müssen vor allem die Umstände, unter denen er geschlossen und erneuert wurde, betrachtet werden. Es wurde bereits kurz auf den chronologischen Widerspruch hingewiesen [34], der in Bezug auf den ersten Vertrags/abschluß zwischen Rom und Gades zwischen Cicero und der livianischen Tradition besteht: Nach Cicero erfolgte der Vertragsabschluß durch einen *centurio* in der Zeit nach dem Tode der Scipionen, nach Livius im Jahre 206 v. Chr. unter dem Oberbefehl des P. Cornelius Scipio. Wie wäre es, wenn man die volle Rechtsgültigkeit eines Vertrages, die Unverletzlichkeit seiner Schwurklausel, kurz sein *sacrosanctum,* nicht hätte bestreiten können, wenn dieser Vertrag im Jahre 206 v. Chr. *ductu auspicioque* eines ordentlichen römischen Obermagistrats abgeschlossen worden war? In der Tat weist alles darauf hin, daß solche „Feldherrenverträge“ in Rom denen gleichgeachtet wurden [35], die von den Komitien beschlossen worden waren; und eine Schwurklausel in dem Vertrag mit Gades wird von Cicero ohnehin nicht geleugnet. Der Widerspruch in der Überlieferung des Vertragsabschlusses und die rechtlichen Konsequenzen, die sich jeweils aus den verschiedenen Überlieferungen ergeben, legen aber damit den dringenden Verdacht nahe, daß bereits die angebliche Unkenntnis Ciceros über die Vorgänge beim ersten Vertragsabschluß mit Gades einem bestimmten Ziel diente: nämlich bereits den zuerst geschlossenen Vertrag abzuwerten.

[34] Vgl. oben S. 192. — Die Aussage Ciceros (15, 34) hat in Verbindung mit den livianischen Nachrichten wiederholt zu der Annahme geführt, daß Gades zweimal — 211 und 206 v. Chr. — einen Vertrag mit L. Marcius abgeschlossen habe; vgl. zuletzt noch *Cousin* S. 222, Anm. 1. Aber der Bericht des Livius ist eindeutig und nicht zu bezweifeln, und daher ist m. E. auch an der Identität des L. Marcius Septimus von 206 v. Chr. kein Zweifel möglich. Diese Identität bot Cicero überhaupt erst die Grundlage für seine vage Aussage. Vgl. zu L. Marcius *T. R. S. Broughton — M. L. Patterson,* The magistrates of the Roman republic I (New York 1951), S. 275 (zu 211 v. Chr.). 300 (zu 206 v. Chr.); zum Namen *Broughton,* Supplement to The magistrates etc. (1960), S. 40, wo die Identität wieder in Zweifel gezogen zu werden scheint. Zum ersten Vertrag vgl. noch *H. H. Scullard,* Scipio Africanus in the second Punic war (Cambridge 1930), S. 158; *R. Thouvenot,* Essai sur la province romaine de Bétique (Paris 1940), S. 97 ff.; *Rubio* S. 78.

[35] Vgl. *Mommsen,* Staatsrecht I, S. 246 ff.; III, S. 1165 ff.; *E. Täubler,* Imperium Romanum I (Leipzig-Berlin 1913), S. 133 f.; *A. Heuß,* Die völkerrechtlichen Grundlagen der römischen Außenpolitik in republikanischer Zeit (Klio. Beiheft 31. Leipzig 1933), S. 82 f., leitet gerade aus dem Beispiel von Gades ab, daß „der . . . sich ergebende Staat im ungeschmälerten Besitz der staatlichen Souveränität blieb“.

Dabei ließ es Cicero aber nicht bewenden, sondern er stellte grundsätzlich fest, daß nur das *foedus* als sakrosankt betrachtet werden könne, *quod populos plebesve sanxit* (14, 33). Die hier vorgetragene Verfassungsnorm hatte sich jedoch erst im Laufe des zweiten vorchristlichen Jahrhunderts voll entwickelt, so daß sie dann ihre Ausprägung bei Polybios (6, 14) finden konnte [36]. Sie galt aber auch nach dieser Zeit nicht unverändert fort; denn am Ende dieses zweiten Jahrhunderts wurde vom Senat entschieden, daß *suo atque populi iniussu nullum potuisse foedus fieri* [37]. Auch damit war der Endpunkt der Entwicklung noch nicht erreicht, sondern in der Folgezeit des ersten vorchristlichen Jahrhunderts zog der Senat in den meisten Fällen den Vertragsabschluß ganz an sich [38].

Diese Entwicklung hat nicht unerhebliche Konsequenzen für die Beurteilung des *foedus,* das zwischen Gades und Rom 206 v. Chr. geschlossen und 78 v. Chr. erneuert worden war. Die Gaditaner konnten nach der zu dieser Zeit auch in Rom bestehenden Rechtsauffassung bei Abschluß ihres Ver/trages im Jahre 206 v. Chr. zu Recht annehmen, daß ihr beschworener Vertrag sakrosankt sei. Sie konnten daher im Jahre 78 v. Chr. annehmen, daß dieser Vertrag jetzt lediglich erneuert werde — was Cicero bereits unentschieden läßt [39]; und sie erstrebten eine solche Erneuerung vielleicht gerade wegen der inzwischen in Rom geänderten Rechtsauffassung, zumal Cicero *publici iuris periti Gaditani* für diese Forderung nach Erneuerung des Vertrages verantwortlich macht (15, 34). Als sie daraufhin die Bestätigung ihres Vertrages vom Senat erhielten, konnten sie weiterhin darin eine Bestätigung seiner alten vollen Rechtsgültigkeit sehen, da ringsum mit anderen Gemeinden zu dieser Zeit ebenfalls *foedera* vom Senat geschlossen wurden. Dieser berechtigten Ansicht der Gaditaner entzog nun Cicero mit seiner Beweisführung die Grundlage. Er wählte dazu die Verfassungsnorm des zweiten Jahrhunderts v. Chr., und — siehe da! — weder die Verfassungswirklichkeit von 206 v. Chr. noch die von 78 v. Chr. konnten noch vor ihr bestehen. Der Verteidiger in diesem Prozeß benutzte also den vorhandenen Gegensatz zwischen Verfassungsnorm und Verfassungswirklichkeit dazu, das *foedus* mit Gades

[36] Vgl. dazu auch *V. Bellini,* Foedus et sponsio dans l'évolution de droit international romain: Rev. hist. de droit franç. et étrang. 40 (1962), S. 509 ff.

[37] Sall., Iug. 39, 3.

[38] Vgl. *Mommsen,* Staatsrecht III, S. 1171 f.

[39] *vel renovatum vel ictum* (15, 34); vgl. S. 192. Die Unterscheidung der Verträge von 206 und 78 v. Chr. bei *A. Schenk von Stauffenberg,* Das Imperium und die Völkerwanderung (München o. J.), S. 51, wonach der erste völker-, der zweite staatsrechtlichen Charakter besessen habe, wird m. E. der jeweiligen tatsächlichen Auffassung in Rom gerecht. Es kann aber nicht bewiesen werden, daß eine solche Unterscheidung in der Rechtstheorie bestanden habe; denn auch von Stauffenberg muß zugeben, daß *foederati et liberi* noch für Proculus (Dig. 49, 15, 7) *externi* gewesen sind. Damit zeigt diese Unterscheidung lediglich erneut die Diskrepanz zwischen Verfassungsnorm und Verfassungswirklichkeit.

abzuwerten, und er machte damit an entscheidender Stelle den Beweisgang der Anklage — scheinbar — zunichte.

Doch Cicero hat in seiner Verteidigung ja nicht allein formalrechtliche Gründe ins Feld geführt, die ihn nicht gerade in einer starken Position zeigen. Daher wird man diesen auch keine entscheidende Bedeutung in diesem Prozeß beimessen wollen, da er daneben eine Fülle von exempla anführen konnte, die seine Rechtsauffassung offensichtlich stützten. Eine ganze Reihe römischer Magistrate hatte schon vor Pompeius das Bürgerrecht an Bürger fremder, mit Rom verbündeter Staaten verliehen, und ihre Handlungen waren ungetadelt geblieben [40]. Daß hierin eine starke Stütze für Ciceros Rechtsauffassung besteht, muß auch dann zugegeben werden, wenn unter diesen exempla einige mit zweifelhafter Beweiskraft sind. Trotzdem sollen zunächst diese kurz untersucht werden.

Gewiß zu Unrecht hat Cicero im Zusammenhang dieses Prozesses auf die Fälle von Bürgerrechtsverleihungen an Latiner hingewiesen, und es war unberechtigt, wenn er diese mit einer schnellen Wendung — *Latini, id est/foederati* (24, 54) — in eine Reihe mit föderierten Gemeinden zu stellen versuchte [41]. Daneben sind aber in Rom offensichtlich auch die ersten Fälle, die Cicero als exempla für Bürgerrechtsverleihungen an Mitglieder föderierter Gemeinden anführen konnte, nicht unbestritten geblieben; es handelt sich dabei um die Verleihungen durch Marius. Cicero gibt in einem solchen Fall selbst zu, daß der Verleihung eine Anklage wegen widerrechtlich erworbenen Bürgerrechtes gefolgt sei; er legt aber ausführlich dar, daß die Anklage dafür ganz andere Gründe als im vorliegenden Prozesse hatte und daß es sich keinesfalls etwa darum gehandelt habe, daß man damals in der Verleihung des römischen Bürgerrechts einen Verstoß gegen das *foedus* erblickt habe (21, 48). Legt schon diese Ausführlichkeit Ciceros den Verdacht nahe, daß man dem damaligen Prozeß auch eine andere Deutung geben konnte, so wird dieser Verdacht durch eine weitere Überlieferung wenigstens über eine Bürgerrechtsverleihung durch Marius noch verstärkt. Neben Cicero (20, 46) berichtet auch Plutarch (Mar. 28, 3), daß Marius den kamertinischen Kohorten auf dem Schlachtfeld das römische Bürgerrecht verliehen habe. Dieser fügt aber hinzu, die Verleihung sei ungesetzlich gewesen, und als Marius daraufhin angeklagt worden sei, habe man von ihm zu hören bekommen: wegen des Waffenlärms habe er die Stimme des Gesetzes nicht vernehmen können. Die gleiche Überlieferung wie bei Plutarch liegt auch bei Valerius Maximus vor; der Bericht über die Bürgerrechtsverleihung ist hier aber noch mit dem Zusatz versehen: *adversus condicionem foederis civitate donavit* (Val. Max. 5, 2, 8). Damals bei Marius wäre also bereits die gleiche Anklage

[40] Vgl. 22, 50—51, und dazu zusammenfassend *Cousin* S. 214 ff.

[41] Vgl. *Sherwin-White* S. 92; *E. Badian,* Foreign clientelae (Oxford 1958), S. 291 f. Auch Cicero selbst macht einen deutlichen Unterschied; vgl. etwa *socii populi ac Latini* (8, 20) bzw. *sociis et Latinis* (8, 21).

mit der gleichen Begründung erhoben worden wie später im Balbus-Prozeß. An ein zufälliges Zusammentreffen hat man auch bisher nicht glauben wollen und deshalb die Meinung vertreten, Valerius Maximus fuße hier auf Cicero, den er dann aber falsch verstanden habe [42]. Diese Annahme läßt sich jedoch schwerlich halten. Die Überlieferung der ganzen Episode bei Valerius Maximus stammt mit an Sicherheit grenzender Wahrscheinlichkeit nicht aus der Balbiana. Valerius Maximus müßte also zusätzlich zu seiner Quelle noch diese eingesehen und dabei die Bemerkung Ciceros, *cum Camertinum foedus omnium foederum sanctissimum atque aequissimum sciret esse*, genau in ihr Gegenteil verkehrt haben. Da eine solche Konstruktion keine große Wahrscheinlichkeit besitzt, bleibt nur die Lösung, daß eine unabhängige Quelle wahrscheinlich wahrheitsgemäß über den Grund zur Anklage gegen Marius berichtet hat. Er hat dann unter der gleichen Anschuldigung ge/standen wie später Pompeius im Balbus-Prozeß. Das aber unterstützt die hier vorgetragene Deutung der Rechtslage in diesem Prozeß.

Es muß aber wiederholt werden, daß für die Zeit nach Marius Cicero eine große Anzahl von Bürgerrechtsverleihungen durch römische Feldherren anführen kann, die offenbar unbeanstandet geblieben sind oder von deren Beanstandung wenigstens keine antike Nachricht zeugt. Hierbei wird man, wie ich meine, Cicero unbedenklich Glauben schenken können [43]. Denn die gesamte Entwicklung dieser Zeit spricht dafür, daß gegen Verleihungen des römischen Bürgerrechts von keiner Seite mehr Einspruch erhoben wurde: weder von seiten der Gemeinden, aus denen diese römischen Neubürger stammten, noch von seiten Roms selbst. Diese Entwicklung spricht aber auch dafür, daß Cicero frühere Beispiele, als er sie bringt, gar nicht nennen konnte, daß es nämlich praktisch erst seit der *lex Iulia* des Jahres 90 v. Chr. in größerem Umfang zu solchen Bürgerrechtsverleihungen überhaupt gekommen ist. Man könnte diese Entwicklung schlagwortartig als die Umwandlung des Gemeindestaates zum Reichsstaat bezeichnen [44] — eine Umwandlung, die gerade in jenen Jahren mächtig vorangetrieben worden ist, vor allem von denen, die an diesen Bürgerrechtsverleihungen aktiv oder durch Duldung beteiligt waren: von den großen römischen Feldherren und Magistraten einerseits und von den föderierten Gemeinden Roms andererseits.

Diese Gemeinden sahen zunehmend in der Verleihung der *civitas Romana* an die geschlossenen Bürgerschaften der italischen *municipia* nicht nur ein er-

[42] So *Badian*, a. a. O., S. 261, Anm. 1.

[43] Vgl. *Stevenson*, der aus der Anm. 28 genannten Auffassung den Schluß zieht, daß gerade das Fehlen einer „confirmation by the people" (S. 99) die Kritik am Verhalten des Marius verursacht haben werde.

[44] Vgl. dazu *Gelzer*, Gemeindestaat und Reichsstaat in der römischen Geschichte: Kleine Schriften I (Wiesbaden 1962), S. 232 ff. — Ähnlich in der Beurteilung des Balbus-Prozesses *Horn* (oben Anm. 23), S. 45 f.

strebenswertes Vorbild, sie sahen vor allem auch die Vorteile, die sich für sie durch einen Fürsprecher gegenüber dem Statthalter oder gar in Rom ergaben. Deshalb verliehen die Gaditaner ihrem Landsmann, dem römischen Neubürger Balbus, das *hospitium publicum,* deshalb stimmten sie aber auch der Verleihung des Bürgerrechts an Balbus nachdrücklich zu und brachten diese Zustimmung durch eine Gesandtschaft zum Ausdruck, die in Rom beim Prozeß erschien. Wahrscheinlich wachten daneben noch manche dieser Gemeinden eifersüchtig über ihre Autonomie, aber viel stärker war in ihnen durch den gemeinsamen Oberherrn das Bewußtsein der Zusammengehörigkeit gewachsen, das im römischen Bürgerrecht seinen sichtbaren Ausdruck fand; und gegenüber dem unbestreitbaren Vorteil, römische Bürger in seinen Mauern zu beherbergen, pochte man nicht mehr auf den Buchstaben des *foedus.*/

Anders sah diese Entwicklung natürlich in Rom selbst aus. Bürgerrechtsverleihungen waren während des ganzen zweiten vorchristlichen Jahrhunderts hier nur sparsam und dann immer nur formell durch die Volksversammlung ausgesprochen worden [45]. Die ersten Tendenzen zu einer Änderung machten sich in der Gracchenzeit bemerkbar [46], kamen damals aber infolge der Kürze von deren Wirksamkeit nicht zur Auswirkung. Dann setzte erneut eine Reaktion ein, und es ist bezeichnend, daß Marius, eine der großen Einzelpersönlichkeiten dieser Zeit, diese Schranke durchbrach. Noch blieb dieses eigenmächtige Handeln nicht ohne Widerspruch, aber nachdem man unter dem Druck des Bundesgenossenkrieges die Italiker in die römische *civitas* hatte aufnehmen müssen, konnte eigentlich in Rom grundsätzlich nichts mehr dagegen eingewandt werden, wenn nun auch außerhalb Italiens einzelne, die sich um Rom verdient gemacht hatten, dieser Vergünstigung gewürdigt wurden. Doch nicht alle römischen Magistrate bedienten sich dieser Form der Belohnung. Durchmustert man die Listen dieser Neubürger [47], so ist leicht festzustellen, daß fast ausnahmslos starke Einzelpersönlichkeiten der ausgehenden römischen Republik, die glaubten, ohne oder gar gegen die noch bestehende Führungsschicht ihre politischen Ziele erreichen zu können, solche Bürgerrechtsverleihungen vorgenommen haben. Der persönliche Anhang, die Klientel konnte damit vergrößert und die politische Durchschlagskraft verstärkt werden; und es ist bezeichnend, daß Pompeius und Caesar in der Anzahl dieser Bürgerrechtsverleihungen unbestritten an der Spitze stehen [48]. Neben der Verstärkung der Klientel war für diese römischen Politiker wahrscheinlich noch ein weiteres maßgebend: für sie wurden bereits zunehmend alle

[45] Vgl. *Gardner* S. 621; *Badian* (oben Anm. 41), S. 259, Anm. 3.

[46] Vgl. zusammenfassend *Gardner* S. 622; *Badian* S. 176 ff. Zur Wende bei Marius ebenfalls *Badian* S. 259 ff.

[47] Vgl. *Badian* S. 302 ff.

[48] *Stevenson* (oben Anm. 28), S. 101, macht für das Verhalten des Pompeius in erster Linie das Beispiel seines Vaters verantwortlich.

in gleicher Weise Untertanen, gleichgültig aus welchem Teil, aus welcher Gemeinde des *imperium Romanum* sie stammten. Diese Einstellung wird treffend mit dem Ennius-Zitat gekennzeichnet, das Cicero zur Unterstützung seiner Rechtsauffassung angeführt hat (22, 51):

> Wer immer den Feind trifft, ist mir Karthager,
> wer er auch sei und woher.

Nur war dieser Ausspruch in seiner Zeit Hannibal in den Mund gelegt worden, nicht einem Römer. Doch auch deren Stil hatte sich gewandelt und sich bei einzelnen durchaus dem der hellenistischen Machtpolitiker angeglichen.

Ist diese Entwicklung richtig gesehen, so konnte sich Cicero nicht nur zu Recht auf die exempla der letzten 30 Jahre stützen, als er den Rechtsan/spruch des Anklägers im Balbus-Prozeß zurückwies, sondern er hatte das Recht auch auf seiner Seite: Der formale Rechtsstandpunkt war antiquiert, dem Reichsstaat mußte mit der Durchsetzung der neuen Rechtspraxis der Weg gebahnt werden. Aber dieses Urteil fällen wir ex eventu. Für den Augenblick dieses Prozesses ist zunächst nur festzustellen, daß sich Cicero in diesem Punkt gegen die Verfassungsnorm auf die Verfassungswirklichkeit berief. Das tat der gleiche Cicero, von dem hier gezeigt werden konnte, daß er in einem anderen Punkt seiner Beweisführung in diesem Prozeß genau den umgekehrten Standpunkt eingenommen hatte, der sich aber auch sonst so gern auf die *mores maiorum* berief und damit zeigt, wie stark er selber immer dem alten Gemeindestaat verhaftet blieb [49]. Nehmen wir hinzu, daß sich Cicero gerade zum Zeitpunkt des Balbus-Prozesses gegen seine Überzeugung den beiden größten Machthabern seiner Zeit zur Verfügung stellte [50], so liegt der Verdacht sehr nahe, daß er hier eine Praxis seiner neuen Herren verteidigte, die mit einiger Wahrscheinlichkeit seiner eigenen Rechtsauffassung nicht entsprach.

Diese Annahme kann noch durch eine weitere Beobachtung gestützt werden. Es wurde festgestellt, daß gegenüber der neuen Verfassungspraxis die Verfassungsnorm antiquiert erscheinen mußte, nach der zur Verleihung der *civitas Romana* an einzelne Bürger föderierter Gemeinden die Zustimmung dieser Staaten erforderlich war. Stimmt das aber — und gerade Cicero versucht das deutlich zu machen —, dann mußte ein anderer Grundsatz der Verfassung ebenso antiquiert erscheinen, den Cicero trotzdem auch mit Emphase vertrat: *duarum*

[49] Vgl. dazu u. a. *H. Rech,* Mos maiorum. Wesen und Wirkung der Tradition in Rom. Diss. Marburg 1936; *H. D. Meyer,* Cicero und das Reich. Diss. Köln 1957.

[50] Vgl. *Ed. Meyer,* Caesars Monarchie und das Principat des Pompejus. Innere Geschichte Roms von 66 bis 44 v. Chr. (Stuttgart-Berlin [3]1922), S. 148, Anm. 3. Zu „the compulsory speeches in defence of the tools of despotism" rechnet die Balbiana auch *Syme* (oben Anm. 9), S. 144.

civitatum civis noster esse iure civili nemo potest (11, 28). Die Berufung auf das *ius civile* macht dabei deutlich, daß der Grundsatz nur für den *civis noster*, also nur für den römischen Bürger Gültigkeit besaß [51]. Cicero aber wandte ihn auch auf Balbus an und stellte ihn damit als einen Verfassungsgrundsatz für das gesamte *imperium Romanum* hin. Dieser/angebliche Verfassungsgrundsatz hätte aber erst die wirklichen Schwierigkeiten schaffen müssen, weil er vom Neubürger die Aufgabe seines alten Bürgerrechtes verlangte. Das war im Einzelfalle — wie bei Balbus — leicht möglich, mußte aber undurchführbar werden, wenn eine größere Anzahl oder gar ganze Gemeinden — wie durch die *lex Iulia* — davon betroffen wurden. Wer daher die Vereinheitlichung im Reichsstaat wollte, mußte eine Lösung anstreben, in der unter dem übergeordneten Reichsbürgerrecht das heimische Munizipalbürgerrecht erhalten blieb [52]. Auch diese Entwicklung, die erst mit der *constitutio Antoniniana* zum Abschluß gelangt ist, hatte spätestens seit 90 v. Chr. eingesetzt, und Cicero hat ihr in der Theorie von den zwei Vaterländern auch durchaus an anderer Stelle Rechnung getragen [53]. Hier im Balbus-Prozeß verwickelte er sich jedoch in einen fast unlösbaren Widerspruch, wenn er in zwei Verfassungsfragen, die unmittelbar miteinander verbunden waren, sich einmal den Standpunkt der Verfassungswirklichkeit, zum anderen den der angeblichen allgemeinen Verfassungsnorm zu eigen machte.

Doch genug davon. An dieser Gegenüberstellung der Argumente von Anklage und Verteidigung im Balbus-Prozeß wird, wie ich hoffe, deutlich geworden

[51] Vgl. *de Visscher* (oben Anm. 32), S. 108 ff. Zur Frage des Doppelbürgerrechts vgl. jetzt zusammenfassend *D. Nörr*, Origo, Studien zur Orts-, Stadt- und Reichszugehörigkeit in der Antike: Tijdschr. voor Rechtsgesch. 31 (1963), S. 556 ff. (mit Literatur). Gegen *de Visscher*, La dualité des droits de cité et la „mutatio civitatis“: Bull. de l'Acad. roy. de Belgique, Cl. des Lettr. et des Sciences moral. et polit., 5e sér. 40 (1954), S. 61, für den der Grundsatz Ciceros „est exclusivement applicable aux citoyens romains“, wollte ihn vor allem *V. Arangio-Ruiz*, Sul problema della doppia cittadinanza nella repubblica e nell'impero romano: Scritti giuridici in onore di Francesco Carnelutti IV (Padua 1950), S. 58 f., auch auf die Neubürger angewandt wissen. Ihm folgt jetzt *D. W. Bradeen*, Roman citizenship per magistratum: Class. Journ. 54 (1958/59), S. 221 ff., während *Nörr* S. 562, Anm. 185, wenigstens vor „allzu starker Dogmatisierung“ warnt. Die unterschiedliche Interpretation scheint mir wesentlich dadurch bedingt zu sein, daß Cicero in der Balbiana dem Wortlaut nach korrekt den Grundsatz der Inkompatabilität des Bürgerrechts lediglich für römische Bürger ausgesprochen (*de Visscher*), der Sache nach jedoch inkorrekt als allgemeine Rechtsnorm hingestellt hat (*Arangio-Ruiz*).

[52] Vgl. dazu bereits *Mitteis* (oben Anm. 15), S. 115 f., sowie jetzt vor allem wiederholt *E. Schönbauer;* vgl. etwa *dens.*, Municipia und coloniae in der Prinzipatszeit: Anz. Akad. Wien, phil.-hist. Kl. 91 (1954), S. 34 ff.

[53] De legg. 2, 2, 5; vgl. dazu *Sherwin-White* S. 54. Bereits für die Zeit um 90 v. Chr. postuliert diese Vorstellungen *Stevenson* (oben Anm. 28), S. 98. Zur Theorie Ciceros von den zwei Vaterländern vgl. jetzt *Nörr* (oben Anm. 51), S. 553 f.

den sein, daß der Widerstreit zwischen Verfassungsnorm und Verfassungswirklichkeit dabei von entscheidender Bedeutung war. Mir scheint es nur ein besonders lehrreiches Beispiel für eine Erscheinung zu sein, die sich über den ganzen Zeitraum der römischen Republik hin verfolgen läßt und aus der sich einige, wenn auch keinesfalls neue Lehren ziehen lassen:

1. Es gibt kein römisches Staatsrecht im Sinne Th. Mommsens, sondern die römische Verfassung befand sich ständig im Fluß [54].

2. Da die Veränderungen der Verfassung durch die jeweilige Machtlage bestimmt wurden, gebührt auch bei der Behandlung von Verfassungsfragen der politischen Entwicklung die größte Aufmerksamkeit.

3. Die häufigsten Konfliktsfälle, die meist dadurch ausgelöst wurden, daß sich eine Partei auf die Verfassungsnorm berief (wie der Ankläger im Balbus-Prozeß), / sind nicht allein dadurch zu erklären, daß die Verfassungsnorm als Mittel der Politik mißbraucht wurde. Es muß — wie für Cicero gezeigt wurde — in erheblichen Teilen der römischen Führungsschicht eine Tradition über den *mos maiorum* gegeben haben, an dem diese auch festzuhalten gewillt waren [55].

Abschließend soll in wenigen Worten auf den möglichen Ertrag für die besondere Fragestellung dieser Tagung eingegangen werden. Die politische Bedeutung des Balbus-Prozesses wird, wie ich meine, erst voll verständlich durch die Erkenntnis, daß in der Balbiana der Gegensatz zwischen Verfassungsnorm und Verfassungswirklichkeit in den Tagen Ciceros zum Austrag gekommen ist. In diesem Gegensatz wird, wie hier zu zeigen versucht wurde, der Übergang vom Gemeinde- zum Reichsstaat deutlich — ein Prozeß, der von den großen Einzelpersönlichkeiten dieser Zeit, besonders von Caesar, in ihrem eigenen Interesse eingeleitet und gefördert worden ist. Es ist dann nicht nur konsequent, sondern zugleich erst voll verständlich, daß eine solche Anklage, die sich auf die Verfassungsnorm stützte und damit die Konstruktion des alten Gemeindestaates verteidigte, als politisches Kampfmittel gerade gegen die beiden größten dieser Richtung verwandt wurde: gegen Caesar und Pompeius. Für den Einzelfall war die Rechtsfrage überholt. Aber es mußte sich in einem solchen Prozeß erweisen lassen, ob das Instrument, das sich diese Einzelpersönlichkeiten der ausgehenden römischen Republik in der Bürgerrechtsverleihung an Mitglieder föderierter Gemeinden geschaffen hatten, nicht doch noch zerschlagen werden konnte. Der Kampf in diesem Prozeß wurde damit um e i n e der Machtgrundlagen eines Caesar und Pompeius geführt.

[54] Vgl. jetzt die Beiträge von *W. Kunkel, K. v. Fritz, J. Bleicken, A. Heuß* in der Diskussion über „Die verfassungsgeschichtliche Forschung zur römischen Republik“: Bericht über die 26. Versammlung Deutscher Historiker in Berlin, 7.—11. Okt. 1964 (Beih. z. Gesch. in Wissensch. und Unterr. 1965), S. 58 ff.

[55] Vgl. hierzu *U. Schlag*, Regnum in senatu (Diss. Kiel masch.-schriftl. 1965), bes. S. 329 ff.

Cicero hat sich dabei auf die Seite der Machthaber seiner Zeit geschlagen und gegen die Verfechter des alten Gemeindestaates gestellt. Das mag für ihn zu negativ erscheinen, und als Ergänzung dieser Charakteristik wird vielleicht eine Interpretation der Sätze vermißt werden, die häufig als Kernsätze der Balbiana herausgestellt worden sind, in denen sich Cicero etwa in eindrucksvoller Weise auf die *fundamenta firmissima nostrae libertatis* (13, 31) beruft. Doch gerade sie — auch das wird deutlich geworden sein — geben für den Rechtsfall, der hier zur Debatte steht, nichts her, und mit ihnen wird häufig lediglich an das Gefühl der Mitglieder des Gerichtshofes appelliert. Und doch gibt es neben dem Schwanken zwischen Verfassungsnorm und Verfassungswirklichkeit und neben den anderen Anzeichen, die lediglich den geschickten Verteidiger in einem durchaus unsicheren Prozeß verraten, wenigstens eine Aussage, die wohl eine der Grundüberzeugungen Ciceros deutlich werden läßt. Wie schon betont wurde, hat Cicero in dieser Rede zweimal mit allem/Nachdruck die Inkompatibilität des römischen Bürgerrechtes hervorgehoben (11, 28; 12, 29) [56]. In keinem der Fälle trägt die Aussage zur Erklärung des Rechtsfalles bei; sie wird von Cicero aber auch nicht dazu verwandt, den Gegner durch eine abliegende Argumentation ins Unrecht zu setzen. Wenn es jedoch keinen einsichtigen Grund für den Verteidiger Cicero gibt, warum er diese überholte Verfassungsnorm hier mit Nachdruck vertritt, während er in seiner wesentlichen Argumentation gerade den entgegengesetzten Standpunkt der Verfassungswirklichkeit und damit den Standpunkt seiner neuen Herren einnimmt, dann zeigt sich wahrscheinlich gerade an einer solchen Aussage, daß Cicero trotz aller Schwankungen, die durch die Tagespolitik bedingt wurden, aus Überzeugung der Tradition, dem *mos maiorum* verhaftet war.

[56] Vgl. auch 13, 31, sowie pro Caec. 34, 100: *cum ex nostro iure duarum civitatum nemo esse possit, tum amittitur haec civitas denique, cum is, qui profugit, receptus est in exsilium, hoc est, in aliam civitatem.*

Der römische Provinzialzensus und der Schätzungsbericht des Lukas-Evangeliums

Ἐγένετο δὲ ἐν ταῖς ἡμέραις ἐκείναις ἐξῆλθεν δόγμα παρὰ Καίσαρος Αὐγούστου ἀπογράφεσθαι πᾶσαν τὴν οἰκουμένην. αὕτη ἀπογραφὴ πρώτη ἐγένετο ἡγεμονεύοντος τῆς Συρίας Κυρηνίου. καὶ ἐπορεύοντο πάντες ἀπογράφεσθαι, ἕκαστος εἰς τὴν ἑαυτοῦ πόλιν (Luk. 2, 1—3). Diese Darstellung des welthistorischen Hintergrundes der Geburt Jesu ist bekanntlich schon oft Gegenstand eindringender Untersuchungen sowohl von althistorischer wie auch von theologischer Seite gewesen [1], deren disparate Ergebnisse nicht gerade zu erneuter Behandlung des Themas ermutigen. Hier soll jedoch höchstens ein Weg zur möglichen Lösung dieser „extremely difficult passage" [2] aufgezeigt, dagegen keinesfalls erneut der Versuch unternommen werden, das Geburtsdatum Jesu aus ihr zu eruieren. Vor allem aber kommt es mir darauf an, einige Grundtatsachen zur Beurteilung der mit dem Zensus verbundenen Fragen in ein helleres Licht zu rücken — Tatsachen, die mir gerade in jüngster Zeit eher verdunkelt worden zu sein scheinen.

Der Verfasser einer *discordantium fontium concordantia* [3] nimmt zum Ausgangspunkt seiner Betrachtungen den Bericht der *res gestae Divi Augusti* über die von Augustus abgehaltenen Zensusakte, bei dem er lediglich eine Angabe über die Zahl der geschätzten Provinzialen vermißt. Da wir aber wüßten, *quod census provincialis agebatur certis temporibus, seu „con regolarità"* [4], ist es für ihn klar, daß man allein eine Zeitverzögerung anzunehmen braucht, um den römischen Bürgerzensus vom Jahre 8 v. Chr. mit dem von ihm für das Jahr

[1] Vgl. die reichen, wenn auch keineswegs vollständigen Literaturübersichten bei *D. Lazzarato,* Chronologia Christi seu discordantium fontium concordantia ad iuris normam (Neapel 1952), S. 44, Anm. 7, sowie *F. X. Steinmetzler,* Census: RAC 2 (1954), Sp. 971 f. Die ältere Literatur zusammenfassend behandelt von *E. Schürer,* Geschichte des jüdischen Volkes im Zeitalter Jesu Christi I (Leipzig [5]1920), S. 508 ff., auf den hier für alle nachfolgend behandelten Probleme einmalig verwiesen sei, da im einzelnen die Auseinandersetzung vorwiegend mit der neueren Literatur geführt werden soll, damit der Anmerkungsapparat in erträglichen Grenzen gehalten werden kann.

[2] So *F. M. Heichelheim,* Roman Syria (An economic survey of ancient Rome, IV. 1938), S. 160.

[3] *Lazzarato* (oben Anm. 1), S. 45.

[4] Unter Berufung auf *Fraccaro,* Enciclopedia Italiana IX (1951), S. 735, s. v. Censimento.

6 v. Chr. angenommenen Zensus des Quirinius in Judaea in Verbindung bringen zu können. Eine Erklärung für dieses Intervall fällt natürlich nicht schwer, und vom *census provincialis* ist dann keine Rede mehr. Im einzelnen unterschiedlich — er konnte auch D. Lazzaratos Werk noch nicht kennen —,/prinzipiell jedoch in gleicher Weise hat nun kürzlich auch F. X. Steinmetzler seinem Lexikonartikel *Census* [5] eine treffliche Kurzfassung der Mommsenschen Ergebnisse über den römischen Bürgerzensus vorangestellt, bevor er in eine sehr vorsichtige Auseinandersetzung über den Bericht des Lukas eintrat.

Nun hat jedoch bereits Th. Mommsen neben dem Bürgerzensus nicht nur einen Provinzialzensus gekannt, sondern beide auch deutlich voneinander geschieden [6], so daß schon von hier aus die eben gekennzeichnete Vermengung unverständlich erscheint — dies aber um so mehr, nachdem uns jetzt seit über 70 Jahren aus den Papyrusfunden Akten des römischen Provinzialzensus in Ägypten zur Verfügung stehen [7], die auch schon wiederholt für das hier in Frage stehende Problem herangezogen wurden [8]. Trotzdem scheint es mir notwendig, auf diesen Unterschied hier nochmals einzugehen und ihn durch unser bisheriges Wissen um den Provinzialzensus zu stützen; ignoriert doch selbst ein Kenner der römischen Institutionen wie F. de Visscher die dadurch notwendigen Folgerungen, wenn er meint, daß Augustus die genaue Zahl römischer Bürger in Kyrene [9] aus dem Zensus habe, der um die Jahre 10—8 v. Chr. von ihm angeordnet und nach Luk. 2, 1 auch in Judaea abgehalten worden sei [10].

Den Ausgangspunkt aller Untersuchungen müssen dabei sicher die Selbstzeugnisse des Augustus bilden. In den *res gestae* (c. 8) läßt dieser keinen Zweifel darüber, daß die drei Lustren der Jahre 28 v. Chr., 8 v. Chr. und 14 n. Chr. jeweils einen *census populi* abgeschlossen haben [11], aus denen dann auch nur die Zahl der *cives Romani* resultieren konnte. Nun hat man zwar offenbar nie daran gezweifelt, daß hierunter nicht nur die in Rom ansässigen Bürger, sondern auch die außerhalb Roms und Italiens verstanden werden müssen [12], aber die

[5] RAC 2, Sp. 969 ff.

[6] Römisches Staatsrecht II, S. 415 ff., 1091 ff. Vgl. ebenso *J. Marquardt,* Römische Staatsverwaltung II, 2. Aufl. bes. v. *H. Dessau* u. *A. v. Domaszewski* (Leipzig 1884), S. 211 ff., sowie *Schürer* (oben Anm. 1), S. 510 f.

[7] Vgl. *U. Wilcken,* Arsinoitische Steuerprofessionen aus dem Jahre 189 n. Chr. und verwandte Urkunden (Sitzg.-Ber. Berlin 1883, S. 897 ff.); jetzt zusammenfassend *M. Hombert — C. Préaux,* Recherches sur le recensement dans l'Égypte romaine. Brüssel 1952.

[8] Vgl. vor allem *B. P. Grenfell — A. S. Hunt,* The Oxyrhynchus Papyri II, S. 207 ff.

[9] Nach SEG IX 8, Z. 4—6.

[10] Les édits d'Auguste découverts à Cyrène (Löwen 1940), S. 56.

[11] *censum . . . populi ter egit* sagt auch Suet., Aug. 27, 5.

[12] Vgl. bereits *J. Beloch,* Die Bevölkerung der griechisch-römischen Welt (Leipzig 1886), S. 370 ff., sowie *T. Frank,* Rome and Italy of the Empire (An economic survey of

besondere, vom republikanischen Zensus abweichende Verfahrensweise, die dafür erforderlich war, ist kaum je genügend herausgestellt worden. Die Ausführungen Th. Mommsens über die Übertragung des römischen Bürger/zensus auf die Munizipien nach dem Bundesgenossenkrieg [13] wurden, soweit ich sehe, allein von V. Gardthausen für die Beurteilung der Zensusakte unter Augustus herangezogen [14]. Da jedoch auch hier eine Zusammenfassung fehlt, stelle ich die Ergebnisse kurz zusammen: Bereits in der Hauptstadt wurde das zentrale System fallengelassen und der Zensus der römischen Bürger *vicatim* vorgenommen [15], d. h. aber doch entsprechend der durch Augustus neu geregelten Regioneneinteilung der Stadt [16]. Dieser aber entspricht die Einteilung Italiens in 11 Regionen, die ebenfalls für den Zensus eine Rolle spielten [17] und offenbar einer strafferen Zusammenfassung der munizipalen Zensusergebnisse dienten. Für diesen munizipalen Zensus ist es durch den Wortlaut der *lex Iulia municipalis* ohnehin über allen Zweifel erhaben, daß er mit dem hauptstädtischen in unmittelbarer Verbindung stand [18]. Über den Bereich Italiens hinaus hat uns nun das erste kyrenäische Edikt gelehrt, daß sich der Kaiser auch hier „auf die beim allgemeinen Census der römischen Bürger gefertigte, in Rom aktenmäßig vorhandene Aufstellung“ stützen konnte [19]. Insgesamt wird damit aber nicht weniger gesagt, als daß Augustus nicht die alte, republikanische Form des Zensus wieder aufgenommen, sondern sich entsprechend der Ausbreitung römischer Bürger über das ganze Imperium — wahrscheinlich anläßlich des zweiten, von ihm abgehaltenen Zensus des Jahres 8 v. Chr.[20] — ein neues Instrument geschaf-

ancient Rome, V. 1940), S. 1 (für die Zeit des Claudius nach Tac., ann. 11, 25, 5, vgl. ebda., S. 140, Anm. 3). Für den Zensus von 14 n. Chr. wird das jetzt durch die auf die italische Bürgerschaft reduzierte Ziffer in Année épigr. 1946, Nr. 169, bewiesen.

13 Römisches Staatsrecht II, S. 368 ff. Wird hier (S. 369) lediglich offengelassen, ob man „einen neben dem Reichscensus herlaufenden municipalen annehmen oder diesen als einen integrirenden Theil von jenem betrachten“ muß, so bedeutet die völlige Trennung bei *W. Kubitschek,* Census: RE 3 (1899), Sp. 1914 ff., einen erneuten Rückschritt.

14 Augustus und seine Zeit I 2 (Leipzig 1896), S. 919.

15 Vgl. Suet., Aug. 40, 2. Das Vorbild dafür lieferte wahrscheinlich die Zählung Caesars, Suet., Caes. 41, 3, und dazu *Gardthausen,* Augustus II 2, S. 535, Anm. 22.

16 Suet., Aug. 30, 1; vgl. dazu *Mommsen,* Römisches Staatsrecht I, S. 328; II, S. 516; *Gardthausen,* Augustus I 2, S. 943 f.

17 Nicht zufällig dürften Plin., nat. hist. 7, 162 f., sowie Phlegon (FGrHist 257, F 37) aus den Akten gerade der 8. Region Italiens vom Zensus Vespasians des Jahres 74/5 n. Chr. zitieren.

18 ILS 6085, Z. 142 ff.

19 So *J. Stroux,* in: *J. Stroux — L. Wenger,* Die Augustus-Inschrift auf dem Marktplatz von Kyrene (Abh. München 34, 2. 1928), S. 97.

20 So sicher zu Recht *Gardthausen* (oben Anm. 14), I 2, S. 940 ff.

fen hat, das den veränderten Anforderungen gewachsen war — eine „Reichsbürgerschätzung" [21].

Was versteht man dieser Schätzung gegenüber nun unter dem Provinzialzensus? Für Th. Mommsen war er eine „Schatzung der Provinzialen" [22]. Dagegen wird für A. v. Premerstein aus dem ersten kyrenäischen Edikt deutlich, „daß ... bis zum Jahre 7/6 v. Chr. in der Cyrenaica noch kein sog. Provinzial-Census, der v o r a l l e m die Nichtbürger und ihr Vermögen m i t inbegriffen / hätte, abgehalten war" [23]. Er versteht also offenbar unter dem Provinzialzensus eine Schätzung der in den Provinzen ansässigen Bürger und Nichtbürger, und ebenso urteilt U. Wilcken, wenn er in dem lateinischen Papyrus der Società Italiana (PSI) XI 1183 „das erste Beispiel einer Eingabe eines Römers für den römischen Provinzialzensus Ägyptens" erkennen will [24].

Nach dem, was wir soeben über die Neuordnung des Bürgerzensus durch Augustus ausgeführt haben, bleibt jedoch in dieser Zeit für einen solchen Provinzialzensus kein Platz mehr, und in der Tat finden wir weder allgemeine Anzeichen für eine Schätzung römischer Bürger anläßlich des Provinzialzensus, noch sind uns unter den zahlreichen κατ᾽ οἰκίαν ἀπογραφαί Ägyptens solche erhalten, in denen sich römische Bürger deklarieren [25]. Allerdings finden wir in einem Berliner Papyrus (BGU I 53 [26]) eine Iulia Crispina als Deklarantin anläßlich des Zensus vom Jahre 131/2 n. Chr. Sie meldet aber lediglich ihr Grundeigentum, wozu sie wohl am Orte ihres Besitzstandes verpflichtet war [27]; das Fehlen ihrer Selbstdeklaration wird man wohl gerade damit erklären können, daß sie selbst als Römerin den Maßnahmen des Provinzialzensus nicht unterworfen war [28]. Eine solche Erklärung scheint mir nicht nur auf Grund allgemeiner Er-

[21] Vgl. dagegen *Mommsen,* Römisches Staatsrecht II, S. 415.

[22] Ebda., S. 416.

[23] Die fünf neugefundenen Edikte des Augustus aus Kyrene: ZRG 48 (1928), S. 449 f. (Sperrung von mir!).

[24] Archiv f. Pap.-Forschg. 12 (1937), S. 76.

[25] Vgl. *Wilcken,* a. a. O., der aber wohl das nachfolgende Beispiel übersehen hat, wenn er (S. 77) schreibt, „daß keine der ... κατ᾽ οἰκίαν ἀπογραφαί ... von einem römischen Bürger verfaßt ist"; vgl. auch noch BGU I 131, dessen Deklarant jedoch nach der Herkunftsangabe ἀπὸ ἀμφό[δου (Z. 3) nicht römische Bürgerin sein kann.

[26] Vgl. dazu *F. Preisigke,* Berichtigungsliste der griechischen Papyrusurkunden aus Ägypten I (Berlin-Leipzig 1922), S. 12.

[27] Vgl. Ulp., Dig. 50, 15, 4, 2.

[28] Zur Diskussion über diese Urkundengruppe von κατ᾽ οἰκίαν ἀπογραφαί ohne Subjektdeklarationen vgl. zuletzt *H. C. Youtie — O. M. Pearl,* Papyri and Ostraca from Karanis (= P. Michigan VI), S. 18 f. Zu ihrem Beweis für die These, daß „Romans in Egypt ... were required to submit declarations of persons" (S. 19), bleibt lediglich noch festzustellen, daß nach dem Gnomon des Idios Logos (BGU V) § 59 die Römer allein angehalten waren, οὓς δεῖ zu deklarieren.

wägungen angebracht, sondern vor allem, seitdem wir eine ganz anders geartete *professio* eines römischen Bürgers zum Zensus in PSI XI 1183 besitzen.

Den wesentlichen Unterschied zu den κατ' οἰκίαν ἀπογραφαί hat U. Wilcken (Anm. 24) bereits herausgestellt: Die römische *professio* entspricht völlig der *forma censualis*, wie sie uns von Ulpian im dritten Buch *de censibus* (Dig. 50, 15, 4) mitgeteilt ist [29], indem der Deklarant sein Eigentum selbst taxiert und die Lage seines Grundstückes nach den zwei nächsten Nachbarn angibt. Beides fehlt in den Urkunden zum römischen Provinzialzensus in Ägypten, bei dem die Schätzung des Vermögens offenbar erst bei einer amtlichen Überprüfung der eingelaufenen Meldungen, der ἐπίκρισις vorgenommen wurde [30]. Wurde im/ römischen Bürgerzensus immer auf die beiden Bestandteile der Deklaration (ἀπογραφή) und der Vermögensschätzung (τίμησις) hingewiesen[31] und dieser dementsprechend als ἀποτίμησις bezeichnet [32], so wird jetzt deutlich, daß schon die Bezeichnung ἀπογραφή [33] den römischen Provinzialzensus vom Bürgerzensus abhebt. Daher gehört der Florentiner Papyrus nicht zu den κατ' οἰκίαν ἀπογραφαί und daher auch nicht deshalb in das Jahr 47/8 n. Chr., weil zu dieser Zeit der römische Provinzialzensus in Ägypten abgehalten wurde [34], sondern weil im gleichen Jahre ein gut bezeugter römischer Bürgerzensus unter Claudius stattfand [35]. Andererseits umfaßte dann auch der römische Provinzialzensus n u r die Provinzialen und nicht die in den Provinzen ansässigen *cives Romani* [36].

Das wird weiterhin auch durch das inschriftliche Material über den Provinzialzensus außerhalb Ägyptens, das bereits wiederholt zusammengestellt worden ist [37], bestätigt. Bereits O. Hirschfeld hat gesehen [38], daß es sich in ILS 2740 nicht

[29] Vgl. auch Dionys. Halic. 4, 15, 5.

[30] Vgl. dazu *H. Braunert,* Zur Terminologie der Volkszählung im frühen römischen Ägypten: Symbolae R. Taubenschlag III (Eos 48, 3. 1957), S. 53 ff.

[31] Vgl. ἀπογράφεσθαι καὶ τιμᾶσθαι, Dionys. Halic. 4, 15, 5, ganz ähnlich auch ILS 6085, Z. 146 ff.

[32] Vgl. r. gest. 8.

[33] Vgl. *W. Bauer,* Wörterbuch zu den Schriften des Neuen Testaments (Berlin ^{4}1952), s. v.

[34] So *Wilcken* (oben Anm. 24), S. 77.

[35] Vgl. Suet., Claud. 16; Tac., ann. 11, 13, sowie neben anderen Inschriften etwa ILS 210. 211. 2282.

[36] Es sei hier zum Problem des römischen Bürgerrechts nach der *Constitutio Antoniniana* nur angemerkt, daß die Aurelier in Ägypten beim Zensus ihr Vermögen nicht selbst taxierten, sondern sich auch weiterhin des beim Provinzialzensus gebräuchlichen Formulars bedienen mußten.

[37] Vgl. *J. Unger,* De censibus provinciarum Romanorum. Diss. Leipzig 1887; *Kubitschek,* RE 3, Sp. 1918 ff. Zusammenstellung der Inschriften bei *H. Dessau,* ILS III, S. 351 f., dazu neuerlich Année épigr. 1931, 36. 38.

[38] Die kaiserlichen Verwaltungsbeamten bis auf Diocletian (Berlin ^{2}1905), S. 57 f.

um eine übliche Provinzialschätzung handelt, wenn der hier tätige Kohortenpräfekt als *censitor civium Romanorum coloniae Victricensis* bezeichnet wird, und daß auch in einem weiteren Fall streng zwischen dem Zensus der Provinz und der Bürger einer Kolonie geschieden wird [39]. Wenn er trotzdem glaubte, lediglich für Lugudunum eine Sonderstellung annehmen zu müssen und das erstgenannte Beispiel mit einem Zensus kurz nach Gründung der Kolonie erklären zu können, so werden wir ihm darin nicht mehr folgen können, sondern müssen in dieser inschriftlichen Überlieferung eine Stütze der alten Mommsenschen Auffassung sehen.

Für die Modalitäten des Provinzialzensus ergibt sich — wenigstens soweit es die kaiserlichen Provinzen betrifft, über die wir allein nähere Aufschlüsse gewinnen können [40] — auch heute noch, „daß der C. nach Provinzen gegliedert/ und über besondere kaiserliche Ermächtigung von den Statthaltern eingeleitet wurde, die diesen Spezialauftrag in ihrem *cursus honorum* zum Ausdruck brachten, ferner daß die Statthalter ritterliche Officiere und Procuratoren für einzelne Gemeinden oder Gerichtsbezirke oder größere Districte des dem C. unterworfenen Gebietes delegierten" [41]. Es ergibt sich aus den Inschriften weiterhin, daß der Zensus in den einzelnen Provinzen wiederholt wurde, ohne daß ein bestimmtes Intervall zu erkennen ist [42], und daß er in den verschiedenen Provinzen — mit Ausnahme der *tres Galliae* [43] — offenbar nicht zur gleichen Zeit abgehalten wurde [44].

Über den Provinzialzensus Ägyptens sind wir weit besser informiert. Wir kennen hier einen 14jährigen Zyklus vom Jahre 33/4 n. Chr. bis zum Jahre 257/8 n. Chr. [45], wir wissen, daß sich bei der Abgabe der Deklarationen alle Bewohner zum Zwecke der Identifikation persönlich vor den Behörden in ihrer ἰδία einfinden mußten [46], und schließlich ist uns die *forma censualis* bekannt, auf deren entscheidenden Unterschied zum Bürgerzensus wir soeben hingewiesen haben.

Eine Übertragung dieser Modalitäten des Provinzialzensus in Ägypten auf die übrigen Provinzen ist sicher nicht ohne weiteres statthaft. Da jedoch die kaiserliche Verwaltung mit dem Zensus in allen Provinzen das gleiche Ziel anstrebte,

[39] ILS 1145: *censitor prov. Lugd. item Lugdunensium.*

[40] Einzelne Zeugnisse lediglich für Makedonien und die Narbonensis: vgl. *Hirschfeld* (oben Anm. 38), S. 55, Anm. 4, und zur Zeitbestimmung des Zensus in der Narbonensis nach Plin., nat. hist. 14, 144, *E. Stein*, Die kaiserlichen Beamten und Truppenkörper im römischen Deutschland unter dem Prinzipat (Wien 1932), S. 61, Anm. 111.

[41] *Kubitschek*, RE 3, Sp. 1920.

[42] Der von *Unger* (oben Anm. 37), S. 68, angenommene 15jährige Zyklus für die Zeit seit dem 2. nachchristlichen Jahrhundert läßt sich nicht zur Evidenz bringen.

[43] Vielleicht unter Einschluß der germanischen Provinzen, vgl. *Stein* (oben Anm. 40), S. 63.

[44] So bereits *Unger* (oben Anm. 37), S. 70 f.

[45] Vgl. *Hombert-Préaux* (oben Anm. 7), S. 47 ff.

[46] Vgl. zuletzt meinen oben Anm. 30 genannten Aufsatz.

die regelmäßige Erhebung der Steuern, so werden die Maßnahmen zur Erreichung dieses Zieles jedenfalls überall ähnliche gewesen sein. Lokale Unterschiede scheinen mir dabei vor allem berücksichtigt werden zu müssen, soweit im Lande schon vorher bürokratische Einrichtungen vorhanden waren, die nur nutzbar gemacht zu werden brauchten. Das aber war sicher vornehmlich im ptolemäischen Ägypten der Fall, in dem trotzdem die zuvor genannten Modalitäten Neuerungen zu sein scheinen. Jedenfalls wurden noch zu Beginn der augusteischen Zeit jährliche Deklarationen eingereicht, die sich wesentlich von den späteren κατ' οἰκίαν ἀπογραφαί unterschieden [47]; und von einer persönlichen Meldung wissen wir aus der ptolemäischen Zeit nichts. Daraus ist dann aber der Schluß erlaubt, daß der römische Provinzialzensus — wohl unter Benutzung der in den einzelnen Provinzen vorgefundenen Institutionen — von Augustus in Anlehnung an den Bürgerzensus neu geschaffen wurde. Denn dafür sprechen die gleichmäßigen Intervalle, die persönliche Meldung sowie / die feste Deklarationsform. In den Grundzügen wird ein solcher Provinzialzensus in den verschiedenen Provinzen gleich gewesen sein, so daß die Tatsachen, die uns aus Ägypten bekannt sind, mit einiger Vorsicht auch für andere Provinzen ausgewertet werden können. Insbesondere dürfte das aber für den Zwang zur persönlichen Meldung gelten, da der allgemeine Schriftverkehr kaum in einer anderen Provinz so wie in Ägypten verbreitet war und daher in anderen Provinzen sicher häufig selbst die schriftliche Deklaration durch eine mündliche ersetzt werden mußte.

Wann wurde dieser Provinzialzensus geschaffen? Wir sind darüber bekanntlich am besten für Gallien in der Zeit seiner Neuordnung unter Augustus unterrichtet. Th. Mommsen hat für diesen Zensus einen Zeitraum von über 40 Jahren von 27 v. Chr. bis über den Tod des Kaisers hinaus angenommen [48], und einige Gelehrte folgen ihm darin bis heute [49]. Unzweifelhaft ist uns dieser Provinzialzensus sowohl für die Zeit von 27 v. Chr. [50], wie auch für 12 v. Chr. [51], sowie für die Jahre 14—16 n. Chr. [52] überliefert, aber die Quellen scheinen uns keinesfalls mit Notwendigkeit dahingehend interpretiert werden zu müssen, daß auch in der gesamten Zwischenzeit die Zensusoperationen fortdauerten — zumal uns ja auch für die Folgezeit gerade in Gallien wiederholt die Abhaltung des Zensus bezeugt ist [53].

[47] Vgl. *Wilcken*, Chrestomathie 200 (zu den Jahren 19 und 18 v. Chr.), sowie für die Jahre 11/2 und 12/3 n. Chr. meinen obigen Aufsatz.

[48] Römisches Staatsrecht II, S. 1091.

[49] Vgl. *A. Grenier*, La Gaule romaine (An economic survey of ancient Rome, III. 1937), S. 493; *E. Stauffer*, Der Stand der neutestamentlichen Forschung, in: Theologie und Liturgie (Kassel 1952), S. 43.

[50] Liv., per. 134; Cass. Dio 53, 22, 5.

[51] Liv., per. 138 f.; Claudius, CIL XIII 1668, II, Z. 36—41.

[52] Tac., ann. 1, 31, 2. 33, 1; 2, 6, 1.

[53] Vgl. zusammenfassend *Stein* (oben Anm. 40), S. 61 ff. Gegen ihn (S. 61, Anm. 111.

Die Meinung von drei verschiedenen Zensusakten, die überdies durch die allgemeine Erwägung gestützt wird, daß durch eine Maßnahme über einen so langen Zeitraum hinweg weder für die Boden-, geschweige denn für die Bevölkerungsverhältnisse auch nur einigermaßen exakte Ergebnisse zu gewinnen sind, wird zwar hier nicht erstmalig vorgetragen [54], aber sie wurde, soweit ich sehe, bisher noch nicht begründet. Die Schwierigkeit liegt vor allem im Zensus vom Jahre 12 v. Chr., der als *novum opus et inadsuetum* von Kaiser Claudius bezeichnet wird [55], und dessentwegen auch nach Livius (per. 139) Unruhen in Gallien ausgebrochen sind. Wenn das m. E. auch eher bei einem zweiten Zensus zu erwarten ist als nach 15jähriger, ununterbrochener Dauer des ersten, / so bleibt es doch auch bei jenem nur schwer erklärbar. Nun ist jedoch allgemein anerkannt [56], daß die Einführung des Zensus in Gallien im unmittelbaren Zusammenhang mit der Neuorganisation dieses Landes durch Augustus steht, und ebenso, daß die *tres Galliae* erst ihre „definitive Gestaltung ... durch Augustus bei seiner Anwesenheit in den Jahren 16—13 v. Chr." erhielten [57]. Sei es, daß im Jahre 27 v. Chr. Augustus nur „das nöthige statistische Material, das als Grundlage dazu (scil. zu der Einteilung des eroberten Landes) dienen sollte", erhalten wollte [58], sei es, daß evtl. nicht das gesamte Gebiet einer Schatzung unterworfen [59] und nur die wenig später erfolgte Rückgabe der Narbonensis an den Senat dadurch vorbereitet wurde [60] — jedenfalls scheint dieser Zensus von den Bewohnern des neu eroberten Gallien nicht als schwerwiegender Eingriff angesehen worden zu sein. Eine Reaktion erfolgte erst auf den Zensus vom Jahre 12 v. Chr., der offenbar unmittelbar nach der neuen

122, Anm. 14 a. 137) und *Unger* (oben Anm. 37), S. 46 ff., wird man aber auch weiterhin daran festhalten müssen, daß Vespasians Bruder Sabinus zur Zeit Neros mit der Abhaltung von Zensusgeschäften in Gallien betraut war, solange keine bessere Ergänzung von ILS 948 als die von Mommsen gefunden ist; vgl. auch *E. Groag*, PIR² III, S. 167.

[54] Vgl. bereits *Hirschfeld,* Die Organisation der drei Gallien durch Augustus: Klio 8 (1908), S. 464 ff. = Kleine Schriften (Berlin 1913), S. 113; *C. Jullian,* Histoire de la Gaule IV (Paris ²1921), S. 303 f.; *Stein* (oben Anm. 40), S. 60 f.; sowie jetzt *G. H. Stevenson,* Roman provincial administration till the age of the Antonines (Oxford ²1949), S. 150.

[55] CIL XIII 1668.

[56] Vgl. trotz sonst gegenteiliger Ansicht etwa *Grenier* (oben Anm. 49), S. 493.

[57] *Hirschfeld* (oben Anm. 54); vgl. vorher bereits *Gardthausen* (oben Anm. 14), S. 665.

[58] *Gardthausen,* a. a. O., S. 662, der allerdings trotzdem (S. 669) von „langjährigen Schatzungsarbeiten" spricht.

[59] Im Zusammenhang mit einem Konvent in Narbo berichtet Liv., per. 134, von dem Zensus; wenn er diesen *a tribus Galliis ... actus* bezeichnet, so scheint diese Ausdrucksweise jedenfalls aus späterer Zeit vorverlegt zu sein, da wir aus ILS 916 eine andersartige gleichzeitige Benennung Galliens kennenlernen.

[60] Vgl. *Hirschfeld,* Kleine Schriften (oben Anm. 54), S. 19 ff.

Provinzeinteilung vorgenommen wurde [61] und für diese Provinzen also wohl auch der erste Zensus gewesen sein wird.

Eine solche Praxis aber entspricht der in Judaea geübten [62], wie wir sie weiterhin auch für Lusitanien werden annehmen müssen [63]. Wenn damit zusammen mit der Neueinrichtung einer Provinz zugleich der Provinzialzensus ins Leben gerufen wurde [64], dann wird es von vornherein unwahrscheinlich, daß dieser in verschiedenen Provinzen zur gleichen Zeit abgehalten werden konnte.

Bevor wir uns dem Lukas-Bericht zuwenden, fassen wir unser Wissen um den Provinzialzensus kurz zusammen: Mit der Neueinrichtung kaiserlicher Provinzen wurde in der frühen Prinzipatszeit für die Nichtbürger dieser Pro/vinzen eine vom Bürgerzensus unabhängige Schätzung geschaffen, die wahrscheinlich in bestimmten Zeitabständen wiederholt wurde und die Grundlage für die direkte Steuererhebung dieser Zeit bildete. Analog zu den Verhältnissen in Ägypten wird zu diesem Zwecke die persönliche Meldung der Bevölkerung vor den Behörden eines fest zugewiesenen Zuständigkeitsortes, sowie die Abgabe einer — schriftlichen oder mündlichen — Deklaration erforderlich gewesen sein, die über Personal- und Besitzstand des Deklaranten die Aufklärung bot, auf Grund derer die Behörde anschließend die Taxierung — verbunden wahrscheinlich mit einer Überprüfung der Angaben selbst — vornehmen konnte.

Obwohl nun der in Frage stehende Passus des Lukas-Evangeliums bereits häufig einer historischen Kritik unterzogen worden ist, bedarf der gleiche Versuch heute wohl einer besonderen Rechtfertigung, nachdem neuere theologische Forschung zu dem Ergebnis gelangt ist, daß den Verfasser des dritten Evangeliums [65] bei seiner Darstellung „die Auffassung vom Christentum als einer weltgeschichtlichen Größe leitet", und „daß er den ursprünglich kerygmatischen Sinn der Je-

[61] Zur Vorbereitung dieses Zensus durch Augustus selbst vgl. *Jullian* (oben Anm. 54), IV¹, S. 81, Anm. 6.

[62] Vgl. dazu unten S. 234.

[63] Vgl. CIL X 680. Wenn der hier genannte Tribun nach der Ergänzung Mommsens *ab imp.]Caesare Aug[usto missus pro] censore ad Lus[itanos]* ist, so scheint mir daraus der Schluß von *Unger* (oben Anm. 37), S. 24, nicht zwingend, daß Augustus zu dieser Zeit selbst in der Provinz gewesen sein müsse (vgl. ILS 2691). Vgl. dazu auch *Gardthausen* (oben Anm. 14), S. 693, der m. E. zu Recht diese Maßnahme mit der Loslösung Lusitaniens von der *Hispania ulterior* in Verbindung bringt.

[64] Ebenso wohl unter Varus in Germanien nach Cass. Dio 56, 18, 3. — Daß später in gleicher Weise verfahren wurde, zeigen für Tiberius Tac., ann. 6, 41, 1, für Claudius Cass. Dio 62, 3, 2 f. (vgl. auch Tac., Agric. 15) und für Trajan Lact., de mort. pers. 23, 5. Es sei übrigens angemerkt, daß nach unserer literarischen Überlieferung der erste Zensus in einer Provinz stets einen Aufstand der betroffenen Bevölkerung verursachte.

[65] Wir nennen ihn im folgenden Lukas, ohne hier auf die für unser Thema irrelevante Verfasserfrage einzugehen.

sus-Überlieferung ... preisgegeben und sie historisiert hat" [66]. Man wird an dieser Stelle keine theologische Stellungnahme erwarten [67], sondern lediglich eine solche des Historikers, die von der Verpflichtung bestimmt ist, „solange es nur irgend möglich ist, die Aussagen der Quellen für wahr zu halten" [68]; und das um so mehr bei einem Autor, der von sich selbst sagt, daß er „allen (Ereignissen) von Anfang an genau nachgegangen" sei [69]. Lukas will also — auch was den „Anfang", die Geburtsgeschichte Jesu betrifft — als Historiker ernst genommen werden und fordert damit geradezu eine Beurteilung heraus, für die es entscheidendes Kriterium sein muß, ob seine Schilderung der anderwärts feststellbaren historischen Faktizität entspricht. Eine/solche Beurteilung des Lukas ist bisher im allgemeinen zu durchaus positiven Ergebnissen gelangt [70], während sie bezüglich des Schätzungsberichtes weiterhin kontrovers ist.

Eine entscheidende Voraussetzung haben wir bereits durch die vorangegangenen Untersuchungen gewonnen: da es sich bei dem Zensus, von dem uns Lukas berichtet, nur um eine Schätzung der Provinzialen Judaeas gehandelt haben kann, dürfen wir zu seiner Beurteilung keine Maßstäbe anwenden, die uns der römische Bürgerzensus an die Hand gibt. Der Zensus, zu dem die Eltern Jesu aufgerufen waren, war ein römischer Provinzialzensus. Damit aber entfallen für die chronologischen Fragen alle Vergleichsmöglichkeiten mit den Angaben der *res gestae Divi Augusti*, für die Modalitäten wird die Anwendung der Mommsenschen Zensustheorien hinfällig.

Diese Modalitäten aber sollen uns zunächst beschäftigen.

1. Nach dem Bericht des Lukas wurde der Zensus durch ein kaiserliches Edikt

[66] *R. Bultmann*, Theologie des Neuen Testaments (Tübingen 1951/53), S. 463.

[67] Nach O. *Cullmann*, Christus und die Zeit. Die urchristliche Zeit- und Geschichtsauffassung (Zürich 1946), S. 19, wird mit der Offenbarung in der Geschichte „in der urchristlichen Theologie rücksichtslos Ernst gemacht in der anstößigen Behauptung, es bedeute den Höhepunkt und den Mittelpunkt aller Offenbarung, daß der sich offenbarende Gott, d. h. sein Wort, der Logos *ein* Mal so restlos in die Geschichte eingetreten ist, daß dieses einmalige Eintreten mit Daten versehen werden kann wie jedes andere geschichtliche Ereignis: unter dem Kaiser Augustus (Luk. 2,1)". Vgl. zur Geschichtlichkeit des lukanischen Werkes etwa die eindringenden Untersuchungen von *R. Morgenthaler*, Die lukanische Geschichtsschreibung als Zeugnis. Gestalt und Gehalt der Kunst des Lukas. 2 Bde. Zürich 1949 (Zu den „Doppelnamen", die *Morgenthaler* II, S. 8 ff., als Doppelzeugnis anführt, kann man übrigens Augustus und Quirinius an unserer Stelle hinzufügen). — Einen Mittelweg schlägt jetzt *H. Conzelmann*, Die Mitte der Zeit. Studien zur Theologie des Lukas (Tübingen 1954), S. 3, ein.

[68] So in einer ähnlichen Fragestellung methodisch sicher richtig *P. Gohlke*, Der Quellenwert der Evangelien: Festschrift Fritz Sommer (Wiesbaden 1956), S. 27.

[69] Luk. 1, 3; vgl. dazu auch *Morgenthaler* (oben Anm. 67) II, S. 35.

[70] Vgl. z. B. *Ed. Meyer*, Ursprung und Anfänge des Christentums I (Stuttgart-Berlin 1921), S. 51.

angekündigt [71]. Da wir nun aus Ägypten wissen, daß dem Provinzialzensus ein Edikt des Statthalters vorausging, auf das sich die Deklaranten in ihren Zensuseingaben immer wieder berufen [72], entsteht hier bereits die erste Schwierigkeit. Kam es Lukas bei dieser Bemerkung allein auf einen weltgeschichtlichen Aspekt an, oder berichtet er uns eine historische Tatsache?

Die Abhaltung des Zensus war in der Kaiserzeit ein kaiserliches Reservatrecht [73] und dementsprechend werden die Zensusbeamten wiederholt als *legati* [74], bzw. *procuratores Augusti* [75] bezeichnet. Schon dadurch wird eine Übertragung des statthalterlichen Ediktes auf den Kaiser verständlich, da sich die kaiserlichen Beamten in ihren Anordnungen sicher auf den in ihnen zur Ausführung kommenden kaiserlichen Willen berufen haben. Das kann aber in einem parallelen Fall direkt nachgewiesen werden.

Wiederholt ist bereits bei einer Beurteilung von Luk. 2, 1—3 auf die ἰδία-Edikte Ägyptens hingewiesen worden, d. h. auf die Anordnung ägyptischer Präfekten zur Rückkehr der landflüchtigen Bevölkerung in ihren Zuständigkeitsort [76]. Dabei wurde im Anschluß an M. Rostovtzeff [77] und U. Wilcken [78] der/ Zusammenhang zwischen ἰδία-Edikt und Zensus sicher zu eng gefaßt. Aber auch wenn jetzt feststeht, daß weder ἰδία-Edikt und Zensus-Edikt identisch waren noch notwendig unmittelbar aufeinander folgten [79], so läßt sich doch nicht bestreiten, daß beide offenbar häufig zur gleichen Zeit herausgegeben wurden, daß man also gern den Anlaß des Zensus benutzte, um zugleich dem Unwesen der ἀναχώρησις zu steuern [80]. In einem dieser Edikte nun spricht der Präfekt M. Sempronius Liberalis eine Amnestie für die zurückkehrenden Ortsflüchtigen im

[71] δόγμα in dieser Bedeutung Jos., bell. Iud. 1, 20, 3 § 393; P. Fayûm 20, Z. 22 (vgl. dazu *R. Taubenschlag*, The imperial constitutions in the papyri: Journ. Jurist. Papyrol. 6 [1952], S. 131).

[72] Vgl. *Hombert-Préaux* (oben Anm. 7), S. 53 ff.

[73] Vgl. Cass. Dio 53, 17, 3. 7, und dazu *Hirschfeld*, Verwaltungsbeamte (oben Anm. 38), S. 55.

[74] ILS 1020. 1135; vgl. auch 1185.

[75] ILS 1391. 9011 und wahrscheinlich auch 2691 (vgl. dazu *Stein* [oben Anm. 40], S. 64, Anm. 132). Der ἐπὶ κῆνσον τοῦ Σεβ(αστοῦ), ILS 8853, den *Hirschfeld* (oben Anm. 73), aufführt, gehört als *a censibus* nicht hierher.

[76] Vgl. etwa *Stauffer* (oben Anm. 49).

[77] Studien zur Geschichte des römischen Kolonates (Archiv f. Pap.-Forschg., Beih. 1. Leipzig-Berlin 1910), S. 211.

[78] *L. Mitteis - U. Wilcken,* Grundzüge und Chrestomathie der Papyruskunde I 2 (Leipzig-Berlin 1912), S. 235.

[79] Grundlegend jetzt *V. Martin,* Recensement périodique et réintégration du domicile légal: Atti del IV congresso internazionale di Papirologia (Mailand 1936), S. 225 ff.

[80] Das beweisen auch gerade die chronologischen Tabellen bei *Martin,* a. a. O., S. 244 ff.

Namen des Kaisers aus [81], auf ein anderes nimmt die Gesamtheit der δημόσιοι γεωργοί von Soknopaiou Nesos in einer Eingabe Bezug, die uns in je einem Exemplar an den Strategen [82] und an den *centurio* [83] überliefert ist. Hierbei wird der Befehl zur Rückkehr in die ἰδία an den *centurio* als ein solcher des Präfekten Subatianus Aquila, an den Strategen als ein kaiserlicher von den Petenten gekennzeichnet. Die Gleichartigkeit der Eingaben macht es durchaus unwahrscheinlich, daß hierbei auf verschiedene, kurz aufeinander folgende Edikte angespielt werden soll [84], vielmehr war wahrscheinlich auch in diesem Präfektenedikt die Berufung auf den kaiserlichen Willen so deutlich ausgesprochen, daß es von der Bevölkerung ebenso gut als kaiserliches Edikt angesehen werden konnte. Um wieviel eher aber mußte das der Fall sein, wenn P. Sulpicius Quirinius mit dem speziellen kaiserlichen Auftrag, den ersten Provinzialzensus abzuhalten, nach Judaea geschickt wurde [85]. Die Auffassung, die in den Worten des Lukas zum Ausdruck kommt, ist daher für einen Bewohner der Provinz nicht nur durchaus verständlich, sondern sie entspricht auch den Tatsachen.

2. Der Zensus soll sich weiterhin auf πᾶσαν τὴν οἰκουμένην, d. h. also den *orbis Romanus* erstreckt haben [86]. Bereits Th. Mommsen hat in dieser Angabe einen begreiflichen Irrtum des Provinzialen gesehen und zur Erklärung selbst angeführt, daß sich dieser Zensus ja nicht nur auf Judaea beschränkte, sondern die Provinz Syrien mit umfaßte [87], und E. Schürer hat noch hinzugefügt, daß auch die Kunde von verschiedenen Provinzialschatzungen Lukas zu dieser Verallgemeinerung verführen konnte [88]. Auch mir scheint das durchaus zu genügen.

Gegen die grundlegende Feststellung Th. Mommsens, daß es „einen Reichscensus im formellen Sinne des Wortes überhaupt nicht und am wenigsten in/der Kaiserzeit gegeben" habe [89], hat man jedoch gerade in jüngerer Zeit den Lukas-Bericht in Schutz zu nehmen gesucht. So ist L. R. Taylor zu dem Ergebnis gelangt, es sei „not impossible that this census (scil. des Quirinius) was part of an enrolment of all the population of the Roman world" [90], und Th. Corbishley hat

[81] BGU I 372 = *Wilcken,* Chrestomathie 19, Z. 11 ff.; zu einer ähnlichen kaiserlichen Anordnung vgl. den Brief Caracallas in P. Giss. 40, col. II, Z. 15 ff.

[82] P. Cattaoui II = SB I 4284.

[83] P. Genèv. 16 = *Wilcken,* Chrestomathie 354.

[84] So nach *Wilcken* zu Chrestomathie 354, *Martin,* a. a. O., S. 244 f., und jetzt *Taubenschlag* (oben Anm. 71), S. 124.

[85] Jos., ant. Iud. 18, 1, 1, § 1.

[86] Vgl. *Michel,* in *G. Kittel - G. Friedrich,* Theologisches Wörterbuch zum Neuen Testament V, S. 160.

[87] Römisches Staatsrecht II, S. 1092, Anm. 1.

[88] *Schürer* (oben Anm. 1), S. 543.

[89] Römisches Staatsrecht II, S. 417.

[90] Quirinius and the census of Judaea: Amer. Journ. Philol. 54 (1933), S. 120 ff.; hier S. 133.

nach Hinzufügung weiteren Materials geglaubt, Lukas ein besonderes Lob für seine detaillierten Angaben über die kaiserliche Verwaltung spenden zu müssen [91]. Bei diesem jüngsten Stand der Forschung, der jetzt für die Interpretation des Lukas-Berichts immer wieder verwandt wird [92], seien die Quellen für einen angeblichen Reichszensus — noch um einige weitere vermehrt [93] — hier kurz vorgeführt:

L. R. Taylor stützt sich vor allem auf die Auszüge aus dem vespasianischen Zensus des Jahres 74/5 n. Chr., die Plinius [94] und Phlegon [95] als Belege für eine teilweise sehr hohe Alterserwartung der Bevölkerung des römischen Reiches benutzt haben. Das ist bekanntlich nicht neu; denn Th. Mommsen hat diese Zeugnisse nicht übersehen [96], und Ed. Meyer hat gerade damit die Angaben des Lukas zu erklären versucht, daß dieser die Zensuserfahrungen seiner eigenen Zeit auf die augusteische übertragen habe [97]. Nun beweisen diese Angaben aber nichts weniger als einen Reichszensus, sondern sie zeigen höchstens, daß die Zensuslisten aus dem ganzen Imperium vielleicht in Rom gesammelt wurden und dort zugänglich waren [98]. Selbst bei einer solchen Schlußfolgerung aber übersieht man, daß Plinius und Phlegon gemeinsam nur aus den Zensuslisten der 8. italischen Region, also aus den Angaben des von Vespasian abgehaltenen Bürgerzensus schöpfen, und daß uns jeder Anhalt dafür fehlt, woher Phlegon sein Sondergut aus den Peregrinenlisten von Makedonien, Pontos, Bithynien/und Lusitanien hat [99]. Unsere Ansicht vom Reichsbürgerzensus wird hierdurch also erneut gestützt, ein Reichszensus ist jedoch nicht zu erweisen.

[91] Quirinius and the census: a re-study of the evidence: Klio 29 (1936), S. 81 ff.; hier S. 90; vgl. auch *Grenier* (oben Anm. 49), S. 493.

[92] Vgl. etwa *A. Vezin,* Das Evangelium Jesu Christi (Freiburg i. Br. ³1947), S. 236 ff.; *Stauffer,* Geschichte Jesu: Historia Mundi IV (1956), S. 132.

[93] Dabei können wir die Nachrichten der Kirchenväter außer acht lassen, die alle von Lukas abhängen; vgl. bereits *Mommsen,* Res gestae Divi Augusti (Berlin ²1883), S. 175. Das gleiche gilt für Joh. Malalas 9, 226: er bringt hier wie bei anderen Gelegenheiten „an Stelle heidnischen Guts christliche Legenden, welche dem Herrn des neuen Aeon huldigen" (*W. Weber,* Studien zur Chronik des Malalas: Festgabe A. Deissmann [Tübingen 1927], S. 65).

[94] Nat. hist. 7, 162 f.

[95] FGrHist 257, F 35.

[96] Römisches Staatsrecht II, S. 370, Anm. 3. 417, Anm. 2.

[97] Oben Anm. 70.

[98] Die Sammlung der Zensuslisten in Rom wird übrigens auch durch die Kirchenschriftsteller bewiesen, die sich auf das römische Archiv berufen, wenn damit auch die Nachrichten, die diesem angeblich entnommen werden können, noch unbewiesen bleiben; vgl. Tert., adv. Marc. 4, 17; Joh. Chrysost., sermo in diem natalem domini nostri Jesu Christi § 2 (*Migne,* P. G. 49, Sp. 353).

[99] Vgl. auch *Mommsen* (oben Anm. 96), sowie *F. Jacoby,* FGrHist II D (1930), S. 847 f.

Während L. R. Taylor weiterhin auf die bekannten Zeugnisse des frühen sizilischen Zensus, der ebenso wie in Italien Munizipalzensus war, hinweist, trägt Th. Corbishley wieder einmal die Daten des kaiserlichen Provinzialzensus aus Gallien, Spanien [100] und Ägypten zusammen, verbindet diese mit Augustus' *breviarium imperii* [101], sowie mit dem in den *res gestae* erwähnten Zensus vom Jahre 8 v. Chr. und kommt damit auf einen allgemeinen Zensus in den Jahren 12—7 v. Chr. Auf die notwendige Trennung zwischen Bürger- und Provinzialzensus brauchen wir hier nicht mehr einzugehen, ebensowenig auf die willkürliche Verknüpfung der verschiedenen Daten des Provinzialzensus, wobei leider durch die angeblich früheste Volkszählung Ägyptens im Jahre 10/9 v. Chr. viel Unheil angerichtet worden ist [102], obwohl es dafür kein einziges positives Zeugnis gibt.

Was aber das *breviarium imperii* betrifft [103], das Th. Corbishley mit der Aufforderung des Maecenas an Augustus zu einer direkten Besteuerung der gesamten Reichsbevölkerung verknüpft [104], und aus dem er dann „the existence of a principle of universal enrolment" erschließt [105], das seine Anwendung zugleich mit der für das Jahr 11 v. Chr. von Cassius Dio (54, 35, 1) vermerkten Registrierung des kaiserlichen Privatbesitzes in einem Reichszensus dieser Zeit gefunden habe, so scheint es mir richtig, dieses Material zunächst noch zu vermehren. Hierher gehören nämlich dann auch die Nachrichten über eine allgemeine Reichsvermessung des Augustus [106], die bereits E. Schürer mit um so größerem Recht zur Erklärung der Lukas-Stelle herangezogen hat [107], als sie bereits im Altertum mit dem Zensus verbunden wurden [108]. Schließlich aber berichtet uns noch Cassius Dio (56, 28, 6) zum Jahre 13 v. Chr., daß Augustus ἔπεμψεν ἄλλους ἄλλῃ τά τε τῶν ἰδιωτῶν καὶ τὰ τῶν πόλεων κτήματα ἀπογραψομένους, und ebenso läßt der Verfasser der Suda (s. v. ἀπογραφή, ἡ ἀπαρίθμησις) zwanzig Männer ἐπὶ πᾶσαν τὴν γῆν ausgesandt werden und sagt davon, daß αὕτη ἡ ἀπογραφὴ πρώτη ἐγένετο.

Dieser stärkste Trumpf ist, soweit ich sehe, in jüngerer Zeit gar nicht aus-/ gespielt worden [109]; scheint doch selbst V. Gardthausen bei aller seiner sonstigen Zurückhaltung gegenüber einem Reichszensus diese Zeugnisse auf die Vorberei-

[100] In Cass. Dio 53, 25 sehe ich übrigens keine Anzeichen für eine „censorial activity".

[101] Tac., ann. 1, 11; Cass. Dio 53, 30, 2.

[102] Nach *Grenfell-Hunt* (oben Anm. 8), hatte sich auch *Wilcken,* Grundzüge, S. 192 f., für dieses Datum ausgesprochen.

[103] Zu seiner Existenz vgl. noch Suet., Aug. 28, 1. 101, 4; Calig. 16, 1; Cass. Dio 59, 9, 4.

[104] Vgl. Cass. Dio 52, 28 f.

[105] Klio 29 (1936), S. 90; ebenso *Vezin* (oben Anm. 92), S. 236, Anm. 98.

[106] Vgl. zusammenfassend *Gardthausen* (oben Anm. 14), S. 936 ff.

[107] Oben Anm. 88; vgl. auch *Grenier* (oben Anm. 49), S. 493.

[108] Vgl. Cassiodor, var. 3, 52: *orbis Romanus agris divisus censuque descriptus est.*

[109] Vgl. allerdings schon *Ph.E.Huschke,* Über den zur Zeit der Geburt Jesu Christi abgehaltenen Census (Breslau 1840), S. 2 ff., und dazu *Schürer* (oben Anm. 1), S. 519 ff.

tung eines letzten augusteischen Zensus mit weltweiter Ausdehnung bezogen zu haben [110]. Während aber der Suda ohnehin keine Bedeutung beizumessen ist, da sie hier entweder den Bericht des Lukas nur ausschmückt [111] oder mit einer ähnlichen Nachricht wie der des Cassius Dio kompiliert, bringt dieser seine Schilderung im Zusammenhang mit den Maßnahmen des Augustus, die die *vicesima hereditatis* betreffen. Die Erbschaftssteuer traf jedoch nur römische Bürger, an sie können auch die genannten Beamten des Kaisers nur abgesandt worden sein, so daß uns an dieser Stelle vielleicht etwas von den Modalitäten des Reichsbürgerzensus erhalten geblieben ist.

Die zuvor angeführten Zeugnisse beweisen aber mitnichten einen Reichszensus [112], sondern sie bestätigen lediglich, daß Augustus den Wert statistischer Unterlagen für die Reichsverwaltung wohl kannte. Für ihre Sammlung gilt aber weiterhin, was schon V. Gardthausen festgestellt hat: „derartige Listen ließ er auf Grund der Angaben anfertigen, welche von den einzelnen Statthaltern, Officieren und Kassenbeamten eingeschickt waren; ein allgemeiner Reichscensus war dazu weder nöthig noch zweckmäßig“ [113].

Gelangen wir auch wieder zu diesem alten Ergebnis, so war der bisherige Umweg doch nicht umsonst. Denn man wird einem Lukas den Irrtum nicht allzu stark ankreiden wollen, dem auch wiederholt moderne Gelehrte zum Opfer gefallen sind — verführt durch die Tatsache, daß die Fäden der einzelnen Zensusakte in Rom ihren Anfang nahmen und auch dorthin zurückkehrten.

3. Schließlich hat es mit Recht Anstoß erregt, daß nach dem Zensusbefehl ἕκαστος εἰς τὴν ἑαυτοῦ πόλιν ziehen sollte und dementsprechend Joseph mit Maria nach Bethlehem gewandert ist, διὰ τὸ εἶναι αὐτὸν ἐξ οἴκου καὶ πατριᾶς Δαυείδ (Luk. 2, 4). Der dagegen erhobene Einwand, daß man zum Zwecke des Zensus nicht tagelange Wanderungen eines großen Teiles der Bevölkerung habe anordnen können, ist sicher der geringfügigste. Denn einmal ist bei einer vorwiegend bäuerlichen Bevölkerung ohnehin nicht mit einer starken inneren Bevölkerungsverschiebung zu rechnen: eine solche Bevölkerung ist in ihrem/überwiegenden Teil ortsfest, so daß ihr Wohnsitz auch entsprechend einer solchen Regelung weitgehend zugleich ihr Zuständigkeitsort gewesen sein wird. Zum anderen aber wissen wir ja gerade aus Palästina von jährlichen Wanderungen der Landbevöl-

[110] Oben Anm. 14, S. 924.

[111] So entspricht auch das Lukas-Zitat bei Joh. Chrysost., sermo in diem natalem § 2 (*Migne*, P. G. 49, Sp. 352) genau der Version der Suda (Suidas): αὔτη ἡ ἀπογραφὴ πρώτη ἐγένετο. Vgl. auch ibid., s. v. Αὔγουστος Καῖσαρ; hier könnte übrigens die Zahlenangabe dafür sprechen, daß der Verf. bereits — wie die Modernen — den Reichsbürgerzensus mit einem Reichszensus verwechselt hat.

[112] Ganz abgesehen davon, daß der Vorschlag einer allgemeinen Besteuerung in Cass. Dio 52, 28 nur im Zusammenhang mit dem gleichzeitigen Vorschlag des Maecenas zur Einführung eines Reichsbürgerrechts (52, 19, 6) gesehen werden kann.

[113] Oben Anm. 14, S. 923.

kerung nach Jerusalem anläßlich des Passahfestes [114] — eine Gewohnheit, die also der Bevölkerung eine solche Anordnung der römischen Verwaltung als nicht zu beschwerlich erscheinen lassen mußte.

Wir haben oben bereits darauf hingedeutet, daß in Ägypten tatsächlich anläßlich des Zensus eine Pflicht zur Meldung am Zuständigkeitsort, der ἰδία, für die ganze Bevölkerung bestand. Haben wir dort jedoch nur allgemein aufzuzeigen versucht, daß man Erkenntnisse aus der ägyptischen Volkszählung auch auf den Zensus anderer Provinzen wird anwenden dürfen, so gilt das in besonderem Maße für die Pflicht zur Meldung der ganzen Bevölkerung gerade für Judaea[115], da wir wissen, daß im Gegensatz zu Ägypten in Syrien auch die Frauen bereits vom 12. Lebensjahre an kopfsteuerpflichtig waren [116], die Verwaltung auf deren Erfassung also ebenso großen Wert legen mußte wie auf die der Männer. Selbstverständlich waren für eine persönliche Meldung die gleichen Gründe wie in Ägypten maßgebend: fällt wegen der häufigen Homonymität auch uns heute die Identifizierung einzelner Personen im Altertum oft schwer, so mußte dieser Umstand eine direkte Besteuerung unmöglich werden lassen, wenn nicht durch Aufnahme und Festlegung des Signalements Abhilfe geschaffen werden konnte. Dazu aber ist eine persönliche Vorstellung unerläßlich.

Diese notwendigen Erfordernisse, so wird man einwenden, konnten jedoch auch am Wohnsitz erfüllt werden; und so bleibt die Frage nach der Lage des Zuständigkeitsortes. Für Ägypten glaube ich gezeigt zu haben, daß die ἰδία in der römischen Zeit dem Haupt- bzw. dem ersten Wohnsitz des Individuums entsprach — wenigstens seit den Zensusmaßnahmen des Jahres 61/2 n. Chr., bei denen vermutlich dieser Zuständigkeitsort — wohl entsprechend dem damaligen tatsächlichen Wohnsitz — für den Einzelnen festgelegt wurde [117]. In der frühen römischen Zeit hat man sich in Ägypten vielleicht mit dem Ort des Besitzstandes ausgeholfen [118]./

Was sagt demgegenüber Lukas über den Zuständigkeitsort aus? Die Wendung εἰς τὴν ἑαυτοῦ πόλιν ist zu allgemein, als daß aus ihr etwas erschlossen werden könnte, und sie ist zudem von Lukas auch sicher nicht technisch verstanden, da

[114] Vgl. nach dem Gebot von Exodus 23, 17 etwa Luk. 2, 41, sowie Jos., bell. Iud. 2, 1, 3 § 10.

[115] Immerhin sei hier auch auf die Einladung zum Zensus aus Mesembria (IGRR I 769) verwiesen, wenn damit auch noch nicht bewiesen wird, daß *überall* die Bevölkerung zum Zensus in ihrer ἰδία erscheinen mußte; vgl. *Rostovtzeff* (oben Anm. 77), S. 305.

[116] Ulp., Dig. 50, 15, 3. Daraus schließt übrigens *A. H. M. Jones,* The Herods of Judaea (Oxford 1938), S. 169, auf einen 12jährigen Zensus-Zyklus in Syrien, ebenso *Vezin* (oben Anm. 92), S. 238. Vgl. allgemein auch *F. Cumont,* The population of Syria: Journ. Rom. Stud. 24 (1934), S. 187.

[117] ΙΔΙΑ. Studien zur Bevölkerungsgeschichte des ptolemäischen und römischen Ägypten: Journ. Jurist. Papyrol. 9—10 (1955/56), S. 211 ff.; hier bes. S. 316 ff.

[118] Ebd., S. 321 f.

er mit dem gleichen Ausdruck Nazareth als Wohnsitz der Eltern Jesu bezeichnet [119]. In der Begründung zu Josephs Wanderung aber kennzeichnet Lukas Bethlehem offensichtlich als Stammsitz des davidischen Geschlechts, so daß danach der Zuständigkeitsort für die Bevölkerung Judaeas entsprechend ihren gentilizischen Bindungen festgelegt worden wäre [120]. Bedenkt man, daß die römische Verwaltung bei der Abhaltung des ersten Zensus in einem Gebiet keine neuen Grundlagen schaffen konnte, sondern sich der vorhandenen Voraussetzungen bedienen mußte, die am meisten Erfolg versprachen, d. h. aber in diesem Falle eine möglichst vollständige Erfassung der Bevölkerung gewährleisteten, so ist es durchaus einsichtig, daß sie die gentilizischen Bindungen, die im jüdischen Volke von alters her sehr lebendig waren [121], für ihre Zwecke ausgenutzt hat. Falls man der Notiz des Eusebius (Hist. Eccl. 3, 20) vertraut, daß die Familie Jesu noch in domitianischer Zeit Grundbesitz in Bethlehem hatte, so könnte evtl. auch dieser — wie vielleicht anfänglich in Ägypten — als Grundlage für den Meldeort beim Zensus gedient haben [122], und man könnte auch dann noch nicht von einem falschen, sondern lediglich von einem ungenauen Bericht des Lukas sprechen, der den obigen Fällen entspräche.

Zwar stimmt der lukanische Wortschatz weitgehend mit dem der kaiserzeitlichen Papyri juristischen Inhalts überein [123], und dadurch entstand vielleicht bereits im Altertum die Auffassung, Paulus habe Lukas *quasi ut iuris studio/sum*

[119] Vgl. 2, 39; die gleiche Wendung untechnisch übrigens auch in Ägypten in BGU VIII 1843 (50/49 v. Chr.) und dazu meinen (oben Anm. 117) genannten Aufsatz, S. 225. — Allerdings weist *H. U. Instinsky,* Begab es sich in jenen Tagen? Eine historisch-kritische Untersuchung: Hochland, 49. Jhrg. (1956), S. 103 f., darauf hin, daß die Wendung εἰς (τὴν) πόλιν αὐτοῦ bereits beim Bericht über die Rückkehr der Juden aus babylonischer Gefangenschaft, Esdr. 2, 2, 1. 17, 6, vorkommt.

[120] Zu den hier gebrauchten termini vgl. jetzt *Michel* (oben Anm. 86), S. 132, s. v. οἶκος, bzw. *Schenk,* ebda., S. 1018, s. v. πατριά. Prof. E. Stauffer, dem ich auch an dieser Stelle aufrichtig für seine freundlichen Auskünfte danken möchte, weist mich darauf hin, daß Joseph als Bauhandwerker entsprechend den heutigen Verhältnissen wahrscheinlich ambulanter Gewerbetreibender war. Die Festlegung eines Zuständigkeitsortes unabhängig vom jeweiligen Wohnsitz war also um so notwendiger.

[121] Vgl. die Genealogien im Alten Testament, sowie auch Matth. 1, 2 ff.; Luk. 3, 23 ff. Selbst nach der babylonischen Gefangenschaft ist es nach Esdr. 2, 2, 59 noch üblich, daß man sein οἶκος πατριᾶς angeben kann. Zum Sippengeist des Hauses David im neutestamentlichen Zeitalter vgl. jetzt *Stauffer,* Historia Mundi IV, S. 132.

[122] Als Ort des Erbbesitzes gedeutet von *K. Bornhäuser,* Die Geburts- und Kindheitsgeschichte Jesu (Beitr. z. Förderg. christl. Theol., Reihe II, Bd. 23. Gütersloh 1930), S. 98 f.

[123] Vgl. O. *Eger,* Rechtsgeschichtliches zum Neuen Testament (Rektoratsprogramm Basel 1918. 1919), S. 19, Anm. 38.

auf seine Reisen mitgenommen [124], wie man auch heute hin und wieder von juristischer Seite versucht, ihn als Juristen ernst zu nehmen [125]; demgegenüber muß aber hervorgehoben werden, daß Lukas von den Maßnahmen des Zensus „nach der Weise des Volks und nicht mit der sachkundigen Genauigkeit römischer Staatsmänner" spricht [126]. Das ändert jedoch nichts daran, daß seine hier untersuchten Nachrichten nicht im Widerspruch zu den uns bekannten Tatsachen der Zensusmodalitäten stehen und daher auch als historische Zeugnisse unsere volle Beachtung verdienen. Wir werden also mit gutem Grund annehmen können, daß Lukas aus guten zeitgenössischen Quellen geschöpft hat, und werden darin um so weniger fehlgehen, als sich auch bei den antiken Autoren, die sich mit der Geschichte Jesu befasse — seien es Christen, Heiden oder Juden —, kein Widerspruch gegen diese Schilderungen des Lukas findet [127].

Anders verhält es sich mit der chronologischen Festlegung der Geburt Jesu. Denn hier widerstreiten die Angaben des Lukas bekanntlich nicht nur der übrigen neutestamentlichen Überlieferung [128], sondern ebenso wird er von dem Juristen Tertullian verbessert [129], wenn er den Zensus ἡγεμονεύοντος τῆς Συρίας Κυρηνίου stattfinden läßt. Dieses Problem hat auch die moderne Forschung am meisten beschäftigt, deren bisherige Wege und Ergebnisse hier aber nur insoweit vorgeführt werden sollen, als sie für uns von entscheidendem Belang sind, da eine kritische Übersicht den Rahmen eines solchen Aufsatzes sprengen müßte.

Es ist uns bekanntlich gut bezeugt und auch unbestritten, daß P. Sulpicius Quirinius im Jahre 6 n. Chr. als Legat nach Syrien gesandt wurde, nachdem Augustus Archelaos, den Ethnarchen von Judaea, in die Verbannung geschickt hatte [130]. Neben der Verwaltung seiner Provinz wurde Quirinius damit betraut,

[124] Vgl. Fragm. Murator., Z. 4 f. Gegenüber den Versuchen, den Text zu ändern, zu denen jetzt *E. Haenchen,* Die Apostelgeschichte (Krit.-exeg. Komm. üb. das NT, 3. Abt.^{10}. Göttingen 1956), S. 8 f., zu vergleichen ist, scheint mir noch immer die Auffassung von *H. F. Hitzig,* Die Assessoren der römischen Magistrate und Richter (München 1893), S. 78 f., beachtenswert, nach der hier die Arbeit des Lukas mit der eines Assessors verglichen werden soll.

[125] Vgl. zu unserer Stelle neben *Eger* (oben Anm. 123), S. 26, jetzt auch *L. Wenger,* Über erste Berührungen des Christentums mit dem römischen Rechte: Boll. Ist. Dir. Rom., N. S. 14/15 (1951), S. 12 f.

[126] So sicher richtig *A. Schlatter,* Erläuterungen zum Neuen Testament I 2 (Stuttgart ^{3}1922), S. 127.

[127] Nach einem Hinweis von Prof. E. Stauffer.

[128] Vgl. Matth. 2, 1: τοῦ δὲ Ἰησοῦ γεννηθέντος ἐν Βηθλεὲμ τῆς Ἰουδαίας ἐν ἡμέραις Ἡρῴδου τοῦ βασιλέως; aber auch Luk. 1, 5.

[129] adv. Marc. 4, 19: *sed et census constat esse actos sub Augusto tunc in Iudaea per Sentium Saturninum.*

[130] Jos., ant. Iud. 17, 13, 2 § 344. 5 § 355; 18, 1. 1 § 1. 2, 1 § 26; bell. Iud. 2, 7, 3 § 111; 7, 8, 1 § 253.

das herrscherlos gewordene Judaea zu besetzen und unter dem *procurator* Coponius der Provinz Syrien als Annex anzufügen [131]. Seine ersten Amtshandlungen in dem neuen römischen Gebiet bestanden in der Konfiskation und dem Verkauf des ehemals königlichen Eigentums, sowie in der Abhaltung eines Zensus, der sich auf seinen ganzen Verwaltungsbereich erstreckte [132]. Es gab also unter Quirinius als Statthalter Syriens einen Zensus in Judaea im Jahre 6/7 n. Chr., den auch Lukas kennt [133].

Meint Lukas auch in der Weihnachtsgeschichte diesen Zensus? Diese Frage ist in der direkten Nachfolge Tertullians von der modernen Forschung m. W. immer verneint worden [134], und zwar mit der Begründung, daß Lukas entsprechend der übrigen neutestamentlichen Überlieferung sich die Geburt Jesu in der Regierungszeit des Herodes oder wenigstens unmittelbar vor der von der chronologischen Forschung fixierten Zeitwende vorgestellt habe, wie das auch aus der von ihm an anderer Stelle gemachten Altersangabe Jesu hervorgehe [135]. Entsprechend dieser Folgerung mußte dann seine Zeitbestimmung entweder als grobes chronologisches Versehen gewertet werden [136], oder man mußte glaubhaft zu machen versuchen, daß der von Lukas genannte Zensus zu einem früheren Zeitpunkt stattgefunden habe.

Dazu bot sich insbesondere der *cursus honorum* des P. Sulpicius Quirinius an, da seine antike Überlieferung ohnehin der Ergänzung bedurfte. Nach Tacitus hatte dieser verdiente Truppenführer der augusteischen Zeit nach der Bekleidung des Konsulates im Jahre 12 v. Chr. und vor seinem Sonderkommando im Stabe des Augustusenkels Gaius im Orient ab 1 v. Chr. den Krieg gegen die Homonadenser geführt und nach seiner siegreichen Beendigung die Triumphalinsignien erhalten [137]. Da als Truppen für diesen Krieg nur die beiden in Syrien stationierten Legionen in Frage zu kommen schienen, lag eine Identifizierung des Feldherrn

[131] Vgl. auch Cass. Dio 55, 27, 6. Die übergeordnete Stellung des syrischen Statthalters nicht nur für die Zeit der Annexion, sondern auch späterhin hat jetzt *H.-G. Pflaum,* Les procurateurs équestres sous le Haut-empire romain (Paris 1950), S. 22, endgültig bewiesen. Danach kann auch Coponius das *ius gladii* (vgl. Jos., bell. Iud. 2, 8, 1 § 117) erst nach dem Abzug des Quirinius erhalten haben. Diese Unterstellungsverhältnisse sind jetzt wieder auf den Kopf gestellt von *W. Foerster,* Neutestamentliche Zeitgeschichte (Hamburg [2]1955), S. 88.

[132] Vgl. oben Anm. 130, sowie ILS 2683.

[133] Acta apost. 5, 37: ἐν ταῖς ἡμέραις τῆς ἀπογραφῆς.

[134] Vgl. bes. deutlich *Taylor* (oben Anm. 90), S. 121.

[135] Vgl. 3, 23 mit Datum in 3, 1. Vgl. dazu jetzt *Instinsky* (oben Anm. 119), S. 97 ff.

[136] So z. B. *Ed. Meyer* (oben Anm. 70), S. 51.

[137] Tac., ann. 3, 48; zusammenfassend mit Angabe der wichtigsten Literatur vgl. jetzt *D. Magie,* Roman rule in Asia minor (Princeton, N. J. 1950) II, S. 1322 f. Zum Datum des Orientkommandos vgl. *H. Dessau,* Zu den neuen Inschriften des Sulpicius Quirinius: Klio 17 (1921), S. 252 ff.

mit dem gleichzeitigen Legaten dieser Provinz nahe und wurde für Th. Mommsen dadurch zur Gewißheit erhoben [138], daß die akephale tiburtinische Inschrift (ILS 918), die auch in ihren übrigen Angaben/dem *cursus* des Quirinius entsprach, diesen als *legatus pr. pr.*] *divi Augusti* [*i*]*terum Syriam* etc. bezeichnete.

Die Zeitansätze dieser vermeintlichen ersten syrischen Statthalterschaft des Quirinius, die einmal von der Fixierung des Homonadenserkrieges, zum anderen aber von der Einordnung des Quirinius in die Liste der syrischen Statthalter abhängig waren, brauchen wir hier im einzelnen nicht aufzuführen, wenn auch nachträglich festgestellt werden muß, daß eigentlich keiner der zahlreichen Wege und Irrwege für die weitere Forschung vergeblich war. Während Th. Mommsen diese erste Statthalterschaft in die Jahre 3/2 v. Chr. gelegt hatte, konnte W. Ramsay für den Ansatz des Homonadenserkrieges den Zeitraum von 11—7 v. Chr. wahrscheinlich machen [139]. Von hier aus ergaben sich dann für die Lukas-Interpretation noch zwei weitere Schwierigkeiten: stimmte der Zeitansatz für Quirinius' erste Statthalterschaft in Syrien mit dem anderweitig nahegelegten Datum für die Geburt Jesu nicht überein, so mußte man den Zensus über den Zeitraum dieser Statthalterschaft hinaus ausdehnen [140] oder evtl. für Quirinius ein übergeordnetes Kommando annehmen [141], vor allem aber mußte immer erneut die Frage diskutiert werden, wie weit Herodes in seinem Königreich souverän war [142], und d. h. in diesem Falle, ob ein syrischer Statthalter in seinem Königreich einen Zensus abhalten und demzufolge auch Steuern einziehen konnte [143]./

[138] Res gestae (oben Anm. 93), S. 175 ff.

[139] Studies in the Roman province Galatia: Journ. Rom. Stud. 7 (1917), S. 229 ff., hier bes. S. 237 ff.; vgl. übrigens vorher bereits G. L. Cheesman, The family of the Caristanii at Antioch in Pisidia: ebda. 3 (1913), S. 257.

[140] So etwa *F. M. Abel*, Histoire de la Palestine depuis la conquête d'Alexandre jusqu'à l'invasion Arabe I (Paris 1952), S. 415.

[141] Quirinius als *orienti praepositus* und damit dem Saturninus übergeordnet, der den Zensus (nach Tertullian) geleitet haben soll, jetzt bei *Lazzarato* (oben Anm. 1), S. 46.

[142] Gegen den von Jos., ant. Iud. 15, 10, 4 § 368; 17, 2, 5 § 42 erwähnten Treueid vgl. bereits *Dessau*, Geschichte der Römischen Kaiserzeit II 2 (Berlin 1930), S. 760, Anm. 2. — Über die Maßnahmen, derentwegen die Kliten im Jahre 36 n. Chr. einen Aufstand unternahmen, berichtet Tac., ann. 6, 41, zu unvollständig, als daß hieraus Schlüsse erlaubt wären; und die Zählung der unterworfenen Helvetier durch Caesar nach b. G. 1, 29 wird man wohl nicht mit *Instinsky* (oben Anm. 119), S. 104 f., als Parallele zu einem eventuellen römischen Eingriff in die Hoheitsrechte des Herodes ansehen wollen.

[143] Zusammenfassend *Taylor* (oben Anm. 90), S. 130 f. Für das jüdische Finanzwesen in hellenistischer Zeit wurde übrigens trotz seiner Wichtigkeit bisher kaum benutzt *H. Willrich*, Urkundenfälschung in der hellenistisch-jüdischen Literatur (Forschg. z. Rel. u. Lit. d. Alten u. Neuen Test. Göttingen 1924), S. 73 ff., der vor allem gegen *Wilcken*, Griechische Ostraka I (Leipzig 1899), S. 247, Anm. 1, gezeigt hat, daß aus App., Syr. 50,

Alle diese Probleme seien hier nur angedeutet: denn wenn auch vereinzelt heute noch ihre Lösung angestrebt wird [144], so sind sie doch für eine Interpretation unserer Lukas-Stelle nicht mehr relevant. E. Groag hat nämlich gezeigt, daß das *iterum* der Inschrift nicht eine zweimalige Statthalterschaft Syriens zu meinen braucht, sondern eine zweimalige Stellung als *legatus Augusti* überhaupt zum Ausdruck bringen kann [145], und R. Syme sehr wahrscheinlich gemacht, daß der Homonadenserkrieg nicht von Syrien, sondern von Galatien aus geführt wurde [146]. Drohte darüber auch zeitweilig die Erkenntnis verloren zu gehen, daß sich die tiburtinische Inschrift auf P. Sulpicius Quirinius bezieht [147], so ist es schließlich das Verdienst von A. G. Roos, zusammenfassend festgestellt zu haben, daß die Angaben dieser Inschrift auf Quirinius und unter den uns bekannten syrischen Statthaltern n u r auf ihn zutreffen, wenn dieser zur Zeit des Homonadenserkrieges nicht das erste Mal Statthalter von Syrien gewesen sein muß [148]. Damit aber fällt die Konstruktion von einem Zensus in Judaea unter Quirinius vor dem Jahre 6/7 n. Chr. [149]./

nicht auf eine Einführung der Kopfsteuer in Judaea durch Pompejus geschlossen werden kann (S. 81), und daß offenbar alle Anspielungen in der antiken Literatur auf eine unmittelbare Besteuerung der Juden Fälschung, d. h. Übertragungen römisch-kaiserzeitlicher Verhältnisse auf eine frühere Zeit sind (S. 83 ff.). Ähnlich beurteilen die Verhältnisse *H. Berve*, Das Alexanderreich auf prosopographischer Grundlage I (München 1926), S. 314, sowie *E. Bikerman*, Institutions des Séleucides (Paris 1938), S. 131 f. Dieser Feststellung widersprechen auch Klagen der jüdischen Bevölkerung über die Steuerlast der hellenistischen Zeit nicht, wie sie etwa *Stauffer* (oben Anm. 49) aus der Habakuk-Rolle von Jericho zu Hab. 1, 16 anführt.

144 Vgl. neben *Lazzarato* (oben Anm. 1), S. 45 ff.; *Steinmetzler* (ebda.); *Stauffer* (oben Anm. 49), S. 43 f., etwa *Abel* (oben Anm. 140) I, S. 415 f. Zuletzt hat sich nun auch *Instinsky* (oben Anm. 119), S. 99 ff., für zwei Schätzungen unter Quirinius in Judaea entschieden, deren erste noch vor dem Tode des Herodes abgehalten worden sei. Hier wird jedoch die Historizität der neutestamentlichen Berichte nicht überprüft, sondern „die Glaubwürdigkeit aller dieser Zeugnisse unterstellt" (S. 101). Auch seiner weiteren Annahme, „daß aus den Inschriften, die seinen (scil. des Quirinius) Namen nennen, sich keine völlige Klarheit ergibt" (S. 105), können wir nicht folgen.

145 Prosopographische Beiträge VII: M. Plautius Silvanus: Jahresh. Österr. Archäol. Inst. 21—22 (1922/24), Beibl. Sp. 445 ff.; hier bes. Sp. 473 f. Die hier erwiesene Möglichkeit wurde durch die sprachliche Beobachtung von *R. Syme*, Galatia and Pamphylia under Augustus: the governorships of Piso, Quirinius and Silvanus: Klio 27 (1934), S. 133, Anm. 1, zu großer Wahrscheinlichkeit erhoben.

146 A. a. O., S. 122 ff., hier bes. S. 131 ff. Dementsprechend Quirinius jetzt als *legatus Galatiae et Pamphyliae* bei *J. G. C. Anderson*, CAH X (1934), S. 877 f., sowie *R. K. Sherk*, The legates of Galatia from Augustus to Diocletian (Baltimore 1951), S. 21 ff.

147 Vgl. etwa *E. Groag*, RE 4 A (1931), Sp. 829 f.; *Taylor*, M. Titius and the Syrian command: Journ. Rom. Stud. 26 (1936), S. 161 ff.; *Anderson*, CAH X, S. 878.

148 Die Quirinius-Inschrift: Mnemosyne, 3. Ser. 9 (1941), S. 306 ff.

149 Kurz erwähnt werden soll hier der geistreiche, wenn m. E. auch mißglückte Ver-

Die Alternativlösung, die nach der bisherigen Betrachtungsweise übrigblieb, nämlich das Zeugnis des Lukas zu verwerfen, hat letztlich F. M. Heichelheim damit zu umgehen versucht, daß er eine neue Interpretation der Lukas-Stelle selbst vorgeschlagen hat [150]. Danach soll Lukas nicht den Zensus des Quirinius als Zeitbestimmung für die Geburt Jesu betrachtet, sondern πρώτη im Sinne von „the first before" gebraucht haben, er verlege also die Geburt Jesu auf den ersten Zensus v o r dem des Quirinius und damit stimme dann auch die bereits oben angeführte Bemerkung Tertullians überein. Einer solchen Interpretation widerspricht aber nicht nur die Bezeichnung des unter Quirinius abgehaltenen Zensus als „des Zensus" schlechthin durch Lukas selbst (acta apost. 5, 37), sondern mehr noch die Übernahme der Formulierung des Lukas in der Suda, aus der ganz deutlich wird, daß hier nur der „erste Zensus" überhaupt gemeint sein kann [151].

Der erste Provinzialzensus wird aber, wie wir oben gesehen haben, bei der Einrichtung einer Provinz abgehalten, und er steht unter der Leitung des Statthalters. Lukas bestätigt also mit seinen eigenen Worten, daß er als Zeitbestimmung für die Geburt Jesu nur den Provinzialzensus in Syrien und Judaea unter P. Sulpicius Quirinius im Jahre 6/7 n. Chr. gemeint haben kann. Da jedoch nach allgemeiner, wohl begründeter Ansicht die Geburt Jesu entsprechend den übrigen Quellenaussagen in die letzte Lebenszeit des Herodes zu setzen ist [152], bleibt das Zeugnis des Lukas unannehmbar. Trotzdem können wir es m. E. nicht einfach als ein von ihm verschuldetes chronologisches Versehen abtun, wenn unsere obigen Feststellungen richtig sind, nach denen Lukas seinen Berichten gute zeitgenössische Quellen zugrunde gelegt hat. Denn dann liegt es vielmehr nahe, daß das Ver-

such von *W. Lodder,* Die Schätzung des Quirinius bei Flavius Josephus. Leipzig 1930, in der Nachfolge von *Th. Zahn* (vgl. etwa *ders.,* Das Evangelium des Lucas, in Komm. zum NT, III 1—2. Leipzig 1913, Exkurs IV, S. 751 ff.) eine Tätigkeit des Quirinius als *censitor* Syriens einschließlich Judaeas vor dem Jahre 4 v. Chr. aus Josephus selbst zu erweisen: Josephus habe ant. 18, 1, 1 — durch den Namen Quirinius verleitet — eine Nachricht seiner Vorlage für die Zeit von vor 4 v. Chr. auf das Jahr 6 n. Chr. bezogen, gemäß dieser älteren Quelle habe Quirinius also damals bereits — im Zusammenhang mit dem Homonadenserkrieg und als *legatus extraordinarius* — die Schätzung vollzogen, 6 n. Chr. habe seine Sendung „einen mehr privaten Charakter" (S. 68) gehabt.

[150] Oben Anm. 2, S. 161; in gleicher Weise übrigens bereits *Huschke* (oben Anm. 109), S. 78 ff., und dagegen zuletzt zu Recht *Vezin* (oben Anm. 92), S. 240.

[151] s. v. ἀπογραφή, ἡ ἀπαρίθμησις: ὁ δὲ Καῖσαρ Αὔγουστος εἴκοσιν ἄνδρας ... ἐξέπεμψε· δι' ὧν ἀπογραφὰς ἐποιήσατο τῶν τε ἀνθρώπων καὶ οὐσιῶν κτλ. αὕτη ἡ ἀπογραφὴ πρώτη ἐγένετο. So faßt die Lukas-Stelle übrigens auch Joh. Chrysost., sermo in diem natalem § 2 (*Migne,* P. G. 49, Sp. 353), auf, wenn er nach Zitierung des Textes folgert: ὅθεν δῆλον, ὅτι κατὰ τὴν πρώτην ἀπογραφὴν ἐτέχθη.

[152] So neben anderen bereits *C. Cichorius,* Chronologisches zum Leben Jesu: Zeitschr. Neutest. Wiss. 22 (1923), S. 17. Singulär ist die Datierung auf 1 v. Chr. bei *Heichelheim* (oben Anm. 150).

schulden die von Lukas benutzte Überlieferung trifft, und wir müssen daher zunächst nach seinen Quellen fragen und festzustellen versuchen, ob Lukas möglicherweise in ihnen eine solche Überlieferung vorfinden konnte. Zur Lösung dieser Fragen möchte ich am Schluß nur einen Weg aufzeigen.

Es ist bekannt, daß gerade zur Zeit Jesu in Judaea die Zelotenbewegung von sich reden machte, die im Eifer für die Grundsätze jüdischer Religion nationale Unabhängigkeit erstrebte und im Kampf gegen den römischen Herrschaftsanspruch vor allem die Tributzahlung an die Römer als sündhaft ver/warf. Gerade diese ihre Stellungnahme scheint es veranlaßt zu haben, daß man im Anschluß an antike Überlieferung noch heute die Zelotenbewegung unter Führung des Galiläers Judas aus Anlaß des ersten Provinzialzensus im Jahre 6/7 n. Chr. entstanden sein läßt [153], obwohl andererseits deutlich ist, daß die gleiche Bewegung unter dem gleichen Führer nach unseren Quellen zum ersten Male bereits nach dem Tode des Herodes auftrat und die von ihr angefachten Unruhen damals ein weit größeres Ausmaß annahmen als zur Zeit des Zensus unter Quirinius [154]. Ohne das hier im einzelnen zu verfolgen, können wir daraus konstatieren: es gab eine antike Überlieferung, die die Entstehung der Zelotenbewegung mit dem Zensus vom Jahre 6/7 n. Chr. in Verbindung gebracht hat [155], obwohl die Bewegung offenbar ca. 10 Jahre früher wirklich entstanden ist. Wir besitzen hier also eine geradezu verblüffende Parallele zu der Überlieferung, der Lukas seine Nachrichten verdankt: hier wie dort werden Ereignisse innerhalb der jüdischen Geschichte auf den ersten Zensus der Römer festgelegt, die in Wirklichkeit rund 10 Jahre vorzudatieren sind [156].

Halten wir Umschau nach einem *tertium comparationis* für diese Parallelität, so bietet die neuere theologische Forschung der verschiedensten Richtungen folgende Ansatzpunkte: Lukas habe aus der Tradition der palästinensischen Gemeinde geschöpft [157]; gerade er zeige, wie die Urgemeinde sich auch nach Jesu

[153] Vgl. etwa *Jones* (oben Anm. 116), S. 169; *M. Gelzer*, Die Vita des Josephos: Hermes 80 (1952), S. 70; *M. Noth*, Geschichte Israels (Göttingen ³1956), S. 378. 386 f.

[154] Vgl. zusammenfassend jetzt *Abel* (oben Anm. 140) I, S. 408 ff. In beiden Fällen werden übrigens die Unruhen durch das Eingreifen eines römischen Prokurators verursacht; wahrscheinlich lag bereits 4 v. Chr. die Idee der römischen Annexion in der Luft (so sicher richtig *Abel*, a. a. O., S. 414; vgl. auch bereits *Dessau* [oben Anm. 142], S. 773).

[155] Vgl. Jos., ant. Iud. 18, 1, 1 § 4 ff.; 20, 5, 2 § 102; bell. Iud. 2, 8, 1 § 118. 17, 8 § 433; 7, 8, 1 § 253; acta apost. 5, 37. Die Identifizierung des Gaulaniters Judas mit dem gleichnamigen Führer aus Sepphoris ist heute allgemein anerkannt, vgl. *Abel*, a. a. O., S. 414, Anm. 3.

[156] Es sei hier nur angemerkt, daß beide Bewegungen von der gleichen Gegend Galiläas ihren Ausgangspunkt genommen und den Höhepunkt ihrer Wirksamkeit in Jerusalem gefunden haben.

[157] Vgl. *Bornhäuser* (oben Anm. 122), S. 96.

Tode den Messias noch als mächtigen irdischen König vorgestellt habe [158]; und schließlich kommt eine eingehende Untersuchung von Lukas 1,5—2,20, die auf den Grundlagen der formgeschichtlichen Methode aufbaut [159], zu dem Ergeb/nis, daß seine Schilderungen hier keineswegs spezifisch christlich seien, sondern im Gegenteil „patriotically and enthusiastically Jewish", daß Jesus hier „not a Christian, but the Messiah of Israel" sei, und daß deshalb die Quelle hierfür in einer juden-christlichen Gemeinschaft irgendwo in Judaea, außerhalb Jerusalems gesucht werden müsse, die diese politischen Überzeugungen mit ihrem Christenglauben verbunden und daher noch einer „primitive Jewish-Christian period", etwa kurz vor 60 n. Chr., angehört habe. Nimmt man hinzu, daß O. Cullmann selbst bei vorsichtig abwägender Stellungnahme nicht umhin kann, Zeloten selbst in der nächsten Umgebung Jesu zu vermuten [160], so drängt sich doch einem förmlich die Folgerung auf, daß beide Datierungen auf die gleiche — ich möchte einmal sagen — christlich-zelotische Gruppe zurückgehen [161].

Dann handelt es sich aber nicht um ein chronologisches Versehen, sondern um die bewußte Aufrichtung eines Geschichtsbildes, das die Entstehung der ursprünglich getrennten Gruppen auf ein gemeinsames Datum zurückführen wollte — ein Datum, dem im nationalen Kampf eine wahrhaft historische Bedeutung zukam [162].

[158] *H. Wachtler,* Johannes der Täufer: Festschrift Fritz Sommer (Wiesbaden 1956), S. 24. In dem Aufsatz wird vor allem darauf hingewiesen — was auch für uns wichtig ist —, daß trotz der Darstellung des Johannes als eines „stürmischen Revolutionärs" durch die Synoptiker die Taufe durch ihn „für Jesus eine Tatsache von höchster Wichtigkeit" darstellte, ja daß Lukas (acta apost. 1, 22) Jesu Wirksamkeit expressis verbis mit diesem Ereignis beginnen lasse.

[159] H. L. MacNeill, The *Sitz im Leben* of Luke 1_5—2_{20}: Journ. Biblical Literat. 65 (1946), S. 123 ff., der in der „unit-section" dieser Verse ein Anzeichen für die Verbindung der beiden messianischen Bewegungen — Johannes des Täufers und Jesu — erblickt. — Vgl. auch die zusammenfassende Stellungnahme von J. G. H. Hoffmann, Les vies de Jésus et le Jésus de l'histoire (Acta Sem. Neotest. Upsal. XVII. Diss. Uppsala 1947), S. 195: „Les chapitres consacrés à la naissance et l'enfance de Jésus sont intéressants en ce qu'il nous replacent dans l'atmosphère judéo-chrétienne des milieux entourant la famille de Jésus, milieux très attachés au messianisme de type davidique".

[160] Der Staat im Neuen Testament (Tübingen 1956), S. 9 ff.; zur Erklärung des Namens Iskariot vgl. jetzt aber *H. Ingholt,* Studia Orientalia Pedersen (Kopenhagen 1953), S. 153 ff., der ihn als griechische Transkription des aramäischen *Isqârai* deutet.

[161] Einen engen Zusammenhang zwischen der frühen palästinensischen Kirche und den Bewegungen des jüdischen Nationalismus (einschl. der Gemeinde von Qumran) bestätigen jetzt die Untersuchungen von *W. R. Farmer,* Maccabees, Zealots and Josephus. New York 1956.

[162] Es sei hier nur angemerkt, daß nach dem Gebot Exodus 30, 12 das jüdische Volk offenbar nur auf unmittelbaren Befehl Gottes gezählt werden sollte und dementspre-

Sollte sich dieser Weg als richtig erweisen, so trifft die Lösung des Problems auch nicht der schwerwiegende Vorwurf, daß etwa eine Generation nach Jesus, als Lukas schrieb, eine falsche Datierung von Jesu Geburt auf den Widerstand wenigstens seiner Familie gestoßen sein müsse [163]. Denn dann war nicht Lukas der Urheber dieser Ansicht, die auf einen unvorbereiteten Boden fiel, sondern umgekehrt hat dann Lukas auf seiner Suche nach frühen Zeugnissen diese Datierung übernommen: die Menschen aber, von denen ein solcher Widerstand einzig ausgehen konnte, mochten dann wohl selbst zu der Gruppe gehören, die im nationalen Kampf der Juden gegen die Römer auch die Geburt Jesu auf ein für ihre Nation entscheidendes Datum verlegten, den ersten Provinzialzensus Judaeas im Jahre 6/7 n. Chr.

chend die Volkszählung Davids (Regn. 2, 24, 1—15; Paralip. 1, 21, 1—14; vgl. dazu neuerlich *C. H. Gordon,* Geschichtliche Grundlagen des Alten Testaments [Einsiedeln-Zürich-Köln 1956], S. 176 f.) bestraft wurde. Der nationale Kampf gegen den Zensus entsprach also göttlichem Gebot, wenn auch offenbar späterhin noch weitere Schätzungen abgehalten wurden (vgl. Regn. 4, 23, 35, sowie ausdrücklich auf göttlichen Befehl Esdr. 2, 17, 5).

[163] So zu Recht *Heichelheim* (oben Anm. 2), S. 160.

Zum Eingangssatz der res gestae Divi Augusti

Herbert Nesselhauf zum 65. Geburtstag

Annos undeviginti natus exercitum privato consilio et privata impensa comparavi, per quem rem publicam a dominatione factionis oppressam in libertatem vindicavi [1]. Diese eindrucksvolle Periode, mit welcher der Leistungsbericht des Augustus unvermittelt einsetzt, wird häufiger zitiert als interpretiert. Dem Historiker mag er in der Tat lediglich als selbstbewußte Aussage über Ereignisse und Handlungen erscheinen, die ihm unabhängig von diesem Text — namentlich dank der Schriften Ciceros — relativ gut bekannt sind [2]. Aber die vornehmlich historische Interpretation, die Konfrontation des Textes mit Fakten, deren Kenntnis anderen Quellen entstammt, ist abhängig von der vorangehenden, im eigentlichen Sinne philologischen Interpretation, welche den Text selbst und damit die von ihrem Autor gewollte Aussage wiederzugewinnen versucht. Dieser Versuch soll hier für zwei bis heute strittige Fragen unternommen werden.

W. Weber hat in seinem umfassenden Kommentar zum Eingangssatz der *res gestae* festgestellt [3]: Die „Tat des Neunzehnjährigen . . . entsprang einzig . . . dem Willensakt eines Privatmanns, der mit ihr in die staatliche Sphäre vorstieß, der . . . mit . . . den Mitteln eines Privatmanns . . . die Einmischung in die Rechtssphäre des Staats, in die Kompetenzen des Senats wagte, also eine revolutionäre Handlung unternahm, als er das Heer warb, das sein Helfer . . . wurde . . . So steht am Anfang des politischen Werks und der res gestae das klare Bekenntnis zur revolutionären Tat um der Legitimität willen." Anders hat W. Hoffmann neuerlich aus dem Satz gefolgert [4]: „Rückblickend, und zwar noch am Ende seines Lebens,/stellt er (scil. Augustus) als Ziel seines Tuns hin den eigenen Kampf um die Befreiung der unterdrückten res publica, nicht aus persönlichem Interesse,

[1] Textwiedergabe nach: Documents illustrating the reigns of Augustus & Tiberius, coll. by *V. Ehrenberg — A. H. M. Jones* (Oxford ²1955), S. 2 ff.

[2] Vgl. dazu vor allem *M. Gelzer,* RE 7 A (1939), Sp. 1034 ff.; *R. Syme,* The Roman revolution (Oxford 1939), S. 123 ff.; *H. Frisch,* Cicero's fight for the republic. The historical background of Cicero's Philippics (Kopenhagen 1946), S. 144 ff.; *G. Walser,* Historia 4 (1955), S. 357 ff.; *H. Botermann,* Die Soldaten und die römische Politik in der Zeit von Caesars Tod bis zur Begründung des Zweiten Triumvirats (Zetemata 46. München 1968), S. 33—61.

[3] *W. Weber,* Princeps. Studien zur Geschichte des Augustus I (Stuttgart-Berlin 1936), S. 139. 141; in der ganz ähnlichen Charakterisierung durch *Syme* (vorh. Anm.), S. 524, wird die Formulierung nicht als „Bekenntnis" gekennzeichnet.

[4] *W. Hoffmann,* Gymnasium 76 (1969), S. 22.

sondern um des Staates willen, habe er eine Privatarmee aufgestellt und damit jenem ungeschriebenen Gesetz Rechnung getragen, das dem Bürger im Falle eines Versagens der staatlichen Gewalten ein Eingreifen zur Pflicht machte."

Der Text ist danach soweit eindeutig, daß beide Gelehrte Augustus als Ziel seiner ersten Maßnahmen beim Eintritt in die Politik die „Wiederherstellung des Rechtszustandes" darstellen sehen. Unterschiedlich scheinen ihnen aber von ihm diese Maßnahmen selbst im Verhältnis zur bestehenden Ordnung bewertet zu sein, wenn er einmal ein „klares Bekenntnis zur revolutionären Tat" abgelegt, zum anderen einem — wenn auch „ungeschriebenen — Gesetz Rechnung getragen" haben soll. Nun könnte man zunächst annehmen, daß dieser Gegensatz seine Wurzel in einer unterschiedlichen Nuancierung des konventionellen Verständnisses der *res publica* — als des Bezugspunktes politischer Handlungen — bei den beiden Gelehrten habe. Denn während es für W. Weber klar ist, daß diese für Augustus „die res populi ist" (vgl. Anm. 3, S. 140), vertrat nach W. Hoffmann Augustus eine damals „jedem Römer" bewußte Auffassung von der *res publica,* „die ihr Gepräge erhielt durch die Achtung aller vor dem Gesetz, das, erhaben über menschlicher Willkür, der eigentliche Herr war" (vgl. Anm. 4, S. 21).

Aber gerade durch die hier vorgenommene Nuancierung kompliziert sich das Problem. Bei der Definition der *res publica* als *res populi* konnte sich Augustus als „Sachwalter" der Interessen des *populus* verstehen und hat „in dem betonten ‚vindicavi' " vielleicht wirklich „noch einmal die urrömische Anschauung von der Gewaltansage gegen einen anderen zugunsten eines Bedrohten, die Wiederherstellung des Rechtszustands zugunsten des Souveräns" aufklingen lassen wollen [5]. Vom „Bekenntnis zur revolutionären Tat" könnte dann keine Rede sein. Anders, wenn das Gesetz der eigentliche Herr war. Die Begründung eines im Jahre 77 v. Chr. gegen Aemilius Lepidus beantragten *SC ultimum,* weil er *exercitum privato consilio paratum . . . contra huius ordinis auctoritatem ad urbem ducit* [6], zeigt, daß die Aufstellung einer Privatarmee keineswegs mit dem Gesetz in der spätrepublikanischen Zeit vereinbar war. Im Bewußtsein dieser Voraussetzung könnte Augustus seine Maßnahmen vom Ende des Jahres 44 v. Chr. also weit eher als revolutionär betrachtet haben — jedenfalls insofern man hierunter mit W. Weber politische Handlungen verstehen will, die mit ungesetzlichen Mitteln auf eine Änderung des politischen Zustandes abzielen [7]./

[5] Vgl. *Weber* (oben Anm. 3), S. 140 f.

[6] Sall., hist. 1, 77, 22 (M) = Sources for Roman history 133—70 B. C., coll. and arrang. by *A. H. J. Greenidge — A. M. Clay,* 2nd ed. revis. by *W. Gray* (Oxford 1960), S. 237; vgl. dazu *Ch. Wirszubski,* Libertas als politische Idee im Rom der späten Republik und des frühen Prinzipats (Darmstadt 1967), S. 127; *J. v. Ungern-Sternberg,* Untersuchungen zum spätrepublikanischen Notstandsrecht. *Senatusconsultum ultimum* und *hostis*-Erklärung (Vestigia 11. München 1970), S. 79 f.

[7] Vgl. *A. Heuß,* Das Revolutionsproblem im Spiegel der antiken Geschichte: Hist.

Diese Schwierigkeiten legen die Annahme nahe, daß die Auffassung des Augustus selbst über die *res publica* nicht so eindeutig bestimmt werden kann, wie das bisher meist ohne nähere Begründung angenommen wurde. Eine solche Annahme erhält eine entscheidende Stütze durch den Text des Eingangssatzes der *res gestae* selbst. Weder ist hier vom *populus* noch vom Gesetz als dem Herrn der *res publica* die Rede. Sie wird vielmehr dargestellt als verfügbar für eine gesellschaftliche Gruppe, die *factio* des Antonius, einerseits, für ein Individuum, eben den jungen Caesar, andererseits. Selbst wenn der Akt des *in libertatem vindicare* gerade gegen eine dauerhafte Verfügbarkeit der *res publica* durch eine *factio* gerichtet war und die Verfügung durch den jungen Caesar nur als ein Mittel zur Beendigung dieses Zustandes vorgestellt wird, so zeigt die Formulierung doch zur Genüge, daß nach Auffassung des Augustus die modernen Definitionen der *res publica* jedenfalls nicht als alleingültig angesehen werden können.

In gleicher Weise geht es nun, wie ich meine, bei einer anderen Kontroverse, die vor allem in den letzten beiden Jahrzehnten um den Eingangssatz der *res gestae* zu beobachten ist, um diese Auffassung des Augustus von der *res publica*. Ch. Wirszubski hat gezeigt, daß die Aussage dieses Satzes allein auf die letzten Monate des Jahres 44 v. Chr. bezogen werden kann, daß es aber schlechterdings unmöglich ist, die Aktionen des jungen Caesar in dieser Zeit als Befreiung des Staates zu kennzeichnen (vgl. Anm. 6, S. 125 f.). Obwohl — oder gerade weil — das im allgemeinen unbestritten ist [8], differieren die Ansichten darüber, was Augustus hiermit ausdrücken wollte, erheblich: Wirszubski sieht in der Reminiszenz an den *libertatis vindex* in der späten Republik nur noch „eine sinnentleerte Redensart", in der Formulierung des Augustus den „konventionelle(n) Ausdruck für ‚ich wirkte für das Gemeinwohl'" (vgl. Anm. 6, S. 124. 129 f.). Die Mehrzahl der Forscher will dagegen gerade in diesem Dokument dem gewählten Ausdruck sein volles Gewicht belassen [9]. Aber daraus folgern einmal L. Wickert und G.

Zeitschr. 216 (1973), S. 1 ff., der zwar „in erster Linie ... seine liberale, die staatliche Macht begrenzende Intention von den diktatorischen, die staatliche Macht potenzierenden und alle Freiheit zur leeren Ideologie verflüchtigenden Trieben ... unterscheiden" möchte (S. 3), andererseits aber in der Usurpation der Macht gerade den „revolutionären Ursprung" des römischen Kaisertums wieder deutlich hervorhebt (S. 64 ff.).

[8] Vgl. oben Anm. 2. Daraus resultiert dann auch die Erklärung mit Hilfe einer „bewußten Zweideutigkeit" des Augustus, mit der m. E. nicht auszukommen ist; vgl. etwa *N. A. Maschkin*, Zwischen Republik und Kaiserreich. Ursprung und sozialer Charakter des augusteischen Prinzipats (Leipzig 1954), S. 314; ähnlich auch *Hoffmann* (oben Anm. 4), S. 22.

[9] Vgl. *L. Wickert*, RE 22 (1954), Sp. 2081; *Walser* (oben Anm. 2), S. 354 ff.; *W. Kunkel*, in: Prinzipat und Freiheit, hrsg. v. *R. Klein* (Darmstadt 1969 = ZRG 75, 1958, S. 322 ff.), S. 87; *ders.*, in: Augustus, hrsg. v. *W. Schmitthenner* (Darmstadt 1969 = Gymnasium 68, 1961, S. 353 ff.), S. 334; *Hoffmann* (oben Anm. 4), S. 23.

Walser, Augustus habe im ersten Satz nur gleichsam vorweggenommen, was er in den Jahren 28 und 27 v. Chr. verwirklicht habe (vgl. vorh. Anm.). W. Kunkel andererseits wirft dem alten Augustus zwar „kühne Geschichtsklitterung" vor [10], meint jedoch, „diesen/Beginn seiner politischen Laufbahn" habe er „als seine einzige und entscheidende Befreiungshandlung angesehen wissen" wollen [11].

Wieder wird hierbei das Objekt der Befreiung entweder als bekannt vorausgesetzt oder nur in allgemeiner Form umschrieben. Es scheint mir einer näheren Definition zu bedürfen und deshalb auch fähig zu sein, weil sich Augustus in dieser Formulierung nicht an die seines Vaters angeschlossen hat, der lediglich als Ziel seiner Usurpation mit ganz ähnlichen Worten die Befreiung zwar nicht der *res publica,* aber des *populus Romanus* hingestellt hatte [12], sondern — wie heute allgemein angenommen wird [13] — an die Charakterisierung der Tat des jungen Caesar, die Cicero in der Senatssitzung vom 20. Dezember 44 v. Chr. gewählt hatte: *qua peste privato consilio rem publicam . . . Caesar liberavit* [14]. Der Vorwurf, den Tatbestand falsch oder mit einer nichtssagenden Redensart dargestellt zu haben, trifft so bereits diesen; und wie es sich allgemein empfiehlt, bei der Interpretation eines Textes Parallelen heranzuziehen, so besonders in diesem Falle, weil die Parallele Vorbild war und zugleich in einem umfänglichen Argumentationszusammenhang steht.

Die Argumentation zu Beginn der dritten Philippica ist allerdings auch nicht von vornherein durchsichtig. Cicero bedauert den späten Zusammentritt des Senates und drängt zur Eile [15]. Gefordert wird diese Eile nach den Eingangsworten vom *tempus rei publicae.* Es sind also — wie im Senat kaum anders zu erwarten — öffentliche Ursachen, die Umstände, in denen sich die *res publica* befindet,

[10] *Kunkel,* in: Augustus (vorh. Anm.), S. 334.

[11] *Kunkel,* in: Prinzipat und Freiheit (oben Anm. 9), S. 87. Eine Zwischenposition bezieht jetzt *K.-W. Welwei,* Der Altsprachliche Unterricht 16, 3 (1973), S. 29 ff., der sich für die Deutung zwar auf *Kunkel,* a. a. O., beruft (Anm. 32), den Eingangssatz aber zugleich als Hinweis auf späteres Wirken, vor allem in den Jahren 28/27 v. Chr., verstanden wissen will (S. 36): „Sein Werk soll sich als eine einheitliche politische Leistung erweisen, die mit der Befreiungstat im Herbst 44 ihren Anfang nahm" (S. 38).

[12] Caes., b. c. 1, 22, 5; vgl. dazu bereits *Ed. Meyer,* Caesars Monarchie und das Principat des Pompejus. Innere Geschichte Roms von 66 bis 44 v. Chr. (Stuttgart-Berlin [3]1922), S. 282, Anm. 1, sowie *Wickert,* Klio 30 (1937), S. 248 f. Zur notwendigen Unterscheidung zwischen *res publica* und *populus Romanus* vgl. unten S. 245.

[13] Vgl. neben anderen *H. Wagenvoort,* Philologus 91 (1936), S. 341; *Gelzer* (oben Anm. 2), Sp. 1055, 3; *Wickert* (oben Anm. 9); *Walser* (oben Anm. 2), S. 354; *Kunkel,* in: Prinzipat und Freiheit (oben Anm. 9), S. 87.

[14] Phil. 3,5 (im folgenden nur nach Paragraphen zitiert); vgl. auch ad fam. 11, 7, 2.

[15] 1—2; vgl. die Korrespondenz des ersten (*serius*) mit dem letzten Wort (*celeritatis)* und die gleichsam sprichwörtliche Begründung genau in der Mitte des Textes: *breve tempus longum est imparatis.*

die Cicero zur Eile anspornen lassen. Er hat schon vorher gesehen, daß ein Krieg nicht allein drohe, sondern bereits geführt werde — ein Krieg, der sich unmittelbar gegen die Stadt, gegen Leben und Besitzstand der Senatoren richte [16]. Während der Senat / zögere, habe Antonius das Ende seiner Amtszeit als Konsul nicht abgewartet. Er versuche jetzt einen Angriff gegen die Provinz des D. Brutus und drohe, von dort *ad urbem* zu marschieren. Danach hat der Bürgerkrieg mit dem Marsch des Antonius in die Gallia citerior begonnen [17]. Diese Auffassung bestätigt Cicero auch dadurch, daß er als genauen Termin den Abgang des Antonius aus der Stadt angibt: Wäre Antonius erst zu Beginn der Amtstätigkeit der neuen, tatkräftigen Konsuln aufgebrochen, oder hätte sich der Senat schon vor seinem tatsächlichen Abmarsch zu Maßnahmen aufgeschwungen, *bellum iam nullum haberemus* (2). Allerdings scheinen zwei weitere Angaben der Einleitung dieser klaren Folgerung zu widersprechen: Antonius, der wenigstens in seiner Entschlußkraft als dem Senat überlegen gezeichnet wird, ist bei seinem Aufbruch nach Norditalien aus der Stadt geflohen, befand sich danach beim Ausbruch des von ihm begonnenen Krieges bereits in der Situation des Unterlegenen [18]. Cicero zweifelt darüber hinaus nicht am Sieg der künftigen Konsuln über Antonius [19]. Ein Marsch des Antonius auf Rom aus Norditalien kann deshalb Cicero höchstens als Drohung erschienen sein und damit auch das *bellum nefarium contra aras et focos* (1), das als tatsächlich geführt von ihm an den Anfang gestellt wurde.

Diese beiden Einzelheiten, die sich dem Gedankengang des Exordium nicht ohne weiteres einfügen, bereiten eine Änderung vor, die im folgenden, ersten Abschnitt der Rede (3—5) zutage tritt. Zwar schließt Cicero in ihm äußerlich an seine Mahnung zur Eile im Vorangehenden an: *quo . . . usque* (3) weist auf ein mögliches „zu spät" wie im Eingang der ersten Catilinarischen Rede. Das Drängen Ciceros gilt auch weiterhin Maßnahmen des Senates. Aber die Begründung ist eine andere geworden. Die *publica auctoritas* soll die Abwehr sanktionieren, die der junge Caesar *privatis consiliis* bereits auf sich genommen habe (3). Da diese Abwehr dem gleichen Krieg gilt, der anfänglich bereits genannt wurde — *tantum bellum, tam crudele, tam nefarium* (3) —, kann er nicht mit dem Aufbruch des Antonius aus Rom begonnen haben. Tatsächlich habe — so betont Cicero — Caesar sein Heer aufgestellt und dafür sein *patrimonium . . . in rei publicae salute*

[16] Vgl. zur Bedeutung des *bellum nefarium contra aras et focos, contra vitam fortunasque nostras* als Bürgerkrieg *Braunert,* Die Gesellschaft des römischen Reiches im Urteil des Augustus: Monumentum Chiloniense. Studien zur augusteischen Zeit. Kieler Festschrift für E. Burck zum 70. Geburtstag, hrsg. v. *E. Lefèvre* (Amsterdam 1975), S. 9 ff.; hier S. 39 [= unten S. 280].

[17] Vgl. auch *Gelzer* (oben Anm. 2), Sp. 1054, 56 ff.

[18] 2: *ex urbe fugit;* vgl. auch unten Anm. 23.

[19] *Quod confido equidem consules designatos, simul ut magistratum inierint, esse facturos: sunt enim optimo animo, summo consilio, singulari concordia. Mea autem festinatio non victoriae solum avida est, sed etiam celeritatis* (2).

geopfert, *cum maxime furor arderet Antoni cumque eius a Brundisio crudelis et pestifer reditus timeretur* (3).

Damit ist gegenüber der Einleitung die entscheidende Wendung vorgenommen: Caesar hat bereits *illius furentis impetus crudelissimosque conatus* verhindert und damit *privato consilio rem publicam ... liberavit* (5). Von den rhetorischen Kunstgriffen, zu denen Cicero greifen muß, um die Furcht vor einem Angriff auf Rom als Angriff selbst erscheinen zu lassen, können wir hier absehen [20]. Wichtig dagegen / ist, daß der Dank an den jungen Caesar für das bisher Geleistete nicht genügt, sondern die *auctoritas* des Senates für die Zukunft gefordert wird, *ut rem publicam non modo a se susceptam, sed etiam a nobis commendatam possit defendere* (5). Dadurch wird der Krieg seit dem Aufbruch des Antonius von Rom mit dem gegen Rom in Brundisium begonnenen verbunden, die bisherige Leistung des jungen Caesar gegen diesen Versuch des Antonius — und die mit ihr bezeugte Gesinnung gegenüber dem Senat — zur Grundlage für seine geforderte Beauftragung durch den Senat zum Schutz gegen jene Bedrohung gemacht [21].

„Bewußte Zweideutigkeit" und „kühne Geschichtsklitterung" sind gewiß dieser ersten Darstellung der politischen Anfänge des jungen Caesar bereits zum Vorwurf zu machen. Es kommt aber nicht auf den Beleg eines solchen Vorwurfes an, sondern darauf, daß Cicero zum Beweis seiner Formulierung *„rem publicam ... Caesar liberavit"* den Nachweis zu führen unternommen hat, daß die Befreiungstat bereits abgeschlossen sei [22]. Antonius sei mindestens an seinem Versuch, von Brundisium aus auf Rom zu marschieren, durch die Aufstellung einer Privatarmee des jungen Caesar gehindert worden. Seine ‚Flucht' aus Rom sei Zeichen dieses Erfolges [23].

Wenn so in der Vorlage für den Eingangssatz der *res gestae* die Verkündigung

[20] Es wird dem Hörer jedenfalls nahegelegt, es sei das Verdienst des jungen Caesar gewesen, daß Antonius nicht mit den Truppen, *quas se habiturum putabat* (4), habe nach Rom ziehen können. Die hierbei zu erwartende *crudelitas* wird mit der geschickten Verwandlung der Bestrafung meuternder Soldaten in ein Blutgemetzel an römischen Bürgern *in hospitis tectis* begründet, dazu *Botermann* (oben Anm. 2), S. 47. Vgl. auch 11: *Antonius contra populum Romanum exercitum adducebat tum cum, a legionibus relictus, nomen Caesaris exercitumque pertimuit,* sowie 27.

[21] Vgl. zur Auffassung von der Abgeschlossenheit und Fortdauer der Leistung Caesars auch 7: *adulescens ... gessit et gerit,* sowie 38: *... defensus sit et hoc tempore defendatur.*

[22] Vgl. auch 30 f.; 27: *salutem rei publicae adtulisti.*

[23] Vgl. dazu auch 8: *virtute enim admirabili Caesaris constantiaque militum veteranorum legionumque earum, quae optimo iudicio auctoritatem vestram* (die andererseits erst gefordert wird!), *libertatem populi Romani, virtutem Caesaris secutae sunt, a cervicibus nostris est depulsus Antonius;* 9: *depulso Antonio;* 24: *quam misera fuga,* sowie 27.

der abgeschlossenen Befreiungstat Caesars eine Rechtfertigung erhält, kann diese Vorlage m. E. am ehesten auch Hinweise auf den Inhalt dieser Tat und auf das Objekt der Befreiung geben [24]. Es ist schon gezeigt worden, daß Cicero gleich im Eingang die Situation der *res publica* als Begründung für seine Rede herausgestellt hat (oben S. 241 f.). *De summa re publica* gibt er im Hauptteil seine *sententia* ab in Abweichung von der Tagesordnung [25]. *E re publica* sollen nach seinem abschließenden Antrag die designierten Konsuln über seine Einzelanträge referieren [26]. / Man erwartet deshalb, die *res publica* im Rahmen der eingangs erwähnten Definitionen von W. Weber oder W. Hoffmann wiederzufinden (oben S. 238 f.), zumal *libertas* und *servitus* in der Mahnung an die Senatoren eine entscheidende Rolle spielen (33—36). Bei näherem Zusehen zeigen sich aber entscheidende Abweichungen. Wie bereits erwähnt (oben S. 242 f.), wird für den jungen Caesar die *auctoritas* des Senates gefordert, *ut rem publicam non modo a se susceptam, sed etiam a nobis commendatam possit defendere.* Die *res publica* wird damit auch hier als verfügbar angesehen. Die *auctoritas* des Senates soll nicht dazu dienen, den Privatmann Caesar der *res publica* einzuordnen, sondern ihre Verteidigung durch ihn soll dadurch legalisiert werden, daß Caesars freiwillige Übernahme der *res publica* durch eine Beauftragung ersetzt wird, die als Übergabe gekennzeichnet werden kann. Damit wird die Usurpation, die Caesar zu seiner Befreiungstat erst befähigt hat, angesichts des Erfolges gewiß sehr rücksichtsvoll als Übernahme gekennzeichnet — *neque enim fieri potuit aliter* (5); ihre Berechtigung auch in den Augen Ciceros mag deshalb dahingestellt bleiben [27]. Die Verfügbarkeit der *res publica* durch den Senat wird dagegen von Cicero mit aller Deutlichkeit behauptet und — gegen den Konsul Antonius ebenso wie zur Unterstützung des Privatmannes Caesar — beansprucht. *Publica auctoritas* (3) ist eben die *auctoritas senatus* [28]. Sie aber wird von Cicero als alleinentscheidend herausgestellt: Mit ihrer Hilfe wäre der Krieg vermieden worden (2; vgl. oben S. 242); ihr Fehlen hat zur Aufstellung einer Privatarmee geführt [29];

[24] Vgl. dazu bereits *Braunert* (oben Anm. 16), S. 38 f. [= unten S. 279 f.].

[25] 13. 37; vgl. dazu auch ad fam. 10, 28, 2: *cum senatum ... tr. pl. vocavissent deque alia re referrent, totam rem publicam sum complexus,* sowie ad fam. 11, 6, 2. Einen Hinweis darauf geben, soweit ich sehe, nur *A. Boulanger — P. Wuilleumier,* Cicéron, Discours XIX (Paris 1966), S. 160: „il élargit le débat à l'ensemble de la situation politique".

[26] 39. M. E. geht es zu weit, wenn *Gelzer* (oben Anm. 2), Sp. 1055, 21 ff., die Passagen 37—39 als konkreten Antrag faßt, vollends, wenn er Sp. 1057, 22 ff., die *hostis*-Erklärung als Ziel Ciceros angibt. Wenigstens wird das in der vorliegenden Rede nicht gefordert.

[27] Vgl. immerhin zu Phil. 11, 17 ff., jetzt *Welwei* (oben Anm. 11), S. 35.

[28] Vgl. außer 5 auch bes. 7. 12. 14.

[29] 3: *nec postulantibus, nec cogitantibus quidem nobis, quia non posse fieri videbatur, firmissimum exercitum ... comparavit.*

sie wird jetzt für Caesar genauso wie für die *legio Martia* und D. Brutus verlangt (vgl. Anm. 28); sie wird schließlich der bewaffneten Abwehr als mindestens gleichbedeutend an die Seite gestellt: *nec ille armis solum, sed etiam decretis nostris urgendus est. magna vis est, magnum numen unum et idem sentientis senatus* (32). Diese Auffassung von der überragenden Stellung des Senates, der in seinen Händen die Verfügungsgewalt über die *res publica* besitzt, wird auch nicht abgeschwächt durch den Hinweis darauf, daß der *auctoritas senatus* der *consensus populi Romani* an die Seite treten müsse (2; 36). Schon die Formulierung zeigt, daß ein Beschluß einer Volksversammlung lediglich als Zustimmung der öffentlichen Meinung betrachtet wird, deren sich Cicero allerdings auch von vornherein zur Unterstützung seiner Anträge bedient (32; 34).

Dabei begegnet eine Formulierung, die mir zur weiteren Bestimmung von Ciceros Auffassung über die *res publica* aufschlußreich zu sein scheint: *videtisne refertum forum populumque Romanum ad spem reciperandae libertatis erectum? qui longo intervallo cum frequentis hic videt nos, tum sperat etiam liberos convenisse* (32). Die Hoffnung des *populus Romanus* richtet sich also auf die Wiedererlangung der / Freiheit, aber zugleich darauf, daß die Senatoren bereits *liberi* seien. Der Gegensatz wirkt befremdlich vor allem angesichts der Tatsache, daß Cicero die bereits vollzogene Befreiungstat des jungen Caesar so nachdrücklich nachzuweisen unternommen hat. Er ist aber auch sonst in der Rede greifbar und deshalb von Cicero offenbar gewollt. Die *libertas populi Romani* muß noch errungen werden. Es gibt bisher lediglich *consilia ad libertatem populi Romani reciperandam* sowohl von seiten Ciceros und Caesars (19) wie von seiten der designierten Konsuln (36). Der Senat wird vor die Alternative gestellt, *ut aut libertatem propriam Romani generis et nominis reciperemus aut mortem servituti anteponamus* (29), und durch die 4. Legion ist die Freiheit des römischen Volkes zwar verteidigt, aber eben nicht errungen worden (39; vgl. auch 8). Ganz anders beim Senat. Er befindet sich *in possessione libertatis* (28), *a cervicibus nostris est depulsus Antonius* (8). Beide Stellen geben nach ihrem Kontext bereits einen Hinweis darauf, was Cicero als den eigentlichen Inhalt der Befreiungstat Caesars versteht: Die Befreiung der *res publica* ist für ihn die Wiederherstellung der Möglichkeit, im Senat *ea, quae sentiremus, libere dicere* (5) und *loqui . . . de re publica* (6). Dieser bereits eingetretene Erfolg der Tat des jungen Caesar wird so bereits am Anfang der Rede mit aller Deutlichkeit heraus- und diesem Zustand das Gegenbild des Senates unter Antonius gegenübergestellt: Volkstribunen wurde der Zutritt zum Senat verwehrt (23), Senatssitzungen fanden unter dem Druck bewaffneter Posten statt (30), es gab keine Beratung *de re publica* (24), die anwesenden Senatoren waren *immemores dignitatis suae* (20).

Bildete somit für Cicero möglicherweise der Senat die *res publica?* Eine Bejahung dieser Frage wird jedenfalls durch die Schilderungen der Bedrohungen, denen der Senat und die Senatoren vor der Befreiungstat Caesars ausgesetzt waren, nahegelegt. Alles Unheil, dessen man bei dem befürchteten Marsch des Antonius von Brundisium auf Rom gewärtig sein mußte, wird in der Frage zusammengefaßt: *cui tandem nostrum aut cui omnino bono pepercisset?* (4). Wenn der junge Caesar den Marsch auf Rom verhindert hat, dann hat er also die Senatoren — und die *boni* — von der Gefahr für ihr Leben befreit. Diese Deutung bestätigt Cicero, wenn er an anderen Stellen die physische Vernichtung der Senatoren (30) und aller *boni* (34) als Ziel des Antonius bei seinem Marsch auf Rom bezeichnet.

Vor einer Identifikation der *res publica* mit dem Senat warnt jedoch bereits die hier vorgenommene Erweiterung um die übrigen Angehörigen der römischen Führungsschicht — ganz abgesehen davon, daß die Beanspruchung der Verfügungsgewalt über die *res publica* für den Senat mit einer solchen Identifikation kaum vereinbar wäre. Wenn man daher in der Darlegung der besonderen Gefährdung des Senats und seiner Mitglieder nicht vorwiegend ein demagogisches Mittel Ciceros sehen will, wird man seine betonte Hervorhebung in seiner Stellung für die *res publica* als ihr Verfügungsberechtigter ebenso wie als ihr Repräsentant als begründet an/sehen können [30]. Das wird jedenfalls auch dadurch gestützt, daß an entscheidenden Stellen, an denen von der Bedrohung durch Antonius die Rede ist, neben dem Senat und den *optimi* als besonders gefährdetes Objekt auch noch die *urbs* genannt wird.

Der Versuch des Antonius, gegen Rom zu marschieren, zielte danach auf den Untergang der Senatoren und *ad dispertitionem urbis* (30). Als Voraussetzung für die Vernichtung aller *optimi* gilt Cicero, daß es Antonius gelungen wäre, *opprimere urbem* (34). Die Stadt wird aber auch wiedergegeben mit den *arae* und *foci,* gegen die sich, ebenso wie gegen Eigentum und Existenz der Senatoren, das *bellum nefarium* des Antonius nach dem Eingangssatz der Rede richtete (1). Diese Wiederholungen führen zu der Frage, ob nicht eben die Stadt Rom als Objekt ebenso der Verfügungsgewalt des Senats wie der Befreiung Caesars und damit als *res publica* von Cicero angesehen wird. Denn in der Tat ist es nach seinen Worten, wie schon gezeigt wurde (oben S. 243), ja das entscheidende und zugleich einzige Verdienst Caesars, daß er Antonius' Marsch auf Rom verhindert hat, Zeichen seines Erfolges, daß Antonius aus Rom fliehen mußte. Für eine solche Auffassung bietet die dritte Philippica weitere Stützen. Wie den Brutus für Gallien, so hätten die unsterblichen Götter *urbi Caesarem* als Schutz gegeben (34). Und als Cicero im Verlauf der Rede erneut in eine laudatio für Caesar ausbricht, weil er *salutem rei publicae* gebracht habe, da stellt er ihn dem Antonius gegenüber, der als *custos urbis* wie ein Wolf als Hüter von Schafen zu betrachten sei (27). Vor allem aber zeigt die unmittelbare Umgebung des Satzes mit der entscheidenden Formulierung *„rem publicam ... Caesar liberavit"*, daß hierbei die gleiche Bedeutung zugrunde liegt: Antonius wütete in Brundisium, und man befürchtete Schlimmstes bei seiner Rückkehr nach Rom. Da hat der junge Caesar *in*

[30] Zur Repräsentation des Staates durch den Senat in den Res gestae vgl. bereits *Braunert* (oben Anm. 16), S. 32 ff. 52 [= unten S. 274 ff. 291].

rei publicae salute ein Heer aufgestellt (3). Wenn Antonius zu dieser Zeit mit Truppen hätte nach Rom kommen können, wie er androhte, dann wäre in Rom kein Angehöriger der Führungsschicht verschont geblieben (4). *Qua peste* — vor dieser Aufrichtung einer Schreckensherrschaft des Antonius in Rom — hat Caesar die *res publica* befreit. Ohne ihn *rem publicam . . . nullam haberemus* (5).

Diese *res publica* bezeichnet also nicht den römischen ‚Staat' — weder in der uns geläufigen Ausdehnung zur Zeit Ciceros noch als eine *res populi. Res publica* meint hiernach — entsprechend einer modernen Definition [31] — nur dann, „sofern es auf Rom angewandt wurde, den Staat, wie er seit Jahrhunderten bestanden hatte und anders als in der überkommenen Form gar nicht denkbar war", wenn einmal die Einschränkung ganz wörtlich genommen wird und damit nicht nur auswärtige Staaten, sondern auch das eigene Herrschaftsgebiet Roms ausgeschlossen werden, und wenn zum anderen — was jedenfalls nicht uneingeschränkt für Jahrhunderte gilt — die „überkommene Form" als Senatsherrschaft gefaßt wird. /

Fassen wir die Ergebnisse für die dritte Philippica zusammen: Als *res publica* wird die Stadt Rom angesehen, über die der Senat die Herrschaft als rechtmäßig beansprucht. Deshalb kann behauptet werden, *rem publicam . . . Caesar liberavit.* Denn seine Tat hat Antonius davon abgehalten, die Stadt Rom in Besitz zu nehmen, und damit dem Senat die Möglichkeit gegeben, in freier Meinungsäußerung seine Herrschaft auszuüben. Aufgabe erst dieser herrschaftlichen Maßnahmen ist die Wiederherstellung der *libertas populi Romani.*

Ein solches Ergebnis, allein aus der dritten Philippica gewonnen, kann gewiß keine Verbindlichkeit über die Situation des 20. Dezember 44 v. Chr. und die Auffassung Ciceros über sie hinaus beanspruchen. Denn der Eindruck drängt sich immer wieder auf, daß in den Kämpfen der ausgehenden Republik sehr viel von Freiheit gesprochen wurde, diese aber „mangels einer ihr adäquaten Situation in den verschiedensten Farben schillerte und infolgedessen jeder Verbindlichkeit des inneren Sinnes entbehrte" [32]. Andererseits gewinnt dieses Ergebnis den Rang eines Exempels für die allgemeinen Folgerungen, zu denen neuerliche Untersuchungen über den *libertas*-Begriff der späten Republik und die Staatsdefinition Ciceros gelangt sind. J. Bleicken definierte dabei: „*Libertas* als p o l i t i s c h e G l e i c h h e i t bzw. als p o l i t i s c h e A k t i o n . . . ist nur für eine Schicht des Bürgerverbandes, nämlich für die Patricier bzw. später für die Nobiles wirklich von Bedeutung, für deren *libertas*-Verständnis dieser Inhalt dann allerdings konstitutiv ist. Das Volk hat an ihm zwar auch Anteil, doch dies lediglich in einer passiven Weise: Es agiert nicht selbst, sondern gibt lediglich den Aktionen der No-

[31] Vgl. *Ch. Meier,* Res publica amissa. Eine Studie zu Verfassung und Geschichte der späten römischen Republik (Wiesbaden 1966), S. 1.

[32] *Heuß,* Herrschaft und Freiheit im griechischen und römischen Altertum: Propyläen-Weltgesch.: Summa Historica (Berlin 1965), S. 67 ff. (Zitat S. 106).

biles seine Zustimmung." [33] Andererseits hat H. P. Kohns gezeigt, daß Cicero, de re publ. 3, 43 f., „die *res* genauer bezeichnet", die als *res publica res populi* sein muß: es sind „die *urbs* selbst, die Burg, die Häfen, Straßen, Säulenhallen, Tempel und die Mauern" [34].

Wenn wir danach zum Eingangssatz der *res gestae* zurückkehren, so berechtigt uns nicht allein die allgemeine Annahme, daß Ciceros Formulierung in der dritten Philippica die Vorlage für Augustus abgegeben habe, an dessen Auffassung den Text des Augustus zu messen, sondern auch die Tatsache, daß diese Auffassung von einem für die Bereiche der Führungsschicht und des *populus Romanus* jeweils unterschiedlichen *libertas*-Begriff [35] den allgemeinen Vorstellungen der Zeit ebenso ent/spricht wie die von der *res publica* derjenigen seiner offiziellen ‚Staats'definition. Trotzdem bleibt natürlich zu fragen, ob die gleiche Auffassung auch für Augustus angenommen werden darf — konkret: ob sie dem Kontext der *res gestae* entspricht. Dabei kann ich mich kurz fassen; denn ich habe an anderer Stelle bereits zu zeigen versucht, daß der Begriff *res publica*, den wir mit ‚Staat' wiederzugeben gewohnt sind, in diesem ‚State-paper' nur sehr selten gebraucht wird, bei näherem Zusehen überhaupt nur für die Zeit vor Begründung des augusteischen Prinzipates [36]. Deshalb entspricht es durchaus der Auffassung des Augu-

[33] *J. Bleicken*, Staatliche Ordnung und Freiheit in der römischen Republik (Frankfurter Althistorische Studien 6. Kallmünz 1972), S. 57; vgl. auch bereits *Kunkel*, in: Prinzipat und Freiheit (oben Anm. 9), S. 85: „Freiheit der *res publica* meint im letzten Grunde die eigene Freiheit dieser Oligarchie, nämlich das freie Spiel der politischen Kräfte im Sinne der traditionellen republikanischen Ordnung".

[34] *H. P. Kohns*, Gymnasium 77 (1970), S. 401 f.; vgl. dazu bereits *Braunert* (oben Anm. 16), S. 42 f. [= unten S. 283 f.]. „Die dingliche Bedeutung des Wortes *res*" wird in *res publica* ohne Gegenbeweis in Abrede gestellt von *R. Werner*, Chiron 3 (1973), S. 170 f.

[35] Es scheint mir deshalb nicht angängig zu sein, bei Untersuchungen über den *vindex libertatis* das Objekt der Befreiung außer acht zu lassen; vgl. nur beispielshalber die Stellensammlung bei *Wirszubski* (oben Anm. 6), S. 124 ff., wo als Objekte *res publica, plebs, populus Romanus* und *Italia* unterschiedslos nebeneinander aufgeführt werden. Auch die immer wieder angeführte Münzlegende des Jahres 28 v. Chr. *„Libertatis p. R. vindex"* (Ehrenberg-Jones [oben Anm. 1], S. 58, nr. 18) beweist m. E. nichts für die Auffassung von der Befreiung der *res publica* und ist mit *P. Grenade*, Essai sur les origines du principat. Investiture et renouvellement des pouvoirs impériaux (Paris 1961), S. 62 ff., auf die Beendigung der Bürgerkriege zu beziehen.

[36] Vgl. den Anm. 16 genannten Aufsatz, auch für das folgende bes. S. 37 ff. [= unten S. 279 ff.]; dort (S. 37 f.) ist r. gest. 25, 1 unberücksichtigt geblieben: *(servi), qui fugerant a dominis suis et arma contra rem publicam ceperant* (die Stelle fehlt auch im Index bei J. Gagé, *Res gestae Divi Augusti* [Paris 1950], S. 208). Die starke Umgestaltung dieser Stelle im griechischen Text gibt keinen Hinweis auf die Deutung. Trotzdem scheint mir — wie bei der Kennzeichnung des Bürgerkrieges r. gest. 2 — die Beziehung auf die Stadt Rom evident zu sein, so daß griech. πατρίς gesetzt werden müßte.

stus, wenn „von den Jahren seit Actium an ... in den heutigen geschichtlichen Darstellungen nicht mehr von der *res publica* die Rede (ist), sondern von dem *Imperium Romanum*" [37]. Entsprechend diesem Sprachgebrauch habe ich — ebenfalls im Vergleich mit Cicero — für r. gest. 34, 1 gefolgert, daß in Einschränkung des *res omnes*, über die er zuvor Herrschaft ausgeübt hatte, Augustus mit der Rückgabe der *res publica* lediglich die Verfügungsgewalt über die zum kultischen und weltlichen Gemeingebrauch bestimmten Stätten in Rom und über die Institutionen, denen traditionell die Lenkung der ‚Sache' *res publica* zukam, Senat und Volk übertragen habe.

Die Auffassung von der Bedeutung des Satzteiles *„rem publicam liberavit"*, die aus der Interpretation der dritten Philippica gewonnen wurde, steht damit im Einklang auch mit dem übrigen Sprachgebrauch des Augustus in den *res gestae*. Damit läßt sich aber m. E. der Eingangssatz der *res gestae* sinnvoll in die übrigen Aussagen über die *res publica* im gleichen Dokument einordnen:

1. R. gest. 1, 1: In den letzten Monaten des Jahres 44 v. Chr. hat der junge Caesar den befürchteten Marsch des Antonius auf Rom verhindert und ihn persönlich zur Flucht aus Rom veranlaßt. Dadurch ist die Stadt Rom befreit worden: Der Senat gewann seine Handlungsfreiheit zurück und konnte die Herrschaft über den ‚Stadtstaat' ausüben. Gegenüber dem vorangehenden Zustand des von Antonius unterdrückten Senates (*res publica oppressa*), der bei Verschärfung und Dauerhaftigkeit die Gefahr des Verlustes der Senatsherrschaft in sich barg (*res publica / amissa*), konnte damit der erreichte Stand als *res publica liberata* bezeichnet werden.
2. R. gest. 1, 2 f.: *Eo* [*nomi*]*ne* hat im Januar des Jahres 43 v. Chr. der damit handlungsfähige Senat Caesars Stellung legalisiert und ihm — neben den Konsuln — mit einem *SC ultimum* die Sorge für den ‚Stadtstaat' anvertraut [38] = *res publica commendata* [39].
3. R. gest. 1, 4: Entsprechend der Auffassung Ciceros werden die Beschlüsse des *populus Romanus* gleichsam als ‚Zustimmung' zu der ‚Übertragung' durch den Senat dargestellt. Jedenfalls stellt die Wahl zum *IIIvir rei publicae constituendae* (vgl. auch r. gest. 7, 1) ebenfalls eine *commendatio* dar.
4. R. gest. 2; 25, 1: Im Verfolg dieser Beauftragung mit dem Stadtstaat hat Caesar Anschläge auf ihn im Bürgerkrieg gegen die Caesarmörder und gegen Sex. Pompeius erfolgreich abgewehrt. Hierbei ließe sich möglicherweise von einer

[37] *Hoffmann* (oben Anm. 4), S. 25.

[38] Die überlieferten Formeln für das *SC ultimum* machen deutlich, daß die *urbs* auch hierbei wenigstens den wesentlichen Inhalt der *res publica* ausmachte; vgl. jetzt *B. Rödl*, Das Senatus consultum ultimum und der Tod der Gracchen (Diss. jur. Erlangen-Nürnberg 1968), S. 15 ff.

[39] Vgl. Cic., Phil. 3, 5.

Wiederherstellung der *libertas populi Romani* sprechen [40]. Der Status der *res publica* könnte damit als *res publica conservata* bezeichnet werden [41].

5. R. gest. 34, 1: Die Rückgabe der *urbs* und ihrer traditionellen Institutionen aus der unbeschränkten Herrschaft Caesars in die Verfügungsgewalt von Senat und Volk stellt für den Stadtstaat den traditionellen Zustand wieder her: *res publica restituta* [42].

Folgerichtigkeit wird man einem solchen Aufbau kaum absprechen können. Ja, die Schwierigkeiten, die bisher in der Deutung der Befreiungstat durch Augustus bestanden (oben S. 238 ff.), entstehen hierbei überhaupt nicht. ‚Befreiung' und ‚Wiederherstellung' der *res publica* sind verschiedene Etappen auf dem von Augustus beschriebenen Wege, die ‚Befreiung' eine notwendige Voraussetzung für seine ‚Betrauung' und diese wiederum für die ‚Wiederherstellung'.

Von hier aus scheint es mir auch leichter möglich zu sein, Antwort auf die eingangs gestellte Frage zu finden, ob Augustus seine Befreiungstat, die er *privato consilio et privata impensa* unternommen habe, als ‚revolutionäre Handlung' oder als Restitution verstanden wissen wollte. Dafür sind nun ganz andere Voraussetzungen gegeben, wenn die *res publica* als Objekt der Befreiung nicht als unter der Herrschaft des *populus* oder des Gesetzes, sondern als rechtmäßig unter der des Senates / befindlich angesehen werden muß, und wenn diese *res publica* nicht den römischen Staat schlechthin bezeichnet, sondern die *urbs*, und wenn damit schließlich als Folge der Befreiungstat die Wiedererlangung der Handlungsfähigkeit des Senates betrachtet werden muß.

Wieder ist es Cicero, der vor allem in seiner Hinterlassenschaft aus den Jahren 44 und 43 v. Chr. immer wieder auf den Privatmann zu sprechen gekommen ist, der im Interesse der *res publica* die Initiative ergreift und auch ergreifen solle. Die Stellen sind seit langem zusammengestellt — bezeichnenderweise am besten in zwei Untersuchungen, die dem ‚*Princeps*' gewidmet sind [43]. Denn wie H. Wagenvoort gezeigt hat, gehören der *princeps*-Begriff und die Initiative des Privatmannes für die *res publica* eng zusammen. Er hat dabei auf „den Prototypus des wahren *princeps*" in Cic., de re publ. 2, 46, verwiesen (vorh. Anm., S. 328): *vir ingenio et virtute praestans L. Brutus depulit a civibus suis iniustum illud durae servitutis iugum. Qui cum privatus esset, totam rem publicam sustinuit, pri-*

[40] Vgl. *Th. Mommsen,* Res gestae Divi Augusti (Berlin ²1883), S. 3.

[41] Die Bezeichnung urkundlich erst nach der endgültigen Niederschlagung der Bürgerkriege mit dem Sieg von Actium — der r. gest. 25, 2 allerdings als auswärtige Angelegenheit dargestellt und daher auch nicht mit der *res publica* verknüpft ist — auf dem Triumphbogen von 29 v. Chr.; vgl. *Ehrenberg-Jones* (oben Anm. 1), S. 57, nr. 17.

[42] Vgl. zu dieser Kennzeichnung in den Praenestinischen Fasten *Ehrenberg-Jones* (oben Anm. 1), S. 45.

[43] Vgl. *Weber* (oben Anm. 3), S. 135* ff.; *Wagenvoort* (oben Anm. 13), S. 328 ff., sowie *A. Magdelain, Auctoritas Principis* (Paris 1957), bes. S. 22 f.

musque in hac civitate docuit in conservanda civium libertate esse privatum neminem. Quo auctore et principe concitata civitas . . . exulem et regem ipsum et liberos eius et gentem Tarquiniorum esse iussit.

Das Vorbild dieser Schilderung auch für das Bild des jungen Caesar in der dritten Philippica ist deutlich: Die Beschränkung der *res publica* mit der *civitas* auf die Stadt Rom ist für die Zeit des Regifugiums ohnehin gegeben. Voraussetzung ist die Unterdrückung, mit der Initiative ‚übernimmt' der Privatmann die *res publica* [44]. Der Erfolg der Befreiung ist die Vertreibung (= die Flucht) des Unterdrückers aus Rom.

Es fehlt dagegen die herrschaftliche Stellung des Senates gegenüber der *res publica.* Sie fehlt allerdings nirgends, wo dieses Bild des ersten Befreiers auf Zeitgenossen angewandt worden ist. Ja, der Senat wird hierbei mitunter so unmittelbar mit der Privatinitiative verbunden, daß H. Wagenvoort mit einigem Recht gefragt hat, „weshalb er (Cicero) ausgerechnet da, wo er sich der *princeps*-Terminologie bedient, wiederholt diesen idealen Vertreter in geraden Gegensatz bringt zum Senat und ihn drängt: ‚*ipse tibi sis senatus*', vgl. ‚*ipse sibi senatus fuit*', ‚*voluntas senatus pro auctoritate haberi debet, cum auctoritas impeditur metu*'" [45]. Gerade das letzte Zitat hätte allerdings erkennen lassen sollen, daß damit nicht ein Gegensatz zwischen dem Senat und dem erwünschten *princeps* aufgerissen wird. Der Senat wird auch hierbei als Träger der Herrschaft über die *res publica* angesehen. Ist er aber nicht handlungsfähig, fehlt damit der *res publica* die *libertas,* so wird der Adressat von Cicero zur Ersatzhandlung aufgerufen, veranlaßt, gleichsam als Vertreter die / Funktion des Senates zu übernehmen [46]. Das ist dann offenbar Inhalt des ‚ungeschriebenen Gesetzes', *in conservanda civium libertate esse privatum neminem.*

Es kann deshalb keine Rede davon sein, daß entsprechend diesem Wortlaut jeder *civis Romanus* zur Privatinitiative beim Staatsnotstand berechtigt gewesen sei [47]. Auch ist für die Verbindung mit dem *princeps*-Begriff nur zu erweisen, daß der Erfolg den Privatmann zum *princeps* machte [48]. Verständlicherweise hat sich Cicero in den Jahren 44/43 v. Chr. vor allem an Männer wie D. und M. Brutus, C. Cassius und L. Munatius Plancus gewandt. Aber da die *principes* ausnahmslos Träger staatlicher Funktionen waren, konnte er an sie gerade nicht als

[44] Zu *sustinuit* vgl. *suscepta* in Phil. 3, 5, und dazu oben S. 244.

[45] *Wagenvoort* (oben Anm. 13), S. 340, zu Cic., Phil. 11, 27; ad fam. 10, 12, 4; 11, 7, 2.

[46] Ähnlich bereits *Wagenvoort* (oben Anm. 13), S. 340, sowie *Magdelain* (oben Anm. 43), S. 11: „le libérateur se trouve en présence d'une carence totale des pouvoirs publics renversés ou asservis".

[47] So offenbar *Hoffmann* (oben Anm. 4); vgl. oben S. 238 f.

[48] Vgl. *Wagenvoort* (oben Anm. 13), S. 328 ff., auch zum Folgenden.

an Privatmänner appellieren [49]. Der junge Caesar dagegen, der tatsächlich *privato consilio* handelte, gehörte natürlich nicht zu den *principes* [50]. Deshalb scheint mir eher die neuerlich vertretene Auffassung erwogen werden zu müssen, der Satz enthalte „die selbstverständliche Prämisse, daß der Kreis der zur Tat aufgerufenen auf den Adel beschränkt war oder sich der Aufruf doch in erster Linie an diesen Kreis richtete" [51].

Denn tatsächlich hat Cicero in der dritten Philippica (15—17) wohl nicht zufällig Caesar vor dem Vorwurf der *ignobilitas* in Schutz genommen, den ihm Antonius gemacht hatte, und betont lediglich den Namen seines Adoptivvaters für ihn verwandt, den er anfänglich abgelehnt, später jedenfalls mit Mißtrauen betrachtet hatte [52]. Trotzdem scheint mir eine Beschränkung allein auf den ‚Adel' jedenfalls mißverständlich zu sein, und dieser Begriff sollte m. E. durch ‚Führungsschicht' ersetzt werden [53], dessen alleinige Berechtigung zu politischen Aktionen, wie neuere / Arbeiten immer wieder gezeigt haben [54], tatsächlich bis zum Ende der Republik nicht in Zweifel gezogen worden ist. Innerhalb dieser Füh-

[49] Daher wird bei ihnen auch nicht vom *privatum consilium* gesprochen, sondern davon, daß sie *nullo publico consilio* gehandelt hätten (vgl. ad fam. 11, 7, 2) bzw. daß sie nicht meinen sollten, *a senatu consilium petendum* (ad fam. 10, 16, 2).

[50] Die Briefe Ciceros zeigen, daß jedenfalls er darin eine Erschwerung sah. Bei seiner Umschau nach einem *dux* für die *boni* (vgl. zur Hoffnung auf Dolabella ad Att. 14, 20, 4, zur Hoffnungslosigkeit zur Zeit der 1. Philippica ad fam. 12, 22, 2) setzte er zwar auf den jungen Caesar seit dem Gerücht über den Anschlag auf Antonius große Hoffnung (ad fam. 12, 23, 2), aber auch nachdem jener mit Aushebungen begonnen und sich selbst als *dux* angeboten hatte (ad Att. 16, 8, 1), zögerte Cicero, sich ihm anzuschließen, wohl vornehmlich, weil *in isto iuvene . . . auctoritatis parum est* (ad Att. 16, 14, 2).

[51] *Bleicken* (oben Anm. 33), S. 25.

[52] Vgl. zu Ciceros Weigerung, ihn als Caesar anzureden, ad Att. 14, 12, 2, zum Zweifel darüber, was von seinem *nomen* zu halten sei, ad Att. 15, 12, 2. *Caesar Octavianus* zuerst ad fam. 12, 32, 2, *Caesar* allein erst seit der Zeit der 3. Philippica: ad fam. 11, 7, 2 u. ö., bes. *Caesar meus* ad fam. 11, 8, 2. Vgl. insgesamt auch *W. Schmitthenner*, Oktavian und das Testament Caesars. Eine Untersuchung zu den politischen Anfängen des Augustus (Zetemata 4. München ²1973), S. 72 f.

[53] Bekanntlich sind auch die zeitgenössischen Benennungen nicht zu verwenden; denn ‚Adel' ist in der hier gebrauchten Bedeutung für die Spätrepublik natürlich nicht mit dem Patriziat gleichzusetzen. Der Kreis ist aber auch nicht mit der Nobilität zu fassen, da *homines novi* grundsätzlich dazugehörten. Gerade der Fall des jungen Caesar zeigt, daß auch die Zugehörigkeit zum Senat nicht alleinige Vorbedingung war, sondern letztlich jeweils nur eine dieser Zuordnungen erfüllt sein mußte, wenn ein Politiker zur Führungsschicht gerechnet werden kann, der in gleicher Weise optimatische und populare Politiker angehörten.

[54] Vgl. jetzt vor allem *Meier* (oben Anm. 31), S. 24 ff. und passim, sowie *Bleicken* (oben Anm. 33), S. 81 ff.

rungsschicht konnten optimatische ebenso wie populare Politiker dieses ‚ungeschriebene Gesetz' für sich in Anspruch nehmen und haben das getan. „Die populare *libertas* ist . . ., soweit sie sich auf den politischen Willen bezieht, grundsätzlich nicht von der *libertas* verschieden, die die Optimaten im Munde führten; sie will lediglich die politische Macht innerhalb der Nobilität in bestimmter Weise verteilen" [55]. Verschieden wird aber die Zielrichtung dargestellt. Den Gracchen wird die Befreiung der *plebs* zugeschrieben [56], Caesar behauptet, den Bürgerkrieg begonnen zu haben, *ut se et populum Romanum factione paucorum oppressum in libertatem vindicaret* [57]. Die *res publica* war dagegen die Herrschaftsdomäne des Senates. Ihre Befreiung, sobald dem Senat die Herrschaft entrissen zu werden drohte, war deshalb Ziel der Vertreter dieser traditionellen Herrschaft, und zu ihr bekannte sich, wer wie Cicero einzelne aufrief, die Initiative zu ergreifen, oder wer wie Augustus von sich aussagte, *rem publicam in libertatem vindicavi*.

Eine fertige Theorie hierfür ist offenbar nicht — oder nicht mehr — ausgebildet worden und wäre auch auf erhebliche Schwierigkeiten gestoßen. Denn wenn es sich auch um eine Fortentwicklung des Notstandsrechtes des Senates durch Erlaß eines *SC ultimum* für den Fall handelte, daß der Senat zu einem solchen Beschluß nicht in der Lage war [58], so mußte die Ersatzhandlung eines einzelnen Politikers doch weit größeren Bedenken begegnen als die in der Gracchenzeit „neubegründete Kompetenz des Senates, über den Bestand der römischen Verfassung zu wachen" [59]. Die Vertretung des handlungsunfähigen Senates setzte — strenggenommen — eine Beauftragung durch eben den Senat voraus, der sie aufgrund seiner Handlungsunfähigkeit aber gerade nicht erteilen konnte. So ist das Drängen Ciceros in der dritten Philippica nach der *auctoritas senatus* für das Vorgehen des jungen Caesar verständlich. Seine Aussage, daß Caesar die *res publica* befreit habe, war nämlich nur dann zu halten, wenn der Senat sie durch seine *auctoritas* wenigstens nachträglich bestätigte./

Hat sich Augustus, wie zu zeigen versucht wurde, im Eingangssatz der *res gestae* in allen Einzelheiten Ciceros Deutung der Ereignisse der letzten Monate des Jahres 44 v. Chr. zu eigen gemacht, dann kommt somit den im Monumentum Ancyranum nicht erhaltenen Eingangsworten des zweiten Satzes — *eo* [*nomi*]*ne* — eine hervorragende Bedeutung zu. *Privato consilio et privata impensa* ein Heer aufzustellen, nahmen Angehörige der römischen Führungsschicht für sich in Anspruch und wurden auch dazu aufgefordert. Galt diese Maßnahme der *liber-*

[55] *Bleicken* (oben Anm. 33), S. 39; zum Begriff der Nobilität vgl. oben Anm. 53.

[56] Sall., Iug. 42, 1; vgl. zur Deutung dieser Aussage als Ziel Sallusts selbst K.-E. Petzold, Chiron 1 (1971), S. 233.

[57] Caes., b. c. 1, 22, 5; vgl. dazu bereits oben S. 241.

[58] Eine unmittelbare Verbindung zum Verhalten Ciceros gegenüber Catilina zieht *D. W. Knight*, Latomus 27 (1968), S. 162.

[59] *v. Ungern-Sternberg* (oben Anm. 6), S. 130.

tas populi Romani, so war sie von vornherein gegen den Senat gerichtet. Galt sie der Befreiung der *res publica,* so sollte sie als Ersatzhandlung für den handlungsunfähigen Senat angesehen werden und seiner Wiedereinsetzung in seine von ihm beanspruchten und allgemein zugestandenen Herrschaftsrechte dienen. Da die hierzu erforderliche Beauftragung durch den Senat nicht möglich war, konnte nur die anschließende Stellungnahme des Senates über die Rechtmäßigkeit dieses Anspruches entscheiden, und sie konnte das im bejahenden Fall nur in der Feststellung, daß die Befreiung tatsächlich erfolgt sei. Damit erst war die eigenmächtige Handlung vom Vorwurf der revolutionären Tat befreit und als rechtens erklärt.

Mit der ausdrücklichen Bezugnahme auf die Anerkennung durch den Senat hat Augustus sein Eingreifen in die römische Politik nicht als eine revolutionäre Tat, sondern als verfassungskonform dargestellt — allerdings konform einer ‚Verfassung', die von der Desintegration der römischen Führungsschicht in der Spätzeit der Republik keine Kenntnis nahm [60], sondern die Auffassung der Vertreter dieser Senatsherrschaft verbindlich machte für das ganze römische Gemeinwesen. Allerdings wollte er m. E. damit — trotz der Übernahme von Ciceros Deutung — nicht in dessen Sinne auch Partei ergreifen [61]. Vielmehr konnte er wohl am Ende seines Lebens dank der unter seiner Herrschaft erfolgten Integration, die über die Führungsschicht hinausreichte und zugleich den Senat in neuer Weise zum Repräsentanten des römischen Staates werden ließ [62], tatsächlich mit einem weitgehenden Konsens hierüber bei denen rechnen, an die sich seine ‚res gestae' wandten.

[60] Zur Desintegration der römischen Führungsschicht vgl. neuerlich etwa *Heuß* (oben Anm. 7), S. 47 ff.

[61] Vgl. *Ehrenberg,* Klio 19 (1925), S. 203, zum Eingangssatz der r. gest.: „Damit eignet er sich die Phraseologie ebenso der optimatischen wie der popularen Republikaner an".

[62] Vgl. dazu *Braunert* (oben Anm. 16), S. 51 ff. [= unten S. 291 ff.].

Die Gesellschaft des römischen Reiches im Urteil des Augustus*

„Meine Vorrangstellung beruhte auf dem Einfluß, den man mir, mehr als irgendeinem anderen, als dem in politischen Fragen maßgeblichsten Führer freiwillig einräumte." [1]

* Abgekürzt werden allein mit dem Namen des Verfassers oder Herausgebers zitiert:

Res gestae Divi Augusti ..., texte établi et commenté par *J. Gagé.* Paris ²1950.

Res gestae Divi Augusti. Das Monumentum Ancyranum, hrsg. u. erkl. v. *H. Volkmann.* Berlin ³1969.

J. Béranger, Recherches sur l'aspect idéologique du principat. Basel 1953.

W. Enßlin, Zu den Res gestae divi Augusti: Rhein. Mus. 81 (1932), S. 335 ff.

V. Gardthausen, Augustus und seine Zeit. 2 Tle. in 6 Bdn. Leipzig 1891/1904.

P. Grenade, Essai sur les origines du principat. Investiture et renouvellement des pouvoirs impériaux. Paris 1961.

P. Herrmann, Der römische Kaisereid. Untersuchungen zu seiner Herkunft und Entwicklung (Hypomnemata 20). Göttingen 1968.

N. A. Maschkin, Zwischen Republik und Kaiserreich. Ursprung und sozialer Charakter des augusteischen Prinzipats. Übers. a. d. Russ. v. M. Brandt. Leipzig 1954.

A. v. Premerstein, Vom Werden und Wesen des Prinzipats, hrsg. v. H. Volkmann (Abh. München, N. F. 15). 1937.

E. T. Salmon, The evolution of Augustus' principate: Historia 5 (1956), S. 456 ff.

H. Siber, Das Führeramt des Augustus (Abh. Leipzig 44, 2). 1940.

R. Syme, The Roman revolution. Oxford 1939.

F. Vittinghoff, Kaiser Augustus. Göttingen 1959.

W. Weber, Princeps. Studien zur Geschichte des Augustus I. Stuttgart-Berlin 1936.

L. Wickert, Der Prinzipat und die Freiheit: Symbola Coloniensia Iosepho Kroll ... oblata (Köln 1949), S. 111 ff.

U. Wilcken, Zur Genesis der Res Gestae Divi Augusti: SB Berlin 1932, XI, S. 225 ff.

Weiter werden folgende Abkürzungen gebraucht:

WdF 34 = Römische Wertbegriffe, hrsg. v. *H. Oppermann* (Wege der Forschung, Bd. 34). Darmstadt 1967.

WdF 46 = Das Staatsdenken der Römer, hrsg. v. *R. Klein* (Wege der Forschung, Bd. 46). Darmstadt 1966.

WdF 128 = Augustus, hrsg. v. *W. Schmitthenner* (Wege der Forschung, Bd. 128). Darmstadt 1969.

[Korrektur-Zusätze des Autors sind jeweils am Ende der Anm. eingefügt]

[1] Paraphrase von r. gest. 34, 3 durch *R. Heinze,* Auctoritas: Hermes 60 (1925), S. 348 ff., in: Vom Geist des Römertums. Ausgewählte Aufsätze, hrsg. v. *E. Burck* (Darmstadt ³1960), S. 43 ff. (Zitat S. 49). Vgl. zum Begriff der *auctoritas* jetzt (mit Literatur) Béranger, S. 114 ff.

Die Erkenntnis von der Bedeutung der *auctoritas* für die Herrschaftsform des augustischen Prinzipats, die nebst Anton von Premer/stein [2] vor allem Richard Heinze (vgl. Anm. 1) zu verdanken ist, hat seit den zwanziger Jahren den Weg zur soziologischen Betrachtung auch in diesem Bereich gewiesen. Der Erfolg prosopographischer Forschung auf anderen Gebieten der römischen Geschichte [3] hat infolge der Relevanz dieser Forschungsrichtung gerade für soziologische Fragestellungen [4] zu entsprechenden Untersuchungen über die augustische Zeit geführt und im Ergebnis die Entstehung des Prinzipats neu sehen gelehrt [5]. Aber über der Anerkennung dieser Forschungen droht m. E. der doppelte Ansatzpunkt — in der Gesellschaft der / augustischen Zeit, die durch die prosopographische Methode erschlossen worden ist, u n d im Selbstzeugnis des Augustus — zu kurz zu kommen. Die Einseitigkeit — von beiden Seiten — ist deshalb zu Recht in jüngster Zeit beklagt worden [6].

Deshalb scheint es mir trotz — oder gerade wegen — der auch sonst zahlreichen Bemühungen um die Erhellung des gesellschaftlichen Hintergrundes und der gesellschaftlichen Bedingungen des Prinzipats [7] angebracht zu sein, die *res gestae* selbst nach der Gesellschaft des römischen Reiches zu befragen: Wie hat Augustus

[2] Zur Aufzeichnung der Res Gestae Divi Augusti im pisidischen Antiochia: Hermes 59 (1924), S. 95 ff., bes. S. 104 f.; vgl. zur Forschungsgeschichte *Volkmann*, Burs. Jahresber. 279 (1942), S. 9.

[3] Vgl. dazu *Braunert*, Conrad Cichorius: Bonner Gelehrte. Beiträge zur Geschichte der Wissenschaften in Bonn. Geschichtswissenschaften (150 Jahre Rheinische Friedrich-Wilhelms-Universität zu Bonn 1818—1968. Bonn 1968), S. 340 ff., bes. S. 346 ff.

[4] Vgl. dazu jetzt allgemein *W. den Boer*, Die prosopographische Methode in der modernen Historiographie der hohen Kaiserzeit: Mnemosyne, 4. Ser. 22 (1969), S. 268 ff.

[5] Nach dem Erfolg dieser Bemühungen in dem Standardwerk von Sir Ronald Syme vgl. zur Wandlung von der staatsrechtlichen Betrachtung Th. Mommsen bis zur Jetztzeit etwa *D. Timpe*, Untersuchungen zur Kontinuität des frühen Prinzipats (Historia. Einzelschriften 5. Wiesbaden 1962), S. 1 ff.; *M. Hammond*, The Augustan principate in theory and practice during the Julio-Claudian period (New York ²1968), S. 339 ff.; *W. Schmitthenner*, WdF 128, S. VII ff. — Trotzdem wird der Prinzipat allerdings noch unbekümmert als „Dyarchie" charakterisiert von P. Grimal, Le siècle d'Auguste (Que sais-je?, No. 676. Paris ⁴1968), S. 51.

[6] *Schmitthenner*, WdF 128, S. X, beklagt, daß — wohl bei einseitiger Beschäftigung mit den *res gestae* — „die politische hinter der staatsrechtlichen Analyse zurücktritt", *den Boer* (s. Anm. 4) warnt vor der Überschätzung der Aussagen prosopographischen Materials und stellt fest, „daß die literarische Überlieferung stets die Basis für unsre Untersuchung bleiben muß" (S. 271).

[7] Vgl. außer der Literatur bei *Schmitthenner*, WdF 128, S. 567 ff., jetzt auch *L. Polverini*, L'aspetto sociale del passaggio dalla Repubblica al Principato: Aevum 38 (1964), S. 241 ff., 439 ff.; 39 (1965), S. 1 ff., und vor allem *Gagé*, Les classes sociales dans l'empire Romain. Paris ²1971, sowie *P. Garnsey*, Social status and legal privilege in the Roman empire. Oxford 1970.

die Gesellschaft des römischen Reiches beurteilt? D. h. dann vor allem: Hat er die Existenz unterschiedlicher sozialer Gruppen gesehen und anerkannt? Welche Bedeutung hat er diesen einzelnen Gruppen beigemessen?

Vom Charakter der Schrift her könnte die Aussagekraft einer möglichen Antwort auf diese Fragen in Zweifel gezogen werden. Gewiß wird uns mit diesem „State-Paper" oder dieser „charte du Principat" [8] „die persönliche, durchaus subjektive Auffassung des Prinzipatsbegründers von seinem politischen Lebenswerk vermittelt" [9]. Es ist damit in erster Linie ein von ihm für sich selbst verfaßtes Elogium [10], in dem auch die Gesellschaft und gesellschaftliche Gruppen vor allem in/ihrer Beziehung zu Augustus gesehen werden [11]. Deshalb sind Hinweise auf die Bedeutung solcher Gruppen bei der Umwandlung der Herrschaftsform selbst dann kaum zu erwarten, wenn der vorliegende Text noch Spuren früherer Fassungen enthalten sollte [12]. Andererseits folgt aus der allgemein anerkannten Annahme, daß Augustus mit der Veröffentlichung der *res gestae* eine politische Wirkung auf die Nachwelt ausüben wollte [13], daß er auf die öffentliche Meinung Rücksicht nehmen mußte. Der Text der *res gestae* ist daher doch mehr als eine private Meinungsäußerung des Augustus. Er gibt „une vérité depuis longtemps établie" wieder [14], und für die gesellschaftlichen Gruppen gilt deshalb: „Die gemeint sind, müssen sich beim Bekanntwerden mit dem Text von ihm aufgerufen fühlen." [15] Das Urteil des Augustus über die Gesellschaft des römischen Reiches in den *res gestae* kann daher vom Selbstverständnis dieser Gesellschaft, und d. h. ihrer Gruppen, nicht erheblich abgewichen sein.

[8] Vgl. zu diesen Kennzeichnungen durch *F. E. Adcock*, CAH X (1934), S. 593, und *L. Homo*, Le Haut-empire Romain (Paris 1933), S. 185, *Gagé*, S. 35, Anm. 1. „Programm des Prinzipats" bei *Maschkin*, S. 321, „Ideologie des Principats" bei *Vittinghoff*, S. 11.

[9] *Wilcken*, S. 241.

[10] Zu dieser Kennzeichnung vgl. *Volkmann*, Historia 3 (1954/5), S. 85 f. — Vgl. dazu aber auch bereits *Weber*, passim; *Maschkin*, S. 313, sowie die Kennzeichnung des Selbstbewußtseins Augustus' im Gebrauch der ersten Person durch *Wickert*, S. 124, Anm. 122.

[11] Vgl. dazu die Untersuchungen von *Wickert*, S. 128 ff., über die Eigentumsbezeichnung *(meus)* bei Heer und Flotte, sowie *dens.*, RE 22 (1954), Sp. 2101 f.

[12] Zur Genesis der *res gestae* vgl. allgemein *Gagé*, S. 16 ff., sowie neuerlich *Volkmann* (oben Anm. 10), S. 86, Anm. 3.

[13] Vgl. *Weber*, S. 60. 106. 229, aber auch *Wilcken*, S. 241; *E. Schönbauer*, Die Res gestae Divi Augusti in rechtsgeschichtlicher Beleuchtung (Sitzg.-Ber. Wien 224,2. 1946), S. 107; *Gagé*, S. 23; *Vittinghoff*, S. 11; *Volkmann* (oben Anm. 10), S. 86; *W. Hoffmann*, Der Widerstreit von Tradition und Gegenwart im Tatenbericht des Augustus: Gymnasium 76 (1969), S. 19. *Wilcken*, a. a. O., fährt in seinem Zitat fort: „so wie er dies von der Nachwelt aufgefaßt wissen wollte."

[14] *Grenade*, S. 4; vgl. zur Eingewöhnung in die neue Ordnung am Ende der Lebenszeit des Augustus *dens.*, S. 67 f. Vgl. auch den Nachweis von *Wickert*, S. 140 ff., daß Tacitus nicht mit der öffentlichen Meinung der augustischen Zeit gleichzusetzen sei.

[15] *Weber*, S. 207.

Ein weiterer Einwand, daß wir eine spezielle Bezeichnung gesellschaftlicher Gruppen in der Zeit des Augustus nicht kännten, ist bereits durch die jüngsten Untersuchungen beseitigt worden. J. Gagé hat gezeigt, daß im kaiserzeitlichen Rom soziale Gruppen nach den politischen Gliederungen weitgehend bestimmt werden können [16], und in diesem Sinne konnte von der „status-conscious society" der frühen Kaiserzeit gesprochen werden [17]./

Sind damit die Voraussetzungen gegeben, so besteht das Kernstück einer solchen Untersuchung in der Ordnung der einzelnen Stellen der *res gestae* [18], in denen Gruppen des römischen Reiches — nach ihrer politischen oder sozialen Gliederung — genannt werden. In einer solchen Gliederung soll zugleich eine Aussage über die Beurteilung der einzelnen Gruppen durch Augustus dadurch vorbereitet werden, daß die einzelnen Textstellen klassifiziert werden, je nachdem die betreffende Gruppe in ihnen

a lediglich als vorhanden genannt wird,
b als Objekt des Handelns des Augustus erscheint,
c selbst als handelnd vorgestellt wird, oder
d als Inhaberin von Rechten oder Eigenschaften charakterisiert ist.

Hierbei wird dann weiterhin unterschieden, ob das Handeln der Gruppe

ca Augustus dient, indem es zur Steigerung seiner Macht oder seiner Ehre beiträgt,
cb in der Mitwirkung mit Augustus auf staatliche Aufgaben gerichtet ist, oder
cc in der selbständigen Wahrnehmung staatlicher Aufgaben besteht, soweit diese nicht Augustus selbst dienen (ca).

Dementsprechend ergibt sich folgende Gliederung:

1 Römische Bürger
11 Römische Bürger in ihrer Gesamtheit (undifferenziert und ohne Gruppenzuordnung)
111 *universi* (οἱ ἐμοὶ πολεῖται)
ca *per consensum universorum potitus rerum omnium* (34,1) [19] /

[16] *Classes* (oben Anm. 7), S. 40 ff.

[17] *P. R. C. Weaver,* Historia 14 (1965), S. 460.

[18] Der Text der *res gestae* wird — ohne Kennzeichnung von Textergänzungen — nach der Ausgabe von Gagé (s. Abkürzungen) und nach seiner Einteilung in Kapitel und Abschnitte zitiert. Zahlen im normalen Druck beziehen sich auf diese Einteilung der *res gestae,* Zahlen im Fettdruck auf die Gliederung der Übersicht.

[19] In diesem Zusammenhang kann auf die reiche Literatur zum *consensus universorum* nicht eingegangen werden. Die Beziehung auf römische Bürger, die durch die griechische Übersetzung bestätigt wird (vgl. etwa *Weber,* S. 133*; *Volkmann,* Burs. Jahresber. 1942, S. 62; *Grenade,* S. 270), scheint mir eindeutig zu sein; vgl. neuerlich auch *Herrmann,* S. 92, sowie *K.-E. Petzold,* Historia 18 (1969), S. 344 ff. Anders offenbar noch *Wickert,* Princeps: Mélanges Carcopino (Paris 1966), S. 979 ff., wenn er den *princeps universorum* — so bereits *P. de Francisci,* Boll. Ist. Dir. Rom. 42 (1934), S. 139, nach

112 *universi cives* (σύνπαντες οἱ πολεῖται)
ca *universi cives ... pro valetudine mea supplicaverunt* (9,2)
113 *cives* (οἱ πολεῖται)
1131 b *omnibus veniam petentibus civibus peperci* (3,1)
1132 b *corona civica* (στέφανος ὁ διδόμενος ἐπὶ σωτηρίαι τῶν πολειτῶν) (34,2)
114 *cives Romani* (Ῥωμαῖοι)
1141 a *millia civium Romanorum sub sacramento meo fuerunt ...* (3,3; zu Satz 2 vgl. auch **213**)
1142 b *civium Romanorum censa sunt capita* (8,2.3.4)
115 *Romanus (i)* (Ῥωμαῖοι)
1151 a *ad fines Cimbrorum ..., quo neque terra neque mari quisquam Romanus ante id tempus adit* (26,4)
1152 a *ex India regum legationes ... sunt non visae ante id tempus apud quemquam Romanorum ducem* (31,1)
1153 d *trium exercitum Romanorum spolia et signa* (29,2; vgl. auch **222**)
12 Römische Bürger als *populus* (allein und im Zusammenwirken verschiedener Gruppen)
121 *populus Romanus* (—)
1211 b *impens(ae) quas in rem publicam populumque Romanum fecit* (pr.)/
1212 d *orbem terrarum imperio populi Rom(ani) subiecit* (pr.)
122 *populus Romanus* (Ῥωμαῖοι)
1221 d *per totum imperium populi Romani* (13,1)
1222 d *populi Romani exercitus* (30,1; vgl. auch **221**)
123 *populus Romanus* (δῆμος Ῥωμαίων)
1231 d *Aegyptum imperio populi Romani adieci* (27,1)
1232 d *Pannoniorum gentes ... imperio populi Romani subieci* (30,1)

Béranger, S. 41, Anm. 59 — aus dem *consensus universorum* ableitet (S. 984 f.), aber zugleich mit Bezeichnungen wie *princeps generis humani* oder *princeps totius orbis* gleichsetzt. — Die Eingrenzung der *universi* auf einen bestimmten Teil der römischen Bürgerschaft ist in der Literatur weitgehend abhängig von der Deutung des *consensus.* So denkt *Adcock,* Cl. Qu. 45 (1951), S. 130 ff., jetzt in: WdF 128, S. 230 ff., bei *universorum* an „ein passendes Synonym oder eine *variatio* für *Senatus Populique Romani*" (S. 238), die Gleichsetzung mit *senatus et equester ordo populusque Romanus universus* (r. gest. 35,1) ist schon bei *Weber,* S. 174, vorbereitet und jetzt — unter nicht vollberechtigter Berufung auf *A. Alföldi,* Die monarchische Repräsentation im römischen Kaiserreiche (Darmstadt 1970), S. 162 — von *Grenade,* S. 283, wieder aufgenommen worden. Ähnlich wohl *Petzold,* a. a. O., wenn die griechische Übersetzung „zunächst auf Rom" verweise (S. 346), dann allerdings Italien mit einbezogen, da auch der Eid von 32 mit unter den *consensus* gefaßt wird (S. 351). — Die hier vorgenommene Einordnung entspricht zunächst der mangelnden Präzisierung auch in der griechischen Übersetzung; vgl. aber insgesamt dazu noch unten S. 290.

1233 d *exercitus meus Dacorum gentes imperia populi Romani perferre coegit* (30,2; vgl. auch **227**) [20]
1234 d *omnium provinciarum populi Romani... fines auxi* (26,1; vgl. auch **312**)
1235 d *Cimbri et... alii Germanorum populi... amicitiam meam et populi Romani petierunt* (26,4)
1236 d *Parthos... amicitiam populi Romani petere coegi* (29,2)
1237 d *aliae gentes..., quibus antea cum populo Romano nullum extiterat legationum et amicitiae commercium* (32,3)
1238 d *aliae gentes expertae sunt p(opuli) R(omani) fidem* (32,3)
124 *populus* (δῆμος)
1241 b *censum populi... egi* (8,2)
1242 b *spectaculum populo praebui* (22,1)
1243 b *venationes... populo dedi* (22,3)
1244 b *spectaclum populo dedi* (23,1)
1245 ca *populus... me consulem... creavit* (1,4)
1246 ca *populus... me... triumvirum rei publicae constituendae creavit* (1,4) [21]
1247 ca *populo id sacerdotium deferente mihi* (10,2)
125 *populus et senatus* (δῆμος καὶ σύνκλητος)
1251 ca *dictaturum... mihi delatum et a populo et a senatu... non recepi* (5,1) [22]/
1252 cc *patriciorum numerum auxi consul quintum iussu populi et senatus* (8,1; vgl. auch **141**)
126 *senatus populusque Romanus* (ἥ τε σύνκλητος καὶ ὁ δῆμος τῶν Ῥωμαίων) [23]

[20] Zur bewußten „Zweideutigkeit" des Plurals *imperia* vgl. *Weber*, S. 212 f.

[21] Vgl. auch 7,1: *Triumvirum rei publicae constituendae fui continuos annos decem.*

[22] Ohne ausdrückliche Nennung der Organe ist hier einzuordnen 5,3: *consulatum quoque tum annuum et perpetuum mihi delatum non recepi.* Erwähnung der tatsächlich innegehabten Konsulate: a) zusammenfassend 4,4: *consul fueram terdeciens,* b) zu einzelnen Konsulaten: 16, 1 (IV), 8,1; 15,1. 3; 21,3 (V), 8,2; 20,4; 34,1 (VI), 20,5; 34,1 (VII), 15,1 (X), 15,1 (XI), 15,1. 2 (XII), 15,4; 22,2; 35,1 (XIII).

[23] Entsprechend dem Zusammenwirken von Senat und Volk sind hierunter noch folgende Stellen einzuordnen, bei denen die Organe nicht genannt werden:
ca Übertragung des *consulare imperium* (8,3.4)
ca *sacrosanctus in perpetum ut essem et quoad viverem tribunicia potestas mihi esset, per legem sanctum est* (10,1); vgl. weiterhin die Erwähnung der *trib. pot.* a) allgemein 4,4; 6,2, b) zur Datierung 15,1 (XII), 15,2 (XVIII)
cb Berufung auf die *iudicia legitima* (d. h. auf die *lex Pedia*) bei Bestrafung der Caesarmörder (2)

1261 ca *senatu populoque Romano consentientibus ut curator legum et morum summa potestate solus crearer* (6,1)

1262 ca *filios meos ... honoris mei caussa senatus populusque Romanus ... consules designavit* (14,1)

1263 ca *clupeus aureus ... quem mihi senatum populumque Romanum dare ... testatum est* (34,2)

1264 d *rem publicam ex mea potestate in senatus populique Romani arbitrium transtuli* (34,1)

127 *senatus et equester ordo populusque Romanus universus* (ἥ τε σύνκλητος καὶ τὸ ἱππικὸν τάγμα ὅ τε σύνπας δῆμος τῶν Ῥωμαίων)

1271 ca *... appellavit me patrem patriae* (35,1)

1272 ca *id ... inscribendum ... censuit* (35,1)

13 Römische Bürger in territorial gegliederten Gruppen

131 Rom: *civitas universa* (δῆμος)

b *curationem annonae ... ita administravi, ut ... civitatem universam liberarem* (5,2) [24]

132 Italien

1321 Italia tota (ἅπασα ἡ Ἰταλία)/

13211 ca *iuravit in mea verba tota Italia sponte sua* (25,2)

13212 ca *tota Italia ... me belli quo vici ad Actium ducem depoposcit* (25,2)

1322 *cuncta ex Italia multitudo* (ἐξ ὅλης τῆς Ἰταλίας πλῆθος)

ca *cuncta ex Italia ad comitia mea confluente multitudine* (10,2) [25]

1323 *municipia et coloniae Italiae* (αἱ ἐν Ἰταλίαι πολειτεῖαι καὶ ἀποικίαι)

13231 b *auri coronari ... millia municipiis et colonis Italiae conferentibus ... remisi, et postea ... aurum coronarium non accepi decernentibus municipiis et colonis* (21,3)

13232 ca ibid.

1324 *municipia* (πόλεις ἐν Ἰταλίαι)

b *donata pecunia ... municipiis* (App. 4)

1325 *coloniae* (ἀποικίαι)

a *Italia ... colonias ... mea auctoritate deductas habet* (28,2)

cb *legibus novis me auctore latis multa exempla maiorum ... reduxi* (8,5)

cc *ludos Martiales ... feci, quos post id tempus ... s(enatus) c(onsulto) et lege fecerunt consules* (= **143327**).

[24] Die Beziehung auf Rom ist durch die Festlegung des ganzen Kapitels auf das Jahr 22 (vgl. *Gagé*, zu 5, 1) und die damals herrschende *summa frumenti penuria* gesichert. Zu Recht paraphrasiert daher *Grenade*, S. 449 „la cité tout entière". Zum Fehlen von σύνπαντα (τὸν δῆμον) vgl. *Weber*, S. 133*; *Grenade*, S. 450.

[25] Vgl. auch 7,3: *pontifex maximus ... fui.* Die für die Übertragung der übrigen Priesterämter (7,3) verantwortlichen Organe werden nicht genannt.

1326 *Italica praedia* (ἐν Ἰταλίαι)
a *pro Italicis praedis numeravi* (16,1)
133 Städte römischer Bürger (ohne spezielle Ortsangabe) [26]
1331 *municipia* (πόλεις)
13311 a *remisi in municipia sua* (3,3)
13312 a *milit(es) quos ... in sua municipia deduxi* (16,2)
13313 b *pecuniam pro agris ... solvi municipis* (16,1)
1332 *coloniae* (ἀποικίαι)
13321 a *deduxi in colonias* (3,3)
13322 b *acceperunt id ... congiarium in colonis hominum ... millia* (15,3)/
13323 b *donata pecunia colonis* (App. 4)
1333 *coloni militum* (ἄποικοι στρατιωτῶν)
b *colonis militum meorum ... millia nummum ... dedi* (15,3; vgl. auch **215**)
1334 *coloniae militum* (ἀποικίαι στρατιωτῶν)
b *solus ... qui deduxerunt colonias militum in Italia aut in provincis ... feci* (16,1; vgl. auch **211**)
134 Städte römischer Bürger in Provinzen:
coloniae militum (ἀποικίαι στρατιωτῶν)
b *colonias in Africa Sicilia ... militum deduxi* (28,1; vgl. auch **212**)
14 Die Römer in politisch bzw. sozial gegliederten Gruppen
141 *patricii* (οἱ πατρίκιοι)
b *patriciorum numerum auxi* (8,1; vgl. auch **1252**)
142 *amici* (φίλοι) [27]
b *donata pecunia ... amicis* (App. 4)
143 Senat
1431 *principes viri* (οἱ τὰς μεγίστας ἀρχὰς ἄρξαντες) [28]
ca *pars praetorum ... cum ... principibus viris obviam mihi missa est* (12,1; vgl. auch **143313**)

[26] *coloniae* und *municipia* in den *res gestae* werden — im Gegensatz zu *oppida* — in der Literatur meist Italien zugewiesen; vgl. *Gagé*, zu App. 4. Das scheint mir auch aus dem griechischen Text von App. 4 nicht als Intention des Verfassers dieser Zusammenfassung (vgl. dazu unten Anm. 53) gefolgert werden zu können. Augustus selbst hat italische Munizipien und Kolonien ausdrücklich als solche gekennzeichnet (**1323**) und damit der Anlage römischer Bürgerstädte auch in den Provinzen Rechnung getragen (vgl. dazu *Vittinghoff*, Römische Kolonisation und Bürgerrechtspolitik unter Caesar und Augustus. Abh. Mainz 1951, Nr. 14), so daß mir die hier vorgenommene Trennung notwendig erscheint.

[27] Nach Cass. Dio 53, 22, 3, sind unter den φίλοι — neben auswärtigen Völkerschaften — vor allem auch die zu sehen, welche nach r. gest. 24,2 *mihi statuarum honorem habuerunt* (ca).

[28] Zur korrekten Wiedergabe im griech. Text vgl. *Weber*, S. 181* f.

1432 *senatores* (συγκλητικοί)
14321 b *donata pecunia . . . senatoribus* (App. 4)
14322 cb *qui sub signis meis tum militaverint, fuerunt senatores . . .* (25,3; vgl. auch **15126. 15224**)
1433 *senatus* (σύνκλητος)
143301 b *senatum ter legi* (8,2)
143302 ca *senatus . . . in ordinem suum me adlegit . . . consularem locum . . . tribuens* (1,2)
143303 ca *princeps senatus fui* (7,2)
143304 ca *ut (filii mei) interessent consiliis publicis decrevit senatus* (14,1)/
143305 ca *decernente pluris triumphos mihi senatu* (4,1) [29]
143306 ca *ob res a me . . . gestas . . . decrevit senatus supplicandum esse* (4,2)
143307 ca *vota pro valetudine mea suscipi . . . senatus decrevit* (9,1; vgl. auch **15122. 15221**)
143308 ca *aram Fortunae Reducis . . . pro reditu meo senatus consacravit* (11)
143309 ca *aram Pacis Augustae senatus pro reditu meo consacrandam censuit* (12,2)
143310 *ca Ianum Quirinum . . . ter me principe senatus claudendum esse censuit* (13)
143311 ca *dies . . . per quos ex senatus consulto supplicatum est, fuere . . .* (4,2)
143312 ca *nomen meum senatus consulto inclusum est in saliare carmen* (10,1)
143313 ca *senatus consulto . . . pars praetorum . . . obviam mihi missa est* (12,1; vgl. auch **1431. 15124. 1513. 1515**)
143314 ca *pro merito meo senatus consulto Augustus appellatus sum* (34,2)
143315 ca *senatus . . . diem Augustalia ex cognomine nostro appellavit* (11)
143316 ca *pro merito meo senatus consulto . . . laureis postes aedium mearum vestiti publice* (34,2)
143317 ca *pro merito meo senatus consulto . . . corona . . . civica super ianuam meam fixa est* (34,2)
143318 ca *pro merito meo senatus consulto . . . clupeus aureus in curia Iulia positus (est)* (34,2)
143319 ca *quadrig(ae) . . . mihi ex s(enatus) c(onsulto) positae sunt* (35,1)
143320 ca *senatus . . . imperium mihi dedit* (1,2)
143321 ca (*senatus*) *me pro praetore . . . providere iussit* (1,3; vgl. auch **15125**)
143322 ca *senatus . . . pontifices et virgines Vestales anniversarium sacrificium facere iussit* (11; vgl. auch **1521. 15241**)
143323 ca *senatus . . . magistratus et sacerdotes virginesque Vestales anniversarium sacrificium facere iussit* (12,2; vgl. auch **15112. 15223. 15242**)

[29] Die erforderlichen Senatsbeschlüsse werden dagegen bei der Erwähnung der tatsächlich abgehaltenen Triumphe (4, 1.3) nicht genannt.

143324 ca *quae tum per me geri senatus voluit* (6,2)/
143325 cb *potestatis* (*trib.*) *conlegam . . . a senatu depoposci et accepi* (6,2)
143326 cb *. . . templa deum in urbe consul sextum ex auctoritate senatus refeci* (20,4)
143327 cc *ludos Martiales . . . feci, quos post id tempus . . . s*(*enatus*) *c*(*onsulto*) *et lege fecerunt consules* (22,2; vgl. auch **15127**)
144 *equites Romani universi* (ἱππεῖς Ῥωμαίων σύνπαντες)
ca *. . . principem iuventutis utrumque eorum* (*scil. filiorum meorum*) *. . . appellaverunt* (14,2)
145 Plebs
1451 *plebs Romana* (δῆμος Ῥωμαίων)
14511 b *plebei Romanae viritim . . . numeravi . . . et . . . dedi, iterum autem . . . pernumeravi et . . . frumentationes . . . emensus sum, et . . . dedi* (15,1)
14512 b *summa pecuniae quam dedit . . . plebei Romanae* (App. 1)
1452 *plebs urbana* (ὄχλος πολειτικός)
b *plebis urbanae . . . denarios viritim dedi* (15,2)
1453 *plebs* (δῆμος)
b *. . . denarios plebei quae tum frumentum publicum accipiebat dedi* (15,4)
15 Die Römer in Gruppen nach ihren staatlichen Funktionen
151 Magistrate
1511 *magistratus* (οἱ ἐν ταῖς ἀρχαῖς bzw. αἱ ἀρχαί)
15111 b *ludos feci . . . aliorum . . . magistratuum vicem* (22,2)
15112 ca *in* (*ara Pacis Augustae senatus*) *magistratus . . . anniversarium sacrificium facere iussit* (12,2; vgl. auch **143323**)
1512 *consules* (ὕπατοι)
15121 a Nennung der Konsuln als Zeitangabe (1,2; 5,1; 6,1 (3 x); 8,3.4; 10,2; 11; 12,2; 16,1.2 (5 x); 17,2; 18,1; 22,2; vgl. auch 1,4 sowie zu Augustus' eigenen Konsulaten o. Anm. 22)
15122 ca *vota pro valetudine mea suscipi per consules . . . senatus decrevit* (9,1; vgl. auch **143307**)
15123 ca *ex iis votis . . . fecerunt . . . ludos . . . consules* (9,1)
15124 ca *pars praetorum . . . cum consule . . . obviam mihi missa est* (12,1; vgl. auch **143313**)
15125 cb (*senatus*) *me pro praetore simul cum consulibus providere / iussit* (1,3; vgl. auch **143321**)
15126 cb *qui sub signis meis tum militaverint, fuerunt senatores . . ., in iis qui vel antea vel postea consules facti sunt . . .* (25,3; vgl. auch **14322**)
15127 cc *ludos Martiales . . . s*(*enatus*) *c*(*onsulto*) *et lege fecerunt consules* (22,2; vgl. auch **143327**)

1513 *praetores* (στρατηγοί)
ca *pars praetorum ... obviam mihi missa est* (12,1; vgl. auch **143313**)
1514 *qui praerant aerario* (—)
b *pecunia mea iuvi aerarium, ita ut sestertium ... ad eos qui praerant aerario detulerim* (17,1)
1515 *tribuni plebi* (δήμαρχοι)
ca *pars ... tribunorum plebi ... obviam mihi missa est* (12,1; vgl. auch **143313**)
1516 *legati* (πρεσβευταί)
cb *ob res ... per legatos meos ... prospere gestas* (4,2) [30]
152 Priester
1521 *pontifices* (ἱερεῖς)
ca *in* (*ara Fortunae Reducis senatus*) *pontifices ... anniversarium sacrificium facere iussit* (11; vgl. auch **143322**)
1522 *sacerdotes* (ἱερεῖς)
15221 ca *vota pro valetudine mea suscipi per ... sacerdotes ... senatus decrevit* (9,1; vgl. auch **143307**)
15222 ca *ex iis votis ... fecerunt ... ludos ... sacerdotum quattuor amplissima collegia* (9,1)
15223 ca *in* (*ara Pacis Augustae senatus*) *... sacerdotes ... anniversarium sacrificium facere iussit* (12,2; vgl. auch **143323**)
15224 cb *qui sub signis meis tum militaverint, fuerunt senatores ..., in iis ... sacerdotes ...* (25,3; vgl. auch **14322**)
1523 *conlegium XVvirorum* (οἱ δεκαπέντε ἄνδρες)
b *pro conlegio XVvirorum magister conlegii ... ludos saeclares ... feci* (22,2)
1524 *virgines Vestales* (ἱερείαι)
15241 ca *in* (*ara Fortunae Reducis senatus*) *... virgines Vestales anniversarium sacrificium facere iussit* (11; vgl. auch / **143322**)
15242 ca *in* (*ara Pacis Augustae senatus*) *... virgines ... Vestales anniversarium sacrificium facere iussit* (12,2; vgl. auch **143323**)
2 Soldaten (Heer und Flotte)
21 *milites* (στρατιῶται)
211 a *colonia*(*e*) *militum* (16,1; vgl. auch **1334**)
212 a *colonia*(*e*) *militum* (28,1; vgl. auch **134**)
213 b (*milites*), *ex quibus deduxi in colonias aut remisi in municipia sua stipendis emeritis ... et iis omnibus agros adsignavi aut pecuniam pro praemis militiae dedi* (3,3; vgl. auch **1141**)
214 b *agr*(*i*) *quos ... adsignavi militibus* (16,1)

[30] Vgl. auch 27, 2: *per Gaium filium meum*, und 30, 1: *per Ti. Neronem, qui tum erat privignus et legatus meus* (vgl. auch 27,2).

215 b *colonis militum meorum ... millia nummum ... dedi* (15,3; vgl. auch **1333**)
216 b *militibus, quos emeriteis stipendis in sua municipia deduxi, praemia ... persolvi* (16,2)
217 b *aerarium militare ..., ex quo praemia darentur militibus, qui ... stipendia emeruissent* (17,2)
218 b *summa pecuniae quam dedit ... dimissis militibus* (App. 1)
22 *exercitus* (στράτευμα) [31]
221 a *populi Romani exercitus* (30,1; vgl. auch **1222**)
222 a *trium exercitum Romanorum spolia et signa* (29,2; vgl. auch **1153**)
223 b *exercitum privato consilio et privata impensa comparavi* (1,1)
224 cb *exercitu(s) ... per quem rem publicam ... in libertatem vindicavi* (1,1)
225 cb *meo iussu et auspicio ducti sunt duo exercitus ... in Aethiopiam ...* (26,5)
226 cb *in Arabiam usque in fines Sabaeorum processit exercitus ad oppidum Mariba* (26,5)/
227 cb *exercitus meus Dacorum gentes imperia populi Romani perferre coegit* (30, 2; vgl. auch **1233**) [32]
23 *classis* (στόλος)
cb *classis mea per Oceanum ... navigavit* (26,4)
3 Provinziale
31 *provincia* (ἐπαρχεία)
311 a *ex Hispania Galliaque, rebus in iis provincis prospere gestis, Romam redi* (12, 2)
312 b *omnium provinciarum populi Romani ... fines auxi* (26,1; vgl. auch **1234**)
313 b *Gallias et Hispanias provincias ... pacavi* (26,2) [33]
314 b *Armeniam ... cum possem facere provinciam* (27,2)
315 b *provincias omnis ... reciperavi* (27,3)
316 ca *iuraverunt ... provinciae Galliae Hispaniae Africa Sicilia Sardinia* (25,2)

[31] Wenn die imperatorischen Akklamationen (4, 1; vgl. auch 21, 3) nicht ausdrücklich auf die Initiative des Heeres zurückgeführt werden, so wird dadurch wohl der konkurrierenden Akklamationskompetenz durch Heer und Senat Rechnung getragen; vgl. dazu *D. Kienast,* Imperator: ZRG 78 (1961), S. 403 ff., der den Unterschied zwischen Titel und Namen deutlich herausgestellt, dann allerdings nur die Entwicklung des Namens verfolgt hat.

[32] Die Mitwirkung des Heeres (cb) ist ohne ausdrückliche Nennung bei allen Angaben der capp. 25, 1; 26—27; 29—30 gegeben.

[33] In der griech. Übers. fehlt die Entsprechung zu *provincias;* vgl. flgd. Anm.

32 *civitates provinciae Asiae* (πόλεις τῆς ᾿Ασίας) [34]
b *in templis omnium civitatium provinciae Asiae victor ornamenta reposui* (24,1)
33 *oppida* (πόλεις ἐν ἐπαρχείαις)
b *donata pecunia ... oppidis* (App. 4)
34 *agri provinciales* (οἱ ἐπαρχειτικοὶ ἀγροί)
b (260 Mill. Sesterzen), *quod pro agris provincialibus solvi* (16,1)
4 *servi* (δοῦλοι)
b *servorum qui fugerant ... millia capta dominis ad supplicium sumendum tradidi* (25,1) [35]

Die Übersicht zeigt bei aller Vielfalt auf den ersten Blick, daß gerade bedeutende soziale Gruppen der Gesellschaft des römischen Reiches nicht erwähnt werden. Das gilt vor allem für die Gruppen der Freigelassenen, der ‚Hellenen' im Osten des Reiches und der Dekurionen in den / Städten [36]. Augustus bietet also nicht ein Tableau der gesellschaftlichen Gruppen insgesamt. Andererseits machen die starke terminologische Differenzierung und die damit verbundene zahlenmäßige Verteilung der Erwähnung einzelner Gruppen deutlich, daß Augustus nicht allein „die Ordnung nach staatsrechtlichen Kategorien" zu geben beabsichtigte [37].

Magistrate (**151**) werden — bis auf Konsuldatierungen (**15121**) — nur spärlich erwähnt und als verantwortliche Träger staatlicher Handlungen lediglich in Ausführung von Gesetzen oder Senatsbeschlüssen. Die Erklärung hierfür könnte im Willen des Augustus zu einer Stärkung des Senatsregiments gesucht werden [38]. Dem steht jedoch entgegen, daß gerade die Formel *senatus populusque Romanus* (**126**), die Ausdruck der Vorrangstellung des Senates schon in republikanischer Zeit war [39], in den *res gestae* keinesfalls als Grundlage für entscheidende Staatsakte dient. Das stimmt von vornherein auch bedenklich gegenüber der zunächst naheliegenden Annahme, daß die überaus häufige Nennung des Senates (**125—127. 1433**) allein ihren Grund in der bewußten Hervorhebung der staatsrechtlichen Bedeutung dieser Körperschaft durch Augustus besitze [40].

[34] Zum Fehlen der griech. Übers. von *provinciae* vgl. *Weber,* Anm. 630.

[35] Vgl. 27, 3: *bellum servile.*

[36] Vgl. dazu jetzt *Gagé,* Classes (oben Anm. 7), S. 138 ff. (Freigelassene), S. 154 f. (Hellenen), S. 161 ff. (Dekurionen).

[37] So *Weber,* S. 185. Vgl. jetzt *K. Christ,* Zur Beurteilung der Politik des Augustus: Gesch. in Wissensch. und Unterr. 19 (1968), S. 331: „*Res publica, senatus populusque Romanus* bleiben ... die s c h e i n b a r unveränderten alten Einheiten und Träger der Politik" (Sperrung von mir).

[38] Vgl. dazu *Mommsen,* Römisches Staatsrecht III, S. 1252 ff.

[39] Vgl. *Mommsen* (vor. Anm.), S. 1257 ff.; *U. v. Lübtow,* Das römische Volk. Sein Staat und sein Recht (Frankfurt 1955), S. 247 f.

[40] Vgl. etwa *Gardthausen* I, S. 1285.

Mehr noch als die Häufigkeit der Nennungen weist die terminologische Differenzierung darauf hin, daß Augustus nicht nur staatsrechtliche Kategorien im Auge hatte: Formen von *universus,* die staatsrechtlich ohne Bedeutung waren, sind nicht nur verwandt, wo Augustus seine umfassende *cura* betonen wollte (**131**), sondern vor allem bei entscheidenden Anlässen, die der Begründung und Mehrung seiner Ehren- (**112. 127. 144**) und seiner Machtstellung (**111**) dienten [41]. Die terminologische Unterscheidung zwischen *cives* (**112—114**), *populus Romanus* (**121—123**) und *populus* (**124**) ist mit einiger Wahrscheinlich/keit nicht zufällig, da die jeweiligen Gruppen nach der Art ihrer Erwähnung unterschiedlichen Kategorien zugeordnet werden können [42]. Das gleiche gilt für die Unterscheidung zwischen Senat (**1433**) und Senatoren (**1432**). Die Senatoren werden — ebenso wie die Ritter (**144**) — als Angehörige einer besonderen sozialen Gruppe hervorgehoben [43]. Diese Hervorhebung wirkt dann aber auf die Körperschaft zurück, die durch diesen *ordo* gebildet wurde. Denn wenn der Senat natürlich die Kompetenz gerade für die Verleihung von Ehrenrechten besaß [44], so ist — bei der weitgehenden Vernachlässigung anderer Kompetenzen — die Häufung dieser Ehrenrechtsverleihungen unter gleichzeitiger Benennung des Senats als alleinverantwortlichem Organ doch so auffällig, daß die Annahme nahegelegt wird, der Senat werde hierbei eben auch — und nicht zuletzt — als Vereinigung der sozial angesehensten Schicht genannt. Besonders deutlich aber wird die *plebs* (**145**) als eine soziale Gruppe charakterisiert, wenn sie ausschließlich als Empfängerin der Wohltaten des Augustus zitiert wird, obwohl der Kaiser ihrer im besonderen Maße vor allem auch für seine Gesetzgebung bedurfte [45].

Es wird dadurch zwar nicht bewiesen, aber wahrscheinlich gemacht, daß Augustus die Existenz unterschiedlicher sozialer Gruppen in den *res gestae* anerkannt hat. Zugleich ergibt sich aus den letztgenannten Beispielen, daß es hierfür nicht ausreicht, gleichsam statistisch die durch die terminologische Differenzierung bedingte zahlenmäßige Aufteilung der Textstellen auf die einzelnen Gruppen zu erfassen, sondern daß ihre inhaltliche Zuordnung und damit die Bedeutung, die jeder einzelnen Gruppe zuerkannt wird, erst eine Entscheidung ermöglicht. Hierzu soll — vom Ende der Übersicht her — eine Art von Ausschlußverfahren angewandt werden./

[41] Ganz ähnlich bei den Formen von *totus* (**1321**) und *cuncti* (**1322**).

[42] Der außergewöhnliche Gebrauch von *populus Romanus* im Präskript (**1211**) ist ein Indiz dafür, daß es nicht von Augustus verfaßt wurde; vgl. dazu unten Anm. 86.

[43] Zur Bedeutung, die für **14322** „das persönliche Ansehen und Gewicht dieser Männer" besitzen, vgl. *v. Premerstein,* S. 44. Zur „classe sénatoriale" seit Augustus vgl. jetzt *Gagé,* Classes (oben Anm. 7), S. 84 f.; *Garnsey,* Social status (oben Anm. 7), S. 237.

[44] Vgl. vor allem *Siber,* Römisches Verfassungsrecht in geschichtlicher Entwicklung (Lahr 1952), S. 267.

[45] Vgl. r. gest. 6, 2, und dazu bes. *Siber,* S. 60 ff.

S k l a v e n (4) konnten schon deshalb in den *res gestae* nicht unerwähnt bleiben, weil es aus propagandistischen Gründen angezeigt erschien, den Krieg gegen Sex. Pompeius nicht als Bürgerkrieg zu bezeichnen. Die große Anzahl entlaufener Sklaven, die Pompeius in seine Flotte aufgenommen haben soll — die er aber vermutlich vorher formell freigelassen hatte —, gab die Möglichkeit, von einem Sklavenkrieg zu reden [46]. Wenn Sklaven damit auch als einer größeren und geschlossenen Gruppe Initiative zugestanden wurde, so doch nur als *piratae*, die sich außerhalb der staatlichen Ordnung befanden [47]. Als Gefangene wurden sie nicht im gleichen Sinne Objekt wie *cives* oder selbst *externae gentes*, deren Schonung nach der Niederlage Augustus betont (**1131**). Der Kaiser legt mit seiner Formulierung Gewicht auf die Feststellung, daß auch durch den Kampf der Sklaven und ihre Gefangennahme das private Rechtsverhältnis zwischen ihnen und ihren Herren nicht aufgelöst wurde. Sie blieben Objekt ihrer jeweiligen *domini*, denen sie allerdings mit einer bestimmten Weisung — *ad supplicium sumendum* — zurückgegeben wurden [48].

Damit werden sie nicht zur ‚Gesellschaft des römischen Reiches' gezählt, als soziologische Gruppe innerhalb des Staates nicht anerkannt.

P r o v i n z i a l e (3) werden als geschlossene Personengruppe in den *res gestae* überhaupt nicht genannt [49], und wiederholt ist aus dieser Erkenntnis be-

[46] Vgl. *Gagé* und *Volkmann*, zu r. gest. 25, 1, sowie *Maschkin*, S. 251 ff., 401; *Kienast*, Untersuchungen zu den Kriegsflotten der römischen Kaiserzeit (Antiquitas, Reihe 1, Bd. 13. Bonn 1966), S. 11. — Vgl. jetzt auch *E. Maróti*, Die Rolle der Seeräuber unter den Anhängern des Sextus Pompeius, in: Sozialökonomische Verhältnisse im Alten Orient und im Klassischen Altertum. Deutsche Historiker-Gesellschaft, Tagung der Sektion Alte Geschichte der Deutschen Historiker-Gesellschaft vom 12.—17. X. 1959 in Altenburg, hrsg. v. *H.-J. Diesner, R. Günther, G. Schrot* (Berlin 1961), S. 208 ff.; *H. Bellen*, Studien zur Sklavenflucht im römischen Kaiserreich (Forschungen zur antiken Sklaverei 4. Wiesbaden 1971), S. 92 ff.

[47] Vgl. zur Bezeichnung des Krieges gegen Sex. Pompeius als Piratenkrieg *P. Sattler*, Augustus und der Senat. Untersuchungen zur römischen Innenpolitik zwischen 30 und 17 v. Christus (Göttingen 1960), S. 16 f.

[48] Als Maßnahme, die ihm „unter den Sklavenhalterkreisen Italiens Sympathien" gewinnen sollte, sind daher Übergabe und Weisung zur Bestrafung nur mit großem Vorbehalt zu bewerten. Im übrigen bezieht sich der Satz App., b. c. 5, 132 — „Die Städte stellten ihn ihren eigenen Götterbildern an die Seite" —, den *Maschkin*, S. 257 gleichsam als Beglaubigung seiner Annahme anfügt, auch nicht auf diese Maßnahme, sondern eindeutig auf τοῦτο τῶν τότε στάσεων τέλος im vorangehenden Satz. Vgl. dazu auch das Zitat aus der Rede des Augustus (τέλος τῶν ἐμφυλίων ἀνῃρημένων) bei App., b. c. 5, 130, und die Widmung am Standbild, das Octavian bei dieser Gelegenheit errichtet wurde: ὅτι τὴν εἰρήνην ἐστασιασμένην ἐκ πολλοῦ συνέστησε κατά τε γῆν καὶ θάλασσαν. Vom *bellum servile* ist dabei noch keine Rede; vgl. *Syme*, S. 233 f. — Vgl. jetzt ebenfalls *Bellen* (oben Anm. 46), S. 17. 116.

[49] Allerdings ist — wie aus der Übersicht hervorgeht — nicht nur „in vier Fällen von

reits der Schluß gezogen worden, „daß der Kaiser für die große Masse der hauptstädtischen Bevölkerung“ geschrieben habe [50]. Wenigstens negativ ist gewiß zu schließen, daß an die Provinzialen nicht als an Adressaten der *res gestae* gedacht war, wenn uns auch der Text gerade durch seine Verbreitung in den Provinzen bekannt ist [51]. Aber mit der Feststellung, daß die Provinzen in den *res gestae* nur als Objekte der Eroberung (**312. 314**), der Befriedung (**313**) und der Rückgewinnung (**315**) erwähnt seien [52], ist es auch nicht getan. Provinziale werden auch als Empfänger genannt (**32. 34**). Doch hat bereits W. Enßlin darauf hingewiesen, daß es sich in diesen Fällen nicht um einen Ausfluß der Fürsorge des Augustus für Provinziale handelt, sondern um Leistungen, durch die ganz andere Ziele — die Versorgung der Veteranen und Propaganda gegen Antonius auf dem Felde der *religio* — erreicht werden sollten [53]. Augustus hat also darauf verzichtet, in den *res gestae* ähnlich wie bei anderer Gelegenheit hervorzuheben, *quantam curam habemus et ego et senatus, ne quis nobis subiectorum con/tra debitum patiatur quid vel exigatur* [54]. Um so erstaunlicher scheint es mir zu sein, daß den Bewohnern der Westprovinzen mit ihrer Beteiligung am Eidschwur des Jahres 32 v. Chr. eine handelnde Rolle zuerkannt wird (**316**), die für die Stellung Octavians im Endkampf gegen Antonius von hoher Bedeutung war. Gerade die sonstige Vernachlässigung der Provinzialen in den *res gestae* legt daher die

den Provinzen die Rede“, wie *Maschkin,* S. 487 erklärt. Die darunter erwähnte „materielle Hilfe“ für die Provinzen in cap. 18 (nicht 24, und übrigens auch nicht „im Jahre 18 vor u. Z.“ bei der Zeitangabe: *ab eo anno quo Cn. et P. Lentuli consules fuerunt*) kann nach den Darlegungen von Enßlin nicht mehr aufrechterhalten werden.

[50] *Gardthausen* I, S. 1286; mit weiterer Literatur *Gagé,* S. 23 f.; bes. *Enßlin,* S. 336 ff.; *Weber,* Anm. 594; *Maschkin,* S. 314.

[51] Auf diesen Widerspruch weist *Salmon,* S. 465 hin. Seine Erklärung, die *res gestae* seien „in fact a report to the Senate and Roman People, and accordingly (Augustus) omits mention of things that do not concern them directly“, befriedigt allerdings wenig angesichts seiner berechtigten Feststellung, daß Augustus ab 27 v. Chr. in den Senatsprovinzen gar kein *imperium* (S. 467), ab 23 v. Chr. lediglich ein *imperium maius* (S. 469 f.) besessen habe.

[52] So *Gagé,* S. 23.

[53] Dazu gehört auch **13313**, sowie die Italiker in **1326**. Zur Auseinandersetzung mit M. Antonius in den *res gestae* vgl. jetzt *K. Kraft,* Historia 16 (1967), S. 201 ff. — Auf die andersartige Auffassung in der App. 4 hat Enßlin bereits hingewiesen: Hier werden Aufwendungen für italische und Provinzstädte (**1324. 13323. 33**), für *amici* (**142**) und Senatoren (**14321**) erwähnt, die im Text der *res gestae* überhaupt nicht genannt sind. Mit dem Inhalt ist aber auch die Tendenz eine andere, und damit zeigt sich erneut, daß die App. nicht zu den *res gestae* gehört; vgl. *Volkmann,* Burs. Jahresber. 1942, S. 50 ff.

[54] *Edict. Cyren.* V 80 ff., in der lat. Übers. v. *G. Oliverio,* bei: *F. de Visscher,* Les édits d'Auguste découverts à Cyrène (Löwen 1940), S. 28. — Die Edikte von Kyrene abgedruckt in: Documents illustrating the reigns of Augustus & Tiberius, coll. by *V. Ehrenberg — A. H. M. Jones* (Oxford [2]1955), Nr. 311.

Annahme nahe, daß wenigstens diese Gruppe unter ihnen kaum übergangen werden konnte, sondern als Gruppe in der Gesellschaft des römischen Reiches gewürdigt werden mußte.

Die Zeugnisse über die Soldaten (**2**) zerfallen sehr deutlich in zwei sehr streng unterschiedene Gruppen: als *milites* (**21**) werden nur Veteranen bezeichnet [55], die sich der besonderen Fürsorge ihres obersten Kriegsherrn erfreuten, die aktiven Streitkräfte heißen *exercitus* (**22**) [56] und *classis* (**23**) und werden als Teilhaber an den militärischen Erfolgen des Kaisers genannt.

Der zweiten Gruppe der Textzeugnisse hat L. Wickert bereits besondere Beachtung geschenkt und an dem Unterschied in der Benennung des Heeres in voraugustischer (**221. 222**) [57] und in augustischer Zeit gezeigt, daß Augustus in der Formulierung *exercitus meus* (**227**) und *classis mea* (**23**) sein „Recht der Verfügung über das Heer, das einem Eigentumsverhältnis nahekommt", zum Ausdruck bringt [58]. / Damit wurde die Identität von *populus* und *exercitus* aufgehoben [59], Heer und Flotte waren „une institution plutôt qu'une classe sociale".

Ganz anders liegen die Verhältnisse bei den Veteranen (**21**). Ihre Mitwirkung an den Erfolgen des Augustus hat ihnen Anrecht auf seine Fürsorge verschafft, die sie dann aber zugleich zu einer besonderen sozialen Gruppe zusammenband. In ihrer alleinigen Erwähnung als Empfänger von Aufwendungen des Kaisers für sie sind sie der *plebs* (**145**) gleichgestellt [60], und die *cura* des *princeps* kommt diesen beiden Bevölkerungsgruppen in besonderem Maße zugute. Ihre Anerkennung als soziale Gruppen durch Augustus scheint mir daher nicht zweifelhaft zu

[55] *Milites dimissi* in **218** zeigt erneut, daß die App. nicht zu den *res gestae* gehört; vgl. oben Anm. 53.

[56] In der griech. Übers. wird noch zwischen dem römischen Heer (στράτευμα) und feindlichen Streitkräften (δύναμις; 30, 2) differenziert.

[57] Lediglich auf voraugustische Zeit ist ebenso die Erwähnung von *Romani* als Repräsentanten Roms (**1151/2**) beschränkt.

[58] *Wickert,* S. 128 ff. (Zitat S. 131); *ders.,* RE 22, Sp. 2100 ff. Vgl. vorher bereits *Weber,* Anm. 551, sowie jetzt auch *Volkmann,* Historia 3 (1954/5), S. 82 f., und *Salmon,* S. 465. Die Stellensammlung bei *Weber,* a. a. O., zeigt übrigens deutlich, daß sich der Gebrauch des Possessivpronomens durchweg auf den militärischen Bereich bezieht (zu *me principe* vgl. unten S. 287). Damit wird auch sprachlich nahegelegt, daß die Eidesleistung vom Jahre 32 v. Chr. (*in mea verba;* 25, 2) „tatsächlich in ihrem Grundcharakter ... ‚militärisch' war"; vgl. *Herrmann,* S. 81, der die besondere Form als „erweiterten Feldherreneid" (S. 84) charakterisiert.

[59] Vgl. *Wickert,* RE 22, Sp. 2100; *Gagé,* Classes (oben Anm. 7), S. 61 (dort das folgende Zitat).

[60] Vgl. dazu bereits *v. Premerstein,* S. 101 ff. Veteranen sind ebenfalls die Empfänger von Aufwendungen in den Kolonien (**13322. 1333**). Der Plebs sind faktisch gleichzusetzen die *civitas universa* (**131**) und der *populus* als Empfänger der Spiele (**1242—1244**); vgl. übrigens auch die einheitliche griech. Übers. Zur abweichenden Bedeutung in **1211** vgl. bereits oben Anm. 42, sowie unten Anm. 86.

sein. Schwieriger ist zu beurteilen, welche Bedeutung ihnen damit zugesprochen wird. Offenbar hat man gerade in der Betonung der großen Aufwendungen für diese Gruppen auch die Anerkennung ihrer politischen Bedeutung gesehen, wenn immer wieder einmal vorrangig die *plebs urbana* als Adressatin der *res gestae* bezeichnet worden ist [61]. Das müßte dann in gleicher Weise für die Veteranen gelten. Aber es ist etwas anderes, ob durch Aufwendungen für eine Gruppe ihrer Rolle in der Politik Rechnung getragen wird oder ob in einem politischen Manifest diese Aufwendungen als einziges Kennzeichen dieser Gruppe herausgestellt werden. Es ist gewiß nicht zu bestreiten, daß Octavian namentlich in seinen Anfängen Plebs und Heer durch Spenden oder Versprechungen bei der Stange halten mußte. Wenn er jedoch nach seinem Tode öffentlich nicht die politischen Verdienste dieser Gruppen zu verkündigen brauchte [62], sondern sie allein als Empfänger seiner Wohltaten vorführen konnte, so charak/terisiert er damit Plebs und Veteranen als unpolitische soziale Gruppen der Gesellschaft des römischen Reiches [63].

Magistrate und Priester (**15**) werden in den *res gestae* vornehmlich in Erfüllung sakraler Aufgaben, die zum Dank für Augustus' Taten und zu seiner Ehre vom Senat beschlossen waren, vorgeführt. Zu Recht hat W. Weber zu einem dieser Zeugnisse festgestellt: „von politischen, rechtlichen Ordnungen kein Wort" (S. 172). Die normalen Funktionen von Magistraten und Priestern werden gleichsam verdrängt [64] gegenüber ihrer Bereitschaft, am Bild dieses Augustus selbst gegenüber den Göttern mitzuwirken. Als Träger bestimmter staatlicher Funktionen wurden sie hierbei gebraucht, ihre Erwähnung ist aber mehr durch ihre soziale Stellung an der Spitze der römischen Gesellschaft bedingt als durch die Ämter, die sie bekleiden. Das wird noch deutlicher, wenn Magistrate als Abgeordnete bei seinem Empfang (**15124. 1513. 1515**) oder Magistrate und Priester als Teilnehmer am aktischen Kriege (**15126. 15224**) genannt werden. Wieder ist aus

[61] So *E. Hohl*, Mus. Helv. 4 (1947), S. 101, jetzt in: WdF 128, S. 176; vgl. auch die Stellungnahme *Gardthausens* (oben Anm. 50). Ähnlich hat auch *Weber*, S. 57 aus dem Testament des Augustus abgeleitet, daß er „seine Verbundenheit mit Plebs und Heer dem Senat eindrücklich ins Bewußtsein gerufen" habe. — Vgl. dazu auch *Z. Yavetz*, Plebs and Princeps (Oxford 1969), S. 56, Anm. 2, sowie zur besonderen Berücksichtigung der Plebs durch Augustus bei gleichzeitiger Wahrung seiner *gravitas dens.*, a. a. O., S. 94 ff.

[62] Zur politischen Bedeutung der Plebs in den *concilia plebis*, die Augustus mit Hilfe seiner *trib. pot.* zur Gesetzgebung verwenden konnte, vgl. oben Anm. 45.

[63] Vgl. zur Kennzeichnung der Plebs als unpolitischer Gruppe bereits *v. Premerstein*, S. 114; *Maschkin*, S. 447; *H.-G. Pflaum*, Les procurateurs équestres sous le Haut-Empire romain (Paris 1950), S. 4.

[64] Bezeichnenderweise werden sie nur dort genannt, wo Augustus sich seiner Hilfe rühmen konnte (**1514. 1523**) oder wo die Mitwirkung von ihm selbst eingesetzter Organe (*legati*, **1516**) Erwähnung finden mußte.

der Nichterwähnung fast mehr zu entnehmen als aus den Textstellen selbst [65]. Daß es Konsuln waren, die für den Kaiser oder wenigstens in seinem Interesse Gesetze eingebracht haben, daß neben den ordentlichen Magistraten ein eigener Verwaltungskörper aufgebaut wurde, scheint überhaupt keine Rolle zu spielen. Beides zeigt aber beispielhaft, daß nicht die politische Bedeutung von Magistraten oder Priestern, sondern ihre Mitwirkung am Werk des Augustus wegen ihrer Zugehörigkeit zu einer herausragenden sozialen Gruppe ihre Nennung in den *res gestae* bedingt hat. Ebenso scheint mir die Erwähnung der Gruppen der Konsulare (**1431**) und Senatoren (**14322**) beurteilt werden zu müssen, zumal da sie bei den gleichen Anlässen wie Magistrate und Priester genannt werden [66]./

Wenn schon bisher die Reihenfolge der Übersicht nicht streng eingehalten werden konnte, so verbietet sich das vollends beim weiteren Vorgehen; denn trotz der vorhandenen Differenzierung gruppieren sich die verbleibenden Textzeugnisse um die beiden Größen *senatus* und *populus*.

In unmittelbarem Zusammenhang mit den *lectiones senatus* (**143301**) spricht Augustus von der Vermehrung der Zahl der P a t r i z i e r (**141**). Das entspricht nicht allein der zeitlichen Verbindung der Maßnahmen, sondern war offenbar auch durch die Sache geboten. Es ist wahrscheinlich, daß Augustus mit dieser Patrizierernennung die alte Nobilität ablösen und eine durch den Adel untereinander und mit ihm selbst verbundene Schicht innerhalb des Senatorenstandes schaffen wollte, die durch die Übernahme der höchsten Priesterämter und Magistraturen erhöhtes soziales Ansehen gewinnen konnte [67]. Wurden damit aber höchstens Hoffnungen verknüpft, so besaß der Senat selbst aus republikanischer Zeit noch ein solches Ansehen. Bei beiden Schichten oder Ständen erwähnt Augustus sein eigenes Wirken bei ihrer Erweiterung oder Umbildung. Aber nur bei dem Senat können dann für ihn selbst Folgerungen hieraus gezogen werden.

Die Bedeutung der weit überwiegenden Anzahl von Stellen, an denen der S e n a t in den *res gestae* allein (**143302—143324**) oder in Verbindung mit anderen Gruppen oder Gliederungen (**1251. 1261—1263. 127**) genannt wird, liegt in der Mehrung, die Macht oder Ehre des Augustus durch Maßnahmen dieses Organs erfahren haben. Damit wird der Gegensatz zu Plebs und Veteranen in der sozialen Wertung besonders deutlich. Waren diese Gruppen allein als Empfänger der Wohltaten des Augustus gekennzeichnet, so wird Augustus selbst zum

[65] Die gleiche Methode ist bei der Interpretation der *res gestae* zu Recht auch sonst angewandt worden. Vgl. etwa zur Herausarbeitung der dynastischen Ziele bereits *W. L. Westermann,* Amer. Hist. Rev. 17 (1912), S. 7.

[66] Wie bei den Provinzialen (vgl. oben Anm. 26) stimmen die Angaben in App. 4 mit den übrigen nicht überein; vgl. zu den Zuwendungen an *amici* und Senatoren oben Anm. 53.

[67] Vgl. dazu *H.-H. Pistor,* Prinzeps und Patriziat in der Zeit von Augustus bis Commodus (Diss. Freiburg i. Br. 1965), bes. S. 11 ff., S. 159 ff.

Empfänger gegenüber dem Senat. Gewiß ist auch dabei noch zu differenzieren, da nicht alle der beschlossenen Maßnahmen sich unmittelbar auf Augustus, sondern zum großen Teil auf die Götter (**143305—143312. 143322/3**) [68], zum Teil auf seine Enkelsöhne C. und L. Caesar richteten (**1262. 143304**). Aber da Augustus die ihm dadurch zuteil/ gewordene Ehrung entweder selbst hervorhebt — *honoris mei caussa* (**1262**) — oder wenigstens nicht verschweigt, kann m. E. seine allgemeine Charakterisierung als Empfänger für diese Fälle aufrecht erhalten werden. Augustus empfängt jedoch lediglich aufgrund seiner Verdienste. Bereits die *adlectio* des jungen Octavian im Jahre 43 v. Chr. (**143302**) hatte ihren „Rechtstitel" (*eo nomine*; 1,2) in seinen Taten. Diese geben dann immer erneut die Voraussetzung für Beschlüsse des Senats ab bis hin zu den Ehrungen des Jahres 27 v. Chr., die Augustus — entsprechend den offiziellen Verlautbarungen — unter der Begründung *pro merito meo* (**143314. 143316—143318**) zusammenfaßt [69]. Der Senat erscheint somit als Repräsentant des Staates, der mit seinen Beschlüssen Augustus den Dank für das abstattet, was die Gesamtheit von ihm empfangen hat.

Ähnlich hat bereits W. Weber geurteilt mit der Feststellung: „Aus Senat und Volk kommt zurück, was sie empfingen" (S. 173). Für die Beurteilung dieser Ehren durch Augustus scheint mir der feine Unterschied in dieser Formulierung zu der von mir getroffenen Feststellung von Bedeutung zu sein: Werden Senat und Volk tatsächlich in gleicher Position gesehen? M. E. ist zur Beantwortung dieser Frage zwischen der Übertragung von Ämtern und Amtsfunktionen einerseits und wirklichen Ehrenbeschlüssen andererseits zu unterscheiden.

Es fällt dabei sofort auf, daß der Senat allein fast ausschließlich für Ehrenbeschlüsse verantwortlich gemacht wird [70]. Lediglich die Aufnahme des jungen Octavian in seine eigenen Reihen (**143302**) und die Übertragung des ersten Kommandos im Jahre 43 v. Chr. (**143320/1**) wird darüber hinaus auf ihn zurückgeführt. Schon die Übertragung des Triumvirats ist ein Werk des *populus* (**1246**), die Führung im aktischen Krieg und die Übertragung der höchsten Befugnisse bis zum Jahre 28/7 v. Chr. wird überhaupt nicht verfassungsmäßigen Organen, sondern *tota Italia* (**1321**) und dem *consensus universorum* (**111**) zugeschrieben. Der *populus* wollte Octavian bereits 36 v. Chr. den Oberpontifikat übertragen (**1247**), und durch ihn hat ihn Augustus 12 v. Chr. erhalten, wobei in den *res gestae* wieder größerer Wert auf die *cuncta ex Italia multitudo* als auf die *comi-*

[68] Vgl. dazu *Weber, S. 176:* „er ist nicht der unmittelbare Empfänger".

[69] Zum Bezug auf die „Rückgabe der *res publica*" und zur Übereinstimmung dieser Begründung mit den offiziellen Verlautbarungen vgl. *Alföldi,* Mus. Helv. 9 (1952), S. 232. — Die hier und in den Anm. 71. 77. 145 zitierten Untersuchungen sind jetzt zusammengefaßt in: *A. Alföldi,* Der Vater des Vaterlandes im römischen Denken. Darmstadt 1971.

[70] Anders *Salmon,* S. 459 f., sowie *Christ* (oben Anm. 37), S. 331.

tia gelegt wird (**1322**). Volk / und Senat getrennt haben Augustus im Jahre 22 v. Chr. zur Übernahme der Diktatur (**1251**), gemeinsam wiederholt zur Annahme der außerordentlichen Gewalt eines *curator legum et morum* (**1261**) zu bestimmen versucht.

Ganz anders ist das Verhältnis bei Ehrenbeschlüssen. Zwar legt Augustus Wert auf die Feststellung, daß sich *universi cives* an Bittfeiern für sein Wohl beteiligt hätten (**112**), aber lediglich die Verleihung des *clupeus aureus* wird auf einen Beschluß von Senat und Volk von Rom zurückgeführt (**1263**). Die höchste Ehre, die ihm zuteil geworden ist, die Benennung als *pater patriae,* haben nicht verfassungsmäßige Organe ausgesprochen, sondern *senatus et equester ordo populusque Romanus universus* (**127**). A. Alföldi hat diese „Form der Übertragung" als „ein echt augusteisches Meisterstück der politischen Überlegung und Inszenierung" sehen gelehrt und gezeigt, daß *pater patriae* nicht als „ein bloßer Ehrenname" aufzufassen ist, sondern daß „das *cognomen patris patriae* . . . den Charakter einer Herrscherbezeichnung, eines kaiserlichen Monopols" erhalten hat [71]. Damit rückt gerade diese Ehrung in die Nähe der Übertragung von Ämtern und Amtsfunktionen, und es wird von daher verständlich, daß Augustus hier ebenso wie bei der Übertragung höchster Befugnisse sich nicht auf verfassungsmäßige Organe, sondern auf einen ‚Gesamtwillen' berufen hat.

Ähnlich ist auch die Berufung auf die *equites Romani universi* bei der Ehrung der Enkel des Augustus zu verstehen (**144**). Zwar scheint die organisierte Ritterschaft jeweils den *princeps iuventutis* bestimmt zu haben [72], aber in den *res gestae* wird nicht die militärisch gegliederte *iuventus* genannt, als deren nominelle Anführer die *principes iuventutis* zu verstehen sind [73], sondern durch die adjektivische Erweiterung *universi* wird auch hier der ‚Gesamtwille' innerhalb des Standes der Ritterschaft betont [74]. Die soziale Bedeutung des „equestrian order as a second aristocracy" wird daher an dieser Stelle ebenso wie in r. / gest. 35,1 hervorgehoben [75], während jede Aussage über die politische Bedeutung des Ritterstandes fehlt [76].

[71] Mus. Helv. 10 (1953), S. 116 ff. (Zitate S. 117. 120); vgl. zur politischen Bedeutung des Titels auch *J. Gaudemet,* „Testamenta ingrata et pietas Augusti". Contribution à l'étude du sentiment impérial: Studi in onore di V. Arangio-Ruiz III (Neapel 1953), S. 115 ff., bes. S. 132 ff., sowie *Salmon,* S. 477.

[72] Vgl. dazu *A. Stein,* Der römische Ritterstand (München 1927), S. 58 f.

[73] Vgl. zuletzt dazu *T. P. Wiseman,* Historia 19 (1970), S. 73.

[74] Vgl. *v. Premerstein,* S. 104 f.

[75] Vgl. *Garnsey,* Social status (oben Anm. 7), S. 239.

[76] Die Beurteilung der politischen Bedeutung des Ritterstandes unter Augustus scheint mir in der wichtigsten Literatur zwiespältig zu sein: Ähnlich wie schon *Stein,* Ritterstand (oben Anm. 72), S. 442, von der „systematisch und konsequent eingeleitete(n) Heranziehung der R i t t e r s c h a f t zur Verwaltung des Staates" sprach, S. 429 aber für „gewichtiger . . . die persönlichen, vertrauten Beziehungen der Kaiser zu e i n z e l n e n her-

Kehren wir zu der Unterscheidung zwischen der Übertragung von Ämtern und Amtsfunktionen und reinen Ehrenbeschlüssen zurück, so ist der Bericht über die höchste Stufe der Ehrung, die zugleich Ausdruck der Herrscherstellung des Augustus war, geeignet, des Kaisers Intentionen bei der Benennung der verleihenden Gruppen oder Gremien erkennen zu lassen. Mit dem Gebrauch von *censere* wird hierbei nicht verschwiegen, daß ein Senatsbeschluß die offizielle Grundlage für die spätere Führung des *cognomen patris patriae* bildete [77] — ebenso wie durch die *cuncta ex Italia multitudo* die eigentlich entscheidenden *comitia* nur in den Hintergrund gedrängt (**1322**), durch den *consensus universorum* Senats- und Volksbeschluß nicht in Abrede gestellt werden (**111**) [78]. Aber es kam Augustus nicht auf diesen Beschluß und auch nicht auf das politische Organ des Senats, das ihn faßte, an, wenn er darüber hinaus den ‚Gesamtwillen' namhaft machen konnte. Träger eines solchen Gesamtwillens sind dann aber gerade nicht politische Gliederungen, sondern soziale Gruppen [79]. /

Wenn deshalb hier gezeigt werden konnte, daß der Senat — und nicht Volk und Senat — als Urheber der eigentlichen Ehrungen für Augustus in den *res gestae* ganz im Vordergrund steht, er also als Repräsentant des Staates Augustus zurückgibt, was dieser empfangen hat, so erhält er diese Funktion vom Verfasser der *res gestae* jedenfalls nicht allein als oberstes politisches Organ des römischen Reiches. Die allgemeinen Intentionen des Augustus führen vielmehr zu der Annahme, daß das hohe soziale Ansehen des Senatorenstandes diesen in besonderer Weise zu Ehrenbeschlüssen für Augustus befähigte.

Diese Annahme wird, wie ich meine, durch die wenigen Textstellen bestätigt, in denen dem Senat darüber hinaus eine politische Funktion zuerkannt wird. Hierbei wird in sehr allgemeiner Form der Wille des Senats nach gesetzgeberischer Tätigkeit des Augustus erwähnt (**143324**), seine Mitwirkung bei der Bestellung eines Kollegen in der *tribunicia potestas* auf Wunsch des Augustus (**143325**)

vorragenden Rittern" hielt (Sperrungen von mir), so läßt auch *Pflaum*, Procurateurs (oben Anm. 63), S. 4, Augustus zur Festigung seiner Macht in der Ritterschaft „une classe sociale" suchen, die „un contrepoids dans cette balance de puissances" (scil. zwischen *princeps* und Senat) bilden konnte, während er S. 28 die Heranziehung des Ritterstandes als weit weniger planmäßig darstellt. Der Verallgemeinerung folgt etwa *Polverini*, Aevum 38 (1964), S. 275 ff. Gestützt auf sein Selbstzeugnis kann man m. E. beim Ritterstand nur von der sozialen Bedeutung sprechen (so jetzt auch *Garnsey*, oben Anm. 7, S. 238 f.), während die starke innere Differenzierung (vgl. dazu *Stein*, a. a. O., S. 420) im politischen Bereich lediglich die Heranziehung einzelner Ritter erlaubte; so m. E. zu Recht *Maschkin*, S. 440; *Vittinghoff*, S. 63 f.

[77] *Censuit* zeigt, daß hier ein Senatsbeschluß vorlag; vgl. Alföldi, Mus. Helv. 10 (1953), S. 117 f.

[78] Vgl. *v. Premerstein*, S. 43 f.

[79] Vgl. dazu *H. U. Instinsky*, Hermes 75 (1940), S. 265 ff., jetzt in: WdF 34, S. 209 ff. (hier: S. 217); *Vittinghoff*, S. 15 f.

sowie ein Senatsbeschluß, der Augustus mit der Wiederherstellung der Tempel beauftragte (**143326**). Der einzige Senatsbeschluß dagegen, der sich nicht auf ein Zusammenwirken mit dem Kaiser beschränkt, ist nicht selbständig Quelle eines Auftrags an die Konsuln, sondern lediglich zusammen mit einer *lex* (**143327**). Er steht damit in enger Parallele zum Auftrag von Volk und Senat an Augustus, die Zahl der Patrizier zu vermehren (**1252**).

Gegenüber der starken Hervorhebung des Senats in seiner Tätigkeit zu Ehren des Augustus kann dieser Befund um so weniger zufällig sein, als wir wissen, daß die Körperschaft politische Rechte in dieser Zeit gehabt und ausgeübt hat. Th. A. Abele hat schon vor langer Zeit die Belege zusammengestellt [80], aus denen ersichtlich ist, daß sich Augustus nicht allein für Ehrenbeschlüsse, sondern mindestens in gleicher Weise für Übertragung von Befugnissen auf den Senat hätte berufen können [81], und daß vor allem im Finanzwesen, das in den *res / gestae* ja von einiger Bedeutung ist [82], Augustus auf die Mitwirkung des Senats angewiesen war [83]. Läßt man also auch die Kompetenzen des Senats gegenüber der eigenen Körperschaft und gegenüber den republikanischen Magistraten außer Betracht, da sie in *res gestae Divi Augusti* vernachlässigt werden konnten, so bleibt als Resultat eine durchaus einseitige Auswahl. Diese Auswahl entspricht den allgemeinen Intentionen des Augustus, auf die oben hingewiesen wurde; denn durch sie erscheint der Senat in den *res gestae* nicht — oder wenigstens nicht in erster Linie — als eine Körperschaft mit wichtigen staatlichen Befugnissen [84], sondern als Versammlung der angesehensten Schicht der römischen Gesellschaft. Der Senat wird damit als soziale Gruppe der Gesellschaft des römischen Reiches nicht nur anerkannt [85], sondern die soziale Geltung seiner Mitglieder wird bewußt in den Dienst der propagandistischen Absichten Augustus' gestellt.

In diesem Zusammenhang wurde bisher lediglich die — gewiß gewichtige — Stelle der *res gestae* nicht behandelt, nach der die *res publica* durch Augustus *in*

[80] Der Senat unter Augustus. Paderborn 1907, wo „auf die Erörterung der reinen Sakral- und Ehrenbeschlüsse verzichtet" wird (S. 1). Vgl. auch *Siber,* S. 64 ff., sowie zusammenfassend *O'Brien Moore,* Senatus: RE S 6 (1935), Sp. 783.

[81] Vgl. *Abele* (vor. Anm.), passim, bes. für die Beschlüsse vom 13. 1. 27 v. Chr. S. 22 ff., für die Übertragung des *imperium proconsulare* S. 31, des *imperium consulare* S. 38 ff.

[82] Das gilt auch nach dem Nachweis von *Wilcken,* Zu den Impensae der Res Gestae Divi Augusti: Sitzg.-Ber. Berlin 1931, Nr. 27, daß lediglich die Aufwendungen genannt sind, die Augustus aus seinem Privatvermögen geleistet hat.

[83] Vgl. zu *Abele* (oben Anm. 80), S. 17 ff., *W. Kolbe,* Von der Republik zur Monarchie (aus Roms Zeitwende. Leipzig 1931), jetzt in: WdF 128, S. 72 ff. (hier: S. 82).

[84] Die Erwähnung in den *res gestae* beurteilte unter dem Aspekt der Dyarchie *Gardthausen* I, S. 1285; ähnlich jetzt noch *Maschkin,* S. 393.

[85] Vgl. dazu *Gagé,* Classes (oben Anm. 7), S. 84 f.; *Garnsey,* Social status (oben Anm. 7), S. 237.

senatus populique Romani arbitrium übertragen wurde (**1264**). An dieser Stelle allein wird der Senat als Inhaber eines Rechtes genannt, und die Verbindung mit dem *populus Romanus* scheint mir um so bezeichnender zu sein, als sonst nur dieser in gleicher Eigenschaft aufgeführt wird (**122—123**). Wie für den Senat der Erlaß von Ehrenbeschlüssen für Augustus, so ist für den *populus Romanus* die Stellung als Inhaber von Rechten oder Eigenschaften in den *res gestae* kennzeichnend. Ja, mehr noch: er wird ausschließlich als solcher genannt; denn als Objekt des kaiserlichen Handelns (**1241—1244**) wie in seinem Wirken zu Ehren des Augustus (**1245—1246**) erscheint er terminologisch unterschieden lediglich als *populus* [86]./

Die Rechte oder Eigenschaften, die dem *populus Romanus* zugesprochen werden, sind gering an Zahl, aber in ihrer politischen Aussage von hoher Bedeutung. Lediglich für die voraugustische Zeit wird er als Inhaber des *exercitus* genannt (**1222**) [87]. Für die Zeit des Augustus selbst besitzt der *populus Romanus*

1. die Eigenschaften der *fides* (**1238**) und der *amicitia* (**1235. 1236**), die im Verkehr mit auswärtigen Völkern von entscheidender Bedeutung waren, und die daher bedingten, daß mit ihm *legationum et amicitiae commercium* (**1237**) gepflogen wurde,
2. die Herrschaftsrechte im *imperium Romanum*, das eben deshalb als *imperium populi Romani* bezeichnet wird (**1221**), und die im einzelnen durch den Besitz der Provinzen (**1234**) und den Befehl über unterworfene Völker (*imperia*, **1233**) sowie allgemein durch die höchste Befehlsgewalt, eben das *imperium* (**1231. 1232**) [88], charakterisiert werden,
3. das Recht der freien Entscheidung über die *res publica* in Gemeinschaft mit dem Senat (**1264**).

Die drei Gruppen von Eigenschaften oder Rechten entsprechen offenbar drei verschiedenen Kompetenzbereichen: in der Außenpolitik, im Herrschaftsgebiet Roms — territorial gesprochen im Bereich außerhalb Italiens — und in der *res publica*. Da nur für den letzten Bereich vom *senatus populusque Romanus* als

[86] Zu *populus* als Äquivalent zu *plebs* vgl. *J. Hellegouarc'h,* Le vocabulaire latin des relations et des partis politiques sous la république (Paris 1963), S. 515 ff. — Der eindeutigen Zuweisung der einzelnen Termini widerspricht allein wieder die Stelle im Präskript (**1211**); vgl. dazu oben Anm. 42. 60. Die gleiche Unvereinbarkeit mit den übrigen Zeugnissen gilt für die Nennung der *res publica* an dieser Stelle, die deshalb in den entsprechenden Erörterungen (unten S. 279 ff.) beiseite gelassen wurde. Denn diese Abweichung in der Terminologie bestätigt erneut, daß das Präskript — wie die App. (vgl. dazu oben Anm. 26. 53) — nicht aus der Feder des Augustus stammt; vgl. dazu *Volkmann,* Burs. Jahresber. 1942, S. 50. Allerdings betrachtet die Überschrift jetzt wieder als „wohl im Einklang mit seinen (scil. Augustus') letztwilligen Verfügungen stehend" *Hoffmann,* Gymnasium 76 (1969), S. 21.

[87] Vgl. oben S. 271 mit Anm. 58.

[88] Vgl. entsprechend auch im Präskript **1212**.

Rechtsinhaber gesprochen wird, scheint mir notwendig gefragt werden zu müssen, in welcher Bedeutung *res publica* hier von Augustus gebraucht wurde.

Es ist zunächst auffällig, daß in diesem „State-Paper" der Ter/minus, den wir mit ‚Staat' wiederzugeben gewohnt sind [89], nur selten erscheint — bei näherem Zusehen nur für die Zeit vor der Begründung des augustischen Prinzipats [90]. Zweimal nennt hier Augustus seinen Titel eines *III vir rei publicae constituendae* (1,4; 7,1), einmal gibt er die Formel des *senatus consultum ultimum* wieder (1,3). Es handelt sich in diesen Fällen um einen formelhaften republikanischen Sprachgebrauch, der in der griechischen Übersetzung übereinstimmend mit τὰ δημόσια πράγματα wiedergegeben wird [91], und aus dem Folgerungen deshalb nicht gezogen werden können. Anders verhält es sich neben der bereits genannten Stelle (**1264**) mit den Formulierungen: *rem publicam a dominatione factionis oppressam in libertatem vindicavi* (1,1) und *bellum inferentis* (scil. *qui parentem meum trucidaverunt*) *rei publicae vici bis acie* (2).

[89] Vgl. jetzt etwa *Ch. Meier,* Res publica amissa. Eine Studie zu Verfassung und Geschichte der späten römischen Republik. Wiesbaden 1966, der *res publica* so stark mit ‚Staat' identifiziert, daß er die Klage Ciceros, die seinem Buch den Titel gab, dadurch erklärt, daß man „für Rom nicht die Alternative zwischen verschiedenen Staatsformen, sondern nur zwischen S t a a t und U n s t a a t" gekannt habe (S. 1; Sperrung von mir). Zur Identifikation von *res publica* mit der traditionellen Staatsform der römischen Republik vgl. jetzt auch *V. Fadinger,* Die Begründung des Prinzipats. Quellenkritische und staatsrechtliche Untersuchungen zu Cass. Dio und der Parallelüberlieferung (Diss. Berlin 1969), S. 52 ff., zu den unterschiedlichen ‚Staats'definitionen zuletzt *H. P. Kohns,* Res publica — res populi (zu Cic. rep. I 39): Gymnasium 77 (1970), S. 392 ff. Besonders deutlich gegen die Gleichsetzung von *res publica* und Staat *v. Lübtow* (oben Anm. 39), S. 469.

[90] Zur Nennung im Präskript (**1211**) vgl. oben Anm. 86.

[91] Vgl. „für die feste Entsprechung zu latein. *res publica*" *J. Stroux — L. Wenger,* Die Augustus-Inschrift auf dem Marktplatz von Kyrene (Abh. München 34,2. 1928), S. 32, sowie *R. Stark,* Res publica. Diss Göttingen 1937, jetzt in: WdF 34, S. 42 ff., bes. S. 86 ff. Zur abweichenden Übers. πατρίς (2) vgl. unten S. 280. Die Übers. mit τὰ κοινὰ πράγματα (1, 2) nennt *Stark,* a. a. O., S. 89 „stilwidrig"; wenigstens erscheint sie „nicht in einer Formel" (so *Stroux-Wenger,* a. a. O., S. 32). τὰ κοινὰ τῶν Ῥωμαίων wird jetzt als Übers. von *res publica (Romana)* gefaßt von *L. Koenen,* Die ‚Laudatio Funebris' des Augustus für Agrippa auf einem neuen Papyrus (P. Colon. inv. nr. 4701): Zeitschr. Pap. Epigr. 5 (1970), zu Z. 8, sowie S. 234. 272 f. Dabei kann man sich nicht auf Stroux und Wenger berufen: πράγματα wird durch die Übernahme aus dem hellenistischen Staatsbegriff gefordert (vgl. *Stark,* a. a. O.), dem Sprachgebrauch des Augustus in den *res gestae* widerspricht, daß die κοινά hier „als handelnde Person vorgestellt" sind (*Koenen,* a. a. O., S. 234). — Die von Koenen vorgeschlagene ‚Übersetzung' wird nur verständlich, wenn man mit *E. W. Gray,* Zeitschr. Pap. Epigr. 6 (1970), S. 230, annimmt, daß ein solcher Text „would not necessarily be carried out by the same persons or in the same manner as an official translation of, say, an Augustan edict or rescript directed to governors of eastern provinces".

Namentlich bei der Behauptung von der *vindicatio in libertatem* / ist die Übernahme aus Cicero schon lange bemerkt worden [92]. Es mag daher erlaubt sein, auch die Bedeutung von *res publica* aus dem Sprachgebrauch Ciceros zu erschließen. Vor allem die zuletzt zitierte Stelle gibt einen Hinweis auf den Bereich, der mit *res publica* beschrieben werden soll [93] — zumal in der griechischen Übersetzung *res publica* hierbei mit πατρίς wiedergegeben wird. Zwar hat P. Grenade gerade in dieser Übersetzung eine wesentliche Stütze für seine These sehen wollen, daß die griechische Übersetzung auf Tiberius zurückgehe, da πατρίς „un mot cher a Tibère" gewesen sei (S. 267 f.). Aber ganz abgesehen davon, daß ein Krieg gegen die δημόσια πράγματα schlecht vorstellbar ist, zeigt Cicero, daß πατρίς vom Übersetzer an dieser Stelle korrekt verwandt wurde, weil die *res publica* in diesem Zusammenhang der *patria* entsprach.

Seine Bemühungen vom Jahreswechsel 44/43 v. Chr., M. Antonius vom Senat zum *hostis* erklären zu lassen, begründete Cicero damit, daß er ein *bellum nefarium inlatum rei publicae* sähe [94]. *Bellum inferre rei publicae* wird hier also vom Bürgerkrieg gebraucht. Es ist deshalb inhaltlich das Gleiche, wenn Cicero Catilina aufforderte: *infer patriae bellum* [95], oder sich für die Zeit vor Ausbruch des Bürgerkrieges zwischen Caesar und Pompeius als *pacis, concordiae, compositionis auctor* bezeichnete, weil er gesehen habe, *inferri . . . patriae bellum . . . nefarium* [96]. Die Gleichsetzung von *res publica* und *patria* [97] führt aber im Sprachgebrauch Ciceros sofort weiter: Für ihn war Rom die *communis patria* aller römischen Bürger [98], er konnte deshalb definieren: *urbem,* / *id est patriam* [99]. Das läßt sich auch für den konkreten Einzelfall in der Situation vom Jahreswechsel 44/43 v. Chr. belegen. Cicero hat in seiner Senatsrede vom 20. 12. 43 v. Chr. die Notwendigkeit des Vorgehens gegen M. Antonius an den Anfang seiner Betrach-

[92] Vgl. etwa *G .Walser,* Historia 4 (1955), S. 354 ff.

[93] Anders offenbar *Weber,* S. 151*: „als die Caesarmörder . . . nach Makedonien marschierten, waren sie die Angreifer, vergriffen sie sich an der r e s publica, der res populi".

[94] Cic., Phil. 6, 1, 2; vgl. auch 5, 1, 1: *bellum cum re publica gerere.* Zu den Vorgängen vgl. *M. Gelzer,* Cicero: RE 7 A (1939), Sp. 1054 ff.

[95] Cic., Catil. 1, 9, 23; vgl. allgemein zur Kennzeichnung des Bürgerkrieges auch Cic., off. 3, 25, 95; Phil. 2, 22, 53 (hier auch noch: *contra patriam arma capere*).

[96] Cic., Phil. 2, 10, 24; vgl. statt *res publica* oder *patria* auch *nos* in Cic., Phil. 5, 13, 37.

[97] Vgl. dazu etwa auch: *pro re publica, in qua . . . illud sanctissimum patriae nomen continetur,* Rhet. Her. 4, 57, sowie allgemein *L. Krattinger,* Der Begriff des Vaterlandes im republikanischen Rom (Diss. Zürich 1944), S. 26 ff.

[98] Vgl. dazu *Krattinger* (vor. Anm.), S. 8 ff., sowie bereits *J. Vogt,* Ciceros Glaube an Rom (1935 = Darmstadt 1963), S. 67.

[99] ad Att. 9, 6, 2; 8, 2, 2; dazu *Krattinger* (oben Anm. 97), S. 11 f.

tungen gestellt. Als Begründung war ihm dabei entscheidend, daß Antonius auf seinem Rückwege von Brundisium gegen Rom marschiert wäre, wenn das nicht der junge Octavian durch seine mit privaten Mitteln aufgestellte Armee verhindert hätte [100]. So wie die *res publica* der *patria* entspricht, entsprechen also beide Rom. Rom selbst aber wird verkörpert durch seine Konsuln, durch seine Altäre und die Wohnstätten der Bürger; denn es ist ein *bellum contra patriam, contra deos penates, contra aras et focos, contra quattuor consules* [101].

Die gleiche Bedeutung gilt dann auch für *res publica* im ersten Satz der *res gestae,* da Augustus hierbei die Formulierung Ciceros aus dem gleichen Sachzusammenhang fast wörtlich übernommen hat: *privato consilio rem publicam ... Caesar liberavit* [102]. Schließlich wird aber selbst für die oft behandelte Stelle r. gest. 34,1 eine solche Gleichsetzung nahegelegt, da die Propaganda gerade für die Zeit der „Rückgabe der *res publica*" in den Jahren 28/27 v. Chr. mit der *vindicatio in libertatem* gearbeitet hat [103], also streng genommen in r. gest. 1,1 die „Befreiung der *res publica*" lediglich antizipiert wird [104].

Das widerspricht offenbar aller bisherigen Interpretation von r. gest. 34,1 [105]; denn immer wieder ist in der Forschung davon gesprochen worden, daß Octavian seine „unbeschränkte Gewalt" oder gar seine „totale Gewalt" nach dem Text der *res gestae* in die Hände von Senat und Volk zurückgelegt habe [106]. Bei einer solchen Aussage / kann man sich aber eigentlich nur auf den griechischen Text berufen. In ihm fehlt eine Übersetzung von *res publica,* und es sind daher πάντα τὰ πράγματα [107], die εἰς τὴν τῆς συνκλήτου καὶ τοῦ δήμου τῶν Ῥωμαίων ... κυριήαν zurückgegeben werden. Für den lateinischen Text müßte man voraus-

[100] Cic., Phil. 3, 1, 3—2, 5; dazu *Walser* (oben Anm. 92), S. 353 ff. (hier: S. 355).

[101] Cic., Phil. 13, 7, 16; vgl. auch Phil. 3, 1, 1: *bellum nefarium contra aras et focos, contra vitam fortunasque nostras;* Phil. 14, 3, 8; *bellum inexpiabile infert quattuor consulibus ..., gerit idem bellum cum senatu populoque Romano.*

[102] Cic., Phil. 3, 2, 5.

[103] Vgl. dazu bereits *Kolbe,* WdF 128, S. 76.

[104] So auch *Walser* (oben Anm. 92), S. 355.

[105] Vgl. allerdings *F. Millar,* Class. Rev., N. S. 18 (1968), S. 265 f., der wenigstens einen Teil der hier vorgetragenen Deutung vorwegnimmt, wenn er die *res publica* als „the public organs of the State" betrachtet. Die *res* — und das ist „the State" — bleibt dabei allerdings unerklärt.

[106] Vgl. zu diesen Zitaten *de Visscher,* Nouvelles études de droit Romain public et privé (Mailand 1949), S. 1 ff., jetzt in: WdF 128, S. 199 ff. (Zitat S. 218); *W. Kunkel,* Gymnasium 68 (1961), S. 353 ff., jetzt in: WdF 128, S. 311 ff. (Zitat S. 321). Kennzeichnung als „Allgewalt" bei *H. Berve,* Hermes 71 (1936), S. 241 ff., jetzt in: WdF 128, S. 100 ff. Zur Sache vgl. jetzt auch *Hoffmann,* Gymnasium 76 (1969), S. 24.

[107] πάντα τὰ πράγματα beziehen sich natürlich hier auch auf den Staat. Sie können daher allein mit den δημόσια πράγματα (S. 38) verglichen werden, nicht mit den πράξεις als Übers. von *res gestae* im Präskript, wie bei *Grenade,* S. 268.

setzen, daß die *res publica* mit den *res omnes,* deren sich bemächtigt zu haben, Augustus bekennt, identisch sei, wenn man allgemein auf eine Rückübertragung der „Allgewalt" schließen wollte. In dem wohldurchdachten Text ist aber eine solche terminologische Unterscheidung gewiß nicht zufällig, so daß m. E. gefolgert werden kann: Augustus behauptet in r. gest. 34,1 gerade nicht, *res omnes* — „alles, was es im römischen Staat überhaupt gibt" [108] — Senat und Volk zurückgegeben zu haben, sondern — nur — *rem publicam* [109]. D. h. aber dann: Während *res publica* in der communis opinio gleichsam als ein Oberbegriff ‚Staat' im römischen Staatsdenken aufgefaßt wird [110], wird hier mit *res publica* gegenüber dem gesamten Staatswesen gerade eine Einschränkung vorgenommen; *res publica* ist vor allem auch nicht „eine abstrakte Idee", sondern „Objekt staatlicher Tätigkeit" [111]. Damit allein ist allerdings für diesen Fall eine Gleichsetzung von *res publica* mit Rom noch nicht bewiesen, sie wird aber aus dem Kontext der *res gestae* hierfür nahegelegt. Ich habe bereits darauf hingewiesen (oben S. 279), daß *res publica* in den *res gestae* für die Zeit nach 27 v. Chr. nicht mehr vorkommt. Das ist nach ihrer Rückübertragung in / die Entscheidungsgewalt von Senat und Volk verständlich, bedeutet aber zugleich, daß jedenfalls die selbständige staatliche Tätigkeit des Augustus, von der er für die Zeit seines Prinzipats berichtet, nicht die *res publica* zum Objekt gehabt habe — *res publica* also auch hier nicht das ganze Staatswesen bedeutet. Immer wieder ist bemerkt worden, daß von der Teilung der Provinzen zwischen Kaiser und Senat in den *res gestae* nicht die Rede ist [112], daß aber vor allem Augustus' eigentliche Machtgrundlagen im *imperium proconsulare maius* und im *imperium consulare* nicht erwähnt werden. R. Syme hat dieses Schweigen mit der Annahme zu erklären versucht, „daß der Verfasser der *Res Gestae* sein Verhältnis zur Republik umschreibt, indem er diese auf die Ämter oder amtlichen Vollmachten i n n e r h a l b d e r S t a d t be-

[108] *J. Kromayer,* Die rechtliche Begründung des Prinzipats (Diss. Straßburg 1888), S. 20; vgl. dazu *Wilcken,* Sitzg.-Ber. Berlin 1925, Nr. 10, S. 66 ff., jetzt in: WdF 128, S. 38 ff. (hier: S. 65 f.).

[109] Vgl. zu dieser Unterscheidung bereits den gleichen Ansatz bei *Berve* (oben Anm. 106), S. 112, dem es im folgenden aber nicht auf die Bestimmung der *res publica,* sondern der *potestas* ankommt.

[110] Vgl. etwa *E. Meyer,* Vom griechischen und römischen Staatsgedanken: Eumusia (Zürich 1947), S. 30 ff., jetzt in: WdF 46, S. 65 ff. (das folgende Zitat S. 79 f.). Dagegen besonders deutlich *v. Lübtow* (oben Anm. 39), S. 469.

[111] Vgl. dazu jetzt *Kohns,* Gymnasium 77 (1970), S. 401. — Im gleichen Sinne — und damit gegen E. Meyer — bereits *M. Fuhrmann,* Gymnasium 67 (1960), S. 490. Generell vgl. zur Auseinandersetzung über die römische ‚Staats'definition *W. Suerbaum,* Vom antiken zum frühmittelalterlichen Staatsbegriff (Orbis Antiquus 16/17. Münster [2]1970), S. 5 ff.

[112] Vgl. *Weber,* S. 249 *.

schränkt“ [113]; und er hat hinzugefügt: „man vergleiche Ciceros Auffassung vom römischen Staat in seiner *res publica.*“

Ein solcher Vergleich entspricht dem Ausgangspunkt dieses Exkurses, er wird zugleich durch eine neue Untersuchung von H. P. Kohns zur Staatsdefinition Ciceros wesentlich erleichtert [114]. Kohns konnte hierbei zeigen, daß Cicero, de re publ. 3,43 f., „die *res* genauer bezeichnet“, die als *res publica res populi* sein muß: es sind „die *urbs* selbst, die Burg, die Häfen, Straßen, Säulenhallen, Tempel und die Mauern“. Kohns hat in diesem Zusammenhang weiter daran erinnert, daß in der Formel des Steineides „die privaten *bona* gegenübergestellt sind der *urbs* und der *arx,* die mit ihrer eminenten Bedeutung auf rechtlichem und religiösem Gebiet auch z. Zt. Ciceros noch als Kernstück der *res publica* erscheinen konnten.“ M. E. wird eine solche Interpretation durch Cicero, de re publ. 1,41, noch weiter gestützt: Zwar wird von Cicero nach der Definition der *res publica* als *res populi* allein der *populus* inhaltlich bestimmt [115], aber zugleich kann m. E. das Objekt der Tätigkeit dieses *populus* als seine *res* aufgefaßt werden. Von ihr spricht dann Cicero mit den Worten: *oppidum vel urbem appellaverunt, delubris distinctam spatiisque communibus.* Damit wird auch hier die *res publica* mit der *urbs* gleichgesetzt, die ihrerseits durch das Vor/handensein von Stätten kultischen (*res sacrae*) und weltlichen Gemeingebrauchs (*res publica* i. e. S.) bestimmt wird [116].

Allerdings war es Cicero offenbar nur in allgemeinen staatstheoretischen Erörterungen möglich, die *res publica* tatsächlich auf ‚Sachen‘ zu beschränken. Der Römer konnte in Betrachtung seines eigenen Staates von der gewohnten Staatsform nicht absehen. Wie deshalb der Bürgerkrieg nicht nur als ein solcher gegen die Stadt, sondern zugleich als gegen seine Obermagistrate gerichtet angesehen wurde (vgl. oben S. 281), so steht der eben genannten Bestimmung eine zweite gegenüber, in der im konkreten Einzelfall die *consules, consulares, praetores, praetorii, tribuni plebis, magna pars senatus, omnis suboles iuventutis* [117] mit einem Wort (*uno verbo*) als *res publica* von Cicero bezeichnet werden [118].

Cicero kennt darüber hinaus auch die Unterscheidung zwischen *res omnes* und *res publica,* die wir nach r. gest. 34,1 herausgestellt haben, wenn er die Beschreibung der Herrschaftsformen mit dem Satz beginnt: *Quare cum penes unum est omnium summa rerum, regem illum unum vocamus et regnum eius rei*

[113] In der Besprechung von *Siber:* Journ. Rom. Stud. 36 (1946), S. 149 ff., jetzt in: WdF 128, S. 153 ff. (Zitat S. 167; Sperrung von mir). Vgl. ähnlich auch *Salmon,* S. 467.

[114] Gymnasium 77 (1970), S. 401 ff. (Die Zitate S. 401. 401 f. und 404).

[115] *populus autem ...*, Cic., rep. 1, 39. Vgl. dazu jetzt (mit ausführlicher Literatur) *Kohns* (vor. Anm.), S. 394 ff.

[116] Vgl. dazu *H. Kreller,* ZRG 65 (1947), S. 355: „namentlich die gemeinschaftlichen Zwecken gewidmeten Vermögenswerte“, sowie *v. Lübtow* (oben Anm. 39), S. 472.

[117] Magistrate, Senat und *iuventus* als Verkörperungen der *res publica* erklären den *princeps senatus* (7, 2) ebenso wie die *principes iuventutis* (14, 2).

[118] Cic., Phil. 2, 22, 54.

publicae statum[119]. Wendet man diesen theoretischen Grundsatz auf die Aussage in r. gest. 34,1 an, so ist Octavian vor dem Jahre 28 v. Chr. als *rex* zu bezeichnen. Trotzdem bestand eine *res publica*, die — gleichsam unbeschadet der außerhalb der *res publica* dem Herrscher verbleibenden Rechte und Kompetenzen — *in senatus populique Romani arbitrium* übertragen wurde.

Es ist danach — streng genommen — die Verfügungsgewalt über die zum kultischen und weltlichen Gemeingebrauch bestimmten Stätten in Rom und über die Magistrate und den Senat — also die Institutionen, denen traditionell die Lenkung der ‚Sache' *res publica* zukam —, welche Senat und Volk gemeinsam unter dem augustischen Prinzipat besessen haben. Die starke Betonung der Handlungen des Senats im kultischen Bereich innerhalb der *res gestae* (**143305** — **143323**) dürfte hierin ihre Ursache haben. Viel konkreter kann man von hier aus auch / die ausdrückliche Erwähnung des Senats bei der Wiederherstellung der 82 *templa deum in urbe* im Jahre 28 v. Chr. (**143326**) erklären, als das bisher geschehen ist[120]. Es handelt sich hierbei eben um den Bereich, in dem auch Augustus *ex auctoritate senatus* handelte.

Wenn in Untersuchungen zu den *res gestae* immer wieder einmal davon gesprochen worden ist, daß die Stellung des Senats ungeschmälert geblieben sei, ja sogar eine Hebung erfahren habe[121], so gilt das für diesen Bereich der *res publica* — d. h. für die traditionellen Institutionen, denen die Verantwortung für „die gemeinschaftlichen Zwecken gewidmeten Vermögenswerte" in Rom (vgl. Anm. 116) belassen war. Augustus hat auch im Wortlaut der *res gestae* keinen Zweifel

[119] Rep. 1, 42; vgl. auch 3, 46: *plures vero boni in qua re publica rerum potientur, nihil poterit esse illa beatius.* — Herr Kollege H. P. Kohns (Bonn) hat mich freundlicherweise noch auf weitere Parallelen hingewiesen (vgl. vor allem Cic., rep. 1, 44: *Atheniensium populi potestatem omnium rerum,* sowie I, 49: *cum patres rerum potirentur, numquam constitisse civitatis statum*), die den Schluß nahelegen, daß Cicero *omnes res* mit der *summa potestas* (rep. 1, 47; 2, 61) oder auch der *tota res publica* (rep. 1, 65; 2, 62) gleichgesetzt habe. Das ist durchaus verständlich, da Cicero nur seinen Begriff der *res publica* im Auge gehabt hat, seinem *moderatori rei publicae* ausschließlich *beata civium vita proposita est* (rep. 5, 8). Die Aufgabe des Augustus war eine andere, weil sein ‚Staat' nicht auf diese *res publica,* seine Herrschaft — oder seine Fürsorge — nicht auf die *cives* beschränkt war. Wenn daher die hier vorgetragenen Überlegungen erneut zu der „Frage nach den geistigen Grundlagen der neuen Staatsform" anregen (*Kolbe,* oben Anm. 83, S. 95), so sollten m. E. über der Übereinstimmung in der politischen Terminologie (vgl. dazu jetzt die Bemerkungen von *Gray,* Gnomon 42, 1970, S. 393) — die wahrscheinlich zum Ausdruck bringt, daß die Schrift Ciceros von Augustus als geeignet angesehen wurde, in der römischen Oberschicht seiner „Prinzipatsideologie ... den Boden zu bereiten" (*Kunkel,* oben Anm. 106, S. 333) — die Unterschiede in der Zielsetzung bei Cicero und Augustus nicht außer acht gelassen werden.

[120] Vgl. etwa *Weber,* S. 227* f.; *Volkmann,* zu 20, 17/18.

[121] Vgl. *v. Premerstein,* S. 112, und oben Anm. 38.

daran gelassen, daß dem Senat eine Kompetenz für das *imperium* und die Außenpolitik nicht mehr zustand. Er mußte deshalb wenigstens am Ende seiner Herrschaft damit rechnen können, daß die Mitglieder des Senats und die Angehörigen des Senatorenstandes sich mit dem Verlust der Herrschaftsrechte abgefunden hatten und einen Ausgleich dafür in dem hohen sozialen Ansehen fanden, das in der überaus häufigen Erwähnung ihrer Körperschaft in den *res gestae* seinen sinnfälligen Ausdruck findet.

Wird also gerade bei den einzelnen Gruppen und den Institutionen, welche jene verkörperten, in den *res gestae* das Sozialprestige, das sie besaßen, betont und zugleich an dieses appelliert, so gilt Gleiches nicht für die Nennung des *populus Romanus*. In der Formel *senatus populusque Romanus* (**126**, sowie Anm. 23) werden die staatsrechtlich für den Bereich der *res publica* verantwortlichen Organe zusammengefaßt. Hierbei ist lediglich bemerkenswert, daß eine so ausgesprochene Ehrung, wie sie durch Verleihung des *clupeus aureus* an Augustus vorgenommen wurde (**1263**), darunter Erwähnung findet (vgl. oben S. 275). Der *populus Romanus* allein wird — wie schon erwähnt (oben S. 278) — ausschließlich als Inhaber von Rechten und Eigenschaften genannt, durch die er im Besitz der Herrschaftsrechte im *imperium Romanum* und damit zugleich auch als Souverän gegenüber auswärtigen Mächten gekennzeichnet ist [122]./

Nicht die soziale Stellung, sondern allein die staatsrechtliche Bedeutung war also bei der Formulierung dieser Stellen der *res gestae* maßgeblich. Das ist von vornherein verständlich, da die Abstufung in der sozialen Hierarchie ja gerade Gruppen innerhalb des *populus Romanus* betraf, dieser also überhaupt nur gegen andere Gruppen innerhalb des *imperium Romanum* — etwa gegenüber Provinzialen, die aber, wie wir gesehen haben, bis auf eine Ausnahme ohne Bedeutung sind — hätte abgegrenzt werden können. Der *populus Romanus* ist aber, wie aus dem Fehlen einer solchen Abgrenzung ersichtlich wird, von Augustus nicht als soziale Gruppe oder auch als Vereinigung von sozialen Gruppen angesehen worden, sondern als Inhaber des Staates und damit weitgehend als Staat selbst. Das entspricht republikanischer Auffassung [123], und damit könnten diese Textstellen in einer Untersuchung über die Gesellschaft des römischen Reiches beiseite gelassen werden, wenn nicht auch bisher schon deutlich geworden wäre, daß die soziologische von der staatsrechtlichen Fragestellung nicht säuberlich zu trennen ist.

Die communis opinio läßt sich etwa mit den Worten E. Meyers wiedergeben:

[122] Vgl. jetzt auch *M. Lemosse*, Le régime des relations internationales dans le Haut-Empire Romain (Paris 1967), S. 69: „c'est le peuple romain le titulaire de la souveraineté".

[123] Vgl. dazu *Mommsen*, Röm. Staatsrecht III, S. 3 ff.; *Siber* (oben Anm. 44), S. 10; *v. Lübtow* (oben Anm. 39), S. 469 f.; *E. Meyer*, Röm. Staat und Staatsgedanke (Zürich-Stuttgart [3]1964), S. 250 f.

„Der römische Kaiser" ist „nicht selber Quelle seiner Machtbefugnisse, ist nicht der Herr des Staates, der diesen allein darstellt und verkörpert wie in den sonstigen absoluten antiken Monarchien. Der offizielle Souverän und die Quelle aller staatlichen Kompetenzen bleibt nach wie vor das römische Volk, vertreten durch Volksversammlung, Senat und Beamtenschaft. Populus Romanus bleibt weiterhin die Bezeichnung des römischen Staates. Die Konsuln bleiben auch in der Kaiserzeit offiziell die Präsidenten dieses Staates" [124]. Diese Darstellung findet nach unseren Untersuchungen in den *res gestae* keine Stütze, vor allem weil nach unseren Beobach/tungen zwischen der *res publica* als dem Bereich der *urbs* und dem *imperium* säuberlich differenziert wird, ein allgemeiner Begriff ‚Staat' hier also nicht anwendbar ist [125]. Nur für den Bereich der *res publica* gilt die Vertretung des römischen Volkes durch Senat und Beamtenschaft sowie die Präsidentschaft der Konsuln. Die übrigen Aussagen sind aber auch nicht ohne wei-

[124] Röm. Staat (vor. Anm.), S. 369. — Es scheint mir bezeichnend zu sein, daß diese Formulierung in einer Zusammenfassung über die Frage „Ist der Prinzipat Monarchie oder Republik"? steht (S. 368 ff.); vgl. dagegen zur Differenzierung S. 363 ff. mit der Einleitung: „Die republikanische Verfassung galt ja streng genommen nur für den römischen Staat, der nunmehr mit Italien bis zu den Alpen identisch war" (S. 363).

[125] Da hier lediglich Folgerungen aus der Interpretation der *res gestae* gezogen werden, muß ich mir an dieser Stelle eine Auseinandersetzung über die staatsrechtliche Einordnung des Prinzipats versagen (vgl. aber unten S. 288 ff.). Immerhin wird auch von diesem Zeugnis des Augustus her fraglich, ob — und ggf. bis zu welchem Zeitpunkt — der Prinzipat nach staatsrechtlichen Normen, die aus der uns bekannten Verfassung der republikanischen Zeit gewonnen worden sind, gemessen werden darf. Wenn etwa *Wikkert,* RE 22, Sp. 2059, feststellt, es sei „doch vollkommen richtig, wenn Ernst Meyer ... sagt, daß in streng staatsrechtlichem Sinne der Kaiser *privatus* war" (Sperrung von mir), so scheint mir die Frage nach der Norm besonders berechtigt im Hinblick auf die gerade zuvor gemachte Aussage: „Jeder, der nicht Kaiser ist, ist nach der Auffassung und dem Sprachgebrauch der Kaiserzeit, *privatus,* ganz gleich, ob er Ämter bekleidet" (ebd.). Aus Auffassung und Sprachgebrauch ist das Staatsrecht der republikanischen Zeit rekonstruiert worden, Gleiches müßte auch für die Kaiserzeit gelten. Vielleicht ist es bezeichnend, daß Wickert hierfür außer Zeugnissen seit Tacitus nur auf Hor., carm. 3, 8, 26 hinweisen kann. Für *publicus* für den Kaiser kann man in augusteischer Zeit aber immerhin auf Hor., epist. 2, 1, 3, und Ovid, trist. 1, 2, 102 verweisen. Gerade ausgehend von den Dichterzeugnissen, die *Wickert,* S. 127 ff., zuerst herangezogen hat, um zu zeigen, „wie sich die Form des Prinzipats mit monarchisch-absolutistischem Inhalt füllt" (S. 128), und die — wenn auch in anderem Zusammenhang — sein Schüler *H. D. Meyer,* Die Außenpolitik des Augustus und die augusteische Dichtung (Köln/Graz 1961), S. 101, m. E. zu Recht als Zeichen der Aufgabe „eigener Anteilnahme am politischen Geschehen der Gegenwart" gedeutet hat, scheint mir nun gefragt werden zu müssen, wann sich allgemein eine solche unpolitische Haltung durchgesetzt hat, ein solcher Integrationsgrad erreicht worden ist (vgl. unten S. 291 f.), daß die alten Normen des republikanischen Staatsrechtes nicht mehr in Anwendung gebracht werden können.

teres auf das *imperium* anwendbar, weil dieses nicht selbst als *populus Romanus* in den *res gestae* bezeichnet wird, sondern lediglich als dem *populus Romanus* untertan.

Doch selbst hierfür hat Augustus in den *res gestae* Einschränkungen gemacht, deren Formulierungen zwar wiederholt beobachtet, aber in diesem Zusammenhang m. E. noch kaum ausgewertet worden sind. Für den außenpolitischen Bereich spricht Augustus nicht allein von / der *amicitia populi Romani* (**1236—1237**), sondern ebenso von *amicitia nostra* [126]. Ebenso wird dem *imperium populi Romani* das *imperium nostrum* (26,1) zur Seite gestellt. Verbunden mit der Beobachtung, daß die Formulierung *me principe* nur dann gebraucht wird, wenn von außenpolitischen Erfolgen die Rede ist, hat N. A. Maschkin *amicitia nostra* wohl als pluralis maiestatis aufgefaßt, wenn er schreibt: „*Nostra amicitia* löst den Begriff *amicitia populi Romani* ab" [127]. Die Erklärung dieser Formulierungen wird aber — wie ich meine — durch **1235** gegeben: *Cimbri et . . . alii Germanorum populi . . . amicitiam meam et populi Romani petierunt* [128]. *Amicitia nostra* und *imperium nostrum* sind deshalb als *mea amicitia* bzw. *meum imperium et populi Romani* aufzufassen.

Für den außenpolitischen Bereich sind diese Formulierungen bisher durchaus unterschiedlich gedeutet worden: Augustus als Vertreter des *populus Romanus* [129], als „selbständiger Faktor neben Staat und Volk" [130], als Träger der „letzten Entscheidungen und Verantwortung" [131], als der eigentliche Adressat diplomatischer Bemühungen auswärtiger Völker [132]. Das hängt natürlich nicht zuletzt davon ab, wie von den einzelnen Gelehrten die Kompetenzen des Kaisers in den auswärtigen Beziehungen aufgrund der allgemeinen Quellenlage beurteilt werden [133]. / Wenn es dagegen wie in der vorliegenden Untersuchung um das Selbst-

[126] R. gest. 31, 2; 32, 2; vgl. dazu *v. Premerstein*, S. 182; *Maschkin*, S. 500; *Lemosse* (oben Anm. 122), S. 67 ff.

[127] S. 499 f. (Zitat S. 500). Er hätte für *me principe* noch auf 13 verweisen können, da die Schließung des Janusbogens ebenfalls auf die außenpolitischen Erfolge schließen läßt. Vgl. hierzu in der Nachfolge von Grenade auch *Hellegouarc'h* (oben Anm. 86), S. 356.

[128] Fehlt in der Stellensammlung bei *Lemosse* (Anm. 126); vgl. aber *Weber*, S. 199.

[129] *Lemosse* (oben Anm. 122), S. 69: „Auguste est seulement l'homme qui agit pour le peuple, en son nom".

[130] *v. Premerstein*, S. 182.

[131] *Weber*, S. 199.

[132] *Meyer* (oben Anm. 125), S. 28, zu r. gest. 31: „die Bastarner, Skythen und Sarmaten haben ... die *amicitia* des römischen Volkes erbeten, eine Geste, die Augustus als Anerkennung der Achtung betrachtet, die er selbst genießt und durch ihn das römische Volk"; vgl. auch S. 103.

[133] Vgl. unter Berufung auf die *lex de imperio Vespasiani* nach *Mommsen*, Röm. Staatsrecht II, S. 953 ff., *Gardthausen* I, S. 569 ff.; *Siber*, Zur Entwicklung der römi-

zeugnis des Augustus geht, so ist m. E. entscheidend, daß die Kompetenz in den auswärtigen Beziehungen in den *res gestae* genauso wie gegenüber dem *imperium* dargestellt wird: Vom Senat ist dabei keine Rede [134], aber auch der *populus Romanus* ist nicht alleiniger Träger der Herrschaft, sondern der *princeps* u n d der *populus Romanus.*

Galt für den Bereich *res publica* die Formel *senatus populusque Romanus,* so könnte danach für das *imperium* die Formel *ego populusque Romanus* gebraucht werden. Das erinnert sogleich an die schon erwähnte (S. 270), im 5. Edikt an die Kyrenäer gebrauchte Wendung: ἐγώ τε καὶ ἡ σύνκλητος (Z. 81). So wie gegenüber der senatorischen Provinz — und damit im Bereich *res publica,* da hier ein traditioneller Magistrat Imperiumsträger war — Augustus zusammen mit dem Senat — als dem Vertreter von *senatus populusque Romanus* — auftrat, regierte er im übrigen Reichsgebiet mit dem *populus Romanus* [135]. Da der *populus* aber „eine ‚sozusagen überirdische Existenz' führt", insofern er „vom Wechsel der Mitglieder unabhängig ist" [136], so erkennt Augustus hierbei nur theoretisch eine Bindung an und identifiziert sich selbst praktisch mit dem Staat[137].

Will man eine solche Identifikation als Ausdruck der „monarchischen Stellung" verstehen, so hat Augustus diese seine Position in den / *res gestae* nicht ver-

schen Prinzipatverfassung (Abh. Leipzig 42, 3. 1933), S. 11; *v. Premerstein,* S. 181; dagegen jetzt nach dem Vorgang von *Abele* (oben Anm. 80) *Lemosse* (s. Anm. 122), S. 67 ff.

134 Wenn *Lemosse* (vor. Anm.) zu dem Schluß gelangt, daß der Senat keine seiner alten Prärogativen verloren habe (S. 69 f.), und daß deshalb wie für alle politischen Schöpfungen des Augustus auch für den außenpolitischen Bereich „l'harmonie entre le régime républicain traditionnel . . . et un ensemble d'institutions nouvelles" entscheidend sei (S. 82), so hat Augustus in seinen *res gestae* wenigstens nichts davon gesagt.

135 Diese Verbindung besitzt übrigens durchaus Vorgänger: Wie *W. Porzig,* Senatus Populusque Romanus: Gymnasium 63 (1956), S. 318 ff., jetzt in: WdF 46, S. 104 ff., dargestellt hat, geht der Verbindung von *populus* und *senatus* eine ältere von *populus* und *rex* voran (S. 112). Vgl. dazu Liv. 1, 24, 5: *sine fraude mea populique Romani;* 1, 38, 2: *in meam populique Romani dicionem,* und dazu v. Lübtow (oben Anm. 39), S. 156. Diese Identifikation einer Person mit dem Staat wird dann von den großen Einzelpersönlichkeiten seit dem 2. Jh. v. Chr. wieder aufgenommen und führt zu der Aussage Ciceros: „Ich und der Staat"; vgl. mit Quellen dazu *Vogt* (oben Anm. 98), S. 68 f. — Aufgrund der mangelnden Übereinstimmung von *res publica* und ‚Staat' hat gegenüber der Formulierung von Vogt *Fuhrmann,* Gymnasium 67 (1960), S. 491, Anm. 31, berechtigte Einwendungen erhoben. Vgl. zu der gleichen Identifikation in der Formel *ego et populus Romanus* bei Caesar — bes. bell. Gall. I und IV — *R. A. Bauman,* The crimen maiestatis in the Roman republic and Augustan principate (Johannesburg 1967), S. 122 f., dazu noch bell. Alex. 65, 4: *et sibi et populo Romano amicissimos.*

136 *v. Lübtow* (oben Anm. 39), S. 470.

137 Aus den Zeugnissen des Horaz zieht *Wickert,* S. 128, den Schluß: „der Staat ist im Kaiser verkörpert".

schleiert [138]. Wichtiger erscheint mir aber, daß sich aus der bisherigen Interpretation zugleich ein scheinbar unauflöslicher Widerspruch ergibt: In der Darstellung des Augustus mußte uns der Senat als Repräsentant des Staates erscheinen (S. 274) diese Selbstidentifikation zeigt, daß sich Augustus selber ebenfalls als Repräsentant des Staates betrachtet hat [139]. Der Widerspruch läßt sich auch nicht mit der Trennung des Staates in *res publica* und *imperium* beseitigen; denn es sind auch Taten im *imperium,* für die der Senat Augustus den Dank des Staates abgestattet hat.

Zum Versuch einer Lösung wenden wir uns zunächst von der staatsrechtlichen wieder zu einer zusammenfassenden Betrachtung der soziologischen Fragestellung. Es hat sich insgesamt ergeben, daß Augustus die Existenz unterschiedlicher sozialer Gruppen nicht nur gesehen und anerkannt, sondern daß er die soziale Stellung der wichtigsten Schicht, des Senatorenstandes, für seine propagandistischen Absichten benutzt hat. Obwohl er fast ausschließlich Termini gebrauchte, die politischen Gliederungen des römischen Volkes entsprachen [140], hat er nicht die politische, sondern die gesellschaftliche / Bedeutung dieser Gruppen in deutlicher Abstufung in den *res gestae* herausgestellt.

Eine gesellschaftliche Abstufung bedarf eines Maßes, an dem sie gemessen werden kann. Wenn ihm der Senat als Repräsentant des Staates gegenübertritt, so wird deutlich, daß an Augustus selber die soziale Stellung der Gruppen gemessen wird. Der Senat und die aus den Reihen des Senatorenstandes sich rekrutie-

[138] *Wickert,* S. 126; *Meyer* (oben Anm. 125), S. 62; anders *Salmon,* S. 458. — Aus der — wie ich meine, unfruchtbaren — Fragestellung, ob der Prinzipat Republik oder Monarchie gewesen sei, führt seine Kennzeichnung als Typ sui generis gewiß hinaus; vgl. dazu etwa *K. Loewenstein,* Die konstitutionelle Monokratie des Augustus: Zeitschr. f. Politik 8 (1961), S. 197 ff., jetzt in: WdF 128, S. 531 ff. (hier S. 563); *A. Heuß,* Römische Geschichte (Braunschweig ²1964), S. 583. Will man aber eine Vergleichbarkeit mit anderen Herrschaftsformen erreichen, so scheint mir die Unterscheidung zwischen Staats- und Regierungsform und die daraus gewonnene Kennzeichnung des Prinzipats als einer konstitutionellen Monokratie durch Loewenstein (a. a. O.) nicht auszureichen. Eine Deutung nach Termini der Politikwissenschaft wird hier angedeutet (unten S. 292 f.), sie entspricht weitgehend der Kennzeichnung der „drei reinen Typen der legitimen Herrschaft“ durch *Max Weber,* Preuss. Jbb. 187 (1922), S. 1 ff., jetzt in: *M. Weber,* Staatssoziologie, hrsg. v. *J. Winckelmann* (Berlin 1956), S. 99 ff., wobei neben der „traditionellen Herrschaft“ innerhalb der *res publica* und der „charismatischen Herrschaft“ gegenüber der Gefolgschaft, die sich personell mit der *res publica* überschneidet, m. E. in den Ansätzen zu einer bürokratisch geordneten Verwaltung auch Grundlagen für eine „legale Herrschaft“ gelegt werden, so daß sich der Prinzipat damit als eine ausgesprochene Mischform darstellt.

[139] Vgl. dazu etwa auch *Weber,* S. 223: „Repräsentant des populus Romanus“.

[140] Vgl. bereits oben S. 257 f. Bezeichnenderweise wird die einflußreiche Gruppe der *amici* lediglich in der App. 4 erwähnt (**142**; vgl. dazu Anm. 53), aber auch die seltene Nennung der *equites* scheint mir hierin ihren Grund zu haben (vgl. auch Anm. 75 f.).

renden Patrizier, Magistrate und Priester sind damit nicht die Ersten überhaupt, aber sie bilden die erste Schicht in der Gesellschaft des römischen Reiches. Die Stellung des Ritterstandes wird in seiner Beziehung zu den präsumptiven Nachfolgern charakterisiert: Wie der Senat zum *princeps* der Gesamtheit, so stehen die *equites* zu den *principes iuventutis,* und so wie diese die Zweiten sind, bildet die Ritterschaft den zweiten Stand. Äußern sich diese Gruppen in Handlungen gegenüber Augustus, so kommt der Plebs — und den zu ihr gehörenden Veteranen — allein eine passive Rolle zu. Die inferiore Position wird nicht nur dadurch kompensiert, daß sie sich der besonderen Gunst des Herrschers erfreuen kann, sondern zusammen mit den beiden ersten Ständen gehört sie zum *populus Romanus* und besitzt damit das Herrschaftsrecht über das Imperium.

Es ist oben (S. 285) bereits betont worden, daß Augustus den *populus Romanus* nicht als soziale Gruppe angesehen hat. Wie sehr es ihm aber auch bei Handlungen des *populus Romanus* ihm selbst gegenüber auf die ‚Gesellschaft' ankam, zeigen die Textstellen, an denen sich Augustus auf den ‚Gesamtwillen' berufen wollte. Fast allein an diesen Stellen verläßt er die staatsrechtliche Terminologie und konkretisiert damit den *populus Romanus* in seiner gesellschaftlichen Zusammensetzung. Das geschieht einmal durch genauere territoriale Bezeichnung: Nicht die in Rom ansässigen Bürger allein, sondern *Italia tota* hat sich ihm vor Aktium verpflichtet und ihn zum *dux* gefordert (**1321**), *cuncta ex Italia multitudo* hat ihn zum *pontifex maximus* gewählt (**1322**). Diese Konkretisierung geschieht aber auch in der Aufzählung der Stände — oder besser in der Hervorhebung der beiden oberen Stände — bei seiner Benennung als *pater patriae* (**127**). M. E. ist es als Vereinigung des territorialen und des ständischen/Aspektes zu werten, wenn er sich bei der Übertragung der ‚Allgewalt' auf den *consensus universorum* beruft (**111**). So bleibt der *populus Romanus* in seiner Herrschaftsfunktion gleichsam abstrakt, tritt jedoch Augustus in seiner gesellschaftlichen Gliederung und in seiner Ausweitung auf den Bereich ganz Italiens gegenüber.

Der territoriale wird mit dem ständischen Bereich aber noch auf eine andere Weise verknüpft. Denn anders als Plebs und Veteranen als reine Empfänger von Wohltaten des Kaisers, anders aber auch als die Provinzialen, denen Leistungen erstattet werden, sind die italischen Munizipien und Kolonien — und damit deren Oberschicht — charakterisiert. Die Rückgabe des *aurum coronarium* (**13231**) ist gewiß ebenfalls als Geschenk, als Wohltat zu betrachten — aber als ein Geschenk, das in den Ehrenbeschlüssen dieser Bürgergemeinschaften für Augustus (**13232**) seine Ursache hat [141]. Augustus legte also nicht nur Wert darauf, die Zugehörigkeit ganz Italiens zum *populus Romanus* zu betonen, er räumte den Bürgern der italischen Munizipien und Kolonien gleichsam eine Stellung zwischen dem Ritterstand und der Plebs ein [142].

[141] Vgl. ähnlich auch *Weber,* S. 230*.

[142] Vgl. zur „primauté italienne" *Gagé,* Classes (oben Anm. 7), S. 69 ff.

Während es sich aber damit allgemein lediglich um Anerkennung und Bewertung der gesellschaftlichen Gruppen innerhalb des *populus Romanus* handelt, denen in den Provinzialen Untertanen — in den Sklaven Eigentumsobjekte ihrer *domini* — gegenüber stehen, sind für den Eid des Jahres 32 v. Chr. doch auch Provinziale als Handelnde genannt (**316**), und wieder wird damit gleichsam eine Zwischenschicht konstituiert, welche in ihrer Beziehung zu Augustus eine Brücke zwischen dem *populus Romanus* und den Provinzen bildet. Die neuerliche — m. E. berechtigte — Deutung dieses Eides als eines „erweiterten Feldherrneides" weist auf die beiden Komponenten der militärischen und der Gefolgschaftsverpflichtung hin [143]. Wenn im Vorstehenden zu Recht herausgearbeitet wurde, daß es Augustus in den *res gestae* auf die Stellung gesellschaftlicher Gruppen ankam, so wurde damit die Bevölkerung der Westprovinzen als Gefolgschaft des Augustus von den übrigen Reichsbewohnern unterschieden und in dieser Eigenschaft zugleich dem *populus Romanus* in seiner Ausdehnung auf ganz Italien gleichgestellt. Die gesellschaftliche Differen/zierung hat somit jeweils ihre Ursache in der Beziehung der einzelnen sozialen Gruppen zu Augustus.

Dieses Ergebnis erlaubt uns, abschließend noch einmal zu der Frage nach der staatsrechtlichen und politischen Bedeutung der gesellschaftlichen Gruppen zurückzukehren. Die Wertung der jeweiligen gesellschaftlichen Stellung in der Beziehung der einzelnen Gruppen zu Augustus zeigt einen anderen Aspekt, als wir ihn zur Beurteilung der politischen Bedeutung von Gruppen oder Institutionen einzunehmen gewohnt sind. Während wir nach Teilhabe an der Herrschaft fragen als der „Möglichkeit, erfolgreich allen Mitgliedern der Gesellschaft Befehle erteilen zu können" [144], wird uns hier eine Auskunft gegeben über den Grad der Integration als der „von einer politischen Ordnung bewirkten oder auf sie bezogenen Vergesellschaftung, welche sich in dem eine politische Einheit konstituierenden politischen Wirbewußtsein ausdrückt".

Dieser Integrationsaspekt kommt in dem Eid von 32 v. Chr. besonders deutlich zum Ausdruck. Der in *Italia tota* verkörperte *populus Romanus* und die Bewohner der Westprovinzen haben mit ihm ihrem Konsens mit der Führung durch Octavian Ausdruck verliehen, und dieser Konsens ist bis hin zur Benennung des Augustus als *pater patriae* durch den *populus Romanus* und seine beiden höchsten Gesellschaftsgruppen immer wieder erneuert worden [145]. Unter diesem Aspekt der Integration ist dann der Senat Repräsentant des Staates, während Augustus unter dem Aspekt der Herrschaft die gleiche Stellung einnehmen kann.

[143] *Herrmann,* S. 84; vgl. dazu bereits *Timpe* (oben Anm. 5), S. 38.

[144] Unter Präzisierung der Definition Max Webers *M. Hättich,* Grundbegriffe der Politikwissenschaft (Darmstadt 1969), S. 74 (folgendes Zitat S. 80).

[145] Vgl. *Alföldi,* Mus. Helv. 9 (1952), S. 214: „die stärkste Verpflichtung der Ganzheit ihm gegenüber".

Damit ist zunächst noch nichts über die tatsächliche gesellschaftliche und politische Bedeutung der einzelnen Gruppen der römischen Gesellschaft in der augustischen Zeit gesagt. Denn bei der Untersuchung der *res gestae* haben wir es „mit einer Schrift zu tun, in der wir nichts weniger als objektive Wahrheiten zu suchen haben“ [146]. Wenn es aber richtig ist, daß Augustus die Nachwelt mit diesem Dokument „über/zeugen“ wollte [147] und auch tatsächlich erreichte, daß sich die zeitgenössischen Leser — und damit Angehörige der einzelnen sozialen Gruppen — in ihm wiedererkannten, dann scheint mir der Schluß unausweichlich zu sein, daß wenigstens die Mehrzahl der Angehörigen aller in den *res gestae* genannten Gruppen beim Übergang des Prinzipats von Augustus auf Tiberius auf die Teilhabe an der Herrschaft keinen entscheidenden Wert (mehr) gelegt hat [148] — und damit letztlich unpolitisch war [149]. Als Gradmesser für die inzwischen erfolgte Integration dürfte dann die Häufigkeit der Erwähnung der einzelnen Gruppen zu benutzen sein, d. h.: Bewohner der Westprovinzen, Plebs und Veteranen, Bürger der Munizipien und Kolonien Italiens und vielleicht auch Ritter bildeten die eigentliche Gefolgschaft des Augustus, während — wie oben bereits angedeutet [150] — die überaus häufige Nennung des Senats den Senatorenstand zum Konsens mehr verpflichtete — auch gerade dadurch, daß er zum Repräsentanten dieses Konsens gestempelt wurde.

In der politikwissenschaftlichen Terminologie entspricht der Gefolgschaft die Führung, während beim nächst niederen Grad der Integration, der Akzeptierung, die Rolle der Herrschaft als Autorität gekennzeichnet wird [151]. Mit *auctoritas* soll nach der communis opinio Augustus „seine Stellung im Staat“ gekennzeichnet

[146] *Wilcken*, S. 241.

[147] *Hoffmann*, Gymnasium 76 (1969), S. 27; vgl. auch oben S. 257, sowie *Christ* (oben Anm. 37), S. 330.

[148] Natürlich soll damit der lange Widerstand gegen Augustus und damit auch gegen die neue Herrschaftsform von Seiten der bisher führenden Schicht der Senatoren keineswegs geleugnet werden; vgl. dazu *Sattler* (oben Anm. 47); *Christ* (oben Anm. 37), S. 342, sowie andererseits zur „Eingewöhnung“ am Ende der Lebenszeit des Augustus oben Anm. 14. — Auch wenn „das wenig günstige Bild, das Tacitus in den ersten zehn Kapiteln der Annalen von Augustus entwirft, in allem wesentlichen durch die Geschichtsschreibung der Iulisch-Claudischen Zeit vorbereitet war“, wie *H. Tränkle*, Augustus bei Tacitus, Cassius Dio und dem älteren Plinius: Wien Stud., N. F. 3 (1969), S. 108 ff., zu zeigen versucht hat (Zitat S. 130), so entsprach solchem Räsonnement nicht das politische Bewußtsein der Gesellschaft des römischen Reiches, das Augustus in den *res gestae* sicherer eingeschätzt hat als in der besorgten Frage seines letzten Lebenstages, *an iam de se tumultus foris esset* (Suet., Aug. 99, 1).

[149] Vgl. zur Entstehung des Prinzipats „aus dem Sieg der unpolitischen Schichten des Imperiums“ besonders *A. Momigliano* in der Besprechung von Syme, Journ. Rom. Stud. 30 (1940), S. 75 ff., jetzt in: WdF 128, S. 140 ff. (Zitat S. 149).

[150] S. 284 f.; ähnlich bereits *Vittinghoff*, S. 58; *Heuß* (oben Anm. 138), S. 279 f. 586 f.

[151] Vgl. *Hättich* (oben Anm. 144), S. 58 ff.

haben [152]. Nach der Rückgabe der *res publica* an Senat und Volk und im Vergleich mit den ihm jeweils gleichgestellten Magistraten kennzeichnet er jedoch damit lediglich seine Stellung gegenüber dem Senatorenstand, der mit Senat und/Magistraten die Regierung der *res publica* stellte. Er hat nach den vorliegenden Interpretationen seine Herrschaft in der Form der Führung gegenüber den übrigen Gruppen der Gesellschaft des römischen Reiches nicht in Abrede gestellt [153].

[152] Vgl. den Titel des Aufsatzes von *Hohl* (oben Anm. 61). Als eine der seltenen „programmatischen Erklärungen" in den *res gestae* — allerdings im Sinne der communis opinio (vgl. oben S. 281) — bezeichnet diesen Satz (34, 3) *Christ* (oben Anm. 37), S. 331.

[153] Durch diese Unterscheidung findet m. E. auch die unterschiedliche Stellung der griechischen Poleis zu Rom und zum Kaiser, auf die besonders *D. Nörr*, Imperium und Polis in der hohen Prinzipatszeit (Münch. Beitr. 50. 1966), S. 103 ff. (vgl. jetzt *dens.*, ZRG 85, 1968, S. 462), hingewiesen hat, ihre Erklärung.

Omnium provinciarum populi Romani ... fines auxi

Ein Entwurf *

Walter Schmitthenner zum 60. Geburtstag

Dem Zeugnis des Augustus über die *provinciae populi Romani* hat die moderne Forschung erstaunlich wenig Beachtung geschenkt oder sogar den Glauben versagt. Zwar stellte Th. Mommsen im Kommentar zu dem im Titel dieser Untersuchung genannten Satz der ,Res gestae' (26,1) fest: „recte igitur procedunt quae de se hoc loco praedicat imperator.“ [1] Aber in seiner vorangehenden Interpretation betrachtete er ihn wenigstens in bezug auf den Donauraum und Kleinasien als Umschreibung für die Anlage von *novae provinciae* [2]. Diese Deutung hat bis heute fortgewirkt [3], und ihr gab neuerlich A. Heuß nur klar formulierten Ausdruck, wenn er zu dem Satz bemerkte: „Augustus drückt sich nicht so aus, daß er neue Provinzen eingerichtet hätte, obwohl er der Sache nach nichts anderes meinen kann und auch immer in diesem Sinne verstanden wurde.“ [4]/

Das Schweigen des Augustus in seinem Tatenbericht über die Errichtung neuer Provinzen erscheint mir allerdings um so bemerkenswerter, als er diese Möglich-

* Der vorliegende Aufsatz wurde zusammen mit anderen Beiträgen am 12. 7. 1976 Professor Dr. Dr. Walter Schmitthenner anläßlich seines 60. Geburtstages überreicht und sollte in überarbeiteter Form im nächsten Band des Chiron erscheinen. Nach dem plötzlichen Tode des Verfassers am 17. 8. 1976 wird er nun in seiner ursprünglichen Form vorgelegt.

[1] Res gestae Divi Augusti ex monumentis Ancyrano et Apolloniensi iterum ed. *Th. Mommsen* (Berlin 1883), S. 103.

[2] A. a. O., S. 102; vgl. auch S. 129. In gleicher Weise sah *G. H. Stevenson*, Roman provincial administration till the age of the Antonines (Oxford ²1949), S. 97, die Aussage *protuli ... fines Illyrici ad ripam fluminis Danui* (r. gest. 30, 1) durch die „creation of the four Danubian provinces“ erfüllt.

[3] Für die Errichtung neuer Provinzen durch Augustus vgl. nur beispielshalber *R. Syme*, The Roman revolution (Oxford 1939), S. 394; *H. Bengtson*, Grundriß der römischen Geschichte mit Quellenkunde I (HAW III 5, 1. München ²1970), S. 269; *R. Szramkiewicz*, Les gouverneurs de province à l'époque augustéenne (Études Prosopogr., 3. Paris 1975), S. 63.

[4] Zeitgeschichte als Ideologie. Bemerkungen zu Komposition und Gedankenführung der Res Gestae Divi Augusti: Monumentum Chiloniense. Studien zur augusteischen Zeit. Kieler Festschrift für E. Burck zum 70. Geburtstag, hrsg. v. *E. Lefèvre* (Amsterdam 1975), S. 70.

keit im Falle von Armenia maior ausdrücklich erwähnte und zugunsten der Etablierung eines Klientelfürstentums ablehnte (r. gest. 27,2). Es besteht gegenüber den ‚Res gestae' auch nicht die gleiche Möglichkeit wie gegenüber literarischen Quellen, die Frage auf ein „Scheinproblem" zu reduzieren [5]. Denn Augustus gebraucht *provincia* an keiner Stelle als Kompetenzbereich eines römischen Magistrats, sondern eindeutig als Terminus technicus im Sinne eines Herrschaftsgebietes des römischen Volkes in einer festgelegten Verwaltungsform. Dafür spricht, daß er den Begriff entweder mit bestimmten Provinznamen verbindet [6] oder aber bei der einzigen allgemeinen Nennung — im Titelsatz dieses Aufsatzes — mit den *fines* auf feste Begrenzungen solcher Gebiete hinweist. Das ist auch sehr verständlich, weil er durch seine organisatorischen Maßnahmen, vor allem durch Einrichtung des Provinzialzensus [7], den römischen Provinzen erst eine *forma* als Verwaltungseinheiten des Römischen Reiches gegeben hat.

In Anbetracht dieser Auffassung der Provinzen als Verwaltungseinheiten durch Augustus gewinnt der im Titel genannte Satz m. E. entscheidende Bedeutung. Augustus hat nicht nur nichts von der Einrichtung neuer Provinzen gesagt, sondern er hat ausdrücklich festgestellt, daß er die Grenzen aller bereits bestehenden Provinzen erweitert habe, soweit ihnen unbotmäßige Völker benachbart waren. Dieser Satz „birgt die gesamte Grenzpolitik" [8] und sollte deshalb für die Deutung der Vorgänge an den Grenzen in augusteischer Zeit ebenso wie für die Interpretation der ihnen folgenden einzelnen Aussagen des Augustus ernster genommen werden, als das bisher, soweit ich sehe, geschehen ist.

I

Für die Interpretation dieser Stelle der ‚Res gestae' scheint es mir von einiger Bedeutung zu sein, daß nach dem Einleitungssatz sofort die *Galliae et Hispaniae provinciae* genannt werden (r. gest. 26,2). Mit einer Erweiterung ihrer *fines* wird man deshalb rechnen müssen, wenn Augustus im Anschluß daran von der Befriedung Germaniens und der Alpen spricht. Bekanntlich ist die betonte Absetzung des geographischen Begriffes *Germania* von den Provinzen Galliens und Spaniens schon immer bemerkt worden [9]. In gleicher Weise handelt es sich auch bei den *Alpes* um/eine geographische Bezeichnung, die in Verbindung mit dem

[5] So *G. Wesenberg*, RE 23 (1957), Sp. 1019, bei Behandlung „des leidigen Problems der ‚Provinz Germanien'" (*D. Timpe*, Arminius-Studien [Heidelberg 1970], S. 86).

[6] R. gest. 12, 2. 24, 1. 25, 2. 26, 2. 27, 3.

[7] Vgl. *Braunert*, Historia 6 (1957), S. 192 ff. [= oben S. 213 ff.].

[8] *W. Weber*, Princeps. Studien zur Geschichte des Augustus I (Stuttgart-Berlin 1936), S. 197.

[9] Vgl. etwa *Weber*, a. a. O., S. 239*, wobei dahingestellt bleiben mag, ob mit der Formulierung die Möglichkeit geboten werden sollte, „aus provincias auch für dieses (scil. Germaniam) ein provinciam herauszuhören".

Einleitungssatz für eine Angliederung der Alpes Maritimae, Cottiae, Graiae et Poeninae sowie Raetiens und wohl auch Noricums, nicht aber für ihre Einrichtung als Provinzen spricht. Die Bitte der germanischen Stämme jenseits des *ostium Rheni fluminis* um *amicitia* (r. gest. 26,4) bezeugt ihre Botmäßigkeit, die eine Ausdehnung der Grenzen bestehender Provinzen erübrigte. Ähnliches soll nach der folgenden Aussage des Augustus offenbar durch die militärischen Demonstrationszüge nach Äthiopien und Arabien erreicht worden sein [10].

Die besondere Stellung Ägyptens scheint mir durch den Gebrauch des Verbums *adicere* deutlich hervorgehoben zu werden [11], das m. E. ebenfalls in Beziehung zu den bestehenden Provinzen des Reiches gesehen werden muß. Denn ausdrücklich wird im Anschluß daran die Möglichkeit zur Errichtung einer Provinz Armenia maior erwähnt (r. gest. 27,2). Botmäßigkeit konnte hier zunächst durch ‚Übertragung' an einen einheimischen König erreicht werden, und auch späterer Abfall und Rebellion der *gentes* erforderten keine andere Maßnahme.

Der Bericht über die Rückgewinnung der im Bürgerkrieg verlorengegangenen Provinzen scheint zunächst hierfür einen Abschluß zu bringen (r. gest. 27,3), an den die Deduktion von Militärkolonien in die Provinzen wie nach Italien angeschlossen werden konnte [12]. Doch das Thema ‚Rückgewinnung' führt dann weiter auf die Wiedererlangung der verlorenen Feldzeichen (r. gest. 29); und deutlich werden auch hierbei jeweils Provinzen und benachbarte *gentes* genannt, von denen sich die Parther durch ihre Bitte um Freundschaft wiederum als botmäßig erweisen. Wird hiermit schon der Zusammenhang mit dem Beginn des Kap. 26 gewahrt, so zeigt Kap. 30 deutlich die Fortsetzung des angeschlagenen Themas: Pannonier und Daker sind eindeutig *provinciarum finitimae gentes, quae non parerent imperio nostro.* Während die letzteren gezwungen werden, *imperia populi Romani perferre* (r. gest. 30, 2), und damit außerhalb der Grenzen verbleiben, gilt für die besiegten Pannonier: *imperio populi Romani subieci protulique fines Illyrici ad ripam fluminis Danui* (r. gest. 30, 1). Augustus beschreibt damit für den Donauraum genau die Grenzregelung, die er in allgemeiner Form an den Anfang gestellt hat. Bei Unterwerfung unbotmäßiger Nachbarstämme werden die Grenzen der bestehenden Provinzen entsprechend erweitert; *imperio populi Romani subicere* bedeutet nicht die Einrichtung einer neuen Provinz./

[10] R. gest. 26, 5; bezeichnenderweise werden hier die Verben *pacare* oder gar *subicere* nicht gebraucht.

[11] R. gest. 27, 1. Vgl. zu *subicere* auch das Folgende.

[12] R. gest. 28; *F. Vittinghoff,* Römische Kolonisation und Bürgerrechtspolitik unter Caesar und Augustus (Abh. Mainz 1951, Nr. 14), nimmt zu Recht die hier genannten Namen als Provinznamen ernst (vgl. die Stellen nach Register S. 147), wenn damit auch Pisidia Schwierigkeitn bereitet, das „die einzige Landschaftsbezeichnung" sein soll (S. 131, Anm. 4); vgl. auch *B. Levick,* Roman colonies in southern Asia Minor (Oxford 1967), S. 33.

Gesandtschaften (r. gest. 31), Unterwerfung (r. gest. 32, 1), Geiselstellung (r. gest. 32, 2) der Könige und Völker im Norden und Osten des Reiches, besonders aber die Einsetzung von Königen bei Parthern und Medern (r. gest. 33), beweisen, daß *finitimae gentes, quae non parerent imperio nostro*, nicht mehr existierten.

So ergibt sich nicht nur eine Bestätigung für den bisher schon erkannten festen Zusammenhang der Kap. 26—33 der ‚Res gestae‘[13]. Es bleibt vor allem in den Aussagen des Augustus keine Lücke, in der die Errichtung neuer Provinzen an den Grenzen des Reiches untergebracht werden könnte. Unbotmäßige Nachbarvölker wurden entweder in ein Klientelverhältnis übernommen oder der Herrschaft des römischen Volkes hinzugefügt bzw. unterworfen. Es ist deutlich, daß mit den letztgenannten Ausdrücken nicht die Einrichtung neuer Provinzen beschrieben werden soll. Die ‚Angliederung‘ Ägyptens ist deshalb offenbar in anderer Form geschehen. Im Regelfall wurden die Grenzen der benachbarten Provinzen um die neuen Gebiete erweitert. An diesem Ergebnis müssen m. E. die einzelnen Zeugnisse, die wir für die jeweiligen Grenzgebiete besitzen, gemessen werden.

II

Bei der Forschung über die Grenzgebiete stößt man sogleich auf die sogenannten ‚prokuratorischen Provinzen‘, für die Ph. Horowitz die Grenzlage sogar als konstitutiv angesehen hat[14]. Th. Mommsen hat dabei nur an „Bezirke“ gedacht, „die zum römischen Reich gehören, aber in früherer Zeit nicht eigentlich als Provinzen des römischen Volkes . . . betrachtet wurden“, und er ließ sie verwaltet werden „durch besondere Vicare aus dem Ritterstand, die in früherer Zeit meist praefecti, später in den kleineren Districten gewöhnlich procuratores Augusti heißen“[15]. Nicht nur in der Frage der Benennung ist ihm O. Hirschfeld gefolgt, sondern nach ihm „hat Augustus schon durch den Titel ausdrücken wollen, daß diese Präfekten nicht als Statthalter von Provinzen . . . gelten sollten“[16]. Da er jedoch andererseits die von ihnen verwalteten Gebiete als „Provinzen“ bezeichnete, hat er bereits der jetzigen Auffassung Vorschub geleistet, die sich vor allem auf die Untersuchungen H.-G. Pflaums stützt[17]. Dieser Gelehrte ist, wie ich meine,

[13] Vgl. neuerlich dazu etwa *Heuß* (oben Anm. 4), S. 70 ff.

[14] Le principe de création des provinces procuratoriennes: Rev. de Philol. 65 (1939), S. 47 ff., 218 ff.; zusammenfassend S. 237: „Pendant toute la durée du Haut-Empire, toutes les provinces de frontière sans légions ont été des provinces procuratoriennes“.

[15] Römisches Staatsrecht II, S. 247.

[16] Die kaiserlichen Verwaltungsbeamten bis auf Diocletian (Berlin ^{2}1905), S. 383.

[17] Les procurateurs équestres sous le Haut-Empire romain (Paris 1950), S. 15 ff.; in starker Abkürzung *ders.*, RE 23 (1957), Sp. 1243 f.; hier auch jeweils die Stellungnahme zu *Horowitz*, a. a. O., dessen „principe“ grundsätzlich darunter leidet, daß er „misses the chronological development“ (*A. N. Sherwin-White*, Procurator Augusti: Papers of the Brit. School at Rome 15 [1939], S. 12, Anm. 7).

durch die Übernahme/einer Paraphrase der Mommsenschen Aussage[18] leider auf einen falschen Weg geführt worden, wenn er am Beispiel Galatiens gewiß zu Recht — aber ohne damit Mommsen zu treffen — gezeigt hat, daß nicht „*tous* les anciens royaumes-vassaux auraient été transformés, à leur annexion, en districts procuratoriens". Seine dadurch bestimmte Ausrichtung auf die „véritables raisons"[19] der Gründung solcher Provinzen, zusammen mit einer Überschätzung der Bedeutung Iudaeas hierfür, ließen ihn trotz subtiler Untersuchungen, über die noch zu sprechen ist, eine Gründung von „provinces procuratoriennes" durch Augustus und Tiberius — gewiß zu Recht, aus praktischen Gründen — vertreten. Vergröbert findet sich seine Ansicht nun in Lexika[20] oder als Grundlage für weitere Untersuchungen über Provinzen in der augusteischen Zeit wieder: „de nouvelles provinces conquises furent confiées à de simples procurateurs."[21]

Für die Zeit des Augustus selbst bleibt aber auch bei Pflaum die sogenannte prokuratorische Provinz auf Iudaea beschränkt; und seitdem wir wissen, daß noch Pontius Pilatus als *praefectus Iudaeae* amtierte[22], lassen sich, wenn ich recht sehe, Prokuratoren als eigenständige Verwaltungsbeamte von Gebieten römischer Herrschaft in augusteischer Zeit nicht mehr nachweisen. Wenn wir stattdessen neben Iudaea auf die *praefecti* in Asturien und Gallaecien, in den einzelnen Alpenbezirken, für die Raeter und Vindeliker sowie für Moesien hinweisen[23], so könnte es sich hierbei nur um einen terminologischen Unterschied handeln, der für die Sache ohne Bedeutung ist. Aber es scheint mir darüber hinaus

[18] Von *Horowitz*, a. a. O., S. 47; das von mir kursiv gedruckte „tous" bei *Pflaum*, a. a. O., S. 17, allerdings hinzugesetzt.

[19] A. a. O., S. 27 (entsprechend dem „principe" von *Horowitz*, a. a. O.); dort auch das folgende Zitat.

[20] Vgl. *H. Volkmann*, Provinz: Lexikon der Alten Welt (1965), Sp. 2460; *ders.*, provincia: Kl. Pauly 4 (1972), Sp. 1200, mit bezeichnender Erweiterung auf die Unterstellung unter einen *praefectus*.

[21] *Szramkiewicz* (oben Anm. 3), S. 40, der für Iudaea einmal von einem *procurator* (S. 70), ein andermal von einem *praefectus* (S. 221) spricht, deshalb auch neben der „création des provinces procuratoriennes" (S. 40, Anm. 8) von der „création des provinces équestres, l'apparition de ces préfets ou procurateurs-gouverneurs" (S. 7).

[22] Vgl. etwa *H. Volkmann*, Die Pilatus-Inschrift von Caesarea Maritima, jetzt in: Endoxos Duleia. Kleine Schriften zur Alten Geschichte (Berlin-New York 1975), S. 203 ff.

[23] Belege bei *Pflaum*, a. a. O., S. 16 ff.; vgl. aber auch schon *Sherwin-White*, a. a. O., S. 12, sowie für die Alpenbezirke jetzt *J. Prieur*, La province romaine des Alpes Cottiennes (Publ. du Centre d'Étud. Gallo-Rom. de la Fac. des Lettr. et Scienc. Hum. de Lyon, 1. Villeurbanne 1968), S, 72. 118. 129 ff.; für Raetien *W. Schleiermacher*, Germania 31 (1953), S. 200 f.; für Moesien die Literatur bei *G. Winkler*, Die Reichsbeamten von Noricum und ihr Personal bis zum Ende der römischen Herrschaft (Sitzg.-Ber. Wien 261, 2. Wien 1969), S. 34.

auch jeder Beleg dafür zu fehlen, daß es sich bei diesen Gebieten unter Präfekten — genauso wie in Ägypten — um *provinciae populi Romani* gehandelt hat. Gerade das aber hat nun Pflaum gegen die Ansicht von Mommsen behauptet: „Ces territoires ont été érigés sous forme de provincia populi Romani et leurs procurateurs sont des fonctionnaires romains." [24]/

Für eine solche Behauptung gibt es, wenn ich recht sehe, keine inschriftlichen, aber drei literarische Belege. Für Iudaea beruft sich Pflaum auf Tacitus, ann. 2, 42, 5: *et provinciae Syria atque Iudaea fessae oneribus deminutionem tributi orabant* [25]. Nun wird man nach der Erfahrung mit seiner Aussage über den *procurator* Pontius Pilatus (ann. 15, 44, 3) Tacitus ohnehin keine große Beweiskraft beimessen dürfen. Seine Feststellung gilt aber auch gar nicht für die Zeit des Augustus, sondern für das Jahr 17 n. Chr. Und in der Tat sind mit der Regierung des Tiberius möglicherweise Änderungen eingetreten.

Ein weiteres Zeugnis für einige der hier genannten Gebiete als Provinzen bringt nämlich Vell. Paterc. 2, 39, 3: *Ti. Caesar ... Raetiam autem et Vindelicos ac Noricos Pannoniamque et Scordiscos novas imperio nostro subiunxit provincias.* Pflaum hat sich dieses Zeugnis entgehen lassen und lediglich mit seiner Hilfe darauf hingewiesen, daß die Annexion Noricums auf die gleiche Expedition zurückgehe, der auch die Unterwerfung Raetiens verdankt worden sei [26]. Nur steht davon nichts im Text. Vielmehr will Velleius hier *percurrere, quae cuiusque ductu gens ac natio redacta in formulam provinciae stipendiaria facta sit* (2, 38, 1), und führt dementsprechend in chronologischer Reihenfolge die *provinciae populi Romani* auf. Das würde bedeuten, daß Raetien, Noricum und Pannonien erst in der Regierungszeit des Tiberius Provinzen als eigenständige Verwaltungseinheiten geworden sind. Eine Bestätigung für eine neue Provinzpolitik des zweiten Augustus kann schließlich auch darin gesehen werden, daß die Aussage der gleichen Quellenstelle über Cappadocia durch Tac., ann. 2, 42, 4 bestätigt zu werden scheint: *regnum in provinciam redactum est.*

Treten uns somit wenigstens einige der römischen Herrschaftsgebiete unter Präfekten in der Zeit des Tiberius als *provinciae populi Romani* entgegen [27] und

[24] A. a. O., S. 26.

[25] A. a. O., S. 22, Anm. 4.

[26] A. a. O., S. 21; in gleicher Weise auf „militärische Operation" bezogen von *Winkler,* a. a. O., S. 19, sowie jetzt *G. Alföldy,* Noricum (London-Boston 1974), S. 53. Davor sollte bereits warnen, daß bei der tatsächlichen Behandlung der hier in Frage kommenden Feldzüge durch Velleius (2, 95, 2; vgl. auch 2, 104, 4) Noricum nicht genannt wird.

[27] Für Moesien vgl. unten S. 300 f. *Schleiermacher,* a. a. O., tritt bei Raetien für Tiberius ein, während *H.-J. Kellner,* Die Römer in Bayern (München ²1972), S. 33, an der Provinzeinrichtung unter Claudius festhält, aber unter Tiberius bereits Hinweise für eine straffere Organisation sieht (S. 31). Leider vermißt man gerade hierauf Hinweise in der Arbeit von *W. Orth,* Die Provinzialpolitik des Tiberius. Diss. München 1970.

schließlich seit Claudius als prokuratorische Provinzen [28], so fehlt für die Zeit des Augustus nicht nur ein Nachweis über ihre Provinzqualität: Iudaea ist, wie die Durchführung des Zensus vom Jahre 6 n. Chr. zeigt, deutlich als Annex der Provinz Syrien eingerichtet worden [29]. Die Präfekturen Gallaeciens und Asturiens sind immer so eindeutig als Teile der kaiserlichen Provinzen Spaniens angesehen worden, daß man/sogar Bedenken trug, sie überhaupt zu den *praefecti civitatium* zu rechnen [30], und die Verbindung des Präfekten Sex. Pedius Lusianus Hirrutus von Raetien zum Prinzen Germanicus macht es jedenfalls sehr wahrscheinlich, daß sein Gebiet „dem Kommando des rheinischen Heeres unmittelbar angegliedert war" [31]. Bis zum Beweis des Gegenteils sollte man deshalb auch für die übrigen Grenzgebiete, in denen für die augusteische Zeit *praefecti* überliefert sind, den im Titel des Aufsatzes genannten Worten des Augustus trauen, zumal weitere Anzeichen jedenfalls dafür sprechen: die Nachricht über die Verleihung des Provinzialstatus an Moesien erst für tiberische Zeit [32], die begründete Annahme über den gleichen Vorgang in Noricum unter Claudius [33] und schließlich für die Alpes Cottiae erst unter Nero [34].

Lediglich um Mißverständnissen vorzubeugen, sei nochmals betont, daß hier allein — entsprechend der Aussage der ‚Res gestae' — von Erweiterung römischen Herrschaftsgebietes an seinen Grenzen gesprochen und die Übertragung etwa Sardiniens an Präfekten davon nicht berührt wird [35]. In einer Reihe solcher Grenzgebiete sieht man jedoch tatsächlich „la même pratique qu'en Espagne et dans les Alpes: la nouvelle acquisition est rattachée à la province impériale la

[28] So mit Nachdruck *Sherwin-White,* a. a. O., S. 12.

[29] Vgl. auch *Pflaum,* a. a. O., S. 22.

[30] Vgl. *W. Enßlin,* RE 22 (1954), Sp. 1278.

[31] *E. Ritterling — E. Stein,* Fasti des römischen Deutschland unter dem Prinzipat (Wien 1932), S. 109. Vgl. ebenso *Kellner,* a. a. O., S. 33.

[32] App., Illyr. 30, und dazu *A. Stein,* Die Legaten von Moesien (Diss. Pann., Ser. I 11. Budapest 1940), S. 17; vgl. auch unten S. 303 f.

[33] Vgl. *Winkler,* a. a. O., S. 29. Wenn auch weiterhin unsicher bleibt, ob zuvor „in Noricum ein Mandatar des pannonischen (besser: illyrischen; vgl. unten S. 303 f.; Vf.) Militärkommandos als praefectus civitatium das Regiment führte oder ob ein einheimischer Vasallenfürst zum Gouverneur bestellt wurde" (Winkler, a. a. O., S. 21), so scheinen mir die nachweisbaren Vexillationen von Legionen aus der benachbarten Provinz (vgl. *Winkler,* a. a. O., S. 23 f.) noch am ehesten für eine Regelung in Parallele zu Raetien zu sprechen. Vgl. dazu jetzt auch *Alföldy,* a. a. O., S. 63 f.

[34] So zu Recht *Prieur* (oben Anm. 23), S. 85; denn unter einem *rex* wird man sich in der Zeit davor eine *provincia populi Romani* nicht vorstellen können.

[35] Möglicherweise haben aber Regelungen an der Grenze — wie in Spanien — hierfür als Vorbild gedient.

plus proche" [36]. Man wird dann für diese Gebiete auch nicht von Provinzen sprechen dürfen, sondern von Präfekturen, durch die — mit Ausnahme des Sonderfalles Ägyptens [37] — die bereits bestehenden, benachbarten Provinzen erweitert wurden./

III

Mit diesen Präfekturen sind die Grenzgebiete, von denen Augustus gesprochen hat, aber bekanntlich noch nicht erfaßt; denn bei der beschränkten Kommandogewalt der *praefecti* fehlen gerade die Distrikte, in denen Legionen stationiert waren: im germanischen und pannonischen Gebiet, aber jedenfalls zeitweise auch in Raetien sowie in Moesien.

Eindeutige Belege stehen uns für keines dieser Gebiete zur Verfügung. Merkwürdigerweise hat sich jedoch in der Forschung eine feste Meinung zuerst über Moesien gebildet, für das insgesamt die geringsten Nachrichten vorliegen. E. Ritterling hat gezeigt, daß Caecina Severus, Kommandeur der Truppen, die aus dem benachbarten Makedonien zuerst im pannonisch-dalmatinischen Aufstand im Jahre 6 n. Chr. eingriffen, *legatus Augusti pro praetore exercitus* Moesiens war, obwohl ihn Cass. Dio 55, 29, 3 als Μυσίας ἄρχων bezeichnet [38]. Fast ohne Ausnahme ist man ihm in dieser Deutung gefolgt [39] bis hin zu A. Mócsy, der darauf hinweist, daß „there is frequent reference to a Moesian army, although at that time (scil. Augustus') Moesia was not yet a province" [40].

Die gleichen Konsequenzen scheinen mir gerade nach den jüngsten Untersuchungen auch für den germanischen Bereich gezogen werden zu können [41]. Über die dort geführten Argumentationen hinaus beweist m. E. die Abhaltung des

[36] *Pflaum*, a. a. O., S. 22; ähnlich für die Alpengebiete auch *C. M. Wells*, The German policy of Augustus. An examination of the archaeological evidence (Oxford 1972), S. 71.

[37] Vgl. zu dieser Sonderstellung, auf die ich an anderer Stelle noch zurückkommen will, zunächst nur die Ausstattung des *praefectus Aegypti* neben der *praefectura* mit einem *imperium, quod ad similitudinem proconsulis lege sub Augusto ei datum est* (Ulp., Dig. 1, 17, 1).

[38] RE 12 (1924), Sp. 1234.

[39] Vgl. *Stein* (oben Anm. 32), S. 16, mit der älteren Literatur, anders jedoch *Syme* (oben Anm. 3), S. 394: „either . . . (c. 9 B. C.), or some dozen years later, the legions of Macedonia were removed from the proconsul and assigned to the governor of a new province to the north."

[40] Pannonia and Upper Moesia. A history of the middle Danube provinces of the Roman Empire (London-Boston 1974), S. 36.

[41] Vgl. *Ch. B. Rüger*, Germania Inferior. Untersuchungen zur Territorial- und Verwaltungsgeschichte Niedergermaniens in der Prinzipatszeit (Beih. d. Bonner Jbb. 30. Köln-Graz 1968), S. 16 ff.; *Timpe* (oben Anm. 5), S. 86 ff.

Zensus *per Gallias* durch die Oberkommandierenden der germanischen Truppen Drusus und Germanicus [42], daß ihr Militärkommando zu den *provinciae Galliarum* gehörte. Bekanntlich sagt auch Vell. Paterc. 2, 97, 4 nicht mehr, als daß Tiberius Germanien *in formam* *paene* *stipendiariae redigeret provinciae.* Folge der Eroberungen im germanischen Gebiet war also — trotz aller weiterreichenden Pläne — eine Erweiterung der benachbarten Provinz. Auch in der Zeit, in der am Rhein sechs Legionen stationiert waren, wird es möglicherweise Kompetenzaufteilungen für einzelne Abschnitte gegeben haben (vgl. unten für Raetien). Aber jedenfalls wurden, als nach/der Varuskatastrophe die Zahl der Rheinlegionen auf acht erhöht worden war, „diese in zwei Kommandosprengel, einen ‚oberen' und einen ‚unteren', von je vier Legionen formiert" [43]. Bei starker Truppenkonzentration blieb es also nicht bei einfacher ‚Angliederung' an die bestehende Provinz, sondern die Grenzen der Provinz wurden durch Militärbezirke unter *legati Augusti pro praetore exercitus* erweitert. M. E. läßt sich für Gallien ein weiterer solcher Militärbezirk feststellen: C. Vibius Pansa ist uns als *legatus Augusti pro praetore in Vindolicis* überliefert; und es ist heute im allgemeinen unbestritten, daß er in dieser Eigenschaft gleich nach der Eroberung Raetiens wahrscheinlich die Legion(en), die in Augsburg-Oberhausen stationiert war(en), befehligte [44]. Trotzdem wird er immer wieder daneben auch — oder von C. M. Wells allein — als „Statthalter" bezeichnet. Ist es aber richtig, daß der anschließend in Raetien amtierende Präfekt dem „gallisch-germanischen Oberkommando" unterstellt war [45], dann bleibt für einen „Statthalter" Pansa kein Raum, man müßte denn annehmen, daß in der Zwischenzeit eine bereits eingerichtete Provinz Vindelicia — von der sonst nichts bekannt ist — wiederaufgelöst worden sei. Pansa wird deshalb frühzeitig einem eigenen, von den Rheinlegionen etwas entfernten Militärbezirk Galliens vorgestanden haben, solange dort eine oder mehrere Legionen stationiert waren [46].

[42] Zu Germanicus vgl. Tac., ann. 1, 31, 2; 33, 1, zu Drusus *Rüger,* a. a. O., S. 19, der allerdings nur zögernd von einer Erfassung des linksrheinischen Gebietes durch den Zensus Galliens spricht, „obwohl die Eroberung Germaniens schon in Angriff genommen war". Auch mögliche „Anfänge eines Zensus" im rechtsrheinischen Gebiet unter Varus (*Timpe,* a. a. O., S. 88) können ohne Errichtung einer eigenen Provinz m. E. nur unter dem Zensus Galliens erfaßt worden sein.

[43] *E. Stein,* Die kaiserlichen Beamten und Truppenkörper im römischen Deutschland unter dem Prinzipat. Mit Benützung von E. Ritterlings Nachlaß (Wien 1932), S. 91. Vgl. auch *Rüger,* a. a. O., S. 20, allerdings erst für 14 n. Chr. bei Tac., ann. 1, 31, 2 überliefert (vgl. jedoch zu Aelius Lamia unten Anm. 49).

[44] Vgl. etwa *W. Wagner,* Germania 41 (1963), S. 324 ff.; *Kellner* (oben Anm. 27), S. 28. Anders *Wells* (oben Anm. 36), S. 74, da er die Existenz des Lagers von Oberhausen bestreitet (S. 87 ff.).

[45] *Kellner,* a. a. O., S. 33; vgl. auch oben S. 300 mit Anm. 31.

[46] Ebenso bereits *R. Heuberger,* Klio 34 (1942), S. 290 ff., dessen Argument, daß in

Übrig bleibt das Gebiet der späteren Provinz Pannonia, dessen Ordnung in augusteischer Zeit nach übereinstimmender Auffassung in der heutigen Forschung den bisherigen Ergebnissen zu widersprechen scheint. Obwohl etwa nach A. Dobó Augustus mit seiner Mitteilung in den ‚Res gestae' 30, 1 „wörtlich zu nehmen" sei [47], läßt er das nur für die Ausdehnung bis zur Donau gelten, nicht aber für die Erweiterung der Provinzgrenzen Illyricums. Nach der communis opinio wurde die Provinz Illyricum im Jahre 8 n. Chr. zweigeteilt [48], und die *superior* (Dalmatia) und/*inferior* (Pannonia) *provincia* standen seitdem unter je eigenen konsularischen Statthaltern. Als Beweise hierfür dient, daß Velleius M. Valerius Messalinus für 6 n. Chr. noch *praepositus Illyrico* (2, 112, 2), C. Vibius Postumus für das Frühjahr des Jahres 9 n. Chr. aber bereits *praepositus Dalmatiae* (2, 116, 2) nennt und daß P. Cornelius Dolabella als *legatus pro praetore divi Augusti et Ti. Caesaris Augusti* eine Inschrift von den *civitates superioris provinciae Hillyrici* (ILS 938) gesetzt worden ist. Nun scheinen mir diese Zeugnisse einer anderen Deutung wenigstens fähig zu sein; und eine solche gewinnt, wie ich meine, an Wahrscheinlichkeit, wenn sie mit der klaren Aussage des Augustus übereinstimmt. Die Schwierigkeit, aus literarischer Umschreibung auf ganz bestimmte Funktionen und Titel zu schließen, ist allgemein bekannt und oben (S. 299; 301 f.) bereits erwähnt worden. Die Nennung eines *praepositus Dalmatiae* braucht deshalb ebensowenig auf den konsularischen Statthalter einer Provinz Dalmatia bezogen zu werden wie die eines Μυσίας ἄρχων und anderer Gebiete, die E. Ritterling (o. S. 301) zusammengestellt hat, auf den einer Provinz Moesia bzw. anderer. Er könnte sich hierbei auch um einen *legatus Augusti pro praetore exercitus* des gleichnamigen Bezirks handeln; und diese Interpretation wird um so wahrscheinlicher, als wohl wenigstens bis zu der angenommenen Zweiteilung der Provinz ohnehin mit *legati exercitus* im illyrischen Raum zu rechnen ist [49].

ILS 9007 im Gegensatz zu Hispania für *in Vindalicis et Raetis et in valle Poenina* der Begriff *provincia* bewußt nicht gebraucht sei, allerdings *Pflaum,* Les carrières procuratoriennes équestres sous le Haut-Empire romain I (Paris 1960), S. 14 f., offenbar nicht gelten lassen will.

[47] Die Verwaltung der römischen Provinz Pannonien von Augustus bis Diocletianus. Die provinziale Verwaltung (Amsterdam 1968), S. 10.

[48] Vgl. — auch zum Folgenden — *W. Reidinger,* Die Statthalter des ungeteilten Pannonien und Oberpannoniens von Augustus bis Diokletian (Antiquitas, Reihe 1, Bd. 2. Bonn 1956), S. 16 f.; *A. Jagenteufel,* Die Statthalter der römischen Provinz Dalmatien von Augustus bis Diokletian (Schriften d. Balkankomm., Antiqu. Abt., 12. Wien 1958), S. 10; *Dobó,* a. a. O., S. 11; *Mócsy* (oben Anm. 40), S. 39.

[49] Vgl. im Anschluß an E. Ritterling *Dobó,* a. a. O., S. 15, sowie zur Parallele zu Germanien *Syme* (oben Anm. 3), S. 394. Anzumerken bleibt, daß *Jagenteufel,* a. a. O., S. 13, auch für L. Aelius Lamia deshalb auf ‚Statthalterschaft' geschlossen hat, weil Vell. Paterc. 2, 116, 3 mit der Aufzählung *in Germania Illyricoque et mox in Africa splendidissimis functus ministeriis* „drei wesensgleiche Ämter" gemeint habe, Lamia in

Darüber hinaus besitzen wir aber nun das unumstößliche Zeugnis über eine *superior provincia Illyricum*, und A. Jagenteufel folgerte — scheinbar zu Recht —: „*Noch* Augustus ernannte ihn zum Legaten von Dalmatien“ [50]. Aber *erst* unter Tiberius wurde die Inschrift gesetzt; und wir besitzen wohl eine genaue Parallele hierfür in dem ersten Statthalter der Provinz Moesien, C. Poppaeus Sabinus, der vermutlich am Ende der Regierungszeit des Augustus als *legatus exercitus* in Moesien wirkte, bis ihm mit Einrichtung der Provinz von Tiberius die Statthalterschaft übertragen wurde [51]. Die genannten Zeugnisse können daher, wie ich meine, auch als Nachweis dafür betrachtet werden, daß die Entwicklung in Illyricum der im germanischen Bereich und in Moesien parallel verlaufen ist: nicht Errichtung zweier Provinzen im Jahre 8 n. Chr., sondern Einrichtung zweier Kommandosprengel, wobei der Befehlshaber des einen vermutlich Statthalter der ungeteilten Provinz geblieben ist, bis Tiberius tatsächlich eine Neuordnung mit der Begründung zweier Provinzen vorgenommen hat. Mehr als eine Hypothese ist damit nicht gewonnen, aber der bis/herigen gegenüber hat sie, wie ich meine, den Vorteil, daß sie durch die gleichzeitige Entwicklung an anderem Ort abgestützt wird.

Zusammenfassung

Natürlich hat Augustus über seine Aussage in den ‚Res gestae‘ hinaus Provinzen als Verwaltungseinheiten eingerichtet. Aber mit Cyprus wurde lediglich eine Provinz ‚zurückgewonnen‘, mit den Tres Galliae und Lusitania wurde bestehendes römisches Herrschaftsgebiet neu geordnet; und das Gleiche gilt für Galatia, da Kleinasien bis hin zur Grenze mit den Parthern auch unter Klientelfürsten als Herrschaftsgebiet betrachtet wurde [52]. Die Untersuchungen galten allein neueroberten Grenzgebieten. Für sie scheint mir nichts der Annahme zu widersprechen, daß Augustus in ihnen keine neuen Provinzen als Verwaltungseinheiten eingerichtet hat, sondern neben der Schaffung von Klientelverhältnissen und neben der Errichtung der besonderen Präfektur Ägypten diese Gebiete entweder als Präfekturen, soweit in ihnen keine Legionen stationiert waren, oder als Militärbezirke unter *legati Augusti pro praetore exercitus* den jeweils benachbarten Provinzen zugeordnet hat. Ein solches Ergebnis bestätigt das Selbstzeugnis des Augustus: *omnium provinciarum populi Romani, quibus finitimae fuerunt gentes quae non parerent imperio nostro, fines auxi.*

Africa aber *proconsul* gewesen sei. Nun war er jedoch in Germanien gewiß nicht ‚Statthalter‘, hat dort aber möglicherweise als einer der ersten *legati exercitus* nach der Teilung der Kommandosprengel (vgl. oben S. 301 f.) die gleiche Funktion wie in Illyrien innegehabt.

[50] A. a. O., S. 15 (Kursiv von mir!).

[51] Vgl. *Stein* (oben Anm. 32), S. 18.

[52] Zur Lösung in diesem Gebiet vgl. *Pflaum*, Procurateurs (oben Anm. 17), S. 16 ff.

Ius Latii in den Stadtrechten von Salpensa und Malaca

Trotz der reichen Funde eines Jahrhunderts gilt noch heute die Feststellung Th. Mommsens, „daß die beiden spanischen Stadtordnungen nicht mit Unrecht als eine wesentliche und in ihrer Art vollständig neue Bereicherung unseres Archivs römischer Gesetze angesehen werden können; um so mehr, als ... uns hier nicht Ordnungen römischer, sondern latinischer Gemeinden vorliegen“ [1]. Die Bedeutung dieser Stadtrechte für die Erkenntnis des latinischen Rechtes in der Kaiserzeit ist hier bereits ausgesprochen [2] und in neuerer Zeit noch stärker betont worden mit der Behauptung: "The charter issued on the occasion of the foundation of a Latin colony determined the rights of its citizens in each case" [3]. Aber weder Th. Mommsen noch seine Nachfolger glaubten, aus den Angaben der beiden Stadtrechte Folgerungen für den Inhalt des *ius Latii* ziehen zu können, sondern sie begnügten sich damit, die sonst bekannten bzw. von ihnen erschlossenen Normen dieses Rechts in den Bestimmungen der Stadtrechte wiederzufin-

[1] *Th. Mommsen,* Die Stadtrechte der latinischen Gemeinden Salpensa und Malaca in der Provinz Baetica (Abh. Leipzig 3. 1855), S. 396 = Gesammelte Schriften I (Berlin 1905), S. 290 (danach weiterhin zitiert). — Die Stadtrechte selbst in ILS 6088/9 = *Bruns,* Fontes[7], S. 142 ff., 147 ff. = FIRA I[2] 23 (S. 202 ff.). 24 (S. 208 ff.), weiterhin *L. Salp.* und *L. Mal.* zitiert. — Nach der gebräuchlichen Terminologie werden im folgenden *municipia* und *coloniae* als Städte und Gemeinden bezeichnet, obwohl es sich nach den wiederholten Feststellungen E. Schönbauers um Gebietskörperschaften höherer Stufe handelt; vgl. *dens., Municipia* und *coloniae* in der Prinzipatszeit: Anz. Akad. Wien, phil.-hist. Kl. 91 (1954), S. 22.

[2] Vgl. auch *G. Rotondi,* Leges publicae populi Romani (Mailand 1912), S. 500; *E. Kornemann,* municipium: RE 16 (1933), Sp. 614 f., sowie *A. N. Sherwin-White,* The Roman citizenship (Oxford 1939), S. 108: „The *ius Latii* ... became one of the favourite weapons in the store of Rome for the gradual elevation of provincial communities to a parity with herself. The greatest document of this consists in the two Spanish charters, the *Lex Salpensana* and the *Lex Malacitana.*“ Vgl. jetzt *T. R. S. Broughton,* Municipal institutions in Roman Spain: Cahiers d'Histoire Mondiale 9 (1965), S. 127.

[3] *A. Berger,* Encyclopedic dictionary of Roman law (Philadelphia 1953), S. 537, s. v. Latini. Vgl. dagegen allerdings *Sherwin-White,* a. a. O., S. 107: „The question remains, ... whether the concept of Latinity is exhausted by the charter or *lex coloniae*“. — In den genannten Zitaten kann jeweils für *colonia* auch *municipium* eingesetzt werden.

den[4]. Das kann nicht allein durch die fragmen/tarische Überlieferung dieser Stadtrechte bedingt sein; denn wenn deshalb auch keine Vollständigkeit für den Inhalt des *ius Latii* erreicht werden kann, so müßten doch einzelne seiner Normen in ihnen besser als an sekundären Quellen erkannt werden können. Der Grund dafür, daß aus der Anerkennung der Bedeutung der beiden spanischen Stadtrechte für das latinische Recht kaum Konsequenzen gezogen wurden, ist m. E. ein doppelter.

Einmal kam es bisher fast immer darauf an, die Entwicklungslinien und damit die Geschichte des latinischen Rechts aufzuzeigen[5]. Für die Geschichte wurden jedoch die Voraussetzungen in der republikanischen Zeit Roms für wichtiger angesehen als die Endstufe in der Kaiserzeit. Eine solche historische — oder besser: evolutionistische — Betrachtungsweise erscheint mir als nicht ganz unbedenklich gerade für die Erkenntnis von Institutionen, deren Namen nicht selten auch bei anderem Inhalt weiterzuleben vermögen. Aber abgesehen davon, daß es mir bereits aus diesem Grunde notwendig zu sein scheint, jeder einzelnen Erscheinung einer Institution volle Aufmerksamkeit zu widmen, bevor aus einer Reihe von Fixpunkten eine Entwicklungslinie gezogen, eine Geschichte geschrieben werden kann, bedarf ein Versuch, die „Vorstufe der *civitas Romana*“ [6] in den Provinzen des römischen Kaiserreiches näher zu ergründen, keiner Rechtfertigung in der Gedenkschrift für einen Gelehrten, der den größten Teil seines Lebens eben der Erforschung provinzialrömischer Geschichte gewidmet hat.

Zum anderen hinderte die Definition des *ius Latii* an einer unbefangenen Auswertung der beiden Stadtrechte. Wenn Th. Mommsen auch „das latinische Stadt- und das latinische Personalrecht“ unterschied[7], so brauchte es ihm doch wesentlich nur auf das Stadtrecht anzukommen; denn „ein latinisches Recht als solches giebt es nicht“, bzw. „latinisches Personalrecht giebt es nur als Consequenz des einzelnen latinischen Stadtrechts“ [8]. Die Rechtsordnungen von Salpensa und Malaca zeigten dann aber lediglich, daß dieses latinische Stadtrecht unter dem Prinzipat abgesunken und dem Recht römischer Bürgergemeinden angenähert worden war[9].

[4] Zur Ausnahmestellung von *Sherwin-White* vgl. unten S. 313 mit Anm. 34. Allerdings hat auch dieser seine Interpretation der Stadtrechte lediglich auf das Ziel abgestellt, die „marks of perfected assimilation“ (a. a. O., S. 109) und die „bridge-position of Latinity“ (ebd.) hervorzuheben.

[5] Vgl. dazu etwa auch O. *Hirschfeld,* Zur Geschichte des latinischen Rechtes: Kleine Schriften (Berlin 1913), S. 294 ff.; *A. Steinwenter,* ius Latii: RE 10 (1918), Sp. 1260 ff.; *G. Vitucci,* Latium: Dizionario epigrafico di antichità Romane 4 (1947), S. 430 ff.

[6] So bezeichnet das latinische Recht — neben anderen — *Kornemann,* a. a. O., S. 588.

[7] Römisches Staatsrecht III, S. 623; dort auch das folgende Zitat.

[8] A. a. O., S. 626; vgl. auch ebda.: „latinisches Bürgerrecht ohne Beziehung auf eine bestimmte Stadt latinischen Rechts ist ein Unding“; dazu jetzt *E. Levy,* ZRG 78 (1961), S. 146.

[9] *Mommsen,* a. a. O., S. 625.

Zwar hat sich diese Auffassung Th. Mommsens bis heute nicht unverändert erhalten [10], aber sie wirkt noch immer stark nach. Am deutlich/sten zeigt sich das etwa in den Definitionen der Nachschlagewerke [11]; doch auch bei einer stärkeren Differenzierung bleibt das Unterscheidungsmerkmal zwischen dem *ius Latii* als Teil der Gemeinde- und dem der Personenrechtsordnung wenigstens unklar. Wenn z. B. F. Vittinghoff das „latinische Personalrecht" als Voraussetzung des Bürgerrechts in einer latinischen Stadt betrachtet [12], so möchte man folgern, daß das *ius Latii* als Personenrecht hier als unabhängig vom *ius Latii* als Gemeinderecht angesehen wird; man muß in dieser Folgerung aber wieder schwankend werden, wenn der gleiche Gelehrte von einer „Verleihung des römischen Bürgerrechts (hier könnte auch stehen: latinischen Personalrechts) an eine S t a d t" sprechen kann [13] und damit wahrscheinlich das Personalrecht von der Stadtrechtsverleihung abhängig macht. In der Bestimmung des *ius Latii* in bzw. zwischen den Ordnungen des Gemeinde- und des Personenrechts besteht so m. E. heute eine wesentliche Aufgabe, und zu einem Versuch ihrer Lösung sollen im folgenden die beiden spanischen Stadtrechtsordnungen herangezogen werden.

Zwischen der Verleihung des *ius Latii* an ganz Spanien durch Vespasian in den Jahren 73/4 n. Chr. [14] und dem Erlaß der vorliegenden Stadtrechte durch Domi-

[10] Vgl. besonders *Sherwin-White,* a. a. O., und dazu unten S. 313 mit Anm. 34. *E. Meyer,* Römischer Staat und Staatsgedanke (Zürich ³1964), S. 225, sieht im *ius Latii* den Ausdruck eines „Rechtsverhältnisses" zwischen latinischen Städten und Rom. — Auf eine Auswertung der umfangreichen Literatur zum römischen Bürgerrecht, die immer stärker auf die Beziehung zwischen Gemeinde- und Personenrecht eingeht, muß ich hier verzichten; vgl. dazu vor allem die Arbeiten von E. Schönbauer und F. de Visscher in der neueren Bibliographie bei *A. A. Schiller,* The role of Roman citizenship and Roman law in the pax Romana: Festgabe f. A. Leschnitzer (Heidelberg 1961), S. 128, sowie *D. Nörr,* Origo, Studien zur Orts-, Stadt- und Reichszugehörigkeit in der Antike: Tijdschr. voor Rechtsgesch. 31 (1963), S. 556 ff.

[11] *Steinwenter,* a. a. O., Sp. 1270: „Die (scil. zuvor besprochene) Eigenschaft eines *Latinus priscus* und *Latinus coloniarius* kam diesem nur zu als Bürger einer Gemeinde latinischen Rechts." *Berger,* a. a. O., S. 530, definiert das *ius Latii* als „rights connected with the legal position of colonies founded by the Romans as Latin colonies, and with the legal status of the citizens of such colonies."

[12] Römische Stadtrechtsformen der Kaiserzeit: ZRG 68 (1951), S. 477 = Römische Kolonisation und Bürgerrechtspolitik unter Caesar und Augustus (Abh. Mainz 1951, Nr. 14), S. 1261.

[13] ZRG 1951, S. 462; ebenso *ders.,* Abh. Mainz 1951, S. 1252, Anm. 2 (Sperrung von mir!).

[14] Vgl. Plin., n. h. 3, 30: *universae Hispaniae Vespasianus imperator Augustus iactatum procellis rei publicae Latium tribuit.* In der Deutung des *iactatum* schließe ich mich trotz des Widerspruches von *M. I. Henderson,* Julius Caesar and *Latium* in Spain: Journ. Rom. Stud. 32 (1942), S. 13, *Hirschfeld,* a. a. O., S. 303 f., an. Der unmittelbare Zusammenhang dieser Maßnahme mit der Zensur Vespasians wird heute allgemein angenommen; vgl. unter Hinweis auf CIL II 2322 etwa *H.-G. Pflaum,* Les carrières

tian in den Jahren 81 bis 83 n. Chr.[15] besteht eine Zeit/differenz, die m. W. bisher kaum beachtet und jedenfalls nicht befriedigend erklärt wurde. Th. Mommsen hat an die Beobachtung, daß im Stadtrecht von Salpensa selbst die Übergangszeit in der Unterscheidung zwischen den Edikten der Kaiser Vespasian, Titus und Domitian und dem neuen Gesetz berücksichtigt wird (*L. Salp.* 22. 23), seine Ausführungen über *lex* und *edictum* angeschlossen[16] und mit der Bemerkung, daß diese „Kaisergesetze ... das Gemeinderecht der beiden Städte ... definitiv ordneten", die vorangegangenen Edikte als vorläufige Stadtrechtsordnungen bestimmt; und dieser Auffassung hat man sich allgemein angeschlossen[17]. Sie ist die notwendige Folge der Annahme, daß die Verleihung des latinischen Rechts an die ganze Pyrenäenhalbinsel mit der Gründung von mindestens 50 Städten, die bis dahin noch nicht existierten, und mit der Herausgabe von mindestens 350 Munizipalgesetzen gleichbedeutend gewesen sei[18]. Gerade diese Voraussetzung ist jedoch m. E. nie bewiesen worden. „Die rechtlichen Folgen der Latinität" — und zwar für den einzelnen Bürger von Salpensa — werden in *L. Salp.* 22. 23 „für die Vergangenheit auf die einzelnen Edikte der seit Erteilung der Latinität an die spanischen Gemeinden regierenden Kaiser" gestützt[19]; damit ist aber nicht gesagt, daß in den gleichen Paragraphen „schon auf Grund eines Edikts von Domitian vorgenommene Magistratswahlen vorausgesetzt werden".

Es muß deshalb m. E. neu gefragt werden, was den Inhalt der in *L. Salp.* 22. 23

procuratoriennes équestres sous le Haut-Empire romain I (Paris 1960), S. 132, sowie *C. H. V. Sutherland,* The Romans in Spain 217 B. C. — A. D. 117 (London 1939), S. 185; *Broughton,* a. a. O., S. 136.

[15] Zur Datierung auf die Zeit zwischen 82 und 84 n. Chr. vgl. *Mommsen,* Ges. Schrft. I, S. 283 f., dazu neuerlich *L. Wenger,* Die Quellen des römischen Rechts (Denkschrft. Österr. Akad. Wiss. Wien 2. 1953), S. 399. Zur Änderung des terminus post quem vgl. unten Anm. 29. Der terminus ante quem muß entsprechend der Annahme des Germanicustitels durch Domitian auf 83 n. Chr. bestimmt werden; vgl. *H. Braunert,* Zum Chattenkriege Domitians: Bonn. Jahrb. 153 (1953), S. 97 ff. [= unten S. 322 ff.].

[16] Ges. Schrft. I, S. 284 ff.; das folgende Zitat S. 289 (Sperrung von mir!).

[17] Vgl. *E. G. Hardy,* Three Spanish charters and other documents (Oxford 1912), S. 66 f.; R. Knox McElderry, Vespasian's reconstruction of Spain: Journ. Rom. Stud. 8 (1918), S. 61; *Sutherland,* a. a. O., S. 186 f.; *H.-G. Pflaum,* Propyläen-Weltgesch. IV (1963), S. 355; *Broughton,* a. a. O., S. 136 f.

[18] Diese Auffassung vertritt *McElderry,* a. a. O., unter Berufung auf Aur. Vict., Caes. 9, 8 und Jos., c. Apion. 2, 4, 40, und ihr haben sich ausdrücklich *Sutherland* und *Broughton* (s. Anm. 17) angeschlossen. Josephus berichtet jedoch nichts von Städtegründungen, und auch die *renovatae urbes* bei Aurelius Victor zeugen nicht gerade für Gründungsakte. — Von den genannten Gelehrten wurde jedoch lediglich ausgesprochen, was seit Mommsen als Voraussetzung angenommen werden mußte und auch heute noch gilt, wo man die Verleihung des *ius Latii* mit der Erteilung des latinischen Stadtrechts an peregrine Gemeinden gleichsetzt; vgl. dazu auch Anm. 45.

[19] *Mommsen,* a. a. O., S. 284; ebda. das folgende Zitat.

erwähnten kaiserlichen Edikte bildete, und der Ausgangspunkt hierfür kann in den Gesetzen selbst nur die Beobachtung sein, daß an vielen Stellen der Stadtrechte in unterschiedlichen Formulierungen — *hac lege, ex hac lege, per hanc legem, adversus hanc legem, post hanc legem* — auf das jeweilige Gesetz selbst Bezug genommen wird, sich aber nur an den genannten Stellen die Alternative *ex hac lege exve edicto imperatoris ... Vespasiani imperatorisve Titi ... aut imperatoris ... Domitiani* findet. Wenn man die Erwähnung dieser Edikte nicht zu den „formelhaften Worten" rechnen will, die „wie *I. E. S. F. S. F. L.* oder *exve d. d., hac lege licebit*" nach O. Gradenwitz „nachträglich, wie Streuzucker über/geschüttet worden" [20] und dabei gerade nur an diesen Stellen haften geblieben sind, so kann m. E. die Bedeutung dieser Edikte im Stadtrecht von Salpensa nur aus einem Vergleich ihrer Erwähnung mit den Verweisen auf das Gesetz selbst erschlossen werden. Einem solchen Vergleich möge die folgende Zusammenstellung dienen:

I. Verweis auf das jeweilige Gesetz insgesamt.
  1. Zeitbestimmung *post h. l. datam: L. Salp.* 26.
  2. Verpflichtung der Magistrate:
     a) entsprechend dem Gesetz Beschlüsse zu fassen: *L. Salp.* 26 (2×) [21],
     b) entsprechend dem Gesetz zu handeln: *L. Salp.* 25; *L. Mal.* 59,
     c) nicht gegen das Gesetz zu handeln: *L. Salp.* 26; *L. Mal.* 59.

II. Verweis auf mehrere §§ des jeweiligen Gesetzes.
  1. *ius* und *potestas* sind im Gesetz (vgl. etwa *L. Salp.* 25. 27. 29; *L. Mal.* 52. 63 u. ö.) festgelegt: *L. Salp.* 25.
  2. Die Interzession wird durch Bestimmungen des Gesetzes (vgl. etwa *L. Mal.* 58) untersagt: *L. Salp.* 27.
  3. Wahlkomitien werden nach den Bestimmungen des Gesetzes (vgl. *L. Mal.* 51—60) gehalten: *L. Mal.* 52. 58.
  4. Magistrate werden nach den Bestimmungen des Gesetzes (vgl. *L. Mal.* 51—60) gewählt: *L. Salp.* 21. 26 [22].

[20] Die Stadtrechte von Urso, Salpensa, Malaca in Urtext und Beischrift aufgelöst (Sitzg.-Ber. Heidelberg 17. 1920), S. 4.

[21] *ex h. l. exque re communi* ist an beiden Stellen verderbt. Entsprechend der Formulierung *adversus h. l. remve communem* im gleichen § müßte m. E. erwogen werden, ob nicht *ex h. l. exve re communi* herzustellen ist; vgl. auch *L. Salp.* 22. 23: *ex h. l. exve edicto*, sowie zu allen Stellen die Rekonstruktion in den Tafeln bei *Gradenwitz*, a. a. O.

[22] Hierher gehört auch die merkwürdige Bestimmung in *L. Salp.* 24, nach der *ex h. l.* evtl. nur ein einziger Duovir hätte gewählt werden sollen. *Hirschfeld*, a. a. O., S. 297, Anm. 3, hat aus der Angabe geschlossen, daß eine entsprechende Bestimmung im verlorengegangenen Teil enthalten gewesen sei. Dabei ist aber übersehen, daß hier der Irrealis gebraucht ist; zu der Formulierung *sive unum sive plures collegas habebit* in *L. Salp.* 29, die Hirschfeld als Stütze für seine Auffassung heranzog, vgl. bereits *Gradenwitz*, Nochmals: Die römischen Stadtrechte: ZRG 43 (1922), S. 446.

5. Eidesleistung und Kautionsgestellung der Magistrate sind durch Bestimmungen des Gesetzes (vgl. *L. Mal.* 59. 60) festgelegt: *L. Mal.* 57.

III. Verweis auf einen einzelnen erhaltenen § des jeweiligen Gesetzes.

1. Römisches Bürgerrecht wird erlangt bzw. römischer Bürger wird man nach diesem Gesetz: *L. Salp.* 22 (2×). 23. Verweis auf *L. Salp.* 21.
2. Die Wahlvoraussetzungen sind im Gesetz festgelegt: *L. Mal.* 51. Verweis (mit gleicher Formulierung) auf *L. Mal.* 54.
3. Der Leiter der Wahlkomitien ist durch das Gesetz bestimmt: *L. Mal.* 55. 57.
   Verweis (mit gleicher Formulierung) auf *L. Mal.* 52./
4. Der Abstimmungsmodus ist durch das Gesetz festgelegt: *L. Mal.* 60. Verweis (mit gleicher Formulierung) auf *L. Mal.* 55.
5. Der Verkauf der *praedes, praedia* und *cognitores* ist durch das Gesetz geregelt: *L. Mal.* 65.
   Verweis auf Teilbestimmung von *L. Mal.* 64.

IV. Verweis auf einen einzelnen verlorengegangenen § des jeweiligen Gesetzes [23].

1. Die Anzahl der zu wählenden Magistrate war im Gesetz festgelegt: *L. Salp.* 21; *L. Mal.* 51. 57 [24].
2. Der Kreis der Bürger, die eine Popularklage erheben konnten, war durch das Gesetz festgelegt: *L. Salp.* 26; *L. Mal.* 58. 62. 67 [25].
3. Die Anzahl der Dekurionen, deren Anwesenheit für die Rechtmäßigkeit eines Ratsbeschlusses erforderlich war, war durch das Gesetz festgelegt: *L. Salp.* 28 [26].
4. Die *professio* der Wahlbewerber war durch das Gesetz geregelt: *L. Mal.* 51.
   Evtl. Verweis auf *L. Mal.* [50: *De professione candidatorum*].
5. Das *ius honorum* war im Gesetz festgelegt: *L. Mal.* 51 *(quibus per h. l. eum honorem petere licebit)*. 54 *(genus ingenuorum hominum)* [27].

[23] Nach der Ergänzung von *L. Mal.* 69 durch Mommsen, die allgemein übernommen wurde, gehört hierhin noch der Verweis auf einen §, in dem das Minimum der Klagesumme festgelegt war, von der ab Zivilprozesse von dem Prokonsul entschieden werden mußten. Mir scheint fraglich, ob eine solche Bestimmung in einem Stadtrecht enthalten war, in dem man eher die Maximalsumme für die Prozesse vor den Munizipalbehörden erwarten und dementsprechend etwa ergänzen sollte: *... neque tanti sit, ut [de ea re IIviros ius dicere iudiciaque dare ex h. l. non oporteat.*

[24] In dem entsprechenden Passus — *donec tot magistratus sint quod h. l. creari oportebit* — in *L. Mal.* 57 sollte m. E. *quot* statt *quod* geschrieben werden; vgl. die entsprechende Ergänzung der Hrsgg. in *L. Mal.* 51.

[25] Vgl. zu der hierbei gebrauchten Wendung *cui per h. l. licebit Gradenwitz* (oben S. 309 und Anm. 20).

[26] Vgl. dazu bereits *Mommsen,* a. a. O., S. 305.

[27] Vgl. dazu *A. d'Ors,* Epigrafia juridica de la España Romana (Madrid 1953), S. 315.

V. Verweis auf den gleichen § des Gesetzes.

1. Der *tutor* wird nach dem Gesetz gegeben: *L. Salp.* 29.
2. Patron kann man nicht gegen die Bestimmung des Gesetzes sein: *L. Mal.* 61.

Die Zusammenstellung zeigt, daß die Bestimmung, auf die in *L. Salp.* 22. 23 Bezug genommen wird (vgl. oben unter III 1), tatsächlich exzeptionell ist; denn in allen anderen Fällen handelt es sich um Bestimmungen des Gemeinderechts, nur in diesen Fällen um eine solche des Bürger- und damit des Personenrechts.

Im Ausschließungsverfahren kommt man zu dem gleichen Ergebnis. In dem durch die vorangegangenen kaiserlichen Edikte geordneten Stadtrecht hätten gewiß noch nicht alle Einzelheiten geregelt zu sein brauchen, die später in den Gesetzen festgelegt wurden. Aber da zur Zeit, als/diese Gesetze erlassen wurden, wenigstens in Salpensa nach *L. Salp.* 26 bereits Duovirn, Aedilen und Quaestoren fungierten, mußte auch in einer vorläufigen Stadtrechtsordnung deren Einsetzung bzw. Wahl geregelt sein. Wie in *L. Salp.* 26 deshalb von den künftigen Magistraten gesprochen wird, *qui ... ex hac lege creati erunt,* so wäre zuvor bei den im Amt befindlichen Magistraten ebenfalls der Hinweis zu erwarten, daß sie *ex edicto ... Vespasiani aut Titi aut Domitiani* gewählt bzw. eingesetzt worden seien. Davon wird aber weder an dieser noch an anderen Stellen der Gesetze, in denen über die Einsetzung und die Aufgaben der Magistrate gehandelt wird (vgl. oben II 1. 3; III 2; IV 4. 5), etwas gesagt; ja, aus *L. Salp.* 26 wird darüber hinaus deutlich, daß die zur Zeit des Erlasses oder vor dem Erlaß dieser Gesetze fungierenden Magistrate nicht einmal einen Amtseid — auf die kaiserlichen Edikte? — hatten abzulegen brauchen. Deshalb hat Th. Mommsen zu Recht am Beginn von *L. Salp.* 21 auch nicht ergänzt: *Qui II vir aedilis quaestor ex edicto imperatoris ... Vespasiani imperatorisve Titi ... aut imperatoris ... Domitiani factus est exve hac lege factus erit ...*[28], obwohl eine solche Ergänzung seine Annahme, daß die vorangegangenen Magistratswahlen auf Grund der kaiserlichen Edikte erfolgt seien [29], geradezu fordern mußte.

Sind damit auch in keiner der Gesetzesbestimmungen gemeinderechtlicher Natur, für die sie nach der bisherigen Auffassung konstitutiv sein müßten, die den Stadtrechten vorangegangenen kaiserlichen Edikte genannt, so fehlt ihre Erwäh-

[28] In Parallele zu *L. Salp.* 26 scheint mir jedoch hier folgende Ergänzung erwogen werden zu müssen: *IIviri qui in eo municipio iure dicundo praesunt, item aediles qui in eo municipio sunt, item quaestores qui in eo municipio sunt, quique IIviri aediles quaestoresve postea ex hac lege creati erunt, cives Romani sunto, etc.*

[29] Vgl. oben S. 308 mit Anm. 19. Diese Annahme ist nach den obigen Ausführungen nicht mehr aufrechtzuerhalten und damit ebensowenig die daraus gezogene Folgerung, daß das Jahr 82 n. Chr. den terminus post quem für die Gesetze darstelle. Da Domitian zunächst noch das Edikt seiner Vorgänger erneuert hat, wird bis zum Erlaß dieser Gesetze einige Zeit seit seiner Regierungsübernahme am 14. 9. 81 n. Chr. verstrichen sein; aber das Jahr 81 n. Chr. kann dafür grundsätzlich nicht mehr ausgeschlossen werden.

nung andererseits doch auch an einer Stelle der Gesetze, die sich mit einer Frage des Personenrechts befaßt; und daran könnte die Trennung zwischen Gemeinde- und Personenrecht in den spanischen Stadtrechten, die hier vorgenommen wurde, scheitern. Nach *L. Salp.* 22 sollen nämlich die römischen Neubürger in dessen *potestas manus mancipium* verbleiben, *qui civis Romanus hac lege factus erit.* Da diese Bestimmung nur besagt, „daß die bisher latinische Gewalt jetzt als römische fortdauern solle“ [30], so ist die Erlangung des römischen Bürgerrechts für den Gewalthaber und den Gewaltunterworfenen gleichzeitig gedacht; für die Erlangung des Bürgerrechts müssen also auch die gleichen/Voraussetzungen gegolten haben. Das führt m. E. zu der Folgerung, daß in diesem Falle lediglich deshalb der Verweis auf die kaiserlichen Edikte dem ursprünglichen Gesetzestext nicht hinzugefügt wurde, weil ein solcher Verweis im gleichen Paragraphen bereits angebracht worden war [31]. Eine Ausnahme oder ein entscheidendes Gegenargument sind deshalb auch hierin nicht zu sehen.

Danach ergibt sich, daß bei den Verweisen der spanischen Stadtrechte zwischen Gemeinde- und Personenrecht unterschieden wird. Bei gemeinderechtlichen Vorschriften wird ausschließlich auf Bestimmungen des jeweiligen Gesetzes selbst verwiesen, bei personenrechtlichen auf das Gesetz u n d die Edikte, welche die Kaiser seit Verleihung der Latinität an Spanien erlassen haben. Der Inhalt dieser Edikte beschränkte sich deshalb auch mit großer Wahrscheinlichkeit auf die Festlegung personenrechtlicher Normen. Das würde aber zugleich bedeuten, daß das *ius Latii* in der Zeit der flavischen Kaiser einem latinischen Personalrecht entsprach [32].

Dafür gibt es in den Stadtrechten noch ein weiteres Zeugnis, die Nennung von *Latini cives* in *L. Mal.* 53. Die dort gebrauchte Formulierung — *cives Romani Latinive cives* — hat nicht die Zustimmung Th. Mommsens gefunden; denn „*civis Latinus* ist incorrect wie *civis Graecus* und *civis Thrax*“ [33]. Eine offizielle Urkunde, die in der kaiserlichen Kanzlei abgefaßt wurde, kann aber schwerlich beiseitegeschoben werden, und so ist m. E. umgekehrt zu fragen, ob sich an dieser Formulierung nicht die bisher herrschende Auffassung vom *ius Latii* als inkorrekt erweist und der *civis Latinus* eben nicht mit einem *civis Graecus* o. ä., sondern

[30] *Mommsen,* a. a. O., S. 300, Anm. 41. Das ändert nichts daran, daß gerade an diesem § die sukzessive Entstehung des vorliegenden Gesetzestextes besonders gut zu beobachten ist; vgl. nach *Gradenwitz,* Sitzg.-Ber. Heidelberg 1920, Taf. 7, auch *d'Ors,* a. a. O., S. 288 f.

[31] Für die Einfügung überhaupt vgl. *Gradenwitz,* a. a. O.

[32] Vgl. lediglich als Parallele die entsprechenden Feststellungen für das *ius Italicum* von *J. Triantaphyllopoulus,* Ius Italicum personnel. Inschr. Didyma 333: Iura 14 (1963), S. 109 ff.

[33] Röm. Staatsrecht III, S. 611, Anm. 2; vgl. auch „meno correttamente“ bei *Vitucci,* a. a. O., S. 437.

allein mit dem *civis Romanus* verglichen werden darf. Hierbei kann ich mich kurz fassen, da A. N. Sherwin-White bereits gezeigt hat, daß sich in der späten Republik mit der Lösung des römischen Bürgerrechts von seinen territorialen und lokalen Bindungen [34] auch das *ius Latii* wandelte und „by the exercise of its highest privileges the Latin becomes an individual or 'unattached' *municeps*“. Das wird in *L. Mal.* 53 bestätigt: Der *civis Latinus* kann in Parallele zum *civis Romanus* genannt werden; wie beim römischen Bürger war also sein personenrechtlicher Status unabhängig von seiner jeweiligen Gemeindezugehörigkeit.

Während sich einerseits immer stärker herausgestellt hat, daß sich bei den sogenannten latinischen Städten „Stadtverfassung und städtische Verwaltung ... nach den Inschriften ... kaum von denen römischer Bürgerstädte“ unterscheiden [35], kann der personenrechtliche Inhalt des/*ius Latii* zur Kaiserzeit fest bestimmt werden mit dem *ius conubii*, dem *ius commercii* und dem *ius adipiscendi civitatem Romanam per magistratum* [36]. Keines dieser einzelnen Rechte wird durch die beiden Stadtrechte verliehen oder definiert, und das liegt offenbar ebenfalls nicht am Erhaltungszustand; denn wie bereits Th. Mommsen gezeigt hat (Ges. Schrft. I, S. 295), wird der Besitz des *ius commercii* durch die Bürger von Salpensa wie selbstverständlich vorausgesetzt, ohne daß dabei einer der sonst zahlreichen Verweise angebracht wäre, und der letzte Satz von *L. Salp.* 21 — *dum ne plures cives Romani sint quam quod ex hac lege magistratus creare oportet* — macht deutlich, daß in diesem Paragraphen nicht das *ius adipiscendi civitatem Romanam per magistratum* niedergelegt werden sollte, sondern lediglich seine Anpassung an das hier vorliegende Gemeinderecht.

So spricht der Inhalt der Stadtrechte von Salpensa und Malaca dafür, daß vor dem Erlaß dieser Gemeinderechtsordnungen und unabhängig von ihnen den Peregrinen Spaniens mit dem *ius Latii* in einem Edikt Vespasians, das durch seine Nachfolger jeweils erneuert wurde, lediglich ein eigener personenrechtlicher Status — allerdings als Angehörigen einer bestehenden Gemeinschaft [37] — verliehen worden war. In der Zeit bis zum Erlaß der Stadtrechte hätten somit die *cives Latini* von Salpensa nicht ein *municipium Flavium Salpensanum,* die von Malaca

[34] A. a. O., S. 106; das folgende Zitat S. 110 (Sperrung von mir!).

[35] *Vittinghoff,* ZRG 1951, S. 477 = Abh. Mainz 1951, S. 1261; vgl. auch *Broughton,* a. a. O., S. 129.

[36] Vgl. *Vitucci,* a. a. O., S. 440 ff. Die beiden zuerst genannten Rechte spielen aber offenbar kaum eine Rolle; vgl. dazu unten S. 317 mit Anm. 50. Auf den Unterschied zwischen *Latium minus* und *Latium maius* braucht in diesem Zusammenhange nicht eingegangen zu werden; vgl. dazu *Vitucci,* a. a. O., S. 443 ff.

[37] Vgl. dazu im Anschluß an F. C. Savigny besonders *E. Schönbauer,* Die Tafeln von Heraklea in neuer Beleuchtung: Anz. Akad. Wien, phil.-hist. Kl. 89 (1952), S. 111, sowie unten S. 317 ff.

nicht ein *municipium Flavium Malacitanum* besessen. Das erscheint undenkbar, da das *ius adipiscendi civitatem Romanam per magistratum* ja Magistrate und damit eine Gemeindeorganisation und eine Stadtrechtsform voraussetzte oder wenigstens gleichzeitig forderte [38]. Doch wird, wie ich meine, eine solche Übergangsform außerhalb dieser Stadtrechte in den sonstigen Quellen für Spanien bestätigt.

Im Jahre 77 n. Chr. hat Vespasian den Quattuorvirn und Dekurionen von Sabora eine *epistula* ausgefertigt, in der er ihnen auf ihre Bitte hin gestattete, ihr *oppidum*, das auf einem Berge gelegen war, „unter seinem Namen“ in die Ebene zu verlegen, und die Duovirn von Sabora haben diesen kaiserlichen Bescheid publiziert. Mit dem anderen urkundlichen Material, das über die Umwandlung Spaniens nach Verleihung der Latinität Auskunft gibt, hat R. Knox McElderry diese Urkunde behandelt [39] und als Beleg dafür betrachtet, daß Vespasians Vorhaben "too heavy to/be completed within Vespasian's reign" war. Ob Sabora 77 n. Chr. bereits ein Munizipium geworden war, wird nicht zu entscheiden sein [40]; jedenfalls aber ist der *epistula* zu entnehmen, daß ihr noch drei Jahre nach der Verleihung der Latinität der flavische Beiname fehlte, und offenbar wurde ihr dieser auch nicht unmittelbar im Verfolg dieser Verleihung, sondern auf eine Eingabe hin verliehen, die mit der Rangerhöhung kaum etwas zu tun hatte. Doch ein so geringer Zeitverzug bei einer Formalität wie der Namensverleihung mag unbedeutend erscheinen, und deshalb hat R. K. McElderry darin auch keinen Widerspruch zu seinen vorangehenden Feststellungen gefunden, daß der Verleihungsakt Vespasians "involved ... the issue of ... municipal

[38] Vgl. etwa *McElderry,* a. a. O., S. 87: „Latin rights imply urban organisation.“

[39] A. a. O., S. 53 ff.; zu CIL II 1423 = ILS 6092 vgl. S. 79 ff.; das folgende Zitat S. 79. — Für die Zwecke dieses Versuchs genügt das dort vorgelegte Material, auf das sich jetzt auch *Broughton,* a. a. O., S. 137, in der Nachfolge von McElderry stützt, so daß auf eine Sammlung später edierter Inschriften verzichtet werden konnte.

[40] Wenn *McElderry,* a. a. O., S. 80 f., die Auffassung vertritt, daß das Vorhandensein von *quattuorviri* und *decuriones* als erste Annäherung an römische Verwaltungsformen zu werten, aber erst die Einsetzung von *duoviri* als Folge des Munizipalgesetzes anzusehen sei, so ist offenbar daran gedacht, daß das Munizipium mit der Namensverleihung eingerichtet wurde (so jetzt auch *Broughton,* a. a. O.). Der unterschiedlichen Titulatur ist aber nichts zu entnehmen; denn obwohl die beiden spanischen Stadtrechte bezeugen, daß *duoviri* an der Spitze der neuen Munizipien standen, hat die Kanzlei der flavischen Kaiser in ihren Schreiben auch weiterhin die Magistrate dieser Städte als *quattuorviri* bezeichnet; vgl. dazu jetzt *H. Nesselhauf,* Zwei Bronzeurkunden aus Munigua: Madrider Mitt. 1 (1960), S. 149. — Ebensowenig ist aus der Tatsache zu schließen, daß Vespasian Sabora ein *oppidum* nennt; denn hierbei ist ganz deutlich nicht die Rechtsform, sondern das äußere Ansehen der Stadt gemeint. Das bestätigt zugleich die Auffassung von *Schönbauer,* Anz. Akad. Wien 1954, S. 17 ff., über die Bedeutung von *oppidum* bei Plinius.

charters"[41] und daß der Titel ‚*municipium Flavium*' wie Salpensa und Malaca "was given in all others".

Auf die gleiche Weise hat R. K. McElderry eine weitere Schwierigkeit aus dem Wege zu räumen versucht. Schon immer sind die Dedikationen spanischer Gemeinden oder einzelner Bürger dieser Gemeinden für die Zensoren Vespasian und (bzw. oder) Titus als Dank für die Verleihung der Latinität aufgefaßt worden[42], wie das auch in zwei Fällen ausdrücklich angegeben wird[43]. Nun ist jedoch eine dieser Dedikationen von den *pagani pagi Carbulensis* ausgefertigt[44], und das ist um so erstaunlicher, als Plinius (n. h. 3, 10) Carbula bereits als *oppidum* bezeichnet hat. Carbula ist also zu einem *pagus* abgesunken und dankte nun — nach R. K. McElderry — dem Kaiser "evidently for the reconstruction which was in prospect". Zugleich mit der Verleihung der Latinität ist Carbula also nicht latinisches Munizipium geworden; und deshalb kann zunächst nur / gefolgert werden: Während in der bisherigen Forschung die Verleihung des *ius Latii* als gleichbedeutend mit der Erteilung des latinischen Stadtrechts an peregrine Gemeinden betrachtet wurde, die sich damit *municipia* nannten und den Beinamen *Flavia* erhielten[45], geht aus den Urkunden hervor, daß

1. die Verleihung des flavischen Beinamens — wie im Falle von Sabora — später und unabhängig von der Verleihung der Latinität erfolgen konnte,

2. die Bezeichnung *municipium* — wie im Falle von Carbula — nicht notwendig mit der Verleihung der Latinität verbunden war, und

3. die Einrichtung einer sogenannten „latinischen Gemeinde" durch Erteilung des Stadtrechts — wie oben für Salpensa und Malaca gezeigt wurde — ebenfalls nicht notwendig gleichzeitig mit der Verleihung der Latinität erfolgte.

Es ist m. E. nicht möglich, diese Tatsachen insgesamt dadurch zu erklären, daß hier immer durch den ungeheuren Arbeitsanfall bedingte Verzögerungen eingetreten seien; denn wenigstens einer Anzahl von Gemeinden Spaniens müßten dann auf kürzere oder längere Zeit a l l e Merkmale gefehlt haben, die man für die Latinität bisher als konstitutiv angesehen hat. Ja, wenn ich recht sehe, gibt es

[41] A. a. O., S. 61 (Sperrung von mir!); das folgende Zitat S. 66.

[42] Vgl. unter Hinweis auf Mommsen *E. Hübner*, zu CIL II 1409; *McElderry*, a. a. O., S. 79; *Broughton*, a. a. O.

[43] CIL II 1610 = ILS 1981 (Igabrum); CIL II 2096 (Cisimbrium); beide allerdings ohne *censor*, wie andererseits die Dedikation des *municipium civium Romanorum Olisipo* in CIL II 5217 dem *censor designatus* Vespasian gilt.

[44] CIL II 2322; vgl. dazu *McElderry*, a. a. O., S. 80 (dort auch das folgende Zitat). *Hübner*, RE 3 (1899), Sp. 1575, vertritt sogar die Auffassung, daß Carbula „in der Census des Vespasian zum *pagus* herabgesunken" sei, ebenso *Sutherland*, a. a. O., S. 187.

[45] Vgl. etwa *Mommsen*, Ges. Schrft. I, S. 293 f.; *Hübner*, CIL II, S. 437 (zu Baesucci); *McElderry* (oben Anm. 40); *A. Schulten*, Sabora: RE 1 A (1920), Sp. 1607; *Nesselhauf*, a. a. O., S. 145 (zu Munigua). — Anderer Auffassung ist offenbar lediglich *Schönbauer*, a. a. O., S. 30 f., 41 f.; vgl. dazu unten S. 316 mit Anm. 49.

überhaupt keinen Beleg dafür, daß die genannten Merkmale, die von der bisherigen Definition des *ius Latii* her zu fordern sind, auch nur einer spanischen Gemeinde zugleich mit der Verleihung der Latinität zugekommen wären. Gerade bei den schon erwähnten Dedikationen für die Zensoren Vespasian und Titus ist zu erwarten, daß sich hier der Dank zugleich mit dem Stolz auf den neuen Rang verband und dieser im neuen Namen seinen Ausdruck fand. Aber in ihnen werden weder Anticaria noch Baesucci, Cisimbrium, Igabrum oder Munigua *municipium Flavium* genannt [46], wie das in späteren Inschriften selbstverständlich geschah [47]. Das ist m. E. ein sicheres Anzeichen dafür, daß auch diesen Städten, als bereits einige ihrer Bürger *per magistratum* die *civitas Romana* erhalten hatten, wenigstens der flavische Beiname noch nicht zukam. Wie in Salpensa und Malaca wirkte sich also auch hier die Verleihung der Latinität im Personalrecht aus, während wahrscheinlich das Gemeinderecht noch unverändert war.

Für Munigua hat in neuerer Zeit H. Nesselhauf bei der Edition einer Patronatsurkunde gezeigt, daß die in den Inschriften gebrauchte Bezeichnung für die Gemeinde und ihre Organe sichere Rückschlüsse auf die/jeweilige Rechtsform der Gemeinde zuläßt [48]. Seine Folgerungen für die Entwicklung der Gemeinde Munigua scheinen mir auch den Schlüssel für die Erklärung der hier aufgezeigten Diskrepanz zwischen Personen- und Gemeinderecht an die Hand zu geben. H. Nesselhauf hat nämlich aus der Tatsache, daß in der Zeit zwischen 27 v. Chr. und 40 n. Chr. in Munigua ein Vertrag von Senat und Volk ausgefertigt wurde, geschlossen, daß mit der Einrichtung eines solchen Senates „auch alles weitere von Italien übernommen worden und der Senat der peregrinen Gemeinde Munigua mithin eine ziemlich getreue Kopie des Stadtrates eines Munizipiums gewesen sein“ wird. Er fährt dann fort: „Diese gewiß nicht von Rom befohlene, sondern aus eigener Initiative entstandene Gemeinschaftsordnung war aber zu gleicher Zeit ein sichtbares Merkmal für den Grad der Romanisierung“. In ähnlicher Form hatte früher bereits E. Schönbauer die Entwicklung sogenannter römischer Bürgerstädte am Beispiel von Gades mit folgenden Worten gekennzeichnet: „Im 1. Jh. v. Chr. waren erst einzelne Bürger von Gades mit dem römischen Bürgerrecht ausgezeichnet worden ... Cäsar verlieh es den Gades-Bürgern, so daß man von einer *urbs Iulia* sprach. Damit war noch kein *municipium c. R.* geschaffen ... Denn erst unter Augustus finden wir das Munizipalrecht von Gades bezeugt. ... seit dieser Zeit verschwindet der Ausdruck *urbs Iulia*. Die Handelsstadt Gades war nun nicht bloß durch das römische Bürgerrecht der bisherigen Gades-Bürger und den julischen Beinamen ausgezeichnet, sondern sie war nun als römische Gebietskörperschaft h ö h e r e r Ordnung vom Reiche anerkannt“ [49].

[46] CIL II 2041. 3250. 2096. 1610 (= ILS 1981). 1049 (= ILS 256). 1050.

[47] Vgl. etwa für Baesucci CIL II 3251. 3252, für Munigua 1378.

[48] A. a. O., S. 145; dort auch das folgende Zitat.

[49] A. a. O., S. 42; vgl. jetzt auch die Annahme schrittweiser Entwicklung einer rö-

Alle Einzelheiten, die hier an Hand der beiden Stadtrechte für Salpensa und Malaca und in Ergänzung dazu für einige andere spanische Gemeinden angeführt wurden, sprechen m. E. dafür, daß ganz ähnlich auch für eine erhebliche Zahl von spanischen Gemeinden der Weg von der Verleihung der Latinität bis zur Anerkennung als Gebietskörperschaften höherer Ordnung in der Form von *municipia Latinorum* verlief: So wie den Gades-Bürgern Cäsar das römische Bürgerrecht verlieh, zeichnete Vespasian die Peregrinen ganz Spaniens mit dem *ius Latii* aus, ohne daß diese Verleihung unmittelbare Folgen für die Rechtsform der Gemeinden dieser neuen *cives Latini* hatte. So wie in Munigua schon zuvor, entstanden daraufhin mindestens in einer großen Anzahl dieser Gemeinden aus eigener Initiative ihrer Bürger Gemeinschaftsformen, die eine getreue Kopie eines Munizipiums darstellten und dadurch zum sichtbaren Merkmal für den Grad ihrer Romanisierung wurden. Schließlich aber wurde diese Entwicklung vom Reiche durch die Verleihung des Stadtrechtes anerkannt./

Dieser Vorgang ist im einzelnen nicht bezeugt. Mit seiner Annahme scheinen mir aber nicht allein die aufgezeigten Diskrepanzen beseitigt werden zu können, sondern es kann zugleich erklärt werden, was oben als undenkbar bezeichnet werden mußte, warum nämlich die Rechtsfolgen des *ius Latii* für den Einzelnen auch dann eintraten, wenn er nicht Bürger eines vom Reich bereits anerkannten Munizipiums war. Seit der Zeit des Bundesgenossenkrieges wird als wesentlicher, wenn nicht ausschließlicher Inhalt des *ius Latii* immer das *ius adipiscendi civitatem Romanam per magistratum* genannt [50]. Lediglich gewohnheitsmäßig nimmt man an, daß dieser *magistratus* in einer *colonia* oder einem *municipium* abgeleistet werden mußte. Das ist jedoch nirgends gesagt; und es ist darüber hinaus aus vielen Urkunden bekannt, daß Magistrate nach dem Muster von Kolonien und

mischen Stadt durch *Ch. Saumagne,* Volubilis, municipe latin: Rev. hist. de droit franç. et étrang. 30 (1952), S. 388 ff., der allerdings dann doch (S. 395) das latinische Munizipium durch die Verleihung des *ius Latii* eingerichtet sein läßt.

[50] Vgl. die Quellen bei *Hirschfeld,* a. a. O., S. 294 ff. Aus Asc., in Pis. 3, ist nicht zu entnehmen, daß die Verleihung lediglich „i n s b e s o n d e r e die altgewohnte Vorrechts-Bestimmung brachte, daß jeder das römische Bürgerrecht gewinne, der in der Heimat eine Magistratur bekleide"; so *Schönbauer,* Anz. Akad. Wien 1952, S. 113 (Sperrung von mir!), in der Nachfolge von *Steinwenter,* RE 10 (1918), Sp. 1268. — Schon für das Ende des 2. Jhdts. v. Chr. hat *G. Tibiletti,* Rendic. Istit. Lomb., Cl. di Lett. 86 (1953), S. 64 ff., die Vermutung ausgesprochen, daß die Magistrate latinischer Gemeinden ex officio das römische Bürgerrecht erhalten hätten, und das gleiche würde für die Zeit des Marius durch die Annahme von *H. M. D. Parker,* Class. Rev. 52 (1938), S. 8 f., bestätigt werden, daß es sich bei dem Recht des Marius, *in singulas colonias ternos cives Romanos facere* (Cic., pro Balb. 21, 48), darum gehandelt habe, die ersten Obermagistrate für neue latinische Kolonien zu bestimmen; dagegen allerdings *E. Badian,* Foreign clientelae (Oxford 1958), S. 206, sowie grundsätzlich erst für die Prinzipatszeit *D. W. Bradeen,* Roman citizenship *per magistratum:* Class. Journn. 54 (1958/59), S. 221 ff.

Munizipien auch in Gemeinden bekleidet wurden, die eine solche Rechtsform nicht besaßen. Löst man sich deshalb von dieser durch Gewohnheit festgelegten Annahme und arbeitet dafür als Hypothese mit dem oben geschilderten Vorgang der schrittweisen Entwicklung zu einer anerkannten Stadtrechtsform, dann wird m. E. verständlich, daß die neuen *cives Latini* überall daran interessiert sein mußten, aus eigener Initiative so bald wie möglich nach der Verleihung des *ius Latii* Gemeinschaftsformen einzuführen, in denen sie w i e in einem Munizipium Magistrate verwalten konnten, um damit der *civitas Romana* teilhaftig zu werden.

Verleihung der Latinität bedeutete dann nicht die Rangerhöhung von Gemeinden durch einen Rechtsakt, sondern sie war — mit der Zuerteilung des *ius Latii* an die peregrinen Mitglieder von Gemeinschaften unterschiedlicher Ordnung — lediglich ein Versprechen der Zentralregierung, das römische Bürgerrecht denen zuerkennen zu wollen, die sich bereitfanden, in ihren heimatlichen Gemeinden römische Organisationsformen einzuführen und damit von sich aus den Prozeß der Romanisierung voranzutreiben. Insofern war das *ius Latii* als Recht für den Einzelnen immer mit der Gemeinschaft, der er angehörte, und mit deren Aufbau und Form verknüpft, weil es nur mit bzw. nach der Umbildung der heimatlichen/ Gemeinde nach römischem Muster effektiv werden konnte [51]. Diese Möglichkeit der Umbildung bestand aber nur dort, wo über den rechtlichen Status der jeweiligen Gemeinschaft noch keine Vorentscheidung durch die Zentralregierung getroffen war. Das traf für die Peregrinen Spaniens, so weit ich sehe, zu, nicht aber für die Carner und Cataler in der Umgebung von Tergeste, über die CIL V 532 (= ILS 6680) I 38 — II 8 Auskunft gibt. Sie waren bereits von Augustus der römischen Kolonie Tergeste attribuiert und damit des Rechtes beraubt worden, aus eigenem Entschluß über die Gestaltung ihrer Gemeinschaft zu entscheiden. Als ihnen daher — nach der genannten Inschrift — Antoninus Pius das *ius Latii* verlieh, mußte er ihnen zugleich Zugang zur Bekleidung von Magistraturen verschaffen, und er tat es, indem er ihnen, *prout qui meruissent vita atque censu,* die Magistraturen von Tergeste selbst zugänglich machte.

[51] Diese Adaption eigener *leges* und *mores* an römische Rechtsnormen entspricht dabei wahrscheinlich dem Vorgang, der aus einer Anzahl von Quellen unter dem Begriff des *fundus fieri* bekannt ist. Das wurde bereits von *McElderry,* a. a. O., S. 66 ff., erwogen, aber für die spanischen Gemeinden abgelehnt; *Broughton,* a. a. O., S. 138, nimmt jetzt lediglich für die noch in Stämmen lebenden Spanier an, „that they gradually received a municipal organization and probably attained the Latin right with the rest“, so daß die Entwicklung „with the wish and at the i n i t i a t i v e of the people themselves“ erfolgte (Sperrung von mir!). Zum *fundus fieri* vgl. im Anschluß an F. C. Savigny *Schönbauer,* a. a. O., S. 111 f.; *H. Braunert,* Verfassungsnorm und Verfassungswirklichkeit im spätrepublikanischen Rom. Eine Interpretation zu Ciceros Rede für Balbus: Der altsprachl. Unterricht 9. 1 (1966), S. 59 ff. [= oben S. 198 ff.].

Trifft die hier vorgetragene These das Richtige, dann ergibt sich für die Stadtrechte von Salpensa und Malaca, daß in den kaiserlichen Edikten, auf die *L. Salp.* 22. 23 Bezug nehmen, lediglich den peregrinen Bürgern von Salpensa (und in Parallele dazu von Malaca) das *ius Latii* als ein Versprechen auf die Gewinnung der *civitas Romana* durch die Bekleidung von Magistraturen in ihren heimatlichen Gemeinden erteilt worden war. Die aus *L. Salp.* 26 ersichtliche Tatsache, daß zur Zeit des Erlasses der Stadtrechte bereits Duovirat, Aedilität und Quaestur in Salpensa bekleidet wurden, ist dann nicht auf diese Edikte, sondern darauf zurückzuführen, daß die Bürger dieser spanischen Gemeinden selbst in der Zwischenzeit diese Magistraturen und damit eine Gemeindeordnung in Anlehnung an das Vorbild eines Munizipiums eingerichtet hatten, um in den Genuß der versprochenen *civitas Romana* zu kommen (*L. Salp.* 22. 23). Damit entfällt zugleich der bisherige terminus post quem vom Jahre 82 n. Chr. [52]. Die vorliegenden Stadtrechte selbst aber stellten die Anerkennung dieser eigenen Bemühungen der neuen *cives Latini* durch die Zentralregierung und damit die Bestätigung von Salpensa und Malaca als Gebietskörperschaften höherer Ordnung dar.

Von dieser Bestimmung des *ius Latii* aus ergeben sich weiterhin, wie ich meine, auch noch Möglichkeiten für eine bessere Erkenntnis der Stadtrechtsformen in der römischen Kaiserzeit: F. Vittinghoff hat gezeigt,/„daß das römische Städtewesen in der Kaiserzeit einfachen ... Grundlinien folgte“ [53], und daß es so nur vier höhere Stadtrechtsformen gab: *coloniae* und *municipia civium Romanorum* und *coloniae* und *municipia Latini iuris* [54]. Als Konsequenz der vorstehenden Ausführungen soll hier lediglich zur Debatte gestellt werden, ob die Grundlinien nicht noch einfacher waren, und ob es damit nicht nur zwei höhere Stadtrechtsformen in der Kaiserzeit gab: *coloniae* und *municipia* [55]. Dann spielten nicht „die

[52] Vgl. oben Anm. 29.

[53] ZRG 1951, S. 437 = Abh. Mainz 1951, S. 1236.

[54] Zu einem noch einfacheren Aufbau der römischen Städteordnung vgl. *Ch. Saumagne,* Statut municipal des provinces sous le haut empire Romain: Bull. Soc. Nation. des Antiqu. de France 1950/51, S. 126 f., sowie *dens.* in der oben (Anm. 49) genannten Arbeit. Hier werden lediglich unterschieden: *civitates (peregrinorum), municipia (civium Latinorum)* und *coloniae (civium Romanorum);* vgl. auch Anm. 57.

[55] *municipia quid et quo iure quantumque a colonia differant ignoramus,* hat bereits Gell., n. A. 16, 13, 3, festgestellt, obwohl er zugleich aus einer Rede Hadrians glaubte folgern zu können, daß *municipes cives Romani ex municipiis* seien, *legibus suis et suo iure utentes ... nullis aliis necessitatibus neque ulla populi Romani lege adstricti, nisi in quam populus eorum fundus factus est* (16, 13, 6). Diese Definition hat *Vittinghoff,* ZRG 1951, S. 460 f., Anm. 82 = Abh. Mainz 1951, S. 1252, Anm. 2, in Anlehnung an Mommsen „antiquarische Kombinationen“ genannt, und *Schönbauer,* Anz. Akad. Wien 1954, S. 23 f., hat ihm widersprochen. Aber der Unterschied zwischen *coloniae* und *municipia* ist dadurch m. E. nicht deutlicher geworden, da auch *Schönbauer* zugibt, daß „die Autonomie ... im romanisierten Westen bedeutungslos geworden“ war (S. 23). M. E.

allgemeinen personenrechtlichen Unterschiede der freien Reichsbewohner ... in die R e c h t s ordnungen der Städte des Kaiserreiches in der Art hinein, daß Vollbürger nur der werden konnte, der zumindest die gleiche ‚Rechtsstellung' wie die betreffende Stadt oder möglicherweise eine bessere hatte"[56], sondern das Gemeinderecht war nach den zwei Typen bestimmt und lediglich das Personenrecht der Vollbürger der jeweiligen Städte mußte in den Stadtrechten mit niedergelegt werden. Nur dadurch entstand eine Unterscheidung von Städten gleichen Gemeinderechts — die bezeichnenderweise nicht in Inschriften wiederzufinden ist[57],

sollte wenigstens erwogen werden, ob der oben gekennzeichnete Vorgang bei der Entstehung eines Munizipiums nicht auch für die Erklärung dieses Unterschiedes in der späten Republik und der Prinzipatszeit einen Hinweis gibt; Kolonien wurde bei der Deduktion von Kolonisten oder der Umwandlung römisches Stadtrecht oktroyiert, Munizipien aber hätten nach den vorstehenden Ausführungen selbst römische Ordnungen angenommen, wären in bezug auf sie *fundus* geworden (vgl. oben Anm. 51). Letztlich gebrauchten sie damit — wie Gellius in seiner Definition betont — auch weiterhin ihre eigenen *leges* und *iura*.

[56] *Vittinghoff*, ZRG 1951, S. 437 = Abh. Mainz 1951, S. 1236; vgl. dagegen auch die Stellungnahme von *Schönbauer*, a. a. O., S. 31 f.

[57] Vgl. *H. v. Petrikovits*, Bonn. Jahrb. 153 (1953), S. 160, dessen Vermutung, „daß latinische Bürgerstädte nie ein Territorium besaßen" (S. 161), m. E. allerdings nicht mit der Formulierung *in oppido municipii Flavii Malacitani* (*L. Mal.* 62) in Übereinstimmung zu bringen ist. — Erst während des Druckes wurde mir durch die liebenswürdige Vermittlung von H.-G. Pflaum das Buch von *Ch. Saumagne*, Le droit latin et les cités romaines sous l'empire. Essais critiques (Publ. de l'Inst. de Droit Rom. de l'Univ. de Paris XXII). Paris 1965, zugänglich, in dem der französische Gelehrte seine schon früher verfochtenen Thesen (vgl. Anm. 49. 54) auf wesentlich verbreiterter Grundlage neu behandelt und damit die Zustimmung von *A. Piganiol* gefunden hat (Préface, S. 1 ff.). Eine gründliche Auseinandersetzung ist an dieser Stelle nicht möglich, und auf sie kann um so eher verzichtet werden, als sich Saumagne die Frage nach personen- oder gemeinderechtlichem Inhalt des *ius Latii* gar nicht gestellt hat und lediglich behauptet, daß die „latinisation par attribution de la qualité de *municipium*" erfolgt sei (S. 124); gerade für die „Latinité de Gightis" (S. 121 ff.), bei deren Behandlung diese Feststellung getroffen wird, können m. E. die obigen Ausführungen weiterhelfen. Das Kernstück seiner Abhandlung — „Le « droit latin » seul mode de naturalisation collective" (S. 37 ff.) — hat auch Saumagne zu der Folgerung geführt, daß die Verleihung des *ius Latii* mehr ein Angebot an die Peregrinen auf Gewinnung der *civitas Romana* darstellte (S. 132 f.), wenn er das auch an anderer Stelle lediglich für die Zeit nach dem Bürgerkrieg gelten lassen will und für die spätere Entwicklung von „l'octroi de la Latinité" spricht (S. 30). Schließlich habe ich aber auch keine Veranlassung gesehen, den letzten Absatz der vorstehenden Untersuchungen zu ändern: Saumagne geht von der Feststellung aus, daß es — bis auf eine Übergangszeit *(lex Iulia municipalis)* — den terminus technicus eines *municipium civium Romanorum* nicht gegeben habe; das gleiche läßt sich auch vom *municipium Latinum* o. ä. sagen (vgl. *v. Petrikovits*, oben). Er kämpft dann — wohl zu Recht — gegen das „Dogma", daß die *oppida civium Romanorum* bei Plinius *municipia*

also/auch nicht Namensbestandteil wurde — je nach dem Personenrecht ihrer Bürger: der *civitas Romana* oder dem *ius Latii.*

sein müßten; für seine Folgerung wäre es jedoch auf den Nachweis angekommen, daß „le mot *municipium* ait jamais été utilisé pour désigner ou qualifier des communautés civiques composés organiquement de citoyens romains" (S. 131). Saumagne bringt jedoch selbst einen Beleg aus Cic., ad fam. 6, 18, 1 (S. 31, Anm. 40 versehentlich 8, 18, 1), an dem ein genereller Nachweis dieser Art scheitert.

Zum Chattenkriege Domitians*

Durch antike Überlieferung wissen wir bekanntlich so gut wie nichts vom Chattenkriege Domitians [1], und so ist es zunächst kein Wunder, wenn wir uns bei der Durchsicht der allgemeinen modernen Literatur sogleich in einem Gestrüpp der verschiedensten Meinungen befinden [2]. Aber wie sich dank der Limesforschung entgegen den Aussagen der antiken Autoren die Erfolge Domitians in diesem Kriege feststellen ließen [3], kann m. E. nun auch auf Grund numismatischer, epigraphischer und papyrologischer Untersuchungen die Chronologie des Krieges weitgehend als gesichert gelten. Es fehlt noch, daß sich die so gewonnenen Erkenntnisse wie jene [4] durchsetzen; und dazu möchten diese Zeilen ihren Beitrag leisten. Gerade nach dem hervorragenden Aufsatz H. Nesselhaufs über ‚Tacitus und Domitian', in dem er für die Gesamtkonzeption dieses Krieges neue und wesentliche Aspekte gewinnen konnte [5], scheint mir auch die Erörterung von Einzelheiten ‚historisch von Belang' zu sein — namentlich bei einem römischen Vorstoß, ‚dessen Auffangen', wie kürzlich mit Recht gesagt werden konnte [6], ‚zum letztenmal die Umwandlung der *Germania magna* in eine römische Provinz verhindert hat'.

* Dieser Aufsatz ist Herrn Professor Dr. Friedrich Oertel zu seinem 70. Geburtstag am 21. Mai 1954 gewidmet.

1 Die Insurrection des Antonius Saturninus soll hier ausgeschlossen bleiben, da es sich ja — trotz kaiserlicher Propaganda — nicht eigentlich um einen Krieg gegen die Chatten handelt. Daß diese auch nicht als *bellum Germanicum* bezeichnet wurde, haben *Th. Mommsen,* Abh. Berlin 1903, S. 824, und *A. v. Domaszewski,* Sitzg.-Ber. Heidelberg 1918, 6, S. 7 f., klargestellt.

2 Vgl. z. B. die Schilderungen bei *H. Schiller,* Geschichte der römischen Kaiserzeit I 2 (Gotha 1883), S. 520 ff.; *F. Koepp,* Die Römer in Deutschland (Bielefeld-Leipzig 1905), S. 56 f., 60 ff.; *A. v. Domaszewski,* Geschichte der römischen Kaiser II (Leipzig 1909), S. 160 ff.; *B. Niese — E. Hohl,* Grundriß der römischen Geschichte (München 51923), S. 331; *B. W. Henderson,* Five Roman emperors (Cambridge 1927), S. 95 ff.; *R. Syme,* CAH XI (1936), S. 162 ff. Ganz ohne Stellungnahme jetzt *A. Piganiol,* Histoire de Rome (Paris 31949), S. 277.

3 Vgl. *H. Vieze,* Domitians Chattenkrieg im Lichte der Ergebnisse der Limesforschung (Programm Berlin 130). 1902, sowie später in den Bänden des ORL, bes. *W. Schleiermacher,* ORL A V, Strecke 11. 1935, und zuletzt *ders.,* Historia 2 (1953), S. 94 ff.

4 Vgl. trotzdem etwa *Syme,* a. a. O., S. 162.

5 *H. Nesselhauf,* Hermes 80 (1952), S. 222 ff., bes. 234 ff.

6 *Schleiermacher,* Ber. RGK 33, 1943/50 (1951), S. 137, Anm. 12.

Der Erörterung des uns interessierenden chronologischen Problems brauchen wir hier keine allgemeine Darstellung des Krieges vorauszuschicken. Sie ist in mehreren trefflichen Untersuchungen bereits gegeben worden [7], wenn/gleich davon nicht viel mehr Allgemeingut geworden ist, als daß Domitian im Frühjahr oder Sommer des Jahres 83 n. Chr. einen Feldzug gegen die Chatten geführt hat [8]. Das Ende und damit die Dauer dieses Feldzuges zu bestimmen, ist m. E. die dringlichste Aufgabe.

Hierbei ist man zu Recht immer davon ausgegangen, daß Domitian nach seiner Rückkehr vom Kriegsschauplatz einen Triumph gefeiert hat [9] und daß ihm unter anderen Ehrungen zu dieser Gelegenheit auch der Siegertitel *Germanicus* vom Senat verliehen worden ist [10]. Die Frage, wann dieser Titel zuerst in den Urkunden auftritt, ist deshalb wieder und wieder erörtert worden, ohne daß doch bisher ein annähernd fixes Datum und damit ein terminus ante quem für die Annahme des Titels Gültigkeit gewonnen hätte [11]. Trotzdem ist eine solche Fixierung durchaus möglich, da wir — schon seit längerer Zeit — mindestens

[7] Vgl. *St. Gsell,* Essai sur le règne de l'empereur Domitien (Paris 1894), S. 176 ff.; *Vieze,* a. a. O.; *R. Weynand,* Flavius: RE 6 (1909), Sp. 2555 ff.; *L. Janssen,* C. Suetonii Tranquilli vita Domitiani (Diss. Amsterdam 1919), S. 29 ff. (zu c. 6); 65 ff. (zu c. 13).

[8] ‚Frühjahr 82' bei *H. A. Potratz,* Die Kunde 10 (1942), S. 73, ist sicher nur Druckfehler.

[9] Vgl. Tac., Agric. 39; Germ. 37; Plin., Paneg. 11, 4. 16, 3; Martial. 1, 4, 3; 6, 4, 2; Oros. 7, 10, 4; mittelbar auch Suet., Dom. 6; Eutrop. 7, 23, 4 nach der ansprechenden Interpretation von *J. Brandis,* Decebalus: RE 4 (1901), Sp. 2249; zum Sprachgebrauch von *duplex* bei Sueton vgl. *Janssen,* a. a. O., S. 34. Anders jetzt wieder die Deutung des ‚Doppeltriumphes' bei *K. Patsch,* Sitzg.-Ber. Wien 217, 1 (1937), S. 38.

[10] Zwar nirgends expressis verbis überliefert, Andeutungen allgemein über Ehrenbezeugungen bei Cass. Dio 67, 4, über Beinamen bei Frontin., Strateg. 2, 11, 7; Martial. 2, 2, 3; 14, 170. Daß damit auch Suet., Dom. 13, übereinstimmt, hat *Janssen,* a. a. O., S. 65 f., gezeigt; vgl. auch schon *Brandis,* a. a. O.

[11] Es entscheiden sich a) für Herbst 83: *Gsell,* a. a. O., S. 184 (aber aus anderem Grund, vgl. unten); *A. Stein,* RE 7 (1910), Sp. 1252 (wobei die zu Grunde gelegten Münzen nach *J. Vogt,* Die alexandrinischen Münzen [Stuttgart 1924], S. 46, Anm. 217, irrtümlich gelesen sein sollen); *H. Mattingly,* BMC II (1930), S. LXXXIV f.; *A. H. M. Jones,* Journ. Rom. Stud. 18 (1928), S. 152 f.; *W. Wruck,* Die syrische Provinzialprägung (Stuttgart 1931), S. 134; b) für Herbst 83 oder Anfang 84: *Weynand,* a. a. O., Sp. 2559 (der Sp. 2556 angeführte Papyrus CPR I 1, 12 — sic! — kommt nicht in Betracht, da hier wirklich Übertragung späterer Titulatur vorliegt); *F. Hohmann,* Zur Chronologie der Papyrusurkunden (Diss. Greifswald 1911), S. 33; *Janssen,* a. a. O., S. 65 f., und jetzt *Nesselhauf,* a. a. O., S. 240; c) für Anfang 84: *Vogt,* a. a. O., S. 46 (unter Berufung auf Janssen!); *H. Mattingly — E. A. Sydenham,* RIC II (1926), S. 149 f.; *Schleiermacher,* ORL A V, Strecke 11, S. 33. — Daher konnte es natürlich auch nicht zu einer festen Datierung von Urkunden kommen, die den Beinamen *Germanicus* tragen; bes. deutlich bei SEG VI 672 und VII 842.

eine Münze [12], eine Inschrift [13] und zwei Papyri [14] besitzen, die ohne Zweifel aus dem Jahre 83 n. Chr. stammen und auf denen bereits der Beiname *Germanicus* angegeben ist [15]. Ja, wir können den Zeitpunkt sogar noch näher bestimmen, da der Oxyrhynchos-Papyrus auf die Zeit vom 28. September bis 27. Oktober 83 n. Chr. datiert ist, der Florentiner Papyrus aber, sowie die Inschrift auf das zweite Jahr Domitians, d. h. vor dem 29. August 83 n. Chr.[16].

Einer solchen Datierung kann nicht entgegengehalten werden, daß gleich-/zeitige Urkunden den Beinamen nicht aufweisen. Denn einmal wissen wir, daß dieser auch in späterer Zeit selbst auf Inschriften weggelassen werden konnte [17], zum anderen aber ergibt sich gerade bei Durchsicht der Papyrusurkunden eine solche Kontinuität von diesen frühesten Urkunden bis in das Jahr 84 n. Chr.[18], daß dadurch bereits die Richtigkeit des Schlusses verbürgt wäre, könnten wir nicht weiterhin noch nachweisen, daß gerade die frühesten Urkunden, die den Beinamen tragen, von Schreibern in amtlicher Eigenschaft stammen [19], während die beiden einzigen Urkunden dieser Zeit ohne den Beinamen von Privatpersonen geschrieben wurden [20]. Aber diese These wird noch durch ein weiteres Argument gestützt; denn schon von St. Gsell konnte ein terminus ante quem gefunden werden, der — unabhängig von unseren Erörterungen — bisher übersehen worden zu sein scheint. Er konnte nämlich wahrscheinlich machen, daß Domitian der Konsulat auf 10 Jahre — ebenso wie der Beiname *Germanicus* eine Ehrenbezeugung des Senates nach seiner Rückkehr vom Chattenfeldzug [21] — an den ersten Komitien des Jahres 84, d. h. am 9. Januar 84 n. Chr. übertragen worden ist.

[12] *Mattingly-Sydenham*, RIC II, S. 158, nr. 39 = *Cohen,* Domitien nr. 602.

[13] IGRR I 1138 = SB V 8802 a) Z. 1. b) Z. 4.

[14] P. Flor. III 361, Z. 12; P. Oxy. II 331.

[15] In SB V 8802 an beiden Stellen auf Grund der Länge der vorhandenen Lücke ergänzt.

[16] Auch die Anm. 12 genannte Münze, die als terminus ante quem den 14. 9. 83 ausweist, wird man nicht mehr als ‚hybrid' bezeichnen können; vgl. *C. Bosch,* Die kleinasiatischen Münzen der römischen Kaiserzeit II 1, 1 (Stuttgart 1935), S. 28, Anm. 107.

[17] Der Nachweis bereits bei *Gsell,* a. a. O., S. 184, und dazu Anm. 8. Unter den Papyri der Jahre 84—96 n. Chr. gibt es mehr als 30, die den Beinamen nicht anführen.

[18] Nach den Urkunden in Anm. 14: P. Flor. I 92 (25. 3. 84); P. Lond. III 897 (29. 3. 84); BGU VII 1615 (April/Mai 84); BGU II 596 (10. 5. 84); sowie allgemein aus 83/4: P. Oxy. II 290. XII 1462; CPR I 1; P. Giss. univ. bibl. 11 (?).

[19] SB V 8802 von einem *centurio* der *legio III Cyrenaica;* P. Oxy. II 331 von einem Hilfsbeamten (συνεσταμένος).

[20] Bei ihnen ist Unkenntnis der frischen Titulaturerweiterung durchaus begreiflich: P. Flor. I 82 (nicht Juni—Juli 93 — sic! —, wie bei *Janssen,* a. a. O., S. 66, sondern, da auf Epiph als zurückliegenden Monat verwiesen wird, 24. 7.—28. 8. 83); P. Oxy. I 94 (25. 10. 83).

[21] Cass. Dio 67, 4.

Notwendig mußte St. Gsell bereits den Triumph in das Jahr 83 n. Chr. datieren [22]; mir aber scheint nichts mehr dem Schluß zu widersprechen, daß der Triumph Domitians über die Chatten in der Zeit zwischen dem 9. Juni [23] und dem August 83 n. Chr. stattgefunden hat.

Von dieser Erkenntnis scheinen sich mir nun neue Aspekte für die Beurteilung dieses Krieges und seiner Darstellung in der antiken Literatur zu ergeben, die m. E. ihrerseits wieder in der Lage sind, die gewonnene Chronologie zu stützen. Denn wenn Domitian schon zu einem so frühen Termin seinen Triumph in Rom feiern konnte, dann kann er sich nur kurze Zeit in der Nähe des Kriegsschauplatzes aufgehalten und die Operationen geleitet haben — eigentlich sogar zu kurze Zeit für das, was wir über die Kampfhandlungen wissen. Die römischen Soldaten mußten nämlich erst an Waldgefechte gewöhnt werden [24]; und es wird uns weiter berichtet, daß *limites* [25] von beträchtlichem Ausmaß angelegt wurden und erst damit ein Umschwung in der/Kriegslage herbeigeführt werden konnte [26]. Auch die Neueren mußten hieraus auf eine längere Dauer des Krieges schließen [27], der einfach in der Zeit der Anwesenheit Domitians nicht untergebracht werden kann. Andererseits wissen wir aber auch von schnellen Anfangserfolgen: das konnte für das Gebiet der Usiper im Neuwieder Becken kürzlich H. Nesselhauf nachweisen [28], und eine Andeutung davon findet sich bereits bei den antiken Autoren [29].

So bleibt doch nur die Folgerung, daß Domitian nach einem kräftig geführten Vorstoß [30], der schnelle Anfangserfolge zeitigte, den Kriegsschauplatz verlassen und es seinen Feldherren überlassen hat, diese Erfolge auszubauen und zu dauernden zu machen [31]. Daß zu dieser Zeit die Kraft der Chatten noch keineswegs

[22] *Gsell,* a. a. O., S. 42, Anm. 4; 195 f.

[23] Die Inschrift von diesem Tage, ILS 1996, die den Beinamen *Germanicus* nicht führt und erst die dritte imperatorische Akklamation aufweist, wird weiterhin als terminus post quem gelten müssen; vgl. bereits *Gsell,* a. a. O., S. 184.

[24] Frontin., Strateg. 2, 3, 23.

[25] Zur Entwicklung dieser *limites* zum späteren Limes vgl. *Schleiermacher,* Ber. RGK 33, 1943/50 (1951), S. 136, und jetzt Historia 2 (1953), S. 103 f.; über die ursprüngliche Linienführung vgl. *U. Kahrstedt,* Bonn. Jahrb. 145 (1940), S. 63 ff.

[26] Frontin., Strateg. 1, 3, 10,

[27] Vgl. *Weynand,* a. a. O., Sp. 2557, und jetzt *Nesselhauf,* a. a. O., S. 238.

[28] *Nesselhauf,* a. a. O., S. 237, Anm. 3.

[29] Aurel. Vict., Caes. 11, 4 (dazu *Weynand,* a. a. O., Sp. 2557); den gleichen Eindruck gewinnt man auch aus der Schilderung bei Frontin., Strateg. 1, 1, 8.

[30] Die Ausgangsposition vom Brückenkopf an der Mainmündung war besonders günstig für einen Überraschungsangriff. Vgl. zu diesem Terrain als römischem Reichsgebiet *Nesselhauf,* Germania 22 (1938), S. 134 f.

[31] So bereits *Schleiermacher,* ORL A V, Strecke 11, S. 34.

gebrochen war, wie uns Frontin glauben machen will [32], und daß sicher neben der oben bereits erwähnten Änderung der Kriegstaktik noch schwere Kämpfe zu bestehen waren, lehrt uns allein schon die Tatsache, daß die Chatten im Jahre 84 n. Chr. einen erfolgreichen Einfall in das benachbarte Cheruskerland unternehmen konnten [33]. Kein Wunder, daß Rom den bittenden Cheruskern nur mit Geld beispringen konnte, wenn die eigenen Truppen noch gegen die Chatten im Felde standen!

Wir können uns bei diesem Befund aber auch nicht wundern, daß die zeitgenössischen Schriftsteller nach Domitians Tod ihren Spott über einen Triumph ausgegossen haben [34], bei dem die geltenden Voraussetzungen so offensichtlich unerfüllt geblieben waren [35]. Ja, es wird selbst verständlich, wenn gehässige Römer behauptet haben, Domitian sei am Kriegsschauplatz überhaupt nicht anwesend gewesen [36].

Darüber hinaus ist es nun einfach notwendig, die im Jahre 85 n. Chr. einsetzende Münzpropaganda, die den Sieg über Germanien verkündet [37], auf den gleichen Chattenkrieg zu beziehen [38], der über das Jahr 84 n. Chr. hinaus noch angedauert hat. Damit verkündete diese Propaganda das Ende eines/Krieges mit Vertragsschluß und Opfern [39], in dem Domitian bereits zwei Jahre zuvor einen Triumph gefeiert hatte. Ob man aus der Münzlegende ablesen kann, daß

[32] Frontin., Strateg. 1, 1, 8.

[33] Cass. Dio. 67, 5, 1.

[34] Tac., Agric. 39; Germ. 37; Plin., Paneg. 11, 4. 16, 3. Vgl. aber auch schon die Kritik des Ursus, dazu *Weynand,* a. a. O., Sp. 2558.

[35] Wahrscheinlich hat doch überhaupt keine bedeutende Schlacht stattgefunden, so auch *Vieze,* a. a. O., S. 17 f. Über deren Notwendigkeit zum Triumph vgl. *Th. Mommsen,* Römisches Staatsrecht I, S. 133 f.; *W. Ehlers,* Triumphus: RE 7 A (1939), Sp. 497.

[36] Von dort übernommen bei Cass. Dio 67, 4; Oros. 7, 10, 4.

[37] Zusammenstellung der Münzen bei *Vogt,* a. a. O., S. 48 f.; jetzt auch *Mattingly-Sydenham,* RIC II (zum Jahre 85).

[38] Vgl. dazu *Weynand,* a. a. O., Sp. 2558; *Schleiermacher,* a. a. O.; *Nesselhauf,* Hermes 80 (1952), S. 238; ähnlich auch *O. Th. Schulz,* Die Rechtstitel und Regierungsprogramme auf römischen Kaisermünzen (Stud. z. Gesch. u. Kult. d. Altert. 13, 4. Paderborn 1925), S. 64, Anm. 176, der allerdings den Krieg erst 86 n. Chr. für beendet hält. Demgegenüber wird in dieser Münzprägung ein Zeugnis gesehen a) für die nachträgliche Verkündigung des Germanensieges von *Janssen,* a. a. O., S. 31; b) für einen neuen Germanen- bzw. Chattenkrieg von *Gsell,* a. a. O., S. 196; *v. Domaszewski,* a. a. O., S. 8; *Vogt,* a. a. O., S. 50; c) für die Fertigstellung des Limes von *Vieze,* a. a. O., S 30; d) für die Einrichtung der germanischen Provinzen von *P. L. Strack,* Untersuchungen zur römischen Reichsprägung I (Stuttgart 1931), S. 122, Anm. 480.

[39] Daß das in den Münzen gesagt wird, zeigt *Vogt,* a. a. O., S. 49. Zum Vertragsschluß mit den Chatten, der sicher in diese Zeit gehört, vgl. Stat., Silv. 3, 3, 168 (so muß das Zitat bei *Weynand,* a. a. O., Sp. 2558, lauten).

zu dieser Zeit die beiden germanischen Provinzen eingerichtet wurden [40], bleibt weiterhin fraglich [41], wenn auch m. E. durchaus erwägenswert [42].

Zum Schluß sei noch ein Wort über die Veranlassung zum Kriege angefügt. Man wird nach der gegebenen Chronologie für den Beginn des Feldzuges nicht mehr an den Frühsommer [43], sondern nur noch an das Frühjahr 83 n. Chr. denken können [44]. Die Zeit der Kriegsvorbereitungen wird also weiterhin verkürzt, da wir wissen, daß noch im September 82 n. Chr. Veteranenentlassungen vorgenommen wurden [45]. Von langer Hand war das Unternehmen also sicher nicht geplant, m. E. ein Beweis dafür, daß Domitian nicht von vornherein beabsichtigte, einen Offensivkrieg gegen Germanien zu führen [46], sondern daß er, wie uns Frontin berichtet [47], auf die Kunde von Kriegsvorbereitungen der Chatten hin einen Präventivkrieg begonnen hat [48].

Die geplante Überraschung des Gegners ist ihm, wie wir gesehen haben, gelungen, und der Erfolg hat sein Vorhaben gerechtfertigt, wenn er auch selbst keine sehr glückliche Rolle dabei gespielt hat.

[40] Nach dem Vorgang von *Strack*, a. a. O., *Schleiermacher*, a. a. O., und jetzt *Nesselhauf*, a. a. O., S. 241.

[41] Vgl. den begründeten Einspruch von *H. U. Instinsky*, Sicherheit als politisches Problem des römischen Kaisertums (Deutsche Beitr. z. Altertumswiss., 3. Baden-Baden 1952), S. 37, Anm. 43. Zum Vergleich seien hier die parallelen Münzprägungen nach dem jüdischen Krieg zusammengestellt. Unter Vespasian: *de Iudaeis* RIC II, S. 50, nr. 301; *Iudaea devicta* RIC II, S. 32, nr. 148 B; S. 49, nr. 289; S. 59, nr. 373; S. 67, nr. 419; *Iud cap* RIC II, S. 63, nr. 393; *Iudaea capta* RIC II, S. 68, nr. 424/6; S. 73, nr. 489/90; S. 74, nr. 491; S. 84, nr. 595/6; S. 86, nr. 608; S. 87, nr. 620; S. 91, nr. 653; S. 101, nr. 733; S. 104, nr. 762; S. 107, nr. 784. Unter Titus: *Iud cap* RIC II, S. 127, nr. 91/2; S. 133, nr. 141; *Iudaea capta* RIC II, S. 127, nr. 93; S. 131, nr. 128.

[42] Vgl. schon *Gsell*, a. a. O., S. 139 f.; *E. Ritterling* — *E. Stein*, Fasti des römischen Deutschland unter dem Prinzipat (Wien 1932), S. 23; anders jetzt *W. Reidinger*, Die Statthalter des ungeteilten Pannonien und Oberpannoniens von Augustus bis Diokletian (Antiquitas, Reihe 1, Bd. 2. Bonn 1956), S. 56 f. Immerhin ist zu beachten, daß Suet., Dom. 6, 2, Antonius Saturninus als *praeses superioris Germaniae* bezeichnet.

[43] Noch kürzlich in Erwägung gezogen von *Nesselhauf*, a. a. O., S. 237, Anm. 3.

[44] So schon *Janssen*, a. a. O., S. 30.

[45] Vgl. ILS 1995.

[46] Vgl. *Schleiermacher*, Ber. RGK 33, 1943/50 (1951), S. 137, Anm. 12; *Nesselhauf*, a. a. O., S. 236 f.

[47] Frontin., Strateg. 1, 1, 8.

[48] Vgl. *Vieze*, a. a. O., S. 5 ff.; *Weynand*, a. a. O., Sp. 2556 f.; *K. Pastenaci*, Die Kriegskunst der Germanen (Karlsbad-Leipzig 1942), S. 262; etwas zögernd auch *Janssen*, a. a. O., S. 29 f.

Griechische und römische Komponenten im Stadtrecht von Antinoopolis*

Νέοι Ἕλληνες nannte Hadrian die Bürger der von ihm gegründeten Stadt Antinoopolis [1]. Das war nicht nur literarischer Ausfluß seines romantischen Philhellenismus, wie man ihn dem gelehrten Kaiser zutrauen möchte [2], sondern nach dem eindeutigen Zeugnis der Papyri sollte dem so formulierten Anspruch auch die Wirklichkeit in der neuen Stadt entsprechen [3]. Bürger der Griechenstadt Ptolemais und Mitglieder des Politeuma der 6475 Griechen des Arsinoites wurden deshalb als Kolonisten ausgelost [4] und die νόμοι von Naukratis, der ältesten griechischen Polis auf ägyptischem Boden, wurden der neuen Gründung verliehen [5]. Wenn man in der modernen Forschung auch bald annahm, daß sich diese νόμοι weitgehend auf das Privatrecht beschränkt hätten [6], so ist trotz / dieser Einschrän-

* Verkürzter und mit Anmerkungen versehener Wortlaut eines Vortrages, der auf dem X. Internationalen Kongreß für Papyrologie am 8. Sept. 1961 in Kraków gehalten wurde. — Folgende Arbeiten werden nur mit Verfassernamen und Seitenzahl zitiert: *W. Weber,* Untersuchungen zur Geschichte des Kaisers Hadrianus. Leipzig 1907; *E. Kühn,* Antinoopolis. Ein Beitrag zur Geschichte des Hellenismus im römischen Ägypten. Gründung und Verfassung. Diss. Leipzig. Göttingen 1913; *Ph. V. Pistorius,* Indices Antinoopolitani. Diss. Leiden 1939; *H. I. Bell,* Antinoopolis: a Hadrianic foundation in Egypt: Journ. Rom. Stud. 30 (1940), S. 133 ff.; *B. d'Orgeval,* L'Empereur Hadrien. Oeuvre législative et administrative. Paris 1950; *R. Taubenschlag,* Die kaiserlichen Privilegien im Rechte der Papyri: ZRG 70 (1950), S. 277 ff. (zitiert nach Abdruck in: *ders.,* Opera minora II [Warschau 1959], S. 45 ff.).

1 Zur Benennung durch Hadrian vgl. P. Würzb. 9, 30, sowie mit weiteren Belegen *Kühn,* S. 117 f.; *Pistorius,* S. 93.

2 Vgl. etwa die Stellungnahme von *Weber,* S. 249, Anm. 902: „es spielen alle die griechischen Ideen mit".

3 „A bulwark of Hellenism in Middle Egypt", *Bell,* S. 136.

4 Für Ptolemais vgl. P. Würzb. 9, 54 f., für das Politeuma *Bell,* S. 137 f., auf Grund der P. Fam. Teb.

5 Vgl. *U. Wilcken,* Chrestomathie 27, 21 ff.

6 Vgl. *Kühn,* S. 115; *A. H. M. Jones,* The cities of the eastern Roman provinces (Oxford 1937), S. 313; *d'Orgeval,* S. 235. Bei der Phyleneinrichtung zweifelte bereits *Weber,* S. 249, Anm. 902, an der Herkunft aus Naukratis. Wenn diese Einschränkung aber vor allem damit begründet wird, daß die Demenorganisation deshalb nicht von Naukratis übernommen worden sein könne, weil diese Stadt vor Kleisthenes gegründet wurde (*Bell,* S. 140), dann ist das nicht stichhaltig, da nirgends gesagt wird, die u r s p r ü n g l i c h e n νόμοι von Naukratis seien Antinoopolis verliehen worden, und

kung auch das Stadtrecht von Antinoopolis bisher ausschließlich von griechischen Rechtsordnungen her betrachtet worden [7].

Doch Antinoopolis ist eine römische Gründung, und deshalb darf nicht nur, sondern muß gefragt werden: Konnte ein römischer Kaiser und konnte seine Kanzlei bei der Festsetzung eines neuen Stadtrechts die römische Munizipalordnung außer acht lassen, selbst wenn der Kaiser bewußt eine griechische Polis zu gründen wünschte? Für die Beantwortung dieser ganz allgemein formulierten Frage bietet Antinoopolis ein besonders geeignetes Beispiel. Die Antwort, die hier darauf gesucht werden soll, liefert aber nicht nur einen Beitrag zum Thema dieses Kongresses, der historischen Kontinuität im römischen Ägypten, sondern auch zu dem räumlich weit über Ägypten hinausgreifenden Problemkreis der Auseinandersetzung zwischen römischer und griechischer Stadtrechtsordnung, zwischen *municipium* und Polis innerhalb des ganzen römischen Reiches.

Antinoopolis erhielt im äußeren Aufbau ganz das Aussehen einer griechischen Polis: Die Bürgerschaft gliederte sich in Demen und Phylen [8]. Aus Angehörigen der einzelnen Phylen setzte sich das Archontenkollegium zusammen, in dem im Turnus jeweils die Mitglieder der πρυτανεύουσα φυλή die Geschäftsführung wahrnahmen und den leitenden Prytanen stellten, der in Personalunion den Vorsitz in dem Beamtenkollegium mit dem Ratsvorsitz verband [9]. / Βουλή und ἄρχοντες aber bildeten in Übereinstimmung mit griechischen Stadtrechtsordnungen das eigentliche Stadtregiment. Wenn demgegenüber die Volksversammlung so weit in den Hintergrund trat, daß sie in den erhaltenen Quellen nicht einmal erwähnt wird, so entsprach das zwar nicht den ursprünglichen Grundsätzen der griechischen Stadtverwaltung, aber den kaiserzeitlichen, die Rom schon lange vor der Gründung von Antinoopolis auch den übrigen griechischen Poleis seines Machtbereiches aufoktroyiert hatte [10]. Dieses erste Anzeichen für das Vorhanden-

andererseits kaum zu bezweifeln ist, daß sich diese ursprünglichen νόμοι in Naukratis selbst im Laufe seiner langen Geschichte gewandelt haben. Zu den Relikten aus der Verfassung von Naukratis vgl. übrigens unten S. 330.

[7] Vgl. *Wilcken,* Archiv f. Pap.-Forschg. 3 (1906), S. 554; *Weber,* S. 249; *Kühn,* S. 90. 96; *Taubenschlag,* The law of Greco-Roman Egypt in the light of the papyri (Warschau [2]1955), S. 17. Bezeichnend dafür ist der Beginn des mehrfach zitierten Aufsatzes von *Bell,* S. 133: „The city state was the most characteristic expression of the Hellenic way of life; and it is appropriate that the most Philhellenic of Roman emperors should have been distinguished as a founder of cities and an encourager of civic institutions".

[8] Vgl. *Weber,* S. 249 ff.; *Kühn,* S. 123 ff.; *Pistorius,* S. 96 ff.

[9] Vgl. *Kühn,* S. 107 ff.; *Pistorius,* S. 58 ff.

[10] Vgl. bereits zur Ordnung thessalischer Städte durch T. Quinctius Flamininus Liv. 34, 51, 6: *a censu maxime et senatum et iudices legit potentioremque eam partem civitatium fecit, cui salva et tranquilla omnia esse magis expediebat.* Allgemein dazu *Jones,* The cities of the Roman empire. Political, administrative and judicial institutions: Recueil de la Société Jean Bodin VI 1 (Brüssel 1954), S. 147.

sein römischer Elemente im Stadtrecht von Antinoopolis bietet daher noch kein Unterscheidungsmerkmal zur griechischen Stadtrechtsordnung der Kaiserzeit.

Neben den allgemeinen griechischen Kennzeichen ist in einzelnen Punkten des äußeren Aufbaus auch das Vorbild von Naukratis noch zu fassen. Hierhin gehört wahrscheinlich die Einrichtung einer Nomarchie mit einem Nomarchen, wie er auch für Naukratis überliefert ist [11], hierhin gehört die den jonischen Städten eigentümliche Behörde der Timouchen [12] und schließlich die im inner/städtischen Verkehr angewandte Datierung nach milesischen Monatsnamen [13].

Das Bild, in dem Antinoopolis in den Quellen erscheint, und das seit der grundlegenden Arbeit von Ernst Kühn schon wiederholt dargestellt worden ist [14], gibt also unbestreitbar eine griechische Polis wieder und bestätigt damit die communis opinio. Aber dieses Bild ist nicht endgültig; denn wichtiger noch als die beschriebenen Institutionen, die nur allzu leicht Namen bleiben und damit ein griechisches Gewand lediglich vortäuschen können, sind für die Beurteilung der hier gestellten Frage die Ordnungen, die speziell für Antinoopolis erlassen wurden [15]. Sie liegen in einer Anzahl von Privilegien vor, mit denen Hadrian seine Neugründung ausgestattet hat. An ihnen muß sich in weit stärkerem Maße er-

[11] Vgl. dazu *Wilcken*, Archiv f. Pap.-Forschg. 12 (1937), S. 227, zu P. Oslo III 92 (bei *Pistorius*, S. 82, versehentlich „2, 92"), sowie *B. A. van Groningen*, zu P. Fam. Teb. 42, 1. Die Beziehungen zwischen Nomarchie und Nomarch werden allein von *Pistorius*, S. 80 ff., geleugnet. Aber es erscheint mir nicht natürlich, daß ἡ νομαρχία τῆς Ἀντινόου in ihrer territorialen Einheit schon vor der Gründung bestanden haben und dann nur nach ihrem städtischen Mittelpunkt umbenannt sein soll (*Pistorius*, S. 81) — einem Mittelpunkt, der gerade eximiert war. Daher ist mir mit *Wilcken*, P. Würzb., S. 53 ff., die Neuschaffung der Nomarchie bei der Stadtgründung wahrscheinlicher, d. h. gerade nicht als „subdivision du nome d'Hermopolis" (*d'Orgeval*, S. 236). Der sprachliche Zusammenhang zwischen einer neugeschaffenen Nomarchie und dem neu eingerichteten Amt des Nomarchen deutet dann aber auch auf eine sachliche Bindung. Im einzelnen bleibt dabei noch manches unklar. Immerhin wird man erwägen müssen, ob damit nicht nach römischem Munizipalrecht der Neugründung ein *territorium* zuerkannt wurde. Wie weiter unten zu zeigen ist, befinden wir uns hier auf Neuland, und daher besagt es für Antinoopolis nichts, daß normalerweise „in Ägypten die Griechenstadt als πόλις keine χώρα hat" (*Kühn*, S. 148, dem *Pistorius*, S. 81, folgt). Deshalb schließen *A. Ch. Johnson — L. C. West*, Byzantine Egypt: Economic studies (Princeton 1949), S. 101, zu Recht diese Möglichkeit nicht aus.

[12] Vgl. im Anschluß an *Wilcken*, Grundzüge, S. 12 f., *Kühn*, S. 115.

[13] Vgl. *M. E. Dicker*, The Antinoopolite calendar: Archiv f. Pap.-Forschg. 9 (1930), S. 226 f.; *Bell*, Aegyptus 13 (1933), S. 523; *Pistorius*, S. 71; *Bell*, S. 139 f.; *d'Orgeval*, S. 234, leitet dagegen den Kalender fälschlich von Athen her.

[14] Vgl. *B. Kübler*, Antinoupolis. Leipzig 1914, neben den genannten Arbeiten von Pistorius und Bell.

[15] Vgl. dazu unten Anm. 33.

weisen, ob hier die griechische Stadtrechtsordnung gewahrt oder die römische Munizipalordnung übernommen wurde.

Diese Privilegien, die nach dem heutigen Stand unserer Kenntnis Philipp Pistorius und Raphael Taubenschlag zusammengestellt haben [16], brauchen hier nicht noch einmal im einzelnen vorgeführt zu werden. Die Gewährung der Immunität von Kopfsteuer und anderen Steuerarten und von Leistungen außerhalb der eigenen Stadt sowie die Gewährung des *privilegium fori* für die Neubürger [17], die Zuerkennung der Protopraxie für die Stadtkasse nach dem Fiskus [18] und die Schaffung eines Alimentationsfonds für die anti/noitischen Kinder [19] sind echte Gnadenerweise, die im wesentlichen der Stadt und ihren Bürgern in der Stellung gegenüber den staatlichen Organen und gegenüber Nichtbürgern Vorteile verschaffen sollten. Wenn sie ihre Parallelen auch vor allem im römischen Bereich finden, so liegt das in der diesem Bereich eigentümlichen Herrschaftsform des Prinzipats begründet, in der anders als in der Welt der griechischen Polis die Gewährung solcher Privilegien erst eigentlich möglich und sinnvoll wurde.

Zwei weitere εὐεργεσίαι aber sind ungewöhnlich und erfordern eine gesonderte Betrachtung: die Befreiung auch der Angehörigen antinoitischer Bürger von *munera* und das Recht der ἐπιγαμία mit den Ägyptern.

Das Recht der ἐπιγαμία mit den Ägyptern [20] greift in die Stadtrechtsordnung ein, da die Kinder aus den danach geschlossenen Ehen das Bürgerrecht erhielten. Dieses Recht war seit je auch den griechischen Staaten bekannt und brachte hier

[16] Vgl. *Pistorius,* S. 83 ff.; *Taubenschlag,* S. 46 ff., sowie *ders.,* Law (oben Anm. 7), S. 17, Anm. 48. *d'Orgeval,* S. 235 f., benutzt offenbar nur ältere Sekundärliteratur. Zum jährlichen Fest der Antinoeia vgl. auch *J. Robert — L. Robert,* Rev. Et. Gr. 65 (1952), S. 192 f.

[17] Wie *Taubenschlag,* S. 49 f., an Hand von P. Mich. 365 gezeigt hat, entspricht es in seinem Anwendungsbereich auf den Jurisdiktionsbezirk der Heptanomia der Regelung in anderen römischen Provinzen (Sizilien, Cypern). Mit der Frage des *conventus* in Antinoopolis (so *d'Orgeval,* S. 236) hat das *ius domum revocandi* sicher nichts zu tun.

[18] Gerade nicht „un privilège de m ê m e ordre que celui du fisc" *(d'Orgeval,* S. 236; Sperrung von mir!). Vgl. zu diesem Privileg Plin., ep. ad Trai. 109, und allgemein zur Verleihung an Provinzstädte *F. Wieacker,* Festschrift Koschaker I (Weimar 1939), S. 237 f.

[19] Zur Parallele der Alimentationsfonds in Italien vgl. *Wilcken,* Archiv f. Pap.-Forschg. 11 (1935), S. 300.

[20] Da *Wilcken,* Chrestomathie 27, 20 ff., ausdrücklich berichtet wird, daß die Naukratiten dieses Recht nicht besitzen, wirkt es um so merkwürdiger, wenn *J. Schwartz,* Annal. de Service des Antiquités de l'Égypte 50 (1950), S. 405 — fälschlich unter Berufung auf *Wilcken,* Grundzüge, S. 51 — schreibt: „nous savons que les Naucratites avaient le *connubium* avec les indigènes". Die Annahme einer Mischehe in der dort edierten Grabinschrift auf Grund des Namens Ammonia haben bereits *J. u. L. Robert,* Rev. Et. Gr. 65 (1952), S. 197, zurückgewiesen.

die gleichen Rechtswirkungen wie das *conubium* bei den Römern hervor [21]. Lange Zeit glaubte man deshalb, daß auch hier nur griechische Rechtsnormen zugrunde liegen könnten, und nahm lediglich für die Kinder aus solchen Mischehen, bei denen der männliche Ehegatte die antinoitische Bürgerqualität besaß, auch den Erwerb des Bürgerrechts von Antinoopolis an [22]. Diese Annahme beruhte auf / dem Wissen, daß in der griechischen Welt normalerweise Kinder das Bürgerrecht von der Mutter nicht erben konnten [23]. Dann aber lehrte der P. Vindob. Bosw. 2, daß auch die Kinder aus einer Ehe zwischen einer Bürgerin aus Antinoopolis und einem Fremden Bürgerrecht besaßen [24]. Daraus ergibt sich, daß Hadrian bei der Verleihung des Privilegs der ἐπιγαμία mit den Ägyptern auf das griechische Rechtsempfinden keine Rücksicht genommen hat. Kein Wunder also, daß nach dem Ratsprotokoll, in dem dieses Privileg genannt wird, ihm die antinoitischen Ratsherren nicht einhellig als einem Gunsterweis zustimmten [25].

[21] Vgl. zusammenfassend *G. Busolt,* Griechische Staatskunde I (HAW IV 1, 1. München 1920), S. 223, sowie jetzt *E. Volterra,* La nozione giuridica del *conubium*: Studi in memoria E. Albertario II (Mailand 1953), S. 345 ff., bes. S. 369: „la nozione tecnica di *conubium* non sia esclusiva del diritto romano, ma sia conosciuta anche in altri diritti antichi, tanto che Gaio, parlando del principio, *semper conubium efficit, ut qui nascitur patris condicioni accedat,* afferma che si tratta di un principio *iuris gentium*".

[22] Unter Berufung auf *E. Szanto,* Das griechische Bürgerrecht (Freiburg i. Br. 1892), S. 59 f., besonders *Kühn,* S. 120. Vgl. auch *Pistorius,* S. 88. 94; *Bell,* S. 142.

[23] Der Grundsatz, daß „the political status of the mother had no influence" (*Pistorius,* S. 125), ist für die griechische Welt so selbstverständlich, daß er von *Busolt,* a. a. O., nicht einmal der Erwähnung wert erachtet wird.

[24] Vgl. dazu *Wilcken,* Archiv f. Pap.-Forschg. 15 (1953), S. 118; *Taubenschlag,* Journ. Jurist. Papyrol. 5 (1951), S. 134 f. Inzwischen wurde die Folgerung erhärtet durch P. Fam. Teb. 42, 25, und die Neulesung des P. Jen. Inv. 59 (vgl. unten Anm. 58). Wenn *van Groningen,* z. St., „from the fact that it is expressly stated here that the four petitioners possess the right of marriage with Antinoite women" (Sperrung von mir!), folgert, „that it was restricted in a certain way; perhaps limited to the ἀπὸ τῆς μητροπόλεως ?", so scheint dafür der P. Jen. eine Bestätigung zu bringen, da sich der dortige Petent als einer τῶν τὴν [ἐπιγαμίαν] ἐχόντων πρὸς 'Αντινοΐδα (Z. 1 f.) bezeichnet. Trotzdem handelt es sich nicht um die Zugehörigkeit zu einer Personengruppe, die das potentielle Recht der ἐπιγαμία besaß, sondern um die Zugehörigkeit zu denen, die faktisch in rechtmäßiger Ehe mit einer Antinoitin lebten. Das zeigt der ἐπιγαμία-Vermerk in den Auszügen der τόμοι ἐπικρίσεων (BGU I 113 = *Wilcken,* Chrest. 458, 3 f.; BGU I 265 = *Wilcken,* Chrest. 459, 5 ff.; P. Hamb. 31 a, 2 ff.; PSI V 447, 11 f.), wo nicht für die Zukunft ein Recht verliehen, sondern die bestehende Ehe legalisiert wird, das zeigt wahrscheinlich aber auch der Singular 'Αντινοΐδα im P. Jen. Inv. 59 (im Gegensatz zum Plural in P. Fam. Teb. 42, 25, wo es sich um mehrere handelt) und schließlich die Tatsache, daß die Petenten im P. Jen. wie im P. Fam. Teb. ja eben in Folge ihrer Ehe in Antinoopolis lebten.

[25] Vgl. *Wilcken,* Einl. zu Chrest. 27. Dagegen hält *P. Jouguet,* La Domination ro-

Wurden in diesem Falle bei Hadrians Stadtgründung griechische Rechtsnormen außer acht gelassen, so ist damit noch nicht gesagt, daß römische eingehalten worden sind. Und in der Tat scheint die hier vorliegende Regelung auch dem römischen Recht nicht gerecht zu werden, nach dem die Kinder dem Personenstand/ der Mutter normalerweise nur dann folgten, wenn gerade kein *conubium* zwischen den Ehegatten bestand [26]. Es gab jedoch eine bezeichnende Ausnahme gerade im Munizipalrecht [27]. Ulpian lehrt nämlich, daß ein Kind von Munizipalbürgern verschiedener Herkunft dem väterlichen Personenstand nur dann folgte, *nisi forte privilegio aliquo materna origo censeatur; tunc enim maternae originis erit municeps* [28]. Das römische Munizipalrecht kannte also ein Privileg, nach dem sich das Bürgerrecht in mütterlicher Deszendenz vererbte. Schon Ludwig Mitteis hat gezeigt, daß es sich dann auch allein nach der mütterlichen Herkunft bestimmte und nicht zu einem doppelten Munizipalbürgerrecht führte [29]. Voraussetzung hierfür aber mußte das *conubium* zwischen den Ehegatten sein [30]. Das sind die gleichen Rechtsverhältnisse und Rechtswirkungen wie beim Recht der ἐπιγαμία für die antinoitischen Bürger, und hier — d. h. im römischen Munizipalrecht — dürfte daher auch das Vorbild für das Privileg der Antinoiten zu suchen sein. Dieser Schluß wird noch dadurch bestätigt, daß Ulpian sich bei der Beschreibung des Privilegs auf den Juristen Celsus beruft, der im *consilium* des

maine en Égypte aux deux premiers siècles après Jesus-Christ (Kairo 1947), S. 55, das ἐπιγαμία-Privileg für eine „nouveauté significative du large humanisme de l'Empereur"; vgl. bereits *dens.*, La Vie municipale dans l'Égypte romaine (Paris 1911), S. 184, dem dann *A. N. Sherwin-White*, The Roman citizenship (Oxford 1939), S. 219, in seiner Beurteilung dieses Privilegs ausschließlich gefolgt ist.

[26] *Conubio interveniente liberi semper patrem sequuntur, nun interveniente conubio matris condicioni accedunt* (tit. ex corp. Ulp. 5, 8); vgl. *O. Karlowa*, Römische Rechtsgeschichte II (Leipzig 1901), S. 70; *E. Weiss*, lex Minicia: RE 12 (1925), Sp. 2399; vgl. auch *W. Kunkel*, Matrimonium: RE 14 (1930), Sp. 2263. Das gleiche gilt auch für uneheliche Kinder: vgl. Cels., Dig. 50, 1, 1, 2; Nerat., ibid. 9.

[27] Normen für den *status civitatis* der Kinder aus Ehen von Provinzialen eines unterschiedlichen Status sind uns leider kaum überliefert; vgl. *Kunkel*, a. a. O., Sp. 2264. Daß Rom aber allgemeine Regelungen dieser Art erließ, zeigen die Bestimmungen v. J. 167 v. Vhr. für Makedonien bei Liv. 45, 29, 10; vgl. dazu *Volterra* (oben Anm. 21), S. 383. Die Sonderstellung der Antinoiten innerhalb Ägyptens erweist sich daran, daß für sie Regelungen im Gnomon des Idioslogos (zum Personenstandsrecht vgl. BGU V § 38 ff.) nicht getroffen sind.

[28] Dig. 50, 1, 1, 2.

[29] Reichsrecht und Volksrecht in den östlichen Provinzen des römischen Kaiserreiches (Leipzig 1891), S. 89, Anm. 1, unter Berufung auf Cod. Iust. 10, 32, 36.

[30] So bereits Celsus, wenn er in der Auseinandersetzung mit anderen Juristen erklärt, das *beneficium* müsse sich auf die beziehen, *qui ex diversarum civitatium parentibus orerentur* (Dig. 50, 1, 1, 2).

Stadtgründers Hadrian [31] wahrscheinlich nicht ohne Einfluß auf die Stadtrechtsordnung von Antinoopolis war./

Freilich, Ulpian nennt als Beispiele für die Anwendung dieses Privilegs allein Ilion, Delphi und den Pontus, also Städte im griechischen Bereich. Daß es zumindest hier seine Wurzel besitzt, zeigt auch Aristoteles, der von einer Ausnahmegesetzgebung einiger Demokratien berichtet, nach welcher der Sohn einer Bürgerin ebenfalls Bürger werden konnte. Solche Gesetze, sagt Aristoteles, hätten jedoch nur vorübergehend Geltung besessen, da sie mit dem Wegfall des Grundes, aus dem sie erlassen worden waren, einem akuten Mangel an Bürgern, sogleich wieder aufgehoben wurden [32]. Der gleiche Grund und der daraus resultierende Wunsch, die Bürgerschaft von Antinoopolis zu vergrößern, hat gewiß auch Hadrian zur Gewährung des Privilegs der ἐπιγαμία bestimmt [33]. Es war aber nicht als vorübergehende Maßnahme gedacht, sondern auf die Dauer im Stadtrecht verankert, und damit waren es nicht die letztlich griechischen Vorbilder, denen der Kaiser die Anregung dazu entnahm — denn sie waren im griechischen Rechtsempfinden nicht verwurzelt —, sondern es war das von diesen Vorbildern beeinflußte römische Munizipalrecht. Die kaiserliche Kanzlei trug also keine Bedenken, Antinoopolis Sonderrechte zu verleihen, die der normalen griechischen Rechtsordnung nicht entsprachen und den Rechtsvorstellungen der griechischen

[31] Vgl. Script. Hist. Aug., vita Hadr. 18, 1, und dazu *Kunkel,* Herkunft und soziale Stellung der römischen Juristen (Weimar 1952), S. 146 f.; *J. Crook,* Consilium principis. Imperial councils and counsellors from Augustus to Diocletian (Cambridge 1955), S. 59. 171, Nr. 201.

[32] Aristot., Polit. 3, 1278 a 26—34; vgl. *Szanto* (oben Anm. 22), S. 60 f.; *Busolt* (oben Anm. 21), S. 222, mit inschriftlichen Beispielen einer solchen Praxis (Anm. 3).

[33] *Pistorius,* S. 83 f., leitet alle Privilegien aus diesem Wunsch des Kaisers ab, da sie nicht sofort mit Gründung der Stadt, sondern frühestens 133 n. Chr. (zur Amtszeit des Petronius Mamertinus vgl. *A. Stein,* Die Präfekten von Ägypten in der römischen Kaiserzeit [Bern 1950], S. 68) verliehen wurden und nicht anzunehmen sei, „dat die kaiser ... eers'n stad sal stig, twee jaar daaraan laat bou, en dan eers die voorregte wat mense moes trek, bekendmaak" *(Pistorius,* S. 84). Danach wäre etwa die Einbürgerung in P. Fam. Teb. 30 vom Jahre 133 erst eine nachträgliche Maßnahme, nachdem „die kolonisasie het nie geluk nie" (a. a. O.). *Pistorius* betont zwar dabei, es sei sicher, „dat die stigting van 'n stad nie 'n saak is wat in een dag plaasvind nie" (a. a. O.), aber er übersieht doch, daß gerade die Gründung einer Stadt, für die Neubürger nicht wahllos herangezogen werden sollten, sondern nach einem entsprechenden Aufruf erst ausgelost werden mußten (vgl. P. Würzb. 9, 54 f.), längere Zeit beanspruchte. Zudem lehrt die *lex Salpensana* (ILS 6088, §§ 22 f.), daß selbst bei der Umwandlung des Status einer bestehenden Stadt ein Zeitraum von mehreren Jahren bis zur Verleihung des neuen Stadtrechts verstrich. So erklärt sich vielleicht, daß zunächst einmal die νόμοι von Naukratis übertragen wurden, bis die kaiserliche Kanzlei in Anlehnung an diese ein eigenes Stadtrecht für die Neugründung und damit auch die Privilegien ausgearbeitet hatte.

Bevölkerung wahrscheinlich sogar / zuwider liefen, wenn sie nur nach der römischen Munizipalordnung möglich waren.

Vor diesem Hintergrund muß das andere Privileg um so merkwürdiger erscheinen, das nämlich einem weiten Kreis von Angehörigen antinoitischer Bürger, die selbst des Bürgerrechts nicht teilhaftig waren, unterschiedslos eine Befreiung von Liturgien — nach der gängigen Meinung: außerhalb ihres eigenen Gaues — gewährt haben soll [34]. Zwar greift es in die Ordnung der Stadt selbst kaum ein; aber der in ihm vertretene Grundsatz ist weder im griechischen noch im römischen Recht nachweisbar. Ja, nach römischem Munizipalrecht erstreckte sich eine *vacatio itemque immunitas ... ad eos dumtaxat ..., qui eius familiae sunt* [35], keinesfalls also auf Angehörige, die Nichtbürger waren und damit nicht dem gleichen Personenstand wie der Begünstigte angehörten.

Bei dieser Sachlage muß wohl gefragt werden, wie es in der Forschung zu der Annahme eines solchen Privilegs kommen konnte, und ob diese Annahme einer erneuten Interpretation der zugrunde liegenden Quellen standhält. Sie basiert im wesentlichen auf zwei Urkunden, einem Pariser Papyrus, den Ulrich Wilcken in seiner Chrestomathie 28 neu ediert hat, und P. Würzburg 9. Abzusehen ist dagegen zunächst von dem P. Jenensis Inv. 59, den Friedrich Zucker in gleicher Weise interpretiert hat; er ist zu fragmentarisch erhalten, als daß aus ihm weitreichende Schlüsse gezogen werden könnten; allenfalls bietet er eine Parallele zu Wilcken, Chrest. 28 [36]. Überhaupt gibt allein dieser Papyrus eine klare Auskunft: Ein gewisser Apollophanes war bei einer Reise in den Lykopolites dort persönlich festgehalten worden, um eine Liturgie zu übernehmen, zu der er bereits *in absentia* ausgelost worden war. Gegen dieses / Vorgehen beschwerte er sich bei dem zuständigen Epistrategen mit der Begründung, er sei ein πατὴρ παίδων Ἀντινοϊτικῶν und zahle auch keine Kopfsteuern [37]. Diese Begründung erkannte der Epistratege als ausreichend zur Liturgiebefreiung an, denn er trug dem Stra-

[34] Vgl. *Wilcken,* P. Würzb., S. 64, in Berichtigung der Ansicht von *Kühn,* S. 160. *Pistorius,* S. 86, nimmt allgemein Freiheit von Liturgien für „familie van Antinoopoliete" an, ohne nach dem Ort der Befreiung zu fragen. Die Wilckensche Interpretation übernimmt *F. Zucker,* Aus einer Urkundenfolge hadrianisch-antoninischer Zeit: Wissensch. Zeitschr. d. Friedr.-Schiller-Univ. Jena, Jhrg. 1952/53, H. 1, S. 48, dem es dann allerdings merkwürdig erscheinen muß, daß sich der Petent in dem dort edierten P. Jen. Inv. 59 gerade gegen eine Belastung im eigenen Gau wehrt, „damit ihm der Aufenthalt in Antinoopolis ermöglicht wird" (a. a. O., S. 49). Vgl. dazu unten Anm. 57.

[35] Iavolen., Dig. 50, 4, 13; vgl. auch für die Ausdehnung der Privilegien von Soldaten Ulp., Dig. 50, 4, 3, 1.

[36] Vgl. bereits oben Anm. 34; der Papyrus jetzt SB VI 9312, aber noch ohne die inzwischen erfolgten Ergänzungen und Neulesungen (vgl. unten Anm. 58).

[37] Nach der Ergänzung *Wilckens* zu Z. 9; vgl. aber unten Anm. 58. Keinesfalls richtet sich jedoch die Eingabe „contre l'imposition d'une liturgie et de la capitation" (*d'Orgeval,* S. 235, Anm. 100).

tegen des Lykopolites auf, Namen von Ersatzmännern einzureichen, wenn die Angaben des Petenten richtig seien.

Von wesentlich anderem Inhalt ist der Würzburger Papyrus: Ein antinoitischer Bürger bittet um Befreiung von einer Liturgie, die ihm selbst unrechtmäßig außerhalb seiner Heimatstadt im Arsinoites aufgezwungen worden ist (Z. 1—27). Seinen Hinweis darauf, daß den Antinoiten das Privileg verliehen und ständig bewahrt worden sei, daß sie außerhalb von Antinoopolis zu keinen Liturgien verpflichtet seien, stützt er auf abschriftlich beigefügte *epistulae* der Kaiser Hadrian, Antoninus Pius, Marcus und Verus, die das beglaubigen (Z. 28—52). Von einem Privileg, das den Angehörigen der Antinoiten verliehen worden sein soll, ist dabei nicht die Rede. Aber dann folgen drei weitere Aktenbeilagen, die im Zusammenhang mit der Petition nur schwer verständlich sind und die zur Annahme eben dieses Liturgieprivilegs für die antinoitischen Angehörigen geführt haben: 1. schärft der Präfekt Petronius Mamertinus auf Grund einer Eingabe eines Antinoiten dem Strategen des Thinites ein, er solle dafür Sorge tragen, daß dessen Angehörige ebenso wie die der anderen, die nach Antinoopolis als Kolonisten geschickt worden seien, ohne Übergriffe und Belästigungen in seinem Gau leben könnten (Z. 53—59); 2. ordnet der gleiche Präfekt an, die Beamten sollten den Neubürgern bei Forderungen in ihrer alten Heimat zu ihrem Recht verhelfen (Z. 60—65) [38]; 3. bezieht sich ein Epistratege wahrscheinlich auf den zuerst erwähnten Präfektenbrief, in dem bereits zum Ausdruck gebracht sei, daß nicht nur die Antinoiten, sondern auch ihre Angehörigen unbehelligt bleiben sollten (Z. 66—71).

Dabei werden Liturgien nirgends ausdrücklich erwähnt, und doch mußten der Zusammenhang und die Wortwahl darauf führen, daß auch hier Belästigungen durch ungerechtfertigte Liturgien / in Rede stehen [39]. Ulrich Wilcken hat in gewohnter Vorsicht nur die Möglichkeit eines allgemeinen Liturgieprivilegs auch für die Angehörigen der Neubürger in Erwägung gezogen [40], aber seitdem ist diese Möglichkeit weithin zu einer Tatsache geworden [41]. Dabei hat es sich besonders mißlich ausgewirkt, daß von vornherein beide Urkunden — Wilcken, Chrest. 28 und P. Würzburg 9 — in enger Verbindung miteinander gesehen worden sind, obwohl die in ihnen wiedergegebenen Fälle auf ganz verschiedenen Voraussetzungen beruhen: Der Petent in Wilcken, Chrest. 28 ist ein Vater antinoitischer Kinder, und wenn uns zunächst auch nicht deutlich wird, was damit im einzelnen gemeint ist, so kennzeichnete diese Angabe in seiner Zeit offenbar

[38] Vgl. auch etwa in P. Fam. Teb. 43 = SB I 5343 die Klage eines Antinoiten gegen einen Schuldner im Arsinoites, καταφρονῶν μου τῆς ἐνταῦθα ἐπιμονῆς (Z. 42).

[39] Vgl. zu den sprachlichen Beobachtungen *Kühn*, S. 160; *Wilcken*, P. Würzb., S. 64, Anm. 1.

[40] P. Würzb., S. 64.

[41] Vgl. oben Anm. 34; eine Ausnahme bildet *Taubenschlag*, vgl. aber unten Anm. 55.

einen fest umrissenen Personalstatus [42]. Dagegen werden in P. Würzburg 9 nur allgemein Angehörige (οἱ αὐτῶν) genannt und damit ein Personenkreis, der konkret gewiß auch von den damaligen Behörden nicht zu fassen war [43]. Der Petent in Wilcken, Chrest. 28 wohnte offenbar in Antinoopolis und wurde auf einer Reise zu einer Liturgie gezwungen [44]; die Angehörigen in P. Würzburg 9 sollten in ihren eigenen Gauen, also an ihrem ständigen Wohnsitz, geschützt werden. Der Petent in Wilcken, Chrest. 28 besaß eine Sonderstellung in/der Zahlung der Kopfsteuern; das ist für die Angehörigen in P. Würzburg 9 ganz und gar unwahrscheinlich [45]. Alle Anzeichen sprechen also dafür, daß die beiden Urkunden nach ihrem Inhalt nicht zusammengehören.

Was bleibt dann aber für P. Würzburg 9 übrig? Um es gleich zu sagen: nicht viel und jedenfalls nicht das vermeintliche Liturgieprivileg für antinoitische Angehörige. Bei seiner Interpretation sind die drei Anlagen der Petition, die so viel Verwirrung gestiftet haben, vor allem in umgekehrter Reihenfolge zu betrachten, d. h. die zeitlich jüngste zuerst [46]. Denn der Petent oder sein Anwalt werden bei der Zusammenstellung ihrer Unterlagen ebenfalls zuerst auf Akten gestoßen sein, die ihnen zeitlich am nächsten lagen. Daß der am Schluß angeführte Epistrategenbrief (Z. 66—71) tatsächlich den Ausgangspunkt für die vorangehenden Anlagen bildete, beweist der in ihm enthaltene Hinweis auf einen Brief des Präfekten Petronius Mamertinus, d. h. eben auf eines der vorangehenden Schriftstücke (Z. 53—59) [47]. Allein dieser Hinweis, schon der Präfekt habe in seiner *epistula* dem Willen Ausdruck gegeben, οὐχ ὅπως τοὺς Ἀντινοέας, ἀλλὰ καὶ

[42] Dem entspricht in P. Jen. Inv. 59, 2, der vor Ἀντινοΐδα mit Sicherheit zu ergänzende Verwandtschaftsgrad (vgl. auch Z. 19); dazu unten Anm. 58.

[43] Eine Definition ist auch in der modernen Literatur, soweit ich sehe, nirgends versucht worden. *Wilcken,* P. Würzb., S. 64, sieht ihn lediglich als den umfassenderen Begriff gegenüber einem Vater antinoitischer Kinder an. Wenn *Zucker* (oben Anm. 34), S. 48, allerdings annimmt, die Verwandte, auf die sich der Petent in P. Jen. Inv. 59, 2, beruft, könne „niemand anders als eine Tochter sein, deren Mann für die Besiedlung der Neugründung ausgelost war", dann will er unter οἱ αὐτῶν offenbar auch die Schwiegerväter der Neubürger als Privilegierte fassen.

[44] Dieser Tatbestand ist noch ganz klar bei *Wilcken,* Einl. zu Chrest. 28, undeutlich bei *dems.,* P. Würzb., S. 64, und in sein Gegenteil verkehrt von *Kübler* (oben Anm. 14), S. 15: „Dieses wichtige Privileg besaßen nicht nur die Bürger der neuen Stadt, sondern auch die Väter, die ihre Söhne zur Besiedlung hatten hergeben müssen, selbst aber in ihrer Heimat verblieben waren" (Sperrung von mir!). — Parallel zu *Wilcken,* Chrest. 28, ist auch in diesem Punkt P. Jen. Inv. 59: Bitte um Liturgiebefreiung in Tebtynis (Z. 3 ff.), um unbehelligt ἐν τῇ Ἀντινόου (Z. 13) leben zu können.

[45] Vgl. unten Anm. 58.

[46] Vgl. ausführlichere Interpretation bei *Braunert,* Die Binnenwanderung. Studien zur Sozialgeschichte Ägyptens in der Ptolemäer- und Kaiserzeit (Bonner Historische Forschungen 26. 1964), Anhang I (S. 339 ff.).

[47] Vgl. *Kühn,* S. 160; *Wilcken,* P. Würzb., S. 65; *Stein* (oben Anm. 33), S. 69.

τοὺς αὐτῶν ἀνυβρίστους εἶναι (Z. 69 f.), gibt auch den Schlüssel zur Beurteilung dessen an die Hand, was der Epistratege bzw. der Petent, für den jener schrieb, mit seinem Brief erreichen wollte. Muß das nach dieser Formulierung eine Liturgiebefreiung von Angehörigen antinoitischer Bürger gewesen sein? Doch wohl nicht; denn ein Vergleich mit anderen Petitionen zeigt, daß der Gebrauch von οὐ μόνον (οὐχ ὅπως)... ἀλλὰ καὶ eine rhetorische Übersteigerung darstellte, durch die gerade das erste Satzglied besonders hervorgehoben und unterstrichen werden sollte [48]. Führte man also aus, daß nicht nur die Antinoiten, sondern auch (sogar) ihre Angehörigen vor Übergriffen verschont bleiben sollten, so wollte man zu verstehen geben, daß es im vorliegenden Falle auf den Schutz eines Antinoiten selbst ankam, der jedoch um so dringlicher wurde, wenn das gleiche Recht sogar seinen Angehörigen zustand./

Der Epistrategenbrief bezweckte also nicht Schutzmaßnahmen für einen antinoitischen Angehörigen, sondern für einen Antinoiten selbst [49]. Immerhin bleibt jedoch sein Hinweis auf den Brief des Präfekten Petronius Mamertinus von Bedeutung, in dem ja tatsächlich den Behörden aufgetragen war, für den Schutz der Angehörigen von Antinoiten vor Übergriffen und Belästigungen in ihrem Gau zu sorgen. Die Wortwahl scheint anzudeuten, daß diese Belästigungen in der Aufbürdung ungerechtfertigter Liturgien bestanden [50]. Zu einem weiteren Verständnis können die Person des dortigen Petenten und das Datum des Schriftstückes verhelfen. Die Petition war von einem antinoitischen Kolonisten für seine Angehörigen in der alten Heimat eingereicht worden, obwohl es ganz ungewöhnlich ist, daß der Belästigte nicht für sich selbst bittet [51]. Geschrieben war die Eingabe im Jahre 135 n. Chr., also wenige Jahre nach der Gründung von Antinoopolis, noch kürzere Zeit nach der Übersiedlung der Neubürger und höchstens ganz unmittelbar nach Verleihung der Privilegien [52]. In dieser Situation dürfte der Schutz der Angehörigen antinoitischer Kolonisten deshalb besonders aktuell geworden sein, weil die ägyptischen Behörden daran gewöhnt waren, Verwandte beim Ausfall von Leistungen heranzuziehen [53]. Sie werden so auch den zurückgebliebenen Verwandten von Antinoiten Liturgien aufzubürden versucht haben, für deren Übernahme diese Antinoiten selbst bei ihrem Verbleiben im Gauverband verantwortlich gewesen wären. Mit dieser Annahme erklärt sich, warum die Bedräng-

[48] Vgl. dazu *Braunert,* Ein rhetorischer Gebrauch von οὐ μόνον ... ἀλλὰ καί: Rhein. Mus. 105 (1962), S. 226 ff.

[49] Dazu stimmt, daß der Petent Kastor auch selbst Antinoit war; vgl. *Wilcken,* zu Chrest. 26, 29.

[50] Vgl. oben Anm. 39.

[51] Vgl. gerade auch *Wilcken,* Chrest. 28, und P. Jen. Inv. 59.

[52] Vgl. oben Anm. 33.

[53] Vgl. etwa Philo, de specc. legg. 3 §§ 159 ff. (edd. *Cohn-Wendland* V), und dazu *Braunert,* Journ. Jurist. Papyrol. 9/10 (1955/56), S. 264.

ten hier nicht selbst Beschwerde führten, sondern für sie der antinoitische Verwandte eintrat [54], um dessentwillen sie Übergriffen erst ausgesetzt waren. So erklärt sich aber auch, warum der Präfekt die nachgeordneten Behörden lediglich ermahnte und den Personenkreis weit faßte und unscharf bezeichnete. Es galt eben nicht, die Einhaltung eines bestimmten Privilegs für / einen fest umrissenen Personalverband zu wahren [55] — eines Privilegs, das die Angehörigen zudem besser gestellt hätte als die Antinoiten selbst, da diese von Liturgien außerhalb ihrer Stadt nur befreit wurden, weil sie in der eigenen Stadt zur Leistung verpflichtet waren [56], die Angehörigen aber mit der Befreiung im eigenen Gau überhaupt keine Liturgien hätten zu leisten brauchen [57]. Andererseits mußte die Zentralregierung versuchen, Übergriffe der nachgeordneten Behörden gegenüber antinoitischen Angehörigen einzudämmen. Denn der kaiserliche Befehl, weitere Kolonisten für seine Neugründung zu gewinnen, war nur dann ausführbar, wenn der in Frage kommende Personenkreis bei guter Laune gehalten wurde.

Gewiß bleibt das lediglich eine Hypothese. Fest steht aber, daß von einem Privileg, welches die Angehörigen antinoitischer Bürger unterschiedslos vor der Übernahme von Liturgien schützte, in P. Würzburg 9 nicht die Rede ist. Damit gab es dann aber auch kein Privileg, das den Grundsätzen römischen Munizipalrechtes widersprochen hätte. Denn es bleibt allein das Liturgieprivileg übrig, das den Vater antinoitischer Kinder nach Wilcken, Chrest. 28 voll mit den Antinoiten selbst gleichstellte, und dieselbe Privilegierung jetzt auch nach P. Jenensis Inv. 59 für den Vater einer antinoitischen Tochter oder — wahrscheinlich besser — den Mann einer Antinoitin [58]. Mit dieser Interpretation ist der Weg schon/

[54] Ebenso wie für seine φροντισταί in der alten Heimat nach P. Würzb. 9, 60 ff.

[55] Anders *Taubenschlag*, S. 46, Anm. 6, obwohl er das vermeintliche Liturgieprivileg für Angehörige antinoitischer Bürger nicht übernimmt und wohl auch allein „die Ausdehnung dieses Privilegs auf Väter antinoitischer Kinder“ gelten lassen will (S. 47, Anm. 9).

[56] Vgl. P. Würzb. 9, 32. 40; P. Oxy. VIII 1119 = *Wilcken,* Chrest. 397, 16, und dazu *Kühn,* S. 155 f.

[57] Diese Folgerung wurde bisher allein von *Zucker* für P. Jen. Inv. 59 (vgl. oben Anm. 34) angedeutet. Sie gilt aber ebenso für den Petenten in *Wilcken,* Chrest. 28, sowie für P. Würzb. 9, nach dem die Angehörigen ἀνύβριστοι καὶ ἀνεπηρέαστοι διάγωσιν ἐν τῷ νομῷ (Z. 57 f.), und d. h. deutlich in ihrem eigenen Gau.

[58] Gleich nach dem Vortrag teilte mir F. Uebel (Jena) mit, daß er zu P. Jen. Inv. 59 inzwischen weitere Bruchstücke gefunden habe [= SB VIII 9897], und auf meine Bitte übermittelte er mir freundlicherweise seine Neulesungen, durch welche die vorgetragene Meinung voll bestätigt wird. Mit seiner Erlaubnis teile ich daraus mit, daß in Z. 1 f. statt des Ergänzungsvorschlages Zuckers ἔχοντος θυγατέρα] 'Αντινοΐδα (vgl. oben Anm. 43) nunmehr zu lesen ist: τῶν τὴν [ἐπιγαμίαν] ἐχόντων πρὸς 'Αντινοΐδα. F. Uebel verweist zu Recht auf die Parallele in P. Fam. Teb. 42, 25 (vgl. oben Anm. 24). Weiterhin steht ebenfalls in Parallele zu diesem Papyrus in Z. 7 f. τὰ ἐπικεφάλαια διαγράφοντος ε[ἰς τὴν ἐν 'Αντινόου π]όλει δημοσίαν τράπεζαν. Mit dieser Angabe wird

angedeutet, auf dem die Lösung dieses "πατὴρ παίδων 'Αντινοϊτικῶν" zu suchen ist. Da nämlich das *conubium* mit den Ägyptern nicht nur den Bürgern von Antinoopolis, sondern auch seinen Bürgerinnen zugestanden war, müssen deren nicht-antinoitische Männer auch zu *munera* in der Stadt für sich und zur Übernahme von *honores* für ihre *familia* verpflichtet gewesen sein [59]. Das gilt aber auch in bezug auf Minderjährige [60], und daher ist ein πατὴρ παίδων 'Αντινοϊτικῶν mit hoher Wahrscheinlichkeit ein nicht-antinoitischer Vater minorenner Antinoiten [61], was vor allem auch der Wortwahl bestens entspricht [62]. War ein solcher Nicht-Antinoit aber zu den gleichen Leistungen wie ein Bürger verpflichtet, dann ist es nur folgerichtig, wenn ihm auch die gleichen Privilegien in der Befreiung/ von Liturgien außerhalb von Antinoopolis zuteil wurden. Weiterhin ist zu erwägen, ob ihm nicht auch nach römischen Normen die *patria potestas* übertragen war [63]. — Doch damit genug.

also der behördlicherweise anerkannte Wohnsitz in Antinoopolis zusätzlich begründet, und F. Uebel gibt daher zu erwägen, ob nicht auch in Wilcken, Chrest. 28, 9 f., lieber κα[ὐτο]ῦ τὰ ἐπικεφάλια τελοῦντα gelesen werden sollte (vgl. oben Anm. 37). Das gilt natürlich keineswegs für Angehörige schlechthin.

[59] Also ἀρχαί und λειτουργίαι: vgl. *Kühn*, S. 155 f. — Der Grundsatz ist in Dig. 50, 4 nirgends ausdrücklich niedergelegt, er ergibt sich aber aus Ulp., Dig. 50, 4, 3, 16: *si duo filii in patris potestate sint, eodem tempore munera eorum pater sustinere non compellitur.*

[60] Für *munera patrimonii* vgl. Ulp., Dig. 50, 4, 8, sowie für *munera sordida* die *lex Ursonensis* (ILS 6087) § 98. Für die ägyptischen Metropolen vgl. P. Ryl. II 77 (Vater eines Ex-Kosmeten), und dazu *Jones*, Cities (oben Anm. 6), S. 324.

[61] So bereits *Jouguet*, La Vie (oben Anm. 25), S. 182 (bei *Kühn*, S. 158, versehentlich „108"). Diese Annahme wurde von *Wilcken*, Einl. zu Chrest. 28, „nach Kenntnis des Würzburger Papyrus" — also P. Würzb. 9 — abgelehnt, dann vor allem von *Kühn*, S. 120, Anm. 1, unter Hinweis auf die griechischen Rechtsvorstellungen von der ἐπιγαμία. Seitdem hat sich die Ansicht *Wilckens*, „ein πατὴρ παίδων 'Αντινοϊτικῶν sei ... ein Vater von Söhnen, die zu den Kolonisten von Antinoopolis gehörten" (P. Würzb., S. 64, gegen eine andersartige Deutung von *Kühn*, S. 159), durchgesetzt; vgl. *Kübler* (oben Anm. 14), S. 15; *Pistorius*, S. 86; *d'Orgeval*, S. 235; *Zucker* (oben Anm. 34), S. 48.

[62] Vgl. Belege zu παῖς bei *Preisigke*, Wörterbuch, s. v. Daß die Bezeichnung ἀφῆλιξ 'Αντινοεύς nicht obligatorisch war (vgl. *Kühn*, S. 131 ff.), zeigt SB V 7602: τὰ τῶν 'Αντινοέων τέκνα. Auch die Kennzeichnung als 'Αντινοιτικοί statt 'Αντινοέων, an der *Kühn*, S. 159, Anstoß nimmt, ist nicht „merkwürdig". Ein πατὴρ παίδων 'Αντινοέων hätte auch selbst als Antinoit aufgefaßt werden können, wenn der Genetiv 'Αντινοέων als abhängig von παίδων betrachtet wurde. Im übrigen vgl. die 'Αντινοιτικὰ ὀνόματα in P. Flor. I 71 XXIV 488 (bei *Preisigke*, Wörterbuch III, S. 284, versehentlich 'Αντινοικά; das Zitat gehört auf S. 264, s. v. 'Αντινοιτικός), die alle Zweifel an der Berechtigung dieses Ausdrucks zerstreuen.

[63] Vgl. dazu *Taubenschlag*, Opera minora II, S. 277 f.; *ders.* zusammenfassend: Law (oben Anm. 7), S. 144 f. Daß der römische Rechtsgrundsatz, nach dem der Sohn auf Grund des *conubium* der Eltern in die *patria potestas* kam (Gai. 1, 67), auch für die

Die beiden hier betrachteten Privilegien bilden zwar nur einen kleinen Ausschnitt aus der Stadtrechtsordnung von Antinoopolis. Doch machen sie es möglich, der eingangs gestellten Frage näherzukommen. Da sie Rechtsverhältnisse betreffen, die im griechischen und römischen Stadtrecht unterschiedlich geregelt waren, so ist es von Bedeutung, wenn an ihnen abgelesen werden kann, daß zugunsten griechischer Rechtsordnungen gegen die Normen des römischen Munizipalrechts nicht verstoßen wurde, daß aber Privilegien, die im Bereiche dieses Rechts lagen, auch dann verliehen wurden, wenn sie der normalen griechischen Rechtsauffassung zuwiderliefen.

Ein solches Ergebnis entscheidet die Frage nach dem Anteil der griechischen und römischen Vorstellungen am Stadtrecht von Antinoopolis noch nicht. Doch so viel ist sicher: Die griechische Komponente, die so stark im äußeren Erscheinungsbild zutage tritt, hat das innere Rechtsleben weniger bestimmt, als es zunächst scheinen möchte. Römische Rechtsvorstellungen und römische Rechtsnormen sind mit diesem neuen Stadtrecht nach Ägypten eingedrungen. Da sie in der Form der Polis in dem gewohnten griechischen Gewand auftraten, konnten sie sich bei dem hellenischen Bevölkerungsteil leicht einbürgern und bis heute auch nicht wenige Gelehrte über ihr wahres Ausmaß täuschen.

Provinzen Gültigkeit hatte, scheint mir dadurch nahegelegt zu werden, daß Gaius auch in seinem Werk *ad edictum provinciale* lehrte: *feminarum liberos in familia earum non esse palam est, quia qui nascuntur, patris familiam sequuntur* (Dig. 50, 16, 196, 1).

Schriftenverzeichnis Horst Braunert

(Die mit einem * versehenen Titel sind in die vorliegende Sammlung aufgenommen)

Monographien:

Die Binnenwanderung. Studien zur Sozialgeschichte Ägyptens in der Ptolemäer- und Kaiserzeit (Bonner Historische Forschungen, 26). Bonn 1964.
*Das Mittelmeer in Politik und Wirtschaft der hellenistischen Zeit (Veröffentlichungen der Schlesw.-Holst. Univ.-Ges., N. F. 49). Kiel 1967.
*Utopia. Antworten griechischen Denkens auf die Herausforderung durch soziale Verhältnisse (Veröffentlichungen der Schlesw.-Holst. Univ.-Ges., N. F. 51). Kiel 1969.

Herausgeber:

Studien zur Papyrologie und antiken Wirtschaftsgeschichte Friedrich Oertel zum achtzigsten Geburtstag gewidmet. Bonn 1964.
Fr. Oertel, Kleine Schriften zur Wirtschafts- und Sozialgeschichte des Altertums (Antiquitas, Reihe 1, Bd. 22). Bonn 1975.

Aufsätze:

Auswärtige Gäste am Ptolemäerhofe. Zu den sogenannten Hadra-Vasen: Jahrbuch des Deutschen Archäologischen Instituts 65—66 (1950—51), S. 231—263.
*Zum Chattenkriege Domitians: Bonner Jahrbücher 153 (1953), S. 97—101.
ΙΔΙΑ. Studien zur Bevölkerungsgeschichte des ptolemäischen und römischen Ägypten: The Journal of Juristic Papyrology 9—10 (1955—56), S. 211—328.
*Der römische Provinzialzensus und der Schätzungsbericht des Lukas-Evangeliums: Historia 6 (1957), S. 192—214.
Zur Terminologie der Volkszählung im frühen römischen Ägypten: Symbolae Raphaeli Taubenschlag dedicatae III (= Eos 48,3. 1957), S. 53-66.
Zu Agroecius-Agricius: Römische Quartalschrift für christliche Altertumskunde und Kirchengeschichte 56 (1961), S. 231—233.
*Griechische und römische Komponenten im Stadtrecht von Antinoopolis: The Journal of Juristic Papyrology 14 (1962), S. 73—88.
Ein rhetorischer Gebrauch von οὐ μόνον ... ἀλλὰ καί: Rheinisches Museum für Philologie, N. F. 105 (1962), S. 226—236.
*Theorie, Ideologie und Utopie im griechisch-hellenistischen Staatsdenken: Geschichte in Wissenschaft und Unterricht 14 (1963), S. 145—158.

Zinslose Staatsdarlehen zum Ankauf von Staatsland in AS 21, 2, in: J. Straub, Heidnische Geschichtsapologetik in der christlichen Spätantike (Antiquitas, Reihe 4, Bd. 1. Bonn 1963). S. 46—52.

*Hegemoniale Bestrebungen der hellenistischen Großmächte in Politik und Wirtschaft: Historia 13 (1964), S. 80—104.

Das Athenaeum zu Rom bei den Scriptores Historiae Augustae: Historia-Augusta-Colloquium Bonn 1963 (Antiquitas, Reihe 4, Bd. 2. Bonn 1964), S. 9—41.

Ein neuer Wohnungsmietvertrag aus der Bonner Papyrussammlung: Studien ... F. Oertel gewidmet (oben S. 342), S. 34—46.

*Die heilige Insel des Euhemeros in der Diodor-Überlieferung: Rheinisches Museum für Philologie, N. F. 108 (1965), S. 255—268.

**Ius Latii* in den Stadtrechten von Salpensa und Malaca: Corolla memoriae Erich Swoboda dedicata (Römische Forschungen in Niederösterreich. 5. Graz 1966), S. 68—83.

*Verfassungsnorm und Verfassungswirklichkeit im spätrepublikanischen Rom. Eine Interpretation zu Ciceros Rede für Balbus: Der altsprachliche Unterricht 9, 1 (1966), S. 51—73.

*Großstadt und Großstadtprobleme im Altertum: Hochschultage 1967 in Lübeck (Lübeck 1967), S. 55—70.

*Staatstheorie und Staatsrecht im Hellenismus: Saeculum 19 (1968), S. 47—66.

Cives Romani und κατ᾽ οἰκίαν ἀπογραφαί: Antidoron Martino David oblatum (Papyrologica Lugduno-Batava 17. Leiden 1968), S. 11—21.

Conrad Cichorius 1863—1932: Bonner Gelehrte. Beiträge zur Geschichte der Wissenschaften in Bonn. Geschichtswissenschaften (150 Jahre Rheinische Friedrich-Wilhelms-Universität zu Bonn 1818—1968. Bonn 1968), S. 340—350.

*Der Ausbruch des Kampfes zwischen Athen und Sparta. Eine antike Kriegsschuldfrage: Geschichte in Wissenschaft und Unterricht 20 (1969), S. 38—52; Wiederabdruck in: Perikles und seine Zeit, hrsg. von G. Wirth (Wege der Forschung, Bd. 412. Darmstadt 1979), S. 395—417.

ἀγοραστής: Zeitschrift für Papyrologie und Epigraphik 8 (1971), S. 118—122.

(zus. mit T. Petersen) Megalopolis: Anspruch und Wirklichkeit: Chiron 2 (1972), S. 57—90.

Papyrologie an der Christian-Albrechts-Universität: Christiana Albertina 16 (1973), S. 51—55.

*Zum Eingangssatz der *res gestae Divi Augusti:* Chiron 4 (1974), S. 343—358.

(zus. mit U. Buske) Eingaben an den Strategen Apollonios aus der Bonner Papyrussammlung: The Journal of Juristic Papyrology 18 (1974), S. 39—53.

*Die Gesellschaft des Römischen Reiches im Urteil des Augustus: Monumentum Chiloniense. Studien zur augusteischen Zeit. Kieler Festschrift für Erich Burck zum 70. Geburtstag, hrsg. v. E. Lefèvre (Amsterdam 1975), S. 9—54. 561—562.

*Jüdische Diaspora und Judenfeindschaft im Altertum: Geschichte in Wissenschaft und Unterricht 26 (1975), S. 531—547.

Zur Gesellschaftsstruktur im griechisch-römischen Altertum. Gruppen und ihre Wertung in unterschiedlichen Bezugssystemen: Rundschreiben 3/1976 des Schleswig-Holsteinischen Altphilologenverbandes, S. 3—15.

Omnium provinciarum populi Romani ... fines auxi. Ein Entwurf: Chiron 7 (1977), S. 207—217.

Rezensionen:

A. Stein, Die Präfekten von Ägypten in der römischen Kaiserzeit: Bonner Jahrbücher 152 (1952), S. 231—233.

U. Kahrstedt, Artabanos III. und seine Erben: Bonner Jahrbücher 153 (1953), S. 150—153.

V. Burr, Tiberius Julius Alexander: Chronique d'Égypte 30 (1955), S. 398—402.

W. Bauer, Griechisch-Deutsches Wörterbuch zu den Schriften des Neuen Testaments: Zeitschrift für Kirchengeschichte 68 (1957), S. 357—362; 69 (1958), S. 138 bis 141; 70 (1959), S. 315—319.

U. Kahrstedt, Das wirtschaftliche Gesicht Griechenlands in der Kaiserzeit: Bonner Jahrbücher 159 (1959), S. 571—575.

L. Koenen, Eine ptolemäische Königsurkunde (P. Kroll): Gnomon 32 (1960), S. 531—533.

J. Labarbe, La loi navale de Thémistocle: Historische Zeitschrift 192 (1961), S. 635—637.

E. Buchner, Der Panegyrikos des Isokrates: Historische Zeitschrift 192 (1961), S. 723.

H. Bengtson, Einführung in die Alte Geschichte, 3. Aufl.: The Journal of Juristic Papyrology 14 (1962), S. 207—210.

P. Mertens, Les services de l'état civil et le contrôle de la population à Oxyrhynchus au IIIe siècle de notre ère: The Journal of Juristic Papyrology 14 (1962), S. 210—218.

W. Hoffmann, Hannibal: Das historisch-politische Buch 11 (1963), S. 71—72.

P. Sattler, Studien aus dem Gebiet der alten Geschichte: Historische Zeitschrift 197 (1963), S. 743—744.

L. Delekat, Katoche, Hierodulie und Adoptionsfreilassung: Zeitschrift der Savigny-Stiftung für Rechtsgeschichte. Romanistische Abteilung 82 (1965), S. 360 bis 367.

Th. W. Africa, Phylarchus and the Spartan Revolution: Historische Zeitschrift 205 (1967), S. 452—453.

V. Geginat, Prodoma in den Papyri aus dem ptolemäischen und römischen Ägypten: Historische Zeitschrift 205 (1967), S. 713.

W. Schmitz, Ἡ πίστις in den Papyri: Historische Zeitschrift 205 (1967), S. 713.

G. Walser — Th. Pekáry, Die Krise des Römischen Reiches: Bonner Jahrbücher 170 (1970), S. 562—564.

P. A. Brunt, Italian Manpower 225 B. C. — A. D. 14: Zeitschrift der Savigny-Stiftung für Rechtsgeschichte. Romanistische Abteilung 91 (1974), S. 487—493.
M. Klafkowski, Sozial-ökonomische Studien im Neuen Testament: Vierteljahrschrift für Sozial- und Wirtschaftsgeschichte 62 (1975), S. 98—99.
W. Helck, Materialien zur Wirtschaftsgeschichte des Neuen Reiches (Teil VI): Vierteljahrschrift für Sozial- und Wirtschaftsgeschichte 62 (1975), S. 119—120.
A. Russchen, Hyperborea the North Sea Coast in Ancient Greek Sources: Zeitschrift der Gesellschaft für Schleswig-Holsteinische Geschichte 100 (1975), S. 326.

Berichte:

7. Papyrologenkongreß: Gnomon 25 (1953), S. 141—142.
Zum gegenwärtigen Stand der juristischen Papyrusforschung. Die griechischen Urkunden: Zeitschrift für vergleichende Rechtswissenschaft 60 (1957), S. 117 bis 183.
10. Papyrologenkongreß: Gnomon 33 (1961), S. 734—735.
Literaturbericht Altertum: Geschichte in Wissenschaft und Unterricht 26 (1975), S. 110—134; 28 (1977), S. 361—384.

Artikel:

Lexikon der Alten Welt: Ad metalla; Amphorenstempel; Anachoresis; Antidosis; Apodektai; Apophora; Arbeit; Architheoren; Aromata; Bankwesen; Bergbau; Choregie; Diobelie; Dioiketes; Domäne; Edelsteine; Handel; Egdocheus; Eisphora; Emporion; Emporos; Enkyklia; Epidosis; Eponia; Ergasterion; Fabrik; Geld: Geldverkehr; Gewerbe und Industrie; Griechenland: Finanzwesen; Gymnasiarchie; Holz: Handel; Hypothek; Kapelos; Karawanen; Kaufmann; Kolakretai; Kredit; Lebensmittelversorgung; Leiturgia (A); Logistai; Menschenhandel; Mietshäuser; Monopol; Naukleros; Oikonomos; Phoros; Poleten; Poristai; Praktoren; Preise und Löhne; Purpur; Salz; Seedarlehen; Seide; Sitonai; Steuern: Griechenland; Streik; Symmoria; Syntaxis; Synteleia; Tamias; Theorika; Trierarchie; Trophe; Wandergewerbe; Wirtschaft und Handel; Zinnober; Zins; Zölle: In den griech. Staaten; Zünfte.
Lexikon für Theologie und Kirche: Ära; Chroniken: Väterzeit; Johannes v. Biclaro; Macrobius; Paphnutios.
Brockhaus: Noricum; Numidien; Palmyra; Parther; Parthien; Plebs.
Mommsen, Christian Matthias Theodor: Schleswig-Holsteinisches Biographisches Lexikon 4 (1976), S. 154—159.

Sonstiges:

(zus. mit E. Olshausen) Verzeichnis der Schriften von Friedrich Oertel: Studien . . . F. Oertel gewidmet (oben S. 342), S. 1—4.
Nachruf Fr. Oertel: Gnomon 48 (1976), S. 97—100.

Kieler Historische Studien

Herausgegeben von
Hartmut Boockmann, Christian Degn, Karl Dietrich Erdmann, Erich Hoffmann, Frank Kolb, Hartmut Lehmann, Hans Eberhard Mayer, Peter Nitsche

Band 1

Günter Abramowski

Das Geschichtsbild Max Webers

Universalgeschichte am Leitfaden des okzidentalen Rationalisierungsprozesses

1966, 190 S., Linson, ISBN 3-12-900160-3

Band 2

Reimer Hansen

Das Ende des Dritten Reiches

Die deutsche Kapitulation 1945

1966, 247 S., Linson, ISBN 3-12-903360-2

Band 6

Alexander Scharff

Schleswig-Holstein in der deutschen und nordeuropäischen Geschichte

Gesammelte Aufsätze. Herausgegeben von Manfred Jessen-Klingenberg

1969, 287 S., Linson, ISBN 3-12-907600-X

Band 7

Volker Press

Calvinismus und Territorialstaat

Regierung und Zentralbehörden der Kurpfalz 1559–1619

1970, 543 S., Linson, ISBN 3-12-906580-6

Band 8

Ulrich Picht

M. P. Pogodin und die Slavische Frage

Ein Beitrag zur Geschichte des Panslavismus

1969, 294 S., Linson, ISBN 3-12-906490-7

Band 9

Jürgen Lütt

Hindu-Nationalismus in Uttar Prades

1970, 171 S., Linson, ISBN 3-12-905460-X

Band 11

Traute Adam

Clementia Principis

Der Einfluß hellenistischer Fürstenspiegel auf den Versuch einer rechtlichen Fundierung des Principats durch Seneca

1970, 148 S., Linson, ISBN 3-12-900110-7

Band 12

Martin Schneller

Zwischen Romantik und Faschismus

Der Beitrag Othmar Spanns zum Konservativismus in der Weimarer Republik

1970, 225 S., Linson, ISBN 3-12-907770-7

Band 13

Klaus-Dieter Schwarz

Weltkrieg und Revolution in Nürnberg

Ein Beitrag zur Geschichte der deutschen Arbeiterbewegung

1971, 336 S., Linson, ISBN 3-12-907900-9

Band 14

Hans-Jürgen Lutzhöft

Der Nordische Gedanke in Deutschland 1920—1940

1971, 439 S., Linson, ISBN 3-12-905470-7

Band 15

Ursula Laack-Michel

Albrecht Haushofer und der Nationalsozialismus

Ein Beitrag zur Zeitgeschichte

1974, 407 S., brosch., ISBN 3-12-905250-X

Band 16

Aus Reichsgeschichte und Nordischer Geschichte

Aufsätze

Herausgegeben von Horst Fuhrmann, Hans Eberhard Mayer, Klaus Wriedt

1972, 443 S., Linson, ISBN 3-12-902710-6

Band 17

Klaus Voigt

Italienische Berichte aus dem spätmittelalterlichen Deutschland

Von Francesco Petrarca zu Andrea de'Franceschi (1333–1492)

1973, 264 S., Linson, ISBN 3-12-908430-4

Band 18

Uwe Liszkowski

Zwischen Liberalismus und Imperialismus

Die zaristische Außenpolitik vor dem Ersten Weltkrieg im Urteil Miljukovs und der Kadettenpartei 1905–1914

1974, 296 S., brosch., ISBN 3-12-905280-1

Band 19

Ernst Birth

Die Oktobristen (1905—1913)

Zielvorstellungen und Struktur. Ein Beitrag zur russischen Parteiengeschichte

1974, 203 S., brosch., ISBN 3-12-900710-5

Band 20

Jürgen C. Heß

Theodor Heuss vor 1933

Ein Beitrag zur Geschichte des demokratischen Denkens in Deutschland

1973, 230 S., brosch., ISBN 3-12-903690-3

Band 21

Marie-Luise Favreau

Studien zur Frühgeschichte des Deutschen Ordens

1974, 186 S., brosch., ISBN 3-12-902650-9

Band 22

Rußland und Deutschland

Aufsätze. Herausgegeben von Uwe Liszkowski

1974, 334 S., Linson, ISBN 3-12-906650-0

Band 23

Folkert Haferkorn

Soziale Vorstellungen Heinrich von Sybels

1976, 222 S., brosch., ISBN 3-12-903280-0

Band 24

Jürgen C. Heß

„Das ganze Deutschland soll es sein"

Demokratischer Nationalismus in der Weimarer Republik am Beispiel der Deutschen Demokratischen Partei

1978, 398 S., Linson, ISBN 3-12-910820-3

Band 25

Marianna Butenschön

Zarenhymne und Marseillaise

Zur Geschichte der Rußland-Ideologie in Frankreich (1870/71–1893/94)

1978, 421 S., Linson, ISBN 3-12-910900-5

Band 26

Horst Braunert

Politik, Recht und Gesellschaft in der griechisch-römischen Antike

Gesammelte Aufsätze und Reden

Herausgegeben von Kurt Telschow und Michael Zahrnt

1980, 345 S., Leinen, ISBN 3-12-911710-5

Band 27

Agnes Blänsdorf

Die Zweite Internationale und der Krieg

Die Diskussion über die internationale Zusammenarbeit der sozialistischen Parteien 1914–1917

1979, ca. 400 S., Leinen, ISBN 3-12-900750-4

Band 28

Peter Wulf

Hugo Stinnes Wirtschaft und Politik 1918—1924

1979, 578 S., Leinen mit Schutzumschlag, ISBN 3-12-912080-7

Band 29

Karl Jordan

Ausgewählte Aufsätze zur Geschichte des Mittelalters

1980, ca. 355 S., Leinen, ISBN 3-12-912050-5

Klett-Cotta